現代の金融と
地域経済

下平尾勲退官記念論集

下平尾勲 編著

新評論

(2003年1月撮影)

まえがき

　金融と地域の問題は通常異質の事柄だと考えられているが、必ずしもそうではなく、現代のわが国経済における長期不況の中で最も鋭く問題が露呈しているのは、貨幣・金融現象と地域問題である。バブル経済の崩壊が生産過剰とともに極端な株価・地価暴落に端を発したので、金融、不動産、建設業など物価、株価がらみの産業分野や集中的な過剰設備投資の行われた企業では不良債権が表面化した。これらの主要産業における不良債権削減のための極端な経営縮小と合理化は、雇用削減や関連取引企業のみならず商業、サービス業や中小製造業へ、さらに都市から地域へと波及し、だんだんと弱いところにしわをよせていったが、消費需要を縮減させ景気が悪化した。景気の悪化は企業の赤字増大と銀行の不良債権を増加させ、悪循環の渦を巻いて拡大しているのである。日本経済の状況がいつまで続くか不安定な状況下にある。

　大企業は、経営再建のために産業合理化を一挙に推進するとともに、円高・ドル安を契機に賃金や地価の安い海外への直接投資拡大に軸足を移していった。国内で大量消費が期待でき、さらに将来発展が見込める量産型商品の生産分野においては海外投資傾向が顕著である。海外で生産された生産物の30％余りはわが国に輸入され、海外進出できない企業の存在を脅かしている。それだけでなく、生産拠点が海外に移ることは、一方では下請け中小企業を直撃し、他方では企業誘致政策により発展してきた地域経済に強い影響を与えた。特に、仕事が少なくなって赤字経営に転落していく企業が増えると、銀行の不良債権が膨脹する反面、税収が縮小し、財政赤字も増加した。そうなると、財政赤字の縮小が至上命令のようになって経済効率性が強く求められる。財政の重要な機

能である所得格差の是正、所得の再分配機能は姿を潜め、それに代わって費用対効果、効率性の高い分野への重点投資という考え方が台頭してきた。

　こうした施策により、経済効率性の悪い地域経済の弱体化が早いテンポで進んでいった。そこで地域振興のための積極的な対策が必要であり、地域の中でまちやむらの振興の気運が盛り上がってきた。このように、今日、金融機関の不良債権と地域経済の衰退という共通の異なった様相が、バブル経済の崩壊というまったく同じ根源から発生しているのである。

　少し貨幣、金融、国際金融について触れると、長引く不況の中で物価は下り、不良債権が減らない状況下で、次のような政策論議が舞台に登場してきた。「構造改革なしに景気回復なし」、「不良債権の処理によって資本・技術・労働力を成長分野に移すことによって日本経済の再生が可能である」、「インフレターゲットを定め、デフレ対策によってわが国の景気が回復する」など、日本経済再生論争が活発である。米国の金融革新モデルやわが国の競争相手国として近年めざましく成長してきた中国における資本取引の自由化が、不安定な日本経済と対比しながら論議されている。

　今日の貨幣・金融さらに国際金融をめぐる論争は、単に不良債権問題、インフレターゲット論、米国や中国の金融革新が問題となるだけでなく、いっそう深く貨幣・金融に関する現状分析、基礎理論、金融史、金融学説、金融政策に関する基本問題を提起したのである。こうして成長通貨、金融仲介、銀行信用の機能、信用創造といった基本的な問題の論議と同時に、金融機関の公共性、株価形成、信託銀行、地域通貨、自己資本比率、ユーロー市場、米国の金融革新や投資銀行、中国の資本取引の自由化やリスク管理問題等々、細分化されながらも現代社会における重要項目が研究対象として登場してきたのである。

　次に目を地域に向けると、今日の不況は、景気循環的な性格をもつにとどまらず、わが国経済の構造転換の内容を含み、さらにまた、米国だけでなく中国を中心とする東アジア経済との関係の中で発生してきた。日本経済の内包する諸矛盾は、経済成長の中で解決するのではなく、諸資本の過当競争、国際競争、規制緩和の中で処理しようとするのであるから、言い換えると、産業合理化の中で対応しようとするので、しわよせは競争力のない企業、立ち遅れている地域、これまで保護されてきた産業や地域に集中することとなった。こうして、経済効率の悪い地域経済は年々衰微しているのが実情である。

こうした中で、地域再生論が台頭してきた。企業城下町や市街地商業の再生、下請け企業の自立、地域開発のあり方が問われている。地方における原子力発電所の立地政策も、企業倫理との関係を契機に地域政策のあり方や地方分権との関係で新たに議論されるようになった。地域としては、地方分権と構造改革下で、NPOを中心とした主体性の確立、地方半導体製造業の展開、地域資源（地場産業、温泉等）の有効活用、農村・農業の活性化、地域における新産業の創出など様々な新しい動向が登場し、地域づくり運動も広範囲かつ精力的に行われつつある。

今日、大企業、都市銀行、国家政策が中心課題として取り扱われ、地域の積極的な取り組みや新しい体制を築いていくための地道な努力が本格的に研究されることは少なかった。本書においては、苦悩に満ちた多方面の地域の紹介だけでなく、自ら新しい方向をめざして活動している真摯な姿が浮き彫りにされているのである。

本書では、貨幣・金融および地域経済・産業に関する現代の状況をどう見るかという問題意識から出発し、これまでの政策を検討しながら新しい方向性が多面的に研究されているが、現状分析、基礎理論、学説、政策などが総合的に論じられている。

本書は私の福島大学退官記念として編集されたもので、長年私とかかわりをもった方々によって執筆されたものであるが、第1部金融・貨幣の経済学、第2部地域経済・産業の経済学に大別され、前者では20論文、後者では17論文が集められ、合計36名の執筆者から構成されている。本書は、当初から体系的な書物をめざしたものではないが、結果的には、現代の貨幣金融・国際金融および地域経済・地域産業問題の争点を網羅している。本書の執筆者のみなさんは、それぞれの専門分野において第一線で活躍されている方々である。

本書は、熊本学園大学教授伊東維年、富山大学経済学部教授柳井雅也、岐阜経済大学助教授佐藤俊幸の三君が世話人として親身になって計画を立て、私といろいろな面で付き合いのある方々を執筆者に選んで、体裁を整えてくれた。特に、伊東君は、私が佐賀大学に赴任したかけ出しの頃、大学院進学をめざす学生であった。私の外書講読（独語）を受講し、誠実に学び、人間性豊かな人物として注目されていた。現在では、地域経済論の第一人者として活躍されて

いる研究者であるが、伊東君の大変な努力によってとりまとめられた。世話人および執筆者のみなさんのご厚意とご支援を受け、このようにして本書ができあがったことは私には身に余る思いであり、感謝の気持ちでいっぱいである。

　最後になったが、本書がこのような形で公刊できたのは、株式会社新評論社長武市一幸氏の格別のご好意とご尽力の賜物である。厚く御礼を申し上げたい。

　　2003年1月

　　　　　　　　　　　　　　　　　　　　　　　　　　　下平尾　勲

も く じ

まえがき ……………………………………………………………… 1

第1部
金融・貨幣の経済学

I 現代の金融と貨幣

第1章 1990年代長期不況と金融 ………………………… 14
　　　——現実資本の運動との関連において——（下平尾　勲）

第2章 成長通貨の供給と金融仲介（小林真之）………………… 28

第3章 信用創造と「資金の先取り」……………………………… 42
　　　——山口重克氏と吉田暁氏の所説をめぐって——（木村二郎）

第4章 銀行信用の本質と諸機能について ……………………… 51
　　　——マルクス銀行論の再検討から——（真田哲也）

第5章 現代貨幣と貨幣の起源（楊枝嗣郎）……………………… 69

第6章 インフレーション・ターゲティング論の虚妄性（建部正義）… 80

第7章 金融機関の公共性（濱田康行）…………………………… 94

第8章 株価形成要因としてのガバナンス構造（高田敏文）…… 105

第9章 信託銀行資産の成長：1980〜2000年 …………………… 117
　　　——原因とその意味するもの——（一ノ瀬　篤）

第10章 オーストラリアにおける地域通貨の開花の基盤 …… 128
　　　──BMT　LETSの事例を中心に──（佐藤俊幸）

第11章 自己資本比率決定の銀行モデル（鴨池　治）……………… 137

第12章 非耐久財は貨幣となりうるか？
　　　実験研究によるアプローチ（川越敏司）………………… 151

第13章 戦後恐慌論論争における富塚体系の位置 …………… 163
　　　──富塚良三・吉原泰助編『資本論体系　第9巻恐慌・産業循環』を中心に──（後藤康夫）

II　現代の国際金融

第14章 ユーロ発足とドイツ金融市場 ……………………………… 176
　　　──1999〜2001年のマネーフロー──（岩見昭三）

第15章 アメリカの金融革新とファースト・アカウント …… 187
　　　──消費者保護と社会政策──（坂本　正）

第16章 起業金融とアメリカの投資銀行（川波洋一）………… 198

第17章 アメリカの信用組合（数阪孝志）………………………… 209

第18章 中国の資本取引自由化への道（毛利良一）…………… 227

第19章 中国における中小企業の発展と金融（汪　志平）…… 242

第20章 現在中国の信用リスクと対策（陳　作章）…………… 255

第2部
地域経済・産業の経済学

I 現代の地域経済

第1章 地域経済の再生（下平尾 勲）……………………… 276

第2章 「地域振興」から「地域再生」へ ………………… 295
　　　──協働と共生のまちづくり──（鈴木 浩）

第3章 日本的NPOの成長と自立の条件（星野珙二）……… 312

第4章 〈共生〉社会に向けた主体性の再定位（片山善博）……… 323

第5章 生産要素の差別的移動性と地域経済システム（山川充夫）… 333

第6章 地域構造論の展望（柳井雅人）………………………… 349

第7章 釜鉄高炉休止後の釜石（兼田 繁）…………………… 360

第8章 原子力発電と地域──問題の構造と展望──（清水修二）… 374

第9章 対日直接投資と地域開発（佐野孝治）………………… 384

第10章 知識基盤型経済社会と知の連鎖による中心市街地再生 … 405
　　　──宮崎市中心市街地を事例に──（根岸裕孝）

II 現代の地域産業

第11章 地域における新産業の創出 ………………… 414
　　　　――「思い」の結集が日本を変える――（関　満博）

第12章 下請製造業の自立化への道（安西幹夫）……………… 424

第13章 地方における大手半導体製造装置メーカーの存立構造… 435
　　　　――東京エレクトロン九州のネットワーク分業の検討――（伊東維年）

第14章 上場電機工場の国際化と国内立地について（柳井雅也）… 448

第15章 熊本県荒尾市における小岱焼の産地形成（初澤敏生）… 462

第16章 温泉地の差別化戦略 ………………………… 473
　　　　――黒川温泉にみる成功要因と問題点――（飯田史彦）

第17章 内発型SOHOによる農業・農村の活性化（守友裕一）… 485

下平尾勲教授　略歴・社会貢献・研究業績 ………………… 503
あとがき ……………………………………………………… 524

第1部

金融・貨幣の経済学

I

現代の金融と貨幣

第1章 1990年代長期不況と金融
―― 現実資本の運動との関連において ――

下平尾　勲

　最近の金融政策、経済政策に対して次のような疑問が発生する。それは、理論と現実との背離である。

(1)　**金利について**
①金利が低くなれば、地価、株価が上昇するとされているが、今日、ゼロに限りなく近い、他国に類例を見ない、超低金利政策が長期にわたって実施されているのに、バブル経済崩壊後における地価や株価は下落を続けている。
②金利が低くなれば、投資が拡大し、景気は良くなるといわれるが、最近のわが国における設備投資はまったく進んでいない。金利は政策的意義を失っている。それはなぜか。そもそも、金利の作用ではなくその発生原因は何か。

(2)　**金融の量的緩和について**
①金融の量的緩和を図れば、投資を媒介として景気がよくなるとされているが、中小企業だけでなく、老舗の大企業の倒産、不良債権が増えている。
②金融の量的緩和を図れば、貨幣数量が増え、物価が上昇するとされているが、量的緩和にかかわらず、物価は下落している。物価というのは一体何か。
③物価が下落すれば、需要が拡大し、景気はよくなるとされているが、まったくその動きがない。それどころか、物価が下落すれば景気が悪くなり、さらに物価が下がるという悪循環に陥っている。これは一体どういうことか。

(3)　**不良債権の処理について**
①銀行の不良債権を処理すれば景気がよくなると主張されているが、不良債権の処理を急ぐと企業倒産が増え関連産業の赤字は拡大し、一段と銀行の不良債権が増加する。不良債権の処理と景気回復とはどのように関係しているか。不良債権削減の対策よりも、その発生原因の対策が必要ではないか。

②BIS規制は銀行に対する信頼度を高め、銀行の経営が安定するといわれてきたが、逆にBIS規制により銀行の貸出が規制され、貸し剥がしが増え、企業倒産が促進され、結果として銀行の不良債権が増え、銀行経営が悪化している。銀行券の借入需要とBIS規制との関係は何か。BIS規制はなぜ必要か。都市銀行と地域の相互扶助に基づく銀行となぜ同じ基準か。

(4) **構造改革**
①構造改革なしに景気回復なしといわれているが、成長分野へ資本・技術・労働力を移動させるため構造改革を推進すれば失業者が増え、景気が悪化している。さらに、失業保険や生活保護などの社会政策費が増え、財政赤字が拡大している。こうして、構造改革を断行すれば景気が悪化する。
②規制緩和をすれば、努力している企業は報われて悪い企業は淘汰されるというが、過当競争により企業経営の安定性は失われ、わが国経済固有の棲み分けによる共存共栄、結果の平等制度は崩壊し、わずかの企業の成長と圧倒的多くの企業の衰退、弱者の切り捨てが支配している。その結果として、著名な大企業の経営も悪化し、企業間格差と不安定性が増大している。
③官業は縮小し、民営化し、市場の判断に委ねるべきだとされているが、市場自体が急激に変化し、逆に銀行の国有化を推進せざるをえなくなっている。また、特殊法人や郵政三事業の民営化、縮小が提唱されているが、不況化では、政府系金融機関や郵便貯金への国民の期待が高まっている。

　以上のように、わが国経済の現実・現状・現場を直視すると、成立条件を考えない市場原理という理論を現実の日本経済に応用する金融政策、経済政策は、政策の限界というだけでなく、根本的には、金融政策、経済政策の根底にある理論そのものの妥当性の限界を示していると考えられる。わが国経済の諸問題が金融現象として現れたとしても、金融対策でもって解決できる状況にはない。わが国の現状、現実から理論を再構築し、経済政策を樹立する必要があるということである。そこでまず、金融政策、経済政策の限界を引き起こした1990年代の長期不況の現実をどのように理解するかという視点で金融問題を少し整理しておきたい。バブル経済崩壊後のわが国の不況の性格とそれを引き起こしたバブル経済それ自体の内容に分けて取り上げるようにしたい。

1 バブル経済崩壊後の不況の性格

　1990年代の長期不況の性格は、三つの視点から把握することができる。一つは、戦後の景気循環の視点である。戦後の景気循環は1948年、1958年、1965年、1974年、1986年、1997年恐慌ないしは不況を底にした循環というように捉えることもできるが、1990年代の長期不況全体の性格を把握するためには、循環のくくりをもう少し大きく区別した方がよいと考えられる。私は、戦後景気循環を三つに分けている。第1次循環は、1945年の敗戦から1973年石油危機まで、第2次循環は1974年から1991年のバブル経済崩壊まで、第3次循環は1992年以降の循環である。

　循環は、構造変革期＝停滞期、経済成長期、バブル期、恐慌＝破局期の四つの局面に区別できるが、構造変革期＝停滞期について見ると、1945年〜1954年までを第1次構造変革期、1974年から1982年までを第2次構造変革期、1992年から今日までを第3次構造変革期と名付けている。今日の長期不況は戦後循環の第3番目の構造変革期にあるが、その根本的な性格は、第2次戦後循環の中でも、特に1986〜1991年のバブル経済がどのように形成され、膨脹していったかという成立要因と、それがどのように崩壊していったか、さらにバブル経済崩壊後わが国経済はどのようにして展開していったかということの中に、今日の長期不況の形態の必然性があると考えられる。

　第2の視点は構造的不況である。バブル経済の成長条件が長期不況の条件に転化しているかぎり、1990年代長期不況は構造的なものであり、生産、流通、分配、消費、制度全体の変革と不況とが悪循環を繰り返しながら、グローバルに展開している。経済の成長条件が不況の条件となすという構造変化は、上述の産業循環によって基本的に規定されるが、今回の長期不況の重要な要因であり、構造改革という言葉が広く受け入れられる背景でもある。

　わが国経済は集中的な設備投資により成長したが、それが過剰設備となり、着実な輸出増加が為替調整を強いられ、輸出が困難となり、海外に生産拠点を移しているが、海外投資の増加とその生産物の輸入の急増が実はわが国経済の

空洞化の原因となっている。技術進歩は国際競争力を導いたが、国際競争力が強すぎたことが、わが国における制度改革、自由化・市場開放、国内市場拡大のための無暴な公共事業の拡大等を強いられ、崩壊の条件となった。円高・ドル安が産業合理化と技術開発の原動力であったが、今日ではそれは原因ではなく結果となった。わが国の歴史と現状の分析による構想と事業計画を策定しながら、構造改革を行うという代わりに、すぐれた制度を破壊し、成長分野に資本、技術、労働力を移していくという構造改革が支配している。特に、市場原理とBIS規制の枠組みは、わが国経済発展の阻害の枠組みとなり、わが国民の長年の努力の成果である日本経済のシステムとその運営が困難にしている。わが国における政治・経済・社会・教育・文化のすべての分野において構造的な変化が生じており、それに対応した政策が必要であるという事情が構造改革という言葉が広く受け入れられる背景なのであるが、今日の構造改革は、不況下で供給過多を引き起こす内容と視点とをもつ構造改革である強制されている。

　第3は、制度的・政策的不況である。規制緩和、市場原理は、経済の発展期やスタグフレーションの下では有効であったが、産業活動が停滞し、それでなくても過当競争の続いている長期不況下では最悪の経済政策である。生産者間、売手間の過当競争の原因となり、わが国経済を支えてきた主要な制度（農業、商業、金融、教育）の崩壊を導いたからである[1]。

　競争には、売り手と買い手、供給者と需要者との競争ではなく売手間、供給者間の競争という三つの側面があるが、不況下の競争は一番最後の競争が最も支配的である。すなわち、不況下における売手間、供給者間の過当競争の弊害は次の点に現れている。

❶中小企業、弱小産業の多いわが国経済の発展のために歴史的知恵として形成されてきた棲み分けによる共存共栄、強者と弱者との相互扶助、富める部門から貧しい部門への富の分配という「和をもって尊し」となすわが国固有の調和とそのもとで革新を図る制度が政策的に破壊され、弱体化させられた。

❷長年の努力の結果として形成された諸制度の安定は、結果の平等により国内市場の安定と長期的視点に立った投資を可能にしてきたのである。その基本的な制度破壊は、長期的視点をもつ技術進歩を伴った投資を困難にした。

❸わが国経済の成立基盤である基本的な制度を破壊は、わが国経済の衰退の重

要な要因の一つであった。

❹1980年代の深刻な米国経済の再生は市場原理の採用の結果だと見て、その理論をわが国経済に応用すれば、わが国経済の長期不況から脱却できると見るのであるが、この市場原理という理論それ自体によって米国経済は再生したのではなかった。特に、長期不況下のもとで米国流の市場原理をわが国制度改革に応用した点に致命的な問題があった。わが国固有の制度になじまない理論の採用とその応用の時期という二重の誤りが生じた。

　米国経済の再生を考える時、次のような大きな国際的変化が見失われていた。ソ連の崩壊（1991年）、東西ドイツの合併（1990年）等により冷戦体制が崩壊し、米国においては、軍事経済から民需経済への転換が可能となった。IT革命は軍事上の必要から発生し、発展し、軍需産業とともに成長したが、それが民需産業に転換し、いち早く世界の資本市場の支配、ITを通じた新市場の拡大と企業変革を促進した。米国において新産業が登場し、その関連産業や応用分野が成長しながら、新規市場が拡大したことが、海外から巨額の資本と技術者を米国へ集中させ、米国の経済発展を外国の資本と技術者によって促進された。こうして、IT産業とその関連産業の発展は米国経済の繁栄を導いた。規制緩和、自由化というのは米国への資本、技術、情報の集中の手段であり、米国流の思想の支配を促す自由化であった。規制緩和、自由化一般が米国経済の再生の鍵なのではなく、IT革命、通信技術の急速な進歩と投資拡大、その関連産業の発達という実体経済の再生と展開が米国経済再生の基軸をなすものであった。したがって、ITや通信への過剰投資が発生すれば、米国経済は規制緩和にもかかわらず衰退はさけられないのである。規制緩和・自由化は経済発展の条件となると同時に、その衰退の有力な機構ともなるのである。

　次に長期不況期における規制緩和、ビッグ・バンの役割について見ると、わが国においては、米国の経済発展は規制緩和に基づくものだと見る市場原理主義が台頭してきたが、規制緩和は、米国のように経済を再生するものと期待されたが、規制緩和、自由化、ビッグ・バンが長期不況下で強行されたということが、売手と買手との競争ではなく、生産者間、流通業者間の、すなわち同業者間の競争を激化させ、海外投資と開発輸入を強制しただけではなかった。経

済発展の根本的な制度破壊を推進し、結果として、経営安定のため、リストラによる雇用不安、弱小産業の衰退や弱小企業の倒産、弱肉強食が一般化し、中小零細企業の多いわが国においては、社会不安が拡大し、不況の長期化の原因となった。このようにして、1990年代の不況は、日本経済の現実的な状況を考慮しない強制的に自由化を推進するという政策的な失敗も加わって、1997年以降いっそう深刻化し長期化している。今日のわが国経済の再生は、生産、流通、分配、消費全体を立て直し、為替、海外投資、大都市と地域、中小企業、農業政策全体にわたる経済構造の変化に総合的に対応していく必要がある。言い換えると、海外への資本流出を防ぎ国内循環の再生産を樹立することが大切であり、不良債権の処理や金融政策だけで解決できるものではない。それは単純な市場原理の現実への応用ではなく、わが国の現実、現状に即した理論と政策の実行によってのみ可能であると考えられる。

2　長期不況とバブル経済

バブル経済の形成と崩壊と長期不況との関連性については次の通りである。

(1)　バブル経済と投資過剰

第1に、バブル経済は、低金利と日銀券の発行量の増加により株価や地価が高騰し、金融、不動産、建設業の肥大成長と縮小・破綻の問題として論じられているが、この考え方によると、実はそのバブル経済の中で全分野にわたる資本蓄積が推進され、過剰設備投資が行われたことが欠落している。すなわち、技術革新をともなう広範囲の集中的な大規模の設備投資が製造業だけでなく非製造業も含めた全ての分野で増加し、このことが、一方ではバブル経済を拡張すると同時に、他方ではバブル経済が技術革新を伴う設備投資を促進しながら、国際競争力をもつ日本経済へとおしあげたが、それが結果から見ると、過剰投資、過剰取引、過剰信用を累積させたという視点が欠落しているように思われる。すなわち、急激な経済成長の条件が長期不況の原因に転じたのである。バブル経済時代における生産、流通さらに家計も含めた投資過剰こそは、その後

の長期不況の基本性格を規定した。

　1986年10月から1991年6月まで57ヶ月にわたって好景気が続いたが、注目すべきことは、戦後最低の金利水準が長期間（1987年2月から1989年6月まで公定歩合2.5％）にわたって維持され、銀行券の発行量が増加し、財政支出が増加したので、株式・不動産投資が急増し、擬制資本市場の急膨張を内容とするバブル経済が発生した。

　1985年9月以降の円高不況のもとで現実資本が縮小している時期に、貨幣資本の供給増加が図られたが、その貨幣資本は現実資本の運動から相対的に独立して移動した。実体経済への投資・融資ではなく将来値上がりが期待できる商品（株式、土地）の購入・投資に充当された。現実資本の運動とは相対的に独立した擬制資本価格の高騰が続く状況をさしてバブル経済の形成と呼ばれた。

　しかし、バブル経済の中で、含み益を財源にして研究開発投資が行われただけでなく、賃金高騰、労働力不足を背景に省力化投資や合理化投資が推進された。さらに、品質向上や多様化技術をともなった設備更新と新投資がすすんだ。

　第3次円高・ドル安対策として1986年前川レポートに代表されるように、貿易収支の黒字の原因は国内投資不足にあると見て、内需拡大政策＝低金利政策を契機として経済拡大が始まった。1985年秋から1987年秋にかけては第3次円高・ドル安により製造業では、深刻な円高不況が発生し、設備投資抑制、人員削減、在庫調整などの産業合理化が進められたからである。ところで、販売市場が低迷している状況下で、低金利政策と銀行券発行量の増加による景気刺激対策が採用されたからといって、その政策は製造業の投資を促進できず、内需拡大とは直接結合せず、過剰貨幣資本は株式や土地などの擬制資本投資に向けられたことは自然のなりゆきであった。民間企業や金融機関における貨幣資本の過剰のもとで、公定歩合2.5％という低金利政策は将来値上がりによる含み益が期待できる株式や土地購入と成長が期待される新事業への投資の集中を促したからであった。

❶第3次円高・ドル安不況打開のために、「民間活力」、「リゾート開発」、「内需拡大」が叫ばれたが、超低金利対策と財政膨張政策の中で当初は株価や地価上昇を背景として実物経済よりも擬制資本運動が拡大し、貨幣資本が異様な膨脹をとげたので信用膨脹係数が上昇したのである。だが、株式価格上昇

を背景として法人企業はエクィティファイナンスによる資本調達を、中小企業や不動産、建設業は、土地を担保に入れて銀行からの借り入れを増加させた。経済の活況への糸口は、銀行、証券、保険、不動産、建設、流通業およびサービス業の肥大・成長、これらの産業分野における設備投資の拡大という姿をとりながら進んだ。「経済のサービス化」「サービス部門の雇用拡大」、「サービス業による地域振興」などが主張されたが、製造業ではなくサービス分野、商業や流通分野の設備投資がまず急速に拡大した。雇用の拡大と所得水準の上昇により、個人消費が著しく拡大したからである。

❷これらの非製造業の投資増加は内需拡大政策によって提供された貨幣資本の貸付によって推進されたが、非製造業分野の投資や雇用拡大に伴い消費需要を増加させた。非製造業分野の設備投資の拡大は、大都市だけでなく地方における土木建設業、流通、運輸、通信、商業、サービス業の投資を促進した。

❸こうした背景のもとで、少し遅れて製造業における本格的な設備投資が開始された(バブル経済崩壊後サービス産業の合理化、流通構造の変革の要因となる)。製造業における設備投資は、先端技術分野だけでなく、1960～1970年代に投下された鉄鋼、化学、造船にも及んだが、電気・電子機械工業など新産業分野が設備投資の口火を切り、それとの関連で中小企業の設備投資がはじまった。低金利政策と融資拡大が、中小企業の設備投資を可能にしたからである。広範囲の中小企業、流通・サービス業の投資の拡大が鉄鋼、石油、化学の投資を刺激して、大規模投資の道を開いた。

❹さらに大都市から地方への工場移転が精力的に進められたので、雇用の拡大＝所得の増加＝消費市場の拡大を背景に地域産業も発展した。こうして地域においても非製造業から製造業への設備投資が進んだ。地域経済の活況と、日銀券発行の増加、低金利政策の継続と信用創造の促進により、大都市とは数年遅れであったが、地方企業の株価や地価が上昇し、資金需要を拡大していった。とりわけ、地域中小企業の設備投資は広範囲に及んだので、わが国経済の底辺部の経済拡張が進行した。

❺設備投資が一定程度完了すると、1989年秋には鉄鋼、石油、化学などの素材生産分野や繊維、一般機械の分野では生産物の需給バランスがくずれ始めていた。供給過剰が特定の分野を除いて発生しているときに、好景気の期間は

史上初めてだともてはやされて、株価や地価上昇の勢いは続いた。主要な製造業においては、エクィティファイナンスにより超低金利で資本が調達できたので、過剰生産の傾向が生じているのに、なお設備投資が続行された。したがって、バブル経済が57ヶ月という長期にわたって続いたという事実の説明としては、確かに、超低金利政策が長期にわたって継続されたので、株価や地価を高騰させたという指摘が多いが、今もう一つ忘れがちなことは、非製造業から製造業への、大都市から地方中小企業に至るまでの全分野の設備の更新や新投資が行われ、国内市場が投資と個人消費の双方から拡大したという事実であった。もし、設備投資がすべての分野にわたって集中的、大規模に行われなかったならば、個人消費も拡大せず、市場も膨張できず、バブル経済は長期化しなかったであろう。また反対に、バブル経済が長期間継続しなかったならば、主要産業だけでなく広範囲の多様な産業に、すなわち、中小企業や地方の産業や小規模サービス業にまで設備投資が行われなかったであろう。

(2) 設備投資と競争

次に重要な点は、設備投資は量的拡大だけでなく技術革新を伴いかつ強い競争力をもつという質的な側面であった。それは、量産を目的としたものではなく、合理化、多様化、高度化、システム化を内容とするものであった。単に生産だけでなく、流通、分配や消費のシステムを変革させるものであった。したがって、技術革新もシステム変革のために高度化したから、まず生産の基礎である原材料（半導体、液晶、炭素繊維、ニューセラミックス、電子部品等）の大変革が行われた。その結果として、新商品の創出だけでなく既存商品においても品質、用途開発が一挙に進んだ。また、システムの変化は情報化の発達を前提としているが、情報化の発達は新産業分野を発達させると同時に、銀行のオンライン、商業のシステム化、工場生産の自動化など生産や流通を含めたシステム化投資を増加させた。その場合自国内での新原材料（半導体、液晶等）の開発が一般化したことは、諸外国から原材料を購入し、それを加工して海外へ輸出するというわが国の加工貿易型システムを大きく変化させた。すなわち、原材料も加工品と同様に国内で生産し、それを輸出するようになり、その結果、

輸入は増えず輸出が増加し、巨額の貿易収支の黒字が定着したからである。

　バブル経済によって資本蓄積が推進され、設備投資によって技術力が向上し、それが国際競争力を形成するが、とりわけ国際競争力の強化を推進したのは技術先端型業種の飛躍的な発展であった。医薬品、電子計算機、電子応用装置、電子計測器、電子・通信機器用部品、医療用機械用品、光学機器、レンズなどの分野の技術革新を伴った資本蓄積が一挙に進んだが、その中でもいわゆる素材生産部門の技術開発力が向上し、応用、加工部門の精度、品質、機能が飛躍的に改善され、その結果としてまた素材生産部門が成長するという循環が繰り広げられ、素材生産部門と加工部門とが相互依存しながら急膨張をとげたが、急成長が、その崩壊の条件を、全体的な過剰投資・過剰生産を準備した。過剰生産物の市場は国内から海外へ向かうことになると、貿易収支の黒字は巨額化し、日米間の金利差が逆転するということも加わり、経常収支だけでなく長期資本収支も黒字となり、円高・ドル安が発生し、短期間のうちに過剰生産物の輸出市場を喪失した。設備投資は過剰生産の原因となり、雇用拡大は過剰労働力を形成し、産業合理化と技術開発は円高、ドル安となって海外競争力を失い、リストラの波は国内市場を狭め、販売不振を引き起こし、超低金利政策の継続は海外への資本流出を促し、開発輸入を増加させただけでなく、その流出した外国資本による日本企業買収が行われるようになった。こうして、バブル経済期の経済成長の条件が長期不況の条件に転じたのである。

(3)　**円高ドル安と日本経済の空洞化**

　第2に、1990年代不況は、国内的な諸要因だけでなく東アジア全体の過剰生産と通貨危機などグローバル化の中で発生してくるが、日米貿易摩擦は、①外国為替相場の急激な変化を、②規制緩和にともなう国際化への市場開放を、③日本経済を支えている制度破壊を、④さらに、内需拡大のための公共事業の膨脹と財政赤字の道を、拓いたのである。

　日米貿易摩擦を回避するために採用された長期にわたる超低金利政策、発行銀行券量の増加、財政支出の増加は、土地投機、株式投機を先行させ、実体経済＝現実資本の蓄積とは独自の貨幣資本運動を拡大再生産した。これがいわゆるバブル経済であるが、バブル経済の発生は、技術先端的な分野における設備

投資はもとより、遅れていた産業分野、特に中小企業分野や地域の投資を促したのである。好景気＝物価の上昇による利潤率の増加に刺激され、投資範囲と規模とが拡大されただけではなかった。投資の質的な内容変化をもたらした。バブル経済の中で集中的に投下された設備投資は、原材料、生産技術、省力化や生産システム化投資だけでなく流通や消費市場の革新を促し、商品の価格面だけでなく、品質、用途、形状、デザイン、納期などの使用価値面で機能を向上させた。価格および使用価値面での改善は、国際競争力の強い日本経済を形成した。あらゆる分野における技術革新を伴った設備投資競争はわが国の国際競争の強さの原因であったが、そのことが実は過剰生産、過剰取引、過度信用を引き起こすこととなった。すなわち、わが国の経済の発展と国際競争力の強化の原因が経済活動の破壊の原因を形成した。国際競争力が強いために、わが国における過剰生産物は生産物市場として海外輸出に活路を見いだした。しかし、輸出の急増は貿易収支の黒字を引き起こした。貿易収支の黒字は、米国の低金利政策への転換を契機に米国資本の日本への流入も加わり、長期資本収支の黒字と重なり、一挙に為替相場を円高・ドル安へ推移させた。急激な超円高・ドル安（1985年4月平均1ドル＝248円から1995年4月平均1ドル＝84円）は輸出の困難（輸出不振、輸入急増）を引き起こし、過剰生産を表面化させると同時に有力企業の海外進出を強制し、わが国の産業構造を変化させた。とりわけ、国際競争力の強いわが国のリーディング産業の海外進出とその生産物の大量輸入は、わが国経済の存在を脅かし、弱体化と空洞化の原因となった。

　その場合注目すべきことは、第4次円高・ドル安（1995年）の場合には、為替調整の対策として海外投資へ軸足を移したことである。

❶第1次（1971年）、第2次（1978年）、第3次（1987年）円高・ドル安においては、円高・ドル安によって国際競争が激化したので、輸出価格競争の激化の対策として、コストダウン、効率化などいわゆる産業合理化を推進し、他方では非価格競争を強化し、商品の品質、デザイン、形状、素材の改善、用途開発を推進し、さらに原材料一般、生産、流通および生産システム全体の技術開発を進めてきた。すなわち、急激な円高・ドル安への対策として産業合理化や商品・技術開発など国内産業の構造変化とその充実策が強制され、それがわが国の全産業に波及し、円高・ドル安になっても国際力を強化して

いった。ところで、第4次（1995年）円高・ドル安の場合には、商品・技術開発、産業合理化が推進され、国際競争力が強化されたことが原因となり、その結果として円高・ドル安を引き起こした。同じ円高・ドル安という言葉で表現されても、経済構造の内容は根本的に相違したのである。第4次円高・ドル安は産業合理化や技術革新の原因ではなくその結果であった。そのため、1985年4月1ドル＝248円から1995年4月1ドル＝84円になるという超円高・ドル安は、いっそうの産業合理化と技術進歩や商品開発を促進することでは解決できなかった。企業努力による輸出振興から生産拠点を海外に移し、輸入の拡大を図るという方向で解決しようとした。海外直接生産は国際競争力のある企業、成長力のある企業が率先して推進した。1980年代にはアジアニーズ諸国へ、続いて1986～1990年代初めにかけてはアセアン諸国へ、1994年以降は中国への投資が急増した。

　海外生産を開始した場合の最大の問題は販路拡大にあったから、わが国の市場で大きなウエイトを占めている業種、将来成長が見込める商品を生産している企業が短期間に集中的に海外に生産拠点を移したことはわが国経済の衰退と空洞化と景気低迷の最大の要因であった。主要産業の海外生産への移行は、海外生産へ軸足を移せない国内企業との競争激化を当初から含んでいた。そこで、海外生産にシフトできない多数の国内企業は競争市場の中では没落の運命を担い、縮小再生産の道を歩んだのである。わが国で広大な市場をもつ商品の生産を急速に海外に移して開発輸入に転じたことがわが国経済の弱体化と空洞化の原因となったことは、注目されねばならない。

❷第2次および第3次の円高・ドル安は、輸出困難となり、販売不振を引き起こし、わが国における長期不況の原因（円高不況）となったが、第4次円高・ドル安は、過剰生産不況の中で発生した。それは、一方では、海外輸出の急増の結果現象であるが、他方では、土地、株価格高騰の対策として採用された高金利政策の採用により発生した。すなわち、日米金利差が逆転し、米国債券売りと長期資本の流入が生じたからである。輸出を急増させねばならないが、為替の変化によってそれが困難であるということは、いわゆるバブル経済の成熟の結果であり、その崩壊の不可避的な原因であった。1992年以降の過剰生産による不況下で円高・ドル安が発生したということは、輸出

困難、輸入急増に伴う海外への生産拠点の移動の強制と過剰生産下における安い海外生産物の輸入急増は、いっそうの過剰生産と価格破壊を引き起こし、不況の長期化の性格を規定した。

❸第1次および第2次円高・ドル安の場合には、海外への資本移動が厳しく規制されていたから、資本移動が起こらなかった。しかし、第4次の場合には、金融の国際化規制は、著しく緩和され、特に実需原則が撤廃され、さらに4～5％の内外金利差が存在するという条件のもとで資本自体が海外へ流出する条件は整備されていたから、超円高・ドル安が発生したので、輸出型成長企業は輸出困難となったため、生産拠点を労働力や用地の安い東アジアに一挙に移すことによって、生産原料、機械設備の輸出増加と完成品の輸入増加を引き起こした。長期資本の貸付とすぐれた資本財、生産材の輸出が相互作用的に増加するのであるが、海外で生産された商品が世界市場で販売されるだけでなく、1999年には海外生産を行う企業の生産物の35％はわが国内に逆輸入されるようになったことは注目に値する（第2部第1章の**図1**を参照）。海外生産において最も深刻な問題は販路をいかにして確保するかということであったから、わが国において最も多く売れている商品の生産をまず海外生産することから始まった。特にわが国のリーディング産業のうち、急成長企業が海外輸出から海外生産に転じたことは、関連する企業も海外生産に移動せざるをえず、わが国の産業構造は為替相場の変動とともに急速に変化させられ、その影響がわが国経済全体に強く波及したのである。特に、雇用の削減、設備投資の抑制は、わが国経済の縮小再生産を強制することとなった。

　第4次円高・ドル安は、第1次、第2次の場合と同じ言葉で表現されていても、従来の第1次から第3次円高・ドル安とは根本的に性格を異にし、わが国の産業構造だけでなく東アジアの経済の発展と変化を推進し、それを媒介しながらわが国の産業が再編されたのである。金融的な規制緩和は、日本国内の投資から海外投資へ資本移動を促す条件となり、金融の国際化は日本経済の発展ではなく衰退を促進する制度改革となった。バブル経済の崩壊後のわが国の経済のゆきづまりを考える時、1990年～1995年の超円高・ドル安という国際的な取引や資本移動の比較基準の変化は長期不況の発現形態において重要な意義をもったのである。

4　むすび

　今日の不況は金融だけで動いているのではない。1990年代の長期不況は戦後3番目の大きな構造変革期にあり、したがって、構造変化に対応した経済政策の一環として金融政策が存在している。構造変化は、①集中的な過剰投資を基軸に展開されたこと、②輸出の急増と長期資本の流入が円高・ドル安をもたらし、金融の自由化のもとで海外投資とそれにもとづく開発輸入が一挙に拡大し、有力な産業の生産基盤が弱体化していること、③長期不況の中での産業合理化と安価な大量の輸入商品とにより消費市場の縮小と価格下落とを引き起こしていること、④商品価格下落、受注量の減少による販売不振は企業経営を圧迫しており、利潤率が著しく低下し、中小企業の70％近くは赤字経営に転落していること、⑤企業経営の赤字が銀行の不良債権の増加と株式価格安の原因であることである。

　以上の経済状況の悪化が銀行の不良債権増加を引き起こし、不良債権処理を急ぐと、経済状況を悪化させ、その結果現象として株価下落、物価下落、失業者の増加が生じているのである。こうした経済状況こそが、超低金利政策を採用しても投資が拡大せず、地価や株価が上昇しない理由であり、金融の量的緩和を図っても、物価は上昇せず、投資は拡大せず、遊休貨幣資本は国内投資にまわらず、海外に流出する根拠をなす。長期不況下でBIS規制を強化すれば、銀行の役割は低下するだけでなく、企業倒産を促進させ、一段と銀行経営が悪化するのである。取引の必要にではなく銀行の自己資本の大きさによって貨幣供給量を調節するという政策が誤っているからである。バブル経済も日銀の金融政策のみによって引き起こされたのではなかったように、バブル経済崩壊後の経済の再生も金融政策だけで可能となるというものではない。

　金融の理論と現実との背離が深刻化している時代においては、バブル経済崩壊後のわが国経済の根本的な調査とわが国経済における現状と金融政策との関係に関する基本的な研究が望まれるところであろう。

注
(1)　詳しくは、下平尾勲『信用制度の経済学』新評論、1999年、第5章を参照されたい。

第2章 成長通貨の供給と金融仲介

小林真之

　信用論の主要な研究テーマは資本蓄積・金融市場の歴史的在り方に触発され、時代状況に対応する形で幾多の変遷を経てきた。それは高成長期には現実資本蓄積に対応する通貨・金融の関係（「不換銀行券論争」）をめぐって、また低成長期には金融資産の累積と金融流通（「信用制度と株式会社」論争）、商業銀行と金融媒介機関をめぐって展開され[1]、金融不安が深刻化してきた現代にあっては決済システムと銀行制度の関係に研究の焦点が移行している。銀行業はこれまで利子生み資本（金融仲介）・商業信用（信用創造）との関連において議論されてきたが、新たに決済業務（貨幣取引業）との関連において再検討されるようになってきたのである。

　本論は決済業務をめぐって提起された「新たな」銀行業の論理を先行する信用論研究と対比させて検討しようとするものである。以下では一般的流通手段化した銀行券の性格規定、貨幣取引業と「本源的預金」の関係、金融仲介と実物資本との関係という相互に関連する信用論上の課題を検討することを通じて、変貌しつつある現代銀行業へ接近する手掛かりとしたい。

1 「最低流通必要量」と成長通貨の供給

　資本主義的商品流通は企業相互間の取引として行われる資本流通及び消費者と企業の間の取引として行われる所得流通という二つの性格の異なる取引領域に区別される。資本流通における商取引は信用取引としてなされ、貨幣は支払手段として機能するのに対し、所得流通では現金取引が優勢であり、貨幣は流通手段として機能する。所得流通はさらに景気変動を通してそれ以上に減少し

ない最低流通必要量部分と、好不況により増減する最低流通量以上の部分に分けられ、前者を媒介する流通手段としての貨幣は個別的には入れ替わるものの、総体としては絶えず「底積み」部分として流通界に拘束される[2]。貨幣流通の技術的・社会的条件に変化がない限り、この通貨量は経済規模の拡大とともに増加していくことになる（「成長通貨」の供給）。

　所得流通で流通する貨幣（流通手段）は商品・サービスを購入する手段として機能するが、それは価値の"瞬間的存在"にすぎないから、紙幣が鋳貨に代替して流通する経済的根拠が存在する。現代の貨幣制度においては、所得流通で機能する貨幣は中央銀行の発行する銀行券（小額面）により担われ、最低流通必要量に相当する銀行券は公信用の擬制資本化（長期国債の買切オペ、保証準備）として、好不況で増減する銀行券は私信用の擬制資本化（手形割引、貸付）として供給される。しかし両者は截然と区別される関係ではなく、「最低流通必要量」は経済規模の拡大を反映して増加するため、後者の銀行券（私信用）の一部は「最低流通必要量」の銀行券（公信用）に転化していくという関係にある。また銀行券（及び中央銀行預金）は資本流通領域において銀行間における債権債務の差額決済手段（「卸売業の鋳貨」）として機能するが、それは資本還流が順調で、インターバンク市場が円滑に機能する好況期にはさしたる役割をはたさないとはいえ、資本還流の遅延する恐慌期には収縮する流通手段機能に代わって銀行券需要の最大要因を形成する[3]。

　戦後信用論研究者のあいだで展開された不換銀行券論争は、不換制下にありながら伸縮性をもった通貨として機能していた不換銀行券の性格をめぐってなされたものである[4]。この論争の主役を演じられた飯田繁・岡橋保両氏は不換銀行券の性格規定において対極的な見解に立たれたが、両氏に共通する特徴は所得流通領域においてすでに一般的流通手段化していた銀行券を、手形流通（信用の連鎖関係）が支配的な資本流通の論理から援用して理論化したことである。つまり兌換銀行券の本質を飯田氏は金債務証書、岡橋氏は「貸付けられた銀行手形」（債権債務の相殺）として規定し、兌換制下においてすら銀行券は所得流通（最低流通必要量）において一般的流通手段（「現金」）として機能していたことを正当に評価されなかった。

　川合一郎氏は銀行券の貨幣的本質と運動の解明に収斂していった不換銀行券

論争を批判し、発券銀行と預金銀行への銀行制度の分化を前提とした信用論の展開を企図された。つまり兌換制下において預金通貨は銀行券に代わって資本流通領域における信用貨幣の地位を占めるようになり、銀行券は所得流通における一般的流通手段（現金）として機能していると規定される。その意味で兌換停止は通貨の収縮経路の一つを喪失したに過ぎず、還流の法則（貸付—返済）および預金により通貨の伸縮性は確保されるとした[5]。さらに川合氏は「商業流通の一般的流通に対する先行性」という再生産的関連を重視し、一覧払債務（預金）の貸付→債務の履行（銀行券の引出）という「信用取引の先行性」を強調される[6]。これは従来余り深い考慮が払われてこなかった"銀行が貸付けるのは現金か、あるいは信用なのか"という問題に対し、振替的信用創造論を明確に主張したものであり、「債務の貸付」と密接不可分な関係にある決済システム問題を銀行論の重要な枠組みとして考慮させる問題提起となっていた。

　吉田暁氏の信用論は銀行業の分化を前提しかつ預金銀行視点を強調される点で川合説と問題意識を共有されているものの、現代の不換銀行券を信用貨幣と規定する点においては岡橋説と共鳴しあうというユニークな見解となっている[7]。では吉田氏による銀行券＝信用貨幣説の論拠はどのようなものであろうか。
「経済取引のなかの信用関係がまずあって、銀行券にしろ預金通貨にしろ、その信用関係を代位するという形で信用貨幣が発行（創出）される。いい方を変えれば再生産過程に根ざした貨幣の発行還流こそが、真の流通根拠であるとすべきではないだろうか」[8]

　つまり、銀行券は還流の法則（貸付—返済）に従う点において預金貨幣と同一であるとするのだが、銀行券が所得流通（最低流通必要量）において一般的流通手段（現金）として機能しているという、川合氏が強調された論点に対しては特段の配慮が払われていない。また銀行券は＜貸出＝預金の設定→銀行券の引出＞という形態で所得流通に入るとするが、預金債務の準備金を産業資本家からの遊休貨幣に求める見解を否定し、それを中央銀行に全面的に依存するとする点に、吉田説の特徴がある。
「銀行システム全体としての準備金の流出は中央銀行によって補填されねばならないが、この補填それ自体は中央銀行の信用創造（中央銀行預金の創出）によってなされるのである。このような意味において私は現代においては信用

システムの外部からの本源的預金を想定することはできない」[9]。

かくて銀行券を信用貨幣とし、本源的預金を否定する論理の延長線上に、「シニョレッジ」否定説が必然化されてくる[10]。銀行券は有利子資産取得の対価として発行されるのであるから、それは商業銀行の預金設定による貸付と同様であり、中央銀行の利益は「シニョレッジ」ではなく、金利差による「利鞘」と理解すべきであるとする[11]。

以上のように、吉田氏の信用論の特徴は、所得流通に入り、一般的流通手段として機能している銀行券を信用貨幣（私信用）と規定し、現金化の論理（公信用）を徹底的に排除するところにある。所得流通に入った銀行券はもはや信用の連鎖関係（私信用）にもとづいて流通するのではなく、商取引の媒介手段（鋳貨→紙幣）として機能するのであり、さらに銀行券は「最低流通必要量」部分（「底積み部分」）と好不況にともなって増減する部分という異なる性格を持つ二つの領域に分かれる。後者の銀行券は通貨の減価を回避するために、私的金融取引（貸付―返済）の結果として伸縮（発行―消滅）する必要がある。氏による「信用貨幣」性の強調はこの領域の銀行券において妥当するといえる。しかし、「最低流通必要量」に相当する銀行券は総体として絶えず商取引を媒介する貨幣（流通手段）として拘束されるのであり、その限りでそれは紙幣化された銀行券（公信用の擬制的貸付資本化）ということができる。もしその銀行券が私企業への貸付ルート（私信用）で供給されるとすれば、景気変動の恐慌局面で返済圧力がかかるため（利子率高騰→物価の低下）、混乱を回避するには、「最低流通必要量」に相当する銀行券は保証準備（の引き上げ）、国債買切オペで供給される必要がある[12]。問題は中央銀行にとり「最低流通必要量」を事前に認知することが困難であり、恐慌局面では中央銀行による救済融資と成長通貨の供給が渾然一体となって現れてくる[13]。

政府紙幣と銀行券を截然と区別し、前者は「徴税権」、後者は「債権の返済可能性」に依存するとされるが、国債の買い切りオペで発行された「底積み」部分の銀行券も形式的には金融取引の形態を纏いながら、政府への永久的な貸付（返済可能性なし）と実質的に変わらないといえる。氏も中央銀行により国債引き受けで発行された銀行券を「政府紙幣化」への途であるとするのであるから[14]、最低流通必要量に相当する国債買い切りオペ＝銀行券を「紙幣」と規

定することには何らの支障もないはずである。また銀行券発行にともなう収益は金融取引から生ずるので「シニョリッジ」ではないとする主張に関しても、中央銀行は銀行券の発行権限を政府から独占的に付与されており（公信用）、金利の決定は社会総資本的目的にそって下され、私的経営目的（利益追求）にしたがってなされるわけでないという２点において、複数の預金銀行が金利競争の下で預金貨幣を前貸する形態で利鞘を獲得しているのと決定的に異なっている。発券で得られた利益の大部分は政府上納金として国庫に納められる事実も、銀行券発行は公信用に関わること（シニョリッジ説）を例証していると考えられないであろうか。

2　貨幣取引業と「本源的預金」

　個別産業資本の資本蓄積は＜G－W…P…W－G＞の形態をとるが、生産の連続性を維持するため投下自己資本を実物資本（商品資本・生産資本）および貨幣資本に分割して投資する。個別企業のそうした資本循環からは、購買・支払手段準備金、価格変動準備金、減価償却費・内部留保金などの貨幣資本が必然的に遊離・休息してくる。銀行（貨幣取引業）は個別企業に代わって貨幣取引業務を社会的に集中し、その社会的コストを節約するとともに、産業企業から預託された遊休貨幣資本（銀行券）を利子生み資本に転化させることにより、金融仲介の役割をはたす。銀行（金融業）の金融取引は遊休貨幣資本（銀行券）を準備金として企業に債務（預金貨幣）を貸付ける形態でなされ、産業企業の将来の資本還流を先取り（①流通資本、②減価償却費・利益）する。しかし「債務の貸付」により先導された設備投資が企業部門全体として回収された減価償却費・内部留保金を超過するようであれば、そのギャップは他部門（主に家計部門）の貯蓄により埋められねばならない。つまり銀行の「債務の前貸し」は結果的に家計部門の貯蓄を企業部門の投資に移転させる金融仲介の役割をも遂行したことになる[15]。

　銀行に集中してくる貨幣資本（「実現された貨幣」）は企業の資本循環から遊離する性格に対応して、運転資金＝当座預金（購買・支払手段準備金）、貯蓄

性預金＝定期預金（減価償却費・内部留保金）という二つの預金に分化していく。貯蓄性預金の源泉は資本蓄積の発展のなかで多様化していき、引退資本・敗退資本のような資本循環から分離された資本部分が貯蓄預金に流入したり、また可変資本として投下された貨幣資本がすべて商品・サービス支出に向けられ、資本として還流するのでなく、賃金所得から分岐した貨幣部分が貯蓄性預金として流入してくるようになる。これらの預金はいずれも「実現された貨幣」（銀行券）として銀行に流入するのであり、それは流通貨幣と区別された退蔵貨幣＝本源的預金なのである。退蔵貨幣を準備金として創造された預金貨幣（銀行券）は決済システムの作動のもとで預金として還流し（派生的預金）、「未実現の貨幣」として累積していくが（信用創造）、その運命は将来の資本還流に依存することになる。

　従来から銀行の本質をめぐって論争が展開されてきたが、一方では商業信用→銀行信用、他方では貨幣取引業→利子生み資本という二つの対立する銀行像が主張されてきた。いずれも貨幣取引業は銀行が成立する歴史的前提（蓄蔵貨幣の集積）として位置づけられ、現存する銀行業の内部で遂行する貨幣取引業の役割を理論的に位置づける姿勢が希薄であった[16]。例えば、債権債務の相殺を最も強調される岡橋保氏は次のように貨幣取引業を位置づけられる。

「いろいろな遊休貨幣や遊休貨幣資本が利子生み資本化されて、ふたたび産業資本の運動にはいっていく。遊休貨幣・資本の産業資本への転化を媒介するようになった両替商のような貨幣取扱業者や貨幣資本家は、ここに、利子生み資本家となる。しかし、利子生み資本の自立はまだみられない。利子生み資本が再生産過程の外部において銀行業として自立するのは、商業手形が商業貨幣となり、それに支えられて銀行信用＝銀行手形が貸付けられ、利子生み資本化する時である。銀行の貸付資本の源泉がじぶんに寄せられた信用の利子生み資本化のなかに与えられたとき、銀行資本＝利子生み資本の自立が可能となる」[17]

　また川合氏は、「債務の貸付」→「債務の履行」という銀行信用の「先行性」・「形態的特質」を強調されていたが、貨幣取引業は債務貸付の基礎となる準備金に関連させているにすぎなかった。つまり「このための支払準備金は、銀行が貨幣取扱業務を行なうものとして預託されている各産業資本家の遊休貨幣によって用意されている」[18]とするのであり、さらに積極的な貸付にともな

う兌換請求に対応するものとして預金業務が位置づけられ、預金利子説が主張されている。

そうした理論状況のなかで吉田氏は銀行の貸付業務と貨幣取引業務（決済）を統一的に把握する必要性を強調され、両者を分離するナロウバンク論を痛烈に批判されている。つまり預金銀行による預金債務の貸付と手形交換、内国為替、外国為替円決済制度として具体化されている貨幣取引業＝決済システム（預金振替システム）を有機的に関連させた振替的信用創造論を積極的に主張されている。これは川合氏の主張（振替的信用創造論）に決済業務を導入することにより、その論理を補強したものと言える。

他方、氏は産業企業の資本循環から必然的に形成される蓄蔵貨幣（本源的預金）の存在を否定され、貨幣取引業による「現金預金の集中」は歴史的事実として認めるものの、それは「現金的信用創造論」に直結する論理として理論的に排除される。

「本来の貨幣（金・銀貨）が存在した世界にあっては、このような説明もある程度は妥当するが、本来の貨幣が後景に退いてしまった現代社会において、銀行システム外からの本源的預金を想定することはできない」[20]

「マルクス経済学の信用論に対するもう一つの不満は、多くの論者が今日の金融問題を論ずる場合にも、遊休貨幣資本（その具体的内容としての減価償却積立金、利益留保など）が、あたかも19世紀の世界と同様に、銀行システムの外にまず形成され、それが銀行システムへの新たな預金源泉となるかのようにとかれていることである」[21]

吉田氏の本源的預金否定説は、所得流通の銀行券（信用貨幣）は創造された預金債務の引出としてのみ流通に入り、準備金を供給する主体は中央銀行のみであるとする主張と表裏一体の関係にある。つまり氏は現金的信用創造論を否定する余り、「貨幣取引資本としての銀行への現金預金の集中」の側面を「二元論」として退けられたのである。しかし、「信用制度は産業資本自身の創造物」とされる含意を、商業信用→銀行信用の論理としての側面だけでなく、産業企業の資本循環のなかから必然的に遊離する貨幣資本が銀行制度の準備金となる論理としても考慮する必要があろう。金貨流通の存在しない現代にあっても、産業資本は企業活動の継続性を維持するために、投下自己資本を実物資本

と貨幣資本に分割せざるを得ず、そこから貨幣資本（銀行券）が周期的に遊離・休息する現象が生じてくる。金貨が"瞬過性"の論理によって銀行券に代替されたとしても、産業資本の資本活動は「実現された貨幣」＝銀行券の基礎上で行われるのである。この貨幣資本（銀行券）は企業の自己資本（「実現された貨幣」）の一部を形成し、他人資本（銀行からの借入金＝預金創造）から派生したものでないという意味で、それは本源的預金といえる。

　商業信用→銀行信用の系譜を重視する吉田説にあっては、機能資本家が支払手段準備金を用意することなく商業信用関係を取り結ぶ状態が想定されており、それが企業の支払準備金→銀行の支払準備金（本源的預金）なる論理を否定し、中央銀行の貸付に専ら商業銀行の準備金を求める論理を生みだした遠因となっている。つまり吉田氏の信用論は資本還流の遅延→債務支払いの不履行という資本主義の不均衡な運動の側面を捨象して論理が構成されているといえる。

3　実物経済と金融仲介

　有利な投資機会が豊富な高成長経済のもとでは、企業は高利潤率を求めて設備投資を実行し、激しい企業間競争を展開する。企業の投資活動は必ずしも現在の貯蓄（実現された貨幣）に制約されるのではなく、将来の貯蓄（未実現の貨幣）を先取りする形態で行われ、企業部門全体として投資が貯蓄（実現された貨幣）を超過すれば（一方的購買）、商品価格の全般的上昇が生じてくる。企業によるそうした投資は銀行の信用創造に媒介されて進行するが、信用創造により媒介される貯蓄は企業部門における「将来の貯蓄」（減価償却費・内部留保金）および家計部門における「将来の貯蓄」（支出の節約）という性格を異にする貯蓄からなる。銀行の信用創造は縦の関係（時間的先取り）と横の関係（部門間移転）を織りなす形で展開され、無政府的な競争関係から生ずる投資と貯蓄の不均衡関係は信用恐慌の形態で事後的・暴力的に調整が行われる[22]。つまり、企業による「将来の貯蓄」の時間的先取りは「商品の一方的販売」が殺到する恐慌期に検証され、「命がけの飛躍」に成功した企業は債務を返済することで投下資本価値を確定し、失敗した企業は債務不履行→資本価値の破壊

を余儀なくされる（資本集中）。また、家計から企業への貯蓄の部門間移転は、実物経済の観点からすれば、消費財部門から生産財部門への資源の再分配を意味するが、この部門間移転も市場において事後的に検証され、それが円滑に遂行されるか否かは個別企業の競争力に掛かっている。

　有利な投資機会が減少する低成長期に入れば事態は一転し、大企業においては投資が貯蓄の範囲内に収まる「自己金融」化現象が支配的となってくる。商業銀行は企業に決済勘定を提供し、中小企業、消費者、政府という周辺的分野への金融を担うことになる。また家計部門の貯蓄はより有利な運用を求めて銀行の定期預金から金融媒介機関の金融資産（保険、年金、投信）に移動し（ディスインターメディエーション）、預金創造率の低下と相まって、商業銀行の地位は低下傾向を示していく。ガーレイ・ショー理論が対象とした事態とはそうした金融現象であり、貨幣的金融機関（商業銀行）の通貨性預金も、非貨幣的金融機関の発行する金融資産（保険、年金、投信）も、いずれも間接金融資産として一括され、株式・社債・国債などの直接金融資産と対比される[23]。

　金融媒介（「現金貸付」）という点では商業銀行も金融媒介機関も同一であるとするガーレイ・ショー理論に対して、川合氏は金融資産の累積する現代の金融構造においても、商業銀行による信用創造は依然として重要な意義を有することを強調された。つまり、純粋な商業銀行は商業流通と一般流通という再生産的関連を反映して「預金債務の貸出→債務の履行」という形態で信用創造を行うのに対し、金融媒介機関は「現金の貸付」という形態で資本信用を媒介するに過ぎないとする。商業銀行は歴史的に資本信用の媒介をも行う兼営銀行として存在する場合もあるが、「この場合は内容的には現金による預金→貸付である資本信用の媒介をも、信用創造という、受ける信用を貸付けるという商業信用代位の形態によって蔽う」[24]としている。川合氏は現代の金融市場において金融資産（「実現された貨幣」）が大量に累積している事実を一方では認識しながらも、他方で資本主義経済のあくなき利潤追求の論理は「実現された貨幣」＝利子生み資本をベースにして「将来の貨幣」を創造する形態で具体化されざるをえないことを強調したのである。

　川合氏によるそうした現代銀行像のうち、商業銀行＝信用創造説の側面を継承し、純化しようとされたのが吉田氏の所説であった。吉田氏は商業銀行を

「貨幣供給という形で金融仲介を行う」[25]銀行として位置づけ、債務の貸出を強調する点で川合説を継承している。しかし銀行券＝信用貨幣説を支持される吉田氏にあっては、銀行券＝現金とする川合説と異なり、金融媒介機関の位置づけに苦慮することになる。

「銀行組織全体としてみれば、当初は与信によって創出された預金が、取引を媒介したあと、第三者からのいわゆる本源的な預金として銀行に還流して、これが当初の与信の資金源をなす」

「非銀行金融仲介機関が受け入れる資金は基本的には銀行預金である（現金を受け入れた場合もとりあえずは取引銀行への預金として保有する）。そして、これら機関が与信において借り手に与えるのもこの預金なのである。銀行から非銀行金融機関への資金シフトは、それ自体としては銀行預金を削減させるわけではない。非銀行金融機関の与信によって銀行の貸出が返済されたときにはじめて銀行の預金と貸出の双方が消滅する。非銀行機関の金融仲介活動は銀行システムが供給するマネーに依存して行われてきたのである」[26]

吉田説によれば、商業銀行によって創出された預金債務（「未実現の貨幣」）が通貨のすべてをなすのであり、「預金創出は直接（非金融部門の預金保有）、間接（非貨幣的金融機関の預金保有）の預金還流を前提としている」[27]ことになる。つまり、川合説では「現在の貨幣」＝定期預金（資本信用）と「将来の貨幣」＝当座預金（信用創造）は厳密に区別されていたが、吉田氏では次のような位置づけを与えられる。

「定期預金は銀行システム全体が創出した資金（要求払い預金）を銀行システム内に還流させる手段として位置づけられるべきである。それは新たな資金源ではないのである」[28]

また、商業銀行（定期預金）から金融媒介機関（保険、年金）への資金移動、いわゆるディスインターメディエーション現象がアメリカ金融市場で注目されたが、これは「預金の移転」にすぎず、「銀行システム全体に対しては依然として預金需要であり、預金は還流してくる」[29]と理解されている。

このように、信用創造＝預金還流の視点から金融仲介問題に接近するのが吉田説の特徴をなすと言えるが、そのことは金融仲介の他の側面を看過するという問題点をかかえることになる。銀行と融資関係を取り結ぶ企業は無一文の企

業ではなく、自己資本（実物資本＋貨幣資本）を有しながら、技術革新的な設備投資を実行しようとしている企業である。新投資を計画する企業は手持ちの貨幣資本（すでに「実現された」減価償却費・利益）に加えて、将来実現するであろう貨幣資本を先取り（預金設定による貸付）することにより、他企業との競争戦を勝ち抜こうとする。吉田氏が「将来の資金形成の先取り」として強調されるのは企業と銀行のそうした側面に関わるのであるが、企業の投下資本がすべて他人（借入）資本であるとするのは非現実的な仮定であろう。自己資本が投下資本のうちどのような割合を占めるかは資本蓄積の状況により多様であるが、不変資本、可変資本のいずれにおいても、投下資本の一定部分は過去に回収された貨幣資本（「実現された貨幣」）に依存する。例えば、可変資本＝賃金所得は支出部分と貯蓄部分に分けられ、支出に向けられる貨幣は企業に短期的に還流してくるという意味で、それは銀行からの短期前貸（預金貨幣→銀行券）によって充当されうる。しかし貯蓄へ廻る部分は必ずしも銀行預金として還流してくるとは限らず、長期性の貯蓄、つまり直接証券、金融媒介機関の発行する間接金融商品（保険、年金、投信）にも向けられるであろう。これらの長期性金融資産の資金源泉は「要求払い預金の貸付」として流通界に入る短期的な貨幣（「未実現の貨幣」）ではあり得ず、企業部門の自己資本（過去の「実現された貨幣」）でなければならない。さもなければ、企業部門全体としては貯蓄部分に相当する借入金を返済し得ないことになるからである。

　だが、ここで労働者の貯蓄が保険会社を通して長期の金融資産（長期社債）に投資された場合を想定すれば、A企業は社債を発行した手取金（預金貨幣）でB企業から実物資産を購入し、B企業はさらに売上金（預金貨幣）でC企業から商品を購入する…という形態で連続し、すべての金融・商取引は預金の移転で終わり、あたかも銀行から預金の漏れがないかのようにみえる。しかしこれは資本還流が円滑に推移するという前提の下で個別資本視点から追跡した貨幣資本の流れであり、景気変動という社会総資本的視点を導入すれば、異なった姿が浮かび上がってくる。企業部門は好況局面に家計部門の貯蓄を社債発行の形態で移転して実物投資を実行するが、過剰投資が現実化する恐慌局面になれば、新技術水準のもとでの再生産的均衡関係が価値破壊を通じて打ち立てられる。すなわち信用を媒介することで実物資産投資が社会的貯蓄水準を超過す

る事態が生ずれば、投資（実物資本）と貯蓄（貨幣資本）は事後的に均衡の回復を迫られ、過剰投資の価値破壊が行われる。これを静態的にみれば、消費財に予定されていた資源（家計の貯蓄）が生産財（企業の投資）に転用されていき、家計の貯蓄は保険・年金・投信などの金融資産の形態をとることになる。

4　おわりに

　最近の金融不安の高まりは従来余り問題視されてこなかった銀行業の決済システムの側面に脚光を浴びさせ、銀行業を「預金債務の貸付」と決済システムという二つのキーワードを通して把握し、振替的信用創造論が強調されることになった。しかし、銀行業における決済業務の重視という積極的側面とともに、そうした理解は銀行業の金融仲介的側面を軽視するという問題点を生みだした。つまり決済システムを重視する「新しい」銀行論は金融構造における商業銀行の地位低下と金融媒介機関の地位向上、不況（信用創造率の低下）下の過剰資金（低金利）という現代資本主義に特徴的な金融現象を統一的に説明することを困難とした。振替的信用創造論を強調する意図が実物経済の金融経済に対する規定性を重視することにあるとすれば、信用論の課題は金融市場に大量に累積する金融資産と実物経済の関係、つまり「現実資本の蓄積と貨幣資本の蓄積」の現代的態様を解明する事でなければならないだろう。

注
(1)　戦後の信用論研究を論争テーマ別に回顧したものとして、川合一郎「貨幣・信用論研究30年」（『川合一郎著作集第6巻　管理通貨と金融資本』所収、有斐閣、1982年）を参照。
(2)　ヒルファーディングは「最低流通必要量」概念に注目し、紙幣による代替の論理を導出している——「紙幣の数量は、常に、流通に必要な貨幣量の最小限以下に留まらねばならない。しかし、この最小限は紙によって置き換えられうるものである。そして、この最小限は常に流通に必要なのだから、紙の代わりに金がはいって行く必要はない。それゆえ、国家はこの紙幣に強制通用力を付与しうる。かようにして流通最小限の範囲内では、社会的関係の物的表現が、意識的に規制された社会的関係によって、置き換えられている」（岡崎次郎訳『金融資本論』（上）、岩波文庫、45〜46ページ）。
(3)　松井安信氏は所得流通における銀行券（$W-G-W'$）に加えて、恐慌期において増加する債権債務の相殺差額を決済する支払手段＝銀行券（「卸売業の鋳貨」）をも公信用の擬制

的貸付資本化として把握すべきであると主張されている（松井安信『信用貨幣論研究─方法論的分析─』日本評論社、1970年、第4章「兌換銀行券の『転化』問題」）。
(4) 不換銀行券論争の詳細に関しては、浜野俊一郎「不換銀行券の本質と運動─不換銀行券論争小史─」（『資本論講座』第5巻、青木書店、1964年）を参照。
(5) 川合一郎「不換銀行券の伸縮について─管理通貨論序説─」『川合一郎著作集　第5巻　信用制度とインフレーション』所収、有斐閣、1981年。
(6) 『川合一郎著作集　第6巻』、32〜40ページ。
(7) 吉田暁『決済システムと銀行・中央銀行』日本経済評論社、2002年、78ページ。
(8) 同前、78ページ。
(9) 同前、86ページ。
(10) 「シニョレッジというようなものは中央銀行券も金融取引を通じてしか発行されない以上、存在するはずがない」（同前、78ページ）。
(11) 同前、142ページ。
(12) 「長国買切りオペはトレンド的な資金需要増加に見合う成長通貨供給のための手段と位置づけられている」（翁邦雄『金融政策─中央銀行の視点と選択─』東洋経済新報社、1993年、33ページ）。
(13) 川合氏は「成長通貨供給方式として主張された買オペは、救済資金調達方式としてのみ現実化されうるということは皮肉なことである」（「オーバー・ローンにおける資金と通貨」『川合一郎著作集　第5巻』、204ページ）として、資金と通貨の区別を強調されていた。
(14) 「中央銀行による国債の引き受けが禁止されるのも、それが事実上銀行券を政府紙幣化する途であることが感知されているからといえるであろう」（吉田、前掲書、142ページ）。
(15) 野田弘英氏は銀行による資本信用供与の二側面について次のように指摘されている──「個別の銀行と企業の関係では新たな蓄積資金の先取り供給がおこなわれているようにみえても、信用の供給と回収の過程をとおして社会的再生産の秩序が再編成され、社会的な資本再配分がすすむのである。社会的観点からみると、追加資本貸付はたんなる蓄積資金形成の先取りではなく、資本の集中集積の先取りである」（野田弘英「流通手段と貸付資金」『東京経大学会誌』第223号、2001年3月、195ページ）。
(16) 貨幣取引業を軽視する研究動向にあって、近代銀行業の不可欠な部分として貨幣取引業務を位置づける次のような労作がある──高木暢哉『信用制度と信用学説』（日本評論社、1959年）；海保幸世「商業信用・引受信用・銀行信用─貨幣取引資本の再評価とその具体化を通じて──」（北大『経済学研究』第28巻1号、1978年3月）；松田清「マルクスの『貨幣取扱資本』論について」（『阪南論集』第18巻3号、1983年2月）；楊枝嗣朗『貨幣・信用・中央銀行─支払い決済システムの成立─』第8章（同文舘、1988年）。
(17) 岡橋保『現代信用理論批判』九州大学出版会、1985年5月、288ページ。
(18) 『川合一郎著作集　第6巻』、95ページ。
(19) 建部正義氏も本源的預金を否定されて、次のように主張されている──「この側面（「死蔵されているあらゆる貨幣準備の集中」…筆者）は、歴史的にみれば、一過的な性格のものであり、資本主義的生産の基礎のうえで、永続的に再生産されうる性格のものではけっしてありえない」（建部正義「マルクスの信用創造論について」中央大学『商学論纂』第42巻第5号、2001年3月、157ページ）。
(20) 吉田、前掲書、84ページ。
(21) 吉田、同前、85ページ。

⑵ 玉垣良典氏は実物的貯蓄（消費の節約）と実物的資本形成（投資）の関係について次のように述べられている――「消費者の側での実物的貯蓄の行為が現実的蓄積として実現するか否か、またどの範囲において実現するかは投資決意に委ねられているとはいえ、以上の意味での実物的貯蓄形成は、消費節約の行為を通じて生産資源を蓄積目的に解放することを意味し、そのことが消費から新資本形成のために生産手段と労働力の転用を実現するための必要な前提的行為をなすということに変わりがない。銀行の信用創造はこの実物的貯蓄の行為を代位しうるものではない」（玉垣良典『景気循環の機構分析』岩波書店、1985年、153～154ページ）。

⑵ J・G．ガーレイ、A・C．ショー共著、桜井欽一郎訳『貨幣と信用』至誠堂、1963年、第4～6章参照。

⑷ 『川合一郎著作集　第6巻』、42ページ。

⑸ 吉田、前掲書、26ページ。

⑹ 同前、17ページ。

⑺ 同前、204ページ。

⑻ 同前、204ページ。

⑼ 同前、203ページ。

第3章 信用創造と「資金の先取り」
――山口重克氏と吉田暁氏の所説をめぐって――

木村二郎

　信用創造とは信用貨幣の創造であると考えられるが、その信用創造の経済的意味はどこにあるのかという点に関して、従来必ずしも明確に解明されていない。通説的な理解では、支払準備を超える信用貨幣の創造が強調される。これに対して、吉田暁氏は銀行実務の実際を重視する立場から、信用創造の意味は「将来の資金形成の先取り」にあるという有力な見解を主張している。ただ、吉田氏自身は「将来の資金形成の先取り」の意味するところを詳しく展開しておらず[1]、もっぱら山口重克氏の所説を「銀行券を預金通貨に読み替えて」踏襲したと指摘するにとどまっている[2]。そこで、本論では、吉田信用創造理論の背景にある山口説を中心にまず検討して、吉田氏の有益な問題提起を現代金融理論の発展のために活かすための準備作業を行っていきたい。

　以下、まず信用創造のエッセンスが萌芽的な形で存在する商業信用から始めて、ついで銀行信用を、山口氏がいかに論じているか検討する。そして、山口氏がもっぱら銀行券で論じているのを預金通貨に置き換えて論じている吉田氏の信用創造論を検討する。最後に「資金の先取り」規定にもとづく信用創造理論の意味を整理して、まとめにかえたい。

1　商業手形と信用創造

　『資本論』では、「手形は、その満期支払日まではそれ自身が再び支払手段として流通する。そして、これが本来の商業貨幣をなしている。このような手形は、最後に債権債務の相殺によって決済されるかぎりでは、絶対的に貨幣として機能する。なぜならば、その場合には貨幣への最終的転化は生じないからで

ある。このような生産者や商人同士の間の相互前貸が信用の本来の基礎をなしているように、その流通用具、手形は本来の信用貨幣すなわち銀行券などの基礎をなしている」[3]と述べられている。この例は、商業手形が本来の貨幣への転換をすることなく、貨幣の役割を果たす場合であり、事実上、商業手形が銀行券と同じ「信用貨幣」の機能を持つことを示している。この点に注目して、山口氏は、商業信用にも信用創造が萌芽的な形で存在することを指摘する。

「商業信用は、個々の産業資本の自由にしうる貨幣資本の量によって制約されざるをえない生産過程の範囲を、個別的にも社会的にもそれから独立して拡大するのに役立ちうる。かくて貨幣資本と商品資本の両者の節約をふくめた意味での個別的な流通資本の節約を社会的な関係においてみるならば、かかる商業信用の展開によって、一方で社会的な商品在荷の節約による社会的再生産過程の緊張、およびそれにつづく社会的な再生産過程そのものの拡大が行われ、他方で同時にマルクスのいわゆる『商品生産一般の空費』としての流通現金貨幣量の節約が行われることが可能になっているといってよいだろう」[4]。山口氏によれば、個別資本的な限界を持つとはいえ、商業信用は流通資本の節約を通じて、社会的な再生産の拡大に貢献すると同時に、流通空費としての貨幣費用を節約する。そして、商業信用の連鎖は「信用創造機構の生成を端緒的に示す」とする。「商業信用の連鎖は、ある産業資本の貨幣資本の余裕、準備を基礎にして、他の産業資本の貨幣還流を先取りし、もって現在の追加的購買力を創出する関係を作り上げるのであり、これは社会的な資本蓄積を促進するいわゆる信用創造機構の生成を端緒的に示すものである」[5]。

このような制約をもつ商業信用が銀行信用に展開されることによって、本格的な信用創造機構が構築されると言う。「これは要するに、商業信用が個別資本の個別的事情に制約された貨幣還流と個別資本の個別的事情に制約された遊休貨幣の滞留とをその成立の条件とする、特定商品の販売代金の融通関係にすぎないものであることによる」[6]。「つぎに述べる銀行信用は、このような商業信用のもついわば使用価値的制約ないし個別資本的制約を止揚し、流通資本節約の資本家社会的機構を作り上げるのである」[7]。そこで、次に、銀行業システムの成立を前提にして、銀行券発行という形の信用創造の持つ意味を探ることにする。

2 銀行券と信用創造

商業手形の場合には、明らかに個別資本の産業連関的な範囲にその流通範囲は限定されているので、信用関係も個別資本の領域を脱することはできない。「商業信用関係において手形はいわゆる『商業貨幣』として機能するが、それが満期日まで無限に転々と流通していくには、その個別的性格に制約された幾つかの限界があった。この限界は商業信用が一方における貨幣の個別的遊休と他方における貨幣の個別的還流とを条件として成立している点に集約的に表現されている」[8]。

これに対して、銀行業システムは信用の個別的性格をうち破って信用のネットワークを広げ、独自の社会性を獲得している。そして、その社会的信用力を背景に、商業信用のさまざまな技術的限界を乗り越えて、実物経済の拡張・効率化を推し進めるのである。「銀行信用は、のちにしだいに明らかにするようなその独自の力（信用貨幣）を貸し付けることによって商業信用の個別的な限界を打破し、信用関係の独自的な円形化を実現するのである。銀行は、個別的な遊休貨幣の融通関係ではなくて、追加的購買力の先取り創出＝貸付と返済の社会的な機構を確立することによって、貨幣の還流、支払保証を個別的な関係より解放するのであり、さらにまたそのことを根拠に手形金額を分割して分離結合の容易な単位金額にすること、手形の期限を一定ないし一覧払いにすること、を可能にし、商業手形の使用価値的、個別的制約性を止揚して流通資本節約をより社会的な規模で行うわけである」[9]。

ここで注目すべきは、銀行信用は単なる金融仲介を行うのではなく、新たな「銀行自身の資金を創出」することにより「将来の資金の先取り」をすることである。「社会的に集中される資金を基礎にして貸し付けるということは単に一方の手で資金を預金として集中し、他方の手でこれを貸し付けるということではない。近代的銀行にあっては預金はかならずしも理論的に積極的な意味をもつものではないのであって、銀行は単に現在の資金供給を現在の資金需要に媒介するにとどまらず[10]、銀行自身の資金を創出することによっていわば将来の資金をも現在の需要に供給するものであることを明確にしておかないと、銀

行券発行の意義が不明確になってしまうであろう」[11]。同様の指摘は、次の個所でも見られる。「近代的な銀行信用にあっては、預金は、原理的にはかならずしも積極的な意義をもっていないのであって、むしろ本来的には銀行は、預金の額にかかわりなく、さしあたり紙と印刷費しか要しない自己宛の債務証書を自己の資金として創出し、それにある価格をつけてできるだけ多量に販売して利潤を追求しようとしている。いわば購買力を追加的、先取的に創出し、将来の社会的な資金形成そのものを媒介するのである」[12]。

商業貨幣として流通する商業手形が期限付きのために還流が将来であることが明白であるのに対して、銀行券は一覧払債務であるために将来の還流（返済）の先取りという関係が見落とされ、支払準備に支えられて流通するように現象するという重要な指摘が行われている。「商業信用が銀行信用に代位されることにより、産業資本間の信用関係は延長、拡大され、商業手形のもつ個別的な限界から解放された銀行券は、それが信頼される範囲で転々流通する。商業手形が将来の貨幣の還流（返済）を根拠に振り出され、商業貨幣として流通するように、銀行の立場からすればそれを割り引いた銀行券も将来の貨幣の還流（返済）をいわば先取りして発行され、流通するのであるが、商業手形が期限づきで、還流が将来であることが目にみえているのにたいして、銀行券は一覧払いの債務証書であるため、直接的には銀行における現在の支払準備に支えられて流通するかのごとくにみえる」[13]。

銀行は支払準備の流出を少額化するために預金の集中に努力する。「銀行はこの私的な金債務にたいする現金準備をさらに節約するために、個々の産業資本の再生産過程で一定期間必然的に遊休する貨幣資本を預金として集中しようとする。むろん預金が金のみで行われるとはかぎらないが、それが自己の発行した銀行券であっても、銀行はそれを預金として集中して準備を強め、現金準備をいっそう節約する」[14]。ペイメントシステムに伴う貨幣取扱業務と結合して「帳簿信用」を始め、銀行券の節約と信用関係の社会的拡大が一層進展するとされる。「銀行は、このように社会的な遊休貨幣を預金として集中することにより、旧来の金庫業ないし貨幣取扱業が行った貨幣の保管、出納の業務をも同時に併合して行うことになる。貨幣取扱業務にともなう旧来の技術的な預金振替制度も、かくて銀行の信用取扱業務と結合していわゆる『帳簿信用』を展

開し、銀行券そのものの発行を節約してよりいっそう準備を強めると同時に、他方で信用関係の社会的拡大に役立つことにもなるわけである」[15]。この「帳簿信用」が預金通貨発行による信用創造を指すのであり、この「帳簿信用」を基軸に据えて信用創造理論を展開するのが、次節で検討する吉田氏の所説である。

3　預金通貨と信用創造

　吉田氏は、著書の中で、1960年前後当時、「預金通貨論はほとんどなく、信用創造論も正面から取り上げられることはなかった…。そのような中でセイヤーズの『現代銀行論』(三宅義夫訳、1959年)」[16]に衝撃を受けたとして、次のように述べている。「預金は信用創造の産物であり、金融引き締めとは預金量の抑制だというようなことは、当時の日本ではほとんど論じられていなかったからである。信用創造については、わずかに、畏友山口重克が『将来の資金形成の先取り』として積極的に展開した(「商業信用と銀行信用」鈴木鴻一郎編『信用論研究』1961年)が、私は山口が銀行券で論じているのを預金通貨に読み替えて、その後の考え方の基準とした」[17]。このように吉田氏は、山口信用創造論を踏まえて、「帳簿信用」段階で信用創造論を展開してきたということになろう。

　吉田氏の基本認識は次の通りである。「私の認識は、ペイメントシステムは基本的に預金振替のシステムであり、逆にペイメントシステムを通じて預金は預金通貨となる、というものである。そして預金が貨幣として機能するからこそ、預金による信用創造も可能となる」[18]。中央銀行を頂点とした銀行業システムが確立している段階を前提すると、信用創造は基本的にいわゆる「帳簿信用」として預金通貨の創造を通じて行われる。吉田氏の言うペイメントシステムの世界は、まさにこのような預金振替制度を基盤とした貨幣・信用制度である。

　氏によれば、預金と貸出は同一の事柄の裏と表の関係である。貸出と同時に預金が増加し、借り手が資金を使用しても、銀行システム全体としては預金が返済により消滅するまで残存する。現金で引き出される場合にも、一時的に預金は減少するが、現金の受取手が取引銀行に預金すれば、再び預金量は回復す

る。信用創造によって創造された預金が各種の取引を媒介しつつ、銀行システムの中を流通しているのであり、まさに預金は通貨なのである。そして、不換制下の中央銀行を頂点とする近代的な銀行業システムを前提として、「銀行組織全体としての資金不足は、結局、中央銀行が埋めてやる以外には調整されえない」と指摘する。「中央銀行がどのような姿勢で最終的な不足資金の補填を行うかによって、出発点にさかのぼっての、銀行と借り手の間での信用の創出は影響され、限界を画されているのである」[19]。

そして、氏の主要な問題関心の一つは、通説的なフィリップス流の「ベースマネー（本源的預金）を出発点とする」信用創造論を徹底的に批判することである。この通説的信用創造論にもとづく諸々の誤りを個別に批判すると共に、通説的信用創造論自体が出てくる根元に対しても厳しい批判の矛先を向ける。たとえば、「無準備の貸付」という概念に対しても次のように批判する。「信用創造についても『架空資本』概念と結びついているのか、無準備での貸付ということがよく言われるが、『信用』というのは本来債権債務関係であり、現物(物件)がないのは当たり前のことである。債権債務関係そのものを理論化すべきであり、無準備の強調には違和感を持つ。なお、この点について山口重克は『(現金準備)『以上』という点が『創造』の意味なのではない。先取りしているということが創造の意味なのである』と述べているが、同感である（山口「純粋資本主義における信用創造」(1999)）」[20]。ここでも見られるように、通説的信用創造論を批判する際の基本的な視角が、「将来の資金の先取り」なのである。

次節では、この信用創造と「将来の資金の先取り」の関係を中心に問題を整理しよう。

4 信用創造と「将来の資金の先取り」——まとめにかえて

山口氏は、貨幣還流を先取りすることを通じて、現在の追加的購買力を創出するという点に焦点をあてつつ、商業信用の段階においても、社会的な資本蓄積を促進する「信用創造機構の生成」が端緒的に見られることを指摘した。ま

た、「銀行信用は、このような商業信用のもついわば使用価値的制約ないし個別資本的制約を止揚し、流通資本節約の資本家社会的機構を作り上げるのである」として、氏は銀行信用を商業信用の発展形態と把握する。銀行信用は、追加的購買力の先取り創出＝貸付と返済の社会的な機構を確立することによって、貨幣の還流、支払保証を個別的な関係より解放するのであり、さらにまたそのことを根拠に手形金額を分割して分離結合の容易な単位金額にすること、手形の期限を一定ないし一覧払いにすることを可能にし、商業手形の使用価値的、個別的制約性を止揚して流通資本節約をより社会的な規模で行うというわけである。銀行券発行を通じて貸し付けする形の信用創造を念頭に置いて、氏は、「銀行は単に現在の資金供給を現在の資金需要に媒介するにとどまらず、銀行自身の資金を創出することによっていわば将来の資金をも現在の需要に供給するものであることを明確にしておかないと、銀行券発行の意義が不明確になってしまうであろう」と述べている。

　さらに、山口氏は、帳簿信用についても、次のように述べている。「貨幣取扱業務にともなう旧来の技術的な預金振替制度も、かくて銀行の信用取扱業務と結合していわゆる『帳簿信用』を展開し、銀行券そのものの発行を節約してよりいっそう準備を強めると同時に、他方で信用関係の社会的拡大に役立つことにもなるわけである」。吉田氏の場合には、さらに一歩進めて、銀行業システムが成立してしまえば、「現金」としての銀行券が預金振替制度の一部分として補助的な機能を果たすようになると考えている[21]。すなわち、主役はペイメントシステムと預金通貨であり、銀行券は「現金」流通領域を担当する補助的通貨形態ということになる。

　前節で見たように、このような山口氏の「将来の資金形成の先取り」という信用創造理解を、吉田氏は「考えの基準とした」と述べている。一覧払債務である銀行券や預金通貨の発行は、「直接的には銀行における現在の支払準備に支えられて流通するかのごとくみえる」のであるが、実は、「商業手形が将来の貨幣の還流(返済)を根拠に振り出され、商業貨幣として流通するように、銀行の立場からすればそれを割り引いた銀行券も将来の貨幣の還流(返済)をいわば先取りして発行され、流通するのである」。将来の資金が形成されて返済されるまでの期間を事実上短縮して、信用創造（貸出＝貨幣創造）は現時点の追

加的購買力を生みだして資本蓄積を促進するというわけである。この点において、商業手形の発行・流通と銀行信用は共に信用創造をしているのである。商業手形は期限付きであるのに対して、銀行券と預金通貨は一覧払債務である点が異なるが、両者ともに発行・流通するためには決済に対する信用が前提になる。支払準備の問題はこの前提としての信用に関するものであると考えられる。このように考えれば、支払準備を超えるかどうかを信用創造の基準にすることが無意味であることは、明らかではなかろうか。

　通説的なフィリップス流の「信用創造論」では、信用貨幣が登場する必要は全くない。「本源的預金」として集めた現金通貨の中から、必要準備を超える現金を繰り返し貸し出すことによって貸出残高は増加するが、これは単に信用媒介を繰り返したにすぎない。貸出が信用貨幣の創造を伴って初めて信用創造の名に値するのであり、その際に、信用創造は「将来の資金の先取り」としての意味を持つのである。

　信用創造の「将来の資金の先取り」規定は資本蓄積の促進効果だけではなく、不安定化効果をも明瞭に示している。起動力としての資本投下を先取りする形で促進するのが、創造された信用貨幣＝資金を供給する信用創造の効果であり、高度成長期の日本などはこの典型例であるといえよう。実物経済の成長を前提にして貸付－返済が順調に進むならば、中央銀行と市中銀行および短期金融市場の総体が有効に機能することになる。反面、1980年代後半の場合のように、バブルの膨張に必要な資金を信用創造が先取りする形で供給して、バブル崩壊後大量の不良債権を抱え込むリスクをも内包している。資本主義的金融においては、銀行側の貸出判断と中央銀行の金融政策の妥当性が問われることになる。

　貸付から返済までの期間に貸し出された預金通貨は運動を続け、銀行業システム内にとどまる。返済時期には銀行業システム内部の預金通貨を手に入れた借り手が貸し手の銀行に返済して、預金通貨が消滅する。いわば「資金の先取り」期間中、創造された信用貨幣として流通を媒介したり、蓄蔵貨幣の機能を果たすのである。先取りによる追加購買力の創出は、信用創造が実物経済に対して拡張・効率化効果と不安定化効果を与えるが、このこと自体は、商業信用の段階でプリミティブではあるが存在した。信用創造を実物経済との関係でとらえる場合には、まず、この「資金の先取り」視角を重視すべきであろう。近

代的な銀行業システムが確立している社会では、信用創造により供給される預金通貨を通じて、実物経済と金融経済の運動が媒介されるのである。

注

(1) 以下では、簡略化して「将来の資金の先取り」あるいは「資金の先取り」と表現する。
(2) 吉田暁『決済システムと銀行・中央銀行』日本経済評論社、2002年、ivページ；同「実務感覚からの理論への期待」『信用理論研究』第20号、2002年6月、35ページ。
(3) K.Marx, Das Kapital, Band Ⅲ, in: Marx-Engels Werke, Band 25, Diez Verlag, 1964, S.413；マルクス=エンゲルス全集刊行委員会訳『資本論』第3巻第1分冊、1968年、502〜503ページ。
(4) 山口重克『金融機構の理論』東京大学出版会、1984年、62ページ。
(5) 同前、63ページ。
(6) 同前、66〜67ページ。
(7) 同前、67ページ。
(8) 同前。
(9) 同前68ページ。なお、引用文中の下線は引用者による。以下同様。
(10) 山口氏の強調点は明らかに信用創造にあるのであるが、一応山口氏が既存資金の仲介機能を認めるのに対して、銀行信用は全て信用創造であるとして既存資金の仲介を全面的に否定する吉田氏とはニュアンスの相違がある。
(11) 山口重克、前掲書、68ページ。
(12) 同前、85ページ。
(13) 同前、77ページ。
(14) 同前、78ページ。
(15) 同前、79ページ。
(16) 吉田暁、前掲『決済システムと銀行・中央銀行』、iii〜ivページ。
(17) 同前、ivページ。なお、引用文中の山口論文は、山口重克、前掲書に収録されている。
(18) 同前、iiページ。
(19) 同前、vページ。
(20) 吉田暁、前掲「実務感覚からの理論への期待」、38ページ。なお、引用文中の山口論文は、山口重克『金融機構の理論の諸問題』お茶の水書房、2000年、に収録されている。
(21) 吉田暁、前掲『決済システムと銀行・中央銀行』、vページ。

第4章 銀行信用の本質と諸機能について
―マルクス銀行論の再検討から―

真田哲也

　銀行論をめぐって建部氏、吉田氏による論考[1]が発表され、信用理論研究学会において活発な議論がなされている[2]。そこで提起されている多くの論点のうち、本論では吉田氏による「本源的預金」論批判、建部氏による「金融仲介機能否定」論などの論点を中心に検討する。同時に、この考察には銀行信用の本質と諸機能の概念的理解を今日的時点で再審する課題が含意されている。建部氏自身が立論の根拠とするマルクス銀行論の再検討が不可避の課題となる所以である。初めに、両氏の議論の特徴を概括したい。

　建部氏は「銀行業務の出発点は預金にあるのか貸出にあるのか」[3]と問い、「借り手の口座に預金を貸記するかたちでの貸出をつうじて、民間銀行による信用創造活動のもっとも重要なプロセスが始動し始め」[4]るとされ、その上でそれに対応した「中央銀行による銀行への準備の受動的供給という理論枠組み」[5]を主張される。このような説明は、個別商業銀行による借り手需要への対応とそれへの対応として中央銀行段階での準備供給という個々の現象の因果的説明として大筋においては妥当と判断される。

　しかし、建部氏の議論は個別諸現象の因果関連の説明においては正当な指摘を含みつつもその基本概念の把握と論理展開に少なくない混乱があると思われる。後述するように、マルクスは銀行信用という新たな信用構造の生成にかかわる論理を主題としており、その構造成立下での個別主体による諸行動の因果関連の説明という次元とは本質的に異なる視野で問題を設定していると考えられる。換言すれば、建部氏における議論の問題点は、このような個別諸現象の因果的説明論理と銀行信用構造の生成論理を同一視される点にあると思われる。個別市中銀行が与信行動を行うことができるのは、全体としての銀行システムがその与信を将来的に回収することができるような構造の存在を前提としてい

る。その前提構造のもとで、はじめて個別銀行の与信行動が設定される。信用創造機能は個別銀行だけで完結するものでなく、個別銀行の信用創造はそれだけでは不安定であって中央銀行の信用創造に支えられることで相対的安定性を得る。つまり、構造的システムとしての銀行信用の成立論理は、個別銀行の行動論理とは異なる次元で把握されるのである。個別銀行の行動がそのままこの構造システムの生成と一致するのではない。二つのレベルは区別されなければならない。他面で、建部氏はその立論をマルクス解釈によって補強しており、氏の見解の評価に際してマルクス銀行信用論の再検討が不可欠の作業となる[6]。

　この点で、吉田氏は慎重と思われる。吉田氏は、「現代においては信用システムの外部からの本源的預金を想定することはできない」[7]として「本源的預金」論を批判しつつ、明示的ではないものの銀行信用の構造確立の論理とそれを前提として運動する現代の信用システムとの違いが含意されうる慎重な言い回しがなされている。吉田氏は、「実務感覚から」現代の信用システムにおける個別諸現象の因果関連に議論の中心をおいており、マルクス経済学に批判的に言及しつつもマルクス解釈については立ち入った議論はしていない。そして、後述するように本論の結論ともなるが、吉田氏の見解はそのマルクス経済学への批判にもかかわらず、筆者が摘出し再構成したマルクス銀行信用論とは多くの点で重なるものがある。他方、建部氏においてはマルクスの議論を現代の銀行信用システムにおける諸現象の説明論理と直結させる論理展開となっている。にもかかわらず、マルクス銀行論の諸契機の統一的・内在的解析には成功していないと考えられる。

　建部氏における第2の問題点は、「本源的預金」論＝「準備金基礎」論とする批判のうちにある。氏は「『準備金基礎』としての『本源的預金』がなければそもそも銀行の信用創造プロセスが始まらないと理解されるべきではな」[8]い、と主張される。建部氏の議論に特徴的なことは、準備金としての「貨幣の集中」という側面は、銀行信用における金融仲介機能と同一視され、「本源的預金」論への批判から金融仲介機能への批判へと議論が直結させられる点である。すなわち、マルクス銀行論における「貨幣の集中」と「信用貨幣の創造」という二つの側面のうち、建部氏はこれを金融仲介機能と信用創造機能に定義し直し、その上で前者、金融仲介機能を「歴史的に一過性」[9]と評価し銀行機

能を銀行信用創造機能に一元化することを主張する。いわば、＜銀行信用＝信用創造＞還元論と特徴づけることができる。

　吉田氏は、「はじめに信用創造ありき」（84ページ）という視点から「教科書流の信用創造論にあっては、本源的預金がまずあって、それを準備として信用創造が展開される」（同）とする。「本来の貨幣（金・銀貨）が存在した世界にあっては、このような説明もある程度は妥当するが、本来の貨幣が後景に退いてしまった現代社会においては、銀行システム外からの本源的預金を想定することはできないと筆者は考える」（同）[30]。

　建部氏と吉田氏は、両者とも共通して、信用創造を重視し論理の始原に個別銀行の与信行動を置く。そして、その主張の根底には共通する問題把握があり、それが「本源的預金」論への批判的認識ということができる。「本源的預金」論とは、＜はじめになんらかの現金の集中があって、そこから信用創造が行われる＞とする理解であり、両者はこの論理展開への批判という点では共通認識をもっているということができる。しかし、他面で、この議論をベースにしつつも建部氏においては独特の主張が付加される。その第1は、「貨幣での貸付」と「信用貨幣の創造による貸付」を峻別する議論。第2に、後述するように吉田氏とは異なり、銀行機能を事実上二機能に絞り込んだ上でかつ両機能を分離して排他的に把握し金融仲介機能を否定し信用創造機能に一元化して銀行機能を把握する主張。第3には、このような主張をマルクス信用論解釈によって根拠づける議論。これらの点が、吉田氏と共通の議論を展開しつつも建部氏固有の議論の特徴として指摘できる。これに対して、吉田氏は、銀行信用における決済機能を重視してそれをベースに信用創造機能が展開されるとする。貨幣供給機能の前提には「技術的にはさらに預金振替が効率的に遂行されるようなシステムが必要」（26ページ）であり、「預金で貸すということと、決済システムはこの意味で不可分なのである」（209ページ）。そして、金融仲介機能についても吉田氏は建部氏のように全面否定されるわけではない。「貨幣供給という形で金融仲介を行う銀行は、それ自体がペイメント・システムであ」（26ページ）るとされ、銀行諸機能の不可分一体性の認識が示されている。しかし、他方で、「金融仲介と貨幣供給の二つ機能がどういう関係にあるかは必ずしも明確ではない」（25ページ）とも指摘され、三機能の相互関連は必ずしも明らか

ではない。

　このように銀行諸機能の把握については共通面をもちつつも、両氏の間には明らかに異なる把握が示されている。本論の最後で、この銀行諸機能の問題については立ち戻ることにして、まず、両氏において共通の認識となっている側面、「本源的預金」論の理解に焦点を絞って考察を始めたい。そして、この議論を突き詰めていくと、二つの問題に収束すると考えられる。第1に、「貨幣の集中」[1]、「共同の準備金」という事態を銀行信用の構造成立との関連でどのように理論的に位置づけるのかという問題。第2に、「貨幣での貸付」と「信用貨幣での貸付」の区別と関連をどのように捉えるのかという問題である。以下、これらの点を展望しつつ順に検討を加えていきたい。

1　マルクスにおける構造生成の論理

　「本源的預金」という概念をどのように理解すべきか。直ちに問題となるのは、「本源的預金」という概念とマルクスの使用する「共同の準備金」、「貨幣の集中」概念は同義か、という問題である。その考察は、マルクスにおける銀行信用論の全体的把握とそこにおける「貨幣の集中」「共同の準備金」という概念の理論的意義の解明と不可分である。いくつかの論点が連鎖していくわけであるが、それを念頭に置きながら、以下、考察したい。

　まず、「本源的預金」概念とマルクスの「貨幣の集中」「共同の準備金」概念との基本的発想の違いについて検討する。マルクスは「本源的預金」という概念は使用しなかった。それに類似しているとみられがちな「共同の準備金」、「貨幣の集中」概念について、本論全体で明らかにするように、マルクスは多面的な側面から考察し理論化している。それに対して、「本源的預金」概念ではそうした多面的側面は削り落とされている。そしてなによりも、「本源的預金」概念では、銀行信用は所与とされて預金概念だけが抽出され、そこから逆に前提とされた銀行信用の構造や機能が説明されるという役割が担わされており、自己矛盾的な役割を負った概念ということができる。この概念とマルクスの「貨幣の集中」論との最も大きな違いは、「貨幣の集中」論においては銀行

信用構造の生成論理の解明という視点からこの概念が使われているのに対して、「本源的預金」論は成立した銀行信用構造において預金と貸出という二つの債権債務関係の存在を前提にして、その一方の個別的要素から銀行信用を考察するという方法による議論となっているという点である。後述するように、与信行動を説明する際にしばしば用いられてきた「本源的預金」概念とマルクスの銀行信用概念およびその構造生成にかかわる「貨幣の集中」概念とは異質の概念である。他面で、マルクス固有の「共同の準備金」、「貨幣の集中」概念の理論的意義それ自体も、従来の『資本論』研究において、解明されてきたとはいえず、この概念の方法的に多面的で複雑な意義が極めて単純化されて理解される傾向があった。その結果、両概念を同義化する解釈が生み出されてきたと考えられる。

2 「自己宛債務の貸付」とは何か

まず、銀行信用の構造について考察する。この点については、別稿[12]においてすでに詳しく検討したことがあるのでそれを踏まえここでは中心的論点だけを取り扱い、銀行信用の核心である「自己宛債務の貸出」概念に焦点をあてて考察したい[13]。そしてその点から「貨幣の集中」論の理論的意義を位置づけるという手順で考察を進めたい。

個別銀行による与信が先行するという現象は、「自己宛債務の貸出」という固有の信用形態を前提とする構造の中での現象である。この特殊な形態である「自己宛債務の貸出」とはなにか、それはなぜ発生するのか、ということを考えなければいけない。

貨幣の集中が銀行信用構造成立の土台としての意義をもつというとき、この集中された貨幣は、関係論的に把握されるべきである。つまり、貨幣の集中は社会的関係の集中として捉えられるべきである。そして、関係の社会的集中によって従来の関係自体に質的な転換が起こり新たな関係が形成されるという点が明確にされるべきである。すなわち、貨幣の集中とは、さしあたり債権債務関係の集中として捉えられる（後述するように、現実には貨幣の集中は「貨幣

取引の集中」と同時であり、他面でこの債権債務関係は利子生み資本関係である）。そのことが既存の債権債務関係とは質的に異なる新たな債権債務関係を作り出すのであり、それが銀行信用である。マルクスの言葉を使えば、「借り手の社会的集中」であり、「貸し手の社会的集中」である。すなわち、二重の債権債務関係が社会的に集中することで成立するのが銀行信用なのである。そしてこの二重の債権債務関係の集中によって固有の債権債務関係が展開可能となる。産業資本の運動に直接的に規定された商業信用に対して、そこから独立した信用供給を可能とするのが銀行信用であり、ここに銀行信用の自立性がある。別言すれば、それは債権債務関係が自己展開、自己媒介する債権債務関係である。

　新たなレベルの信用関係は、既存の債権債務関係に直接規定されず、あるいは特定の債務関係に遡及されることのない、個別性を止揚した新たなレベルにおける債権債務関係である。それを現象として端的に示すものが信用創造である。しかし、信用創造という現象の指摘だけでは、いま述べてきたような関係論的本質が把握されず、むしろ、信用創造現象で目立つ、預金通貨や紙券という形態的特質にのみ目が向けられることになる。そして、その信用貨幣の形態的特質から逆に貨幣の集中という事態を区別して捉えようとすることで、両者の連続性が把握されなくなるという傾向が従来の『資本論』研究では支配的であったと思われる。重要なことは、関係論的な視点から銀行信用の構造を把握することであり、そのことは、後述するように「現金での貸付」と「信用貨幣による貸付」の区別と関連を首尾一貫した論理で捉えることと同一の問題ということができる。

　銀行信用が自己展開する債権債務関係であるということを別様に表現すれば、その債務の円還性によってその固有性が特徴づけられる。貸付が将来回収されるということを前提とした構造的な関係ということができる。信用創造によって自己展開する債権債務関係という事態は、他面で、その債務の還流的性格＝円還的性格という構造的関係を前提としている。つまり、自己展開性と還流性は、同一の事態を別様に表現したものに過ぎない。二重の債権債務関係が、貸出の時点では、二つの関係を媒介する当事者において「債務の貸出」として規定され、それが最終的に回収されることによって示されるのが還流的性格であ

る。「債務の貸出」が最終的に自己へ還流することがシステムとして含意されているわけであり、この自己へ回帰するという構造的性格が「自己宛」という規定で表現されていると考えられる。つまり、銀行信用の還流的性格は始原の自己への回帰であるという点からみれば、自己自身が自己へと媒介される債務ということである。こうして「自己宛債務の貸出」とは自己媒介的債権債務関係を表現する規定であり、還流構造の始原における規定ということができる。この始原の貸出と還流を媒介する構造が銀行信用なのである。銀行信用とは自己媒介的債権債務関係であり、債務の還流性、自己媒介性という性格付けは、銀行信用の構造的自立性を示すものであり、この自己媒介的信用構造の特徴を、貸出の時点で規定したものが「自己宛債務の貸出」という規定であり、その債務が回収されるという最終局面において規定された性格が還流性ということができる。

3 「貨幣による貸付」と「信用貨幣による貸付」

　そして、この「自己宛債務の貸出」が対象的に客観的に存立しているのが預金口座における借り手勘定への記入であり、銀行券の発券という技術的手段とその操作である。この人為的技術的手段に新たな債権債務関係の媒介が体現されている。その意味でかかる信用貨幣の創造は銀行信用の特質をもっとも端的に表現している。

　次に、「現金の貸付」の場合はどうであろうか。その考察のために、価値形態論の論理を援用してみたい。例えば、貨幣形態が二つの商品の単純な価値形態（2項関係）をそのエレメントとしているように、銀行信用という信用構造を論理的に突き詰めるならば、その究極的なエレメントとして、二つの債権債務関係の媒介的関連という単純な形態を抽出できる。なぜなら、銀行信用とは借り手の社会的集中であり貸し手の社会的集中であり、その媒介が銀行信用だからである。そして、その上で貨幣による預金とその貸出という単純なケースを考えてみたい。ここには二つの債権債務関係によって全体が構成されており、「債務の貸出」として特徴づけられる事態が存在している。この「債務の貸出」

という形においては両債権債務関係が連結し媒介された不可分な構造が存在している。その限りで、銀行信用の最も単純な形態ということができる。二つの債権債務関係の媒介においては、二つの関係が表面上は別の関係に見えるが、両関係の共通の当事者、つまり借り手でありかつ貸し手である立場から見れば、自分の結んだ二つの債権関係を自ら媒介していることになる。つまり、ここには債権関係の自己媒介的性格がある。しかしこの「単純な形態」における債権債務関係の自己媒介性は潜在的でしかない。二つの関係の媒介性を担う当事者（「単純な形態における銀行システム」）において潜在的にのみ自己媒介性が存在するにすぎない。また、完成された銀行信用において存在する「自己宛債務」という規定は登場しえないし、銀行信用におけるような債務の円環性も客観的には認識しえない。ここに、単純な形態の限界がある。問題は「債務の貸出」関係から「自己宛債務の貸出」への論理的展開をどのように捉えるかということである。銀行信用の特質を示す「自己宛債務の貸出」における「自己宛」という性格規定が客観的に誰の目にも明らかとなるのが、信用貨幣の創造であり「信用貨幣による貸付」である。しかし他面では、前述のように信用貨幣の創造を前提としない「貨幣による貸付」においてもこの自己媒介性は当事者の主観において対自的に明示されないが存在していた。このように、「信用貨幣による貸付」と「貨幣による貸付」は、本質的同一性をもちながらも区別される。すなわち、二つの債権債務関係の自己媒介的性格が対象的に客観化され人為的に技術操作可能となったものが信用貨幣である。信用貨幣の本質は債権債務関係の自己媒介的性格（自己還流的性格）の対象化＝技術的操作対象化という点において捉えられねばならない。「貨幣による貸付」関係における潜在的媒介性を客観化しそのことで社会的妥当性を獲得したものが信用貨幣である。信用貨幣の形態が預金通貨であれ銀行券であれこの本質は同一である。技術的形態の差異を認めつつ社会関係としての本質的同一性が把握されねばならない。この点を踏まえると次のマルクスの指摘も了解できる。

「銀行券は、ただ流通する信用章標を表すにすぎないので、銀行業者が商売の対象にするのは信用そのものであるということがここで明瞭になる。しかし、銀行業者は、他のあらゆる形態での信用をも取り扱っているのであり、自分のもとに預けられた貨幣を現金で前貸しする場合でもそうである」[14]

ここで、マルクスは銀行券という「信用貨幣による貸付」においても、預けられた「貨幣の貸付」の場合においても「信用を取り扱っている」として両形態における共通の本質を指摘している点が重要である。貨幣集中のもとで成立する二重の債権債務関係の媒介的関連においては、「現金の貸付」における場合と、「信用貨幣による貸付」における場合の、両者の論理的連続面と不連続面の両面が把握される必要がある。両ケースを外面的な違いから単純に峻別するのは誤りである。また信用貨幣の本質規定も、その孤立した存在形態で捉えようとする理解は誤りである。信用貨幣は、それを生み出しそこに体化する構造的規定において把握されねばならない。預金通貨や銀行券という信用貨幣の理論的規定にとって重要なのは、記帳や紙券という技術的形態ではなく、そこに体化する関係規定である。技術的形態に目を奪われれば、預金通貨と銀行券の共通の本質が把握しえない。また、信用貨幣を兌換規定との関連でのみ規定するのも誤りである。信用貨幣の規定はまさに信用構造の全体的性格として規定されるべきである。創造される信用貨幣、「本来の信用貨幣」は、新たな債権債務関係の対象的自己展開として規定されるのであり、金との直接的関係から規定されるのではない。同一の本質が対象化され自立的な存在となるのが信用貨幣であり、これによって、新たな債権関係の自己展開が可能となる。預金された貨幣の貸付の場合においてはそれが埋没しており外見的には認識できない。マルクスのいうように〈不明瞭な〉のである。しかし、構造的な本質としては同一である。この両面を統一的に捉える必要がある。信用貨幣は単なる技術的手段ではなく、そこに新たなレベルの債権債務関係が体化することで存在しまた機能するのである。

4　「貨幣の集中」論の第一の理論的意義

　さらに立ち入って規定するならば、これまで債権債務関係として一般的に規定してきた事柄が利子生み資本関係として捉えることができる。すなわち、銀行信用とは利子生み資本の自己媒介運動であり、信用貨幣の本質は利子生み資本の自己媒介的運動の客観化＝技術的操作対象化として規定できる。そして預

金通貨・銀行券という技術的手段による利子生み資本の自己媒介的運動が信用創造なのである。

最初の問題に帰ろう。銀行信用の自己媒介的性格を対象化し顕在化する信用貨幣、それによる貸出が信用創造である。そして、債権債務関係の自己媒介という新たな関係構造が確立するのはどのようにして可能なのか、といえばそれは、「貨幣の集中」に帰結的に表現される債権債務関係の社会的集中と自立化である。二重の債権債務関係の媒介的関連を恒常化し社会的に集中するのが「貨幣の集中」という契機である。その発展の中で、記帳による預金通貨や紙券という技術的手段にこの自立的債権関係が化体し、記帳による貸出や発券という技術的形態こそが銀行信用として認識される。このような一連の事態の帰結であり原因でもあるのが、「貨幣の集中」であり「共同の準備金」の存在なのである。このような点から、「貨幣の集中」の意義は捉えられ、銀行信用固有の社会的関係を成立させる本質的契機として把握されるべきである。

仮に、「本源的預金」概念を使用する人々が、これをもってマルクスの「貨幣の集中」概念と同義とされているのであれば、それは、貨幣の社会的集中が利子生み資本関係の社会的集中をもたらし自己媒介的な利子生み資本の運動を引き起こし、銀行信用を成立させるという点でその意義が捉えられるべきであろう。しかし「本源的預金」という表現では、こうした関係の集中や自立化という視点は含意されにくい。その結果、銀行信用を説明するはずの概念が逆に銀行信用を前提としてその枠内での諸契機の関連の記述という傾向になりがちであったといえる。「貨幣の集中」という契機は、現実的には一体的に存在する銀行信用を構成する諸契機の一つであり、この一契機だけで銀行信用が成立するという理解は誤りであって、同一構造を構成する諸契機の一つとして捉えられなくてはならない。同時に、他面で一契機それ自身の規定においてこの構造的性格が含意されていなければならない。「本源的預金」概念ではこうした点が含意されておらず、マルクスの「貨幣の集中」「共同の準備金」概念とは異質のものと言うことができる。

以上、マルクス「貨幣の集中」概念を関係論として再構成することを通して、「本源的預金」概念とマルクスの概念との異質性を考察してきたが、建部氏はこの「貨幣の集中」というマルクスの銀行信用論の重要な側面を「一過性」の

ものとして切り捨て「信用貨幣の創造」をそこから分離し、その側面のみが銀行信用の本質であると主張されている。この議論が「貨幣の集中」と「信用貨幣の創造」という銀行信用のもつ二つの側面における内的に連続する論理を把握できないことから生まれた一面的議論であることは、前述の通りである。しかし、建部氏は、「貨幣の集中」の意義を否定した上でさらにこの側面を「金融仲介機能」として規定しこの機能そのものを否定する議論を展開される。この「金融仲介機能否定」論については、すでに信用理論研究学会などで多くの批判があるのでそれを参照していただくことにして、ここでは、銀行信用における金融仲介機能と信用創造機能を分離して後者のみに銀行信用の機能を還元される議論が生まれる理論的根源が、マルクス「貨幣の集中」論への無理解と「貨幣による貸付」と「信用貨幣による貸付」の連続面と不連続面の統一的論理の把握の欠落のうちに存在していることを指摘するにとどめたい。

5　「ペイメント・システム」論としての「貨幣取扱資本」論

　しかし、これまで不問にしてきた前提としてなおもうひとつ独自のレベルの問題がある。それは決済手段の問題であり、銀行信用固有の技術的手段の問題である。この技術的手段に着目して銀行信用の機能を規定すれば、吉田氏の指摘されるように、銀行信用は決済システムとして規定することができる。銀行信用における債権債務関係の自己展開は、信用貨幣の創出によって可能となるのであるが、借り手勘定への記帳、銀行券発券という信用手段の成立には、記帳や紙券という技術的前提が存在している。この技術的側面はどのような根拠で確立するのか。マルクスにおいてはそれがまさに「貨幣の集中」においてであり、ここに「貨幣の集中」論のもうひとつの理論的意義がある。この側面を次に考察したい。
　吉田氏は、決済機能が信用創造や金融仲介機能と不可分性であることを指摘する。「貨幣供給というかたちで金融仲介を行う銀行は、それ自体がペイメント・システムであり」（26ページ）、「借入れによって受け取った預金を振り替えるシステムがなければ、預金が通貨となることはできない。預金で貸すとい

うことと、決済システムはこの意味で不可分である」(209ページ)。そして「銀行信用創造をしながら同時に金融仲介を行う。銀行がペイメントシステムの担い手であるということは、上記を別側面からみたものに過ぎない」として、決済機能と信用創造機能と金融仲介機能のそれぞれを認めながら同時にそれらが一体的であり、別の側面からの規定でしかないことを主張される。この吉田氏の理解は、吉田氏のマルクス経済学への批判にもかかわらず（そしてそれは、従来のマルクス解釈によるマルクス経済学への批判にすぎないと筆者は捉えるものであるが）、管見では、マルクスの銀行信用論と基本的に照応するものと考える。この点については詳細に論ずることはできないが、マルクスに依拠して銀行信用の諸機能を信用創造に一元化される建部氏の議論よりも、吉田氏の見解はマルクスの理解により近いと評することができる[15]。

ここでマルクスは銀行信用における決済システムをどのように位置づけていたか簡単に確認しておきたい[16]。

第1に、マルクスにおいて、信用制度の発展＝銀行信用の発展は大きくは二つの側面から捉えられる。貨幣取引から生まれる預金残高の振替などによる決済のための技術的手段、技術的操作の発展の側面と債権債務関係という社会的関係の集中と発展の側面の二つである。そして『資本論』の叙述展開では、この銀行信用における決済システム機能については貨幣取扱資本論で主題的に扱われ、その上で銀行信用の信用創造や金融仲介については、利子生み資本論以降で主題化される。『資本論』の方法の基本理解にかかわるこの論理展開の意義については別稿で詳細に論じたので、ここでは以下概略を示す。

第2には、貨幣取扱資本において、「貨幣の集中」＝「貨幣取引の集中」によって、記帳、口座振替（預金通貨）という技術的手段が開発され、預金口座振替システム＝決済システムが成立する。この技術的手段の開発を論理的前提として、次に銀行信用という新たな債権債務関係を展開するという叙述が『資本論』の基本線である。吉田氏の議論との関係でいえば、銀行信用の諸機能を論ずるにあたってマルクスは決済システム機能を確定した上で信用創造・金融仲介機能を論じたということができる。ここで重要なことは　これまで本論では、貨幣の集中について債権債務関係の社会的集中として把握する理論的意義を強調してきたのであるが、それにとどまらず、貨幣の集中が貸借関係を捨象

した上でなお独自の意義をもつことを指摘しなければならない点である。貨幣の集中は、一方でその貸借関係を捨象したレベルでは、預金残高の振替システムという新たな技術的手段を開発する意義をもち、他方でその貸借関係＝信用関係を視野にいれれば、二重の債権関係の集中による新たな債権関係の創出という、如上のような意義をもつのである。すなわち「貨幣の集中」論は銀行信用論にとって二重の意義をもつのである。

6 「貨幣の集中」論の二つの理論的意義

「貨幣の集中」論を総括しよう。現実の資本主義経済は、金融的資本と産業的資本が二重化し交錯しているが、これを論理的に叙述する方法として、〈産業資本からの展開〉という基本線を提起したのが『資本論』である。が、そのうえで、現実の銀行信用という金融的運動の中核部分をどのように叙述するかという問題があり、銀行信用の叙述は、貨幣の技術的操作にかかわる記帳、口座振替などの技術的形態を論ずる部分と、その基本的社会関係となる利子生み資本概念を論ずる部分とに別れて論じられることになる。すなわち、〈産業資本からの展開〉という基本線の上で、現実の〈銀行信用からの抽象〉という叙述方法が付加される[17]。貨幣取扱資本も現実には信用制度の発展と結合しており、資本主義のもとでは両者は銀行信用として一体的に存在しているのであるが、『資本論』での叙述においては銀行信用から貨幣取扱資本の側面のみが独立して抽出され先行的に叙述される[18]。

このように、現実には一体的に機能し存在している銀行信用を構成する諸側面が、『資本論』の叙述では論理的に分解され抽象化されて論じられる。詳細は別稿を参照していただきたいが、本論の主題となる貨幣資本の集中、共同の準備金の成立に即していえば、この概念は銀行信用構造の成立にあたって、二重の意義をもつ。第1は、貨幣取引の集中＝貨幣の集中によって生ずる技術的手段の開発という側面である。これは吉田氏が強調される銀行信用における決済システムの側面である。貨幣取扱資本において、吉田氏の指摘される口座振替という技術的手段が開発されそれによる決済システムが成立する点、第2は、

二重の貸し手と借り手の関係，つまり二重の利子生み資本の関係が社会的に集中しかつこの媒介関係が自立化する点、である。後者が社会的関係としての銀行信用の構造解明にとっては重要である。つまり、貨幣の集中は、本来その構成要素であった二つの関係を揚棄する新たな関係を創出することになる。それが自己媒介的利子生み資本である。ここに商業信用など既存の信用関係のレベルを一段揚棄した高次の信用関係が成立する。これは預金口座への記帳、借り手の勘定への記入によって行われる信用創造であり、これが可能となるためには、口座振替、銀行券という技術的手段の開発が不可欠の前提となる。そしてこの技術的手段に吸着しそこに体現されるのが、自己媒介的な利子生み資本である。この自己媒介性が「自己宛債務の貸出」として特徴づけられ、信用創造現象の本質である。金属貨幣の媒介運動においても、潜在的、消失的であるが二つの債権債務関係の媒介関係は存在するが、この二つの債権債務関係の連関が、技術的に操作可能な対象として「物」として確立されるのが、信用貨幣の創出である。これにより二重の債権債務関係の関係が恒常化し「物」として自己媒介する新たなレベルの信用が確立するのである。このような関係の社会的集中と自立化の契機として「共同の準備金」は位置づけられる。

7　銀行の諸機能と相互関連について

　建部氏の論考「マルクスの信用創造論について」[19]などに見られる銀行論の特徴は、前述のように金融仲介機能と信用創造機能の二者択一的理解から後者を分離しそこへ銀行機能を一元化する理解にある。同氏の議論は、マルクスの解釈についていえば、その諸側面についての統一的把握の可能性を放棄するという特徴をもつ。

　確かに、マルクスの銀行信用論は叙述が未完成であり体系的ではない。マルクスが銀行信用のうち決済機能の側面だけ先行的に叙述したことについては前述した通りであり、決済システムの技術的性格についての認識は明確ではあったといえるが、なおその主題の詳細な分析は欠落しているのも確かである。決済機能と信用創造や金融仲介の機能との関連などについても主題的には論じて

いないし、残る二つの機能、金融仲介機能と信用創造との関係についてもそれを主題的には論じていない。このように、明らかにマルクス銀行論の体系的叙述は未完である。とはいえ、筆者はその再構成的理解の可能性はあると捉えそのような立場から上記の指摘を行ってきた。その前提の上で、以下では、さらに銀行信用の諸機能の区別と関連について再構成的整理を試みたい。

　吉田氏の「実務感覚から」の考察と筆者が析出してきたような『資本論』での銀行信用論の展開は、期せずして重なる部分が多いように思われる。氏の考察の特徴として次の点を挙げることができる。

❶決済手段の確立をベースとして議論が組み立てられる点。
❷金融仲介と信用創造を二者択一的に分離しない点。
❸債権債務関係の新たな展開として銀行信用をとらえようとする点。
❹預金と貸出を関係づけて両建てでとらえようとする視点。

　この最後の点は銀行信用における二重の債権債務関係を分離して把握するのではなくその関連においてとらえようとする点で筆者の議論と接点がある。また、債権債務関係の新たな展開として銀行信用を捉えようとする点も、筆者のマルクス解釈と照応するものと解される。さらに決済手段という側面を、銀行信用の機能のベースとして抽出するという点もマルクスの貨幣取扱資本論の位置づけと照応していると思われる。さらに、吉田氏の指摘される通り、決済機能、金融仲介機能、信用創造機能は現実には一体的に存在しており、問題はそれらの機能の抽出視角とその論理的関連の理解である、とする理解もマルクスの基本論理と照応するものと考えられる。

　以上のような吉田氏の議論を参考としつつ、筆者なりに再構成したマルクスの銀行信用の諸機能論を整理すれば以下の通りである。

　銀行信用の発生する基盤は、その貸借関係＝信用関係を捨象した貨幣取引の社会的集中によって成立する口座振替、預金残高による振替、という決済手段の技術的確立である。そして、この技術的手段とその操作に銀行信用という社会的関係規定が吸着することで、預金通貨などによる貸出が可能となる。これが信用創造である。

　他面で、信用創造は前述のように自己媒介的利子生み資本関係として規定で

きる。貨幣供給機能は、既存の貨幣の存在に制約されることのない自律的に展開可能な観念的な債権関係の創出機能であり、それが「自己宛債務の貸出」である。それが可能なのは、信用貨幣を存立せしめる技術的手段（記帳、銀行券）の操作によって技術的に無制限な貸出が可能だからである。この無制限性は、観念的な債権関係の創出という銀行信用の自己媒介的特質と照応する。この自己媒介的信用貨幣供給＝信用創造によって、成長通貨を供給し、剰余価値生産とその実現による債務の還流によって事後的に金融仲介機能が遂行される。こうして、決済機能を基盤に信用創造が可能となり、結果的に金融仲介機能が遂行される。

　三つの機能を概括的に捉えればこのような関連にあるといえる。

　決済機能とは、銀行信用における「貨幣の集中」において、債権債務関係＝貸借関係の集中という側面を捨象し、貨幣取引の集中という側面だけを抽象することによって捉えうる機能であり、振替や決済にかかわる技術的手段・技術的操作にかかわる機能の規定である。その意味では、債権債務関係の社会的集中による借り手と貸し手の社会的媒介機能を事実上は前提としているにもかかわらず、そのような銀行信用の社会的機能は捨象された概念である。しかし、この側面は他の機能の技術的前提をなす不可分離の機能として位置づけられる。金融仲介機能は、信用貨幣の供給という債権債務関係の自己媒介運動を通して遂行されるという点では、信用創造機能と同一であるが、そこに還元できるものでなく、銀行信用を他者との関係において規定するものであり、社会媒介機能＝貸し手と借り手の媒介機能の側面を抽出した機能である。この機能の抽出においては技術的手段の機能は前提化され捨象されている。また、信用創造にともなう架空的性格やそこから生ずる過剰信用などの問題も捨象されている。金融仲介機能とは銀行信用の対他的規定であり、その社会的機能性に着目した抽象ということができる。さらに、信用創造機能は、社会的に捉えられる金融仲介機能から、銀行それ自体の独自的特質の側面を分離して規定したものといえる。商業信用などには見られない銀行信用という信用システムの自立性が抽出された対自的規定である。ここには、架空性や過剰信用の可能性が含意されている。他方、預金口座や銀行券などの技術的手段とその操作によって信用創造が実在化するという点では決済機能を前提にする機能でもある。金融仲介機

能という他との関係での規定は捨象されたものといえる。

このように銀行信用の三機能は、現実には一体的に存在しているが、銀行機能をどの側面から規定するか、抽出するかによる理論的区別として捉えられるべきであろう。

注

(1) 建部正義「銀行の本質と管理通貨制度下の貨幣供給の基本的メカニズム」『信用理論研究』（信用理論研究学会）第19号、2001年10月；同「マルクスの信用創造論について」『商学論纂』（中央大学）第42巻第5号、2001年3月。吉田暁「実務感覚からの理論への期待」『信用理論研究』（信用理論研究学会）第20号、2002年6月；同『決済システムと銀行・中央銀行』日本経済評論社、2002年。

(2) 前掲『信用理論研究』第19、20号におけるコメントと質疑応答参照。そこでは管理通貨制度での貨幣供給は内生的か外生的か、金本位制と管理通貨制における連続面と不連続面をいかに把握するか、など本論では扱えない多くの理論的問題が指摘されている。多くは未解明と思われる。その前提となるマルクス銀行論の諸契機の統一的把握ということが本論の限定的主題である。

(3) 建部正義、前掲「銀行の本質と管理通貨制度下の貨幣供給のメカニズム」、74ページ。

(4) 同前、82ページ。

(5) 同前、コメントへの回答、93ページ。

(6) 建部氏はマルクスによって自己の立論を補強しているにもかかわらず年来の諸論争そのものには深く立ち入っていない。さしあたり、深町郁彌、浜野俊一郎編『資本論体系6、利子・信用』有斐閣、1985年。

(7) 吉田暁、前掲『決済システムと銀行・中央銀行』、86ページ。以下同書からの引用を頁数で本文に示す。

(8) 建部正義、前掲「銀行の本質と管理通貨制度下の貨幣供給の基本的メカニズム」、93ページ。

(9) 建部正義、前掲「マルクスの信用創造論について」、157ページ。

(10) 吉田氏は多くの論点を提起しており、ここでの整理は建部氏の議論との異同という視角からの整理でしかない。吉田氏による従来のマルクス経済学への批判は二重である。原論レベルと現代において「有効な説明原理を与えてくれない」（前掲書85ページ）というレベル。原論レベルの問題点として、「商業信用から銀行信用への展開と貨幣取扱資本としての銀行への現金の集中および現金での貸付との二元論が展開される場合が多い」とされ、さらに後述するように「本源的預金」論をマルクス経済学がとっているとする批判がなされている。

(11) 「信用制度の他方の面は貨幣取扱業の発展に結びついており、この発展は、当然、資本主義的生産のなかでは、商品取引業の発展と同じ歩調で発展して行く。すでに前の篇で見たように、事業家の準備金の保管、貨幣の受け払いや国際的支払の技術的操作、したがってまた地金取引は貨幣取扱業者の手に集中される。この貨幣取扱業と結びついて、信用制度の他方の面、すなわち利子生み資本または貨幣資本の管理が、貨幣取扱業者の特殊な機能として発展する。貨幣の貸借が彼らの特殊な業務になる。彼らは貨幣資本の現実の貸し手

と借り手とのあいだとの媒介者の役をするようになる。一般的に言えば、この面からみた銀行業者の業務は貸付可能な貨幣資本を自分の手中に大量に集中することにあり、したがって個々の貨幣の貸し手に代わって銀行がすべての貨幣の貸し手の代表者として産業資本家や商業資本家に相対するようになる。彼らは貨幣資本の一般的な管理者になる。他方、彼らは商業成果全体のために借りるということによって、すべての貸し手にたいして借り手を集中する。銀行は一面では貨幣資本の集中、貸し手の集中を表し、他面では借り手の集中を表している。……商業世界の準備金は、共同の準備金として集中される……」。Das Kapital, Ⅲ, S.416. 翻訳は大月書店、『資本論』などを参考とした。

(12) 真田哲也「信用制度の基本問題(1)」『商学論集』第58巻第2号、1989年11月；「信用制度の基本問題(2)」『商学論集』第58巻第4号, 1990年3月；「信用制度の基本問題(3)」『商学論集』第66巻第2号, 1997年12月；「信用制度の基本問題(4)」、『商学論集』第66巻第3号, 1998年3月。これら拙稿で、本論の主題について基本的論理の骨格は提出したが、なお、還流性などについては明確な分析が欠けていた。また、銀行の諸機能の分析についても未展開であった。
(13) 吉田暁、前掲書、「近代的銀行の本質は自己宛一覧払債務を貸し付けるところにある」(83ページ)。
(14) Das Kapital, Ⅲ, S.417.
(15) 真田哲也、前掲論文参照。
(16) 注(11)における引用参照。
(17) この二つの方法については、真田哲也、前掲論文参照。
(18) 「貨幣取扱業は、その元来の機能に貸借の機能や信用の取引が結びつくようになれば、十分発展しているのであるが、このようなことはすでに貨幣取扱業の発端から存在していた。これについては、次篇、利子生み資本のところで述べる」。Das Kapital, Ⅲ, S.332.
(19) 前掲。

第5章 現代貨幣と貨幣の起源

楊枝嗣朗

1 現代の貨幣金融分析の視座

　現代貨幣の本質は国家紙幣ではなく、信用貨幣とみる岡橋保氏の見解（『信用貨幣の研究』春秋社、1969年）は、かつてはまったくの少数意見として、嘲笑的扱いを受けてきたかに思われるが、最近に至って、吉田暁氏らの貢献により、ようやく一部で受容されつつあるかに見受けられる[1]。
「現代の貨幣つまり現金通貨と預金通貨はいずれも信用貨幣であり、銀行の銀行としての中央銀行を頂点とする銀行システムを通じて、貸出しによって供給され返済によって消滅する、という形で国民経済に対して供給される。ところが、預金通貨は手交できないから、預金を預金通貨たらしめるためには、預金の振替を処理する手形交換所や為替のシステムを必要とする。これが決済システムである」[2]
　このような見解は、銀行業界に身を置かれた論者に共通して見られる[3]。板倉譲治氏は次のように言われる。
「本来資金と言うものは銀行の貸出によって生まれてくるものであって、貸出しがいくら増えても資金不足が生ずるということはなく、信用機構の中の資金需給は常に均衡しているというのが貸借機構の基本メカニズムである」[4]
　とは言え、この「貸借機構の基本原則・メカニズム」からは、信用貨幣と商品貨幣、信用貨幣と国家等の関連をいかに捉えるのかといった点は見えてこない。したがって、商品貨幣と信用貨幣の直接的関連を鋭く意識し、マルクス貨幣論を忠実にフォローしてこられた国家紙幣説に組する論者にとっては、こうした問題に答えないままの信用貨幣との主張は、なんら問題の解答になってい

ないと感じられるであろう。最近の伊藤武氏の主張や、中央銀行券の金擬制説、さらにシンボル貨幣説などは、そうした問題意識を映しているのであろう[5]。

ところで、擬制(フィクション)であるとか象徴(シンボル)であるといった理解は、現代貨幣がもはや経済学的に説明できない存在だという論者の想いを窺わせる。事実、P.ケネディは、以下のように語る。

「今日、貨幣はもはや商品的基礎をもたず、実際、本質的には単なるシンボルに過ぎない。」「ポスト・ブレトンウッズと社会福祉の時代においては、普遍的等価物としての商品貨幣は資本主義体制から消滅し、貨幣の象徴的諸形態が支配していることを、いまや、マルクス理論は容認しなければならない。……膨大な象徴的貨幣形態や派生的貨幣形態——鋳貨、紙幣、為替手形、債券、電子勘定……——は、もはや直接、マルクスが描き出した価値法則の基礎の上で機能しているのではなく、政府紙幣と中央銀行の信頼の上で運動しているのである」[6]

こうした現代貨幣観は、現代金融分析の視座にも大きく影響している。すなわち、そのキー・タームは、「過剰貨幣資本の累積」というものである[7]。兌換制から不換制への転換は、「中央銀行が私的な信用制限としての債務履行からとき放たれ」たことであり、「いわば、中央銀行の信用制度としての実質の放棄」である。このことを条件に可能となった国債発行—財政スペンディングによる有効需要の創出は、一般流通における最終的価格実現を緩和・打開するのであるが、同時に、管理通貨体制下の過剰資金＝過剰貨幣資本体制を結果する。そして、この過剰貨幣資本の累積圧力から様々な信用形態が生み出される。いわゆる「新しい金融革新の動きは、管理通貨体制下の基軸通貨ドルの累積増大と貨幣資本の過剰にその原因を求めることができないであろうか」[8]

現代貨幣を不換国家紙幣とみなす論者らは、明らかに商品貨幣と信用貨幣の繋がりと断絶に着目し、中央銀行発行の不換通貨は、「内部貨幣」たる「過去の価格実現の結果としての貨幣ではなく、これから過剰貨幣商品に相対してそれらを価格実現する外部貨幣」[9]であると理解される。かくて、上に見たような現代金融分析の視座が設定されてきたのである。このことは、貨幣の起源や貨幣形態の発展についてのマルクス貨幣論からの当然の帰結であった。

2　貨幣の起源と発展に関するマルクス説

「貨幣は、交換から、交換のなかで、発生するものであり、交換の産物である」という理解は、今日なお、貨幣論の常識である[10]。「貨幣結晶は、相異なる種類の労働諸生産物がそこで相互に事実的に等置され、したがってまた事実的に諸商品に転形されるところの、交換過程の必然的産物である」。「商品交換は、諸共同体の終わるところで、諸共同体が他者たる諸共同体・または他者たる諸共同体の諸構成員・と接触する点で、始まる」。「遊牧諸民族は最初に貨幣形態を発展させる」[11]。

物々交換が直面する困難から貨幣の発生を説く素朴な議論について、マルクスは、その「困難は交換価値の、したがってまた一般的労働としての社会的労働の発展から生ずるものだと言うことを忘れている」と批判しながらも、彼自身も基本的には直接的商品交換から、それも、共同体の内部ではなく、外部との接触点から説いている。「だから交換取引がだんだんとひろがり、交換が増加し、そして交換取引にはいってくる商品が多様になるにつれ、商品は交換価値として発展し、貨幣を形成するまでになり、こうして直接的交換取引にそれを分解させるような作用をおよぼすようになる」[12]。

貨幣の起源・発生論とともに、マルクスが価値の尺度—流通手段—貨幣（貨幣蓄蔵、支払手段、世界貨幣）の順序で貨幣論を展開したことは、彼の信用貨幣論を考える上で重要である。飯田繁氏は、この点を特に強調されておられた。「流通手段を否定する蓄蔵貨幣は流通過程のなかから姿を消すのだが、その蓄蔵貨幣をさらに否定する支払手段は、約束の一定支払期日がくると、流通過程のなかから姿をあらわす」[13]。

かくて、信用貨幣と金属貨幣の関連について、マルクスは以下のように論じることになる。「信用貨幣そのものは、その名目価値の額において絶対的に現実貨幣を代表するかぎりでのみ、貨幣である」。「中央銀行は信用制度の軸点である。そして金属準備はまた銀行の軸点である」。「貨幣——貴金属の形態での——は依然として、信用業が事態の本性上、けっして離脱しえない基盤だということ」である[14]。

貨幣節約の視角から信用貨幣を商品貨幣金の代替物とみる見解は、商品交換から貨幣の発生を導き、価値尺度につづいて、流通手段—蓄蔵貨幣—支払手段という順序で貨幣論を説くマルクス貨幣論からの当然の帰結であった。また、上に見た現代貨幣金融分析の視座の設定は、貨幣の起源や貨幣形態の発展過程についてのマルクス説を、疑う余地のない歴史的事実と考え、そのために、板倉氏らにより主張されていた「貸借機構の基本原則」を踏まえた現代貨幣の信用貨幣性が目に入らなかったことの結果であった。

　しかしながら、物々交換の困難から貨幣の発生を説く常識は、いまでは、経済人類学や考古学の批判的研究によって、すでに破綻している。「貨幣の起源に関する仮説的な説明」、すなわち「物々交換についての類推的な歴史は、貨幣なしに市場取引を遂行することが、いかに困難であるかを示すことによって、貨幣の有用性を強調するために発明された」にすぎず、「広範な物々交換の状況を、時間と空間をもった現実世界の経済のなかに、あたかも、かつて実際に存在していたかのごとく、自明のことのように仮定することは誤りである」。さらに、アメリカ植民地時代の物々交換などは、「すでに存在しているヨーロッパ人のキャッシュや交易、植民地規則に大きく影響されて」おり、他方、物々交換ではない貨幣なき財貨の交換や、いわゆる原始貨幣による財貨の取引は、「独特な社会的かつ政治的な性格をもっており、市場的交換となんらの関係もない。」かくして、「結論的に述べるならば、貨幣なき市場的交換 (moneyless market exchange) は、市場的交換の貨幣的手段の生成に先立つ取引の支配的様式という意味では、ひとつの発展段階を画するものではない」[15]。

　大部の貨幣史を著した G.デイビスも「専門家の多くの共通の認識によれば、バーターが貨幣の起源や最も初期の発展における主な要因ではない」と言う[16]。

　直接的商品交換の矛盾から貨幣が生まれるという古くからの常識は、脆くも崩れ去る。共同体内部ではなく、共同体間での、人間の「余剰生産物を交換しようという欲求」、「交換に向かうような傾向をもつ社会的創造者としての人間」による余剰物の交換に、商品交換の歴史的始まりを求め、「遊牧民族は最初に貨幣形態を発展させる」というマルクスやエンゲルの認識、すなわち、「商品交換からの貨幣の起源の説明には、これまでなんら歴史的証拠は存在しない」[17]。

　われわれ貨幣論研究者は、マルクスの貨幣生成論について疑うことを知らず、

歴史的検証を行うこともなく、ドールトンの問題提起を一顧だにしてこなかった[18]。それでは、貨幣は歴史的にいかに生成したのであろうか。

3　鋳貨生成に先行する貸付・利子・銀行業の存在

　BC 7 世紀の小アジア西部リディアにおける鋳造がモダン・タイプの鋳貨を最終的に完成させ、その後、鋳貨鋳造は BC 6 世紀のイオニア、ギリシャへと伝播していく。以降、「世界の金融史は鋳造という最も主要で、相対的に不変の中核をめぐって、一連の革命的な変化を経てきた。大部分の人々、時代には、貨幣とはただ、鋳貨を意味したのであって、鋳造硬貨発明以来2000年間、西側世界では、地金と硬貨の関係が民間ならびに政府金融の土台となってきた。……リディア人が経済史を金色に染めて以来、硬貨中心の貨幣のない経済史はほとんど意味をもたなくなった」[19]。

　過去 2 千年を越える貨幣の歴史から、「本来の貨幣」とは金銀等の商品貨幣であり、信用貨幣はそれから派生した貨幣形態であると観念されてきたが、しかし、歴史をいま少し遡れば、「鋳造硬貨は銀行業発展の必要な予備・前提であるとは決して言えない」。すなわち、シュメールの楔形文字で書かれた膨大な量の出土品（clay writing tablets）に見られる預金受領書や貸借契約書から、古代バビロニアでは寺院や宮廷が経営する預金銀行が、鋳貨出現の千年以上も前に現れ、貨幣機能を遂行していたし、プトレマイオス王朝期のエジプトにおける国家規模の振替銀行も、鋳造硬貨の必要性を排除していたことが明らかとなる[20]。

　F. M. ハイシェルハイムは、「古代オリエントの紀元前 3 千年紀という早い時代にすでにほとんどあらゆる銀行業が存在していた。……われわれは、バビロニア人、アッシリア人、さらにシリア人、ヒッタイト人、小アジアの他の民族からイーラム人等の間でのそうした取引の誤りようのない明白な記録、とりわけ、楔形文字で書かれた記録をもっている」[21]と語っている。預金の中心は穀物であったが、その他、農産物、家畜、農業器具、さらには貴金属等も預けられ、銀行業は、その安全性のため民間個人より宮廷や寺院によって営まれる

ことが多く、預金受領書は徐々に第三者に譲渡されるようになった[22]。

と同時に、重要なことは、「貸付取引（credit）がインダストリー、銀行業、鋳造硬貨よりも歴史的に遥かに先行していた」ことである。ホーマーの『利子率の歴史』によれば、「幾つかの大文明の記録された法の歴史は、信用の入念な規制と共に始まっている」[23]。

バビロニアのハムラビ法典は、最高金利を規制し、穀物の貸付には33 1/3％、銀の貸付には20％に制限した[24]。

「鋳造はBC1千年紀からであるが、BC3000年頃のシュメールの記録によると、貸付取引が制度的に使われていたことが明らかである。／有史以前に、価値の共通の尺度や交換手段が発展する以前にさえ、信用は恐らく存在したであろう。……信用は、経済活動のまさに最初期の局面から存在していたのであり、物々交換自体の発展以前にさえ実在していたのである」[25]

古代史の考古学研究の成果に基づき、貸付取引が商品交換に歴史的に先行していたというホーマーの断定は重要である。贈り物や利子なし貸付とは違って、現物での貸付・返済という利付き貸付の展開は、「品質や尺度に関する標準を必要とするようになる」。「実際、そのような貸付は、初歩的な尺度や貨幣的標準の発展に導いたであろう。……その後の、より一層の発展は、あらゆる返済に共通の尺度、すなわち、貨幣を生み出すことになった。穀物、土地、動物、あるいは、貨幣そのものによる、利子付きか利子なしの貸付すべては、貨幣によって返済されるようになった」[26]。すなわち、貨幣は商品交換に歴史的に先行して存在し、貸付取引からまず、計算貨幣として生成し、その後、信用貨幣が派生したのである。

こうした議論と共通する主張は、1920〜1926年頃に執筆したとされるJ・M・ケインズの「古代通貨論（Ancient Currencies）」にも見られる。ケインズは、シュメールの遺跡出土品に関する考古学研究の成果に依りつつ、BC2456年頃、古代メソポタミヤ第3ウル王朝の王ドゥンギが、それまで数世紀、あるいは1千年にもわたって使われてきた重量標準を法定したが、この王の時代にこれら重量基準が計算貨幣として使われたことに着目し、以下のような認識を示した。貨幣の特性として、①税、罰金、褒美のような伝統的価値を推定するために使われるもの、②貸付や契約が取り交わされる際に使われるタ

ーム、③価格をあらわすタームとして使われるもの、④習慣的に使われているactual moneyの交換手段、の四つを挙げ、最初の三つが計算貨幣（money of account）で、そして「社会的かつ経済的目的にとって最も重要な問題は、計算貨幣」であり、BC3千年紀の初期バビロニアでは、すでに計算貨幣の使用が見られたと言う[27]。

「ある特定の証印された貨幣や鋳造硬貨は、BC7、6世紀の小アジアで初めて作られたので、これまで、貨幣経済の特質はギリシャよりそれほど遠く遡らないと考えられてきた。しかし、実際、認証された貨幣の生成は、それほど重要な発明ではない。」重要なのは計算貨幣である。「バビロニアの慣行での最初の重要な革新は、本質的に近代的な、すなわち、代表貨幣の発明である。」計算貨幣の生成が交換手段というactual moneyより歴史的に遥かに先行していたことから、「多くの学者は、鋳造硬貨が存在していなかったところでは、物々交換が行われていたと推定するが、それはまったく真実から遠い。……時間の要素をもつ貸付や契約を表現するタームである計算貨幣の導入こそ、初期社会の経済状態を実際、変容させるものであった。この意味での貨幣は、……ソロン（アテネの立法家、BC638〜559年―引用者）より2千年も前に、高度に発展した形態で、すでにバビロニアに存在していたのである」[28]。

4 貨幣の起源と生成

「貨幣結晶は交換過程の必然的な産物である」（マルクス）という議論に対して、貨幣の起源が商品交換に歴史的に遥かに先行する貸付取引にあるという史実に注目し、貨幣理論に一大転機をもたらしたのは、ハインゾーン＆シュタイガーである。古代オリエント文明社会での私有財産の発生は、部族的共同体社会の集団的安全保障の役割を取り去り、人々は自己の生存をそれぞれの自らの責任で行わざるを得なくなったことから、余剰生産物の貸借が発生する。例えば、生存に必要な穀物種子を持たない者は、余剰を持つものから借り入れざるを得ず、そのsecurity stock of assetsの貸付により、貸手の生存に対するリスク（資産を手放すリスク）をカバーするために、リクイディティ・プレミア

ムである利子が生まれる。かくして、借手は、利子を支払うためには借り入れた以上の物を生産（＝蓄積）する必要があり、商品交換のない段階ですら、古代社会は、貨幣経済の本質的特徴を帯びてくる[29]。

このような貸借取引は契約として表現され、一般化されるためには、計算貨幣を必要とする。貸借の広がりと共に、債権債務関係、それらの義務の遂行を契約として社会的に承認するために、また、契約の証人や支払義務の履行を促す役割を担うものとして、宗教的権威が利用される。寺院が取引に介入し、契約を記した粘土板（clay tables）やパピルスが寺院に預託されてくる。債権債務の集中、証人や契約の監視・履行の促進等のサービスに対して、寺院は利子の一部を受け取り、さらには現物での穀物や家畜、金属等の預託を受けることから、寺院は預金銀行に転化する。こうした債権債務の集中・決済・預金業務の遂行に必要な経費負担に対処するため、これら預金銀行は「貸付に使われる様々な財貨を、最小の単位の重量によって計った唯一の財でもって置き換える」ようになる。すなわち、重量の一様性が非常に高いことから、大麦または小麦の粒が測定の基準（計算貨幣）に使われる[30]。

かくて、現実に貸借される物が穀物であれ家畜や金属であれ、この計算貨幣で契約に記載され、また、返済は計算貨幣となった穀物によってでも行いうるようになる。しかし、債務の測定や貸借に用いられる財貨の価値が、この計算貨幣によって表現されてくるとは言え、計算貨幣に使われる穀物そのものが交換手段のような貨幣になったのではない。ただ、穀物の一定重量が計算貨幣に使われているだけである。

ところで、時間の経過と共に、大麦等の重量が変化することから、計算貨幣は、金属製の計算貨幣に置き換えられる。大麦60粒の重量はほぼ2.81グラムと一様で、ケインズの記述に見られた重量単位1mina は、10,800粒の大麦であるから（1mina=60shekel=60x60 little shekel= 60x 60x 3grains=10,800grains）、重量は505.80グラム（10,800/60x2.81）となるが、バビロニアの金属製の計算貨幣の mina の重量は505グラムである[31]。また、バビロニアやギリシャの標準コイン shekel は、8.4グラムであるが、重量単位の shekel が180粒の小麦であるから（2.81x3=8.43グラム）、0.03グラムの差に過ぎない[32]。古代の計算貨幣とコインは、ある一定量の穀物重量に深く結びついていたことが分かる。古代オ

リエントのほとんどの事例で、金属の貨幣単位が大麦等の粒の特定数の重量に従って決められていたことは、貨幣の価値が金属の内在価値によって決まるという主張は妥当しないことになる[33]。

ところで、貸付取引の展開は、かなりの時代を経て、市場的商品交換を生む。一方で、私有財産の余剰を貸付ける債権者に利子収入をもたらすことが、農業財その他への需要を生み、他方で、債務者は債務返済不能の危険に対処して、市場交換に向けた商品を生産する。まず、利子をカバーするために生産され売られるため、商品交換が発生する[34]。

貸借取引の発展につれ、金属製の計算貨幣が寺院の刻印をもって発行されるようになり、貸借はこの金属製の貨幣でも行われ、また、返済もそれで支払われるようになった（→金属製の信用貨幣）。しかし、使われる金属の入手が容易であれば、金属製の貨幣は偽造されやすくなり、それに対処するため、希少金属の金、銀の貨幣が作られる。とは言え、商品交換の拡大とともにその希少性ゆえに増大する支払に対処できず、そのジレンマから純粋にノミナルな硬貨が国家によって鋳造されてくる。BC7世紀中葉のアルゴスのPheidon王による鋳造は歴史上、最初のdevaluationであった。鋳造硬貨は法貨とされる。このような貨幣の生成経緯をみると、「重量の計測から支払へ、自然的なものからマネタリー、すなわち純粋に名目的な支払手段へのステップが取られて来たことになる」[35]。

かくして、貸付取引に貨幣の起源があったことが、「投資は過去に蓄積されたストック（貯蓄）によって制限されてはおらず、……投資をファイナンスする貨幣は、無から創造される」[36]ことを導く。信用貨幣や「貸借機構の基本原則・メカニズム」の理解は、貨幣の起源や貨幣論の構成そのものに深く関わっていたのである。

注
(1) 筆者もかつて、不換国家紙幣説を批判して、①支払決済の商業銀行への集中により、銀行の一覧債務の貨幣機能が社会的規範となること、②恐慌期の銀行を中枢とした支払決済システム崩壊の危機を回避せんとして、銀行債務の貨幣機能を維持せんとする経済社会に形成される共同行為は、けっして信用関係を逸脱するものではなく、国家の法貨規定もこのような経済社会の共同行為という裏づけをもっていたことに、不換通貨流通の根拠を求めた（楊枝嗣朗「中央銀行—経済・国家・法の連関」川合一郎編『現代信用論』上巻所収、

有斐閣、1978年；同『貨幣・信用・中央銀行—支払決済システムの成立—』同文舘、1988年所収、参照)。また、経済社会が構築した支払決済システムに国家が参入してくることで、国民的貨幣制度が形成されてくることを、以下で明らかにした（楊枝嗣朗「信用貨幣と国家—中央銀行の独立性への一視角—」『佐賀大学経済論集』第34巻第4号、2001年11月)。

(2) 吉田暁『決済システムと銀行・中央銀行』日本経済評論社、2002年、iv、vページ。

(3) 板倉譲治『私の金融論—資金需給と金利水準変動のメカニズムに関する誤解と私見—』慶応通信、1995年；横山昭夫『現代の金融構造——新しい金融理論を求めて——』日本経済新聞社、1977年；西川元彦『中央銀行』東洋経済新報社、1984年、参照。

(4) 板倉譲治『私の金融論—資金需給と金利水準変動のメカニズムに関する誤解と私見—』慶応通信、1995年、xページ。ケインズも『貨幣論』(1930年）で以下のように述べている。「諸々の銀行が歩調を揃えて前進する限り、安全に創設し得る銀行貨幣の額には、何等の制限もないことは明らかである。」「言葉を最も便利に用ふれば、凡ての預金は其等を保有する銀行によって創設されることは疑いを容れないことである」（ケインズ『貨幣論』、第1分冊、鬼頭仁三郎訳、同文舘、1932年、32～33、38ページ)。

(5) 伊藤武「新しい金論論とはなにか」『大阪経大論集』第51巻3号、2000年9月；宮田美智也『資金と金融』晃洋書房、2002年；岡田裕之「物神貨幣から象徴貨幣へ」『経営志林』第30巻第4号～第34巻2号、1994年1月～1997年7月、参照。

(6) Peter Kennedy, "A Marxist Account of the Relationship Between Commodity Money and Symbolic Money in the Context of Contemporary Capitalist Development," in What is Money ?, edited by John Smithin, 2000. 196、210～211ページ。

(7) 深町郁弥「公信用と信用制度——管理通貨制度論へのひとつの視座——」『経済学研究』第37巻第1～6合併号、金融学会編『金融論選集』20号再録、1973年；同「管理通貨と金融資本」川合一郎編『現代信用論』下巻、有斐閣、1978年；掛下達郎『管理通貨制度の機構分析—アメリカ編—』松山大学総合研究所、2002年；野田弘英「銀行業変貌下の不換銀行券再考」（信用理論研究学会報告mimeo、東北大学、2001年10月1日)、参照。

(8) 深町『国際金融の現代—ドルの過剰と貨幣資本の過剰』有斐閣、1999年、283ページ。

(9) 深町「管理通貨制度と現代資本主義—国家独占資本主義への移行と信用構造」生川栄治編『現代の金融資本』有斐閣、1976年、128ページ。

(10) 建部正義「岩井克人氏の電子貨幣論の帰結」『商学論纂』（中央大学）第43巻第4・5号、2002年3月、参照。

(11) マルクス著、長谷部文雄訳『資本論』第1部上、青木書店、195、196、198ページ。

(12) マルクス著、武田、遠藤、大内、加藤訳『経済学批判』岩波書店、55ページ。

(13) 飯田繁『マルクス貨幣理論の研究』新評論、1982年、101ページ。

(14) マルクス著、長谷部文雄訳『資本論』第3部下、青木書店、730～731、808、855～856ページ。

(15) G. Dolton, "Barter," Journal of Economic Issues, Vol. 16, No.1,1982. 182～184、188ページ。

(16) Glyn Davies, A History of Money: From Ancient Times to the Present Day, 1994. 9～10、23ページ。

(17) G. Heinsohn & O. Steiger, "Marx and Keynes: Private Property and Money," Economies et Sociétés, Vol. 18, 1984. 41～49ページ。

(18) 種瀬・富塚・浜野編『資本論体系、商品・貨幣』第2巻、有斐閣、1984年、参照。

(19) Glyn Davies, op.cit., 61、64ページ。

(20) Glyn Davies, op.cit., 47〜54、91ページ。
(21) Fritz M. Heichelheim, An Ancient Economic History, translated by Mrs. Joyce Stevens, Vol. 1, 1958. 134ページ。
(22) Glyn Davies, op.cit., 40〜50ページ。
(23) Sidney Homer & Richard Sylla, A History of Interest Rates, Third Edition, 1991. 3ページ。
(24) 古代オリエント資料集成1『ハムラビ法典』(中田一郎訳) ㈱リトン、1999年、27ページ、同書注解108ページ参照。
(25) Sidney Homer & Richard Sylla, op.cit., 17ページ。
(26) Sidney Homer & Richard Sylla, op.cit., 26〜19ページ、傍点は引用者。
(27) J. M. Keynes, "Keynes and Ancient Currencies (1920-1926)," in The Collected Writings, Vol.28, Social, Political and Literary Writings, ed. Donald Moggrigde, 1982. 244ページ。
(28) J. M. Keynes, op.cit., 252〜255ページ。

　ドゥンギの重量標準は、1talent=60mina、 1mina=60gin or shekels、1shekel=60gintur or little shekel、1little shekel=3she or grains である。他の古代文明都市の重量基準も同様に、小麦や大麦粒の重量を基準に作られていた。これが計算貨幣に転用されていた。ギリシャ、アテネのソロンは、計算貨幣を変更し、旧ミナの63/60の新しいミナを導入し、さらに、1mina=70drachmae に変え、100drachmae とする debasemet を行った (op.cit., 224ページ)。「契約の発展と共に計算貨幣の概念が現れ、国家により発行された硬貨が法貨の性格を取得し、この計算貨幣で計測された債務の法的に最終決済を果たすものとして、強制通用力をもつようになるまでは、debasement は行われることはない。われわれが理解するところの意味において、貨幣が人類史に参入してくるのはこの段階においてである」(op.cit., 226ページ)。

(29)(30) G. Heinsohn & Steiger, "Private Property, Debts, and Interest or :The Origin of Money and the Rise and Fall of Monetary Economics," STUDI ECONOMICI, Nuova Serie / Universita di Napoli, No. 21, 1983. 13〜21ページ；G. Heinsohn & O. Steiger, "Marx and Keynes: Private Property and Money," Economies et Sociétés, Vol. 18, 1984. 52〜56ページ。

　money や monetarist の語源が、債務の督促や支払を要求する債権者であったことから、元々、貨幣は商品交換ではなく、貸借に関わると考えられている (G. Heinsohn & Steiger, "Private Property, Debts, and Interest or :The Origin of Money and the Rise and Fall of Monetary Economics," STUDI ECONOMICI, Nuova Serie / Universita di Napoli, No. 21, 1983. 19〜20ページ)。

(31) J. M. Keynes, op.cit., 264ページ。
(32) G. Heinsohn & Steiger, op.cit., 24ページ。
(33) L. R. Wray, "Money in the Circular Flow," in Money in Motion : The Post Keyesian and Circulation Approaches, edited by G. Dellplace and E. J. Nell, 1996. 462ページ。
(34) G. Heinsohn & Steiger, op.cit., 17〜18, 48ページ。
(35) G. Heinsohn & Steiger, op.cit., 21〜22ページ；G. Heinsohn & O. Steiger, "Marx and Keynes: Private Property and Money," Economies et Societes, Vol. 18, 1984. 56〜57ページ。

第6章 インフレーション・ターゲティング論の虚妄性

建部正義

1 問題の限定

　日本銀行によるインフレーション・ターゲティングの採用が、現下の我が国の「デフレ」克服策の切り札となりうるか否かをめぐって、内外の議論が盛んである。
　たとえば、2002年6月24日付の『朝日新聞』において、A・ポーゼン氏は、つぎのように主張する。
「デフレ対策で真っ先に動くべきは日銀だ」。「日銀が長期国債を大量に買い入れ、紙幣を増刷することを約束すれば、国民は『インフレになるぞ』と思い始める。これでみんながお金を使うようになれば、日本がデフレから脱却できる。／日銀はインフレ目標を設定し、どの程度のインフレを望んでいるのか国民に知らせるべきだ。日銀は、その目標が達成できなければ信用に傷がつく、と抵抗している。／だが、物価の安定こそが中央銀行の最大の使命ではないか。デフレを放置していることのほうが、はるかに信用に響く」
　また、2002年3月23日付の『朝日新聞』において、内閣府経済社会総合研究所所長の浜田宏一氏も、つぎのように主張する。
「日本銀行は、金融緩和政策を推し進める際、当該の政策がデフレ解消に有効であることを積極的にアピールしてほしい。／デフレ下では、経済主体が通貨保有を有利と考え、供給された通貨を退蔵し、財や証券に支出しようとしない、このため量的緩和政策がなかなか効きにくい。それを断ち切るには、日本銀行も徹底的に対処しており、デフレもそうは続かないことを明白に示すことで、国民にデフレ感を改めてもらい、購買意欲を回復してもらう必要がある。／そのためにはインフレ目標も有効である。金融政策はあまりデフレ解消

第6章 インフレーション・ターゲティング論の虚妄性　81

に効かないが……、と渋々量的緩和するのでは効く政策も効かなくなってしまう。薬を渡すとき、『これは効く』といって渡すほうが医療でも有効なのではないだろうか」

　こうした外部の議論を反映して、日本銀行政策委員のあいだでも、インフレーション・ターゲティングをめぐって、賛否両様の意見が併存する状態にある。たとえば、2002年3月まで審議委員を務められた中原伸之氏は次のように主張する。

　「現在私が考えている日本銀行の金融政策は、①インフレーション・ターゲティングあるいはプライスレベル・ターゲティングを導入し、金融政策として何時までにどの程度の物価安定を図ってデフレからの脱却を図る予定なのか、数値をもって明確に目標を示し、②その実現のために、マネタリーベースの伸び率を年率15％程度に維持し、様子を見て必要があればさらに伸び率を高めるような、思い切ったさらなる量的緩和を2年間くらい実施することです」。「私は、物価安定目標を掲げ、踏み込んだ量的緩和政策を行えば、多少の不確実性はあっても、人々の期待を変えることはできると思っています」[1]

　これに対して日本銀行副総裁の山口泰氏は、次のように主張する。
　「現在我が国で行われているインフレーション・ターゲティングの議論は、本来は経済活動の結果であるはずの物価からスタートし、その物価を上げるためにあらゆる政策の発動を求めるという点に特色があるように思いますが、私は経済活動を活発化させるための方法をまず出発点に据えるべきであると考えています。日本銀行が、現時点におけるインフレーション・ターゲティングの採用に慎重であるのも、こうした物価情勢や金融政策を巡る環境に関する認識に基づくものです。／また、そもそも、インフレーション・ターゲティングは、短期的な政策手段ではなく、あくまでも金融政策運営の透明性を向上させるための枠組みとして理解すべきものです。日本銀行は、そうした透明性向上の枠組みとしてのインフレーション・ターゲティングについては、検討課題の一つであると位置づけています。しかし、現在は、短期金利が既にゼロ％に達しており、これ以上の金融政策手段が限られているうえに、不良債権問題等が金融緩和の効果を制約しています。このような状況の下で、達成が困難な目標を設定することが、金融政策運営に対する信認を高めるとは考えにくいように思い

ます。／このように言うと、たとえ、金融緩和政策の効果が限られていても、インフレーション・ターゲティングを採用すること自体が企業や家計の『期待』に直接働きかけ、インフレ期待を生み出す筈であるという反論も聞かれます。確かに金融政策の効果が浸透する一つのチャネルとして『期待』が重要な役割を果たすことは事実です。しかしながら、『期待』を言葉だけで操作することは極めて困難であり、実効性のある政策手段が裏付けとしてあって初めて人々の期待形成に影響を与えられるのではないでしょうか。また、『期待』という点では、……日本銀行は現在の金融緩和の枠組みを消費者物価の前年比上昇率が安定的にゼロ％を上回るまで続けることを約束し、『期待』に強力に働きかけています。……しかし、現在のところ、現実の物価上昇率も予想物価上昇率も変化する兆しは窺われません」[2]

はたして、インフレーション・ターゲティングの採用は、現下のわが国の「デフレ」克服策の切り札となりうるのであろうか。本論の課題は、この問題について、第三者の立場から、公平な判断を下す点に求められる。

2 内生的貨幣供給論対外生的貨幣供給論

インフレーション・ターゲティングの当否を考察するにあたっては、なによりもまず、以下の二つの論点に留意することが肝要である。

第1に、外生的貨幣供給論の見地にではなく、内生的貨幣供給論の見地にたって、市中銀行および中央銀行による信用創造、したがって、貨幣供給の基本的メカニズムを理解する必要がある。いま、この点を管理通貨制度下のそれに即して要約するならば、以下のようになる。①まずはじめに、企業や個人からの借り入れ需要が出発点になる、②次に、借り手の口座に預金を貸記するというかたちでの、市中銀行による企業や個人に対する信用創造活動をつうじて、決済機能を有する預金貨幣（これがいわゆるマネーサプライに相当する）が創出される、③借り手は何らかの支払を予定して借り入れるのであるから、支払いの結果としてこの預金貨幣は借り手の口座から受取人の口座に振り替えられることになるが、預金貨幣そのものは、さしあたり、受取人名義の要求払預金

という姿をとって銀行システムのなかにとどまりつづけるであろう（受取人がそれを自己の支払いに充当する場合には、今度はその受取人名義の預金となる）、④ところが、銀行は、一般に、準備預金制度のもとで、創出した預金貨幣額にもとづき、その一定比率を準備預金として中央銀行に預入れすることを義務づけられている、⑤インターバンク市場をつうじた個々の市中銀行間の既存の準備の貸借は、いわばゼロサム・ゲームであって、準備のネットでの増加をともなうものではないから、この準備預金を積むために必要な追加的貨幣の供給は、銀行システム全体としてみれば、中央銀行信用の供与に依存するほかに方途は見いだせない、⑥他方、マクロ的には準備をネットで増加させることのできる唯一の主体である中央銀行の側でも、銀行によるこうした準備需要にたいして、インターバンク市場を混乱させ、そこでの金利を異常に高騰させないためにも、貸出政策や債券・手形の売買操作といった金調調節手段を介しつつ、銀行が保有する中央銀行当座預金（これがいわゆるベースマネーないしハイパワードマネーに相当する）＝信用貨幣の創出というかたちで、受動的に対応する以外に選択の余地はない、⑦ただ、中央銀行としては、銀行からの準備預金需要に対して受動的に対応しながらも、その供給条件、具体的には、公定歩合をアンカーとしつつ、操作目標としての市場金利（インターバンク市場金利）を変化させることによって、コスト面から銀行の預金創造＝信用創造活動を間接的にコントロールすることが可能であり、これが中央銀行の金融政策の起点をなすことになる、⑧最後に、貸出をつうじて最初の銀行によって創出されたそれであれ、借り手から支払いを受けた受取人による事後的なそれであれ、企業や家計が銀行から預金を銀行券で引き出す際には、準備預金の一部が取りくずされて、まず銀行の手で中央銀行から銀行券が引き出され、次にその銀行券が銀行の窓口を経て企業や家計に手渡されることになる（こうした事態が、銀行券流通量の増大、したがって、銀行システム全体としての準備預金の減少につながることになれば、中央銀行は、この場合にも、それに答えて準備預金の受動的で追加的な創出を行わざるをえない）。

　第2に、「政府の経済政策」と比べた中央銀行の「最大の特質」を「市場の中の銀行」に求めると同時に、中央銀行の「銀行業務と金融政策の表裏一体」の関係を理解する必要がある。この点にかんしては、西川元彦氏が、以下のよ

うに論定されるとおりである。

「現代的な中央銀行の本質、具体的には、その制度、機能および目的の特質は何か、一言でいえば次のようになろう。中央銀行とは、金融の市場や通貨の流通の中心にあって毎日毎日さまざまな銀行業務を営み、それらを通じて、健全な通貨を供給し健全な市場メカニズムを維持しようと努める各国にただ一つの中枢的な銀行である。その意味で公共的であり、人体の心臓にも相当する。政府の経済政策は通常、『市場の外から』市場に干渉したり手術を加えたりするものだとすれば、『市場の中にあって』市場のメカニズムに即して機能する中央銀行とは峻別されてよい。むろん中央銀行は公共の目的を持つ以上、政府と無縁ではあり得ない。しかし、その最大の特質は市場の中の銀行という点にある」。「この本の題を英語で表現するとすれば、セントラル・バンクではなくセントラルバンキングだということは、『はしがき』で述べておいた。直訳すれば中央銀行業務だが、同時にその金融政策をも意味している。この『銀行業務と金融政策の表裏一体』だというところにも中央銀行の市場性という本質が現れている。中央銀行の行動は、実務の面から見れば市場の中の銀行業務だし、目的の見地からいえば、金融政策というわけである」[3]

じっさい、中央銀行は、「発券銀行」や「銀行の銀行」としての機能を果たすにあたって、市中銀行とのあいだで、当座預金取引、貸出取引、債券・手形の売買取引を行うが、これらはいずれも強制をともなうものではない。個々の銀行を対象として相対で行われる貸出取引の場合には、それは銀行からの申し出を受けて実施されるものであるし、多数の参加者を対象として市場取引で行われる債券・手形の売買取引の場合にも、それに応札するか否かは銀行の自主的な判断に委ねられている（だからこそ、中央銀行のオファー額に銀行の応札額が達しない「札割れ」といった事態も生じうるわけである）。また、「政府の銀行」としての機能にかんしても、政府への信用供与が禁止されている条件下では、中央銀行が政府に提供しうる業務は、おのずから、国庫金の出納、資金計理、計算整理事務などといった純然たる銀行サービスに限られざるをえないことになる。

これらの点から、インフレーション・ターゲティング論との関連について、さしあたり、次の事柄が明らかになる。

第6章　インフレーション・ターゲティング論の虚妄性　85

　第1に、マネーサプライとベースマネーとの因果関係は、マネーサプライからベースマネーへであって、その逆に、ベースマネーからマネーサプライへではないということ。したがって、中央銀行はベースマネーの供給にかんしては基本的に受動的であるということ。第2に、預金貨幣（中央銀行が創出するそれであれ、市中銀行が創出するそれであれ）と銀行券との因果関係は、預金貨幣から銀行券へであって、その逆に、銀行券から預金貨幣へではないということ。したがって、ボーゼン氏が主張する「紙幣の印刷」は、インフレーションの原因ではなく、たとえそれが生じたとしても、インフレーションの結果にすぎないこと。第3に、金融政策の王道は金利操作であって、量的操作ではないということ。ただし、操作目標としてのインターバンク市場金利がすでに限りなくゼロ近傍にまで引き下げられた例外時には、金利政策にたいしてそれ以上の効果を期待することはできなくなる。というのは、市場金利をゼロ以下に引き下げることはできないからである。ここから、非正統的手段であるにもかかわらず、日本銀行による2002年3月以来の市中銀行の日本銀行当座預金残高を操作目標とする量的緩和政策が登場することになった。

　以上のような、内生的貨幣供給論に依拠した論点整理にたいして、外生的貨幣供給論者は、次のような観点を対置する。

　第1に、インフレーションもデフレーションも貨幣的現象であって、ベースマネー、マネーサプライ、物価のあいだにはベースマネー→マネーサプライ→物価という因果関係が認められる。すなわち、ベースマネーの増加は、その貨幣乗数ないし信用乗数倍のマネーサプライの増加をもたらし、このマネーサプライの増加は、1～2年後の物価の上昇をもたらす。第2に、したがって、金融政策の王道は、中央銀行によるベースマネーの直接的なコントロールという、量的操作に求められるべきである。

　ちなみに、こうした観点の代表をなすものが、いうところのマネタリストの貨幣数量説にほかならない。

　それでは、内生的貨幣供給論に依拠する見解と、外生的貨幣供給論に依拠する見解とを比較して、いったい、どちらが正当であると呼べるのであろうか。

　すべての学問に通用することであるが、真理の基準は、あくまでも、現実との照応関係に求められる。

最近の日本のマネー量とインフレ率との関係がマネタリストの主張とかけ離れたものであることは、植田和男日本銀行審議委員の以下の説明に鑑みて、いかんとも否定しがたい事実であるといわなければならない。

「日本銀行はここ数年潤沢な流動性供給を続けてきている。そのペースは、2001年3月以降、いわゆる『量的緩和策』の下で高まり、足許では、日本銀行が供給するベースマネーの対前年比伸び率は、30％を超える高い値となっている。30％どころか10％を大幅に超える伸び率は、1970年代初め以来である。当時は、いわゆる『過剰流動性インフレーション』が発生した。他方、現在の物価変化率を見ると、デフレが加速する気配はないものの、デフレが目立って縮小するという傾向もこれまでのところ見えていない。

　より視覚的には図1［省略：建部］をご覧頂こう。これはベースマネーの名目GDPに対する比率〔いわゆるマーシャルのk、マネタリズムの主張が妥当するための大前提はkが安定していることである〕を過去30年程度について示している。1995年頃までは、短期的な乖離、若干の長期的な上昇トレンドはあるものの、両者がかなり密接な関係を持って動いていたことが分かる。しかし、1990年代半ば以降、こうした関係は失われている。ベースマネーの名目GDP比は、どんどん上昇し、過去には見られないような水準に達している。

　経済学にはマネタリズムという考え方がある。そのポイントは、マネーの伸びを高く保てば、いずれインフレになるというものである。マネタリストが図1を見れば、日本経済には尋常でないインフレのリスクがあると指摘するだろう。ところが、こうしたマネーの名目GDPを上回る高い伸びは、ここ1年どころか既に5年以上続いているにもかかわらず、経済はインフレではなく、緩やかなデフレ状態にある。

　もちろん、マネー供給の経済への効果発現には時間がかかるので、もう少し待てばはっきりしたデフレ解消への動きが出てくるという主張は可能である。また、日本銀行もこうした可能性を期待しているわけである。しかし、通常マネーから経済への影響発現までのラグの長さは半年から3年程度と言われており、こうした経験法則から大きく外れた現象が現在の日本で起こっていることも事実である」[4]

　なお、植田氏は触れておられないが、足許のマネーサプライ（**M2＋CD**）の

対前年比伸び率は３％台後半となっている。この事実は、企業や個人の市中銀行からの借入需要が伸び悩むところでは、中央銀行がたとえベースマネーの伸び率を増加させたとしても、それは貨幣乗数の低下に吸収されるだけで、マネーサプライが増加するわけではないということを如実に示している。

3 デフレは貨幣的現象と呼べるか

　マネタリズムの考え方によれば、インフレーションもデフレーションもともに貨幣的現象であるということになる。しかし、インフレーションはともかくとして——内生的貨幣供給論の見地にたつとしても、企業や個人の借入需要の増加速度がその国の財・サービスの生産能力の増加速度を超過し、しかも、市中銀行がそれに貸し応じ中央銀行がこれを追認する場合には、貨幣的現象としてのインフレーションが生じうる——、デフレーションをもはたして貨幣的現象であると見なしうるであろうか。

　マネタリストは、ベースマネー、マネーサプライ、物価のあいだには、ベースマネー→マネーサプライ→物価という因果関係が認められると主張する。したがって、ここでいうマネーとは、なによりもまず、ベースマネーを指すものと理解して誤りはないであろう。ところが、植田氏によれば、「日本銀行はここ数年潤沢な流動性供給を続けてきている」、「他方、現在の物価変化率を見ると、デフレが加速する気配はないものの、デフレ率が目立って縮小するという傾向もこれまでのところ見えていない」、ということであった。そうであるとすれば、この現実を踏まえて、われわれが、マネタリストは、なぜ、たとえ一時的にせよ、上記の因果関係が妥当しなくなったのかを説得的に挙証する責務を負わされていると考えたとしても、それはけっして不当であるとはいえないであろう。ところが、不幸なことに、筆者は、これまでのところ、マネタリストないしインフレーション・ターゲット論者がこの問題にたいする解答を与えている実例を見いだすことができない。

　ところで、物価を変動させる要因には、貨幣的なそればかりではなく、需給ギャップ、輸入品価格、技術革新、規制緩和など、多くの要因を数えることが

できる。じっさい、日本銀行「経済・物価の将来展望とリスク（2002年4月）」も、2002年度のわが国の物価動向にかんして、次のような記述を残している。「物価動向については、過去1年間、需給ギャップが拡大したとみられるもとでも、消費者物価の対前年比下落幅に大きな変化がみられなかったことに表れているように、必ずしも需給ギャップの動きのみで規定されるわけではないが、この面からの物価低下圧力は引き続き根強いとみられる。……一方、昨年秋以降の円安や国際商品市況の上昇傾向は物価上昇要因として働くが、賃金の弱さを反映して、その影響を受けやすいサービス価格には下落圧力が加わると考えられる。この間、安価輸入品の流入や技術革新、規制緩和などの供給サイドの要因は、引き続き物価低下方向に作用する公算が大きい」[5]

ここからうかがいうるように、もし、現下のわが国の物価下落が、需給ギャップという需要サイドの要因、ならびに、安価輸入品の流入や技術革新、規制緩和などの供給サイドの要因にもとづくとするならば、この点においても、因果関係は、マネタリストが想定するように、マネーサプライ→物価ではなく、内生的貨幣供給論が想定するように、物価→マネーサプライということになる。

そもそも、内生的貨幣供給論の見地にたつ場合には、中央銀行のベースマネーは市中銀行の企業や個人に対する預金創造＝信用創造額に順応して受動的に供給されると考えるから、貨幣供給量の不足を原因とする物価下落すなわち「デフレーション」は、最初から、その理論的枠組みの埒外に排除されていることになる。

つまり、インフレーションと「デフレーション」とのあいだには、非対称性が存在するのであり、われわれは、「デフレーション」を安易に貨幣的現象であると呼ぶことにたいして、慎重を期するべきであろう。それと同時に、もし、「デフレーション」が貨幣的現象でないということになれば、その解消をもっぱら日本銀行の金融政策の果断な発動に期待する姿勢は、はなはだしい見当ちがいを犯すものであるといわなければならない。

4　金融政策か財政政策か

　わが国の金融政策のあり方をめぐるインフレーション・ターゲティング論の弱点の一つは、それが、日本銀行が長期国債の買い切りを増加させるならば、インフレについての人びとの期待を変化させることができると強調しながら、なぜインフレ期待が生まれるのか、その論拠と波及経路を誰もが納得のいくかたちで示しえない点に求められる。それにくわえて、前節では、ここ数年来の日本の経験に照らして、少なくとも現下のわが国においては、ベースマネー→マネーサプライ→物価という因果関係が機能しなくなっていることが明らかにされた。

　ここから、インフレーション・ターゲット論者は、一歩立ちいって、「日本銀行はどのような資産でも購入し、目標インフレ率を達成すべきである」、という主張を提示するにいたっている。これらの資産のなかには、長期国債、外貨資産、株式、不動産、不良債権などが含まれる。もっとも、日本銀行法第３条によれば、同行は金融政策の手段として株式や不動産、不良債権を購入することは禁じられているのであるが。

　この問題については、山口氏による以下のような問題提起が注目に値する。「株式や社債を購入する場合、どの企業の株式や社債を購入するかを決定しなければなりません。中央銀行が民間の銀行に比べそうした個別企業の判断に優れているわけではないことを考えますと、中央銀行のオペは、資源配分に対し極力中立的である方が望ましいという判断が生まれてくるように思います。／逆に、中央銀行がアグレッシブに色々な資産を購入するというのは、金融政策というかたちはとりながらもロス負担、つまりは納税者の負担を覚悟したり、ミクロ的な資源配分に関わるという意味で、実質的には中央銀行が財政政策の領域に近いことを行うことを意味しています。しかし、中央銀行がそうしたことを許されるかどうかという問題があります。民主主義国家における一般的なルールは、流動性の供給という機能は金融政策というかたちで独立した中央銀行に委ね、他方、国民の税金の使途は選挙民から選ばれた議員から構成される国会における予算承認のプロセスを通して、財政政策というかたちで行

うということであると思います」[6]

　つまり、「中央銀行がアグレッシブに色々な資産を購入するというのは……ミクロ的な資源配分に関わるという意味で」、「実質的には中央銀行が財政政策の領域に近いことを行うことを意味する」、というわけである。

　なるほど、現在の日本銀行の資金供給のためのオペレーションの手段は、「成長通貨」の供給のための国債買入オペを除くならば、いずれも、西川氏が言われるように、「市場の中の銀行業務」に相当するものばかりである。ここで、銀行業務とは、日本銀行と市中銀行とのあいだの預貸関係の意にほかならない。じっさい、短期国債現先オペ（期間6ヶ月以内）、国債借入オペ（6ヶ月以内）、CP買現先オペ（3ヶ月以内）、社債等担保手形買入オペ（3ヶ月以内）は、債券・手形を利用した、日本銀行による市中銀行に対する貸出であるとみなすことも可能である。また、短期国債買入オペは短期国債売却オペと対をなしている。これにたいして、株式や社債の購入は、預貸関係という意味での銀行業務とはみなしがたく、むしろ、内容的には、「『市場の外から』市場に干渉したり手術を加えたりする」、「政府の経済政策」に限りなく近いものとみなすべきであろう。この点に照らして、山口氏が、「中央銀行がアグレッシブに色々な資産を購入するというのは、……ミクロ的な資源配分に関わるという意味で」、「実質的には中央銀行が財政政策の領域に近いことを行うことを意味」すると断じられるのも、けっしてゆえなしとしない。

　それでは次に、日本銀行が、「成長通貨」の供給の範囲を超えて長期国債の買い切りオペを増額したり（量的緩和政策のなかでこの措置はすでに実施されているが、市中銀行はこうして入手した資金をふたたび長期国債の購入に充当しているのが実状である）、さらにすすんで、長期国債の直接引受に乗りだす（財政法第5条はこの措置を原則として禁止している）場合はどうであろうか。これらの場合には、ことはより明瞭である。前者の場合には市中銀行を経由して、後者の場合には直接に、政府にとって利用可能な日本銀行当座預金が創出されることにつながる。しかも、こうして創出される資金は、政府が自ら政府紙幣を印刷して入手する資金と、その実体において、いったいどこが異なるといえるのであろうか。これは、まさに、金融政策ではなく「財政政策の領域」であると見なすことができる。ちなみに、マネタリストのいわゆるヘリコプタ

ー・マネー——中央銀行が銀行券をヘリコプターから撒きちらし、購買力を創出するという——なる思考実験は、この関係を戯画的に表現したものと位置づけられるべきであろう。

5　金融資産課税によるマイナス金利

インフレーション・ターゲティング論者が最後に持ちだす方策は、金融資産にたいする課税によるマイナス金利の実現という構想である。
　たとえば、深尾光洋氏は以下のように主張する。
「日銀が……強力な実物資産オペを行っても不十分な場合、あるいはこの機会を逸し、さらに深刻なデフレスパイラルに陥った場合には、マイナス金利政策を導入する必要がある。／金融政策だけではマイナス金利の実現は不可能である」。「そこで、政府が実質的に価値を保証しているあらゆる金融資産を対象に、その残高に対して、たとえば年２％の課税を行えば、マイナス金利を実現できる。課税すべき金融資産は、国債、政府保証債、郵便貯金、郵便振替、簡易保険、預金、現金である。預金保険対象預金とそれ以外の預金は分別管理されていないので、すべての預金に課税する必要がある。／安全資産金利がマイナスになると、株式、不動産、外貨建資産などへの資金シフトが発生する。また、貯蓄を抑制し、消費を刺激するため、デフレから脱却できる。課税率によっては膨大な税収が入るため、財政赤字も大幅に削減できる」。「この課税方法は、ケインズが『雇用・利子および貨幣の一般理論』の第23章で、シルビオ・ゲゼルの銀行券印刷課税として紹介している」[7]
　政府による金融資産への課税というわけであるから、ここでもまた、金融政策ではなく財政政策の登場である。それにつけても、インフレーション・ターゲティング論者は、どこまで議論をエスカレートさせれば満足するというのであろうか。
　いま、この施策の実施にともなう「大混乱」[8]は措くとしても、その帰結は次の二つのうちのいずれかであろう。ひとつは、株式、不動産、外貨建資産、消費財などは預金または現金で購入されることになるが、受けとられた預金ま

たは現金じたいも課税対象になるのであるから、それらはふたたび株式、不動産、外貨建資産、消費財の購入に支出されることになる。以下、同様の過程が繰りかえされ、誤謬の合成の結果、貨幣の流通速度は大幅に加速されることになるであろう。その行き着く先にはデフレ・スパイラルならぬインフレ・スパイラルが待ち受けているというわけである。この場合には、インフレーション・ターゲティングじたいもいつのまにか雲散霧消することになるであろう。いまひとつは、資金の海外への大規模な流出である。金融資産課税の実施は、必然的にそれに相応した資本流出規制の実施をともなうことになるであろう。

6　1930年代のスウェーデンの経験

インフレーション・ターゲティング論者は、高インフレ状態からの脱却策としてばかりでなく、「デフレ」状態からの脱出策としても、インフレーション・ターゲティングが有効である実例として、1930年代のスウェーデンの実験をあげることが多い。

しかし、この問題については、山口氏による以下の言及が参照されるべきであろう。

「デフレ克服のための政策手段としてのインフレーション・ターゲティングの成功例として、時折、1930年代前半のスウェーデンにおける物価水準目標政策の例が引用されることがあります。私達も当時のスウェーデンの経験について興味があり勉強もしましたが、時折主張されることとは逆に、むしろ、現在の日本銀行の政策運営の考えとの共通性の方に驚かされます。

最も重要な共通点は、当時のスウェーデンの政策当局も日本銀行も共に物価下落の防止に向けて断固たる意見を表明している一方、数値で表されるようなターゲットを採用していないということです。スウェーデン議会が定めた物価安定策の包括的プログラムでは、『金融政策は特定の物価指数の値と機械的に結びつけられるべきではなく、公式的で単純なルールによる政策運営が実行可能とは考えられない』と明言しています。実際、スウェーデンの中央銀行も、政策運営にあたって、消費者物価指数など特定の指数のみに依存することなく、

在庫、生産性などの状況も考慮しながら、様々な物価指数を幅広く検討することが重要と強調していました。そういう意味で、スウェーデンの例は、特定の物価指数による物価目標を設定することでデフレを克服しようという議論とは全く別のものと言うべきだと思います。

また、当時のスウェーデンと今日の日本を対比する場合には、置かれた経済や金融の環境に重要な違いが存在することに着目しなければなりません。最大の違いは、当時のスウェーデンでは、名目金利の水準が高く、十分な引き下げ余地があったこと、金融システムの面で現在わが国が直面しているような問題は抱えていなかったこと、さらに、相対的に経済規模が小さな開放経済国として為替相場の減価が物価下落阻止に寄与したこと等が挙げられます。要するに、1930年代のスウェーデンの物価安定策の具体的方法論を、現在のわが国に適用しようという発想には無理があるということです」[9]

筆者には、これはこの問題に対するきわめてバランスのとれた評価であるように思われる。

注

[1] 中原伸之「デフレ下の日本経済と金融政策」『日本銀行調査月報』2002年1月号、31ページ。
[2] 山口泰「日本経済と金融政策」『日本銀行調査月報』2001年12月号、6～7ページ。
[3] 西川元彦『中央銀行──セントラル・バンキングの歴史と理論──』東洋経済新報社、1984年、2ページ。
[4] 植田和男「群馬県金融経済懇談会における基調説明要旨──構造問題と金融政策の有効性──」『日本銀行調査月報』2002年5月号、1～2ページ。
[5] 日本銀行「経済・物価の将来展望とリスク評価（2002年4月）」『日本銀行調査月報』2002年5月号、66ページ。
[6] 山口泰「JCIF国際セミナー講演」『日本銀行調査月報』2001年11月号、10～11ページ。
[7] 深尾光洋『日本破綻──デフレと財政インフレを断て──』講談社現代新書、2001年、164～165ページ。
[8] 同前、165ページ。
[9] 山口泰「日本経済と金融政策」『日本銀行調査月報』2001年12月号、7ページ。

第7章 金融機関の公共性

濱田康行

　北海道拓殖銀行が破綻してから5年が経過する。この事件が切っ掛けとなって公的資金による銀行への資本注入が行われた。これだけが効を奏したのではないが、以来、都市銀行クラスの大型倒産は避けられている。

　民営の企業に、しかも、巨額な公的資金が注入された例は他にないが、その概略を示すと表1のようになる。

　実に10兆円を超える税金が2回にわたって注入されたのである。私企業に公的資金が資本金として注入されるということは、資本主義経済では原則的にはありえないことである。国民生活に必要なサービス・財貨を提供している民営企業が経営難に陥ったために、やむを得ず国営化するというケースは歴史上みられるが、それはあくまでも緊急避難であり、かつ民営から国営という組織形態の変化を伴う[1]。

　これに対して今回の公的資金の注入は、民営を保全するためのものであり、経営陣にも一切退陣を求めないものであった。前代未聞の大盤振る舞いを国民は是認したのだが、世論形成の背景に拓銀破綻があったことは間違いない。露骨なことを言えば、1996年の住専問題で封印されていた公的資金注入を再実施するために拓銀は"いけにえ"になったのである。拓銀破綻→被害甚大→「大銀行を倒産させない」という単純な図式が、まず金融当局者の頭に描かれ、これがマスコミに乗って世論として浸透せしめられたのだ。

　しかし、これ程の原則変更が情緒的運動だけで行われるものでもない。この過程には単純ではあるが一つの理屈がついていた。それは、金融機関は公共的な存在であり簡単に倒産させることはできないというものである。

　「金融機関（以下では銀行で代表させる）は公的存在」であるが故に倒産させられないという「命題」が最も分かりやすくスローガンになった事例がある。

表1 銀行への公的資金注入

(単位：億円)

銀　行	第一次公的資金注入 注入年月	金額	第二次公的資金注入 注入年月	金額
みずほ（第一勧業銀行）	1998年3月	990	1999年3月	9,000
みずほ（富士銀行）	1998年3月	1,000	1999年3月	10,000
みずほ（日本興業銀行）	1998年3月	1,000	1999年3月	6,000
三井住友（旧さくら銀行）	1998年3月	1,000	1999年3月	8,000
三井住友（旧住友銀行）	1998年3月	1,000	1999年3月	5,010
ＵＦＪ（旧三和銀行）	1998年3月	1,000	1999年3月	7,000
ＵＦＪ（旧東海銀行）	1998年3月	1,000	1999年3月	6,000
ＵＦＪ（旧東洋信託銀行）	1998年3月	500	1999年3月	2,000
大和銀（大和銀行）	1998年3月	1,000	1999年3月	4,080
大和銀（あさひ銀行）	1998年3月	1,000	1999年3月	5,000
ＭＴＦＧ（東京三菱銀行）	1998年3月	1,000	—	—
ＭＴＦＧ（三菱信託銀行）	1998年3月	500	1999年3月	3,000
住友信託銀行	1998年3月	1,000	1999年3月	2,000
三井トラスト（旧三井信託銀行）	1998年3月	1,000	1999年3月	4,003
三井トラスト（旧中央信託銀行）	1998年3月	600	1999年3月	1,500
安田信託銀行	1998年3月	1,500	—	—
横浜銀行	1998年3月	200	1999年3月	2,000
足利銀行	1998年3月	300	1999年9・11月	1,050
北陸銀行	1998年3月	200	1999年9月	750
琉球銀行	—	—	1999年9月	400
もみじ（広島総合銀行）	—	—	1999年9月	400
熊本ファミリー銀行	—	—	2000年2月	300
北海道銀行	—	—	2000年3月	450
新生銀行	1998年3月	1,766	2000年3月	2,400
千葉興業銀行	—	—	2000年9月	600
八千代銀行	—	—	2000年9月	350
あおぞら銀行	1998年3月	600	2000年10月	2,600
関西さわやか銀行	—	—	2001年3月	120
東日本銀行	—	—	2001年3月	200
大和銀（近畿大阪銀行）	—	—	2001年4月	600
岐阜銀行	—	—	2001年4月	120
福岡シティ銀行	—	—	2002年1月	700
和歌山銀行	—	—	2002年1月	120
九州銀行	—	—	2002年3月	300
合　計		18,156		86,053

(出所) 預金保険機構資料をもとに北海道大学濱田研究室が作成。

それは「大手21行は潰せない」という金融当局の宣言であった。この宣言の出所は明らかでないが、当時の大蔵省高官の発言として伝えられており、「国際公約」としても通っていたと言う。ところが、この宣言も盤石ではなかった。というのは拓銀の破綻を容認する過程で一度、反古にされたからである。そうなったのは、宣言と、一方で政策当局が進めていた「日本版ビッグバン」という自由化路線が衝突していたからである。当時の判断としては、ペイオフを実施していないうちなら預金者に影響はないから、状態の悪いものを幾つか倒産させてみるのもよいというものだった。拓銀は実験台に使われたのだが、その実験結果はすこぶる悪かった[2]。そこで、再び「銀行の公共性」が強調される局面がやってくる。「21行は潰せない」の際もややそうであったが、今回は、大きくて影響力のあるものは潰されないが、そうでないものは見捨てる、つまりより差別的になっているのが特徴である。

このように、時折、しかも都合よく繰り返される「銀行の公共性」とは何かを考え、そこでの結論をもとに銀行への公的資金注入の非正当性と資本主義経済における公的金融機関の存在意義を考える。これが本論の課題である。

1 二つの公共性

資本主義社会といえども、人々の生活のすべての面を市場原理・利潤原理で覆い尽くせるものではない。資本主義社会には次の三つの分野がある。

(1) 公共分野

行政サービスは言うに及ばず、資本主義社会の中には国が事業主になる分野が多い。利潤原理にまかすとサービスが不完全になる分野がある。鉄道などの場合、人口の多いところにしか建設されないことになる。電気の供給事業も同様だが、それでは国土政策上問題がある。また、国民の側から見れば、生活のための当然の要求だが、それは利潤原理の事業主体には受け入れられないことがある。

何が公共分野であるかを決めるのは、それぞれの国の状況・発展段階による。

だから国と時代が違えば公共分野の内容は異なるのだが、ともかく利潤原理ではやれないという質的規定性をもった"公共性"がその時代ごとにある。これを"質的公共性"と呼んでおきたい。ある分野の事業を担当することは、それ自体に公共性が存在し、事業の規模の大小には関係ないという意味で質的である。

(2) 混合分野

利潤原理と公共原理が適当に入り混じっている分野もある。典型的なのは医療とか教育の分野である。サービスを受けるのが国民全員ではなく、限定される場合、利用者が料金を支払うことは合理的である。逆にいえば、事業主は収入を得る。この収入が利潤原理に合うようであれば、民営の主体が参入してくる。民営にすべてまかすことにならないのは、利潤原理に合わなくなって撤退されてしまった時、国民生活に重大な影響が出るからである。

どのくらいが公営でどのくらいが民営がよいかは、もちろん分野により、また国と時代により異なる。また、どちらがメインでどちらがサブかという判断もそうである。ともかく、混合していることで、公と民に競争が生じ、それが利用者の利益になる。ただし、競争は平等に行われないと"民業圧迫論"を誘発する。

公営が併存するということは、同業の民営に利益の上限を画するという制約を加えるとともに安定した利潤を保証することにもなる。なぜなら、公的に必要という質的規定が企業に与えられ、それが企業に安定をもたらすし、料金設定が公的に行われることから民間企業間に生じる過当競争が少なくなるからである。

この分野に成立する事業も、第1の分野と同じように質的公共性をもつ。

(3) 利潤原理の分野

自らの利益を追求することが是認され、効率性を競争し、市場で評価される。多くの事業体はここに属し資本主義の主要な分野を形成する。

重要なことは、純粋な市場原理の分野でも公共性が見られることがあるという事情である。私営企業でも、彼らの生産物が市場のかなりの部分を専有する場合、そしてその生産物が国民生活に重要な意味をもつならなおさら、その企

業は公共性をもつ。歴史的に民営が国営に転換するのは、こうした企業が経営難に陥ってしまった時である。国営にしてでも存続させるのは、その事業に公共性がある証である。

　企業規模の拡大とともに公共性が認められるようになる。これを"量的公共性"と呼んでおく。中小企業に公共性がないと主張しているのではもちろんない。量的公共性は、理論的には自給自足の状態から商品が生まれた瞬間から生じるが、企業が一定規模に達した時に明示的になる。中小企業が成長し、株式を証券市場で売買するようになれば日本では"公開"という表現を用い、それを実現した会社は公開会社と呼ばれる。英語では同じことを「Going Public」と言い、それを行った企業は「Public Company」となり、いわゆる私企業とは区分される。

　このような公共性は、運輸、エネルギー、通信、教育、医療などのように、そこに成立するだけで、規模の大小にかかわらず成立する公共性とは異なる。量的公共性と呼ぶゆえんである。二つの公共性はそれぞれ別々に存在しうるし、また同時に存在することもある。

2　金融機関・銀行の公共性

　以上の議論を念頭において銀行の公共性の内容を吟味してみよう。銀行が、3分野の第3番目に属することは自明である。金融業は利潤を目的に展開する業種であり、歴史的にも多くの国で民業として展開してきた。公の手がこの分野に伸びるのは民が充分に展開したあとである。それにもかかわらず、銀行の公共性が人々に強く意識されているのはなぜであろうか。

　銀行はこれまでに述べた公共性とは区分されるいわば第3の公共性をもっている。その公共性は、銀行の理論的な成立を跡づける理論の中に見いだされる。詳しい説明は別のところで述べたので、ここでは要旨のみを示す[3]。銀行は三つの機能をもつが、理論的にも歴史的にも最初に現れるのは"様々な企業の出納役"という機能である。図1のように銀行は数多くの、しかも様々な業種の企業に取り囲まれてはじめて成立する。出納役がうまく機能し、かつここから

図1   図2

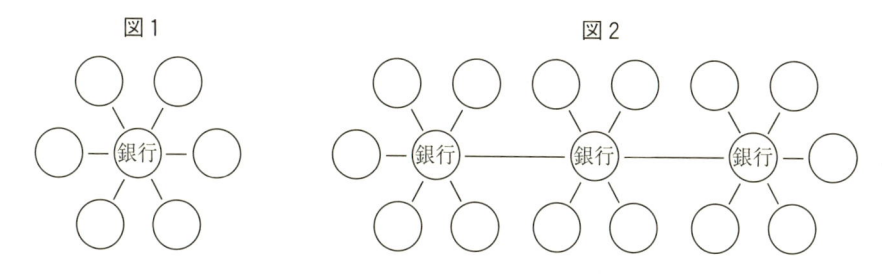

貸出のための原資が捻出されるためには、資金の出入時期が異なる企業に囲まれている必要がある。逆にいえば、こうして成立した銀行は企業社会の公共機関という性格を最初からもっている。企業だけが資本主義社会の構成員ではないからこの公共性は本来、限定的である。先に述べた質的公共性とは次元を異にするものであるが、資本主義における企業の圧倒的存在によりしばしば同一視されてしまう。

さらに、銀行の公共性は次の事情によって強められる。それは、理論的には銀行の取り扱うものが貨幣という使用価値を超越した均一"商品"であることに由来する。各銀行は同じ"商品"を取り扱っているから容易に連携しうる。ある銀行が資金不足になれば他の銀行が融通するというように互いに手をつなぎ合う。図2は、その様子を示している。こうした図は製造業では描きにくい。

銀行業では、図2のような構造の故に、一つの銀行の破綻が他の銀行の危機になるという構図になる。つまり、銀行の存在の仕方が社会的である。企業社会の公共施設という性格は強化されることになる。歴史的にも、一銀行の破綻がその国全体の金融危機に発展した事例は多い。図1や図2で、中心と周辺をつないでいる線を貨幣の機能で表現すれば支払手段であるが、まさに支払不能の連鎖は一銀行のエリアにとどまらない。図2のような連鎖が拡大すればするほど、銀行の公共性は強く意識される。今日のように、連鎖が国際間に拡大していけば、一国の一つの銀行の破綻でも国際問題になりかねず、その分、ある国が他の国の銀行制度の安定に言及するという"内政干渉"も生じうるのである。また、BIS基準の遵守を各国の銀行に強制することにも理論的根拠が生じる。たとえ、当該銀行が国際部面にまったく関係がなくてもである。

分かりやすく言えば、あるビール会社が倒産しても消費者は他の会社のビー

ルを飲めばよい。また、このビール会社の支払いが止まっても取引関係のない製造業に累は及ばない。しかし、銀行の場合は事情は異なる。他の銀行に麻痺が及ぶ可能性があり、支払不能は銀行をとりまく全産業に及ぶ。

銀行の公共性は実は特殊なものであるが、これも量的公共性をあわせもつ。つまり、銀行の規模が大きくなればそれだけ"公共性"は大きくなる。**図1**で言えば、周辺の企業数が増え、それに伴って中心にある銀行も太っていく。それだけ、銀行が企業社会の公共機関という性格は強まることになる。しかし、ここで言う量的発展はあくまでも連続的なものであり、どこかに段差があるというのではない。

3　銀行の公共性の発展と未完成

銀行業はその発展過程において必然的に企業から個人へと領域を拡大していく。それは受信面・預金面で顕著に生じる。企業世界の資金需要に企業社会の預金だけでは対応できなくなっていくからである。しかし、与信面では十分に展開することはない。銀行は発展の過程で大衆預金を獲得しにいくが、大衆を相手の貸出しは一般的には行わない。そうすることが利潤原理に照らして合わないからである。だから、この方面の進出によって得る銀行の公共性は半面でしかなく不完全である。

中小企業分野でも同じようなことが言える。中小企業の範囲は、企業と呼べる程度に成長したものから個人として扱った方がよいものまですこぶる広い。利潤原理で行えそうなところからそうでないところまで直線的に並んでいる。預金獲得の対象としては全部だが、貸出対象としては上方の部分だけである。だから、ここでも銀行の公共性は半分でありかつ不完全である。

銀行がこの不完全さを克服したかに見える時がある。庶民金融に積極的になったり、小企業金融に進出してみたりする。そういう現象は戦後の日本でも何度か観察されている。しかし、それは銀行側の事情による一時的なものであった。この観察事実は重要である。

いわゆる庶民金融の分野を銀行も担当せず、かつ公営機関も出現しない、あ

るいは不十分ということになると、ここに高利貸金融が復活する。これらは資本主義社会の体内にひそんでいるヘルペスである。

小括

　銀行の公共性は、色合いの異なった複数の公共性から構成されている。まず、銀行は諸企業の公共機関という性格から企業社会内部の公共性をもつ。しかし、それは質的公共性とは違う。象徴的な表現をすれば、"人々のために"と"企業のために"とは違う。もっとも、資本主義を是とするイデオロギーが人々を支配していく度合いが高まれば、二つの公共性の類似性は高まる。

　信用制度の普及により、預金・支払決済等の業務が人々の領域（庶民金融）や小企業の領域（中小企業金融）へ展開すると、銀行は質的公共性をもつに至る。この利潤原理になじまない分野に銀行が進出するのは、ここに進出することが企業領域における金融業を補完し全体の利益に貢献するからである。人々の間で名声を得ることは単に預金獲得のみならず、人材を雇い入れる際にも有効である。社会に貢献しているというイメージは銀行業全般をやりやすくする。

　銀行は独自の公共性に加えて量的公共性をもつが、これらは銀行の規模の拡大とともに発展する。

4　公的資金

　こうして見れば、公的資金の投入はまったく見当違いであったことが分かる。それは理論的にだけでなく、実践的にもそうであった。議論の末、健全な大銀行だけに注入するということになり、実際には必要としない銀行に注入された。結果として、銀行業界の不平等を拡大し、大銀行とその他という図式を促進したが、これが、その後の中小銀行の大量破綻を導いた。公共でないところを公共とごまかし公共資金を投入し、結局、資本主義的差別を拡大した。

　本来ならば、公的資金をもって支援されるべき中小金融機関は打ち捨てられた。BIS規制という資本主義的弱い者いじめの論理にしめつけられ、貸出抑制をせざるを得なかった。この間、多くの小規模金融機関が倒産し、それらと取

引関係にあった小企業が倒産し、関係者に苦しみを与えた。

　こうした状況の中で、つまり間違った公的資金の注入によって、より不完全になった金融の分野で、いわゆる公的機関の存在が注目され、そこに期待が集まるのは当然である。しかし、それらを、"民営化"という幻想に基づいた理論で潰そうとしている。幻想とは、資本主義が市場原理だけでやっていけると考えることである。

　結局、公的資金の注入は、一度後退した金融当局の権力を復活することになった。いまや、国は銀行の事実上の大株主でもある。一連の事態の結末は、経済的弱者に犠牲を強いることである。それは、まさに反公共性に他ならない。

5　質的補完について

　第2の分野では、公営と民営が競争して結果として良いサービスを国民に提供する。この図式で注意しなければならないのは、競争上の平等である。この点からすれば、郵便貯金が預金保険料を支払うのは当然である。しかし、この国民的に便利な施設を民営にする必要はない。民営にしてもサービスが向上する保証はない。民営か公営かは、一般的には所有形態について言われるが、それとサービスの向上とは直接関係ない。国営・公営でも経営努力によって"向上"を計ることは可能だし、現にそれはなされている。

　もう一つここで述べておきたいのは、公営が民営を補完するという場合、何を補完するかである。民間に資金が少ないので公営が補完する（量的補完）、民間に長期資金が出せない（期間補完）、民間が借手の担保不足で貸せない（信用補完）等が伝統的である。

　しかし、民間の機関が金融機関として成長してきた現在、第1と第2は主要でない。第3のものは、信用保証制度が機能している。

　これからは、質的補完というべきものが重要である（**図3**参照）。民間にはやれないプロジェクトファイナンス、ベンチャーファイナンス、DIPファイナンス等の分野を開拓する。開拓には初期費用がかかりまた知識も知恵も必要である。

図3

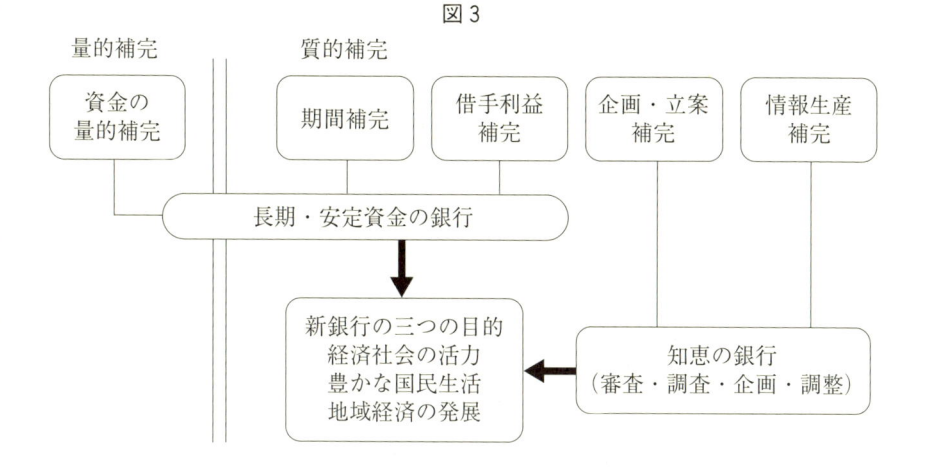

```
量的補完          質的補完
┌─────┐   ┌─────┐ ┌─────┐   ┌─────┐ ┌─────┐
│資金の │   │期間補完│ │借手利益│   │企画・立案│ │情報生産│
│量的補完│   │     │ │補完  │   │補完   │ │補完  │
└──┬──┘   └──┬──┘ └──┬──┘   └──┬──┘ └──┬──┘
   │         └────┬───┘          │       │
   │     ┌────────┴────────┐     │       │
   └─────┤ 長期・安定資金の銀行 ├─────┘       │
         └────────┬────────┘             │
                  ▼                       │
         ┌─────────────┐      ┌──────────────┐
         │新銀行の三つの目的│◀─────┤ 知恵の銀行     │
         │経済社会の活力  │      │(審査・調査・企画・調整)│
         │豊かな国民生活  │      └──────────────┘
         │地域経済の発展  │
         └─────────────┘
```

　日本の公的金融機関には中小の民間機関がうらやむ程の高学歴の職員が集まっている。これを活用して、現在は民間がやれないが国民のために必要なこと、そしてノウ・ハウが確立すれば民営でもやれること、そのような新しい金融分野を開拓していくことが必要だ。そうすることで、彼らの公共性は証明され、存続への国民的合意も形成される。

6　むすびにかえて——政策的提言

　結論は次のようになる。

❶もし、銀行が庶民金融分野（零細企業を含む）を担当しているなら質的公共性をもつので、公的資金の投入は妥当である。大企業金融と兼業しているなら、その度合に応じて投入する。といって、一事業体に注入された公的資金が使い分けられるのは不可能だから、庶民分野だけ切り離してそこに公的資金を注入する。こうした分野が立ち直るまでに時間を要する場合には、既存の公的金融機関による代替が必要である。

❷銀行が大企業金融や国際金融に特化しているなら公的資金は必要ない。どうしてもこれらを支える必要があるなら次の二つの方法しかない。一つは一時

的な国有化である。他の一つは法人税の増税によって得た資金を投入する。銀行は企業社会の公共機関であるから、それを利用する受益者が出資する。これは、資本家的共産主義の原則にかなっている。地方銀行の危機に際し、取引先企業が預金を出資金に振り替えて増資に応ずるという例がみられたが[4]、法人税増税→公的資金という方法はこれを国策として展開することである。

❸銀行が大きすぎて倒産させられない。つまり、量的公共性をもつときは、まず❶の切り分けをする。大企業が顧客であるが銀行の規模が大きく、倒産をした場合に社会不安が生じ、結果的に人々に累がおよぶ。このような可能性があるなら方策はやはり一時国有化である。そして、この場合、経営者は刷新されなければならない。民営が失敗し、それを放置すると社会的影響が大きいという場合に一時的に国有・国営にする事例は銀行業の他にも見られる。

1998年以来二度、2002年中には第3次が計画されているが、これらの公的資金投入は理論的に正当でない。それは、「銀行の公共性」を振り回し、ある意味では国民を脅し、税金を投入して失敗した経営者を救うことに他ならない。公的資金投入は世紀の境目に現れた素朴な国家独占資本主義である。

注
(1) 歴史的には国営事業が出現するのは次の四つの場合である。
 ①戦争などの国家的危機に際して公共性の高い分野を国営にする。戦争・危機という混乱に乗じて私的企業が法外な利益をあげ国民生活を圧迫することを防ぐためである。
 ②資本の不足で民間ではやれないが、国民生活に必要である事業を国営で行う。この場合は、民間に資本力がついてきた段階での民営化が考えられる。
 ③民営が経営危機になり、その消滅が国民経済に著しい障害をもたらす時に、時限をもった国営化が行われる(戦後のイタリアの国営事業とか、日本長期信用銀行の一時国有化の例)。
 ④利潤原理では実施できないが国民生活に必要な分野。これは、利用者から料金を取らない行政事業として行われる場合と、料金を徴収する国営事業になる場合がある。
(2) 北海道拓殖銀行の破綻が北海道経済に与えた影響については次を参照されたい。濱田康行、高橋功「北海道拓殖銀行の経営破綻と北海道経済」『地方財務』2000年12月号。
(3) 濱田康行『金融の原理』北海道大学図書刊行会、1991年。
(4) 地方銀行である北海道銀行も1999年に取引先2000社と自治体が538億円を出資し経営を支えた。多くは、預金の振り替えであった。その後、同行に公的資金が導入された。こうした事例の源流は1930年代のアメリカの銀行救済にある。詳しくは、小林真之「銀行再編と公的資金(上)」『北海学園大学経済論集』第49巻第1号、2001年6月。

第8章 株価形成要因としてのガバナンス構造

高田敏文

　バブル経済崩壊後、長期低迷期にあるわが国の証券市場は、日経平均株価が1万円の大台を割り込み（2002年8月現在）、依然として回復の展望を見いだせずにいる。かつてエクイティ・ファイナンス全盛の頃、転換社債発売の数日前から証券会社の店頭に行列ができたことがあったが、近年では転換社債はとても発売できるような状況にない。こうした証券市場における株価低迷状況の中で、企業の短期的な業績だけではなく長期的・安定的な業績や企業の信用を見極めようとする投資家の動きがあり、そのことに連動したコーポレート・ガバナンス改革が世界各国で急速に進められている。たとえば、カリフォルニア州公務員退職者年金基金（**CalPERS**、カルパース）は、世界各国の証券市場でその資金を運用しているが、株主総会その他の機会を通して、投資先企業はもとよりその国のガバナンス構造に対する「注文」を公にしている。また、わが国においても、企業の倫理的なあり方で問題を起こした企業（たとえば**BSE**、牛肉偽装工作）に対して投資家は厳しい反応を見せている。犯罪行為・反倫理的行為が組織的・日常的に行われており、それを監視・防止する構造が機能していない企業から、投資家は一斉に資金を引き上げているのである。

　こうした投資家の動きに対応するかのように、コーポレート・ガバナンス改革が、世界の主要国でこの2、3年の間、急ピッチで進められている。イギリス、ドイツ、フランスはもとより、わが国においても2001年の第153回臨時国会で監査役の独立性強化・機能強化を軸とした商法・商法特例法の改正法が成立した。さらに2002年5月には、アメリカ型のいわゆる一層システム（one-tear system）を取り入れた改正商法が公布された。

　わが国商法のガバナンス構造は、明治商法以来の監査役と戦後のアメリカの影響で取り入れられた取締役会とで構成されており、木を竹でついだような仕

組みになっていることは周知の事実である。そのことはさておき、企業の不祥事が発生するたびにこれらのガバナンス構造の機能状況が問題とされ、その強化策がとられてきた。それでもなお監査役は「閑散役」などと批判され、他方、終身雇用制をとる企業においては取締役が従業員の最終到達目標となっている取締役会の現状に対して内外から厳しい批判があった。

　不祥事や犯罪行為が明らかとなった企業のガバナンスに問題があったであろうことは認めなければならない。しかしながら、そのことをもってすべての企業についてそのガバナンスが機能していないとみなすことには問題がある。コーポレート・ガバナンスの要諦をなす監査役がその監視機能を発揮していると認められる企業グループとそのことがはっきりと識別できない企業グループとの間で何らかの差があるのではないか、このことを本論では問題とする。具体的には、これら二つの企業グループの株価に差があるのか否かを検定することを通して、企業のガバナンスのあり方に対して市場が一定の評価（すなわち株価形成）をしているとする仮説を検証することが本論の課題である。

1　株式会社のガバナンス構造

(1)　一層システムと二層システム

　法制度上、株式会社においては、所有者たる株主の権利を基礎とした株主総会が、会社運営上の重要な事項にかかる決定権限を有していることはどこの国においても共通の考え方である。ところが、会社の規模が大きくなるのに並行して、証券市場にその株式を公開した企業の場合、いわゆる所有と経営の分離が明らかになり、株主総会の形骸化が進行することもまた、多くの国に共通して発生している現象である。極端な場合、株主総会で30分以上議事の進行に時間がかかったら総務部長が更迭される、と言われるくらい、株主総会の重要性が薄らいでいる。

　そのような状況にある上場企業においては、会社の経営上の総責任者である代表取締役社長や最高経営責任者に権限が集中することが多い。このことを経

図1　1層システムのガバナンス

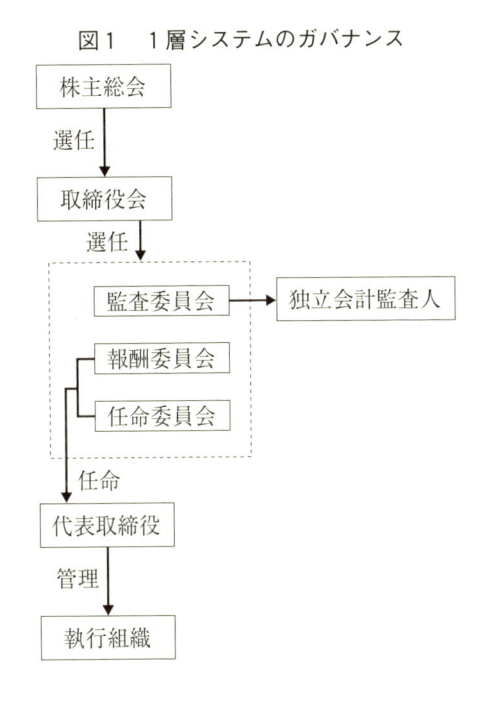

```
┌──────────┐
│  株主総会  │
└──────────┘
    ↓ 選任
┌──────────┐
│  取締役会  │
└──────────┘
    ↓ 選任
┌─ ─ ─ ─ ─ ─ ─ ─ ─ ─ ─ ─ ─┐
│ ┌──────────┐   ┌──────────────┐
│ │ 監査委員会 │→│ 独立会計監査人 │
│ └──────────┘   └──────────────┘
│ ┌──────────┐
│ │ 報酬委員会 │
│ └──────────┘
│ ┌──────────┐
│ │ 任命委員会 │
│ └──────────┘
└─ ─ ─ ─ ─ ─ ─ ─ ─ ─ ─ ─ ─┘
    ↓ 任命
┌──────────┐
│ 代表取締役 │
└──────────┘
    ↓ 管理
┌──────────┐
│  執行組織  │
└──────────┘
```

営者支配と言い、一人ないし数人の最高経営者に企業の経営にかかるすべての権限が集中してしまう結果として、彼らが犯す反社会的な行為や犯罪行為が会社を舞台にして行われても、それを事前に摘発・防止することができないことが多い。会計の領域で言えば、粉飾決算（利益がないのにあるかのごとく財務諸表を見せかけること）を通して、多額の役員報酬や配当を支払い、会社が倒産する前に当該経営者たちはその会社からは逃避してしまっているようなケースが今までも数多く発生してきた。

　このような事態が発生することを予想して、どこの国における会社法も経営者を統治する仕組みが導入されているし、経営者支配を原因としていると考えられる大きな事件を経験するたびにガバナンス構造は強化されてきた。財産の委託者たる株主との関係で経営者には、財産の保全・運用責任（スチュワードシップ）と会計責任（アカウンタビリティ）が負わされている。ガバナンス構造は、それら二つの責任が正当に果たされるように統制することを目的として設置されている。

　会社法の歴史や社会構造的な背景の違いによって微妙な差はあるものの、主要国の会社法におけるガバナンス構造は、いわゆる「一層システム」（図1）と「二層システム」（図2）とに大別することができる。一層システムは、取締役会に代表取締役に対する統治権限を与えるものであり、アメリカの会社法（州会社法）に共通する機構であるのでアメリカ型とも言われている。それに対して、二層システムは、取締役ないし取締役会に加えて、監査役ないし監査役会を有する仕組みであり、わが国の会社法やドイツの共同決定法に基づく会

社機構がその代表と言われている。一層システムにしろ、二層システムにしろ、会計責任の監視責任を実質的に担うのは、大会社の場合、公認会計士であることが多い（わが国では、商法特例法でそのことが規定されている）。

こうしたガバナンス構造は、主として会社法の枠組みの中で議論されてきたので、その問題意識は、株主のための会社構造、株主主権

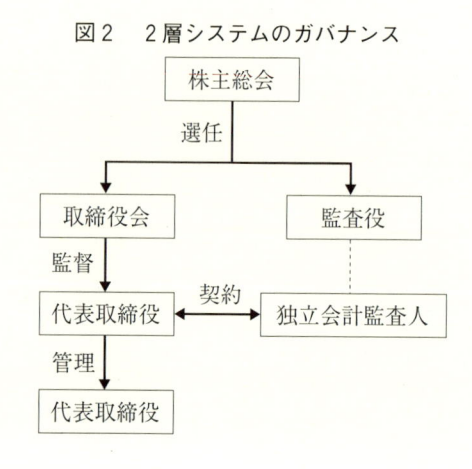

図2　2層システムのガバナンス

```
        株主総会
          │選任
    ┌─────┴─────┐
    ▼           ▼
  取締役会      監査役
    │監督        ┊
    ▼    契約    │
  代表取締役 ←→ 独立会計監査人
    │管理
    ▼
  代表取締役
```

を徹底させる仕組みの実現を中心にしてきた。ところが、ここ数年間の諸外国の議論を概観すると、株式市場を意識した改革、あるいは投資家保護を念頭においたガバナンス構造のあり方の追求がみられる。特に、フランスとドイツにおけるガバナンスにかかる議論と改革ではそのことが顕著である。

(2)　フランスにおけるガバナンス論議と法制化

フランスにおいては1966年商事会社法および翌1967年施行令が、現代のフランス商法典の基本的な枠組みを形成しているが、同商事法の制定後、数多くの改定がとくにEUの指令と連動する形で行われてきた。ガバナンスに関連したところでは、1995年のビエヌ報告書（以下「ビエヌⅠ」）、1996年のマリーニ報告書、1999年のビエヌ報告書（以下「ビエヌⅡ」）とが公にされ、経済界のガバナンス問題に対する関心の高さが明らかとなった。ビエヌ報告書と必ずしも連動するものではないが、こうした経済界の動向を受ける形でフランス政府は、2001年にガバナンスの議論で常に問題にされる問題についての法律案を国会に提出し、法改正を実施している（「新経済制御法」2001年5月）。

ところで、フランス商事会社法におけるガバナンス関連規程のうち会社組織に関する規程の特徴は、一層システム（取締役会が執行責任者である社長President-Directeur generalを監督する仕組み）と二層システム（取締役会に加えて監査役会が併設される仕組み）の選択方式が採用されてきたことであ

る（1966年会社法）。しかし、せっかく導入された二層システムを導入する会社はごくわずか（1998年現在株式会社の総数は16万7000社、そのうち2％が採用、上場会社のうちでも代表的な大企業CAC 40に入れられている40社のうちでは10社が採用）であると言われている（日本監査役協会訪仏団報告）。

　フランスの公開会社に対するアメリカの機関投資家に代表される外国人投資家の比率の増大に対応して、フランスの証券取引委員会（Commision des operations de bourse, COB）は、経済界に対してコーポレート・ガバナンスについての議論を促した。これに応じる形で、「フランス経営者全国評議会」（Conseil National du Patronat Francais, CNPF）と「フランス民間企業連合会」（Association Francaise des Entreprises Privees, AFEP）は、1995年3月に民間企業経営者からなる検討委員会（委員長 Marc Vienot 氏、Societe Generale 社長の名をとって「ビエヌ委員会」という）を創設した。同委員会は、同年7月に報告書（「ビエヌ報告書Ⅰ」）を公にした。さらに同委員会は、1999年7月にも報告書（「ビエヌ報告書Ⅱ」）を公にした。これらの2報告書の間に上院議員マリーニ氏による「マリーニ報告書」（1996年）もあり、ガバナンスに関する数多くの提言は、フランス会社法改正の機運を高め、2001年の法改正につながった。特に、ビエヌ報告書Ⅰ・Ⅱは、フランス経済界のガバナンスに対する考え方を代表するものと考えられ、フランスのガバナンス論議においての重要な位置を占めるものであることは明らかである。

　上記のガバナンス論議をふまえて、フランスにおいては、2001年5月に新経済制御法（relative aux nouvelles regulations economiques）が制定された。1966年会社法から改正された条文は、ガバナンス関連の諸規程からなっており、そのうちの主なものは下記の通りである。

❶取締役会会長の職務権限の選択制（一層システム）──会社業務に対する執行責任者を取締役会会長にするのか、あるいは取締役会が任命する執行役員（directeur general）にするのかについて、取締役会は選択することができる（L.225-51-1）。従来も認められていた会長を補佐する「執行役員」は「担当執行役員」（directeur general delegue）と改められた。
　上記で選択された執行役員は取締役である必要はない。
❷執行役員の解任（二層システム）──執行役会の構成員の解任は、監査役会

の提案に基づいて株主総会で決定することとなっていたが、監査役会による提案は必要なくなった。定款で定めれば、監査役会で執行役員を解任できる（L.225-61）。

❸取締役の兼任制限——取締役が兼任できるのは5社以下とした（L.225-21,77）。

❹役員報酬等の開示——すべての取締役の個人別報酬と会社から受け取った利益を営業報告書に記載することが義務づけられた（L.225-102）。取締役に対するストックオプションについても、株主総会に報告することが義務づけられた（L.225-184）。

以上のように、フランスにおいては、1995年からの活発なガバナンス論議と展開が見られ、それが2001年の新経済制御法となって結実した[1]。

(3) ドイツにおけるガバナンス論議と制度化の動き

ドイツでは伝統的に株式会社組織を採用する企業の数が、他の先進諸国と比較して極端に少ない。前コール政権時代に、小規模企業であっても株式会社組織を採用することができるように会社法の改正（1994年）が行われ、その数は急速に増加しつつあるものの2000年初で8000社余りであるので、日本での株式会社数158万社（1998年）と比較すべくもない。どうしてこのようなことになっているのかについてはここでは取り上げないが、ドイツにおけるコーポレート・ガバナンスを論ずるときには、株式会社の数が絶対的少数であることを背景的事情として認識しておくことが肝要である。

さて、ドイツのガバナンス構造の特徴は何か、と問われれば、共同決定法に基づいて従業員代表もその構成員となっている監査役会にあることは、周知の事実である。すなわち、アメリカやフランスと異なり、経営の監視・統制機能を担う監査役会と業務執行機能を担う取締役会との二層システムが、ドイツの株式会社ガバナンス構造のポイントとなっている。しかしながら、この二層システムのうちの監視・統制機能を担う監査役会について、根本的な問題がいくつか指摘されてきた。指摘されている代表的な問題点の一つは、監査役会の形式化（あるいは形骸化）である。つまり、監査役会の会議での実質的な議論が

ほとんどなされず、法律で要請されているから開かざるをえないといった実態があると言われている。従業員代表も、忙しい時間をやりくりして会議に出席しても、構造的に多数派は経営側ないし株主側代表となっているので、時間をかけて議論することに意義が見いだせないようである。一方、経営側としても、会社にとって非常に重要な情報を業務執行責任を負っていない従業員代表が入っている会議で公にすることが難しいと考えることはありうることである。

　これらのことを背景としつつ、新しい証券市場の創設、EUのスタート等、経済環境の大きな変化が進展する中で、従来のコーポレート・ガバナンス構造を見直そうとする経済界の動き（ベルリン・グループとフランクフルト・グループとによるガイドラインの公表）、そうした動向を敏感に取り入れたドイツ連邦政府によるコーポレート・ガバナンス委員会の発足とその答申（2001年7月）、さらにその答申を具体化するための倫理指針作成委員会の発足とその答申（2002年2月）等、矢継ぎ早の動きが見られた。

　これらの詳細についての紹介は省略するが、世界の趨勢が一層システムないしその選択制に傾く中、二層システムの良さを見直し、その中核を担う監査役会の機能強化を鮮明にしているドイツの動向は注目に値する。安易なアメリカ擦り寄り姿勢を戒めるドイツの確固たる姿勢が読み取れる。そうしたある意味での頑固さがある一方で、インターネットに代表される情報技術の積極的な活用が推奨されていることに柔軟さが見てとれる。

　株主総会の現実に典型的に現れているように、形骸化した「民主的」機構は、いかに権限を強化しても活性化させることは難しい。ドイツの監査役会も、形骸化の指摘がなされていることから見て、程度の差はあれ、そのことが進行していることが推定される。ある特定のガバナンス構造が実質的に機能しているのかどうかについて、事実に照らして検証することが必要である[2]。

2　ガバナンス構造の実証研究

　ガバナンス構造の機能状況を実証すること、具体的には、ガバナンス構造を代表する仕組みの一つとしての監査役が活発に活動している企業グループとそ

のことが必ずしも明確に識別できない企業グループとの間で株価収益率に差があるとする仮説を検証することが以下の課題である。企業不祥事や企業犯罪ひいては大規模株式会社の倒産事件が起こるたびに、取締役や監査役の無機能ぶりが指摘されてきた。そのような事件から事後的に当該会社のガバナンスが機能していたのか否かを推定することは可能であるが、何も事件を起こしていない継続している会社のガバナンス構造の機能状況を測定することは意外に難しい。というのは、何も問題が発生していないから、ガバナンス構造が機能しているとは限らないからである。ここでは、監査役が活発に活動しているか否かを下記の基準で分類し、当該監査役の所属する企業をグルーピングした。

(1) リサーチ・デザイン

　会社法上の監査役を会員とする社団法人「日本監査役協会」（以下、「監査役協会」と略す）は、1974年の商法改正を契機にして設立された公益法人であり、以来、世界各国の監査役制度の訪問調査をはじめ、わが国の監査役制度のあり方に対して貴重な提言をしてきた。監査役協会に所属してその活動の中心を担っていると考えられる同協会理事監査役が所属する会社、理事ではないが監査役協会に所属している監査役が所属している会社、同協会に所属してない会社の3グループについて、その株価収益率の分散に違いがあるか否かを検定することとした。したがって、帰無仮説は「これら3グループの会社の株価収益率に差がない」である。

(2) データ

　2001年10月現在、監査役協会は、6041人（3980法人）の会員を擁する。会員が所属する法人のうち、東京証券取引所一部上場企業は1138社である。ちなみに、東京証券取引所一部上場企業数は2002年8月現在1497社であるので、一部上場企業で監査役協会の会員となっていない企業の数は350社余り（比較時点が違うので概数）である。2001年10月現在、監査役協会の理事41名（協会専従は除く）のうち、東京証券取引所一部上場企業に所属する監査役は37名である（4名は未上場企業と他取引所上場企業の監査役である）。これらから、監査役協会理事会社（東証一部上場37社）、監査役協会会員会社（ランダムに非理事

表1 2001年月足株価収益率と分析結果

株価収益率

月	理事会社	会員会社	非会員会社
1	−1.03	0.21	−0.54
2	1.30	0.59	2.09
3	2.20	2.93	5.35
4	8.56	12.04	10.84
5	−4.03	−3.67	−3.24
6	1.73	1.36	2.32
7	−6.15	−6.59	−10.79
8	−2.39	−2.28	−4.26
9	−8.31	−7.35	−9.24
10	1.97	4.20	1.75
11	−1.83	−5.35	−7.87
12	−2.13	−6.46	−8.59

分散分析

	平方和	自由度	平均平方	F値	有意確率
グループ間	266484	2	133242	1.227	0.306
グループ内	3582462	33	108559		
合 計	3848947	35			

(注) F値の計算に際しては、株価収益率を100倍し絶対値を用いた。

の東証一部上場37社を選択)、非会員会社(非会員の東証一部上場350社からランダムに37社を選択)の3グループを選定した[3]。

株価収益率は、2001年の12ヶ月月足終値に基づくグループ別収益率と1992年から2001年までの10年間のグループ別月足終値に基づく収益率の年間集計値をデータとし、一元配置の分散分析を用いてグループによる収益率に違いがあるか否かを調べた[4]。

(3) **結果**

2001年の月足終値を用いて計算した株価収益率の年間集計は、理事グループ、会員グループ、非会員グループそれぞれ、マイナス10.11、マイナス10.37、マ

表2　10年間月足株価収益率集計値と分析結果

株価収益率

年	理事会社	会員会社	非会員会社
1992	−19.22	−25.62	−32.75
1993	11.31	8.11	20.03
1994	5.78	12.07	−6.70
1995	2.29	−4.36	−6.65
1996	−3.99	−8.87	−11.63
1997	−20.75	−59.39	−71.53
1998	−1.40	−3.12	3.85
1999	−0.82	4.51	2.46
2000	10.61	−11.00	−11.90
2001	−10.11	−10.37	−22.18

分散分析

	平方和	自由度	平均平方	F値	有意確率
グループ間	5412981	2	2706490	1.059	0.361
グループ内	69018757	27	2556250		
合　計	74431738	29			

（注）F値の計算に際しては、株価収益率を100倍し絶対値を用いた。

イナス22.18と、2001年はいずれも大幅な下落となっている。月足終値による月別株価収益率は表1の通りであり、F値は1.227、そのp値は0.306となり、帰無仮説「3グループの株価収益率に差がない」は有意水準5パーセントで棄却できなかった。さらに多重比較をしたところ、理事グループと非会員グループとの間の平均値の差については、有意確率が0.275となったが、やはり有意水準5パーセントからははるかに遠い、と結論せざるをえなかった。

期間をより長期にとって、1992年からの10年間の各年月足株価収益率を集計し、そのデータを用いて分析したところ（表2）、やはりF値は1.237、p値は0.314となり、帰無仮説「3グループの株価収益率に差がない」は有意水準5パーセントで棄却できなかった。これについても多重比較したが、理事グループと非会員グループとの差が大きかったものの（有意確率0.289）、上記と同様の結果であった[5]。

3 結論

　上記の分析結果からは、市場が監査役の活動を評価し、その結果が株価に反映されるという結論を得ることはできなかったが、理事グループと非会員グループとの間には、相当程度、株価収益率の分散の大きさに差があることも事実である。企業のガバナンス構造が株価に影響を及ぼすはずである、とする仮説がデータから証明できなかったことの原因、つまり分散分析によって、帰無仮説を棄却できなかった原因としては、市場は監査役の活動には興味がないこと、調査で用いたデータが不足していて統計上の過誤があること、株価は、事業内容や収益力といった企業固有の要因だけでなく、マクロ的経済要因や政治的な状況も反映しており、そうした総合指標としての株価から、監査役活動のみを反映した部分を抽出することはできないことなどが考えられる。帰無仮説を棄却できなかった場合、市場が監査役をはじめとした企業のガバナンスに無関心であると早計してはならない。さらなる実証研究の積み重ねが必要である。

　また、株価だけでなく、企業の信用力としての有利子負債の利子率、資本コスト等についても、企業のガバナンス構造との関係が見られることが予想されるので、これらについても今後の課題としたい。

注
(1) フランスの近年のガバナンスにかかる報告書・制度およびその解説については、下記の文献を参考されたい。
　　Le Conseil d'Adminstration des Societes Cotees, 1995.
　　Rapport de Comite sue le Gouvernment d'Enterprise Preside par M.Marc VIENOT, 1999.
　　Committee on corporate governance, *Recommendations of the Committee on corporate governance*, 1999.
　　遠藤仁「フランスの経営管理機構と会計・監査制度」『月刊監査役』449号、2001年10月25日。
　　日本監査役協会訪仏団「フランス企業のコーポレート・ガバナンス－その監視監督機構の特色－」、『月刊監査役』451号、2001年12月25日。
　　鳥山恭一「コーポレート・ガバナンスとフランス会社法（上）、（下）」、『月刊監査役』459号、2002年5月25日、460号、6月25日。
(2) ドイツの近年のガバナンスにかかる報告書等については、下記の文献を参照されたい。

Berliner Initiativkreis German Code of Corporate Governace, *German Code of Corporate Governance*, Berlin, June 6, 2000.

Grundsatzkommission Corporate Governance, German Panel on Corporate Governance, *Corporate Govenance-Grundsatze ('Code of Best Practice') fur borsennotierte Gesellschaften*, Frankfurt, Juli 2000.

Regierungskommission, *Der Deutshe Corporate Governance Kodex*, 26/02/2002.

「ドイツにおけるコーポレート・ガバナンス等会社法改正の動き」、『商事法務』No.1602、2001年8月5日。

「ドイツにおける企業法制改正の動き」、『商事法務』No.1603、2001年8月25日。

池田良一「ドイツにおけるコーポレートガバナンスの現状と問題点-「コーポレートガバナンス改革」とその背景-」、『月刊監査役』No.453、2002年1月25日。

池田良一「ドイツの「コーポレートガバナンス倫理指針」の全文和訳と内容解説-ドイツ「コーポレートガバナンス改革」の最新動向-」、『月刊監査役』No.461、2002年7月25日。

(3) 監査役協会と東京証券取引所のデータについては、ホームページから引用した。
(4) 株価データは、東洋経済新報社の『株価データ2002年版』CD-ROMを用いた。なお、ここでの株価収益率は、(当月株価終値-前月株価終値)÷前月株価終値、である。
(5) 統計処理に関しては SPSS 11.0J を用いた。

第9章 信託銀行資産の成長：1980〜2000年
―― 原因とその意味するもの ――

一ノ瀬　篤

　1980年代以降における信託銀行資産[1]の伸びには、目を見張るものがある（**表1**および**表2**参照）。この結果、1980年には国内銀行「銀行勘定」資産残高に対して、わずか18.7％の大きさにすぎなかった信託銀行資産残高は、2001年末には実にその52.3％にまで成長している[2]。本論では、その原因とその意味するところを考察する[3]。

1　信託銀行資産成長の原因

　この20年間における信託銀行資産の成長ぶりを明確にするために、上記**表1**によって関連カテゴリーのディケードごとの成長率を比較すると、**表2**の通りである。

　信託銀行資産の成長率は、1980年代は生保に次いで高く、1990年代には郵貯に次いで高い。この結果、20年間を通算すると、諸金融機関資産の中で成長率が最も高い。なぜこのように、国民経済の規模に対しても、競合する諸金融機関資産に対しても、圧倒的とも言いうるほど（生保も1990年代後半には勢い鈍化）の成長を遂げているのだろうか。

(1)　簿価分離通達、他

　周知のように、1980年に法人税法基本通達6-3-3-2によって、有価証券保有に関する、いわゆる「簿価分離」経理が認められた。法人が信託銀行に信託（金銭の信託）した財産の中に、法人が自ら保有している有価証券と同種・同銘柄の証券がある場合、その両者の簿価を通算せずに、おのおの分別計

表1 信託銀行資産の成長

(単位:1,000億円)

年末	GDP	国内銀行銀行勘定資産計	国内銀行信託勘定資産計	生保資産計	郵便貯金残高
1980	2,455	2,308	432	262	619
85	3,242	3,762	838	538	1,029
1990	4,388	7,572	1,912	1,302	1,362
95	4,892	7,503	2,140	1,874	2,134
2000	5,130	7,591	3,152	1,802	2,499

(出所)日本銀行『経済統計年報』1997年、10、59、93、115、190ページ、同『金融経済統計月報』2002年7月、31、102、107、129、156ページより作成。

表2 信託銀行資産の成長率

(単位:倍)

	GDP	銀行勘定資産	信託勘定資産	生保資産計	郵便貯金残高
1980－1990年	1.78	3.28	4.43	4.97	2.20
1990－2000年	1.17	1.00	1.65	1.38	1.84
1980－2000年	2.09	3.29	7.30	6.88	4.04

(出所)表1と同じ。

理してよいことになった。したがって、たとえば法人(委託者)が、かつて或る証券を安く購入していた場合でも、その旧簿価と信託銀行を通じて購入した同一証券の新簿価から生じる通算簿価との間で生じる評価益を、従来とは異なって計上しなくてもよくなった。このため、節税効果を享受することが出来た。

　株価が急上昇している過程では、この簿価分離措置が法人に与えたメリットは、とりわけ大きかった。このために株価上昇が特金、ファントラなどの「証券信託」[4]を生み、証券信託が株価上昇を生むという循環が生じた。かくして1984年以降のバブル膨張期には、信託銀行資産はこれらの証券信託を軸として急膨張したのである(表3)。

　表3を見ると、バブル期の信託銀行資金源では、投信委託会社を経由する証券投資信託を別とすれば、金銭信託と金外信託の伸長がとくに著しいが、前者の中心が特金と指定単(指定単の成長は1988年頃から)、後者の中心がファン

表3 信託銀行の負債（資金源）

(単位：1,000億円)

	金銭信託	年金信託	財形信託	貸付信託	証券投資信託	金外信託*	有証信託**	その他共合計
1980	58	50	+0	191	74	n.a.	12	432
85	139	117	+0	322	197	35	14	838
1990	354	213	+0	471	514	269	61	1,912
95	602	277	+0	492	470	210	48	2,140
2000	981	363	+0	191	555	175	285	3,152

(注) ＊金外信託＝金銭信託以外の金銭の信託　＊＊有証信託＝有価証券信託
(出所) 日本銀行『金融経済統計月報』2002年7月号、107ページ、同『経済統計年報』1992年、103ページより作成。

トラであった。

しかし、法人にとって、この簿価分離通達の意義は、節税効果だけではなかった。簿価分離方式の結果、法人は経理上の煩雑さからも解放されたのである。簿価分離は法人の「自己保有証券」と「信託銀行に信託している証券」との間でばかりではなく、複数の「信託している証券資産」相互間にも適用された[5]。

さらに近年、証券決済方法が大量化・複雑化し、個々の法人では対応が困難になってきたため、この面でのプロである信託銀行に特金等の形で資金を預託することが便宜となった、という事情もある。

こうして証券信託によって、法人の証券投資は機動性を与えられ、株価崩落後も種々の金銭信託が着実に伸び続ける一因となった。

(2) キャピタル・ゲインのインカム・ゲインへの転換

1980年代に信託銀行資産の伸びを支えた一つの重要な原因は、生保に課されたインカム・ゲイン配当原則だった。旧保険業法86条では、有価証券の売却益を配当原資とすることは禁じられており、生保はバブル膨張期の資金獲得競争の中で、顧客に高利回りを提供するために、一方では上記の証券信託を、他方ではアメリカ債券を利用した[6]。証券信託からの利益の大半は内実的にはキャピタル・ゲインに他ならないが、税法上は「信託収益金」として利子・配当と同様に扱われたので、生保としては、簿価分離のメリットを別としても、甚だ

好都合だった[7]。生保資金は証券信託のなかでも、とりわけ特金に流入した。生保資金は特金資産の3割内外を占め、その動向は特金の動向を左右していた。

　生保が上記のインカム・ゲイン配当原則から解放された後も、信託銀行への資金信託によるメリットは残った。つまり、大蔵省の「統一経理基準」では、信託銀行に信託した資産の収益はインカム・ゲイン扱いされるので、財務上、「収益性」をアピールできたのである[8]。もっとも、これは生保に限らず、金融機関全体に該当することである。

(3) 企業の借入需要鈍化

　信託銀行資産の成長にとって最も本源的な説明要因は、マクロで見た企業借入需要（ひいては銀行貸出）の停滞・鈍化であろう。その背後には経済の老熟化がある。大企業は今やCPなどの新しい武器を加えて、市場から直接に資金を調達出来る。かつてほどは銀行に依存しなくてもよい。加えて、製品やサービスに対する内外からの需要そのものが、長期趨勢的に、かつてほど旺盛ではない。さらに最近では少なからぬ大企業が不良債務を抱えており、銀行としてはこれらへの貸出には慎重にならざるを得ない。中小零細企業の場合、銀行借入需要はあっても、銀行が返済能力を懸念して貸出に踏み切れないケースが多い。いきおい銀行貸出が全体として停滞し、貸出と預金の両建て的な増加が鈍化する。貸出によって創造された当座預金の一部が定期性預金に転態して後者を増大させることも少なくなる。

　銀行貸出への需要鈍化傾向は、高度成長期終了後の長期趨勢ではあったが、誰の目にも明らかになってきたのは、1990年代に入って経済停滞と銀行の不良債権問題が深刻化して以降のことである（表4）。結局、銀行はわずかに対個人金融を増加させることで、全体としての貸出量を維持しているのが現状である。貸出量が増えないので、銀行は自由競争下でも、預金金利を上げることが出来ない。

　近年の貸出停滞の基底には、不良債権処理によって自己資本比率が低下し、BIS規制を守るためには貸出を増やせない、という事情がある。これが、預金利率引き上げを困難にしている。

　貸付可能な資金（特に額のまとまった法人資金）は、活路を銀行預金以外に

表4 都市銀行貸出額の推移

(単位:1,000億円)

年	銀行貸出	年	銀行貸出	年	銀行貸出	年	銀行貸出
1980	713	1985	1,234	1990	2,107	1995	2,185
81	788	86	1,415	91	2,194	96	2,179
82	870	87	1,609	92	2,243	97	2,216
83	964	88	1,775	93	2,252	98	2,216
84	1,081	89	1,959	94	2,216	99	2,157

(出所) 日本銀行『経済統計年報』1997年、61ページ。同『金融経済統計月報』2001年3月、40ページより作成。

見いださざるをえなくなる。こうして、信託銀行の提供するさまざまの「金銭の信託」が脚光を浴びることになった。ただし、1990年代に入って銀行貸出が低迷してくると共に、同じ理由から、「金銭の信託」の中でも貸付信託だけは、顕著に低迷している〔表3。なお、後述2の(2)を参照〕。資金が流れ込んだのは、特に金銭信託のうちの「特金」および「指定単」だった。

(4) **低金利の継続**

　1995年以降の未曾有の低金利の長期継続も、確定利付き銀行預金の魅力を失わせ、遊休資金が、リスクはあるが相対的に高利回りの信託資産に乗り換える重要な一因となった。1995年以来、大方の短期金利が0.5%を下回るようになった状況下で、銀行勘定への預金は停滞しているが、信託資産は1996年以降、成長している[9]。

　しかし、1992年頃までは定期性の預貯金金利は、消費者物価上昇率に比べてまだ十分に高く、定期性預金の魅力は十分にあった。銀行預金もかなりの成長を続けており、銀行預金が流出して信託銀行に流入するという状況ではなかった。その中で信託銀行資産が大いに伸びているのは、これまで述べた諸要因〔(1)、(2)、(3)〕によると言わねばならない。低金利それ自体が銀行預金から信託銀行への資金流出を生んだのは1990年代後半のこと、と言ってよいだろう。

(5) 信託銀行の外延的拡大

最近の信託銀行資産の成長は、外国信託銀行（日米円ドル委員会が契機）や他業態金融機関子会社（「金融ビッグバン」が契機）等の参入によって、信託銀行の商品販売力が強化されたという要因にもよっている。新規参入は1985～1986年の外銀9行参入、1993年からの他業態子会社参入（4年間で17社）という形で実現した。しかし、1997年3月末でも、新規参入業者の資産合計はせいぜい22兆円（全体の10％）程度である。これまでのところは、新規参入が信託銀行資産成長の主要因であったとは言えないだろう。

(6) 企業年金の成長

企業の銀行借入需要の鈍化と並んで、近年の信託銀行資産の増大を支えている、もう一つの重要な要因は、企業年金の成長である。前掲表3を見ると、年金信託は他の諸資金源と比べると、極めて安定的・漸次的な増加傾向をたどっていることが分かる。企業年金は公的年金制度を補完する私的年金制度であり、適格退職年金、厚生年金基金、非適格年金の3種を含むが、信託銀行はそのいずれとも関係する。

適格退職年金は、要するに企業が退職金を一度に払ってしまわずに、その一部または全部を年金形態で分割払いするために資金を積み立て、これを信託銀行・生保（1982年からは全共連にも）に信託・預託すると、税法上の特典が与えられる制度である。なお、この制度は確定給付企業年金制度の発足に伴って、2012年までに廃止されることになった。

厚生年金基金は公的年金である厚生年金の基本部分（老齢厚生年金－スライド・再評価部分）を代行し（つまり「保険料を国に納めて国が年金受給者に支払う」という迂回路を短縮し、企業〔団〕＝年金基金が保険料を積み立てて、受給者に直接支払う）、同時に厚生年金の額に上積み（3割以上）した年金を支払いうるように、厚生年金のみの場合に比べてプラス α の掛け金を徴収して積み立てる制度である。これにも、税法上の特典が与えられる。従来は適格退職年金の場合と同様、信託銀行等への信託が義務づけられていたが、1990年から規制緩和によって一定枠内で自家運用が可能となり、2000年の国民年金法

等の改正によって自家運用への制限が画期的に緩和された。但し、自家運用といっても年金指定単や年金特金という形で、結局は信託銀行に委託されることになる。

　従来、適格退職年金については件数、預託金残高ともに生保が信託銀行を凌駕し、厚生年金基金についてはその逆である（1997年3月末の金額残高→適年：生保10.9兆円対信託銀行7.5兆円、厚生年金基金：生保15.7兆円対信託銀行29.3兆円）[10]。厚生年金基金にせよ適年にせよ、その運用は指定単または特金（特金は投資一任契約の場合）であり、したがって運用対象はほとんどが有価証券である。

2　信託銀行資産の成長が意味するもの

　上に見た信託銀行資産の成長は何を意味するのか。これを「何の結果として生じたのか」という設問と解すれば、前節で考察したように「経済の老熟化[11]と制度的要因[12]の複合結果として生じた」と言えよう。しかし、「何を意味するのか」の内容を、長期的・歴史的な観点から考察すると、どうであろうか。

(1)　運用対象の証券化

　信託銀行の資金源では、金銭信託の成長が著しく、飛躍的という形容詞があてはまる。ついで年金信託が安定的・漸次的な伸びを示しており、投資信託も1990年代に入って停滞気味ではあるものの、高水準を維持している（前掲表3）。ところで、残高の多い金銭信託、投資信託、年金信託のいずれをとっても、その運用先はほとんどが有価証券である[13]。

　これを反映して、信託銀行資産に占める証券資産の比重は、表5に見られるように近年とみに高くなっている。信託銀行資産の「証券化」である。

(2)　投資の法人化

　運用資産の証券化は、信託の法人化と表裏の関係で進行している。適格退職年金、厚生年金基金の場合は、結局、すべて企業による資金信託となる。金銭

表5 信託銀行資金に占める証券資産の比重増大

(単位：1,000億円)

年末	有価証券合計①	投資信託有価証券②	投資信託外国有価証券③	①+②+③=④	信託銀行資産合計⑤	④/⑤(%)	金銭の信託合計⑥	④/⑥(%)
1980	77	58	n.a.	135	432	31.3	406	33.3
85	247	158	16	421	838	50.2	810	52.0
1990	575	319	36	930	1,912	48.6	1,821	51.1
95	808	290	25	1,123	2,140	52.5	2,051	54.8
2000	1,441	311	35	1,787	3,152	56.7	2,265	78.9

(出所) 日本銀行『金融経済統計月報』2002年7月号、106～107ページ、同『経済統計年報』1992年、100～102ページより作成。

　信託の場合は、先の三井信託銀行の場合を例にとると、金銭信託全体の71％を指定単、22％を特金が占めていた（1999年）。一般指定単（指定単で運用される年金信託や「年金指定単」と区別された）の委託者を示す資料は、本論段階では得られなかったが、特金ともども単独運用であるから、殆どが法人と考えて差し支えない。特金（証券信託としての）の場合、信託銀行全体で、その7割が金融法人、1割が事業法人、2割が法令共済団体等からの委託となっている[14]。委託者を法人と見なして良い点では、ファントラも同様である。

　要するに、証券化と法人化は表裏一体的に進行している。その背景は、年金基金等に蓄積された年金関連資金と一般企業の余資が、直接間接に従来の対企業貸出を見限って信託銀行の指定単（指定単で運用される本来の年金信託、年金指定単、一般指定単）や特金（特金で運用される本来の年金信託、年金特金、一般特金）に流入した、ということである。

　注意すべきは、概して個人貯蓄が信託銀行に流入しているわけではない、という点である。1990年代に入っても、個人貯蓄は相変わらず銀行と郵貯に着実に流入し、逆に信託銀行からは流出していると見てよい。郵政省資料によると、信託銀行に信託されていた個人貯蓄は1994年度末（ピーク時）には合計80兆円あったのに、2000年度末には実に15兆円に低下してしまった。貸付信託の急減（この間23兆円減）が主だが、先述の投資信託の近年の足踏み状態も、個人投

資家の後退が大きいと考えてよい。貸付信託の減少は、信託銀行自体が「貸付信託から信託銀行への預金や、場合によっては投資信託への乗り換え」を個人顧客に推奨してきた結果、という面もあるが、それを考慮しても減少は否めまい（信託協会『信託統計便覧』等参照）。なお、個人の合同運用指定金銭信託も顕著に減少している[15]。家計貯蓄は1世帯当たりは少額なので、ペイオフもほとんど関係なく、利回り上のリスクの少ない貯蓄形態にとどまっているのに対して、ロットの大きな法人資金はわずかの利回り差が絶対額としては大きな損得を生むので、相対的に高利回りの証券に、しかも巨額性を利用してリスク分散可能な形態で投資するのである。

(3) 結び ── 金融資産の過剰累積

上に見た投資の証券化・法人化は、長期的・歴史的に見て何を意味するのか。老熟資本主義国では金融資産の累積がGDP成長率よりも高いことは、まず疑いを容れない[16]。日本では特にそうである。金融資産の成長率を、GDPのうち、利潤、および「利潤から分与される利子・配当部分」の成長率と比較するとどうであろうか。この証明は不可能に近いほど困難だが、利潤率は少なくとも上昇傾向を期待することは難しいだろう。公表統計は必ずしも現実を表してはいないが、法人企業の総資本経常利益率、同営業利益率などは、趨勢的に横ばいである[17]。

利潤のうちから利子・配当として分与される部分の割合は、内部留保や法人税に依存するが、前者は利子・配当予備軍として同じカテゴリーに参入しうる。法人税率は、時の政権如何により拡縮するが、長期的に大いに下落することは期待出来ない。

結局、金融資産の累積の方が、国民所得から利子・配当として分与されうる部分の成長よりも、かなり急速であろう。金融・資本市場では、貸付可能資金の成長の方が、GDP、ひいては「従来と同水準の利子率・配当率で資金を需要する力」の成長よりも速いということになる。実質利子率は低下する。種々の法人（公的・私的・両者混合的）の手元にある巨額資金は、少しでも利回りの高い金融資産（老熟国ではおおむね証券）を必死で求める。このことの国際版が、（例えば）アジア通貨危機の背景にあった。

現在、日本で信託銀行を主舞台として生じている投資の証券化・法人化は、この長期歴史的趨勢が、バブル崩壊に続く長期経済停滞と規制緩和の中で、端的・短縮的に現れたものと見てよい。したがって、今後の経済情勢によって一時逆転することはあっても、趨勢としては定着するだろう。但し、投資対象の証券化や投資主体の法人化は、一般論としては信託銀行抜きでも生じうる。信託銀行が年金信託との結びつきや簿価分離といった制度上の利点を奪われると、証券化・法人化が別の形をとることはありうる。

過去20年間の信託銀行への資金流入は「間接金融の、証券を経由した再編」という面を備えている。但し、個人貯蓄の大半が依然として銀行・郵貯に流れているので、1階部分では、融資先の変化を別とすれば、まだ旧型間接金融と変わりがない。ただ法人資金が信託銀行を通じて証券投資を行う、という証券市場経由の間接金融が2階部分として増築された点で、新しい要素を含んでいる。

なお、本論では近年の信託銀行資産の成長ぶりを観察・吟味したが、そのことは現在、日本の金融界で、信託銀行が一人勝ち的に隆盛を誇っていることを意味するものではない。信託銀行は信託銀行で、激しい競争による信託報酬率の低下や運用証券価格の下落などで厳しい状況にある。競合他業種に比べて資金吸収面で相対的な優位にある、というにとどまる。

注
(1) 日本銀行の統計上は、「国内銀行」信託勘定資産残高として表示されている。
(2) 但し2000年10月以降、「信託受益権」に関する統計変更のため、2000年末には39兆円ほど統計上の資産「増加」がある。
(3) 信託銀行の経済学的研究は意外に少ない。実務解説書や信託法の研究書はかなりある。近時の代表的文献目録は、三菱信託銀行信託研究会編著『信託の法務と実務』(三訂版、金融財政事情研究会、1997) 712～714ページを参照。なお本論は、この書物に大いに裨益された。
(4) 投資信託委託会社を経由する「証券投資信託」とは区別され、「金銭の信託」のうち、運用対象を証券に特化させた単独運用の信託を言う。具体的には「特定運用金銭信託」〔特金〕、「単独運用指定金外信託」〔ファントラ〕、「単独運用指定金銭信託」〔指定単〕を指す。但し、特金も指定単も、元来は一般的な用語であり、証券への運用に特化していることを条件とはしない。すなわち、貸付などに特化した特金・指定単もありうる。しかし、特金・指定単の主流は証券信託である。特金・指定単は年金信託とも密接な関連がある。適格退職年金制度・厚生年金基金制度において、通常は企業・基金が信託銀行に掛金を信託し、信

銀行はこれを指定単（投資顧問業者が介在する投資一任契約の場合は、特金）の形で運用する。これが、指定単の典型例である。これとは別に、厚生年金基金の自家運用方法として「年金指定単」・「年金特金」がある。さらに年金信託とは関係のない、通常の金銭信託としての一般特金・指定単もある。

⑸　三菱信託銀行信託研究会、前掲書、448〜450ページ。
⑹　アメリカ債券の稼得利子は、もちろんインカム・ゲインである。生保は配当原資を稼ぐために、アメリカ高利債券を購入し、ドル下落リスクは国内証券価格の高騰で相殺する政策だった。平成5年版『経済白書』234〜235ページ。角南英郎「1990年代における生保の対米証券投資」参照（一ノ瀬篤・角南英郎「1990年代の日米間資本移動⑴」の第2章：『桃山学院大学経済経営論集』第44巻第1号、2002年6月）。
⑺　三菱信託銀行信託研究会、前掲書、450ページ。
⑻　三菱信託銀行信託研究会、前掲書、同ページ。
⑼　銀行預金で停滞しているのは、決済性預金ではなく定期性預金である。日本銀行『金融経済統計月報』近時各号「国内銀行の資産・負債等（銀行勘定）」参照。
⑽　三菱信託銀行信託研究会、前掲書、342ページ。
⑾　銀行の地位の相対的低下（間接金融の後退）、経済停滞（とくに低金利）、企業年金制度の成長。
⑿　自由化方向（簿価分離、信託銀行の外延的拡大）の制度改正が主であったが、インカム・ゲイン配当原則のように規制的なものもあった。
⒀　投信の運用対象が有価証券であることは言うまでもないが、金銭信託の場合も実質はほとんどが有価証券に運用されている。金銭信託は特金、指定単、指定合同運用に大別されるが、特金と指定単は主として証券信託であり（前掲、注4）、合同運用指定金銭信託の運用対象も大半は証券である。三井信託銀行の場合、1999年3月末の金銭信託残高16.3兆円のうち、指定単（11.5兆円）と特金（3.6兆円）の残高合計が15.1兆円である。残る指定合同運用の大半も証券運用である。金銭信託はほぼすべて証券に運用されていると見てよい。『三井信託銀行75年史』2000年、206ページ。年金信託においても、発足の当初には貸付金の割合が高かったが、時の経過とともに証券運用が圧倒的になっている。川崎誠一『信託の知識』日経文庫、1995年31版、98ページ。三菱信託銀行信託研究会、前掲書、370ページ。
⒁　三菱信託銀行信託研究会、前掲書、443ページ。
⒂　郵政省貯金局『貯蓄経済統計年報』1999年、101ページ。同『貯蓄経済統計月報』2002年7月、50ページ。同じ期間（1994〜2000年）の個人による銀行預金は227兆円から297兆円へ、郵貯は198兆円から249兆円へと順調に増加している。同『年報』31ページ、同『月報』29ページ。
⒃　大まかには貯蓄はほぼ同額の金融資産を生む、と想定して大過はないだろう（但し、種々の反論可能）。家計貯蓄が銀行預金や国債購入に向かう場合を想定されたい。さて、貯蓄供給部門である家計の貯蓄率（家計貯蓄÷家計可処分所得）は、1980〜2000年の先進国について見ると、高い日本の場合12〜18％台、低い米国で4〜8％である。GDP成長率よりは遙かに高い。
⒄　日本銀行『経済統計年報』（最終号1997年）各号所載の「主要企業経営分析」、「法人企業統計」参照。

第10章 オーストラリアにおける地域通貨の開花の基盤
―― BMT　LETSの事例を中心に ――

佐藤俊幸

　近年、LETSすなわち地域通貨の取り組みが各国で広がりを見せている。本論は、オーストラリアにおける地域通貨の現状について、ニューサウスウェールズ州のBMT　LETSの事例を取り上げながら論じるものである[1]。

　本論において筆者が焦点をあてたのは、オーストラリアにおける地域通貨の開花・繁栄の根底には一体何があるのかという問題である。オータナティブや地域コミュニティーの再生、福祉など、地域通貨が果たしている役割、それがもっている意義は大変大きく、多面的な存在であり、地域通貨の開花・発展もまたそれに応じて様々な角度から論じられなければならないが、本論では、紙幅の問題もあることから、現状においてオーストラリアの地域通貨の開花を根底にあって最も支えていると思われる経済的な側面、すなわち雇用問題に論点を絞ってこの問題を論じることにしたい[2]。

1　LETSの基本的な仕組み

　LETS（Local Exchange Trading System）[3]とは、地域通貨を使った地域内交換システムのことである。ここに、地域通貨というのは、貸付資本としての機能（貸し付けられることによって、利子を生み、自己増殖するという機能）をもたず、商品流通レベルでの機能に特化した、その地域でのみ通用する通貨のことであり、各地域が独自に発行するものである。LETSは世界の各地域で導入が進められており、オーストラリアではカナダのマイケル・リントンの考案したモデルをもとに1987年に初めて導入されて以来、現在のところ約250の地域が実施している。

LETSは地域ごとに特色があり、一様ではないが、そのおおよその基本的な仕組みは、こうである。まず、地域の個々人が「自分が他人に提供できる物やサービス」などを自由にリストアップし、それらを全体として一つのリストにまとめる。その後、個々人はそのリストを見て、自分が他人に提供できる物、あるいは提供してほしい物を、地域通貨を対価として地域の人々同士の間で交換する、というものである。物々交換ではなく、交換手段を介した取引なので、当事者間で使用価値の点において欲望が一致する必要はもちろんない。

2　BMT　LETSの基本構造

ここでは、ニューサウスウェールズ州（図1参照）のバイロンベイ（ByronBay）、マロンビンビ（Mullumbimby）、トゥイード（Tweed）という三つの町にまたがって展開しているBMT LETS（BMTとは、これら三つの町の頭文字から作られた言葉）を取り上げ、地域通貨の仕組みや実情についてもう少し立ち入って論じることにする。

BMT LETSの地域通貨は、エコス（Ecos）という名称で呼ばれ、親しまれているが、その実体を大まかに整理してみよう。

まず人々が提供する物やサービスは、「時間」に基づいて交換関係の目安が決められている。労働の質に応じてウェイトづけされる場合もあるが、「平等なシステム」を目指す方向性にあり、おおよそ「1時間の労働＝15エコス」[4]とされているようである。

近年、エコスは紙幣形式をとっている。かつては小切手形式が採用され、個々人が振り出す小切手を事務局がコンピュータに入力し、個々人の口座残高を整理していた。しかし、近年の取引量の拡大に伴ってそうした事務局の事務処理作業の負担が増加したことから、その負担を節約するため、事務局は紙幣形式を導入したのである。小切手は大口取引などに限定し、取引の大部分を占める小口取引は紙幣によって行っている。

取引されるものとしては、有機食品や手作りのクッキーやタオル、あるいはラベンダーの香りの枕、清掃作業、マッサージ、アクセサリーなどがある。ど

図1 オーストラリアの地図

れも、大掛かりな生産設備などなくても個人で提供できるささやかな物ばかりである。だが、人の健康や環境に配慮している点、あるいは手作りといった点が高く評価されており、なかにはイギリスやカナダに輸出するまでになったものまである。

　BMT LETSのメンバー構成を見てみると、男性よりも女性の方が多い。LETSの輪は設立当初20人というほんの小さなものでしかなかったが、新聞社などのビジネスメンバーも増えている。新聞社のPR活動にも助けられ、LETSの輪は、大きな広がりを見せ始めている。BMT LETSでは、他地域のLETSとの交流も盛んであり、地域通貨間の互換性をもたせることによって、他のLETSグループが提供するサービスを受けることも可能となっている[5]。

3 地域通貨の開花の経済的基盤は何か

(1) オーストラリアの地域通貨と雇用問題

　オーストラリアドルという法定通貨が存在するにもかかわらず、BMT LETS に見られるように地域通貨がオーストラリアの各地域において開花し始めている。近年の地域通貨の開花をその最も根底にあって支えているものは、一体何であろうか。

　確かに、地域のコミュニティーの再生やオータナティブなど、地域通貨の意義やその果たす役割は大きく、多面的である。そうした様々な側面から地域通貨の成立は多面的に論じられなければならないであろう。だが、そうした諸側面にあって、現在のところ地域通貨の開花をその最も根底にあって支えているものは、雇用問題、失業問題である。

　雇用問題が大きな広がりのなかで深刻さを増してきているがゆえに、地域通貨は広範な人たちを巻き込みながら開花している。逆に、この雇用問題が深刻でないところでは、地域通貨は、事務局に代表されるように、ごく一部の人たちの間でのみ息づいているにすぎないというのが現状であるように思われる。

　オーストラリアにおいては失業者が多く、たとえ職をもっていたとしても、パート労働という不安定かつ低所得層を形成する人たちが相当数をなしている。したがって、そうした人たちが生活していくためには、同じような立場の人と分業関係を結び、自分達のできる労働を交換し合い、支えあって生きていく以外ない。すなわち、「自分が他人に提供できること」と「自分がして欲しいもの」を地域内の人たちで提示し合うことを通じて、助け合って生活する以外ないのである。オーストラリアドルという法定通貨の取得から排除されている人たちのこうした私的労働の社会的分業関係を地域社会のなかで媒介するものとして、地域通貨は今日大きな地位を与えられているのである。

(2) オーストラリアの雇用問題発生の原因は何か

　ここでこの雇用問題をもう少し突き詰めてみよう。一体なぜ法定通貨を取得

図2 オーストラリアの失業率

(単位:％)

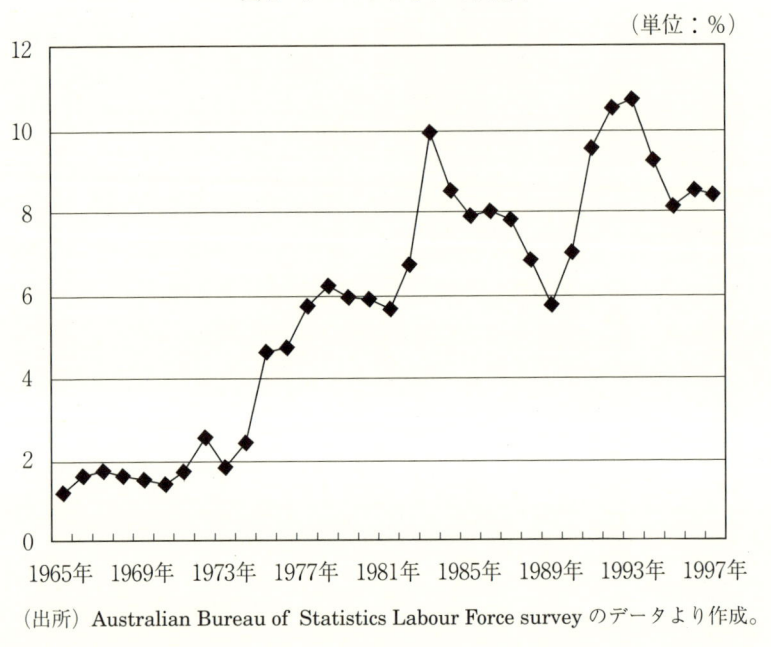

(出所) Australian Bureau of Statistics Labour Force survey のデータより作成。

できないほど雇用問題が深刻化したのであろうか。

　オーストラリアの雇用問題を説くにあたって、まず**図2**を見ていただきたい。これは、オーストラリアの失業率の推移を示したものであるが、1970年代以降急激に失業率が悪化していることが分かる。

　このオーストラリアの雇用悪化の原因をめぐってしばしば耳にする議論は、女性の社会進出や移民が増加したから失業が増えたとする議論である。例えば、女性の社会進出に関していえば、日本貿易振興会の高野仁氏は、その著書『福祉大国も楽じゃない──オーストラリアでは──』において次のように論じている。

「1973年から1993年までの20年間の変化を示す次の数字を見ていただきたい。(20年間で) 15歳以上の全人口43.1％の増加。労働力人口47.1％の増加。就業者総数33.9％の増加。雇用は男性16.5％、女性68.2％の増加。つまり、…〔中略〕…女性が台所から出て労働力人口に加わったため労働力人口の増加率は高かったが、就業者(雇用)の増加率のほうが低かったために、労働力人口の伸

びを吸収できず、失業率が増加したのである」[6]

　統計数値に彩られているので、一見もっともらしく見えるかもしれないが、だがこれは大変奇妙な議論である。まず、指摘しておきたいのは、女性の社会進出に雇用問題の原因があるわけではないということである。オーストラリアへ調査に出向いたとき、その至る所で何度も耳にするのは、女性の生活の困難さである。実は、オーストラリアにおいて開花している LETS の構成メンバーの多くは女性であるが、彼女たちの多くもやはり所得が少なくて生活できないから加入しているのである。こうした点に少し目を向けただけでも、こうした議論が一般の人々の実際の生活を正しく反映した議論とは言えないことが分かる。

　こうした議論を展開する論者が考えるべきであったのは、雇用に深い関連をもつオーストラリアの実体経済に1970年代以降一体何が起こったのか、そして女性の就労の増加にもかかわらず女性の生活が苦しいのは何故かという深層の議論である。

　1970年代以降、オーストラリア経済に一体何が起こったのか。それは、貿易の自由化、資本取引の自由化などの規制緩和を通じた外国資本によるオーストラリア産業の解体、雇用破壊である。

　歴史上、オーストラリアはイギリスの過剰資本のはけ口として位置づけられてきたが、世界大戦の際、イギリスからの工業製品の流入が減ったことで、イギリスによる呪縛から解放され、保護政策を介して自国の製造業を開花させることに成功していた。ところが、アメリカや日本などに代表される外国資本が、1970年代以降の低成長時代のなかで新たな利潤追求先としてオーストラリア市場への進出を強め、オーストラリアの産業を保護するような規制を廃止させた。これによって、まずオーストラリアの製造業が主にアメリカ資本によって解体された。実は、この製造業こそ、オーストラリアの人たちの雇用の多くを支えていたものであった。雇用吸収効果の大きい製造業が解体されたことによって多くの人たちの雇用が失われたのである[7]。

　一部は、日本から進出してきた資本を頂点とする観光産業、あるいはそれに連なる小売業に労働力として吸収されたが、しかしそれはパート労働という低所得で不安定な雇用形態において吸収されたにすぎない。

図3 オーストラリアにおける男女別の失業率

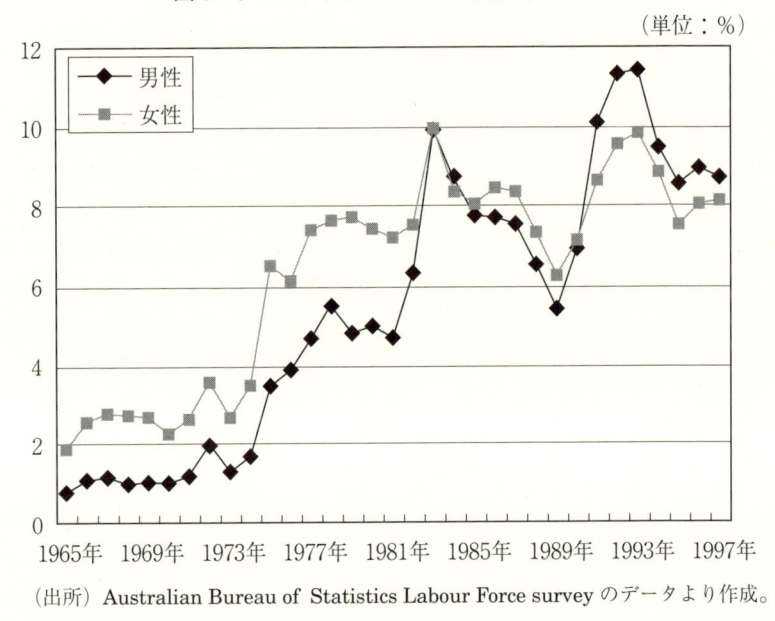

(単位:％)

(出所) Australian Bureau of Statistics Labour Force survey のデータより作成。

　したがって、女性も男性も定職をもっている人は少なく、パートを幾つもかけもちしなければ生活できないというのが多くの人々の現実なのである（**図3参照**）。それゆえ、ホテルやゴルフ場に代表される日本の資本による観光産業やそれに連なるお土産品などの小売業の展開によって、就労者数の伸び率において男性より女性の方が相対的に高かったとしても、それは女性の雇用の安定や労働における地位の改善を意味しているわけではないのである[8]。
　「第一次・第二次産業から第三次産業に比重が移ることにより女性に適した職場が増えた、勤務時間に融通がきくパートが大幅に増え女性が働きやすくなった」[9]というような議論も囁かれているが、その実体とはこうしたものであり、女性の社会進出に失業問題の原因を求める説と同様、現実を正しく反映した議論ではない。

4　オーストラリアの地域通貨の性格

　日本において地域通貨というものが語られるとき、商店街活性化のための地域通貨の例に典型的に見られるように、地域の資源を地域外へ流出させずに、地域の資源を地域のために活用するための手段として論じられることがあるが、これまで論じてきた事柄に限っていえば、オーストラリアの地域通貨はこうしたものとは少し性格を異にしていることが分かる。

　例えば、日本の場合、地域に住む消費者はその地域の商店街で購入するのではなく、近隣の大都市、あるいは地元周辺に展開した巨大商業資本のもとで買い物をする傾向にある。その結果、地域の所得（貨幣）は、程度の差こそあれ、商品流通を通じて、全国的な大資本、巨大都市へと流出し、そこに集中・集積される。したがって、日本において問題は、商品流通においていかに地域の購買手段を外部へ流出させないようにするかという形で現れることになる。地域内に絶えず留まるような地域通貨を用いることによって、地域の富を地域内で循環させ、地域内の経済を活性化させるのだという構図になる。

　オーストラリアの場合はそうではない。地域の所得（貨幣）が外部に流出することが問題であったのではなく、そもそも地域において所得（貨幣）を得る術がなくなったということそれ自体が大きな問題であった。例えば、BMT LETS の周辺地域においては、失業率が高く、生活保護などの形で政府から補助金をもらっている人の比率はおおよそ48％である。したがって、オーストラリアにおいては、地域に眠っているもの、個々人に潜在している才能、他人にしてあげられるものなどに生活手段としての光をあてることが、地域通貨の大事な役割になっているのである。

　こうした流れの中にオーストラリアの地域通貨が位置しているので、オーストラリアではニューサウスウェールズ州の BMT LETS などに見られるように、簿記やコンピュータ技術の習得といったトレーニングも地域通貨を対価として受けられるようになっており、州政府の失業対策などと結びつきながら、再就職に向けた教育プログラムが近年組み入れられてきているのである[10]。

136　第1部　金融・貨幣の経済学

注

(1) 本論の BMT LETS に関する記述は、筆者を含む岐阜経済大学地域通貨研究会（岐阜経済大学経済学部の鈴木誠教授を長とする）が財団法人岐阜県産業文化振興事業団・地域文化研究所の受託研究の一部として行った BMT LETS の調査インタビュー結果と、筆者独自のオーストラリア調査と分析に基づくものである。
(2) 本論では、紙幅の関係上、地域コミュニティーの再生やオータナティブなどの観点から地域通貨を論じることはできないが、こうした観点からの地域通貨の分析については、鈴木誠氏、中川秀一氏、斎藤悦子女史による優れた研究が岐阜経済大学地域通貨研究会、財団法人岐阜県産業文化振興事業団・地域文化研究所『地域通貨制度を利用した地域イベント等による地域振興方策に関する実証研究』2001年、に収められているので、参照されたい。
(3) 地域によっては、LETS を Local Energy Transfer System の略とするところもある。
(4) BMT LETS では時間が交換の基準になっており、地域通貨であるエコスをオーストラリアドルと直接にリンクさせるということはしていない。ただし、ビジネスメンバーも LETS に加入しているという事情や、あるいは代金の半分を地域通貨で、そして残りをオーストラリアドルで支払うというケースもあることから、非公式ながら一般の人々の意識のなかでは「1エコス＝1オーストラリアドル」とイメージされているようである。
(5) LETS の運営をめぐる問題点としては、BMT LETS の事務局によれば、事務局の事務職を担う人の少なさや、地域通貨の偏在（地域通貨を得ることが出来ない人がいる一方で、地域通貨の使い道がなく、余ってしまう人がいるという事態）という問題があるという。
(6) 高野仁『福祉大国も楽じゃない――オーストラリアでは――』日本貿易振興会、1995年、224ページ。
(7) G. クロウ、T. ホィールライト共著、都留重人監訳『オーストラリア――今や従属国家』勁草書房、1987年、170ページ参照。
(8) これが、LETS のメンバーに女性が多い理由である。なお、女性の労働における地位の問題や女性のエンパワーメントという視角からの地域通貨の立ち入った分析が必要であるが、この点については、斎藤悦子「地域通貨と女性のエンパワーメント」伊藤セツ、川島美保共編著『新版 消費生活経済学』光生館、2002年、117～128ページ、を参照されたい。
(9) 高野仁、前掲書、225ページ。
(10) 言うまでもないことだが、こうしたメニューは「トレーニングがコミュニティーを豊にする」という考え方から盛り込まれているという側面もある。

付記

本論では、ニューサウスウェールズ州の BMT LETS などを取り上げながら、オーストラリアの地域通貨について論じた。オーストラリアにおける地域通貨の開花の基盤とは一体何かという点に焦点をあて、それを経済的な視点から説いた。だが、既に触れたように、地域通貨はオータナティブ、地域コミュニティーの再生や福祉などの側面からも論じられなければならない。これらの点については、稿を改めて論じたいと思う。

第11章 自己資本比率決定の銀行モデル[1]

鴨池　治

　銀行にとって、自己資本はどのような役割を果たすかを検討し、銀行が、資産運用とともに、どのように自己資本比率を決定するかを検討することが本論の目的である。自己資本は、銀行の資産運用が何らかの理由でうまくいかなかった際に、債務超過に陥る可能性を低くするバッファーの役割を果たすと考えられている。この理由により、銀行の自己資本比率規制は、債務超過になり破綻する可能性を少なくするため、さらには、規制を達成できない銀行に一定のルールに従って、金融庁が銀行に対して命令を発動する早期是正措置により、透明な銀行行政を行う目的で導入されている。しかし、実際に適用されているBIS等の規制では、本来の自己資本とは異なる項目が含まれ、一例として、税効果会計により将来返還される税支払い分が銀行の自己資本比率を計算する際の自己資本の44％を占め、是正すべきであるという議論も行われている。自己資本にどの項目をどれだけ含めるかは、本来、その項目が銀行を取り巻く様々なリスクに対して、どのようにバッファーの役割を果たすか、で判断されなければならない。

　銀行における自己資本の役割と自己資本規制に関して、文献［1］（150ページ参照）に代表的な35本の論文が収録されている。文献［2］では、この問題に関する包括的なサーベイがなされている。本論では、自己資本比率が銀行収益に及ぼす効果を検討し、銀行の破綻確率がある限度以下でなければならないという制約の下で、自己資本収益率の期待値を最大化する銀行行動を考える。銀行の破綻確率を導入したモデル［4］等では、銀行の運用資産の中に安全資産が含まれていない。安全資産が存在すれば、破綻確率とポートフォリオ収益が、銀行の選択変数である自己資本比率とポートフォリオに関し線形になり、コーナー解しか得られなくなるためである。本論では、資金調達に利子以外の

費用がかかり、その費用が自己資本比率に依存するとして、銀行が最適な自己資本比率とポートフォリオを決定するモデルを考察する。その中で、自己資本比率規制は、銀行によりリスクのある資産への投融資を促進させる効果があることを示す。

本論の構成は以下の通りである。第1節では、リスクのある危険資産が1種類存在するケースで、自己資本比率を選択変数として、銀行の期待自己資本収益率と破綻確率の間には、トレード・オフの関係があることをみる。第2節では、安全資産と危険資産が存在する場合を考え、自己資本比率と資産の投融資比率を決定する銀行行動を定式化する。第3節は、結びにかえて、自己資本比率規制の本来の目的を検討する。

1 期待自己資本比率と破綻確率〜1種類の資産のケース〜

最初に、銀行が運用する資産が1種類の危険資産である場合を考えよう。その資産の収益率が不確実である場合と、貸出債権が不良債権化する比率が不確実である場合を考える。

(1) 資産収益率が不確実である場合

銀行の運用資産額をA、預金額をB、自己資本をKとすると、

$$A = B + K \tag{1}$$

が成立する[2]。自己資本比率をkとすれば、

$$\frac{K}{A} = k \qquad \frac{B}{A} = 1 - k \tag{2}$$

となる。さらに、営業、預金収集、株式発行等の費用をCとし、預金利子率をr、費用資産比率を$c = \dfrac{C}{A}$、とし、資産の運用収益率をiとしよう。ここで、iは、期待値$E(i) = e$、標準偏差$S(i) = \sigma$の正規分布に従うと仮定する。自己資本収益率をρとすれば、

$$1+\rho = \frac{(1+i)A - C - (1+r)B}{K} = \frac{i-c-r}{k} + 1 + r \tag{3}$$

という関係が成立するので、自己資本収益率 ρ は、

$$\rho = \frac{i-c-r}{k} + r \tag{4}$$

と表される。したがって、その期待値は、

$$E(\rho) = \frac{e-c-r}{k} + r \tag{5}$$

と計算される。$e > c+r$ とすれば、$E(\rho)$ は、k が小さくなるほど大きくなる。また、その標準偏差 $S(\rho) = \frac{\sigma}{k}$ は、k が小さくなるほど大きくなる。

次に、銀行が破綻するケースを債務超過になる場合と考えよう。この条件は、

$$1+\rho = \frac{(1+i)A - C - (1+r)B}{K} = \frac{i-c-r}{k} + 1 + r < 0 \tag{6}$$

で与えられ、

$$i < c + r - (1+r)k \tag{7}$$

のように表される。この確率を

$$P = \Pr(i < z) \quad \text{ただし、} z = c + r - (1+r)k \tag{8}$$

と表す。k が小さくなるにつれて、z は大きくなり、破綻確率は上昇する。$\frac{i-e}{\sigma}$ は標準正規分布に従うので、破綻確率は、

$$\Pr(i < z) = \Pr\left(\frac{i-e}{\sigma} < \frac{z-e}{\sigma}\right) = P\left(\frac{c+r-(1+r)k-e}{\sigma}\right) \tag{9}$$

と表すことができる。一例として、ある銀行の貸借対照表から計算した値 $e = 0.0245$, $r = 0.0037$, $c = 0.0119$ を用いて、自己資本比率によって、期待自己資本収益率及び破綻確率がどのように変わるかをプロットしたのが**図1**および**図2**である。自己資本比率 k を小さくすれば、期待自己資本収益率 $E(\rho)$ は上昇するが、破綻確率も高くなり、両者の間にはトレードオフの関係が存在することが分かる。

140 第1部 金融・貨幣の経済学

図1 期待自己資本収益率
($e=0.0245$, $r=0.0037$, $c=0.0119$の場合)

$E(\rho)$

自己資本比率

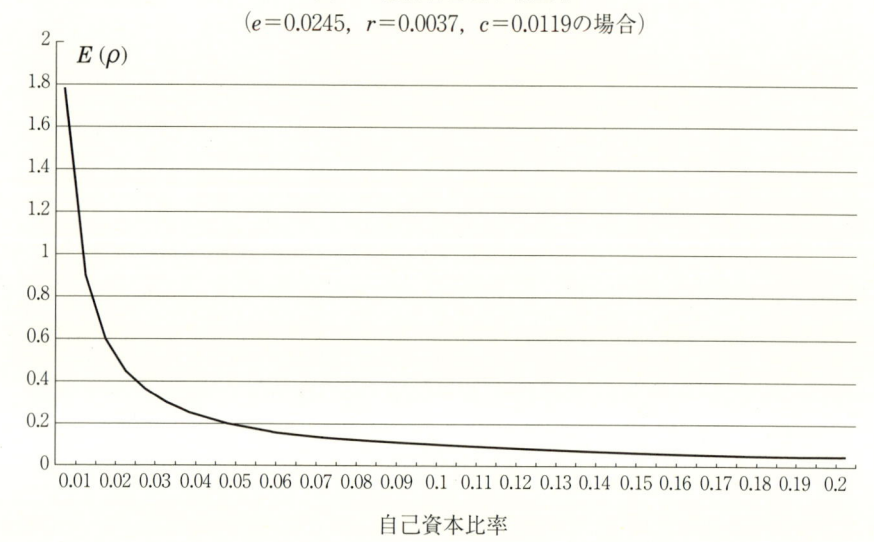

図2 自己資本比率と破綻確率
($e=0.0245$, $r=0.0037$, $c=0.0119$の場合)

$\sigma=0.05$
$\sigma=0.04$
$\sigma=0.03$
$\sigma=0.02$

自己資本比率

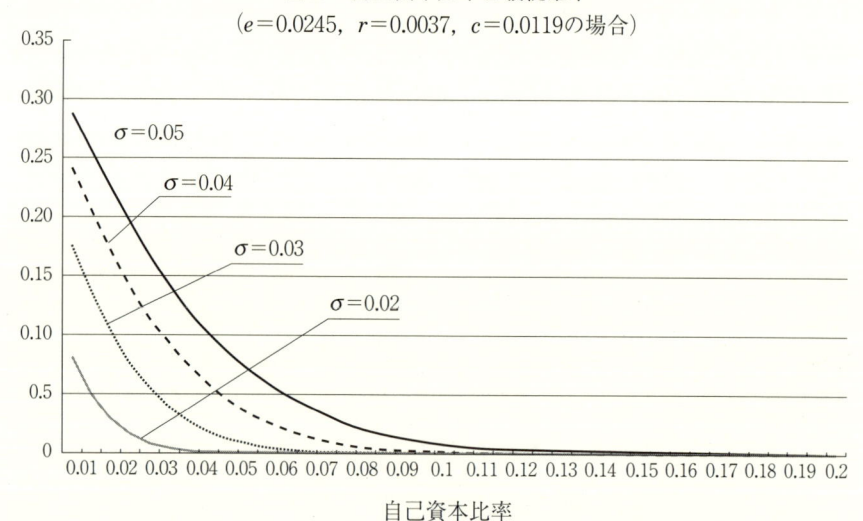

(2) 不良債権比率が不確実である場合

資産Aのうち、bの割合が不良債権化すると想定する。bはランダム変数で、期待値β、標準偏差δの正規分布に従うとする。不良債権は、100％回収不能と仮定する。正常債権の収益率をeとする。eは確定した数であるとしておく。

自己資本収益率に1を加えた値は、

$$1+\rho = \frac{e(1+e)(1-b)A - C - (1+r)B}{K} = \frac{e(1-b) - b - c - r}{k} + 1 + r \quad (10)$$

のように表すことができる。したがって、自己資本収益率は

$$\rho = \frac{e(1-b) - b - c - r}{k} + r = \frac{e - (1+e)b - c - r}{k} + r \quad (11)$$

と表すことができる。$e - (1+e)\beta - c - r > 0$とすれば、期待自己資本収益率$E(\rho)$は、$k$の減少と共に上昇する。

他方、債務超過になり破綻するのは、

$$(1+e)(1-b)A - C - (1+r)B < 0 \quad (12)$$

となるときであり、これは$(1+\rho)$が負となる場合である。つまり

$$\frac{e - (1+e)b - c - r}{k} + 1 + r < 0 \quad (13)$$

となるとき破綻する。この条件は、

$$b > \frac{e - c - r + (1+r)k}{1+e} \quad (14)$$

と書き換えることができるので、

$$v = \frac{e - c - r + (1+r)k}{1+e} \quad (15)$$

とおくと、破綻する確率は、

$$P = \Pr(b > v) \quad (16)$$

と表すことができる。したがって、kが小さくなると、vの値が小さくなり、破綻確率は上昇する。$\dfrac{b-\beta}{\delta}$は標準正規分布に従うので、(16)は、

142　第1部　金融・貨幣の経済学

図3　不良債権比率が不確実である場合
($e=0.0245$, $r=0.0037$, $c=0.0119$, $\beta=0.07$ の場合)

$$\Pr(b>v) = \Pr\left(\frac{b-\beta}{\delta} > \frac{v-\beta}{\delta}\right) = P\left(\frac{v-\beta}{\delta}\right) \tag{17}$$

と書き換えられ、破綻確率は、$\dfrac{v-\beta}{\delta}$ の減少関数であり、したがってkの減少関数であることが分かる。**図3**は、一例として、$e=0.0245, r=0.0037, c=0.0119, \beta=0.07$として、自己資本比率と破綻確率の関係を図示したものである。

銀行は、期待自己資本収益率と破綻確率を勘案して自行にとって最適な自己資本比率を選択すると考えられる[3]。

2　1安全資産1危険資産のケース

　本節では、1安全資産と1危険資産に投資（融資）する銀行を考える。第1節では、銀行の選択変数は自己資本比率のみであったが、本節の設定では、自己資本比率に加えて、資産の中で危険資産に投資する比率（危険資産比率）も、期待自己資本収益率および破綻確率に影響を及ぼす選択変数となる。

資産を危険資産と安全資産でそれぞれ X および Y の額を運用するとしよう。したがって、

$$A = X + Y \tag{18}$$

が成立する。危険資産の収益率を i_1（ランダム）、安全資産の収益率を i_0 とし、資産全体の収益率を i とすれば、

$$(1+i)A = (1+i_1)X + (1+i_0)Y \tag{19}$$

両辺を A で割り、危険資産比率を $x = \dfrac{X}{A}$、安全資産比率を $y = \dfrac{Y}{A}$ として、

$$i = i_1 x + i_0 y \qquad x + y = 1$$

が成立する。y を消去すると、

$$i = (i_1 - i_0)x + i_0 \tag{20}$$

と表すことができる。i_1 は、期待値 $\bar{i}_1$、標準偏差 s_1 の正規分布に従うとし、i の期待値と標準偏差を計算すると、

$$E(i) = e = (\bar{i}_1 - i_0)x + i_0 \tag{21}$$

$$S(i) = \sigma = s_1 x \tag{22}$$

が得られる。

銀行の業務費用比率 c は、自己資本比率 k に依存すると仮定し、

$$c = c(k) \quad c'(k) > 0 \quad c''(k) > 0 \tag{23}$$

で表されるものとする[4]。

自己資本収益率の期待値は、

$$E(\rho) = \frac{e - c - r}{k} + r = \frac{(\bar{i}_1 - i_0)x + i_0 - c - r}{k} + r = \frac{Ix - q}{k} + r \tag{24}$$

で与えられる。ただし、

$$I = \bar{i}_1 - i_0 > 0$$

$$q = q(k) = c(k) + r - i_0$$

である。

次に、破綻確率を考えよう。破綻するのは、債務超過のとき、すなわち

$$i < c + r - (1+r)k \tag{25}$$

のときであるとする。このとき $\dfrac{i - e}{\sigma}$、が標準正規分布に従うので、

$$\Pr\left[\frac{i - e}{\sigma} < \frac{c + r - (1+r)k - e}{\sigma}\right] = P\left(\frac{c + r - (1+r)k - e}{\sigma}\right) \tag{26}$$

を標準正規分布表から求めることができる。ただし、$P'(\ ) > 0$ である。この確率は、

$$P\left(\frac{c+r-(1+r)k-e}{\sigma}\right) = P\left(\frac{q-(1+r)k-Ix}{s_1 x}\right) = P(z) \qquad (27)$$

のように表すことができる。もし $Ix-q(0)$ が正であれば、k を 0 に近づけると $E(\rho)$ は限りなく大きくなる。そのとき同時に、x を 0 に近づけると、P の中の項はマイナス無限大となって、破綻確率は 0 になる。これは、100％借入資金であっても安全な資産で運用し、その収益率が借入利子率を上回っていれば、破綻がないというケースである。この可能性を排除するため、$q(0) > 0$ と仮定する。x を 0 としたのでは、$E(\rho)$ 第 1 項がマイナスになり、k の減少は、逆にこの率を低下させる。

銀行は、許容できる破綻確率を予め設定し、その制約の下に期待自己資本収益率を最大化するとしよう。すなわち、銀行は、

$Max\ E(\rho)$

$subject\ to\ P(z) \leq \bar{P}$

という問題を解くことにより、最適な自己資本比率および資産保有比率を決定すると考える。ただし、$\bar{P}$ は、許容できる破綻確率の上限である。

$\bar{P}$ に対応する z の値を $\bar{z}$ としよう。(27)より、

$$\frac{q(k)-(1+r)k-Ix}{s_1 x} \leq \bar{z}$$

すなわち

$$q(k)-(1+r)k-(I+\bar{z}s_1)x \leq 0 \qquad (28)$$

でなければならない。いま、$I+\bar{z}s_1 < 0$ とすれば、(28)を変形して

$$x \leq \frac{(1+r)k-q(k)}{-(I+\bar{z}s_1)} \qquad (29)$$

ここで、(29)の制約が $x \geq 0$ と整合的であるために、$(1+r)k$ と $q(k)$ の関係が図4のようになっていると仮定する。$(1+r)k-q(k)$ は、$(1+r)k=q'(k_1)$ なる k_1 で最大となり、少なくとも、$k_0 < k \leq k_1$ で、

$$(1+r)k > q(k) \qquad (30)$$

つまり、$x > 0$ となる。

㉘による (k, x) の範囲は、**図5**のように表される。

次に、$E(\rho)$ を（$E(\rho)-r>0$ 範囲内で）一定とする (k, x) の組み合わせを一定 E ローカスと呼ぶことにし、その形状を求めると

$$x = \frac{(E(\rho)-r)k + q(k)}{I} \tag{31}$$

$$\frac{dx}{dk} = \frac{(E(\rho)-r)k + q'(k)}{I} > 0, \quad \frac{d^2x}{dk^2} = \frac{q''(k)}{I} > 0$$

より、**図6**で示されるような厳密な凹関数となる。
数式では、㉙を等号とした x を㉔に代入して、

$$\begin{aligned}
E(\rho) &= \frac{Ix - q(k)}{k} + r = \frac{\dfrac{I}{-(I+\bar{z}s_1)}((1+r)k - q(k)) - q(k)}{k} + r \\
&= \frac{I}{-(I+\bar{z}s_1)}(1+r) + r - \left(\frac{I}{-(I+\bar{z}s_1)} + 1\right)\frac{q(k)}{k} \\
&= M(1+r) + r - (M+1)\frac{q(k)}{k}
\end{aligned} \tag{32}$$

ただし

$$M = \frac{I}{-(I+\bar{z}s_1)} > 0$$

が得られる。

$E(\rho)$ を k に関して最大にする1階の条件は、

$$\frac{dE(\rho)}{dk} = -(M+1)\frac{kq'(k) - q(k)}{k^2} = 0$$

つまり、$q'(k) = \dfrac{q(k)}{k}$ \hfill (33)

で与えられる。
2階の条件は、

$$\frac{d^2E(\rho)}{dk^2} = -(M+1)\frac{q''(k)}{k} < 0$$

により満たされている。

146 第1部 金融・貨幣の経済学

図4

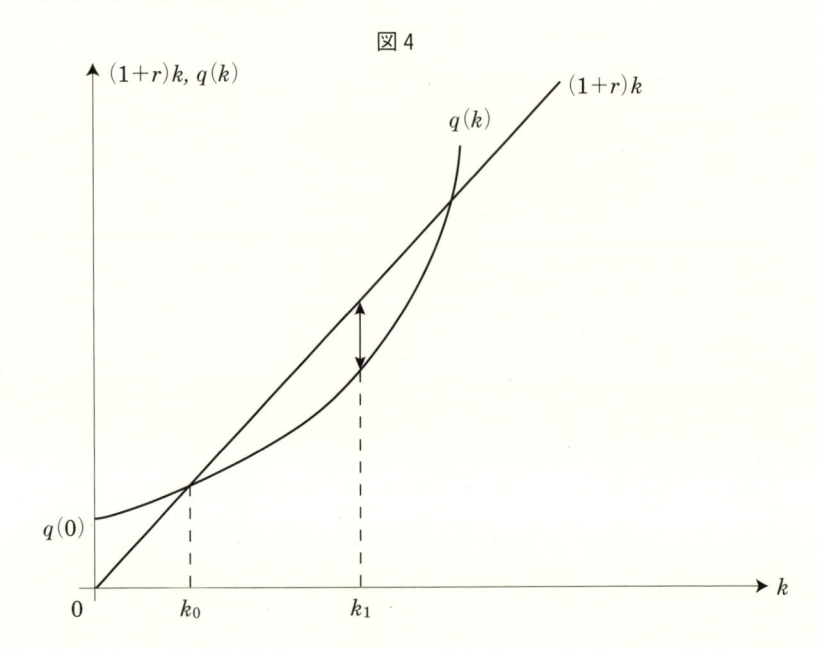

$(1+r)k, q(k)$

$q(k)$

$(1+r)k$

$q(0)$

0　　k_0　　k_1　　　　　　k

図5

x

$q(0)$

0　　　　　k_1　　　　　　k

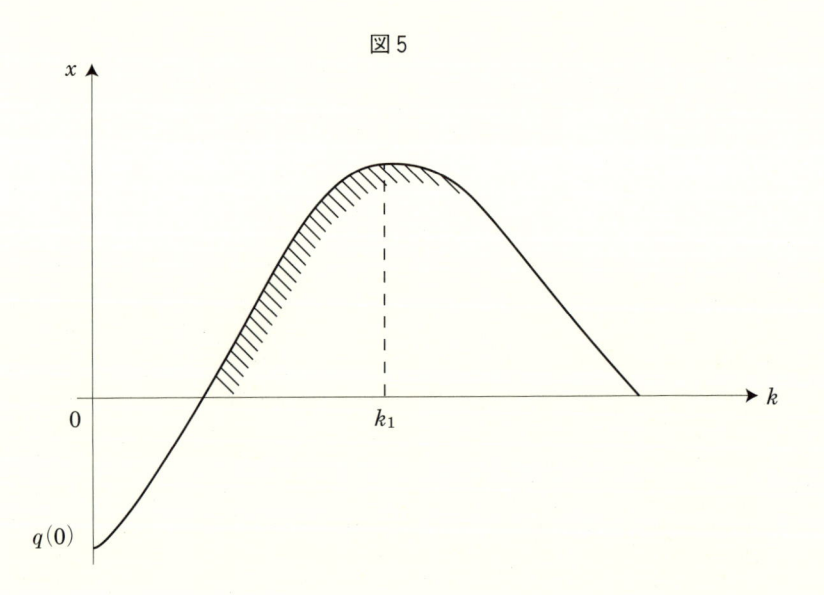

図6

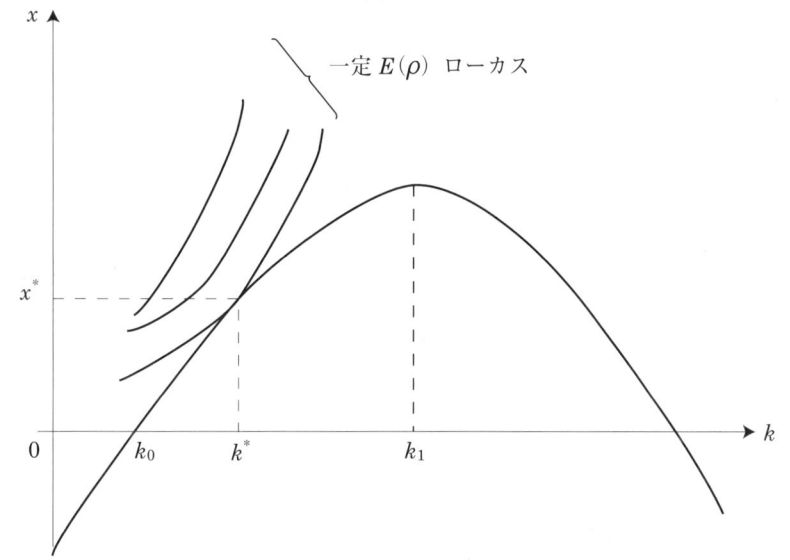

一定 $E(\rho)$ ローカス

(33)の条件は、$q=q(k)=c(k)+r-i_0$ を考慮すると、

$$c'(k) = \frac{c(k)+r-i_0}{k} \qquad (34)$$

のように表される。(34)を全微分して、

$$kc''(k)\,dk = dr - di_0$$

したがって、

$$\frac{\partial k}{\partial r} = \frac{1}{kc''(k)} > 0$$

$$\frac{\partial k}{\partial i_0} = \frac{1}{kc''(k)} < 0$$

つまり、預金（借入）金利の上昇、安全資産の収益率の低下は、自己資本比率を高める効果を持つ。しかし、それ以外のパラメーターは、自己資本比率には影響を与えない。

次に、各パラメーターがに及ぼす影響をみる。(29)を等号とした式を全微分することにより、

$$\frac{\partial x}{\partial \bar{i}_1} = \frac{((1+r)k - q(k))}{(I+\bar{z}s_1)^2} > 0$$

$$\frac{\partial x}{\partial s_1} = \frac{-((1+r)k - q(k))(-\bar{z})}{(I+\bar{z}s_1)^2} < 0$$

$$\frac{\partial x}{\partial i_0} = \frac{-(I+\bar{z}s_1)(1+r-q'(k))\frac{\partial k}{\partial i_0} - ((1+r)k - q(k))}{(I+\bar{z}s_1)^2} < 0$$

$$\frac{\partial x}{\partial r} = \frac{-(I+\bar{z}s_1)\left\{(1+r-q'(k))\frac{\partial k}{\partial r} + k\right\}}{(I+\bar{z}s_1)^2} > 0$$

$$\frac{\partial x}{\partial \bar{z}} = \frac{-((1+r)k - q(k))(-s_1)}{(I+\bar{z}s_1)^2} > 0$$

つまり、危険資産保有比率は、①危険資産収益率の期待値が高いほど、その標準偏差が小さいほど、②安全資産収益率が低いほど、③預金(借入)利子率が低いほど、④許容される破綻確率が高いほど、より高くなる。これらはすべて我々の直感ないし常識と一致している。

次に、自己資本比率規制の意味を考えてみよう。自己資本比率を銀行の選択する最適値 k^* より高い値に引き上げる規制が課せられたとしよう。図7より、自己資本比率を $\bar{k}$ とすることで、危険資産比率 x が引き上げられることが分かる。つまり、自己資本比率規制は、銀行に危険資産に対する投資(融資)を高める効果を持つ。

3. 結びにかえて

銀行に対する自己資本比率規制は、本来、不良債権等銀行収益が悪化した場合に、自己資本がバッファーの役割を果たすことから、破綻の可能性を軽減する目的で導入されている。他方、本論第2節で検討したように、銀行資産の運用も破綻確率に影響を及ぼし、仮に自己資本比率が低くても安全資産の運用比

図7

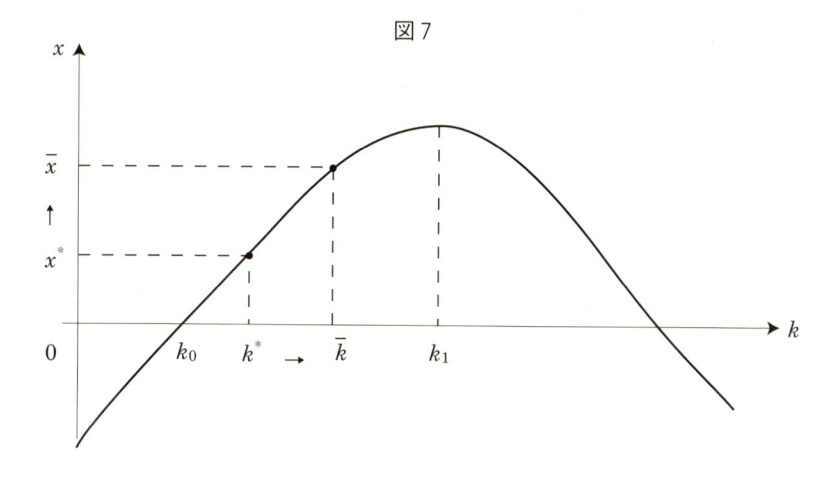

率を高めることによって、破綻確率を低下させることができる。自己資本比率を高めるためには、コストと時間がかかるため、中小企業に対する融資のようなリスクが高いと予想される融資には慎重になり、貸し渋り、貸し剥がしによって資産運用により、銀行経営の安全性を高める行動が採られる可能性が高い。特に、バブル崩壊後、銀行には不良債権が大量に発生し株価も下落して、リスク負担に対する許容度が極端に低下している状況下では、中小零細企業融資に慎重になる銀行態度が採られても不思議ではない。

自己資本比率規制は、自己資本の充実によって銀行の破綻確率を低下させ、銀行にそれなりのリスクテイキングを促すために導入されるべきである。この観点からすれば、規制における自己資本の項目は、真に破綻確率を低下させるものであるか否かで判断すべき事柄である。

注

(1) 本論の内容に関し、貯蓄経済理論研究会のメンバー及び早稲田大学政経学部の方々から、有益なコメントをいただいた。感謝の意を表したい。ただし、残存するかもしれない誤りについては、すべて筆者の責任となるものである。
(2) 自己資本Kは銀行の発行株式の時価総額ではなく、株主の払込額及び内部留保の積み立て金（各種準備金）の合計であるとする。
(3) 個々の銀行にとって最適な自己資本比率より社会的にみて最適な自己資本比率が高いとき、自己資本比率規制が必要となる。Santomero, A.M., R.D.Watson, "Determining an

Optimal Capital Standard for the Banking Industry," *Journal of Finance*, Vol.32, No.4, 1977は、こうした点を検討している。

(4) 企業の資金調達におけるペッキング・オーダー理論では、企業の資金調達における順番をエージェンシー・コストの観点から、最初に内部資金、次に銀行借入、その次に株式発行と順序づけている。また、[5]においても、資金調達における株式発行のコストの高さが指摘されている。こうした点から、自己資本比率を引き上げるには、コストの上昇が必要であると仮定することに合理性があると考えられる。

参考文献

[1] Hall M.J.B., *The Regulation and Supervision of Banks, Vol. Ⅲ—The Regulation of Bank Capital*, Edward Elgar Publishing Limited, 2001

[2] Berger, A.N., R.J. Herring and, G.P.Szego (1995), "The role of Capital in Financial Institutions," *Journal of Banking and Finance*, 19 (3/4), Special Issue, June, 393-430.

[3] Blair, R.D. andA.A.Heggestad (1978), "Bank Portfolio Regulationand Probability of Bank Failure," *Journal of Money, Credit and Banking*, X(1), February, 88-93.

[4] Keeley,M.C. and F.T.Furlong (1990), "A Reexamination of Mean Variance Analysis of Bank Capital Regulation," *Journal of Banking and Finance*, 14(1), March, 69-84.

[5] Miller, M.H. (1995), "Do the M&M Propositions Apply to Banks?," *Journal of Banking and Finance*, 19 (3/4), June, 483-9.

[6] 西川俊作編『経済学とファイナンス』東洋経済新報社、1995年。

第12章 非耐久財は貨幣となりうるか？実験研究によるアプローチ

川越敏司

　ジェボンズは、貨幣となるべき商品が備えるべき性質として、移転の容易さ、同質性、分割可能性、価値の安定性、認証しやすさ、耐久性などを挙げている[1]。ジェボンズ以前に、すでにカール・マルクスはその著書において、蓄蔵貨幣の持つべき性質として同様の見解を述べているが、興味深いのはその記述の直後に引用されたペテル・マルティルの文章である[2]。

　「貴金属の高い価値比重、耐久力をもち、相対的意味では破壊されず、空気にふれても酸化しないという性質、こうした一切の自然的属性が、貴金属を貨幣蓄蔵の自然的材料たらしめている。だからチョコレートが非常に好きであったらしいペテル・マルティルは、メキシコの貨幣の１種であった袋入りのココアについて次のように述べている。『おお、いみじくもよき貨幣よ。おまえは人類に甘美にして滋養のある飲物をあたえ、その罪のない所有者を、貪欲という業病からまもってくれる、なぜならばおまえは、地中に埋蔵されることも、長く保存されることもできないのだから』」

　つまり、メキシコではココアのような耐久性のない財が貨幣として用いられていたのである。しかし、マルクスは、自分自身が挙げている貨幣となる財が備えるべき条件のうち、特に耐久性という側面について劣ったココアのような財がなぜ貨幣になりえたのか、そのための条件は何か、といった問題には深入りしていない。

　これまでの歴史上、耐久的ではない財が貨幣として用いられた例が幾つか報告されている。例えば、ガテマラの卵、ノルウェーのバター、アメリカ合衆国のタバコ、米、肉、エンドウ豆などである[3]。こうした現象に果たして経済学

的な根拠があったのか否かを探求することは興味深いことであると思われる。

本論では、サーチ・モデルによって交換手段としての貨幣の発生について研究した Kiyotaki and Wright のモデル[4]をもとに、耐久性のない財がどのような条件で貨幣になりうるのかを探求した Cuadras-Morato のモデル[5]について実験室実験を行い、耐久性のない財が実際に貨幣になりうるのか否かを実証した実験結果を報告する。本論の構成は以下の通りである。続く第 1 節では、Cuadras-Morato のモデルの構造とそのもとでの均衡について述べる。第 2 節では、実験室実験の手順ならびに実験結果について述べる。最後に、第 3 節で考察と今後の展望について述べる。

1　モデル

これまでの貨幣の発生に関する研究では、保有コストに差のある財の中で商品貨幣が発生するプロセスを記述した Kiyotaki and Wright のモデルをベースに研究が行われてきた[6]。一方、Cuadras-Morato は、Kiyotaki and Wright モデルにおける財の保有コストの代わりに財の耐久性を導入したモデルを研究した。そのモデルには 3 種類の財が存在し、そのうちの 2 種類が永久に耐久性をもつのに対し、もう 1 種類の財のみが短い期間で耐久性を失い、価値を失ってしまう経済環境を考察した。この時、短い期間で耐久性を失ってしまう財が条件次第では交換手段としての貨幣になりうることを示し、ジェボンズやマルクスが挙げた数々の貨幣の特性のうち、耐久性が本質的な要素ではないことを示したのである。なぜ、耐久性のない財が貨幣になりうるのだろうか。この点をもう少し詳細に調べてみよう。

Cuadras-Morato のモデルでは、永久に耐久的な財 1 および 2 と、2 期間で劣化して使用できなくなる非耐久的な財 3 の三つの財を考える。生産されたばかりの 1 期目の財 3 を財 3_1、2 期目の財 3 を財 3_2 として区別しよう。経済主体は無限期間生存し、それぞれタイプ 1、2、3 に分かれていて、それぞれのタイプを代表する主体が無数に存在する。タイプ i の主体は財 i（これを消費財という）を手に入れることで U_i の効用を得て、生産コスト D_i で財 $i+1$ を

生産するものとする（ただし、$i+1$が3を越える場合は3で割った余りとする）。どの主体も一度に一つしか財を保有できないものとする。各主体は、経済全体に各タイプの主体がそれぞれどの財を保有しているか、その比率について知っているものとする。各主体は市場でランダムに取引相手と出会い、お互いに保有する財を交換するか否かの意思決定を行う。お互いに交換に合意したときのみ交換が成立する。相手と同じ財を保有している場合は交換を行わないものとする。交換が成立し消費財を手に入れた主体は新しい財を生産して次の交換に備える。消費財を手に入れられなかった主体は引き続き同じ財を保有したまま次の交換に備える。なお、財3_2を保有していて消費財を手に入れられなかった主体は、財3_2を廃棄して新たに財を生産しなければならない。割引率をβとして、主体iは生涯にわたる効用と生産コストの差額である純利益の割引現在価値の期待値を最大にするような交換戦略をもちいると考える。ここで、主体iが財jをもって交換に参加した時に得られる生涯効用の期待値を評価関数V_{ij}とする。では、どのような条件があれば、非耐久的な財3が交換の媒介物として商品貨幣になるのだろうか。

　図1(a)では、タイプ1の主体とタイプ2の主体がはじめにそれぞれが生産した財2および財3_1を交換し、続いてタイプ1の主体が手に入れた（すでに1期経過している）財3_2をタイプ3の主体の生産した財1と交換する様子を描いている。このように、財3が劣化してしまうまでの2期の間にタイプ2の主体からタイプ1の主体、そしてタイプ3の主体へと財3が流通することにより、すべての主体がそれぞれの消費財を手に入れることができる。すなわち、財3が交換の媒介物としての商品貨幣となったのである。なお、この交換プロセスにおいて、タイプ1の主体とタイプ3の主体との間の交換においてはお互いに相手が欲している財、すなわち消費財をもっているので交換が成立するのは自明であるが、タイプ1の主体とタイプ2の主体との間の交換は自明ではない。なぜなら、タイプ2の主体はタイプ1の主体がもっている財2が消費財なので交換を望むが、タイプ1の主体にとってはタイプ2の主体のもつ財3_1は消費財ではないので、交換を望むかどうかは自明ではないからである。では、タイプ1の主体が財2と財3_1を交換するための条件を考えてみよう。もし$V_{13_2} > V_{12}$ならば、タイプ1の主体にとって、財3_1を財2との交換によって手に入れ

図1

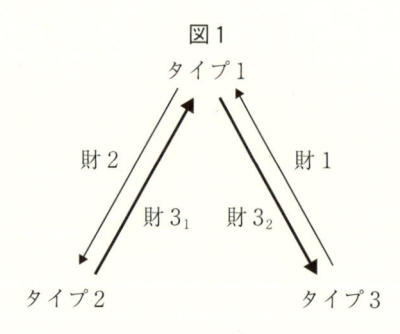

タイプ1
　財2　　　財1
　　　財3_1　財3_2
タイプ2　　　　　　タイプ3

(a) 財3が貨幣になる場合

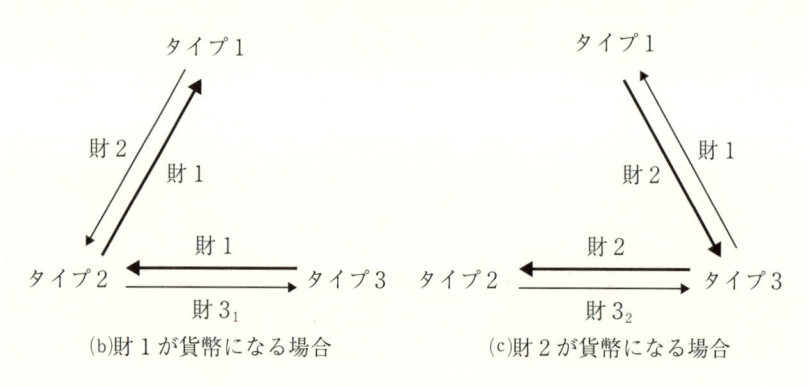

タイプ1
　財2　財1
タイプ2　　　財1　　　タイプ3
　　　　　財3_1

(b) 財1が貨幣になる場合

タイプ1
　財1　財2
タイプ2　　　財2　　　タイプ3
　　　　　財3_2

(c) 財2が貨幣になる場合

た後、次期に財3_2をもって交換に参加する方が、財2を交換せずに保有したまま次期に交換に参加するよりも生涯効用の期待値が高いわけだから、このときタイプ1の主体は財2を財3_1と交換することになる。動的計画法によって計算すれば、$V_{13_2} > V_{12}$であるための必要十分条件は$U_1/D_1 > 5.2301$であることがわかる。この条件が満たされていれば、非耐久的な財3が貨幣となりうるのである。

　先ほどはタイプ1の主体とタイプ2の主体との交換からはじめて財3が商品貨幣になる条件を調べたが、タイプ2の主体とタイプ3の主体との交換からはじめると財1が商品貨幣になる場合が生じるし、タイプ1の主体とタイプ3の主体との交換からはじめると財2が貨幣になる場合が生じる。前者では、タイプ2の主体がタイプ3の主体の欲する財3_1を財1と交換し、こうして手に入れた財1をもって次にタイプ1の主体のもつ財2との交換を目指すことになる。

この時、財1が交換の媒介物となって流通するが、このことが可能なためには、初めにタイプ2の主体がタイプ3の主体の欲する財3_1を、自分にとっては消費財ではない財1と交換する必要があり、そのための条件は$V_{21}>V_{23_2}$となる。後者では、タイプ3の主体がタイプ1の主体の欲する財1を財2と交換し、こうして手に入れた財2をもって次にタイプ2の主体のもつ財3_2との交換を目指すことになる。この時、財2が交換の媒介物として流通するが、このことが可能なためには、はじめにタイプ3の主体がタイプ1の主体の欲する財1を自分にとっては消費財ではない財2と交換する必要があり、そのための条件は$V_{32}>V_{31}$である。再び動的計画法によって計算すると、UやDの値に関係なく、つねに条件$V_{21}>V_{23_2}$は成り立つが、条件$V_{32}>V_{31}$は決して成り立たないことがわかる。すなわち、ここで考えている経済においては、UやDの値に関係なく常に財1が商品貨幣となりうるが、財2は決して商品貨幣になりえないのである。すでに述べたように、UやDの値に関する条件次第では財3が商品貨幣になりうるのだから、この経済では

　　　（均衡A）財1と3が共に商品貨幣になりうる場合

と、

　　　（均衡B）財1のみが商品貨幣になりうる場合

が存在することになる。

　本研究では、財3が商品貨幣となるか否かを実験的に検証することが目的なので、これからは上記の均衡Aについて考えていく。ここで、財3が交換の媒介物として商品貨幣になるために重要なのは、UやDに関する条件に依存したタイプ1の主体の行動である。均衡Aの条件が満たされている時、タイプ1の主体の交換戦略は次の表1のようにまとめられる。

　表1では、タイプ1の主体と相手がそれぞれ保有する財に応じて、タイプ1の主体が交換を望む場合を1とし、望まない場合を0としている。明らかに、タイプ1の主体は財1を手に入れ次第すぐに消費してしまうのだから、財1をもって交換に参加することはありえないので、この場合に該当する欄には「…」を記入してある。また、相手が財1を保有している場合は、どんな財を保有していようとタイプ1の主体は交換を申し出るので、第1列はすべて1となる。

　相手が財3_2を保有している場合は、自分がどんな財を保有していようとタ

表1 タイプ1の主体の交換戦略

1の財＼相手の財	1	2	3_1	3_2
1	...	...	...	...
2	1	0	1	0
3_1	1	0	0	0
3_2	1	1	1	0

イプ1の主体は交換を申し出ないので、第4列はすべて0となる。タイプ1の主体が財 3_2 を保有している場合は、相手がどんな財を保有していようとタイプ1の主体は交換を申し出るので、第4行はすべて1となる。仮定から、双方が同じ財を保有しているときは交換が行われないので、対角線上の欄はすべて0である。実は、ここまでは均衡Aでも均衡Bでも同一である。最後に、タイプ1の主体は自分の保有する財2を相手の財 3_1 と交換し、その逆の場合は交換しない。これが均衡Aの場合であって、均衡Bではこの最後の部分が逆になる。すなわち、タイプ1の主体は自分の保有する財 3_1 を相手の財2と交換し、その逆の場合は交換しない。これでタイプ1の主体の交換戦略をすべて説明できた。同様にして、タイプ2および3の主体の交換戦略を導くことができる。これらの情報は、実験データと共に改めて**表2**、**表3**、**表4**に記されているので、詳細は次の節で説明することにする。

2 実験

これまで論じてきた理論の予測するように均衡Aが実現するような条件を与えた時に、非耐久的な財3が交換の媒介物としての商品貨幣となるか否かを検証する経済実験を行った。実験は2002年7月11日に公立はこだて未来大学システム情報科学部において、学部学生から被験者を公募して行われた。被験者は経済学やゲーム理論、金融論などの予備知識はなかった。実験では、各タイプにそれぞれ6名ずつの被験者をランダムに割り当てた。交換によって消費財を

手に入れるとそれを消費して効用 U ＝180円を得て、生産コスト D ＝30円で新たに財を調達することになると説明された。被験者には1から18まで通し番号が振られていて、実験者が1から18までの数字が書かれたピンポン球二つを無作為に取り出す形で被験者同士をランダム・マッチングさせた。また、18名全員が交換に関する意思決定を1度行う度に、実験者が1から20まで書かれたクジを引き、10ないし20を引くとその時点で実験は終了し、それ以外の場合は実験を続行することによって、実験が確率0.9で継続するものとして、割引率 β ＝0.9 のもとで無限期間生存する主体が意思決定する場合と戦略的に同等な経済環境を設定した。被験者は交換に関する意思決定が終了するたびに、交換後に保有している財に応じて特定の場所で待機するように指示された。これによって、各期にそれぞれの財の保有者がどれくらいの割合で経済に存在するのか、その頻度を目に見える形で被験者に伝えたわけである。被験者にははじめに初期保有額として1500円が与えられていて、この金額に実験中に消費財を手に入れることによって効用が発生するたびに U の値を加算し、生産コストが発生するたびに D の値を差し引き、実験終了時に手元に残っている金額が実験参加によって得られる報酬となるように金銭的動機付けが行われた[7]。約90分間の実験で被験者の平均的な報酬額は約2500円であった。実験時間の前半30分は実験説明にあてられた。タイプ2と3の意思決定は U と D の値に依存せず、非耐久的な財3が交換の媒介物としての商品貨幣となるか否かを検証することが実験の目的なので、効用も調達コストもすべてのタイプに共通で、U/D ＝180／30＝6.0＞5.2301を満たすように設定された。したがって、均衡Aが理論的に想定されるので、財1と3が共に商品貨幣になりうるわけである。この場合、理論上重要な意思決定は、

　　（条件A）タイプ1の主体が財2を財3_1と交換すること
　　（条件B）タイプ2の主体が財3_1を財1と交換すること
　　（条件C）タイプ3の主体が財1を財2と交換しないこと

の三つである。条件A以外は実験で選ばれた効用 U やコスト D の値に依存しないので、条件Aがもっとも実験設定に対してセンシティブな意思決定である

表2 タイプ1の主体の交換成功数

1の財＼相手の財	1	2	3_1	3_2
2	28/29 0.97 (1.00)	0/38 0.00 (0.00)	13/14 0.93 (1.00)	1/8 0.13 (0.00)
3_2	5/5 1.00 (1.00)	3/5 0.60 (1.00)	0/3 0.00 (1.00)	0/0 0.00 (0.00)

(注) タイプ1の主体は財1を消費するのでそれを保有していることはありえない。また、財3_1はタイプ2の主体が生産するので、タイプ1の主体がそれを手に入れたときには1期経過して財3_2になっているので、タイプ1の主体が財3_1を保有していることもありえない。

表3 タイプ2の主体の交換成功数

2の財＼相手の財	1	2	3_1	3_2
1	0/10 0.00 (0.00)	13/13 1.00 (1.00)	1/2 0.50 (0.00)	0/2 0.00 (0.00)
3_1	17/19 0.89 (1.00)	19/20 0.95 (1.00)	0/10 0.00 (0.00)	0/18 0.00 (0.00)
3_2	3/5 0.60 (1.00)	3/8 0.38 (1.00)	0/5 0.00 (1.00)	0/0 0.00 (0.00)

(注) タイプ2の主体は財2を消費するのでそれを保有していることはありえない。

表4 タイプ3の主体の交換成功数

3の財＼相手の財	1	2	3_1	3_2
1	0/16 0.00 (0.00)	18/24 0.75 (0.00)	16/17 0.94 (1.00)	8/8 1.00 (1.00)
2	3/8 0.38 (0.00)	0/18 0.00 (0.00)	6/6 1.00 (1.00)	5/5 1.00 (1.00)

(注) タイプ3の主体は財3を消費するのでそれを保有していることはありえない。

といえる。表2、表3、表4には、それぞれのタイプの主体の実験における意思決定回数が要約されている。

いずれの表にも、各タイプの主体が交換に際して保有していた財と相手が保有している財に関して2種類の情報が示されている。一つ目の情報は、そうした財の組合せでマッチングが実現した回数とそのうち実際に交換が成立した回数の比率であり、これは「交換成立回数」/「マッチング数」という形式で表示されている。その下には、もう一つの情報として、交換成立の頻度と理論的に導き出された頻度が「実際の頻度」(「理論的頻度」) という形式で表示されている。例えば、表2によれば、タイプ1の主体が財2を保有していて相手が財1を保有しているようなマッチングは全部で29回生じており、そのうち28回は交換が成立している。また、この交換成立頻度は0.97であるのに対し、理論的な頻度は1.00である．

続いて、条件A、B、Cが満たされているか否かを実験データによって確かめてみよう。タイプ1の主体は財2を保有しているときに財3_1を保有する相手と14回出会い、そのうち13回交換に成功している。したがって、ここで考えているモデルでは唯一実験設定$U/D=180/30$に依存している条件Aが約93%の割合で観察されている。これは理論的予測と整合的である。また、財3が商品貨幣として交換の媒介物となって機能するためには、タイプ2の主体が財3_1を財2と交換し、次にタイプ1の主体が財3_2を財1と交換することが必要なのであるが（図1(a)の太矢印を見よ）、データによれば前者の交換は20回中19回成功しており、後者の交換は5回中5回成功している。このことから、財3が商品貨幣として交換の媒介物となって機能することが高い頻度で発生したことがわかる。

タイプ2の主体は財3を保有しているときに財1を保有する相手と24回出会い、そのうち20回交換に成功している。したがって、条件Bが約83%の割合で観察されているわけであるが、これは理論的予測と整合的である。また、財1が商品貨幣として交換の媒介物となって機能するためには、タイプ3の主体が財1を財3と交換し、次にタイプ2の主体が財1を財2と交換することが必要なのであるが（図1(b)の太矢印を見よ）、データによれば前者の交換は25回中24回成功しており[8]、後者の交換は13回中13回成功している。このことから、

財1が商品貨幣として交換の媒介物となって機能することが高い頻度で発生したことが分かる。

タイプ3の主体は財1を保有している時に財2を保有している相手と24回出会い、そのうち18回交換に成功している。したがって、理論的には0％でなければならない条件Cが実に75％も観察されているので、これは理論的予測と一致しない。また、財2が商品貨幣として交換の媒介物となって機能するためには、タイプ1の主体が財2を財1と交換し、次にタイプ3の主体が財2を財3と交換することが必要なのであるが（図1(c)の太矢印を見よ）、データによれば前者の交換は29回中28回成功しており、後者の交換は11回中11回成功している[9]。このことから、財2が商品貨幣として交換の媒介物となって機能することが高い頻度で発生したことがわかる。これもまた、理論的予測と一致しない。

では、なぜ条件Cが実験では満たされず、財2が交換の媒介物となる場合が高い頻度で発生したのだろうか。それは、条件Cが理論的には比較的弱い根拠から導き出されているからであると考えられる。$V_{32}>V_{31}$が成り立たないこと（すなわち、$V_{32}\leqq V_{31}$）が条件Cなのであるが、実際に計算すると$V_{32}=V_{31}$なのである。つまり、タイプ3の主体にとっては、交換によって財1を手に入れようと財2を手に入れようと同じ生涯効用を享受できるわけである。したがって、生涯効用の点から見て財1を好む強い根拠はないものの、財2を拒む強い根拠もないといえるのである。このように、財1と2に関してタイプ3が無差別になっていることが、条件Cからの逸脱を生み出したと考えられる。

このように、条件Cが理論的予測通りには満たされなかったとはいえ、均衡Aが成立する条件が満たされている時、非耐久的な財3が交換の媒介物として高い頻度で商品貨幣として用いられることが実験的に確認された。

3　考察と展望

本論では、耐久性のない財がどのような条件で貨幣になりうるのかを探求したCuadras-Moratoのモデルにもとづいた経済モデルを用いて実験室実験を行い、耐久性のない財が実際に貨幣になりうるのか否かを実証した。実験結果

によれば、唯一実験設定に依存するタイプ1の主体の行動が理論的予測と整合的であったので、耐久性のない財3が交換の媒介物としての商品貨幣となる場合が高い頻度で観察された。また、永久に耐久的な財1は実験設定に依存せずに常に商品貨幣になるのであるが、これも高い頻度で観察された。唯一理論的予測と異なる結果だったのが、タイプ3の主体の行動で、そのために、理論的予測と異なり、もう一つの永久に耐久的な財2も交換の媒介物となってしまった。

本研究では、均衡Aが成り立つようにUとDを設定したが、均衡Bが成り立つ場合の実験結果と比較することがさらに必要であろう。また、タイプ3の主体の理論から逸脱した行動が、全体の均衡の達成にどのような影響を与えるのかはまだ定かではないので、タイプ3の主体の行動が理論的予測と一致する場合と一致しない場合を、例えばコンピュータ・シミュレーションによって比較検討することも今後の課題となろう。いずれにせよ、理論的には非耐久財が商品貨幣となることはかなりデリケートな問題と考えられたが、本研究によれば、多少他の主体の均衡からの逸脱が見られようとも、非耐久財が商品貨幣となりうるという実験結果が得られたことで、**Cuadras-Morato** の理論的予測がかなり頑健なものであることが確かめられたといえるだろう。

注

(1) William S. Jevons, *Money and the Mechanism of Exchange*, London: Henry S. King and Co.,1875.

(2) カール・マルクス著,武田隆夫ほか訳『経済学批判』岩波文庫、1859年、第2章4節 貴金属、202～203ページ。

(3) Paul Einzig, *Primitive Money*, Oxford: Pergamon Press, 1966.

(4) Nobuhiro Kiyotaki and Randall Wright, "On money as a medium of exchange," *Journal of Political Economy*, Vol.97, 1989, pp.927-954.

(5) Xavier Cuadras-Morato, "Can ice cream be money?: perishable medium of exchange," *Journal of Economics*, Vol.66, 1997, pp.103-125.

(6) Kiyotaki and Wrightモデルについては、実験室実験による研究にはPaul M. Brown, "Experimental evidence on money as a medium of exchange," *Journal of Economic Dynamics and Control*, 20, 1996, pp.583-600および John Duffy and Jack Ochs, "Emergence of money as a medium of exchange: an experimental study," *American Economic Review*, 89, 1999、pp.847-877がある. コンピュータ・シミュレーションによる研究には Raymon Marimon、Ellen McGrattan, Thomas J. Sargent, "Maney as a

medium of exchange in an economy with artificially intelligent agents," *Journal of Economic Dynamics & Control*, 14, 1990, pp.329-373やErdem Bacscci, "Learning by imitation," *Journal of Economic Dynamics & Control*, 23, 1999, pp.1569-1585などがある．

(7) 経済的実験において、なぜこうした金銭的動機付けが必要かについては、Daniel Friedman and Shyam Sunder, *Experimental Methods: A Primer*, Cambridge University Press, 1995 （川越敏司、内木哲也、森徹、秋永利明訳『実験経済学の原理と方法』同文舘出版、1999年）を参照。

(8) この場合、タイプ3の主体は財 3_1 と財 3_2 のどちらでも交換を受け入れるので、これらを特に区別する必要はないので、財 3_1 と財 3_2 の場合の結果を合算した。

(9) この場合も注8と同様の理由により、3_1 と財 3_2 の場合の結果を合算した。

第13章 戦後恐慌論論争における富塚体系の位置
―― 富塚良三・吉原泰助編『資本論体系 第9巻 恐慌・産業循環』を中心に ――

後藤康夫

　20世紀末、戦後冷戦体制の解体は、情報革命とグローバリゼーションを産み落としながら、ひとつの蓄積様式をつくりだすこととなった。ところが、はやくも、そこに内在する矛盾は、日本の大不況をベースに、1997年アジア通貨危機を経て、21世紀の始まりには「ひとり勝ち」、「ニュー・エコノミー」を謳歌してきた心臓部アメリカにおいて、とうとう「インターネット不況」という形で爆発・調整されることとなる。

　理論研究は、こうした世紀を超えて進行していく現実を「切開する武器」、「分析のメス」を鍛え上げ、「具体的なものの具体的な分析」を通して、「生きた一般理論」として確証し、発展させていくことが求められている[1]。

　ここで検討しようとする富塚・吉原編『資本論体系 第9―1巻 恐慌・産業循環（上）―恐慌・産業循環論の体系―』（有斐閣、1997年）については、すでにいくつか書評で取り上げられている[2]。いずれも、紹介の域を超えないものなので、本論では立ち入って検討を加えていくこととする。

1　論理構成の特質

　今回の著作では、これまで以上に、富塚恐慌論の論理の明確化、体系化が見受けられる。その特質を抉り出していくこととする。

(1) 富塚自身の意図と体系構想
　　――「表式分析による全般的不均衡化の内的論理の析出」――

　富塚は、今回、「序章　『資本論』体系と恐慌論体系」において、みずからの

見解を戦後恐慌論論争における3人の代表的な見解のなかで次のように位置づける。

「拙著『恐慌論研究』(未来社、1962年)における恐慌論体系の構成に関する私見の展開は、この久留間(鮫造)・宇野(弘蔵)論争を念頭におきながら、『再生産の諸条件』を解明することの意義を強調し、『再生産論なき恐慌論』の『理論的脆弱さ』を指摘する前記山田説の発展的継承を意図して行なわれたものである。『資本の一般的分析』の枠内においてであれ、『恐慌の必然性』の論定はなされうるしまたなされなければならない。…宇野弘蔵氏が『恐慌論』の『はしがき』において述べているように、『恐慌の必然性』も論定されえないようでは経済学の古典も『鼎の軽重を問われる』ことにもなるであろう」[3]

「資本の一般的分析」の枠内においてであれ、なによりも「恐慌の必然性」の論定はなされうるし、またなされなければならない、その基本線は、「再生産の諸条件」の解明作業においてこそ、設定されなければならない、これを、「山田説の発展的継承」の形で行うこと――、全問題は、この一点に集約されてくる。

富塚は、「恐慌の必然性」と「再生産の諸条件」との連繋把握のカギを、マルクスの恐慌論体系プランにおける「恐慌の発展した可能性」・「潜在的恐慌の内容規定の拡大」に求める。では、その具体的な内容の確定と体系上の位置づけは、どのように行われていくことになるのだろうか。これについての「対極」的な見解をとりあげて、自説を提起していく。

一方の極として、久留間の『マルクス・レキシコン』恐慌篇の新たな構成がとりあげられる。久留間は、「資本の流通過程」において「恐慌の抽象的形態が内容規定を受けとる」ことは、「形態が自己を表明する」基礎、「可能性の現実化」の基礎が与えられるのだ、ということになるが、しかしそれは「『基礎』にすぎないということが重要」と断ずる。これに対し、富塚は、「社会総体としてみた『価値および剰余価値の実現』の問題がはじめて固有の課題」となる『資本論』第2部第3篇「社会的総資本の再生産と流通」がもつべき重要な意味が事実上看過されてしまうと反論し、あらためて山田説「継承」の立場を確認する。

第13章　戦後恐慌論論争における富塚体系の位置

他方の極として、「山田説の発展的継承」線上にある宇高基輔・南克巳の見解がとりあげられる。富塚は、この見解の特徴づけを次のように行い、批判したうえで、自らの見解を積極的に対置する。

「（この久留間の見解に対して――引用者）そのいわば対極をなす見解とみるべきものが、『『形態が自己を表明する』基礎、『可能性の現実化』の基礎が与えられる』ということはすなわち『実在的可能性』が把握されることにほかならず、それはそのまま直ちに『必然性』の措定を意味するとする宇高基輔・南克巳氏の『恐慌の実在的可能性』＝『必然性』論（同「『資本論』における恐慌理論の基本構成」、『土地制度史学』第4号、1959年7月）である。だが宇高・南説における『恐慌の必然性』とは、資本制経済の内部に潜在するところの、いわゆる『構造的矛盾』として措定されたものであるが、その『発現』の、『現実性への転化』の『条件』は、もっぱら『他に（資本の現実的運動、信用と競争の現実的諸関係に）依存』し、そうした『発現の外的な『条件』＝『原因』さえあたえられれば、『現実性』に転化しうる』ものとされるのであって、いうところの『必然性』の論定と『発現の条件』の解明とは全く切り離されてしまい、発現の諸条件を相互の内的連繋において把握し、何故にまた如何にして『恐慌の可能性』が『現実性』に転化せざるをえないかという意味での恐慌の内的必然性の解明という、この肝要な課題そのものが、定立しえない立論構造となっているのである」[4]

　富塚は、「必然性」の論定と「発現の条件」の解明とは切断してはならない、両者の「内的連繋」を積極的に設定すべきだ、と強く主張する。ここに、「恐慌の必然性」のカテゴリーは、「発現の条件」の論理次元、「恐慌の現実性」のカテゴリーと「連繋」されて、「何故にまた如何にして『恐慌の可能性』が『現実性』に転化せざるをえないかという意味での恐慌の内的必然性」の解明、という独自な課題が提起されることとなる。すなわち、「自己累積的・加速度的な蓄積過程の挫折・反転の必然性を明らかにする・『恐慌の必然性』の論定」、という提起である。「挫折・反転の必然性」としての「恐慌の必然性」は、「再生産の諸条件」の解明を通して、積極的に論定されなければならない、というものである。

こうして、全問題は、「再生産の諸条件」の解明作業のなかに投げ込まれ、次のように絞り込まれ、定式化されることになる。
「われわれにとっての課題は、『価値および剰余価値の実現』が問題となる『資本の総＝流通過程または総＝再生産過程』において現れてくる『恐慌の要素』、充分な内容をもった動因を含むものとしての『恐慌の可能性』を、再生産表式分析、とりわけ拡大生産表式の積極的展開によって、どのように解明すべきかを明らかにし、さらに、その『可能性の現実性への転化』の内的論理・〈必然性〉の論定を行うことである。この肝要な課題においても、マルクスの恐慌論は未完成のままに残されている。この点を先ず銘記すべきである」[5]

　このように、富塚は、「恐慌の必然性」を、いったん「可能性の現実性への転化の内的論理」、すなわち、すぐれて「挫折・反転の必然性」の「内的論理」という特有な形で把握し、これを、今度は、「恐慌の発展した可能性」・表式分析の論理次元に投げ返し、「拡大再生産の諸条件」それ自体の構成のうちに、あらたに「内的論理」として組み入れていくことになる。さらに、表式分析の舞台設定もまた入れ替わる。これまでのような単純再生産を前提にする「表式に表現された一般的運動」ならびに、生産力展開・有機的構成高度化表式（レーニン表式）という舞台設定（山田、宇高・南）から、生産力一定の「拡大再生産表式の積極的展開」という新たな舞台設定へ推転していくことになる。富塚いうところの「マルクス的動学体系」へ、である
　こうした「意図」は、「第2章　発展した恐慌の可能性――潜在的恐慌の内容規定の拡大――」において、富塚自身によって、次の三条のテーゼのうちに集約表現されることになる、と言ってよいだろう。
　　A　問題視点の確立――過剰蓄積による「再生産過程の攪乱」
　　B　表式分析による全般的不均衡化の内的論理の析出
　　C　貨幣の環流。蓄積基金の積立と投下の対応。総有効需要の構造
　かくて、ここに、「山田説の発展的継承」をめぐる基本対抗が開始されることになる。

(2) 「挫折・反転の必然性」と「再生産の諸条件」との結合、「必然性」の内的論理の表式におけるカテゴリー化
――キー・カテゴリーとしての「部門構成」――

　松橋透もまた、宇高・南説をとりあげ、「『内在的矛盾』に基礎づけられた恐慌の実在的可能性のうちに、恐慌の必然性」が論定されるとする見解では、「『生産と消費の矛盾』をたんなる『構造的矛盾』としてしか把握し得ていない」、「『実現恐慌論』の展開は望みえない」と批判し、「動学的『不均衡』としての『生産と消費の矛盾』の解明」へと向かうべきだと主張する。富塚による「動学的『不均衡』としての『生産と消費の矛盾』の解明」、すなわち「挫折・反転の必然性」の内的論理を「拡大再生産の諸条件」のなかへ組み入れるべきだという富塚の提起について、松橋は次のように整理する。
　「問題は、この生産と消費の『内的連繋』または『相互一体性』を再生産表式において表現するものは何であるかと考えるかである。ブハーリンおよび山田盛太郎氏はこれを事実上『部門間均衡条件』にのみ求めた。これに対して富塚氏は、部門Ⅰの蓄積率がまず任意に決定され、次いでそれに依存して部門Ⅱの蓄積額が決定されるとする、一般に受容されてきた表式展開の方法に疑義を表明して、『蓄積の進行を先導的に規制する部門Ⅰの蓄積額の決定そのものを、表式の論理の内部から制約するものは何であるか』と問い、その論点と関連せしめながら、『生産と消費の連繋を再生産表式論のうちに導入するには、いわゆる『部門間均衡条件』……だけでは充分でない』とする。……富塚氏は、…再生産過程の実体的基礎から考えて、この『生産と消費の内的連繋』を再生産表式において表現するものは『部門間均衡条件』だけではなく、これに加えて、『投下総資本の部門間配分比率と総生産物の生産手段と生活資料とへの分割比率』＝『部門構成』であると考えられなければならないとする」[6]

　こうして、「再生産の諸条件」は、同時にすぐれて「再生産の均衡的進行を制約する諸条件」として把握され、その内容はこれまでのいわゆる「部門間均衡条件」（単純再生産のばあい、ⅠV＋M＝ⅡC）にくわえて、あらたに「部門構成」（所与の生産力水準に照応する）が組み入れられることになる。ここに、

「拡大再生産の動的均衡」なる軌道が設定され、それは同時に、「全般的不均衡の内的論理」の析出・検出基準という性格が与えられることとなる。

松橋自身、問題を端的に問いかける。
「本来問われるべき問題――『部門構成』は『生産と消費との必然的連関』を表現するものであるのか否か、またそれは全生産物の『実現』を制約する要因であるのか否か」[7]

かくて、「部門構成」なるものこそは、「挫折・反転の必然性」としての「恐慌の必然性」の内的論理が「拡大再生産の諸条件」のなかに組み入れられたもの、その内的論理が表式において受けとる特有の表現形式、として打ち出されてくるものである。ここに、「部門構成」は、「挫折・反転の必然性」のその内的論理の表式におけるカテゴリー化、まさに「表式分析による全般的不均衡化の内的論理析出」のキー・カテゴリー、というべきものにほかならない。このカテゴリーに、全体系の一切がかかることになる。

(3) 内的論理構成・諸概念の全体像
―― 「挫折・反転の必然性」論定のためのワンセット ――

富塚による体系構成の試みの成果、その全体像について、市原健志が次のように簡潔に整理する。
「『均衡蓄積率・均衡蓄積額』に規定された『均衡蓄積軌道』概念の定立なしには『過剰蓄積』概念は存在しないし、『過剰蓄積』概念なしに、拡大再生産の挫折・反転の必然性＝恐慌の必然性は論定しえないであろう。つまり、生産諸部門間の『比例性』と生産の消費との間の『均衡』、および『資本主義的均衡蓄積軌道』と『過剰蓄積』というこれら一連の関連する諸概念は、『恐慌の必然性』論定のためのワンセットである。このワンセットによってのみ恐慌論史上における『不均衡説』と『不比例説』の統一化が可能であり、またいわゆる『商品過剰説』と『資本過剰説』の揚棄が可能である」[8]

ここでは、次の２点が注目される。

❶内的論理構成・諸概念は、挙げて「挫折・反転の必然性」・「恐慌の必然性」論定との連繋において、「ワンセット」として組み立てられ、構成されている。
❷こうした「恐慌の必然性」論定のための「ワンセット」体系は、恐慌論史上の主要な論点を内包し、揚棄していくものとして構想されている。

したがって、❶について言えば、「挫折・反転の必然性」としての「恐慌の必然性」把握こそ、体系の端初カテゴリー、論理的起動力、にほかならない以上、この「恐慌の必然性」把握の妥当性がなによりもまず吟味されなければならない。❷について言えば、富塚体系の検討作業のためには、恐慌論史の総括が、不可欠な課題となってくる。

2 「拡大再生産表式の積極的展開」の意義と限度

こうした富塚体系の提起によって、「恐慌の究極の根拠」をなす「生産と消費の矛盾」・「内在的矛盾」の論定が、「社会的総資本の再生産と流通」を総括表示する表式分析を通して、とりわけ「拡大再生産表式の積極的展開」を通して、動態的に試みられていくことになる。そのさい、富塚による「マルクス恐慌論の問題構成の発展的な構築」の提起の意義は、決定的である。問題構成自体は、大いに銘記されるべきである。あらためて確認しておこう。
「総じて、『実現』困難を発生させることなく、生産が消費から相対的に独立して運動する・その過程の進展メカニズムと、しかし最終消費による生産の終局的な制約の関係およびその構造を、再生産過程の中に貫徹する生産と消費の内的規定関係を基準として如何に把握するか、またそれを再生産表式においてどのように定式化するか、これが山田氏およびブハーリンが提示した論点を発展的に継承していく場合に解明されるべき重要な問題となる」[9]

この問題の解明をめぐって、戦後の恐慌論論争は、「新たな段階へと突入」していくことになる。

だが、富塚自身による解明作業において、そもそも「再生産の条件」なるものは、これまで見てきたように、初めから「実現制約の条件」として把握され、

すぐれて「不均衡検出・析出の基準」として設定されている。再生産論は、富塚の言うように「全般的不均衡化の内的論理の析出」のための分析基準なのか。それとも、「社会的資本の総体の運動の形態、ならびにその運動に内在的なるところの矛盾──すなわちその理想的な照応の仮定の下においてさえも内在的なるところの対抗的な矛盾──を総括するための基礎理論」[10]なのか。ここに、「山田説の発展的継承」の出発点をめぐる基本対抗、その分岐点が確定されることになる。

3 「山田説の発展的継承」をめぐる基本対抗の展開

(1) 「構造的矛盾の拡大再生産・動態化」の方向

こうした富塚による「拡大再生産表式の積極的展開」をうけて、周知のように、井村喜代子の「均等的拡大再生産」論[11]、吉原泰助の「均等化法則」論[12]などの試みが積極的に展開されていく。

とりわけ、吉原による試みは、宇高・南が単純再生産の「表式に表現された一般的運動」のうちに論定することとなった「生産と消費の矛盾」・「構造的矛盾」を、拡大再生産ならびに生産力展開・有機的構成高度化において、あらたに動態化する試みとして、大いに注目されるべきである。これについては、吉原自身が次のように、その意図を回顧している。

「富塚さんは、……ツガン・バラノフスキー流の『生産のための生産』偏向の諸説、表式論に投射すれば、生産手段生産部門主導・優位の拡大再生産の無限軌道の設定、これを封じなければならないという強烈な問題意識のもとに、生産と消費との構造的連関を、『均衡蓄積率』に基づく『均衡蓄積軌道』として定立されたのです。そして、過剰蓄積の内的構造を、この軌道からの上方への乖離として把握します。これに対して、私は、『生産と消費との矛盾』が自己を貫徹する再生産軌道は、一定の幅のなかで動態的におさえるべきだ、と考えたのです。生産力水準一定という前提のもとで、生産手段生産部門の蓄積率の不断の上昇、より厳密には、その部門の蓄積率の私の言う『均等発展蓄積率』

から上方への不断の乖離、かかる軌道でのみ一定の範囲内で生産は消費に制約されることなく拡大しうる、しかし、一旦、前者の上昇に制動がかかると、それは必然的に消費手段生産部門の蓄積率、したがってまたその成長率の上昇に結びつき、消費制限が自己を主張する関係が生ずる、とこうです」[13]

　ここに、富塚いうところの「拡大再生産表式の積極的展開」なるものは、なによりも「構造的矛盾の拡大再生産・動態化」という基本線において行われるべきである、という方向が確定されることとなる。

(2)　現状分析における対抗の展開

　「山田説の発展的継承」の起点となった宇高・南説のその後の展開については、吉原によって次のように整理されている。
　「その後、南氏にあっては、別の機会にゆだねられた産業循環論の展開（現実的恐慌の論究）よりも、表式を理論的基準とした戦後世界資本主義の構造分析に、研究関心を傾斜させる。いうまでもなく、山田盛太郎氏の再生産表式が名著『日本資本主義分析』の理論的基柢をなす関係に見合うものであり、南氏は、恐慌論もさることながら、むしろ、山田再生産表式論のいま一つの適用領域・資本主義構造論における後継として注目される」[14]

　ここに、「山田説の発展的継承」の方向をめぐる対抗は、理論的に上向していく「産業循環論の展開」か、それとも歴史・具体的に把握していく「戦後世界資本主義の構造分析」・「資本主義構造論」か、という形で新たな展開を遂げていくこととなる。
　ちなみに、日本の「現下の経済状況」分析において、以上の基本対抗は、次のような展開を見せている。
　富塚は、「現下の経済状況」を「あの29年の大恐慌と似たようなプロセス」、「デフレ・スパイラル」と見て、「インフレ目標の設定」を提起し、「経済政策による局面転換」を次のように主張する。
　「現実の経済過程を、デフレからゆるやかに進行するインフレ過程へと実際に転換せしめることが肝要なのである。そのためには強力な逆噴射が、再生産

過程外からの巨額な有効需要の計画的注入が必要である。……局面転換という明確な意図をもった経済政策としての、国債の日銀引受けによる思い切った財政支出がなされなければならない。……例えば100兆円ほどの……未来展望をもつ政策課題として……(1)地球環境対策、(2)社会保障の充実、(3)科学技術の発展。……これら三項目を柱とする政策の展開それ自体によって大きく雇用が増大し、また関連産業諸部門の生産および投資活動が活発化して、局面は明らかに転換し、やがて急速に完全雇用状態へと近接していくこととなるであろう。……こうして〈universal opulence〉(全般的富裕)が社会のすみずみにまでゆきわたるというアダム・スミスの想定した社会が現実に出現することとなる」[15]

これが、「スミスとマルクスとが私のなかに同居している」とする富塚体系による「再生産過程外からの巨額な有効需要の計画的注入」政策と「未来展望」、である。

これに対し、南克巳は、情報革命を基軸にする「20世紀末大旋回」論を提起し、いまや「資本と国家の止揚へと向かう新たな人類史的過渡期」が開始された、「インターネットにもとづく新しい Internationalの再建へ」と主張し、この「人類史的過渡期」という新たな世界史の始まりを基準に、日本の戦後重化学工業段階における「現下の経済状況」を、次のように分析し、「全機構的破滅」から「全機構的変革」へと切り返えしていくことを展望する。

「もっともその資本主義のメガネにさえ合わぬていの『日本型情報化』の現実に目を凝らすとき、問題はそれどころではない、としても。むしろこの国の場合、逆説的だが、冷戦終結と『Netの発見』こそが逆に過去の歴史の全問題を明るみにだす、つまり1868年、1945年をつうじて積み残し、積み上げてきた歴史の課題［日本資本主義の『軍事的＝半封建的』→「冷戦植民地的＝格差系列的」『型制』の揚棄——一時は必ず忘却されむしろ裏返しの表現("Only Yesterday"の Japan as No.1の大合唱を想起)をとって罷り通る日本的『古層』のあの野蛮で専制的、卑屈で安易な「近代的」形相の総決算の課題］を一挙に、まさに全機構的な問題としてクローズ・アップし(但しまたかの裏返しの表現の再販として—まさに『植民地的』なアメリカ猿真似の、より正確には

アメリカ指令の『構造改革』の大合唱→全機構的破滅への道)、またその破滅の『煉獄』を通じてはじめて、かの歴史の課題の同時＝最終的で世界的＝人類史的な総決算＝解決への途を準備し促迫するに至るのだ（３度目の正念場―歴史の弁証法）、というべきでもあろうが」⁽¹⁶⁾

　ここに、「構造的矛盾と生産力展開」の「全機構的把握」が歴史・具体的に示される。かくて、再生産論における「構造的矛盾と生産力展開」把握をめぐる基本対抗、その分岐が、現状分析において、いまや鮮やかに立証されることとなる。

注
(1)　例えば、そうした具体的な分析のひとつとして、「ポスト冷戦研究会」の試みがある。研究会のホームページ（http://www.fdev.ce.hiroshima-cu.ac.jp/~keizai/）を参照されたい。
(2)　管見のかぎりでは、雑誌『経済』（No.37,1998年10月、新日本出版社。評者は、徳重昌志氏）、『土地制度史学』（第164号、1999年7月。評者は、宮崎犀一氏）とがある。前者では、「旺盛な論争があらためて開始されることを期待したい」と表明され、後者では、「『理論』重視の蔭で『歴史』・『現状』、が軽視され」、「理論の在り方にも影響している」と指摘されている。
(3)　富塚・吉原編『資本論体系　第9―1巻　恐慌・産業循環（上）』有斐閣、1997年、16ページ。
(4)　同前、18ページ。
(5)　同前、25ページ。
(6)　同前、268ページ。
(7)　同前、272ページ。
(8)　同前、188ページ。
(9)　同前、264ページ。
(10)　『山田盛太郎著作集』第1巻、岩波書店、1983年、55～6ページ。
(11)　井村喜代子『恐慌・産業循環の理論』有斐閣、1973年。
(12)　吉原泰助「再生産（表式）論」杉本俊朗編『マルクス経済学研究入門』有斐閣、1965年。
(13)　吉原泰助「経済学と私」『商学論集』（福島大学）第70巻第4号、2002年3月、251ページ。
(14)　富塚・吉原編『資本論体系　第9―2巻　恐慌・産業循環（下）』有斐閣、1998年、268～9ページ。
(15)　富塚良三「回想と雑感」東京大学経友会『経友』No.153、2002年6月、32～3ページ。
(16)　南克巳「情報革命の歴史的位相―インターネットの生成史に照らして―」ポスト冷戦研究会（2001年12月15日、於：明治大学）における報告資料（2002年1月28日増補改訂版）9ページ。なお、南のこうした「20世紀末大旋回論」は、ポスト冷戦研究会第1回例会報告「ポスト冷戦10年の経済的帰結―情報革命と金融革命の世界史的連繋に着目して―」以来、彫琢が加えられてきているところである。詳細は、注(1)の研究会のホームページを参

照されたい。

付記

　本論は、「マルクス・エンゲルス研究者の会」の第17回例会「恐慌論シンポジウム」（2002年5月25日、於：立教大学）における筆者の報告レジュメ「戦後恐慌論論争における富塚体系の位置―再生産の条件を動態化する試みは、何を生み出し、どこに帰結することになったのか―」を文章化した同名原稿（『マルクス・エンゲルス・マルクス主義研究』第40号、八朔社、2003年春発行予定）の増補改訂版である。

II

現代の国際金融

第14章 ユーロ発足とドイツ金融市場
―― 1999～2001年のマネーフロー ――

岩見昭三

　1999年のユーロ発足を前にして、ユーロの国際通貨機能、ユーロ相場、ECBの金融政策、金融市場・金融システムの変化等に関して、様々な展望が試みられた。このなかで、金融システムに関しては、ユーロ圏各国の金融システムが収斂していくのか、収斂していくとすれば、どのような型に向かってかが一つの焦点となった。すなわち、従来のユーロ圏各国の金融システムを「銀行支配型」と規定したうえで、それが「金融市場支配型」ないし「アングロサクソン型」に収斂していくという展望に対して、旧来のシステムの残存、「銀行支配型」と「金融市場支配型」の混合型の形成を主張する立場が対立した[1]。
　しかし、ユーロ発足後、データの制約もあり、これらの展望の当否を検証する作業は必ずしも十分になされていない。本論は、1999～2001年のドイツの非金融企業の資金調達、家計の金融資産運用、株式市場動向、銀行の資産運用動向を1990年代の状況と比較検討し、ユーロ圏の金融システムの展開方向に対して基礎資料を提供することを目的としている。

1　非金融企業の資金調達

　ドイツの非金融企業の毎年のフローの資金調達状況を示したのが**表1**である。総資金調達に対する内部資金の比率である内部資金比率は、ユーロ発足3年の平均は40.9％であり、それ以前の1991～98年平均の53.1％と比較して約12ポイント低下している。もっとも、外部資金調達額は年毎の変動が激しく、ユーロ発足後でも2001年は前年の約半分に下落しており、それに伴い内部金融比率も同期間に約13ポイント上昇している。したがって、1990年代からユーロ発足に

表1 非金融企業の資金調達（1991～2001年）

(単位：フロー、10億ユーロ、％)

			1991～98平均	1999	2000	2001
内部金融比率			53.1	42.8	33.4	46.5
外部金融			107.8 (100.0)	198.1 (100.0)	349.2 (100.0)	169.4 (100.0)
	借入		67.7 (63.1)	149.1 (75.3)	207.4 (59.4)	78.6 (46.4)
	銀行借入		52.2 (48.4)	71.1 (35.9)	43.3 (12.4)	40.3 (23.8)
		ドイツ	50.3 (46.7)	52.8 (26.7)	47.6 (13.6)	31.0 (18.3)
		外国	1.9 (1.8)	18.2 (9.2)	−4.3 (−1.2)	9.3 (5.5)
	その他借入		15.7 (14.6)	78.0 (39.4)	164.1 (47.0)	38.3 (22.6)
		ドイツ	2.5 (2.3)	13.0 (6.6)	8.2 (2.3)	1.6 (0.9)
		外国	13.2 (12.2)	65.0 (32.8)	155.9 (44.6)	36.8 (21.7)
債券発行			13.0 (12.1)	1.5 (0.1)	8.4 (0.2)	20.5 (12.1)
株式等エクイティ発行			22.9 (21.2)	43.1 (21.8)	128.8 (36.9)	65.7 (38.8)
	ドイツ		22.0 (20.4)	23.7 (12.0)	20.1 (5.8)	38.4 (22.7)
	外国		0.9 (0.8)	19.3 (9.7)	108.7 (31.1)	27.3 (16.1)
年金基金			5.4 (5.1)	4.5 (0.2)	4.5 (0.1)	4.5 (2.6)

(注) 1．内部金融比率は、総資金調達に対する内部金融の比率（％）。
　　 2．( ) 内の数値は、外部金融におけるシェア（％）。
　　 3．債券発行は、短期の貨幣市場証券発行を含む。
(出所) Deutsche Bundesbank, "Die gesamtwirtschaftlichen Finanzierungsströme im Jahr 2001," *Monatsbericht* Juni 2002, and various issues. より算出。

かけて内部金融比率は低下傾向を示しているものの、これが長期的な趨勢であるかどうかは、外部資金需要の内容の詳細な分析を待たねばならない。

　外部資金調達形態に関しては、第1に、外部資金調達における銀行借入のシェアが1991～1998年平均の48.4％から1999～2001年には平均24.0％へ約半分に下落していることが注目される。1999～2001年の3年間でも年毎の変動は激しいが、いずれの年も1991～1998年平均を下回っており、1990年代からユーロ発足にかけての銀行借入依存の低下傾向が確認できる。借入は、銀行以外からも、国内外の保険会社、銀行以外の金融機関、非金融企業からなされ、これは統計では、「その他借入」で表される。第2に注目されるのは、この「その他借入」の急速な増大であり、1991～1998年平均が157億ユーロ（307億マルク）に対し、

2000年には1641億ユーロと10倍を超え、1999～2001年平均でも935億ユーロに達している。このため、この「その他借入」と銀行借入を合計した借入全体では外部資金調達におけるシェアは1991～1998年平均の63.1％から1999～2001年には平均60.4％に低下したものの、低下幅は2.7ポイントにとどまり、「その他借入」の増大が2001年でも借入が外部資金調達において最大シェアを維持する原因となっている。第3に注目されるのは、この「その他借入」の大半が外国からのそれであるということである。過去最高額に達した2000年には、国内からの「その他借入」が82億ユーロに対し、外国からのそれが1559億ユーロと19倍にのぼり、「その他借入」総額が減少した2001年でも、国内が16億ユーロに対して、外国が368億ユーロと圧倒的割合を占めている。「その他借入」における外国のシェアの高水準という事態はユーロ発足以前から見られるが、ユーロ発足後外国からの「その他借入」額が飛躍的に増大し、この結果、1999、2000年においては「その他借入」が銀行借入を上回り、2001年にも銀行借入に匹敵する地位を維持している。

　この外国からの「その他借入」の大半は、海外の金融子会社からの借入である。すなわち、「海外の資本市場で金融子会社を通じて資金が調達され、それが貸付としてドイツに移転された」[2]と、ブンデスバンクが確認しているように、ユーロ発足後、外国の資本市場で金融子会社が資金を調達し、それを貸付という形態を通して国内親会社に資金融通する経路が急速に拡大している。しかし、国内の証券市場では、社債発行による資金調達が低迷しており、ユーロ発足後1999、2000年のそれはそれぞれ15億ユーロ、84億ユーロと、1991～1998年平均の130億ユーロ（254億マルク）を下回り、増大した2001年においても、外部資金調達に占める社債発行のシェアは12.1％と1991～1998年と同水準にとどまっている。したがって、社債発行による資金調達の未発達が第4の特徴として挙げられる[3]。第5に、他方、株式と「その他エクィティ」発行による資金調達はユーロ発足後急速に増大していることが注目される。株式等エクィティ発行による資金調達は、1991～1998年平均で229億ユーロ（448億マルク）に対し、1999～2001年平均で792億ユーロと3倍以上に増大し、外部資金調達に占める株式等エクィティ発行のシェアは、1991～1998年平均の21.2％から2001年には38.8％に上昇し、借入依存の低下をもたらす最大要因となっている。し

かし、額は借入の場合と同様に年毎の変動が著しく、2001年には前年から半減している。第6に注目されるのは、この株式等エクィティに対する外国からの投資の増大である。1991～1998年平均で外国からの投資額は9億ユーロ（18億マルク）にすぎなかったのに対し、2000年は1087億ユーロに達し、1999～2001年平均でも518億ユーロと急増している。

こうして非金融企業による株式等エクィティ発行を通じての資金調達が増大した結果、借入依存の低下と証券市場からの調達の増大が見られたが、これは、資金供給サイドからも証券化が進行しているかどうか、さらに、それが資金需要の証券化とどのように関連しているのかという問題を提起している。次に、家計による金融資産選択動向を検討することによってこの問題に接近してみよう。

2　家計の金融資産運用

ドイツの家計の毎年のフローの金融資産運用を示す表2によれば、第1に、1999年のユーロ発足後の銀行預金のシェアの減少が注目される。金融資産運用に占める銀行預金のシェアは1991～1998年平均で34.1%であるのに対し、1999年には7.4%に低下し、さらに2000年には絶対額でも銀行預金が311億ユーロも減少する。2001年には267億ユーロの銀行預金が形成され、シェアも22.1%に回復するが、ユーロ発足以前に比較して12ポイントも下回っている。第2に、銀行預金と対照的に、保険か額、シェアともユーロ発足後急速に増大していることが注目される。1991～1998年平均の498億ユーロ（974億マルク）に対し、1999～2001年平均は629億ユーロに増大し、シェアも34.8%から49.3%に増大している。この増大の原因は優遇税制とリスクの低さにある[4]。同じく銀行預金と対照的に、証券投資が1999、2000年に急増し、2000年には最大シェアを占める。しかし、2001年には一転して急減し、額、シェアとも1991～1998年の平均を下回るようになる。したがって、第3に、ユーロ発足後証券投資の変動が著しくなったことが注目される。この変動の原因は株式投資にあり、2001年には家計は株式を287億ユーロも売り越し、これが証券投資総額の減少をもたら

表2 家計の金融資産運用（1991～2001年）

（単位：フロー、10億ユーロ、％）

		1991～98平均	1999	2000	2001
合　計		143.1 (100.0)	145.3 (100.0)	117.2 (100.0)	120.9 (100.0)
	銀行預金	48.8 (34.1)	10.7 (7.4)	−31.1 (−26.5)	26.7 (22.1)
	保険	49.8 (34.8)	68.2 (46.9)	57.9 (49.4)	62.5 (51.7)
	証券	38.1 (26.6)	61.0 (42.0)	85.0 (72.5)	26.3 (21.8)
	債券	9.0 (6.3)	1.5 (1.0)	9.5 (8.1)	1.6 (1.3)
	株式	2.7 (1.9)	13.8 (9.5)	18.4 (15.7)	−28.7 (−23.7)
	その他エクィティ	4.3 (3.0)	1.8 (1.2)	2.7 (2.3)	2.3 (1.9)
	投資信託	22.1 (15.4)	44.0 (30.3)	54.4 (46.4)	51.2 (42.3)
	私的年金	6.4 (4.5)	5.4 (3.7)	5.4 (4.6)	5.3 (4.4)

（注）1．( )内の数値は、総金融資産形成におけるシェア（％）。
　　　2．債券は、短期の貨幣市場証券を含む。
（出所）第1表と同じ。

した。だが、表1で見たように、2001年には非金融企業の発行した株式等エクィティを国内投資家が384億ユーロも購入しており、非金融企業の株式等エクィティ発行の増大は、必ずしも家計による直接的な株式投資の増大と連動していないことが分かる。したがって、家計による直接的な株式投資の他に保険会社、その他金融機関等を媒介とする間接的な株式投資の経路の拡大が推測される。実際、投資信託への運用もユーロ発足後も順調に伸びており、総金融資産形成に対するシェアも1991～1998年平均の15.4％に対して、1999～2001年平均は40.0％に達し、しかも株式投資と対照的に年毎の変動も少なく、保険と並んで、投資信託が額、シェアともユーロ発足後急速に増大していることが第4点として注目される。

このように、ユーロ発足後、家計においては銀行預金と直接的な株式投資が低迷する一方で、保険と投資信託が急速に増大しており、保険会社と投資信託がどのように資産運用し、それらが株式市場でどのような役割を果たしているかが重要な問題となる。次に、株式・エクィティ市場の投資家と発行主体に着目し、この問題に接近してみよう。

3 株式・エクィティ市場の投資家と発行主体

(1) 投資家

　ドイツの株式・エクィティ市場での各発行主体のフローの株式、「その他エクィティ」の発行額と、各投資家のそれらのフローの投資額を示したのが**表3**である。ユーロ発足後各年の各投資家のシェアを見ると、1999年では、株式においては最大シェアは非金融企業の28.2％、それに次ぐのが非居住者の27.4％であり、この両者だけで過半数を占め、保険と投資信託を主体とする「その他金融機関」は合計しても22.7％にすぎない。「その他エクィティ」においても、非金融企業だけで81.9％を占め、株式と「その他エクィティ」の合計においても、非金融企業は41.4％の最大シェアを占める一方で、保険と「その他金融機関」を合計しても20.5％と半分にすぎず、1999年の株式・エクィティ市場は非金融企業の投資によって主導されていたことが分かる。2000年では、「その他エクィティ」市場での発行が急増し、株式市場での発行額を上回ることになる。株式市場における最大シェアは依然として43.0％の非金融企業であるが、「その他エクィティ」市場では非居住者が63.0％と最大シェアを占める。「その他金融機関」は株式市場での投資を急増させ、シェアも38.2％と非金融企業に次ぐが、「その他エクィティ」市場でのシェアは保険会社と合わせても7.5％にすぎず、株式と「その他エクィティ」の合計においての投資シェアは「その他金融機関」と保険会社を合わせても25.2％にとどまる。この結果、株式と「その他エクィティ」の合計においては非金融企業と非居住者がそれぞれ33.4％、25.5％の投資シェアを占め、この両者の投資が2000年の株式・エクィティ市場を主導することになった。さらに、2001年では、株式市場、「その他エクィティ市場」のいずれにおいても、非居住者がそれぞれ73.0％、69.0％と最大シェアを占め、非居住者の投資によって株式・エクィティ市場が主導されることになる。

　このように、ユーロ発足後も家計による株式・その他エクィティ投資は、保険会社、投資信託を媒介する間接投資を含めてもせいぜい3割にとどまり、株

表3 株式・エクィティ市場の発行主体と投資家（1999～2001年）

（単位：フロー、10億ユーロ、％）

	1999		2000		2001	
	株式	その他エクィティ	株式	その他エクィティ	株式	その他エクィティ
発行主体合計	163.8(100.0)	53.7(100.0)	145.6(100.0)	152.4(100.0)	118.1(100.0)	44.8(100.0)
非居住者	126.8(77.4)	39.1(72.8)	120.5(82.8)	43.5(28.5)	62.9(53.3)	18.0(40.2)
国内	37.0(22.6)	14.6(27.2)	25.1(17.2)	109.0(71.5)	55.2(46.7)	26.8(59.8)
非金融企業	28.8(17.6)	14.3(26.6)	19.6(13.5)	109.3(71.7)	40.9(34.6)	24.9(55.6)
金融機関	9.2(5.6)	0.3(0.6)	5.5(3.8)	-0.3(-0.2)	14.3(12.1)	1.9(4.2)
銀行	7.8(4.8)	0.3(0.6)	5.3(3.6)	-0.3(-0.2)	6.6(5.6)	1.9(4.2)
その他金融機関	──	──	──	──	──	──
保険	1.4(0.9)	──	0.2(0.1)	──	7.7(6.5)	──
投資主体合計	164.8(100.0)	53.7(100.0)	145.6(100.0)	152.4(100.0)	118.1(100.0)	44.8(100.0)
非居住者	45.2(27.4)	-4.2(-7.8)	-20.0(-13.7)	96.0(63.0)	86.2(73.0)	30.9(69.0)
国内	119.7(72.6)	57.9(107.8)	165.6(113.7)	56.4(37.0)	31.9(27.0)	13.9(31.0)
家計	13.8(8.4)	1.8(3.4)	18.4(12.6)	2.7(1.8)	-28.7(-24.3)	2.3(5.1)
非金融企業	46.4(28.2)	44.0(81.9)	62.6(43.0)	36.8(24.1)	26.4(22.4)	-0.5(-1.1)
政府	-6.9(-4.2)	-5.1(-9.5)	-3.6(-2.5)	-2.5(1.6)	0.0(0.0)	-7.8(-17.4)
金融機関	66.3(40.2)	17.2(32.0)	88.2(60.6)	19.4(12.7)	34.2(29.0)	19.9(44.4)
銀行	29.0(17.6)	9.9(18.4)	24.3(16.7)	8.1(5.3)	-9.8(-8.3)	7.7(17.2)
その他金融機関	24.2(14.7)	7.4(13.8)	55.6(38.2)	7.0(4.6)	28.6(24.2)	9.4(21.0)
保険	13.2(8.0)	-0.1(0.2)	8.2(5.6)	4.4(2.9)	15.4(13.0)	2.9(6.5)

（注）（ ）内の数値は、それぞれ発行シェア、投資シェア（％）。
（出所）Deutsche Bundesbank, "Die gesamtwirtschaftlichen Finanzierungsstoröme im Jahr 2001," *Monatsbericht*, Juni 2002. より算出。

式・「その他エクィティ」市場は非金融企業と非居住者の投資によって主導され、さらに2001年には非居住者が圧倒的地位を占めるに至っている。

(2) 発行主体

次に、発行主体を見ると、株式市場では、1999～2001年のいずれにおいても非居住者がそれぞれ77.4％、82.8％、53.3％と最大発行シェアを維持している。他方、「その他エクィティ」市場では、1999年に非居住者が72.8％で最大シェ

アを占めたのち、2000、2001年には非金融企業がそれぞれ71.7％、55.6％と最大の発行主体となる。しかし、(1)で見たように、2000、2001年の「その他エクィティ」の最大の投資家は非居住者であり、非金融企業が発行した「その他エクィティ」の大半を非居住者が投資していたことになる。

見られるように、株式、「その他エクィティ」とも非居住者のそれらへの投資が過半数を占めることが多く、非金融企業を主体とする国内株式、「その他エクィティ」への投資が非居住者のそれらへの投資を上回ったのは、2000年と2001年のそれぞれ「その他エクィティ」に対してだけである。しかし、この時の最大投資家は非居住者であり、非居住者が常に発行者、投資家の少なくともいずれかで基軸的役割を担っている。国内投資家の投資対象の大半が非居住者のそれであるか、国内非金融企業の発行した株式、「その他エクィティ」の大半を非居住者が投資しているか、のいずれかであり、国内投資家による国内非金融企業の株式、「その他エクィティ」投資を通じるファイナンスは極めて副次的なものにとどまっている。

4 銀行の資産運用

ドイツの銀行(5)のフローの資産運用状況を示すのが表4である。第1に注目されるのは、貸付のシェアの低下である。1991～1998年平均で74.3％を維持していたのが、ユーロ発足後1999、2000年には50％台に低下する。もっとも、2001年には77.5％に回復するが、これは総資産運用額が前年比61％に減少した結果であり、実際貸付額も減少しており、貸付への運用の低迷は否めない。第2に注目されるのは、ユーロ発足後外国への貸付が急速に増大し、2001年には国内向け貸付の2倍以上、総資産運用の52.7％に達したことである。シェアのみならず、額も順調に増大し、1991～98年平均の330億ユーロ（645億マルク）が2001年には4倍近くの1290億ユーロに増大する。これは、「1　非金融企業の資金調達」で見た非金融企業の銀行借入依存低下に対応する現象であり、非金融企業が銀行借入依存を低下させる一方で、銀行は外国向け貸付を増大させた。外国の非銀行向け貸付のなかには海外金融子会社向けも含まれることから、

表4　銀行の資産運用（1991〜2001年）

（単位：フロー、10億ユーロ、％）

			1991〜98平均	1999	2000	2001
合　計			315.9 (100.0)	452.6 (100.0)	401.5 (100.0)	244.9 (100.0)
	貸付		234.7 (74.3)	251.7 (55.6)	206.9 (51.5)	189.9 (77.5)
		国内	201.7 (63.8)	203.2 (44.9)	105.4 (26.3)	60.9 (24.9)
		銀行	60.9 (19.3)	66.3 (14.6)	21.7 (5.4)	20.1 (8.2)
		非銀行	140.8 (44.6)	136.9 (30.2)	83.7 (20.8)	40.8 (16.7)
		外国	33.0 (10.4)	48.5 (10.7)	101.5 (25.3)	129.0 (52.7)
		銀行	19.8 (6.3)	5.7 (1.3)	56.5 (14.1)	75.6 (30.9)
		非銀行	13.2 (4.2)	42.8 (9.5)	45.0 (11.2)	53.4 (21.8)
	債券投資		69.9 (22.1)	113.0 (25.0)	123.1 (30.7)	80.9 (33.0)
		国内	55.7 (17.6)	59.5 (13.1)	73.3 (18.3)	36.1 (14.7)
		金融債	32.6 (10.3)	42.8 (9.5)	54.3 (13.5)	35.8 (14.6)
		社債	23.1 (7.3)	16.7 (3.7)	19.0 (4.7)	0.3 (0.1)
		外国	14.2 (4.5)	53.5 (11.8)	49.8 (12.4)	44.8 (18.3)
		金融債	2.5 (0.8)	11.7 (2.6)	21.6 (5.4)	8.5 (3.5)
		社債	11.7 (3.7)	41.8 (9.2)	28.2 (7.0)	36.3 (14.8)
	株式投資		8.5 (2.7)	20.2 (4.5)	19.9 (5.0)	12.8 (5.2)
		国内	5.8 (1.8)	9.3 (2.1)	7.1 (1.8)	13.3 (5.4)
		外国	2.7 (0.9)	10.9 (2.4)	12.8 (3.2)	−0.5 (−0.2)
	その他		2.9 (0.9)	67.7 (15.0)	51.6 (12.9)	−38.7 (−15.8)

（注）（　）内の数値は、運用シェア（％）。
（出所）Deutsche Bundesbank, *Monatsbericht* (Statistischer Teil), various issues. より算出。

この融資額の一部が国内非金融企業に還流融資されている可能性もある。第3に注目されるのは、債券投資のシェアが1991〜1998年平均の22.1％から2001年には33.0％へとユーロ発足後着実に上昇していることである。この原因は外国債券への投資の増大であり、1991〜1998年平均で142億ユーロ（278億マルク）だったのが、1999〜2001年には平均494億ユーロに達し、しかも総資産運用額が減少した2001年においても減少幅が少なく、同年には国内債投資を上回ることになる。外国債券のなかでは、社債への投資が順調に伸び、ユーロ発足後も常に金融債への投資を上回るが、一方国内債では、金融債投資が社債投資を常

に上回り、外債と国内債で対照的展開が見られる。国内非金融企業も、**表1**で見たように、外部資金調達における社債発行への依存が低く、銀行による国内社債投資の低調は、国内社債市場の未発達を反映しているものと見なされる。

第4に注目されるのは、株式投資の低調である。総資産運用におけるシェアは、1991〜1998年平均の2.7％からユーロ発足後上昇したものの、5％台にとどまり、債券投資の伸びと対照的である。**表3**で見たように、株式市場は非居住者と非金融企業ないし投資信託会社による投資に依存しており、銀行による株式投資の低調さはこれを反映していることになる。

5　結論

　ユーロ発足後ドイツの非金融企業は、株式等エクィティ発行による資金調達を増大させ、他方、1999、2000年には国内投資家による株式等エクィティ投資が増大し、直接金融ルートが順調に発展しているかに見える。しかし、非金融企業の発行増の大部分は非居住者によって投資されており、他方、国内投資家による増大した投資は大部分非居住者の株式等エクィティに向けられており、投資、発行いずれの場合も非居住者が基軸的役割を果たしている。したがって、第1に、ユーロ発足後も企業金融の国内での直接金融ルートが十分に発展していないことが確認される。国内社債市場の未発達もこれを裏付けている。

　非金融企業は、さらにユーロ発足後、銀行以外とりわけ海外金融子会社からの借入による資金調達を増大させているが、他方、銀行は外国向け貸付を急増させ国内向け貸付を凌駕するに至っている。ここから、第2に、企業金融の国内の間接金融ルートもユーロ発足後後退していることが確認できる。

　つまり、ユーロ発足後、企業金融の直接金融ルート、間接金融ルートのいずれも国内で完結せず国際化が進展し、いずれのルートも国内ルートが副次的なものになりつつある。この事実は、各国の金融システムをそれぞれ個別的に比較検討して収斂度合を検証する視角に反省を迫るものであり、これに加えて、各国の金融システム間の国際的関連を分析する作業が重要な課題となることを意味している。

注

(1) これらの議論の概要は、Reinhard H.Schmidt, "Differences between Financial system in European Countries : Consequences for EMU," Deutsche Bundesbank(ed.), *The Monetary Transmission Process:Recent Developments and Lessons for Europe*, London, 2001. に要領よく整理されている。Schmidt 自身の強調は、従来のシステムの残存にあるが、OECD, *Economic Survey 1994-1995 : Germany*, Paris, 1995. は、「アングロサクソン型」と「ドイツ型」の混合型の形成を展望している。日本では、星野郁教授が、「ユーロ域内の金融システムは、銀行中心のそれから金融市場中心のそれへとシフトしつつある」(「ヨーロッパにおける企業金融構造の変化と影響」田中素香編著『単一市場・単一通貨とEU 経済改革』、文眞堂、2002年、184ページ)と、「金融市場支配型」へのシフトを強調している。

(2) Deutsche Bundesbank, "Die gesamtwirtschaftlichen Finanzierungsströme im Jahr 2000," *Monatsbericht*, Juni 2001, S. 24.

(3) ユーロ圏全体の企業の社債発行に関しては、G.de Bondt, "Euro area corporate debt securities market:first empirical evidence," (ECB, *Working Paper* No.164, August 2002.)を参照。

(4) Deutsche Bundesbank, "Die gesamtwirtschaftlichen Finanzierungsströme im Jahr 2001," *Monatsbericht*, Juni, 2002, S. 26.

(5) 信用銀行、州立銀行、貯蓄銀行、信用協同組合、抵当銀行、建築貯蓄金庫、特殊機能銀行を指す。

第15章 アメリカの金融革新とファースト・アカウント
―― 消費者保護と社会政策 ――

坂本　正

1. 金融制度改革と消費者保護の課題

　アメリカの金融制度改革は1999年のグラム＝リーチ＝ブライリー法（Gramm-Leach-Bliley Act）で一つの終結を見た。これによって、アメリカの金融業は銀行・証券・保険の相互参入を認められ、金融統合が加速されることになった。グローバリゼーションを進展させるアメリカ金融業＝金融統合の国際競争力の強化がここには意図されていた。

　だが、アメリカの金融制度改革は、金融の自由化の進展と共に一つの重要な課題を内包していた。それは金融の自由化の進展と共に消費者が以前の金融サービスを受けにくい状況がうまれてきたという問題である。

　金融制度改革に関わる消費者保護問題はグラム＝リーチ＝ブライリー法の審議過程でもCRA（Community Reinvestment Act：地域再投資法〔資本地元還元法〕）の扱いが争点となり、金融のプライバシーが最後まで問題となった。その中に遂に大きな争点とはならなかったが、看過できない問題としてライフライン・バンキング（Lifeline Banking）の問題があった。

　1998年の下院法案ではライフライン・バンキング条項を盛り込んだ修正案が可決されたが、1999年金融サービス法案ではライフライン・バンキング条項が削除され、ライフライン・バンキング条項を盛り込んだ修正案も否決され、グラム＝リーチ＝ブライリー法の審議でライフライン・バンキング条項が大きな争点とはならなかった。しかし、ライフライン・バンキング問題はこれまで長きにわたって消費者保護問題の中心的な課題であったこと、州レベルでライフライン・バンキングが次第に普及しつつあることなどから、今後も重要な課題となるであろうということは銘記すべきことである。逆に言えば、ライフライ

ン・バンキングやベーシック・バンキング（basic banking）の意義や必要性が次第に認知され、普及の見込みがあることから、連邦政府レベルでの争点になりにくくなったという見方もできる。しかし、こうしたことはライフライン・バンキングが提起した問題が解決されつつあるということを意味するものではない[1]。

　金融制度改革の進展が、金融の自由化とりわけ金利の自由化の進展に対して消費者の側から不利益を被る人達への保護要求がでてきたこと、すなわちグローバリゼーションと金融統合への動きに対する消費者保護の問題は、金融制度改革の流れの中で統一的に把握されるべき問題なのである。

2　金融排除とライフライン・バンキング

　金融制度改革の中で金融へのアクセスが困難になる人々に対する問題は金融排除の問題として近年関心を集めつつある。先進資本主義国における金融排除問題の広がりは、グローバリゼーションという形で広範囲に市場化してきたアメリカ的金融システムの国際的な進展に対応したものといってよい[2]。

　金融業の国際化＝金融統合の動きは金融システム問題として消費者保護を内包したものであり、それは金融システムがその利用者＝消費者を経済的な収益性や効率性の観点からどの範囲まで受容しうるか、という問題に他ならない。

　金融業の中心である銀行業が果す社会的役割が、私企業としての収益性の追求という私的論理にとどまらない社会的責任を負うことになるが、その銀行の社会的責任の内容が現在の金融のグローバリゼーションのもとで改めて問い直されなければならない。

　この金融の自由化における銀行の社会的責任とは何か、という論点は銀行業務のサービス内容の変化から排除される人々を救済するための消費者保護運動という形で出発し、銀行の証券業務への進出に対する消費者保護団体の反対という議会レベルでの政治的対立という形で進展してきた。この州レベルから連邦レベルでの銀行対消費者団体の対立という構図は、他方で銀行業界内の役割分担＝機能分化とその特化という展開の中で、銀行業界が消費者市場としてラ

イフライン・バンキングを部分的にではあれ取り込むという市場構造を生み出しつつある。消費者向け金融機関の台頭がこの領域で一定の役割を担いつつあることも銀行機能の社会的分化の進展として理解すべきであろう。

　ライフライン・バンキングは、銀行に対して低額所得者、若年、高齢者向けに要求されている低コストの小切手勘定の提供のことで、アメリカでは1980年代の半ば頃から消費者運動として強く提起されるようになった。これは金利の自由化の進展と共に、銀行が高額の預金者に対しては高い金利と種々のサービスを提供する反面、従来無料で開設していた個人向け小切手勘定についても口座維持手数料をはじめとする手数料の徴収を始めたために、低額所得の人達が小切手勘定を開設しにくくなったという事情を背景にしていた。特に、社会保障小切手である政府小切手を受けとっても銀行に小切手勘定がなければ換金できないということが社会問題化した。金利の自由化に伴う顧客へのサービスの多様化が、他方で低額所得者への金融のアクセスの困難さを惹起し、社会保障面での機能をも阻害するというアメリカの小切手社会の問題点を浮き彫りにすることになった。銀行は小切手の決済という金融システムの中核的機能を担うが故に金融機関の中で社会的に「特別な」位置を占めているが、その社会的な役割によって抽象的には小切手を使用する顧客＝消費者一般に決済機能の提供という社会的な役割を負うことになった。だが銀行は、現実には金融サービスを提供しうる特定の顧客を対象とするため、銀行が設定する条件を満たさない顧客には金融サービスを提供しない。顧客市場における金融サービスの競争は、高額預金者と小口・零細預金者への金融サービスの差別化を生み、それまでの小切手勘定は無料という金融慣行を大きくつき崩すことになった。銀行の顧客へのマーケティングは顧客を選別化し、顧客層の資力に応じた金融サービスの多様化を推し進める。この顧客の選別と囲い込みは、他方で口座維持手数料をすら支払えない顧客を排除することになる。銀行が無料で小切手勘定を提供するという社会的役割は、金融規制下での銀行の中核的機能であったが、規制緩和によって、銀行は小切手勘定の提供という決済機能の役割についても、顧客を選別化し、抽象的な「社会的役割」＝社会的責任からは「自由」になったのである。

　こうして規制下において維持されていた銀行の決済機能の提供は、規制緩和

後にはその提供の範囲を限定することになり、その対象から排除された層は、一群の銀行口座をもたない人々（unbanked）となった。この小口で零細な預金者層であった unbanked に対して銀行がどのような金融アクセスを提供できるかが、ここでの銀行の社会的責任である。

3 ライフライン・バンキングと銀行業務の機能分化

　銀行での小切手勘定を維持できない小口・零細所得者は社会保障小切手（政府小切手）を銀行で換金できなくなった。銀行は、小切手勘定をもたない人々に対して小切手を現金化するサービスの提供を拒んだからである。そこで銀行口座をもたない人々は小切手を街のリカーショップや両替屋で換金したが、割引手数料が高く社会問題化したのである。社会保障小切手の換金が高い割引率のもとで行われることは社会保障の趣旨にそぐわないことから、自由化以前の規制下でのように銀行に対して無料の小切手勘定の提供が要求されることになった。社会保障の対象となる人々に対する救済＝保護がライフライン・バンキング要求となったのである。

　銀行による小口・零細預金者向け決済機能の提供は、規制下では社会的に保障されたシステムとして維持されていたが、規制緩和下では銀行が個別経営的視点からこのような社会的保障システムを提供する責務はない。だが、規制緩和下で消費者保護運動は社会保障システムの維持のために銀行にその代替的機能を求めた。銀行の社会的責任が社会保障システムの維持の中で問われる形になったのである。

　規制下では銀行は提供する無料の小切手勘定が社会保障システムの中に組み込まれることを含めて社会的責任を果していたが、規制緩和下では銀行の決済システムと社会保障システムは分離され、これを通じて銀行の社会的責任が問われた。これに対して銀行の側は小口・零細預金者や銀行口座をもたない人々への決済機能の提供は政府の責任であると主張した。銀行の社会的責任と政府の責任が対立することになった。

　ライフライン・バンキングは消費者保護運動からの提起で、大銀行はこの用

語を拒否したが、銀行口座をもたない人々への対処として連銀などがほぼ同義のベーシック・バンキングという小切手勘定の必要性を一定程度を認めたことから、金融革新の過程で金融アクセスが困難になった人々への統計的把握（推計）が一つの争点となり、ライフライン・バンキング、ベーシック・バンキングを求める運動も幾つかの州政府と連邦政府で具体化の要求がなされるようになった。連邦政府レベルでは下院でセント・ジャーメイン議長を中心にライフライン・バンキングへの要求がなされ、消費者保護グループはグラス＝スティーガル法の修正による銀行の証券業務進出に反対し、ライフライン・バンキングの設置を銀行による証券業務進出容認の取引条件にした[3]。

1988年の金融制度的改革法案では消費者保護グループの動向が審議経過に重要な影響を与え、ライフライン・バンキングをはじめとする消費者保護条項が法案に盛り込まれたが実現はしなかった。しかし、連邦政府レベルでもライフライン・バンキングの考えはその後部分的に取り入れられ、銀行業界においてもライフライン・バンキング、ベーシック・バンキング設置に関心は広がりつつあった[4]。

連邦政府レベルでは法律として認知されないでいたが、州政府レベルでは、マサチューセッツ州、ニューヨーク州でライフライン・バンキング勘定が定められ、現在7州で何らかの形で設置が定められている。

1990年から1999年にかけての金融制度改革法案の審議課程でライフライン・バンキングの設置は挫折したので、消費者保護の運動としては、まだ懸案の継続課題のままである。しかし、州レベルでライフライン・バンキングが普及しつつあるように、銀行口座をもたない人々への銀行の側のアプローチは一定の進展を見せている。これは決済機能を提供する銀行の社会的責任への使命の遂行というよりも、銀行口座をもたない人々への金融サービスをビジネスとする消費者向け金融機関の台頭に見られるように、金融システムの疎外者に対する金融システムへの一定の包摂化が市場メカニズムを通じて行われる条件の整備がなされつつあると見てよいであろう。

銀行の小口向け決済機能の提供は、規制下では口座維持コストを銀行内部で高額預金者などからの負担転嫁によってカバーできるが、規制緩和下では高額預金者には高い金融サービスを保障するため、銀行は小口・零細預金者に対し

ては貨幣取扱資本として口座維持＝管理手数料を徴収しようとする。銀行の決済機能という社会的な役割の前提である貨幣取扱資本としての口座維持＝管理の提供の側面が前面に押しだされてくる。金融革新は一般的流通における小切手勘定の提供について、改めて銀行の貨幣取扱資本としての側面を抽出するという銀行業務の機能分化を提示するものといってよいであろう。

4　金融革新と政府の社会的責任

　金融革新が銀行の決済機能の基礎となる貨幣取扱資本としての小切手勘定の維持＝管理業務を表出させたことで、銀行が一般的流通部門で果たしてきた決済機能の遂行という社会的責任を問う場合、銀行が規制下と同じ社会的機能を担うとすればそれを強制する社会的規制の根拠は何か、が問題となろう。
　銀行口座をもたない人々を保護＝救済することが、決済機能を特権的に保持する銀行の社会的責任であるとすれば、小切手勘定の維持＝管理コストは銀行が負担することになる。ここで根拠となるのは銀行の特殊性＝決済機能の付与という社会的特権の意義であり、その見返りに銀行が口座維持コストと一定の金融サービスを負担するということになる。
　他方、小切手勘定の維持＝管理コストはその決済機能を使用する利用者がその利便性を享受しうるために受益者負担すべきであるとすれば、利用者である顧客が負担することになる。あるいは、政府が社会保障のために社会政策として銀行に小切手勘定の開設をするとすれば、その社会保障のための口座維持コストを銀行が肩がわりするのか政府が負担するのか、ということになる。
　銀行口座をもたない人々へのライフライン・バンキング提供が、銀行の社会的責任かそれとも社会政策としての政府の責任かという議論は、1980年代半ばすぎからすでに引き起こされていた争点である。
　銀行業務の中核的役割である決済業務は、銀行制度全体の決済システムによって遂行されるが、一般的流通における小切手勘定の開設に対して銀行業務の制度的な基礎をなす貨幣取引資本業務としての維持＝管理コストを銀行が金融サービス提供の基礎部分として包摂しえなくなったことが、この争点の背景に

あった。金融革新は金利の自由化を通じて銀行業務を分解し、業務別にリスクとコストに対応して顧客を選別するという銀行マーケティングの革新を引き起こすことになったのである。したがって、顧客層の種別化＝差別化が課題となり、これまでの金融サービスでコストのかかる顧客層からの金融アクセスを容易にしない方策＝ディマーケティング手法もとられた。

　こうした動きに対応してその後、銀行業界の中で小口＝零細向け金融サービスにビジネスチャンスを求める金融機関が新たなマーケティング戦略をとることで、ライフライン・バンキング設置が徐々に普及し始めることになった。

　こうした背景の中、連邦政府の側から銀行口座をもたない人々への救済計画が打ち出された。金融革新に対応したアメリカ政府の社会政策的措置の提示である。金融革新に対する政府の社会的責任のあり方を初めて提示したものといってよいであろう。

5　ファースト・アカウントと社会政策

　金融制度改革論議の中で消費者保護が問題とされ、ライフライン・バンキングの動向に消費者保護グループが注目をしている中、金融革新の進展のもとでなお問題となっている銀行口座をもたない人々（いわゆる"unbanked"）への政府からの金融サービスの提供として、1999年5月4日にクリントン＝ゴアプラン（構想）が提起された（The Clinton＝Gore Plan for Financial Privacy and Consumer Protection in the 21st Century）。そこでは、アメリカ政府が銀行や消費者団体とともに、すべてのアメリカ国民に低コストの銀行サービスへのアクセスを拡大させることが打ち出された[5]。

　これを具体化する形で2000年1月に発表された2001年予算教書では「ファースト・アカウント」（"First Accounts"）の創出が盛り込まれて注目された。これは、財務省が銀行との協働で銀行に低い手数料の口座の提供を求め基礎的な金融サービスへのアクセスを向上させようというものであった[6]。

　これは、3000万ドルを計上して銀行口座をもたない人々を金融の主流へと導く手助けをしようとするものとされた[7]。対象としているのは約1000万の銀行

口座をもたず金融アクセスが困難な世帯である[8]。このクリントン大統領提案を受けて2000年5月18日に下院でラファルス（John J.LaFalce〔N.Y〕）が、クリントン政権の支持で「ファースト・アカウント」法案（First Accounts Act, H. R.4490）を提案した。これは銀行に低い手数料の銀行口座の提供を求め、所得の低い層の居住地域での郵便局（U.S. Post Office）の活用をはじめとして「安全で利便性のある」地域にATMを設置して金融アクセスを容易にしようとするものである[9]。この法案提出に先立って、財務長官サマーズ（Lawrence Summers）はその趣旨について、これは金融機関が低コストの銀行口座を消費者に利用しやすくさせるようにするものであると述べている[10]。

クリントンの「ファースト・アカウント」提案は、主として政府小切手を受けていない貧しい勤労者を対象とするものであったが、unbankedからunをはずそうとするこの救済計画は金融革新の影の部分の実態に即して社会政策的に金融支援を行う新たな段階の誘導策と見ることができよう[11]。

ラファルス提案[12]の法案[13]のための公聴会が開かれ[14]、消費者団体代表はそこでライフライン・バンキングを開設したニュージャージー州（1992年）、ニューヨーク州（1994年）の二つの州の役割を中心に消費者保護の歴史を回顧し、二つの州のライフライン立法の有効性を検証する。その上で規制緩和以降、銀行が手数料収入増大の政策をとっていることを指摘し、すべての銀行がニューヨーク州とニュージャージー州におけるような低コストの基礎的な小切手勘定と貯蓄勘定を提供することを勧告した[15]。消費者団体からファースト・アカウント設置に対する期待は高かった。

だが、財務省代表がこのクリントン政権の構想が銀行にも利益になると陳述したのに対して、銀行界の代表はこの構想が銀行への新たな強制になることに懸念を表明した[16]。

地域のコミュニティ銀行は何らかの形でベーシック・バンキングを提供しているので、政府の介入は不必要だというものであった。ユニバーサル・アクセスの必要性を財務省など推進派が強調するのに対して、非銀行金融機関（ノンバンク）の側は、議会が銀行に強制や補助で低所得者の顧客向けにサービスすることを期待することは非現実的だと主張する。彼らによれば、問題解決の方法のモデルはすでに存在していて、それは自分達の活動に他ならない。彼らは

銀行と協働する経験を積み、納税者にまったく、あるいはほとんど負担をかけないで、州や連邦政府の機関と結びついた作業をしている。この数年間の金融環境の変化で、小切手換金業の業務も多様化し、地域における役割も増大している。対象も低所得層から郊外市場の中間所得層へと拡大する中で業界としての整備も進み金融制度の中に編成されつつある。その意義を認めるべきだと主張するのである[17]。それ故「ファースト・アカウント」構想は、考えは正しいが、間違った計画だというのである[18]。

6 市場経済参加型の社会政策の模索

　ノンバンクの台頭や一定のライフライン・バンキングの普及が見られるとはいえ、多数の銀行口座をもたない人々の存在が、ファースト・アカウントを財務省による銀行への奨励という方策として具体化へと向かわせたが、いくつかの紆余曲折が見られた。

　議会の段階で1000万ドルから800万ドルへ、さらには200万ドルへと資金枠が大幅に削減された[19]。財務省は3000万ドルを主張していたが[20]、ブッシュ政権の誕生で計画そのものが危ぶまれる時期もあった[21]。最終的には2001年末に800万ドルの資金で「ファースト・アカウント」計画への応募が開始された[22]。2002年3月20日が締切りで、2002年5月1日の財務省の発表では約800万ドルが、3万5445人の unbanked の低所得・中所得の個人が預金保険加盟の預金金融機関に口座を開設するのを援助するのに使われる予定である[23]。

　こうして、財務省による銀行口座をもたない人々を金融システムの中に包摂する社会政策が実施に移された。金融革新が生み出した銀行口座をもたない金融弱者に対して、消費者保護として銀行の社会的責任を問うライフライン・バンキングは、社会的強制＝州政府レベルでの立法化、これをビジネス機会ととらえる地域金融機関や、これまで金融システムの枠外にいたノンバンクの台頭で金融機関の機能分化を生み出した。消費者の批判を市場の評価の一つとして包摂してゆくアメリカ型市場経済の特徴といってよいが、これを受けた形の消費者保護システムはまだできてはいない。市場機能で包摂しえていない

unbanked を金融機関を通じて社会政策的に支援する市場参加型の政府の責任がようやく開始された。この誘導を通じて銀行の社会的責任が本格化することになるのか、その興味深い出発点の位置にあるといえよう。

注
(1) グラム＝リーチ＝ブライリー法については、坂本正「グラム＝リーチ＝ブライリー法の衝撃－グラス＝スティーガル法の改正と銀行・証券・保険の統合化－」『海外事情研究』（熊本学園大学）第27巻第2号、2002年2月；同「グラム＝リーチ＝ブライリー法と金融統合－グラス＝スティーガル法の改正と証券業務－」『証券経済研究』（日本証券経済研究所）第24号、2000年3月；同「アメリカの金融制度改革と金融統合」『信用理論研究』（信用理論研究学会）第19号、2001年10月、参照。
(2) 金融排除については、福光寛『金融排除論』同文舘出版、2001年11月、参照。
(3) 1988年までのライフライン・バンキングの動向については、坂本正『金融自由化・競争化時代における郵便貯金の在り方－アメリカのライフライン・バンキングの教訓－』九州郵政局、1988年3月（未公刊）、同「ライフライン・バンキングとアメリカ金融革新の影－金利自由化と小口・零細預金者の保護問題－」『社会福祉研究所報』（熊本短期大学付属社会福祉研究所〔現：熊本学園大学付属社会福祉研究所〕）第16号、1988年4月、同「アメリカの小口預金金利の自由化と消費者保護問題」『生活経済学会会報』第7巻、1991年12月、参照。
(4) 坂本正「1988年金融制度改革とライフライン・バンキング－グローバリゼーションと銀行の社会的責任－」『熊本学園大学経済論集』第7巻第1・2合併号、2001年3月。
(5) 〈http://www.pub.whitehouse.gov/uri_res/12R?urn:pdi://oma.eop.gov.us/1999…/29.text.〉
(6) President Clinton Unveils "First Accounts"
〈http://www.whitehouse.gov/WH/New/html/20000113_2.html〉
(7) "Clinton to Use Budget to Broaden Bank Services,Civil Rights," Banking Report, Vol.74, No.4, January 24, 2000, p.135, p.138.
(8) BUDGET,Budget of United States Government,Fiscal Year 2001, p.121. これはアメリカ社会の強化策の一環として提起されたものである。また簡単には、Creation of First Accounts,Highlights of the FY2001 Budget, 参照。
(9) "Rep.LaFalce, Sen. Sarbanes Introduce Administration's 'First Accounts' Legislation," Banking Report, Vol.74, No.21, May22, 2000, p.923.
(10) "Sarbanes, LaFalce to Univeil New Legislation Implementing Clinton's 'First Account's Plan", ibid., p.868, Vol.74, No.20, May5, 2000.
なお、これに関しては、cf. "Remarks of Treasury Secretary Lawrence H.Summers to the Consumer Bankers Association Washington,DC," Treasury News, May 8, 2000.
〈http://www.treas.gov/press/releases/ps609.htm〉
(11) "Clinton plan asks your bank to help rescue the "unbanked" -but is it working," Bankrate.com. <http://www.bankrate.com/ndag/news/chk/20000314.asp>
(12) Statement of Rep.John J.LaFalce,On Introduction of the First Accounts Act of 2000(H.R.4490).〈http://www.house.gov/banking_democrats/pr_000518.htm〉
(13) 〈F:\V6\051700\051700.OF2〉

⒁　Full Committee Hearing on H.R.4490, The "First Accounts Act of 2000" June 27, 2000.〈http://www.house.gov/financialservices/62700toc.htm〉
⒂　Testimony of Edmund Mierzinski , Consumer Program Director ,U.S.PIRG (U.S.Public Interest Research Group).
〈http://www.house.gov/financialservices/62700mie.htm〉
⒃　"Banks Wary of Administration's 'First Accounts' Bill," Banking Report, pp.5-6. Vol.75, No.1, July 3,2000.
⒄　First Accounts〈http://www.fisca.org/firstaccountstestimony.htm〉；
〈http://www.fisca.org/pr18.htm〉
⒅　〈http://www.fisca.org/pr19.htm〉
⒆　〈http://thomas.loc.gov/cgi-bin/query〉
⒇　〈http://www.whitehouse.gov/omb/legislative/sap/2000/hr4871_2.html〉
(21)　〈http://www.whitehouse.gov/news/usbudget/blueprint/bud28.html〉；Statement of Hon. John J. LaFalce (D-29,NY), On the Bush Administration's FY2002 Budget, April 9, 2001.〈http://www.house.gov/lafalce/sp40901.htm〉
(22)　"Treasury Department Announces Availability of 8 Million for 'First Accounts' to Reduce Number of Unbanked Americans." January 2, 2002.
〈http://www.ustreas.gov/press/releases/po891.htm〉, cf. 〈www.treas.gov/firstaccounts〉.
　　2002年2月26日のプレス発表については、cf.〈http://www.ustreas.gov/press/releases/po1045.htm〉
(23)　"Summary of May 2002 Grant Awards."
〈http://www.ustreas.gov/firstaccounts/grantawards.html〉

第16章 起業金融とアメリカの投資銀行

川波洋一

1 問題の所在

　20世紀末のアメリカ経済では、製造業を中心とする20世紀型の産業構造から脱皮し、技術と情報を主な戦略分野とする産業構造への転換が始まった。それにつれて、旧来の規模追求型の企業形態に加えて、必ずしも大規模企業とはいえなくても、高い技術力を有する企業の競争力の強さが際立ってきた。製造業中心の大規模生産、生産性の向上と大量生産によるユニット・コストの削減、企業規模の拡大、極端な資本集中→寡占体制の確立といった20世紀型の企業体制から、新技術の開発力に基づき起業・成功または敗退の過程を繰り返す無数の企業群の集積体制への転換がニューエコノミーの時代において起こっている。情報、バイオなどの新分野では、高度な技術開発力と急激な環境変化に対する柔軟かつ機敏な対応力が求められるようになった。新分野への進出は、規模の経済性を追求するよりは技術を中心とするソフト開発力が起業成功の決め手となるので、事業規模が極端に膨らむことはない。

　とはいえ、相対的に高いリスクが伴う新規事業への進出には、リスクマネーの提供が不可欠の要件となる。そこで、新規事業の開発を金融的に支援する仕掛けが必要になる。その際、伝統的な商業銀行は、一定のリスクテイクに対して慎重にならざるをえず、ましてや新規事業による証券発行などリスク負担に耐えられるものではない。そこで、リスクマネーを組織化し、新規事業に引き込んでくる新規株式公開事業（Initial Public Offering＝IPO）が注目されるようになったのである。投資銀行業の新しい戦略分野としても、IPO事業への関与が注目されるようになった。その有力な理由の一つは、IPO事業が、投資銀行にとってきわめて有望なプロフィット・センターとしての位置づけを

うるようになったことである。すなわち、IPO事業が厚い利ざやの取得を可能にする戦略的分野として位置づけられ、実績が積み上げられてくるにつけ、投資銀行はこの業務を柱の一つにすえるようになった[1]。

先進資本主義国における製造業中心の大企業体制に加えて、新技術の開発力を中心とする小規模企業の設立（起業体制の確立）が目立ってくると、金融システムにもそれに対応した変革が起こらざるをえない。すなわち、製造業が新興経済圏にシフトし、情報・金融・新技術開発などサービス産業が先進国に集積する国際分業が進展してくると、先進国では新技術の開発に基づく起業をサポートし、定着させる成長金融システムを構築しなければならない。

本論では、このような視点に立って、製造業依存の20世紀型経済発展からソフト開発とナレッジ・ベースの経済成長を目指す21世紀型経済への転換のために、金融システムが備えなければならない要件を探る。その際、新事業の創生と投資銀行によるIPO業務への積極的進出が顕著であった20世紀末のアメリカに焦点を当てる。

2 起業金融と投資銀行のIPO業務

(1) IPOの機能と特徴

この課題を追究するにあたり、まず企業金融の中核を担う投資銀行のIPO業務に焦点を当てる。IPO（Initial Public Offering）とは、企業が新規に資本市場に参入し、一般投資家に対して株式を公開することあるいは公募増資を行うことである。IPOの成否においては、投資銀行の役割が決定的に重要である。投資銀行は、株式公開にあたり、①公開企業に対する手続き上の助言およびフィナンシャル・アドバイスの提供、②発行証券を買い取り（その際、証券買い取りと再販売に参加する引受シンジケート団を組織し、運営する）、③最終的にそれを一般投資家に販売する、という三つの重要な役割を果たす[2]。

公開企業の発行株式数が多い場合は、引受、発行に際して引受シンジケート団が組織される。引受シンジケート団のメンバー名は、設立趣意書に盛り込ま

れるとともに、新聞などのメディアに掲載される墓石広告（a tombstone advertisement）で明示される。幹事銀行は、スプレッドの約20％を手にし、さらに25％がシンジケート団メンバーに支払われる。残りの55％は「販売力（the sales force）」を提供した当の企業の手に入る[3]。

発行がもし失敗に終われば、引受業者は株式を市場で買い戻すことによって価格を支えることが許されている。しかし、もし売出価格以上の価格で発行分を売りさばくことができなければシンジケート団は解散し、メンバーはできるかぎりの方法でその証券を処分しなければならない。IPOのように、企業が初めて市場に現れるような場合には、引受業者は、企業情報が公正に公開され、企業の成長力、将来性、収益力を吟味した上でなければ公開を引き受けない。逆に名声ある投資銀行に引受を認められることは、一種のお墨付きを得たことになる。投資銀行がこうした引受業務を成功させるためには、豊富な経験、確立された名声、金融的ネットワークの形成能力が必要になる。特に、株式市場の動きが激しい場合には、アンダーライティングは大きな危険を伴う業務となる。このような役割に対して、引受業者は、投資家に対してオファーされた価格よりも低い価格で公開株式を購入することができる。引受業者は、その差額（スプレッド）を報酬として受け取る。

(2) アメリカのIPO市場と投資銀行の機能

新規株式公開または公募増資としてのIPOそれ自体は、どのような企業においても行われることである。だが、IPOの積極的な活用は、ベンチャー企業において最も典型的な形で行われる。ベンチャー企業は起業それ自体または企業活動の拡大を支えるための資金調達ニーズが極めて強く、一定期間（最長5年程度）にわたるリスク・キャピタルの提供を必要とする。ベンチャー企業は、IPOを長期的な資金調達計画の中に組み入れ、この5年の期間にわたる事業計画を複数のベンチャー・キャピタルに呈示し、リスク・キャピタルの供給を仰ぐことになる。ベンチャー・キャピタル側からすれば、企業の長期資金調達計画の中にIPOが組み込まれていることが投資先決定の重要な判断基準になる。ベンチャー・キャピタルにとっては、株式公開が投資資金回収の手段として重要な意味をもつからである。

ベンチャー企業は、通常、高い成長可能性や収益性をはらむ反面、事業リスクは高く、安定的なキャッシュフローの確認・確保が困難、確実な担保の提供が見込めないなどの難点をもつ。このような企業に対するファイナンス（リスクマネーの提供）は、どのような理論で説明することができるであろうか。あるいは、高い成長可能性と高リスクが背中合わせの関係にあるベンチャー企業への資金流入を可能にする金融システムの特質とはどのようなものであろうか。ベンチャー企業におけるこの二律背反する要因を、互いに矛盾する関係としてではなく、共存しうる要因として位置づけるためには、金融システムによるサポートが不可欠である。結論を先取りすれば、ベンチャー企業には新技術に基づく高い成長の可能性があるので、それをできるだけ精確に評価しうる機能が金融システムに備わっていれば、新規事業へのファイナンスという金融的便宜を与えることが可能になってくるのである。すなわち、ベンチャー企業へのファイナンスを支える柱は、まず新技術に対する情報収集と洗練された評価技術の確保でしかありえないということである。

　IPO 後の企業は、資本市場に受け入れられ、また高い評価を受けるように、投資家利益（配当＋キャピタルゲイン）の最大化（＝株式価値の最大化）を実現するように事業計画・事業編成を組み立てなければならない。このような観点から資本の有効活用を実現できるような経営を目指すことが重要となる。エンジェルやベンチャー・キャピタルといった既存投資家にとっては、公開によって保有株式に流動性が与えられ、売却益が発生すればリスクマネーの回収を実現することができる。その意味で IPO の実現は、既存投資家にとって極めて重要な意義をもつことになる。また、IPO を通じて、当該企業の株式が公開市場で取引され、かつ企業情報が開示されるようになることによって、小口投資家であろうが大口の機関投資家であろうが、公開前よりは広範な投資家を引きつけることができるようになる。その意味でも、IPO 市場の活性化と流通市場の円滑な機能という金融システムの機能は、ベンチャー企業の自立にとって重要な意味をもち、逆に企業の成長が IPO 市場や流通市場の発展にとって基礎的な意味合いをもつのである。

3 アメリカの投資銀行とIPO

(1) IPO業務における投資銀行の競争力

　アメリカの金融システムにおいて、投資銀行によるIPO業務は魅力的であると同時に[4]、高度に競争的な市場となっている。IPO業務における競争力は、名声、プレースメント能力、アンダープライシング能力にかかっている。これら各要素は、ある基本的な金融能力から発生する。まず、投資銀行の名声は、プレースメント能力やアンダープライシング能力といった具体的な業務遂行能力のほか、経営者の資質や系列投資銀行を含むネットワーク組織に基づく過去の実績や歴史によって既に確立している。このいわばブランド力も、その源泉は、投資銀行の引受、販売・プレースメント能力に基づく過去の営業実績にある。その意味で、名声という要素は、投資銀行の引受、販売・プレースメント能力という要素に還元して捉えることができる。また、アンダープライシング能力にしても、調査の結果割り出された価格を下回る売り出し価格をオファーして販売ルートを広げるとともに、十分なスプレッドを確保する能力と捉えれば、これもいわば投資銀行の販売ネットワークの確立、プレースメント能力に関わっている。その意味で、アンダープライシング能力も、販売・プレースメント能力に依存するということができる。いわば、名声もアンダープライシング能力も、投資銀行の引受、販売・プレースメント能力に支えられて初めて確立される能力である。こうした、引受、販売・プレースメント能力を決定づける要素は、同時に債券の引受など伝統的な投資銀行業務の根幹にある能力である。それは、基本的に、投資銀行の情報生産・分析・評価能力によって基礎づけられている。いわば、IPO業務における競争力も、伝統的な投資銀行業務と共通の能力によって決定づけられているのである。

(2) IPO業務とアメリカ金融システムの特質

　IPO市場において興味深いのは、引受ランキングにおいて、メリル・リンチ、サロモン・スミス・バーニー、モルガン・スタンレー・ディーン・ウィッ

ター、ゴールドマン・サックス、レーマン・ブラザーズ、JPモルガン、クレディ・スイス・ファースト・ボストンといった常連が上位を占めていることである（**表1**を参照）。これら米系の投資銀行は、IPOに限らず、通常の債券・株式の引受、M&Aのアドバイザリー業務においても、また米国市場だけではなく国際資本市場あるいは欧州市場においても、その実績においてランキングの上位に入っている。なぜ、アメリカの投資銀行は債券引受やM&Aのアドバイザリー業務、トレーディング業務のほか、IPO業務においても高い競争力を発揮することができるのであろうか。この問題を考えるにあたって重要なのは、IPOとベンチャー企業の育成を支える装置は投資銀行だけではないということである。アメリカ的金融システムの特質のいくつかが、IPO市場の拡大と投資銀行の活発な機能を支える基盤をなしている。

第1に、引受企業と監督当局（証券取引委員会＝SEC）によるスクリーニングが企業のディスクロージャーを促進する点が重要である。このことは、徹底したデューディリジェンスの実行を可能にする。

第2に、一般会計基準（GAAP）に基づく財務諸表の作成・提出、経営方針や経営成績に関する報告、リスク要因に関する詳細な記載の要求、そのほか年次報告、四半期報告、臨時報告の提出等に見られるようにきめ細かく、質の高いディスクロージャーが実践される。

第3に、市場における徹底的な淘汰メカニズムが作用していることが重要である。当該企業の株価指数と市場平均株価指数の対比が行われ、成功企業に関しては、株価上昇期に前者が後者を上回るとともに、下落時にも前者が後者を下回るかたちで下落し、市場の優勝劣敗が冷徹に貫徹するメカニズムが作用している。

第4に、公開後の資本効率・収益率の動向が、企業価値評価を決定づけている。企業は絶え間ない資本効率・収益率改善を強いられる。これが実現できない場合は、市場からの撤退を余儀なくされる。このような厳密な評価と冷徹な市場メカニズムの貫徹こそがIPO市場育成の重要な鍵となっている。

では、このような特質をもった金融システムがアメリカで形成されてきたのはなぜなのであろうか。結論を先取りすれば、アメリカでは、歴史的にも制度的にも、情報生産における徹底した透明性・客観性の維持が追求・強化・推進

表1 新規株式公開引受（IPO）ランキング：グローバル・ベース

1996年

主幹事行	ランキング	金額（百万ドル）	市場シェア（％）	件数
ゴールドマンサックス	1	9,888	19.8	51
メリルリンチ	4	3,624	7.2	38
モルガンスタンレーDW	2	7,235	14.5	47
CSファーストボストン	8	1,906	3.8	14
JPモルガン	11	1,003	2.0	13
ドナルドソン・ラフキン・ジェンレット	5	2,497	5.0	29
サロモン・スミス・バーニー	3	4,634	9.3	52
フリードマン・ビリングス・ラムゼー	22	327	0.7	13
レーマン・ブラザーズ	7	2,415	4.8	29
ネーションズバンク	9	1,303	2.6	34
ベアスターンズ	13	846	1.7	14
バンカーズトラスト	6	2,472	4.9	51
プルデンシャル証券	20	377	0.8	7

1997年

主幹事行	ランキング	金額（百万ドル）	市場シェア（％）	件数
ゴールドマンサックス	1	6,784	15.4	39
メリルリンチ	2	5,684	12.9	39
モルガンスタンレーDW	3	5,329	12.1	42
CSファーストボストン	4	2,431	5.5	19
JPモルガン	5	2,332	5.3	9
ドナルドソン・ラフキン・ジェンレット	6	2,162	4.9	25
サロモン・スミス・バーニー	7	2,031	4.6	31
フリードマン・ビリングス・ラムゼー	8	1,900	4.3	11
レーマン・ブラザーズ	9	1,675	3.8	22
ネーションズバンク	10	1,317	3.0	32
ベアスターンズ	11	1,295	2.9	10
バンカーズトラスト	12	1,206	2.7	24
プルデンシャル証券	13	979	2.2	12

1998年

主幹事行	ランキング	金額（百万ドル）	市場シェア（％）	件数
ゴールドマンサックス	4	3,419	7.8	26
モルガンスタンレーDW	2	9,456	21.6	24
メリルリンチ	1	9,596	22.0	30
CSファーストボストン	5	1,900	4.4	15
ドナルドソン・ラフキン・ジェンレット	8	1,610	3.7	16
サロモン・スミス・バーニー	3	3,459	7.9	26
レーマン・ブラザーズ	14	792	1.8	7
JPモルガン	11	983	2.3	4
フリートボストン	16	593	1.4	14
ドイチェバンク	9	1,261	2.9	23
ベアスターンズ	10	1,127	2.6	17
チェースマンハッタン	17	414	1.0	9
ウォーバーグ・ディロンリード	13	813	1.9	2

（注）1996年の主幹事行は、1997年のランキング1～13位の主幹事行に対応する。同様に、1998年は1999年の1～13位、2000年は2001年のランキング1～13位の主幹事行に対応する。

（出所）*Investment Dealer's Digest* 1998年1月号（1996～1997年分）、2000年1月号（1998～1999年分）、2002年1月号（2000～2001年分）より。

1999年

主幹事行	ランキング	金額 (百万ドル)	市場シェア (％)	件数
ゴールドマンサックス	1	14,638	20.5	54
メリルリンチ	2	13,968	19.6	49
モルガンスタンレーDW	3	8,408	11.8	50
CSファーストボストン	4	5,913	8.3	59
JPモルガン	5	3,892	5.5	39
ドナルドソン・ラフキン・ジェンレット	6	3,717	5.2	30
サロモン・スミス・バーニー	7	2,906	4.1	32
フリードマン・ビリングス・ラムゼー	8	2,786	3.9	10
レーマン・ブラザーズ	9	2,696	3.8	45
ネーションズバンク	10	2,128	3.0	28
ベアスターンズ	11	2,087	2.9	26
バンカーズトラスト	12	1,277	1.8	23
プルデンシャル証券	13	1,176	1.7	7

2000年

主幹事行	ランキング	金額 (百万ドル)	市場シェア (％)	件数
モルガンスタンレーDW	2	13,475	16.6	58
CSファーストボストン	3	9,118	11.3	78
サロモン・スミス・バーニー	4	8,845	10.9	49
ゴールドマンサックス	1	17,081	21.1	71
DKワッサースタイン	13	1,040	1.3	11
メリルリンチ	5	6,196	7.7	41
ソシエテ・ジェネラル	20	421	0.5	6
UBSウォーバーグ	8	2,225	2.7	19
レーマン・ブラザーズ	10	1,917	2.4	25
ドイチェ・バンク	6	3,988	4.9	36
バンク・オブ・チャイナ	―	―	―	―
ビッカーズ・バラス	―	―	―	―
ベアスターンズ	16	556	0.7	3

2001年

主幹事行	ランキング	金額 (百万ドル)	市場シェア (％)	件数
モルガンスタンレーDW	1	10,645	27.8	13
CSファーストボストン	2	6,437	16.8	25
サロモン・スミス・バーニー	3	5,845	15.3	14
ゴールドマンサックス	4	1,633	13.3	18
DKワッサースタイン	5	1,596	4.3	6
メリルリンチ	6	1,395	4.2	25
ソシエテ・ジェネラル	7	1,272	3.6	5
UBSウォーバーグ	8	1,132	3.3	8
レーマン・ブラザーズ	9	715	3.0	11
ドイチェ・バンク	10	421	1.9	7
バンク・オブ・チャイナ	11	262	1.1	4
ビッカーズ・バラス	12	179	0.7	3
ベアスターンズ	13	154	0.5	1

されてきたという点が重要である。アメリカでは、後発の資本主義国であったというその歴史的性格のために、いきなり重工業から資本主義化が始まり、比較的早い時期から証券市場と証券発行によるファイナンスの手段が発達した。同時に商業銀行は早い時期から長期貸付に乗り出した。商業銀行による長期貸付は、本来ハイリスク化を意味するので、適切な債権の保全を物的担保に依存するのではなく、借り手の返済能力を徹底的な情報収集・分析によって行うという方法がとられた。商業銀行における情報生産の始原である。アメリカでは、20世紀を通じて、クレジット・デパートメント、パーソナル・ローン・デパートメント、個人情報の収集・分析、小売信用調査機関（credit bureau）、格付け、アナリストの養成といった信用情報生産・分析の主要な機構が組み込まれていった。信用情報収集・分析の機能が発達することは、銀行貸付あるいは企業による証券発行が、必ずしも物的資産に基づくのではなく、資金調達主体の収益力→キャッシュフローに依存することを意味する。アメリカの金融システムの下では、このキャッシュフローの自立化がいち早く進み、それをベースに資金調達が行われる体制が出来上がった。キャッシュフローの自立化は、銀行貸付と証券発行の分野でそれぞれ独自に進展し、両分野間に連結の経路が存在することはなかった。だが、管理通貨制度へと移行し、銀行信用の自律的拡張が大々的に進行するようになると、両分野における負債創造と収益力担保化との間に連結の経路がつくられてくる。この経路は、現実には、貸付債権の流動化を通じて長期貸付の基礎になっていたキャッシュフローが証券化におけるキャッシュフローに組み換えられるというかたちで開かれることになった。

　先述したように徹底したスクリーニングやデューディリジェンスの実行、ディスクロージャーによる透明性の維持、市場による評価と淘汰メカニズムの貫徹といった金融システムのアメリカ的特質は、IPO業務という起業金融を支える重要な柱である。こうした金融システムの諸特質こそ、情報生産とキャッシュフローの重視というアメリカ的金融慣行の形成過程で練り上げられてきた諸要素に他ならない。

4 むすびにかえて──ニューエコノミーと起業金融

　ベンチャー企業の創生と投資銀行によるIPO業務の盛行には、グローバリゼーションと情報技術革新という背景があった。通信手段やマイクロプロセッサーの技術革新によって、欧米の高コスト地域から世界中の低コスト地域（とりわけアジア）への経済活動の移転が必要になった。生産の拠点は、高賃金国・高コスト国から、低コスト地域に移っていかざるをえなかった。片や、1980年代～1990年代においては、生産性向上の鍵を握る要素は物的資産から情報技術や知的生産にシフトしていくというかたちで資本主義経済の質的変化が起きた。新規の小企業の役割がますます重要度を高めているということである。このことは、比較優位の源泉は資本と労働の大量投下を可能にする巨大企業にではなく、知識を財産とする企業に移っていく過程が始まったことを意味する。いわゆる、ナレッジ・ベース・エコノミーへの転換である[5]。これは必ずしも、巨大企業のみが支配する世界ではない。企業規模ではなく、高度な技術とソフト開発力が決定的に重要な意味をもつ。すなわち、医療や情報など高度技術が比較優位の決定力をもつ段階が現れ、そこにベンチャー企業の創生と投資銀行によるIPO業務という側面からの支援が与えられて展開したのが1990年代のニューエコノミーである。その意味で、アメリカ投資銀行のIPO業務の展開は、情報生産・分析機能の発達という金融システムの特質とニューエコノミー下の「起業経済」の創生という事態の下で生じた一つの歴史的事象である。

注
(1)　Cf., Richard A. Brealey, Stewart C. Myers, *Principles of Corporate Finance*, Blackwell, 2002. p. 407.
(2)　この意味で、投資銀行は、株式公開にあたって、いわば「助産婦（midwives）」の役割を果たすといわれている。Cf., Brealey, R.A. and S. C. Myers, *op. cit.*, p.410.
(3)　成功した企業は、株式公開を行うか、公開せず非上場のままで営業活動を続けるかを選択することができる。株式公開には、資金調達力の向上、経営体質強化、発行株式価額の上昇による保有資産の増大、企業知名度・信用度の上昇といったメリットがあると同時に、公開失敗のリスク、株式公開に伴うコスト負担（管理費用、引受費用等）、ディスクロージャーの義務付け、投機的株取引や買占め・乗っ取りの危険度上昇といった負担・リスクも存在する。武田洋子・藤原文也「米国におけるIPO市場の特徴について」『日本銀行調査

月報』1999年3月29日号。そのほか、証券の売出価格をその本来の価格より低めに設定するいわゆるアンダープライシングも発行企業にとっては費用として認識される。シンジケート団におけるスプレッドの配分に関しては、cf., Torstila, Sami. 'The Distribution of Fees within the IPO Syndicate,' *Financial Management*, Vol. 30(4), 2001, pp. 25-41.

(4) アメリカのIPO市場における平均的なスプレッド率は7％といわれている。このような破格の収益確保が可能な理由を説明する理論は二つある。一つは、IPO業務を担当する業者（この場合は投資銀行）間に一種のカルテルがあって、業者間の談合によって引き受けられるので、高い収益確保が可能だという考えである。もう一つは、7％という利ざやは、競争力のある業者が勝ち残った結果として実現可能なものであって、市場の効率性の証左だとするものである。7％スプレッドの存在は、談合が行われているとする説よりは、発行市場における競争を通じて成立していると考える方が合理的に説明しやすいというのが、ハンセンの説である。Cf., Hansen, R.S., 'Do investment banks compete in IPOs？: the advent of the "7% plus contract" ', *Journal of Financial Economics*, 59 (2001), pp.313-46.

(5) Cf., David B. Audretsch and A. Roy Thurik, 'What's New about the New Economy? Sources of Growth in the Managed and Entrepreneurial Economies', *Industrial and Corporate Change*, Vol.10, No.1, 2001, pp.306-09. AudretschとThurikは、1990年代に「管理経済（managed economy）」から「起業経済（entrepreneurial economy）」への転換という重大な変化が起きていると見る。彼らが重視するのは、ナレッジ（知識）の集積と摩擦による新規事業の創生能力である。それは必ずしも大企業ではなく、小規模企業によって十分な競争力をもつものなのである。

付記

本論文は、平成14－16年度文部科学省科学研究費基盤研究(C)(2)〔課題番号14530112〕「国際資本移動拡大下の金融業・金融システムの国際間競争と国際的調和に関する研究」による研究成果の一部である。

第17章 アメリカの信用組合

数阪孝志

　1990年代に日本で進展した本格的な金融再編のプロセスの中で、特に信用組合の整理淘汰が急速に進んだことが大きな特徴となっている。信用組合数は10年間で30％減少したが、その原因のうち多くが経営破綻に関連した吸収・合併であった。このような事情を背景に、規模の小さな地域金融機関である信用組合は、競争的な金融環境の下では経営効率が悪く、多くは生き残れないという考え方が出てきている。確かに、これまでの日本の信用組合の実情は厳しいものであるが、果たしてまったく顧客の金融ニーズに対応できず、金融機関としての存在意義を失ったと考えられるであろうか。信用組合は、地域金融、中小企業金融の分野でこれまで一定の役割を果たしてきており、その「消滅」はこれらの分野に大きな影響を与えている。日本の金融再編が本当の意味で成功するための条件の一つとして、地域金融・中小企業金融の再構築が必須であるが、信用組合は重要なプレーヤーとしてその一翼を担うことが期待されている。実は、競争的金融環境の「手本」とみられるアメリカでは、信用組合は特徴のある預金取扱金融機関として、一定の役割を果たしている。その特徴とは何か、日米における信用組合の相違点はどこにあるのか、この点を探ることは協同組織金融機関のあり方を考える上で参考になるであろう。

1　アメリカの預金取扱金融機関

　ここでは、アメリカの信用組合が金融機関全体の中でどのような位置づけを占めているのかをあらかじめ知るために、日米における預金取扱金融機関の構成について概観してみよう。

第1に、日米では金融機関全体の中における預金取扱金融機関の占める位置づけが異なる点に注意する必要がある。日本銀行が公表している『資金循環の日米比較：2002年1Q』によると、中央銀行を除く金融仲介機関全体の資産額の内訳は、2002年3月末で、日本では預金取扱金融機関が51.9％を占め、保険・年金基金は15.8％、その他金融仲介機関は32.3％である。一方、アメリカでは、おのおの22.9％、27.9％、49.2％となっており、大きな違いがある[1]。

日本では預金取扱金融機関が金融機関全体の資産額の半分以上を占めており、金融機関のいわば中心に位置しているのに対し、アメリカではノンバンクの各種金融機関が大きな位置を占め、預金取扱金融機関は小さな存在に甘んじている。このような日本の特徴は、家計の資産保有行動が低リスク・安定指向型であること、間接金融主導型の金融システムが強力に作動し、預貯金以外のタイプの金融商品・金融市場が未発達であったことなど、歴史的・構造的な要因に起因する面が強い。

反面、アメリカの構造は決して固定的なものではなく、歴史的に見た場合には銀行が金融機関の中で高いウエイトを占めていた時代もあったが、第2次大戦後各種金融機関が発展するのに対し銀行等は相対的に成長が遅れ、アメリカにおいては銀行業は衰退産業であるという議論が出るほどにまでなった。ここでは、その事情を詳しく検討することはせず、預金取扱金融機関が果たす機能の面では日米で大きな差がないにもかかわらず、量的な側面から見た経済上の位置づけは各国によって異なるものであることを確認するにとどめる。

第2に、預金取扱金融機関の内訳、すなわち業態別の構造であるが、この点でも日米には大きな相違点がある。日本では、多くの業態の預金取扱金融機関が活動している。民間金融機関のうち株式会社組織の銀行は、都市銀行・長期信用銀行・信託銀行・地方銀行・第二地銀の5業態に分かれ、おのおの特徴をもっている。協同組織金融機関では、信用金庫・信用組合・農協・漁協・労働金庫があり、中小企業金融・地域金融の分野で大きな役割を果たしている。また、政府系金融機関として郵便貯金は、預貯金取扱高の面で大きなウエイトを占めている。日本では預金取扱機関の中で公的機関の比重が高いのも特徴となっている。

日本銀行が公表している『資金循環勘定』によると、2002年3月末時点で預

金取扱金融機関の資産合計は1496兆円に達する。そこには郵便貯金（299兆円、預金取扱機関の資産合計のうち20.0％）も含まれているが、最も高い比重を占めているのは国内銀行であり、49.4％に達している[2]。信用組合は、破綻信用組合を除く204組合ベースでは、わずか1.0％を占めるにとどまり、全信用組合にさらに全国信用協同組合連合会を加えた場合でも1.4％程度である。近年、信用組合は業態として経営状態が悪化し、多数の破綻組合を出し、計数的に大きく後退しており、預金取扱機関全体の中での比重は小さなものとなっている。なお、中小企業金融機関等に農林水産金融機関を加えた非株式会社・協同組織金融機関の合計では、預金取扱機関全体の25.1％に達する[3]。

一方、アメリカでは、預金取扱金融機関には大きくわけて商業銀行、貯蓄金融機関、信用組合がある。FRBのフロー・オブ・ファンズ（*Flow of Funds Accounts of the United States*）によると、2002年3月末で商業銀行の資産合計は6兆8175億ドル（預金取扱金融機関の中でのシェア78.6％）、貯蓄金融機関は1兆3182億ドル（15.2％）、信用組合は5328億ドル（6.1％）である[4]。アメリカでは預金取扱金融機関の中では商業銀行のウエイトが圧倒的であるが、信用組合も一定の割合を占めている。

特に、信用組合は個人向け業務を中心としており、この分野で一定の市場シェアを確保している。2001年末時点の残高ベースで個人貯蓄のうちでは信用組合は8.8％を吸収しており（商業銀行54.8％、貯蓄金融機関13.0％）、融資面では割賦信用の分野で全米の11.2％を占めている（商業銀行32.9％、証券化資産プール33.9％、ファイナンスカンパニー13.9％）[5]。

なお、貯蓄金融機関（thrift）には貯蓄銀行、貯蓄貸付組合（S&L）が含まれる。貯蓄貸付組合は小口の不動産貸付を専門とする金融機関であったが、1980年代に経営不安定と不正によって大量の経営破綻を出し、1980年代末に特別の整理機関であるRTC（整理信託公社）によって大量の公的資金を投入することにより整理されたことによって、わが国でも広く紹介された金融機関である。貯蓄銀行は従来相互貯蓄銀行と呼ばれてきたものであり、両者ともに名称では株式会社組織と異なる相互組織・組合組織（association）となっているが、実態は早くから株式会社組織のものが現れ、特に1982年のガーン・セントジャーメイン法によって連邦レベルで貯蓄金融機関に株式会社組織が認めら

れてから、資金調達の面などメリットを求めて株式会社へ転換する機関が増大した[6]。株式会社組織であるから、買収や合併が銀行と同様に行われ、また持株会社形式の機関も存在している。FDIC や FRB の統計では両者はまとめて貯蓄金融機関とされており、2001年末で1533機関が営業している。これはS＆Lの大量破綻が起こる前の1980年代半ばの3600台に比べると4割強の組織数となっている。

以上のように、日米を比較してみると、協同組織金融機関については質（種類）・量ともに日本の方が発達しているようにみえる。ただし、アメリカにおいても協同組織金融機関は預金取扱金融機関の中で一定の地位を占めているだけでなく、アメリカ人の生活の中に深く根付いているといえる。それはここで中心テーマとして取り上げる信用組合が、アメリカの預金取扱金融機関の中でも商業銀行や貯蓄金融機関とも異なった特徴のあるスタイルで営業しているからである。

2　信用組合の組織構造

すでに述べたように、アメリカでは相互組織・組合組織の預金取扱金融機関が存在するが、株式会社組織のものが混在するなど多様な組織形態を持っている。それに対し、信用組合は、純粋に組合員をベースとし、狭い範囲で相互扶助的な金融ニーズに応える金融機関として、経営している点が最大の特徴といえる。歴史的に法整備が行われ各地に信用組合が設立されたのは20世紀初頭以降であるが、特に第2次大戦後の経済成長、企業活動の発展を背景として発達し、1960年代末には全米で2万3000を超える信用組合が組織されるまでになった。以後組織数は減少傾向を示し、2001年末には1万355組合となっている。

アメリカの信用組合の特徴は、第1に、組合員からの出資と組合員への貸付を中心的な業務とする相互扶助的な組織という点にある。信用組合は非営利組織であり、組合員は組合の経営方針を決定する無給（ボランティア）の役員（**officers and directors**）を選出する権限を有している。なお、役員は組合員でなければならないとされている。組合員は出資額等に関わらず1人1票の投

票権を持ち、同等の発言権を有している。

　日本の信用組合の場合には、協同組織金融機関という性格は共通であるものの、組合員の性格、あるいは営業スタイルから三つの種類に分かれている。それは、地域型信用組合、業域型信用組合、職域型信用組合である。地域型は「限られた地域の中の中小企業や住民のためにつくられたもので、その営業地域は広いもので県下一円で、大部分の信用組合は、もっと狭い地域で営業を行ってい」るタイプの信用組合、業域型は「同じ業種の人たちが集まってつくった信用組合で、医師、歯科医師、青果市場、魚市場、皮革、食品などの信用組合」、また職域型は「官公庁、会社、工場などの職場に勤務する人たちがつくった信用組合で、都県庁職員、市職員、会社職員（社員）などの信用組合」[7]がある。とはいえ、日本では2001年末の全国261組合のうち、地域型は196組合と組織数で75.1％を占め、預金積金では89.7％、貸出金では93.7％と圧倒的なシェアを占めており、通常信用組合というと地域型の信用組合を思い浮かべる。

　それに対し、アメリカの信用組合は、組合員の性格別構成からタイプを分類すると、日本の場合とは大きく異なっている。CUNA（全米信用組合協会）の資料によると、職場を単位として組織されている信用組合（occupational）が40.9％と最も多い。各種製造業の工場を単位とするもの、サービス業の事業所を単位とするもの、公務員、軍関係、学校・教育関係、公益事業などを単位とするものなどが含まれている。日本の場合の職域型に相当するといえる。ついで、複合的な組合員から構成されるタイプの信用組合（multiple group）が35.3％を占めている。これは、主に製造業やサービス業、あるいは公務員・軍関係の複数の職場を基礎として組織されているもので、日本では業域型に相当するといえよう。また、各種団体や教会などを基礎に組織されているタイプ（associational）の信用組合が10.2％を占めている。これらに対し、地域型の信用組合（residential）は11.3％にとどまる[8]。つまり、アメリカの信用組合は日本でいう職域型・業域型が中心であり、日本とは逆に信用組合といえばそのような特定の単位を基礎とする金融機関と通常考えられている。また、地域型の場合も、コミュニティを基礎に組織されているケースが中心で、日本での空間的な営業エリアよりははるかに狭い範囲の地域を単位としている。

　このような組織上の基本的な性格から、アメリカの信用組合は全米に小規模

な金融機関として数多く分布しているという第2の特徴を持つことになる。

　2001年末時点で、全米1万355組合の組合員数は総計で8159万人に上る。信用組合には、設立根拠法によって州法に基づく組合と連邦法に基づく組合の2種類があり、州法組合が4237組合（信用組合全体の中で40.9％）、3777万組合員（46.3％）、資産2446億ドル（47.5％）、連邦法組合が6118組合（59.1％）、4381万組合員（53.7％）、資産2701億ドル（52.5％）である。長期的にみると信用組合数は1969年末にピークに達するが、その時点で州法組合と連邦法組合は、組織数でみるとおのおの45.9％、54.1％を占めており、組合員数で47.8％と52.2％、資産額で50.9％と49.1％であった[9]。このことからすると、この30年間で州法組合のほうがより早いペースで組織数が減少し、組合員数と資産額の拡大ではよりペースが遅いということになるが、30年以上という長期間を考えるとその変化はきわめて緩慢であるといえる。

　むしろ両タイプの信用組合の差は、地域的な分布によく現れている。全米50州のうち連邦法組合はどの州にも存在するが、州法組合がない州が4州（アーカンソー州、デラウエア州、サウスダコタ州、ワイオミング州）ある。反対に、州法組合が182組合に対し、連邦法組合が州内にわずか2組合しかないアイオワ州や、州法組合363に対し、連邦法組合3というウイスコンシン州のように、州内はほとんど州法組合であるという州もある。

　アーカンソー州では1980年代以降州法組合が衰退の一途をたどり、とうとう2001年になり州内で州法組合が消滅したという事情であるが、デラウエア州、サウスダコタ州、ワイオミング州ではそもそも州法組合が存在せず、アイオワ州、ウイスコンシン州でも第2次大戦期以前より長期にわたり連邦法組合が増えないなど、各州の信用組合発達の歴史的事情や州法の規定などによって地域的な格差が現れている。

　すでにみたように、アメリカの信用組合は業域・職域を単位とするものが中心であり、そのことから人口分布や産業・事業所の分布と強い関係があり、アメリカの50州およびワシントンDCすべての地域に信用組合が存在している。それに対して日本の場合には、現在、信用組合の空白県が複数存在している。歴史的な沿革をたどり信用金庫と信用組合はもともと起源が同じであるということまで考えた場合には、全県に協同組織金融機関が存在しているとはいえる

が、その分布には濃淡があることは否めない。

　信用組合の組合員は8159万人にも上るが、この数は全米の人口の28.3％に相当する。つまり、アメリカ人の4人に1人以上が信用組合に加入している計算になり、信用組合がいかにアメリカの生活の中に根付いているかを示している。特に、アラスカ州、ヴァージニア州では人口の60％以上、ハワイ州、ユタ州では50％以上、メーン州、ミシガン州では40％以上に達しており、地域における個人の資金ニーズを満たす重要な役割を果たしている。なお、ワシントンDCでは人口比104.2％と人口を上回る組合員数が記録されている。これは、ワシントンDCに各種機関が集中し、非農業従事者数が居住人口を上回るという特別な事情を背景としている。

　日本の信用組合の場合には、2001年末時点で、全国261組合の組合員数合計は403万人に達している。これには、その時点で経営破綻状態にあり最終処理を待つ段階の信用組合をも含んだ数値であるが、人口の3％台にすぎない。信用金庫の会員数902万人を加えたとしても、ようやく人口の1割に達する水準であり、この点からもアメリカの信用組合がいかに広く浸透しているかをうかがうことができる。

　このような違いは、すでに触れた点であるが、アメリカの信用組合が基本的には地域型の金融機関ではなく、職場・職域・団体等の人間関係を基礎として組織されており、その点で他の預金取扱金融機関である商業銀行や貯蓄金融機関と顧客層をめぐる直接の競合関係にたつ性格にはないことが大きく影響していると考えることができる。一方で日本の信用組合の大部分は地域展開型預金取扱金融機関であり、信用金庫はもちろん地域金融業務を展開している銀行とも性格上重なる部分が多く、どうしても銀行取引等で弱い立場にある中小企業者だけを基盤とする傾向があるために、アメリカに比べれば狭い範囲を対象としていることになる。

　アメリカの信用組合は、その基盤の性格上、小規模な単位で組織されるものが圧倒的であり、小規模銀行であるいわゆるコミュニティバンクに比べても規模の小ささが特徴となっている。信用組合の資産規模別分布をみると、200万ドルから5000万ドルの間の層に集中しており、その範囲に全体の61％の信用組合が分布している。5000万ドル未満の資産規模で累積83.1％、1億ドル未満で

表1 信用組合の資産規模別分布（2001年末）

(単位：％、100万ドル)

	組合数			資産額		
		構成比	増減率		構成比	増減率
20万ドル未満	267	2.6	−12.2	32	0.0	−12.9
20〜50万ドル	466	4.5	−13.9	161	0.0	−14.4
50〜100万ドル	659	6.4	−11.5	488	0.1	−11.4
100〜200万ドル	897	8.7	−10.4	1,321	0.3	−10.3
200〜500万ドル	1,658	16.0	−9.1	5,597	1.1	−8.2
500〜1000万ドル	1,595	15.4	−3.2	11,523	2.2	−2.0
1000〜2000万ドル	1,451	14.0	−0.3	20,724	4.0	−0.2
2000〜5000万ドル	1,613	15.6	4.5	51,940	10.1	5.9
5000万〜1億ドル	760	7.3	3.8	53,942	10.5	4.7
1億〜2億ドル	475	4.6	6.0	66,953	13.0	5.8
2億〜5億ドル	349	3.4	12.6	109,299	21.2	13.0
5億ドル以上	165	1.6	25.0	192,712	37.4	29.9
合　計	10,355	100.0	−3.1	514,691	100.0	14.4

(注)　増減率は2000年末との比較。
(出所)　CUNA, *Credit Union Report Current Report*, より作成。

90.4％に達する。それに対し、商業銀行の場合には１億ドル未満のクラスに55.5％、１億ドルから５億ドルのクラスに39.5％（累積95.0％）が分布している。

両者の１機関当たりの平均資産規模を比べると、商業銀行が８億1300万ドルに対し、信用組合は4950万ドル（商業銀行の16分の１以下）に過ぎない[10]。

このように信用組合はきわめて小規模な単位で活動しているが、表１からも分かるように、その趨勢は規模によって対照的な動きを示している。資産規模2000万ドルを境としてそれ未満の規模の信用組合は組織数、資産額ともに減少傾向を示しているのに対し、それ以上の規模の信用組合は組織数、資産額ともに拡大傾向を示している。とりわけ、500万ドル未満のレベルの信用組合は急速に姿を消しつつあるのが現状である。これは、小規模信用組合が営業展開によって規模を拡大させていったこと以上に、これら極めて小規模な信用組合が

急速に淘汰されていることを示している。

なお、アメリカでは信用組合は3層構造で形成されているといわれている。各信用組合は全米で33の連合会にあたる中央信用組合（Central Credit Union）を形成している。この中央信用組合は、一般の単位信用組合と区別され corporate credit unions と呼ばれているが、「信用組合の信用組合」という役割を果たしている。さらにそれら corporate credit unions の全米ネットワーク組織として、全米中央信用組合（U.S. Central Credit Union、それ自身カンザス州法による免許を1974年に受けた信用組合）がある[11]。

また、銀行の預金保険制度にあたる信用組合出資金保険に加入している信用組合は、2001年末時点で9984組合に達している。アメリカでは、銀行の預金保険制度についても連邦法銀行はすべて加入する義務を負っているが、州法銀行は任意加入となっており、信用組合の場合も同様に州法組合は任意加入となっている。結果、州法組合のうち371組合（州法組合のうち8.6％）がこの保険に加入しておらず、その組合の組合員合計は224万人（州法組合の5.9％）、資産規模は134億ドル（5.5％）に上る[12]。

規模の小ささと分散性が信用組合の特徴であるといったが、大企業の職域で構成されている組合や軍・公務員関係の業域で構成されている組合には大規模なものが存在する。全米で最大の信用組合は海軍信用組合（ヴァージニア州、組合員203万人、フルタイム従業員3438人、資産規模151億ドル）であり、資産規模でみると商業銀行全体の第63位に相当する。その他、上位にはペンタゴン信用組合（ヴァージニア州、組合員42万人、フルタイム従業員903人、資産規模43億ドル）や州職員信用組合（ノースカロライナ州、組合員84万人、フルタイム従業員1973人、資産規模82億ドル）、あるいはボーイング、ユナイテッドエアラインズ、アメリカンエアラインズの職員信用組合など、軍関係、公務員、大企業など職域信用組合が名前を連ねている。2001年末時点で、56組合が資産規模10億ドル以上の大規模組合である[13]。また、大企業の場合には、事業拠点が広域にまたがることからも、その中で複数の信用組合が組織されている例もある。

特徴の第3は、これら小規模な信用組合がボランティアに支えられて営業を継続していることである。

アメリカの信用組合では、フルタイム従業員、パートタイム従業員、ボランティアの3種類の人々が日常的な営業活動を支えている。2001年末時点で信用組合従業員は全米で33万7216人であるが、その内訳をみるとフルタイム従業員が17万9833人（全体の53.3％）であるのに対し、パートタイム従業員は3万3854人（10.0％）、ボランティアは12万3529人（36.6％）に達する[14]。信用組合の営業活動を支えている3分の1以上は無給のボランティアによっている。

すでにみたように、信用組合では組合員の中から無給の役員が選出され、日常的な業務執行の中心となり、組合の重要な意思決定に携わることになるが、金融機関として規模が拡大し、業務量が増大するのに応じて専業的なスタッフをそろえる必要が生じてくる。したがって、長期的にみると、組合員数、資産規模、業務量が拡大する中で、ボランティアの比率は低下傾向を示している。15年前の1986年には、フルタイム従業員は8万2221人（22.9％）であるのに対し、パートタイム従業員は2万4266人（6.8％）、ボランティアは25万2688人（70.4％）であった。この15年間にボランティアは実数でほぼ半減したのに対し、フルタイム従業員は2倍以上に増大している。以前は圧倒的に無給のボランティアによって支えられていた信用組合が、この間組織構造が変化し、組合員数が拡大する中で日常の営業活動を支える中心がフルタイム従業員にシフトしたといえる。この15年間で、組合数が38.8％減少した（1万6928→1万355）反面、組合員数は48.5％増大し（5495万人→8159万人）、資産額は3.1倍に拡大した。

このような変化を示しているとはいえ、やはり現在でも信用組合の営業活動においてボランティアは重要な役割を担っている。特に、規模の小さい信用組合を中心にフルタイム従業員が0という信用組合が数多く存在する。表2は、州毎の信用組合資産合計で全米上位10州において、フルタイム従業員が0の信用組合がどれほどの割合で存在するのかをみたものである（2000年末の出資金保険加入組合ベース）。ちなみにこの10州で、全米の信用組合数の45％、組合員数の52％、資産額の56％を占めている。

これら信用組合活動の半分を占めている10州でみると、フルタイム従業員が0の信用組合が20％もあることが分かる。ただし、その水準は各州によってかなりばらつきがある。カリフォルニア州、フロリダ州、ワシントン州では10％

第17章 アメリカの信用組合　219

表2　フルタイム従業員0の信用組合の比率

(単位：％、人、1,000ドル)

	フルタイム従業員0比率	1組合当たり	
		組合員数	資産額
カリフォルニア州	9.3	14,519	123,010
テキサス州	11.4	9,534	54,213
ヴァージニア州	22.2	18,398	123,637
ニューヨーク州	30.7	6,113	41,942
フロリダ州	4.9	16,313	104,144
ミシガン州	10.7	9,636	55,326
ペンシルヴァニア州	31.2	4,439	23,772
イリノイ州	32.5	4,707	31,226
マサチューセッツ州	20.2	7,438	59,764
ワシントン州	8.6	13,576	100,131
計	20.0	7,879	49,705

(注)　フルタイム従業員0比率の計の段は10州の合計、2000年末時点、
　　 1組合当たり組合員数、資産額の計の段は全米の平均、2001年
　　 末時点。
(出所)　NCUA, *2001 Directory of Federally Insured Credit Unions,*
　　 および CUNA, *Credit Union Report Curent Report,* より作成。

未満の非常に低い水準、テキサス州、ミシガン州では10％強の低い水準であるのに対し、ニューヨーク州、ペンシルヴァニア州、イリノイ州では30％を超す高い水準を示している。フルタイム従業員が0で活動しているということには、比較的規模の小さな信用組合であるということが条件であると考えると、その比率は各州における1組合当たりの規模の格差と相関関係があると考えられる。実際に、非常に低い水準であったカリフォルニア州、フロリダ州、ワシントン州では、1組合当たりの組合員数・資産額は全米平均水準を大きく上回り、反対に高い水準を示したニューヨーク州、ペンシルヴァニア州、イリノイ州では1組合当たりの規模が全米平均を下回っている。なお、1組合当たり平均規模が大きいヴァージニア州でフルタイム従業員0比率が22.2％もあり、この相関関係からずれているようにみえるが、これはすでにみたようにヴァージニア州に海軍信用組合やペンタゴン信用組合など巨大な規模の信用組合が存在してい

ることが影響していると考えられる。

なお、全米で最も信用組合数が多いペンシルバニア州では、出資金保険加入の760組合のうち237組合、31.2％の信用組合でフルタイム従業員が0である。これらの信用組合は総じて組合員数も少なく、資産規模も小さいものが多いが、中には組合員数約4000人、資産規模600万ドル以上というペンシルバニア大学学生信用組合のようなケースもある。

3 信用組合の財務構造と業務

次に、信用組合の財務構造の特徴を表3に基づいてみてみよう。

信用組合の資金調達は、組合員からの各種の形式での出資が中心である。貯蓄勘定（savings）は、出資金保険加入の9984組合ベースでは、全負債の87.2％を占めている。最大の項目は普通出資（regular shares）であり29.8％に達している。これは、日本の普通預金に相当するものといわれている[15]。その他、出資証書（share certificates、定期預金に相当）が23.6％、貨幣市場出資（money market shares）13.9％、出資手形（share drafts、利付き当座預金）10.8％、およびIRA（個人退職勘定）7.9％などが大きな項目である。なお、預金（deposits）は組合員および員外からもわずかながら受け入れている。特に、員外取引については日本の信用組合との大きな相違点ともなっている。

日本の信用組合の場合、員外からの預金受入と員外への貸出については「組合員の利用に支障がない場合に限り」、総事業量の20％以内までは認めるという規制が敷かれている（中小企業等協同組合法第9条の2）。それは、非営利の組合員組織として、組合員の金融ニーズを中心にするということであるが、逆に地域内での他の中小企業向け金融機関との競争に一定程度正式に進出することができるという規定でもある。経営破綻した信用組合の中には、この規制を大きく上回って員外営業を拡大し過ぎたものがあったと考えられる。

これに対し、アメリカの信用組合は、すでに述べた業域・職域タイプのものが中心であるという組織上の性格からも、組合員の相互扶助組織という性格が

表3 出資金保険加入信用組合の財務構造（2001年末）

（単位：100万ドル、％）

資　産				負　債			
現金等	50,569	10.1		貯蓄勘定	437,125	87.2	
投資	112,013	22.3		シェアドラフト	54,174	10.8	
連邦機関証券	58,793	11.7		普通出資	49,415	29.8	
法人信用組合	17,102	3.4		出資証書	18,121	23.6	
貸出	322,438	64.3		MM出資	69,485	13.9	
自動車	126,553	25.2		IRA	39,605	7.9	
モーゲージ・不動産	131,753	26.3		留保収益	33,174	6.6	
クレジットカード	21,700	4.3		通常準備金	15,644	3.1	
個人向け無担保ローン	21,786	4.3		その他	15,612	3.1	
固定資産	9,493	1.9		合　計	501,555	100.0	
その他	7,042	1.4					
合　計	501,555	100.0					

（出所）NUCA, *2001 Yearend Statistics for Federally Insured Credit Unions,* より作成。

強力で、非組合員からの預金受入も若干あることはあるが、2001年末時点で13億4100万ドル、総負債額の0.3％弱にすぎない。負債項目の中心をなす貯蓄勘定のほとんどは上でみたように出資タイプの資金で構成されている。

　信用組合の資産運用面をみると、貸出が全資産の64.3％と最大項目であり、ついで投資が22.3％となっている。この点だけをとってみると、このような構成は小規模商業銀行と似ているといえる。*Federal Reserve Bulletin* によって資産規模1000位以下の商業銀行の資産構成をみると、貸出が62.6％、証券投資が22.9％となっている[16]。しかし、その内訳は大きく異なる。

　小規模商業銀行の場合、貸出の中で最大項目は不動産貸付（総資産比40.2％）であり、ついで商工業貸付（11.1％）、消費者貸付（7.4％）の順となっている。それに対して信用組合の貸出では、モーゲージ・不動産貸付（26.3％）が最大項目であるが、自動車ローン（25.2％）がほぼ同額の大きさを有しており、自動車社会アメリカでの個人生活における自動車購入のバックアップの役割を果たしている。ついでクレジットカードローンが4.3％、その他の個人向け無担保貸付が4.3％と、いずれも個人向けの貸出業務が中心となっており、比重は

少ないとはいいながら産業金融機関としての役割を果たしている小規模商業銀行とは異なっている[17]。

また、投資については、小規模商業銀行の場合、国債や公的機関債などの有価証券に対する投資が投資勘定の8割以上を占めているが、信用組合の場合、国債・連邦機関証券への投資が投資全体の半分程度にとどまり、法人信用組合への投資が一定割合に達しているなどの違いがあらわれている。

表4 信用組合の収益状況（2001年、対総資産比）
(単位：%)

	信用組合	小規模商業銀行
金利収入	6.95	7.43
貸出	5.49	5.80
投資	1.46	1.34
金利支出	3.36	3.36
出資配当	2.94	
預金	0.37	3.09
金利収支	3.59	4.07
貸倒引当繰入	0.33	0.36
非金利収入	1.05	1.36
非金利支出	3.36	3.58
人件費	1.66	1.80
オフィス	0.97	0.48
純収益	0.96	1.11

(出所) CUNA, *Credit Union Report Curent Report*, およびFRB, *Federal Reserve Bulletin*, より作成。

さらに、信用組合の場合には、現金等（cash and equivalents）の流動資産が全資産の10.1％と高い割合を示している。

表4は、信用組合の収益構造を小規模商業銀行と比較したものである。この表では、小規模商業銀行の方は2001年の年間平均資産残高を分母にして対総資産比で計算されているが、信用組合の方は2000年末と2001年末の資産残高の算術平均によって代替して求めているので、厳密に比較することはできないが、両者の収益構造の特徴を知ることができるものとなっている。

信用組合の金利収入は、その資産構成を反映して、貸出から得られる金利と投資から得られる利回りとからなる。金利支出の面では、資金調達が出資を中心としたものであることを反映して、出資に対する配当がほとんどで、わずかに受け入れている預金に対する金利支出もみられる。小規模商業銀行の場合、預金金利に対する支払いだけが支出としてあらわれている。

両者の差額が金利収支であるが、対総資産比でみて小規模商業銀行の方が幾分高くあらわれている。この違いは、金利収入のうちの貸出金利の違いに基づいている。

非金利収入は各種手数料を中心としているが、商業銀行の場合規模の大小に比例してこの部分が高くなる傾向が明瞭である。これは、多角的な業務展開によって各種の手数料収入を獲得する機会が拡大することを意味している。それに対し、小規模商業銀行では口座管理手数料などが中心となり、低い値にとどまっているが、信用組合はさらにそれよりも低くなっている。

非金利支出のうち最大のものは人件費である。信用組合の場合には、ボランティアに依存する割合が高いことから、小規模な単位で営業しているが経費効率としてみた場合には、小規模銀行よりも低くなっている。なお、オフィス関連費用で信用組合と小規模商業銀行に大きな差があらわれているが、これは信用組合には occupancy と operations の両方が含まれているのに対し、小規模商業銀行にはそのような区分がなく、ただ occupancy とのみ表記されていることに関連している。いずれにせよ、非金利支出の総計では信用組合の方が小規模商業銀行よりも低い割合となっている。これらの定常的なコスト部分に関しては、一般に規模の経済性が働くといわれ、実際商業銀行の場合には規模の大小に反比例して非金利支出の割合が上下している。しかし、信用組合の場合には小規模商業銀行と比べてさえ平均規模格差が数倍小さいながら、非金利支出の割合はむしろ低くなっている。これは、これまでみてきた組合の組織的・人的構成の特徴から、人件費の面ではボランティアの貢献、物件費の面では多店舗展開をしている信用組合が少ないことなどが影響しているといえる。

なお、信用組合の場合、どのレベルの信用組合でも同じような金融サービスを提供しているのではない。CUNA のレポートの中では、信用組合を規模によって三つのタイプに分類し、各層の典型的な信用組合像を次のように描いている[18]。

資産規模が200万ドルまでの最も小規模なレベルの信用組合は、組合員からの出資を受け、組合員向けに融資を行うが、シェアドラフトの受入れを行わず、出資証書が中心であり、また融資業務も限定された種目しか扱っていない。

500万ドルから1000万ドルのレベルでは、シェアドラフト、IRA の受入れを

するものがあり、また個人向けの消費者ローンの貸付を行っているが、クレジットカードやATMカードが使える信用組合は半分ほどにとどまっている。

5000万ドルから1億ドルという信用組合の中で最も規模の大きいレベルでは、複数店舗を持つ組合が多く、またATM設備を有している。シェアドラフトによる決済機能や預金の受け入れ、各種貸付など、フルサービスの金融機関として機能している。

以上の財務上、業務上の特性を持つ信用組合であるが、小規模な金融機関でありながら、経営的には安定した力を持っているという特徴をみることができる。

CUNAの資料に基づくと、1980年から2001年までの期間をとってみると、信用組合の方が商業銀行よりも、収益率の変動が小さく平均して高い値を示しており、自己資本比率が高く、不良債権比率(延滞債権比率)が低い、という特徴を示している[19]。これは、限定された範囲の組合員をベースとしていることから、いわゆる顧客密着度が非常に高い営業スタイルが可能であるということに支えられている面が大きい。

アメリカでは小規模な金融機関が合併によって急速に姿を消していることも事実である。商業銀行の場合、最近10年間に小規模行を中心に全体で32.3%もの行数減少が生じた。信用組合の場合にも、25.0%の組合数減少が生じている。しかし、より規模の小さい信用組合の方がゆっくりとした再編ペースであるということに注目する必要がある。

4 おわりに

日本の信用組合はたしかに1990年代に業績を悪化させ、組織的に大きく後退したが、それで一方的に弱い業態だと結論づけることはあまりにも短絡的である。信用組合の経営破綻が集中した1997年末から2001年末までの4年間の変化をみると、信用組合の中心的存在である地域型信用組合では預金がマイナス25.3%、貸出金がマイナス28.7%と大幅な後退を示しているが、業域型では預金がプラス8.6%、貸出金がマイナス9.3%、職域型では預金がプラス7.6%、貸

出金がプラス9.6％と、全体としてはむしろ業績を伸ばしている状況である。

　地域型信用組合は、同じ協同組織金融機関である信用金庫等との競争関係において直接対峙する位置にあることから業績を伸ばせないできた。しかし、まったく顧客基盤の異なる業域・職域型の場合には、競争関係が急速に変化する中でも着実な実績をあげている。顧客との密着度、顧客の金融活動に関する情報などの面では、限定された基盤の中の人間関係を基礎にしている業域・職域型組合の方がより強い面を持っている。また、顧客基盤の特性から、多くの店舗展開をする必要がなく、その点からも経営効率を高めることができるというメリットが働いている。

　職域型組合は組合単位でみた場合には小規模性が目立つが、職員・店舗を抑えていることから、地域型に比べると、常勤役職員1人当たりの預金額は3.1倍、貸出金は1.8倍になり、1店舗当たりの預金額は2.4倍、貸出金は1.4倍の水準に達している（2002年3月末）。

　じつはこのような状況は、これまでみてきたアメリカの信用組合の特徴と共通する面を多く持っている。他の金融機関との顧客基盤の相違と顧客密着度の高さ、提供する金融サービスの特化、差別化、組織としては小規模であるが経営効率が決して悪いのではない、以上のことは協同組織金融機関のあり方を考える上で重視すべき点であるといえよう。

注
(1)　日本銀行調査統計局『資金循環の日米比較：2002年1Q』2002年6月。
(2)　在日外銀を加えた銀行部門計では52.4％となる。日本銀行「資金循環勘定（2002年1〜3月期）（速報）」2002年6月、に基づく。
(3)　日本銀行の『資金循環勘定』における「中小企業金融機関等」には、信用金庫（349金庫）、信用組合（257組合）、労働金庫（21金庫）のほかに、これらの全国組織である信金中央金庫、全国信用協同組合連合会、労働金庫連合会と、さらに商工組合中央金庫を含む。「農林水産金融機関」には、農業協同組合（1120組合）、漁業協同組合（660組合）のほか、農林中央金庫、信用農業協同組合連合会（46連合会）、信用漁業協同組合連合会（34連合会）および全国共済農業協同組合連合会を含む。
(4)　FRB (Board of Governors of the Federal Reserve System), *Flow of Funds Accounts of the United States　Flows and Outstandings First Quarter 2002*, 2002年6月.
(5)　CUNA(Credit Union National Association), *Credit Union Report Current Report*, より。
(6)　高木仁『アメリカの金融制度』東洋経済新報社、1986年、173ページ。
(7)　全国信用組合中央協会のホームページ（http://www.shinyokumiai.or.jp/）より。

(8) 高木仁、前掲書では、「住民によるものが4％」と書かれているが、これは1980年代前半の様子である。また、日本生産性本部編『アメリカにおける中小企業金融像―中小企業金融業専門視察団報告書―』1961年、では「地域クレジット・ユニオンは1％ていどにしかならず」と書かれており、以上のことから長期的にみると、地域型信用組合の比重は上昇しているといえる。
(9) CUNA, *Annual Credit Union Data Long-run Trends (1939 to Present : Aggregates)*, より。
(10) CUNA, *Frequently Requested U.S. Credit Union/Bank Comparisons*, より。
(11) U.S. Central Credit Union, *Annual Report*, より。
(12) NUCA (National Credit Union Administration), *2001 Yearend Statistics for Federally Insured Credit Unions*, より。
(13) 2002年3月末時点で資産規模10億ドル以上の商業銀行は372行である。FRB, *Large Commercial Banks*, March 2002.
(14) CUNA, *Credit Union Report Current Report*, より。
(15) 高木仁、前掲書、189ページ。
(16) FRB, *Federal Reserve Bulletin*, June 2002.
(17) ただ、信用組合が一切事業用資金の貸出を行っていないかというとそうではない。組合員向けの事業用貸付business loansは、2001年末に約49億ドル、総資産の1.0%弱ある。
(18) CUNA, *Credit Union Report Current Report*, より。
(19) CUNA, *Frequently Requested U.S. Credit Union/Bank Comparisons*, より。

第18章 中国の資本取引自由化への道

毛利良一

　中国は、1978年の改革・開放政策の開始以降、経済成長を持続し、いまや「世界の工場」と言われるほどの生産力水準に達して、周辺諸国に脅威を与える存在となった。2001年12月にはWTO（世界貿易機関）への加盟が実現し、世界経済との統合をいっそう深化させている。改革・開放による生産力および輸出力の強化においては、製造業における外国直接投資の選別的な導入、国有企業との合弁会社の設立、技術導入と多国籍企業販売ネットワークの利用などが大きな役割を演じた。外国直接投資は、1990年代後半には年間400億ドル前後となり、受入額はアメリカに次いで世界第2位の規模に達している。

　他方、中国は1996年12月にIMF（国際通貨基金）8条国に移行して経常勘定取引を自由化しても、証券投資などの資本取引については厳格な規制を維持してきた。アセアン諸国が、事実上のドル・ペッグのもとで、輸出志向の外国直接投資企業を誘致するとともに、あわせて金融取引を自由化して進出企業に便宜を与えたケースが多かったのと比べると、人民元の事実上のドル・ペッグと外国直接投資の誘致は共通するが、証券投資や金融市場の規制を維持してきたところに大きな相違がある。ロシアは製造業外国直接投資を誘引できないまま、財政赤字を賄う国債を外国投資家の投資ゲームに提供した。1997年～1998年に通貨・金融危機がアジア諸国やロシア、ブラジルなどを襲ったさい、中国が伝染しなかったのは資本取引を厳しく管理していたからである、との理解は通説となった。資本自由化の利益を主張してきた勢力も、この事実を認めざるを得なくなったのである。

　しかし、外資との連携強化による「世界の工場」化、WTOへの加盟に伴う資本主義世界経済ルールの受容は、巨大消費市場の開放だけでなく、中国が、いつどのようにして金融資本市場の自由化および対外開放を実現していくのか、

228　第1部　金融・貨幣の経済学

という課題を突きつけているのも事実である。IMF は、1997年の香港総会で、協定改正により加盟国に資本勘定自由化を義務づけることを目論んでいたが、アジア危機の勃発により提案を棚上げした。その後「慎重に準備し順序よく」と表現を変えたものの、資本自由化を進める姿勢は崩していないため、進出外資はもちろん、国際機関からの外圧も依然として存在する。

小論では、中国における外国為替制度の整備、経常勘定の自由化、WTO 加盟に伴う金融サービス業の開放などを踏まえ、中国が資本勘定の自由化に向けてどのように条件を整備していくかについて予備的な考察を行う。

1　外国為替制度

はじめに、外国為替制度の変化について見ることにしよう（**表1参照**）。

まず1979年に、それまでの中央政府による統制型の外貨配分体制から、中央政府が管理する外貨割当制度と地方政府などの外貨留保額制度の二重体制に変った。続いて1981年1月、従来からの公定為替レートに加えて、市場レートに近い内部決済為替レートが導入された。公定為替レートは、国家の貿易計画にもとづく貿易取引、外国為替取扱銀行との取引に使用され、通貨バスケットの変動によって調整された。内部決済為替レートは、国有貿易会社と国有メーカーおよび財政当局との決済に使われたが、アメリカから輸出補助金であるとの批判があり、1985年1月に内部決済為替レートは廃止された。1988年には、企業間の外貨過不足を調整するために外貨留保額を売買するマーケットとして、外貨調整センターが設立された。また、二重為替レートに戻ったが、調整センター・レートは外貨の需給関係によって決定され、市場原理が働き始めた[1]。この時期は、中国における外国為替制度整備の揺籃期といえよう。

現在につながる大きな改革は1994年に行われた。まず1月には、①公定レートが廃止され、実勢レートとしての外貨調整センターレートを基準に1ドル＝8.7元で一本化された（1995年6月以降は8.28元前後で推移している）。②中国資本の企業、外資系企業とも、輸出などの経常取引にかかわる受取外貨を外国為替指定銀行に売り渡すことが義務づけられた（外貨集中制）（ただし、外資

表1 中国における金融の改革と開放をめぐる動き

年	月	事　項
1979年	8月 12月	・中央政府による外貨割当制度と地方政府の外貨留保額制度の採用 ・日本輸出入銀行北京事務所の開設
1981年	1月 7月	・公定為替レートに加えて、内部決済為替レート制採用 ・香港南洋商業銀行の支店（経済特別区）開設
1984年	1月	・中国工商銀行の設立、人民銀行から商業銀行業務の分離
1985年	12月	・経済特別区における外資銀行・中外合弁銀行管理条例の公布・施行
1988年	9月	・外貨調整センター設立
1992年	8月	・大連、天津、青島、南京、寧波、福州、広州など沿海都市における外国銀行支店設置の認可
1994年	1月 4月 4月	・公定相場と市場相場に分かれていた二重為替相場を統一 ・政策金融専門銀行設立：国家開発銀行、中国輸出入銀行、中国農業発展銀行（11月） ・外資金融機関管理条例の公布・施行
1995年	3月 5月	・中国人民銀行法（中央銀行法）の公布・施行 ・商業銀行法の公布（施行7月）
1996年	1月 12月 12月	・全国統一のインターバンク市場発足 ・IMF8条国へ移行、経常勘定取引自由化 ・上海浦東地区における外銀の人民元業務の実験開始
1998年	1月 3月 3月 4月 8月 10月	・4大国有商業銀行に対する貸出限度規制の撤廃 ・第9期全国人民代表大会第1回会議で、3大構造改革「国有企業、金融、行政」の同時推進を決定 ・深圳における外銀の人民元業務の認可 ・貸出債権の新分類基準「貸出リスク分類指導原則（試行）を公布 ・4大国有商業銀行に対し、2,700億元の公的資金注入 ・広東国際信託投資公司（GITIC）の清算発表
1999年	4月 10月	・4大国有商業銀行の不良債権処理機構設立 ・証券会社に対する株式担保付融資解禁、生損保の証券投資ファンド購入を解禁
2000年	9月	・外貨建ての貸出金利・大口預金金利自由化
2001年	2月 12月	・国内投資家のB株投資解禁 ・WTO加盟承認
2002年	2月	・外資金融機関管理条例の改定

（出所）萩原陽子「WTO加盟に向けた正念場の中国の金融改革」『東京三菱銀行調査月報』2001年12月号、p.3、および富士通総研経済研究所『中国における外国企業の活動実態と今後の展望に関する調査』（財務省委託調査）、2002年、p.39、などにより作成。

系企業は、1996年7月から、一定額の外貨を外貨預金口座に保有することが認められている)。③1994年4月には、「中国外貨取引センター」(本部:上海)が運営を開始した。全国36都市の出先とコンピュータ・ネットワークで結ばれた銀行間外貨市場システムが作られた[2]。

現在、中国の外国為替市場の特徴は、以下のように整理されよう。

❶経常取引に係る人民元の交換性は実現されているが、投機を防ぐため非居住者による人民元建て取引など資本取引は幅広く規制されている。

❷取引は実需原則にもとづいて行われ、人民元と外貨との金利裁定取引は制度上できない。また、人民元金利の自由化が実現しておらず、短期資金の移動などが制限されているため、銀行間先物為替市場やスワップ市場が形成される条件は整っていない。

❸取引主体が限定され、外為市場参加者は、為銀(地場銀行と在中外銀)と人民銀行だけで、ブローカなど仲介業者の市場参入は認められていない。国内に設立された外資系銀行(外銀支店を含む)を除き、国外の金融機関の外為市場への参加は認められていない。中国の輸出入規模(2001年5098億ドル)と比較すると市場規模が小さく、2001年4月の1営業日平均取引額は3億ドル(東京外為市場は1470億ドル)でしかない。

❹取引通貨は米ドル、日本円、香港ドル、ユーロに限定されており、ドル取引が98~99％を占める。取引通貨と為替レートの値動きにたいする制限があり、前営業日の市場取引を加重平均したレートが当日の基準レートとなり、ドルの値幅制限は基準レート比上下0.3％、円、香港ドル、ユーロは上下1.0％と決められている。事実上のドル・ペッグと言われる所以である。

❺貿易収支黒字、巨額の外国直接投資の流入のもとで、居住者による対外投資を制限しているため、外国為替市場でドルが余剰となりやすい。その結果、外貨準備は日本に次ぐ規模に増大し、また中国の家計と企業による外貨預金額は人民元の8％に達している。

❻取引時間は、月曜から金曜の午前9:20から11:00までの短時間である[3]。

以上のように、中国の外国為替市場、為替制度は、まだまだ未成熟な段階にあり、政策間の整合性の強化、銀行間外国為替市場の競争の促進、取引主体の拡大や規制緩和、人民銀行の介入の手控え、為替相場の弾力化など市場整備の

課題は多く残されている。

2　経常取引の自由化とアジア危機

　中国は、1996年12月、国際経済社会への仲間入りを象徴するIMF8条国への移行を果たし、経常勘定取引を自由化した。ちなみに、日本のそれは1964年、韓国は1988年で、ともに同じ年にあわせてオリンピックを開催した。アセアン諸国やロシアではIMF8条国移行の前後に資本取引規制を大幅に緩和しているが、中国はそうはしなかった。

　IMF8条国移行を受けて、1997年1月、「外国為替管理条例」（国務院）は、国家は経常的国際支払を制限しない（第3条）、と改定されたが、実際の外国為替取引に伴う条件として、次の点を明確にした。①企業は取得した輸出代金を指定外国為替銀行に売却しなければならず、勝手に海外の銀行に預金してはならない。②輸入決済のための外貨は、有効な証明書をもって外国為替指定銀行で購入できる。また、貿易に関する外貨収入と支出について、審査を受けた上、相殺されなければならない[4]。

　そして実際には、輸入代金の支払いおよび輸出代金の回収に対する管理の強化が行われた。1997年〜1998年にかけてアジア諸国を襲った通貨・金融危機は、危機に陥った諸国のドル・ペッグから変動相場制への移行、そして為替相場の劇的下落をもたらした。また、日本も金融危機の進行の中で大幅な円安が進行した。こうした中で、アジア経済圏での貿易シェアを上昇させてきた中国の輸出競争力と人民元レートの維持に不安が持たれても不思議ではない。経常勘定を経由した巨額の資本勘定の漏出、すなわち資本逃避が生じたのである。

　資本逃避はどのようにして行われたか。それは、貿易インボイスの偽り（輸入の過大申告、輸出の過小申告）、取得外貨の指定銀行への売却・預入れ義務の不実行、外貨借入れにさいしての公的認可の回避（広東国際投資信託公司の破綻など）、密貿易、税関の不正などを通してである。貿易レジームの開放によって、資本漏出や規制回避の経路は増加しうるのである[5]。

　1997年後半から輸入決済ルートを使った外貨の不正流出が増大したが、それ

に対し、中国当局は、1998年には輸入信用状の開設や対外送金に際して、輸入の真実性を確認するため詳細な関係書類の提出を要求した。また、不正取引が発生しやすい遠隔地の銀行での対外支払いを制限した。加えて、1998年には輸出代金の回収率が低下したり、輸出戻し税の還付を受けるための架空輸出や水増し輸出も生じた。そのため、輸出通関貨物と回収代金との照合手続きが強化されることになったのである[6]。

アジア危機の中で、各国通貨がドルに対して大幅に下落したのに対し、中国は人民元を切下げずレートを維持した。その理由として、戴懿は、人民元切下げのマイナス効果を、以下のように指摘している。①中国の対外貿易の50%は加工貿易であり、切下げは輸入原材料価格を引上げて競争力をそぐ。②輸入品に生産設備などの資本財が多く、切下げは生産技術に影響する。③人民元建て資産が減価し、外資導入にマイナス効果となる。人民元切下げ回避は、既存外国投資家の利益につながり、国際的信用が高まり、他のアジア諸国から撤退する際の「避難港」になる。④香港に打撃となる。人民元建て資産を多数保有する香港の金融機関や企業の資産の劣化、中国企業の外貨建て債務の膨張、香港ドルの対米ドル・ペッグ制への信頼喪失をもたらす。⑤1979年以降4回の大きなインフレの共通要因は、人民元切り下げであった[7]。さらに、⑥競争力の弱い国有企業の延命につながり、改革を遅らせる、との懸念もあった[8]。

人民元の為替レート維持については、為替切下げスパイラルを阻止する努力であるとして、アメリカはこれを賞賛した。伊藤隆敏がこれに関して、アメリカが通貨危機に陥ったアジア諸国に対して更なる金融の自由化を要求する一方で、強力な為替管理によってドル・ペッグを維持している中国を評価するダブル・スタンダードである、と批判したのは正鵠を射ている[9]。これは後述の、IMF第4条コンサルテーションの対中国評価とも共通する。1997年秋に、日本やアセアン諸国がアジア通貨基金（AMF）の設立を提唱し、アメリカとIMFがこれを拒否したとき、中国はAMF設立に消極的であった。しかし2000年以降、中国はアセアン＋3（日、中、韓）の枠組みでの通貨スワップなど、アジア域内通貨協力には積極性を示している。

3　WTO加盟による金融サービス業の開放

　2001年12月、中国はWTOに加盟した。加盟に際して、資本取引の自由化は要求されていないが、サービス貿易に関する一般取り決め（GATS）に従い、中国は金融サービス業の自由化と開放について、次のように約束している。

　保険、銀行業、証券業の自由化では、まず保険が先行する。①非生命保険（損害保険）では、51％までの外資規制があるが、加盟後2年以内に撤廃する。生命保険は外資50％の合弁が認められている。保険仲介サービス（大規模商業リスクの保険や輸送の保険・再保険）については、5年以内に外資出資制限を撤廃する。②保険サービスを提供できる地理的範囲では、加盟時には上海、広州、大連、深圳、仏山に限定されるが、3年以内に撤廃される。

　次に、銀行サービスについては、①地理的制限に関しては、加盟時には上海、深圳、天津、大連に限定され、その後徐々に制限が緩和され、5年以内に撤廃される。②外貨業務についての制限はないが、人民元業務については、2年以内に地場企業、5年以内にすべての中国人顧客にサービス提供が認められる。ただし、人民元業務の許可条件として、中国での3年間以上の業務実績、申請前2年間の利益計上が求められる。

　そして証券業では、①外国証券会社の中国における代表事務所は、中国証券取引所の特別会員になれる。②外国証券会社は、外資比率33％以下の合弁を設立し、国内証券投資ファンドマネージャ業を行うことができる。③加盟後3年以内に、合弁の外資の上限規制は49％にまで引き上げられるとともに、外資比率が3分の1以下の合弁については、国内投資家向けA株、海外投資家向けB株、香港上場H株、および政府・企業債券の引き受けと取引、ファンドの開始を中国業者の仲介なしに行うことが可能となる[10]。

　三つの業種の開放について、国際的な資本移動との関連が一番低いとされる保険業の開放が先行し、続いてすでに部分的に開放が進んでいる銀行業、そして最後に資本移動に直接的な影響をもたらすであろう証券業の開放、という順序となっている[11]。

　金融サービス業の外資への開放は、資本取引や中国の金融システムにどう影

響するのだろうか。資本取引の自由化ではないが、外国の資産管理会社を含め、外国保険会社の進出は、オンショア、オフショア両方で、不可避的に国境を越える金融フローを増大させる。また、直接投資の増大は、付随して、株式や資金調達、多国籍企業がリスクをヘッジするための金利・通貨スワップ、利益、配当、利子、キャピタルゲイン、元本の本国への送金など、金融取引を増大させる。外資系銀行による外貨取り扱い業務と人民元取り扱い業務の拡大によって、経常取引にまぎれる形で資本取引が実質的に部分開放されることを、中国は懸念している[12]。

　また、外資金融機関の参入により競争が促進されよう。外資系銀行が中国の銀行業に占めるシェアは、2000年末時点で、預金残高で12.6％、貸付金残高で11.7％である。外資系銀行による人民元の取り扱いは1997年から上海で、1999年から深圳で開始され、2000年3月時点で32行、このうち24行が上海で、8行が深圳で許可を取得している。これが中国全土に広がってゆく。中国経済にとっては、**WTO** 加盟による最大の効果は、国有銀行による独占状態を打破することであるが、国有銀行をはじめとする国内銀行は非常に厳しい挑戦に直面することになる。①外資の導入によるノウハウの吸収や、②上場による資本の強化で対応を図らざるをえない。金融改革の加速が焦眉の課題となっている。また証券業において、最初に国内の証券会社および投資信託管理会社への投資もしくは合弁企業設立が認められるのは、個人投資家が中心で売買回転率が異常に高い株式市場の安定化のために、機関投資家の育成が喫緊の政策課題とされているからである[13]。

4　中国の資本取引自由化への道

(1)　IMFの対中国政策

　IMF は、協定第4条に基づく2001年の年次コンサルテーションにおいて、マクロ経済管理と構造改革に支えられた持続的転換を反映して、中国のマクロ経済実績が良好であると評価している。同時に未達成の改革課題もあるとして、

WTO加盟に伴う競争激化、金融システムおよび国有企業改革、市場移行に伴う社会コストなどを指摘している。そして、マクロ政策および金融政策のスタンスも適切であると中国政府の政策に支持を表明したうえで、段階的な金利自由化および為替相場の弾力化を薦め、理事全員ではないがとの注釈を入れながら、金融資本市場が複雑化して管理が困難になっており、資本勘定の自由化がプラスになる、と述べている[14]。

2002年版では、IMFは、銀行部門改革において、新しい融資分類基準の導入、準備金の積増しによる健全性枠組みの強化、不良資産管理会社の業務スタートなど、改革の進展を評価している。また、国有企業改革においても、大企業の株式会社化、中小企業の民営化・合併・閉鎖の進展、競争および社会セーフティネットの重視の政策スタンス、を肯定的に紹介している[15]。

また、2002年5月に北京で開かれた中国金融フォーラムにおいて、IMF通貨・為替局長Stefan Ingvesは、「投資金融の資金調達源を多様化するために、資本市場の深化、所有構造、市場規律、資本勘定の自由化、金融セクター再編、市場の発展は、統合的に、協調しながら、順序だてて進める必要がある。金融サービス産業への外国直接投資の認可と吸引は、ノウハウの移転、競争の激化によって、銀行再編の触媒となろう。証券投資の自由化は、大量の資本流入に伴う外為リスクを封じ込める支援措置が講じられれば、資本市場を深化させ、経済における市場規律を強化するであろう」と、資本勘定自由化の必要性を強調している[16]。

ところで、資本勘定自由化のための必要条件、成功のための条件は何であろうか。中国はどこまで近づいているのだろうか。

Fred Huは、必要要件として、国有企業改革、国内株式市場改革、とりわけ適格外国機関投資家の設立を指摘し、さらに資本勘定自由化成功のための条件として、国際収支の安定、金融システム改革の進展、為替フロートをあげている[17]。この中で、金融システム改革、とくに資金の流入および流出の規模が大きくスピードの速い金融資本市場を軸においたシナリオを検討してみよう。

(2) 金融資本市場整備による資本勘定自由化への準備

柯隆は、「人民元のハードカレンシー化」を、①金融資本市場の整備、②国

有銀行改革、そして③外為管理制度改革の三つの分野から構想している。①金融資本市場の整備では、A株・B株の統合から始め、株式市場の開放へ進む。②国有銀行改革では、不良債権処理、組織のリストラ、国有銀行株式制、金利自由化が主要課題となる。③外為管理制度改革では、外銀への内国民待遇と人民元相場変動幅の拡大が並行して進められる。この3分野の改革が同時に必要であるが、それが実現するのはいつか。柯隆は、人民元の完全自由兌換の実現は2015年ごろになる、という人民銀行貨幣政策委員会副秘書長の易綱の見通しを引用している[18]。

　1998年3月に朱鎔基首相が提起した3大改革のうち、国有企業改革と金融改革は表裏一体の関係にある。非効率な国有企業に財政から補助金が投入されるシステムが、国有銀行からの融資に置き換えられたが、国有銀行は巨額の不良債権を抱え込むこととなった。銀行改革を進める一方で、こうした間接金融システムでは、勃興しつつある生産性の高い民間企業に必要資金を仲介するのは難しいとの観点から、証券市場の整備・育成への期待も高まった。資本市場が企業の情報開示や説明責任を向上させ、効率的な資源配分機能や企業統治機能を発揮することで、産業、企業を淘汰・強化する役割をもたせよう、というのである。さらに、①株式市場は、計画経済の負の遺産である不良債権問題と社会保障基金の資金不足問題の解決に役立つ、②短期的な景気対策そして資本自由化後の経済政策運営にとって国債市場が不可欠だ、とする声も強い。

　株式市場改革については、神宮健の説明を聞こう。次の課題がある（図1の点線部分、参照）。①上海と深圳をあわせた市場の時価総額では、すでに香港を追い越してアジア第2位の規模にあるものの、国内投資家向け（人民元建て）A株、海外投資家向け（香港ドル・米ドル建て）B株、さらに流通株・非流通株と市場が分断されており、これを統合する。②市場が統合されると海外投資家が中国市場に自由に投資できるようになり、外資流出入の国内市場に与える影響が懸念される。そこで外国人持ち株制限方式が検討されている。具体的には、台湾などで採用されている **QFII**（Qualified Foreign Institutional Investor：一定の条件を満たし、当局から認可を受けた外国機関投資家）で、投資制限が設けられており、投資動向モニターも実施している方式である。③国内外資系企業や海外企業の中国国内での資金調達への道を開く。二つあり、

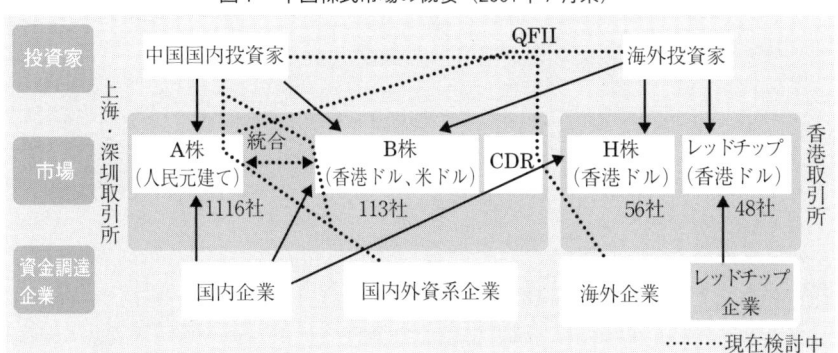

図1　中国株式市場の概要（2001年7月末）

	投資家	中国国内投資家 ・・・・・・・・・・・・・・・・・・QFII・・・・・・・・・・・・・・・・・・ 海外投資家	
上海・深圳取引所	市場	A株　統合　B株　CDR　H株　レッドチップ (人民元建て)　(香港ドル、米ドル)　(香港ドル)　(香港ドル) 1116社　　113社　　　56社　　　48社	香港取引所
	資金調達企業	国内企業　　国内外資系企業　　海外企業　　レッドチップ企業	

・・・・・・・現在検討中

（注）1）A株、B株とも発行しているのは89社、A株とH株は22社。
　　　2）CDR：預託証券、QFII：認可された海外機関投資家。
　　　3）レッドチップ企業数は、メインボード上場の企業数（2001年8月末）。
　　　4）CSRC（中国証券監督管理委員会）、香港取引所の資料などから作成。
（出所）神宮健「改革が進む中国資本市場」『知的資産想像』2001年11月号、p.62。

外資系企業のA株市場上場が一つ、そしてレッドチップ企業（香港上場の中国系香港企業）など海外上場企業のCDR（China Depository Receipt：預託証券。本国で保管される原株式を見合いに、中国国内で発行する代替証券）発行、が考えられている[19]。

　資本取引を自由化している先進国では、為替相場安定、資本移動の自由、金融政策の自由の3者のうち、為替相場安定は市場にまかせてフロート制を採用している。中国は、現時点では、固定為替相場、資本移動規制、金融政策の自由という組み合わせとなっている。これを人民元の変動幅の拡大、次に漸進的な資本自由化、そして最終的に為替フロート制および資本取引自由化のもとで金融政策の自由度を保つ先進国型への移行、という順序で構想したばあい、それが成功するために必要な条件として、次の2点が挙げられる。

❶国内金融市場・国債市場が規模、流動性の点で十分に発達しており、中央銀行たる人民銀行が、外資流入により国内金融市場が過剰な緩和状態に陥った際、それを相殺する機動的な公開市場操作を行いうること。
❷間接的マクロコントロールを担う金融政策が機能を発揮するためには、金利自由化の進展が必要である[20]。

　金融システム改革および金融資本市場の整備の進捗状況を直視するならば、

資本自由化にはまだ距離があるといえよう。

(3) 華人経済圏先行による資本勘定自由化論

1997年～1998年のアジア経済危機の背景の一つに、外国直接投資がアセアン諸国から中国へシフトし、他のアジア諸国は外資導入が困難となり、ポートフォリオ投資や銀行借入などに依存するようになったことがある。台湾を含め海外在住中国人口は約6000万人を数え、1978年の改革・開放以降、華人財閥の資本がそれぞれの進出国に投資するよりは、「外資」として中国本土への投資を増大させた。1995年までの外資導入累計1151億ドルのうち、香港・マカオからの流入は801億ドルに上り、日本の香港向けも最終的には本土へ向った[21]。

この議論の延長線上で、資本勘定の交換性は、まず香港、つぎにマカオと台湾との間で始めよう、と上海大学教授Dingは主張している。その理由として、中国大陸への外国投資のおよそ半分（49％）は、香港、マカオ、台湾に支配されているとの数字を挙げ、もしこれら投資が安定的であれば、再投資および追随的投資家の加速的拡大が可能となる、と彼は言う。

彼によれば、「華人経済圏」では、言語が同一であり、時差がないこともあって、「モラルハザード」、「逆選択」、「群集行動」はそれほど深刻にはなりえない。香港ドルは大陸に直接投資可能なので、資本勘定の交換性の緊急性は低い。B株市場の投資家地域別実績によれば、200年11月の累積投資額で、大陸71.2％、香港、マカオ、台湾をあわせた3地域がそれについで12.1％を占める。3地域の市場シェアは長期にわたって安定的であり、簡単には引揚げないことが実証されている。21世紀初頭の世界的金利の低下の中で、中国大陸の経済成長は世界中の華人を魅了する。2001年2月にB株市場が合法的外貨預金をもつ居住者に開放されたが、これは香港、台湾居住者からも熱狂的歓迎を受けた。大陸、香港、台湾をあわせた「ビッグ・チャイナ」の外貨準備は世界最大であり、投機攻撃に対処しうる、と彼は楽観的展望を述べている[22]。

この主張は、華人投資家の行動スタイルの分析として示唆的であり、「華人経済圏」限定の資本自由化に限れば、現実性は高いかもしれない。しかし、1990年代に世界を駆け巡った米英のヘッジファンドによる投機攻撃を回避できるかどうか、もう少し検討が必要であろう。

5　漸進的改革と中国経済学—むすびにかえて

　中国の資本勘定自由化は、その他分野の改革と同様に漸進的である。ロシアやいくつかの中東欧諸国のように急進的・ショック療法的路線を採用しなかった背景には次の事情がある。①資本取引自由化の前にどのような準備が必要かについて、アジア危機の経験から教訓を学んだ。②移行期の「一国二制度」で香港を緩衝材として利用する上で、人民元の自由交換性の完全実施は香港ドルの存在価値を減殺しかねない。さらに③「社会主義市場経済」を唱える中国では、制度変遷を究明するため制度経済学が台頭し、アメリカ型資本主義のバックボーンにある新古典派経済学の急進アプローチに批判的な勢力が存在することである。

　最後の点を補足する。制度学派の経済学者は少なくないが、例えば北京大学天則経済研究所の盛洪は、中国の20数年にわたる改革の基本課題は、①計画・指令から市場価格メカニズムへ、②所有権の国有から非国有への移行、の二つに要約されると言う。そして「制度変遷に関しては、〈如何に変えるか〉がもっとも重要な問題である」が、制度内での資源配分問題だけを研究対象としている新古典派経済学は無力である、と言い切る。制度変遷に関して「変えないか、それとも全部変えるか」を強調する一般均衡理論をベースにした「ビッグ・バン」の方法は、ロシアやいくつかの東欧諸国で挫折し、こうした理論が重大な欠陥をもつことを明らかにした。これに対し、新制度経済学は、「制度運営の費用」「制度変遷のコスト」や「改革コスト」などの概念によって、異なる改革方法の優劣の判断を可能にする。「新制度経済学の理論は、中国における漸進的改革の実行の必要性に対し有力な解釈を与えているだけではなく、効率的な改革の計画を立案するときの枠組みをも提供している」[23]と主張するのである。

　現実の経済改革の歩みに対する認識、そして移行に関わる政治経済イデオロギー状況からして、中国における資本自由化は慎重かつ漸進となっているのである。

注

(1) 戴翼「人民元のシステムと中国・香港」上川孝夫、新岡智、増田正人編『通貨危機の政治経済学』日本経済評論社、2000年、226〜228ページ；樊勇明・岡正生『中国の金融改革』東洋経済新報社、1998年、67〜69ページ参照。
(2) 戴翼、前掲、229〜230ページ；桑田良望『外資系企業に対する中国の外貨管理』(1999年版)(2002年版)、富士総合研究所、6〜13ページ参照。
(3) 桑田良望『外資系企業に対する中国の外貨管理』(2002年版)、富士総合研究所、6〜13ページ；赤間弘、御船純、野呂国央「中国の為替制度について」『日本銀行調査月報』2002年5月号、161〜168ページ；樊・岡、前掲、70〜76ページ；Andre Icard, "China's capital account liberalization in perspective," Speech on the occasion of the joint BIS/SAFE seminar on "Capital account liberalization in China: international perspectives" in Beijing on 12-13 September, 2002, http://www.bis.org 参照。
(4) 柯隆「中国における金融国際化へのロードマップ——資本移動の自由化と人民元相場の展望」富士通総研経済研究所『研究レポート』No.124、2001年、10ページ参照。
(5) Fred Hu, "China's WTO Accession as a Catalyst for Capital Account Liberalization," *Cato Journal*, Vol.21, No.1 (Spring/Summer 2001) 参照。
(6) 桑田良望、前掲 (1999年版)、16〜42ページ参照。
(7) 戴翼、前掲、238〜239ページ参照。
(8) 真家陽一「国家財政の構造問題」小林熙直編、『チャイナリスクを検証する——中国経済発展の制約要因』ジェトロ、2002年、64ページ参照。
(9) 伊藤隆敏「アジア通貨危機とアメリカの対応」『国際問題』No.467、1999年2月、参照。
(10) 中国WTO加盟に関する日本交渉チーム『中国のWTO加盟』蒼蒼社、2002年、120〜125ページ。
(11) 井上武『変貌する中国金融資本市場』野村総合研究所資本市場研究部、2002年、32〜33ページ参照。
(12) Fred Hu, op.cit., 参照。
(13) 井上武、前掲、34〜36ページ参照。
(14) IMF, PIN No.01/91, August 24, 2001, 参照。
(15) IMF, PIN No.02/97, September 3, 2002, 参照。
(16) Stefan Ingves, "Meeting the Challenges for the Chinese Financial Sector : What Have We Learned from Other Countries?," IMF Forum at Beijing, May 15-16, 2002. http://www.imf.org 参照。
(17) Fred Hu, op.cit.
(18) 柯隆、前掲、19ページ。
(19) 神宮健「改革が進む中国資本市場」『知的資産創造』2001年11月号、62〜64ページ参照。
(20) 同前、64〜65ページ参照。
(21) 戴翼、前掲、234〜237ページ参照。
(22) Ding Jianping, "Liberalization of Capital Account with China's Characteristics, 2001," http://www.econs.ecel.uwa.edu.au/economics/Links/papers/aces_ding_j.pdf. 参照。
(23) 盛洪「中国における制度経済学の台頭」、2002年、http://www.rieti.go.jp/users/china-tr.jp/020603gakusha.htm, 参照。

参考文献（注に掲載した文献を除く）
・毛利良一『グローバリゼーションとIMF・世界銀行』大月書店、2001年。
・毛利良一「金融グローバリゼーション」関下稔ほか編『現代世界経済をとらえる』（Ver.4）東洋経済新報社、2003年。

第19章 中国における中小企業の発展と金融

汪 志平

 1979年に始まった改革開放以来、中国の経済発展に対する中小企業の貢献度が次第に大きくなり、国民生活の多様化と個性化、企業間の分業と協力、技術革新、雇用創出などの面において、中小企業が大きな役割を果たしてきた。現在、中国の中小企業はすでに1000万社を超えており、登録企業総数の99％以上を占めている。中小企業は工業の総生産の約60％、売上げの57％、利益の40％、輸出総額の60％、都市雇用機会の約75％を貢献している。さらに、中小企業は農業から移転してきた2億人以上の労働力を吸収してきた。
 その発展の過程において、中国政府は様々な支援政策を打ち出してきた。

1 中国の中小企業支援政策

(1) 1990年代半ばまでの中小企業政策

 1990年代半ばまで、中国の企業関連政策には、所有形態別(国有・集団所有・外資・個人・私営)、地域別(郷鎮企業)のものが多く、中小企業を対象とするものはほとんどなかった。
 郷鎮企業は農村地域に位置するすべての企業を指すものであるが、その主体は中小企業である。「1995年第三次全国工業普査資料」によれば、郷鎮企業では小企業が企業数の99.97％、生産高の94.4％、従業員数の97.9％を占めていた。
 また、外国資本が関係する「三資企業」では、小企業が企業数の96.6％、生産高の99.94％、従業員数の83.75％を占めていた。これに対して、国有企業では、小企業が企業数の86.7％、生産高の21％にとどまっていた。

その背景として、この20年間、政府の投資は基盤産業、重点産業関連の大型プロジェクトに集中し、小企業の新設を極度に抑えてきた。その上、既存の国有小企業に対して、国家が所有権を手放す方向へ改革を行ってきた。いわゆる「抓大放小」（大企業をしっかりと掴み、中小企業を放す）という方針が打ち出されており、株式合作制・請負・リース・合併・提携・売却・破産などの形で、国有中小企業は政府から切り離されてきた。

　改革開放の初期段階では、郷・鎮（日本の町・村に相当）政府が農民たちから資金を集める方法で、工業・商業・サービスの企業を興していた。それらの収益は農民の現金収入の増加のみでなく、農業への投資を拡大することに大きく貢献していた。そのため、政府は郷鎮企業に対して様々な支援策を講じていた。それらは大きく税制、融資、人材、輸出の支援策に分類できる。

❶優遇税制：設立３年間までの郷鎮企業に特別優遇税率を適用する。中西部に位置する郷鎮企業には、「固定資産投資分野調節税」を免除する。郷鎮企業は所得税額の10％を控除し、農業への投資および社会的支出に当てることができる。郷鎮企業は売上高の１％を研究開発費として留保できる。国が認定した経済開発の遅れている地域の企業に対して所得税を３年間免除する。

❷融資対策：1993年に、政府が各銀行および農村信用社に、郷鎮企業向け融資をさらに拡大するよう指示した。中国農業銀行は、「郷鎮企業星火計画」、「農産物生産・加工・輸出基地」、「小城鎮建設」といった郷鎮企業を対象とする特別融資を実施してきた。県以上の政府が「郷鎮企業発展基金」を設立した。

❸人材支援策：1987年に、政府は、国の研究機関が郷鎮企業と技術提携をしたり、研究者が郷鎮企業へ就職することを認めた。国家教育部は、郷鎮企業へ就職する大卒者に対して、国家幹部の身分を保持すると決定した。退職した元公職者が、郷鎮企業に再就職した場合、年金の受領などは従来通りである。

❹輸出型企業支援策：1992年に、政府は一定の条件を満たす郷鎮企業に、輸出入免許を与えた。そして、農産物生産・加工・輸出基地の関連事業において総投資額が200万ドルを超えた場合、銀行は優先的に融資することを規定した。

(2) 1990年代後半以降の中小企業政策

しかし、1990年代後半に入り、中国の政府・産業界および学界では、郷鎮企業のみならず、中小企業全般に関する議論が多くなってきた。その背景には、国有企業のリストラによる失業問題と農村地域の余剰労働力の就業という緊迫した事情がある。雇用機会創出の担い手として、中小企業が注目されるようになったのである。実際に、1998年だけを見ても、中小企業が国有企業にリストラされた460万人を吸収した。

また、情報通信技術やバイオテクノロジーなどの分野でニュービジネスの活躍が目立つ。市場の隙間を見つけだし、機敏な意思決定を行い、新技術を商品化する面において、研究開発型の中小企業は特に期待されるようになった。

1997年後半から、寧夏自治区をはじめとして、遼寧省・北京市・安徽省・福建省・上海市・河北省などに、中小企業関連業務を担当する専門部署が相次いで設立され、地域の中小企業の支援・育成に乗り出した。

国家レベルの中小企業関連省庁の設立は少し遅れ、1998年7月16日に、国家経済貿易委員会（日本の経済産業省に相当）に、「中小企業司」が設けられた。その主な任務は、中小企業支援政策の作成、中小企業制度改革に関する指導、中小企業の国際提携や交流の促進、中小企業支援サービスシステムの構築と定められている。

さらに、1998年10月に、「全国推動中小企業発展小組」が作られ、国家経済貿易委員会主任を責任者とし、財政部・中国人民銀行・税務総局・国家科技部および一部の銀行首脳がメンバーとなっている。2ヶ月後、同チームから「中小企業発展の支援に関する政策意見」が提示された。その意見に基づいて、様々な施策が打ち出された。

中小企業のイノベーション能力を高めるために、政府は八つの都市を「技術創新試点城市」として選んで、「中小企業技術創新服務中心」を設立した。1999年、ハイテク中小企業の技術革新を支援するために、政府が10億元（約150億円）を出資して「科技型中小企業技術創新基金」を設立した。

2002年6月末現在、中国はすでに701の「中小企業生産力促進中心」、40の「中小企業技術創新服務中心」、100余りの「高科技企業孵化器」、30以上の「大

学科技園」、50以上の「留学生創業園」が創設されており、中小企業の技術革新力の向上に様々な支援を提供している。

　中小企業の「融資難」を緩和するために、1998年以降、「中小企業信用担保機構」が100以上の都市で設立された。また、国有商業銀行では「中小企業信貸部」が設立され、中小企業への貸付を増やしている。

　2001年1月に、国家経済貿易委員会が『中小企業服務体系建設試点工作方案』を公表して、上海・深圳・青島・哈爾濱・成都・蘭州・鎮江・撫順・温州・滁州の10都市を、全国中小企業サービス体系建設の実験都市として選んだ。その内容は、信用保証、資金融通、創業指導、技術サポート、情報提供、市場開拓などにわたっている。実験は2年間をかけて行われる。

　1999年から着手してきた『中小企業促進法』が、2002年6月に全人代で通過し、2003年1月1日から施行されることになっている。新しい法律のもとでは、中小企業信用保証体系の建設、中小企業信用情報の収集と評価体系の建設、および中小企業の信用情報の交流と共有などが強調されている。

(3) 上海市の事例

　上海市は中国の経済中心都市であり、国有大企業と多国籍企業が大きな勢力をもっている。そのため、中小企業の発展は、隣の江蘇省・浙江省より遅れていた。1999年以降、上海市政府が中小企業の発展を重視するようになり、相次いで支援策を打ち出してきた。

　1999年11月28日、上海市人民政府が「本市の中小企業の発展を促進する決定」と「本市の中小企業の発展を促進するための政策意見」を正式に公布した。それに基づいて、市政府の関係部局が次の六つの細則を制定した。

❶「上海市中小企業信用保証基金の管理方法」
❷「上海市科技型中小企業技術革新基金の暫定規定」
❸「上海市国有資本の小企業からの退出を推進する意見」
❹「上海市中小企業貸出管理実施方法」
❺「上海市小企業賃金未払い基金の試行方法」
❻「上海市小企業の工商登録管理方法」

　また、1999年11月に、上海市は中小企業の発展を促進するために、次のよう

な機関を設立した。

❶管理・サービス機関としての「一辦一会二中心」、すなわち、「上海市促進中小企業発展協調辦公室」、「上海市小企業総会」、「上海市小企業生産力促進服務中心」、「上海市小企業貿易発展服務中心」。
❷各県・区の小企業サービス機関としての「小企業総合服務中心」、「小企業培訓中心」、「小企業信用担保服務中心」。
❸小企業にサービスを提供する仲介機関としての「中国投資担保公司上海分公司」、「銀行中小企業信貸管理部」、「小企業信息化示範中心」など。

　上記の支援政策により、上海市では創業ブームが生じた。2000年末に小企業数が24万4000社に達し、前年比14％の増加となり、2001年にはさらに20％以上の増加であった。うち、科技型小企業が9500社に達し、前年に比べて19％の増加であった。科技型小企業は上海市の産業構造の転換と技術革新において新しい推進力となっている。

2　中国における中小企業金融の現状

　近年、中小企業は中国において急速な発展を遂げてきたが、中小企業の融資難がまだ解決されていない。

(1) 中小企業の金融状況

　過去の10数年間に、中国の資本市場が急速な発展を遂げてきたにもかかわらず、直接金融のウエイトがまだ非常に小さい。2001年度に、企業が株式市場から調達した資金は1000億元余りにとどまり、銀行貸付総額の10％未満である。したがって、中国の資金供給システムにおいて間接金融が主導的な地位を占めている。

　特に中小企業の場合、一部の急成長を遂げているハイテク企業を除けば、株式・社債を発行して資金を調達することがほとんど不可能であり、民間貸借の他に銀行貸付が最も重要なチャネルである。実際に1998年、全国中小企業の資

金調達に、銀行貸付が9.7％、株式が1.3％、社債が0.3％を占めていた。上海市では、2001年に銀行貸付が小企業の外部資金の73％、有価証券が２％を占めていた。

しかし、現在の中国では、四大国有独資商業銀行（中国工商銀行・中国農業銀行・中国建設銀行・中国銀行）が独占的地位にあり、株式制商業銀行10行も基本的に国家の支配下にある（表１を参照）。さらに城市信用社が強制的に合併されて、「城市商業銀行」となり、実質上の地方国有銀行である。

中国の私営・個体企業は工業総生産増加額の30％以上を占めているが、金融

表１　中国の類型別商業銀行の預金・貸出規模（2000年）

	預金（億元）	比率（％）	貸出（億元）	比率（％）
全国金融機関	123,804	100.00	99,371	100.0
四大国有商業銀行	76,945	62.15	58,250	58.62
十大株式制商業銀行	11,932	9.64	8,362	8.42
100城市商業銀行	5,279	4.26	34,700	3.49

（注）十大株式制商業銀行は、交通・光大・招商・中信実業・華夏・民生・広東発展・深圳発展・浦東発展・福建興業の10行を指す。
（出所）彭建剛・周鴻衛「区域性商業銀行——我国城市商業銀行可持続性発展的戦略選択」
『武漢大学　発展経済学与中国経済発展国際学術研討会論文集』2002年６月。

表２　中国金融機関発展略史

1987年：交通銀行が初の株式制銀行として復活された。その後、深圳発展（87年）・招商（87年）・中信実業（87年）・広東発展（88年）・福建興業（88年）・華夏（92年）・光大（92年）・上海浦東発展（92年）などの株式制商業銀行が相次いで設立され、四大国有商業銀行の独占局面が終結された。
1995年：政府が一部の経済発達地域で、城市信用社を合併・再編して、城市商業銀行を設立することを決定した。２月に第１号として、「深圳城市商業銀行」が誕生した。2002年８月末現在、全国に合計111行が設立されている。
1996年：中国で初の非国有企業の出資による「中国民生銀行」が誕生した。
2001年：中国人民銀行が江蘇省の常熟・江陰・張家港の３つの都市で、農村信用社を合併・再編して、農村商業銀行の設立を認可した。

（出所）中国人民銀行監管課題組「中小商業銀行：在改革中誕生和発展」中国人民銀行ホームページ、2002年９月４日より作成。

機関融資総額の1％しか得ていない。私営企業は、いまでも相応しい融資チャネルをもっていない。農村では、70％以上がいわゆる非合法の民間金融によって提供されている。浙江省温州市の蒼南県では、中小企業の流動資金の調達には、民間貸付が45％、自己資金が35％、銀行貸付が20％となっている。このような状況の中、高利貸しが多く発生している。ある調査によれば、農村では個人間の貸借発生率が95％に達し、高利貸しの発生率が63％に達している。うち、年利子率40％以上の超高利貸しが25％を占めている。

大都市においても、資金不足が中小企業の発展にとって大きな制約となっている。上海市は2700社の中小企業に対する調査の結果、68％の企業は資金調達がかなり困難であり、14％は非常に困難であると答え、両方を合わせて82％に達していた。また、生産停止している企業のうち47％は資金不足によるものである。

(2) 中小企業向け貸出の動向

❶担保貸出と保証貸出が主な方式となり、信用貸付が非常に少なくなっている。1998年以降、各商業銀行は不良資産を減らし、金融リスクを抑えるために、担保・保証制度を全面導入した。たとえば、沿海部の浙江省温州市では、2000年上半期の銀行貸出総額に、担保貸出が60％、保証貸出が33.7％、信用貸付が6.3％を占めていた。中部の湖南省瀏陽市では、2000年上半期の銀行貸出総額に、担保貸出が63％、保証貸出が36％を占め、信用貸付がわずか1％にとどまっていた。西部の甘粛省蘭州市では、担保貸出が41.2％、保証貸出が58.8％を占め、信用貸付がまったくなくなっている。

❷貸出先の二極分化が加速している。市場競争の激化に伴って、中小企業の経営効率に二極分化の傾向が顕著となり、製品の売れる企業、利益率の高い企業が金融機関の「黄金客戸」（ゴールデン・カスタマー）となり、大きな受信枠をもらっている。と同時に、多くの発展潜在力のある中小企業は、銀行の審査能力不足のため必要な資金を調達できない。

❸固定資産貸出が減少し、流動資金貸出が短期化している。3～6ヶ月の短期貸出が79％を占めている。

❹企業法人向けの貸出が減少し、自然人向け貸出が増加している。商業銀行の

中小企業貸出が、企業の主要株主を対象に行い、かつ彼らの個人財産を担保にとっている。銀行から見れば、中小企業の法人代表が頻繁に変わられ、提供してきた財務情報も信用できないので、実質上の企業向け貸出をいくつかの主要株主への個人向け貸出に分解して行った方が債権回収の確実性が高い。曰く「お坊さんが逃げても、お寺が動けない」。

(3) 中小企業融資難の原因分析

中小企業の融資難問題の発生には、金融政策、銀行経営、企業自身の3方面から原因を挙げることができる。

❶専門的な中小企業金融機関の欠如。現在、中小企業に貸出を行う主な金融機関は、農村信用社と城市商業銀行である。城市商業銀行の融資総額の約8割は中小企業向けであるが、全国金融機関の貸出総額に占める城市商業銀行の比率はわずか3.5％にすぎないので、資金量には中小企業のニーズに応えきれない。非国有企業の出資で設立された中国民生銀行も融資総額の60％以上が中小企業向けであるが、規模が小さく、しかも営業拠点の大部分が大都市にあるため、広大な農村地域にある中小企業にとって遠い存在である。四大国有商業銀行に「中小企業信貸部」は設置されているが、インセンティブの問題が解決されていないため、中小企業向けの融資に消極的である。近年、国有商業銀行の下部支店の貸出決定権限が大きく制限され、県・市レベルの支店にはほとんど貸出の決定権がなくなっている。例外としての中国農業銀行が農村地域に多くの営業所がもっているため、中小企業への融資が多かったが、近年も減少してきており、将来は中小企業融資から撤退することを計画している。

❷商業銀行融資の国有大企業傾斜。近年、商業銀行の市場戦略は「大都市、大産業、大企業」に転換してきた。例えば、陝西省2001年1月〜9月の新規貸出増加額の61％が西安市に集中しているが、西安市の経済規模は陝西省で43％を占めているにすぎない。また、銀行融資が国有大企業と外資系大企業に大きく偏っている。2001年1月〜9月、西北地区五つの省・自治区では、銀行の新規融資に、郷鎮企業・私営企業と個人企業向けの融資額はわずか1.6％であった。湖南省では、2001年上半期に、電力・電信・石油・冶金・

交通・タバコの6大産業の企業は、全省の企業数の0.4％しかないが、貸付総額の22％を占めた。大型外資系企業の場合、ほとんど著名な多国籍企業の子会社であるため内部管理制度がしっかりしているし、信用度が高い。また、国有大型企業の場合、融資が不良債権化したとしても上からそれほど厳しく責任追及されない。

❸中小企業の多くは、内部管理水準が低く、提出される財務報告書の信憑性が低い。また、一部の中小企業に信用の観念がなく、銀行債務を様々な方法で逃れようとしている。このような事件が発生すると、中小企業全体に対して銀行が警戒するようになる。さらに、中小企業には固定資産が少なく、担保として使える財産も少ない。

(4) 中小企業信用保証制度の現状

1998年から、各地方政府が中小企業の資金難を緩和するために、相次いで信用保証機関を設立した。2001年6月末までに、全国31の省・自治区・直轄市において200以上の信用保証機関が設立された。しかし、全国的に見れば、中小企業信用保証制度には以下のような問題が存在している。

❶大部分が会社法人の組織形態をとっており、社団法人と事業法人の数が少ない。また、全部ないし大部分の資本金は政府の財政資金である。

❷地方政府の様々なレベル（市・県・郷・鎮）で信用保証機関が存在し、地域によって主管部門も異なる（財政局、郷鎮企業局、経済貿易委員会、工商連合会など）。各機関の定款、保証方法、管理体制などが統一されていない。

❸信用保証機関の規模が小さい。経済的に発達している江蘇省と浙江省の調査によると、江蘇省16の市・県レベルの信用保証会社の平均登録資本金は330万元、浙江省23の保証会社の平均登録資本金は630万元にとどまり、中に最小規模は50万元（800万円）にすぎない。従業員数は、多いところ10人前後、少ないところは2～3人、しかも大部分は兼任職員であり、専属の従業員は平均1.6人にすぎない。しかし、信用保証は専門性の非常に高い業務であり、金融・財務・法律・監査・投資プロジェクトの評価などの専門知識を必要とする。現在、多くの信用保証機関は兼任職員や退職者しか雇えないので、経営リスクとモラル・ハザードの危険性が非常に高い。

❹一部の保証機関は少額融資の保証をやらないで、特定のプロジェクトに過大な保証を提供しているため、いったん失敗すれば機関そのものの存在も危ない。また、一部の機関は過剰に安全性と利益を追求し、複雑な審査手続き、高い保証費、短い期限などにより、保証を求める企業が困惑している。調査によれば、現在大部分の保証融資の期限は6ヶ月未満であり、長くても1年を超えないものばかりである。資金の使途としては、流動資金に限り設備資金の保証をしていない。

❺保証融資を受けた企業が、保証金などがとられるため、実質金利負担がかなり高い。ある企業の場合、100万元の貸付に対して、信用保証会社が30万元を保証金として取り上げ、銀行はさらに5％を保証金として押さえたため、企業が実際に使用可能な資金は65万元になってしまい、実質金利が倍近く上昇した計算となる。

3　中小企業金融の改善策

現在、中国の中小企業がGDP成長の50％以上を貢献しているが、20％未満の金融資源しか利用できていない。中小企業の資金難を緩和できれば、経済成長はいっそう加速されるであろう。そのために、以下のような政策提言が出されている。

❶金融市場の建設：民営中小商業銀行を発展する。民間貸借市場を合法化し管理する。直接金融を発展させ、ハイテク中小企業のために株式市場を開設する。中小企業専門の政府系金融機関を設立する。

❷中小企業信用の建設：中小企業の財務管理を強化し、有効な内部管理体制を確立して、金融機関との情報非対称性を解消する。社会信用調査機関を設立して、企業の信用状況記録を作り、信用情報を公開する。経営者のモラールを高め、誠実・信用の原則を守るように教育する。

(1) 最近の注目すべき新しい動き

①中央銀行による指導

2002年8月8日、中央銀行である中国人民銀行が『市場・効率・信用のある中小企業向けの貸出を強化するための指導意見』（関于進一歩加強対有市場、有効益、有信用中小企業信貸支持的指導意見）を発表した。

それによれば、国有独資銀行が中小企業向けの貸出部署を設立し、中小企業の発展を支援するための目標と実施ステップを明らかにし、定期的にチェックしなければならない。株式制商業銀行は、中小企業の発展を支援することを重要な仕事とすべきである。城市商業銀行は、地方中小企業にサービスを提供することを中心的な業務とすべきである。城市信用社は中小企業のサービス水準をさらに高めなければならない。

従来の融資審査基準に、資本金規模が大きなウエイトを占めていたことにより、中小企業が非常に不利に扱われたことを考えて、「指導意見」では、科学的で中小企業の実際状況に適合した商業銀行の信用審査制度を作るように求めている。具体的には：

——中小企業に対して最低貸出限度を設けない。

——貸出審査手続きを簡略化する。

——中小企業の流動資金貸出審査の一部権限を下部支店に与える。

そのほかに、商業銀行の中小企業融資におけるイノベーションを奨励する。たとえば、中小企業の特許権利担保貸出を実験的に行うことができる。

②中国建設銀行と浙江省との「銀政合作」

中国建設銀行は過去において、主として基幹産業やインフラ建設などの巨大プロジェクトに融資してきたため、中小企業向けの融資比率が国有商業銀行の中で最も低かった。最近になって、やっと優良な中小企業に目を向けるようになってきた。

浙江省は中国で経済成長率が最も高く、中小企業（ほとんどが私営企業）が最も発達している地域である。2001年末現在、浙江省の工業総生産の88％が中小企業によるものである。2002年4月、浙江省の八つの城市商業銀行が「千家

民企培育計画」(千社の民営企業を育成する計画)を発表し、3年間に100億元を融資し、1000社の民営企業を重点的に支援して、浙江省の経済成長を支える「小巨人」に育成しようとしている。

2002年9月2日、中国建設銀行と浙江省政府との間に「小企業支持協定」が結ばれた。それによれば、これからの3年間に、建設銀行が浙江省の中小企業に500億元の融資を増加する。

浙江省政府が発展の潜在力のある優良な民営中小企業を推薦し、建設銀行が中小企業向けのサービスを改善し、優良な中小企業への融資審査手続を簡略化し、担保不要の信用貸付の比率を高める。

③上海銀行（上海市の城市商業銀行）

近年、新しい貸出商品を相次いで開発した。たとえば、創業の段階には「下崗工人再就業専項貸款」(リストラされた労働者の再就業専門ローン)と「開業貸款」、小企業の発展段階には「商舗租賃専項貸款」(店舗リース専門ローン)と「小企業担保基金専項貸款」、新技術導入の時には「小企業高新技術専項貸款」(小企業ハイテク専門ローン)、企業拡張段階には「収購兼併専項貸款」(M&A専門ローン)などが用意されている。

2001年末現在、上海銀行の中小企業向け貸出が400億元に達し、貸出総額の60％以上を占めており、しかもその比率が年々上昇している。

(2) 中小企業金融支援のジレンマ

中央政府は銀行の中小企業向け融資を増やすよう要請している。政府は、中小企業には資金ニーズが大きいのに、商業銀行が十分に答えていないと指摘するが、貸出総額の6割以上を占める国有商業銀行は巨額の不良債権という負の遺産を抱えているため、新たに不良化するような融資はもうできないと開き直り始めている。

中小企業金融はどうすれば活性化するのか。国有商業銀行は長年、国有大企業を相手にしてきたため、中小企業の審査のノウハウを蓄積していない上に、財務体質を強化するために貸出資産の圧縮を加速している中で、中小企業向けの融資を増やせないであろう。

商業銀行数倍の高金利でも借りたいという中小企業が多数存在しているので、合法化さえすれば、民間資本は中小企業向け融資に参入し、貸出を一気に伸ばすだろう。2002年末～2003年の前半にかけて、民間資本への銀行業開放に関する中国政府の政策に大きな変化が起こる可能性が非常に高いと見られているので、中小企業向け融資の増加を、民営金融機関による参入に多くの期待が寄せられている。

参考文献
・万瑞嘉華経済研究中心『中小企業投融資策略』広東経済出版社、2002年。
・陳暁紅『中小企業融資』経済科学出版社、2000年。
・郭根栄「小企業金融支持政策的効応分析」『札幌大学　日中経営シンポジウム論文集』2002年。
・許維華「中小企業難拾銀行融資橄欖枝」『国際金融報』2002年8月9日。
・朱保強「談我国中小企業籌資困境及其対策」『湖南大学　第八届全国財務学科建設与理論研究会論文集』2002年7月。
・張曙光「為什麼民営金融発展不起来？」『中国経済時報』2002年4月13日。
・陳暁紅、劉剣「我国中小企業服務体系現状及其対策問題研究」『中国人民大学復印資料金融与保険』2002年1月。
・彭建剛、周鴻衛「区域性商業銀行――我国城市商業銀行可持続性発展的戦略選択」『武漢大学　発展経済学与中国経済発展国際学術研討会論文集』2002年6月。
・李在寧「構建与中小企業発展相適応的金融服務体系」『改革』2000年3月。
・梁峰「試論制約我国中小企業発展的融資瓶頸」『南開経済研究』2000年2月。
・中国人民銀行監管課題組「中小商業銀行：在改革中誕生和発展」中国人民銀行ホームページ、2002年9月4日。
・「中国建設銀行投入五百億支持浙江中小企業発展」中国新聞社、2002年9月3日。
・「上海啓動中小企業信用管理培訓計画」新華社、2002年8月29日。
・史世民「中国の中小企業政策」『商工金融』第50巻第1号、2000年1月。
・汪志平「中国の創業支援政策」『経済と経営』（札幌大学）第32巻第3号、2001年12月。

第20章 現在中国の信用リスクと対策

陳　作章

　現在中国の銀行業が急激な発展を遂げているが、それに伴い、信用リスクの発生条件も多様化している。特に、アジア金融危機以降、信用リスクの解消とリスク・ヘッジは中国の経済発展の中で目立った問題となっている。中国の信用リスクを大きく分けると、次の三つに大別できる。

❶不良債権の増大に関すること。
❷違法経営に関すること。
❸悪徳経営に関すること。

　1995年5月「中華人民共和国商業銀行法」が正式に公布され、その第71条では「商業銀行が期限の切れる債務に対して支払い不能の場合、中国人民銀行の同意を得て、人民法院がその破綻を告げる」と規定された[1]。信用リスクの管理は急速に成長発展してきた中国経済の今後の発展のために重要であることから、それらの信用リスクの原因を分析し、防止対策を検討しておこう。

1　中国の信用リスクの表現

(1)　不良債権の増大に関すること

①銀行信用の集中[2]

　銀行や投資家にとって最も忌避すべきことは、特定企業への投融資に一方的に集中しすぎることである。企業経営は必然的にではなく、偶然的に悪化することがありうるからである。銀行は8％ぐらいの資本金で100％の負債を支えて

いるから、特定の大企業の経営悪化は銀行の不良債権を一挙に悪化させるのである。銀行の貸付が1社、あるいは数の少ない企業に集中すると、その銀行の経営が1社、あるいは何軒の企業の運命に左右されてしまうことになる。調査によると、中国銀行業の信用資金の運用には四つの特徴がある。第1は貸出項目が大きい。例えば、貸出が大型企業や大都会や大型プロジェクトに集中する。第2は貸出期間が長引く。つまり、本来貸出期限がきているのに企業が返せないため、貸出期間を伸ばすことになる。例えば、流動資金の貸出の中で、短期流動資金の貸出残高（12ヶ月以内）が下落し、中期流動資金の貸出残高（1年から3年）が増加している。貸出期間が長引くことによって短期貸出のリスクの発見が難しくなる。第3は貸出が株式上場企業、あるいは準上場企業を優先する。つまり、銀行は株式上場企業の方の経営基盤が大きいし、安全性が高いと判断しているから、貸出はなるべく株式上場企業を優先する。ところが、多くの金融資金を上場企業に貸してから、うまく利用できなくて、かえってその一部の資金が株式市場に流れてくる。その資金が生産領域から離れ、新たな価値をつくり出せなくなると、その中で準上場企業が最も大きなリスクを抱えることになろう。第4に貸出が独占部門を優先する。つまり、銀行の貸出が独占的な業界に集中する。例えば、主に国道や鉄道、または電力や通信、そしてタバコ業界に貸し出されている。これらの部門は規模が拡大するにつれて、国内競争だけでなく、グローバルな競争が避けられず、経営悪化の危険性を含んでいるのである。このことは米国の最大手企業エンロンや新興企業ワールドコムの事例でも証明されるであろう。

　以上、中国銀行業の信用資金運用の特徴を分析すると、多くの銀行信用資金が少数の企業に貸出を追加することは、必ずしも銀行経営の安定条件を形成するものではなく、むしろより多くの信用リスクを抱え、信用資金配置の効率に悪影響を与えることになる。経済活動の過剰生産に伴う停滞は避けられないから、銀行貸出の一方的な集中は中国21世紀の信用リスクの重要な要因となると考えられる。現在中国の貸出市場の供給方を見れば、主に3種類の金融機関がある。その1は、中国政府系の政策性銀行であり、国家開発銀行と呼んでいる。その2は、国有商業銀行[3]である。その3は、新しく成立した株式商業銀行[4]である。多くの銀行が同時に一つの企業の同じプロジェクトに貸し出している。

その中で、政府系政策性銀行の貸出源泉が主に金融債発行により集めた資金である。国家の信用で保証し、そして貸出期限が長い。その銀行の社長が２回代わっても貸出のリスクは変わらない。国有銀行の資本金は主に三つの方面からなる。①国家財政予算から調達されるが、その中に２種類に分けられて、１種類は中国人民銀行が成立した時、国家財政から繰り出された創業資金であり、もう１種類は国家財政が年ごとに追加した貸出基金である。②銀行自身の蓄積した資金である。③株式発行で得た株式資金である。国有銀行の主な運営資金の多くは公衆の預金から集められている。新興の株式商業銀行の資本金は主に株式から調達され、主な運営資金は公衆から集められている。だから、貸出のリスクがかなり高い。

②信用循環が過剰生産で中断すること

　企業経営は良好であるが、自己資本をもたず事業活動を拡大しょうとすれば、銀行からの借入と手形取引に依存して行われる。すなわち、手形を割引することは、まず企業にとっては、保証金を預け入れて、それを条件に銀行が承諾手形を提出し、その承諾手形に基づいて商業銀行から手形の割引と再割引をするということである。例えば、ある資金のない企業はある銀行から1000万元を借りてからすぐに預け入れて、それを保証金として（保証金率が50％であれば）2000万元の承諾手形を貰うことができる。その企業は承諾手形を他の銀行に持ち出して、手形の割引をして1800万元の資金を貰える（割引率を除く）。後でこの資金を保証金として4000万元の承諾手形を貰って、再び手形の割引をしてからまた保証金として8000万元の承諾手形を入手し、それから、1.6億元、3.2億元……、このように循環運動を繰り返しながら、承諾手形の金額を次々と拡大していくことによってもともと1000万元貸出の銀行信用が1億元や2億元というように信用規模を拡大することが可能となる。そのことから一つの理論的な公式を得られる。仮にある企業が銀行からの借入金額がA億元とすれば、その後次々に手形を割引し、また銀行から承諾手形を貰い、手形の割引率は"r"とし、保証金比率は"k"とし、それで、A億元の銀行貸出がn＋1の銀行承諾手形をもらえて、n回手形の割引をして、銀行が累積に出した銀行承諾手形の金額は次のようになる。

$$A[1/k+(1+r)/k+(1-r)^2k^3+\cdots+(1-r)^n/k]^{n+1}$$

この公式を見ると、銀行の承諾手形業務によって、信用の創造が可能となり、取引も著しく拡大できるが、しかし、銀行信用のリスクが非常に高くなる。一度、企業の中から満期に来た手形の支払ができなくなれば、信用連鎖は一挙に崩壊する。経済活動が旺盛で円滑に循環が進行している場合には全く心配したこともなかったが、過剰生産となり、生産物が売れなくなると信用に伴う取引は維持できなくなる。支払う信用は受け取る信用に依存しているからである。手形市場にはバブル経済の形成要素が含まれている。

③預金の偽増加

現在、中国の商業銀行、特に新興的な株式制商業銀行自身が経営基盤を拡大するため、預金吸収に対する欲求が強くなり、預金の偽増加を生み出した。預金の偽増加の目的は貸出金額を増加することにある。中国では預金と貸出の比例管理を実施しており、預金があれば、貸出ができることになっている。そういうことで、預金が偽増加され、貸出が実際の金額である場合には、万が一預金の偽部分が表面化すれば、企業の資金運用は銀行の貸出に依存できなくなり、最終的に中央銀行が一部の貸出源泉を補填することになる。預金を偽増加する方法は次のような方式がある。第1は銀行間の相互預け入れ。その多くは"信用社"という農村信用組合と非銀行金融機構がその預金を商業銀行に預け入れているが、商業銀行がそれを一般預金として預かっている。第2は半分が他行への貸金で、半分が金融機関預金である。これは主に金融機関相互の預金の往来である。例えば、ある金融機関がある銀行に1億元を預けて、その中の6000万元が金融機関預金で、残りの4000万元は短資(他行への貸金)であり、短資の金利は8％に達し、金融機関預金は法定の金利で計算する。貸方の金融機関が利益を得ているが、商業銀行にとって、帳簿上正しいし、手続きも合法である。ところが、その裏に一部の預金が偽増加となった。第3は手形の割引が預金転移となる。例えば、甲の銀行から手形を割引してから乙の銀行に預金する。その目的は再び承諾手形を発行させることである。さらに本銀行で手形の割引をしてから、同じ銀行に預金し、また保証金として為替手形(送金為替)

を発行させる。このことによって実質的に割引資金から直接に預金に変わった。第4は手形の発行で預金を増加させる。例えば、ある銀行からある企業に1000万元の承諾手形を発行する。その条件は、その銀行に1000万元から2000万元の預金を半年あるいは1年間預ける必要がある。以前では貸付金で預金を増加させていたが、現在は手形の発行で預金を増加させる。第5は貸出業務で預金を増加させる。月末、あるいは四半期末で銀行が企業と合意し、貸出をしてからすぐに預金してその利鞘は銀行が負担する。このようにして、銀行の預金が確かに増加し、規模も拡大したが、預金の偽増加は中国のマネーサプライデータの真実性を失っている。

(2) 違法経営に関すること

①関連貸出金

　関連貸出金とは各種のコネを通じて銀行信用（銀行の貸付金）を取得することである。このことは既に中国の一つの社会現象となっている。その関連関係は4種がある。その1は、グループ的な関連であり、つまり同じグループ会社である。その2は、法人代表の関連である。その3は、多国籍企業（インターナショナル・コーポレーション）的な関連である。その4は、コネの関連であり、つまり人付き合いの関連である。

　グループの関連とはグループ会社[5]の中で幾つかの子会社がある。これらの子会社は皆独立法人であり、独自で法律的な責任を負っている。グループ会社の関連貸出は幾つかの形になっている。第1は子会社がそのグループ会社の総資産を抵当品として銀行の貸出金を申請する。第2は親会社と子会社、あるいは子会社と子会社の間で相互に担保し、銀行の貸出金を申請する。特に銀行は上場企業を信用しすぎて、上場企業であればいくらでも貸し出すが、上場企業の危険性が非常に高いことを知らない。このようなグループ会社では銀行からの融資は一般的にグループ内で使用するので、万が一銀行の貸出金を返せない時は一つの会社を破産させてその他の企業を生き残らせるので、損するのは銀行である[6]。

　法人代表の関連とは幾つかの企業が皆同じ法人代表であり、あるいは一人が幾つかの企業を登録した。このような企業の中で関連取引が発生しやすいのは、

それは一人で決めるからである。法律的な角度から考えて、企業の営業ライセンスでA、B、C等の企業が平等の経営体で、独自で経営責任を負うことになる。

多国籍企業の関連とはその多国籍企業（中外合資や中外合作）が外国から高価な原材料を輸入し、安い価格で製品[7]を外国に販売し、利益を上げるが、こうした取引を背景に中国国内の銀行に貸出金を申請する。多国籍企業がこのような経営行為をすることは、結局国内に僅かの利益を残して多くの利益を海外に流出してしまう。実質的に銀行の貸出金を不正取得し、中国国内の銀行の貸出金を海外に流失したことになる。グループ企業内で資本金の流動や資金の転移等で税金も支払わず、同じグループ企業内の国際的な資本の移転が起こる。

コネの関連とは銀行員が企業法人代表との個人的な関係に基づいて融資することを言う。銀行が国有や公有の機構で、企業が個人的なものである場合、銀行員が個人企業のある合意を達成すれば、企業が銀行に貸出金を申請する時、手続きは問題ないが、貸出を借りてから返せない場合が多い。その時貸出の手続きが完璧で銀行員の法律的な責任を問わない。たとえその銀行員を処分しても彼はその会社に勤められる。このことは、実質的に銀行内部の人が国有資産を侵害することになる。

②**過去の信用リスクの再発する現象**

信用リスクを処置する方法が二つある。一つ目は消滅式である。二つ目は移転式である。消滅式とは閉業や市場退出にあたるが、移転式とは現時点のリスクを買収や合弁等の方式で新たな経営体に移転することである。例えば、都市信用社が農村信用社や都市商業銀行に合弁されたり、都市商業銀行に変身したりすることの中で信用リスクをなくすのでなく移転するのである。リスクが一定的な量に集まったら悪化する恐れがある。例えば、中国の海南開発銀行が多くの赤字の農村信用社を合弁したため自分も倒産した[8]。

③**貸出資金の株式市場への進入**

貸出資金が株式市場へ進入することは利食売をすることによって、回収できなくなるリスクもあれば、経済成長の統計を偽って報告するリスクもある。貸

出資金が株式市場に進入する経路が幾つかあるが、主要な表現は7種類がある。一つ目は証券会社が短資を借替によって長期融資とすることである。証券会社が政策規定を迂回して、短期融資から長期融資となった。二つ目は株式抵当である。株価を高めてから抵当を設定し、より多くの貸出金を借りることである。三つ目は清算時の当座借越である。証券会社が商業銀行と清算する時、商業銀行がわざと証券会社に貸越する。四つ目は証券会社の設立した投資公司に貸出す場合である。これらの公司が企業の名義で銀行に借金を申請し、証券会社が担保して、実際に貸出金を獲得してからその証券会社が使用することになる。五つ目は用途不定の個人総合融資の消費信用である。六つ目は上場企業の融資である。あるいは上場企業の親会社やグループ会社の融資である。七つ目は証券会社が不動産を抵当品として融資を受けることである。証券会社が営業ビルの修理や営業店舗の改造等の名義で融資するが、実際には銀行からの貸出金を全て、あるいは部分的に株式市場に進入し、取引をしている。以上では銀行の信用資金が株式市場に投入する方式であるが、調査によれば、株式市場の株価が上昇し、取引数量が激増する時、大抵銀行の信用資金が多種の経路を通じて株式市場に入り、株価を引き上げることが多い。

④仲介業務の高投資とゼロ収入あるいはマイナス収入

現在、中国の金融業において仲介業務の種類が多く、大抵六つに分けられ、140ほどの品目がある。一つ目は清算業務である。全て無料でサービスを提供しているが、外貨類業務だけ手数料を取っている。二つ目は代理業務[9]である。三つ目は銀行のキャッシュカード業務である。四つ目は諮問業務である。五つ目は担保業務である。六つ目はカストディアン・サービス業務である。もともと銀行の仲介業務を展開することは、商業銀行の新たな利益を増加させるためであるが、しかし現在の商業銀行にとって仲介業務は競争相手銀行と預金を吸収する競争手段として展開している。例えば、商業銀行は積極的に交通会社や水道会社やガス会社や携帯電話会社等の会社に連絡し、それらの会社に対して無料で顧客の使用料の支払いを代理することによって、その使用料が自分の預り金になることを望んでいる。銀行員が大型スーパーへ行って、預金を預かったり、給料を支払ったりする目的はやはり預金を吸収するためである。仲介業

務において先行投資が大きい場合もある。例えば、銀行のキャッシュカード業務には完備した情報処理システムやPOSやATM等の巨大な投資が必要となるが、その業務自体の収益がゼロあるいはマイナスである。したがって、このような高投資、ゼロ収入、あるいはマイナス収入の経営の現状は、商業銀行の新規仲介業務を展開する時の目立った経営リスクになる。銀行業の発展の勢いから見れば、将来銀行の仲介業務収入の比率が上昇する可能性が大きい。商業銀行の業務は二つに分けられる。一つは代金支払い業務であり、二つは利息を徴収する業務である。金利を徴収する業務は預金、貸付、短資等に関する業務である。この業務は多くの過程を通じて各種のリスクを有効にコントロールして始めて利益を上げられるが、代金支払い業務の収入はそのまま銀行の利益になる。したがって、商業銀行がこれからもっと代金支払い業務の収入を高める必要がある。

(3) **悪徳経営に関すること**

①**抵当品を高く測定**

　商業銀行が不動産金融を行う場合、抵当品の価値を評価する必要があるが、このことは投機者にチャンスを与えた。抵当品を高く評価することもあれば、低く評価することもある。例えば、価値1000万元の抵当品を2000万元と評価することもできる。高く評価する目的はたくさん銀行から貸出を貰いたいからである。高く評価して多くの貸出を貰うことが第1種類である。第2種類は抵当品を高く評価して、満期になっても借金を返せない場合、実際価値の低い抵当品で補填する。第3種類は重複抵当することである。つまり、同一物で何回も不動産金融をする。第4種類は他人の資産や債権証明書を借りて、不動産金融をする。以上4種類のケースに対して、商業銀行が時によって知っている場合もあれば知らない時もある。もともとは抵当物が銀行貸出金の安全のため必要であるが、信用資産が損失や流失する場合には抵当品が保証と補償とを置き換えるという役割を担う。しかし、企業が低い価値の抵当品で大切な貸付資金に変えて、企業の不動産と銀行流動資金を置き換えることは銀行にとってリスクが大きい。その主な原因は、商業銀行が企業の抵当品をリスク補填と価値を置き換える手段としては考えず、貸出審査の要素と考えているからである。

②農村資金の都市集積

このようなリスクは社会の安定の基盤（農村は社会安定の基盤である）を動揺させて信用市場のバランスを崩すばかりでなく、中央銀行の資産リスクと財務負担を増加させることになる。農村資金が大量に都会に進入することは、銀行信用の集中と農村資金力を衰退させることになる。大都市に集中した資金が回収できなくなる場合、または農村における資金不足のため事業縮小を余儀なくされる場合には信用が収縮するのである。これには、主に四つの形式がある。一つ目は農村信用社が二級準備金（商業銀行が中央銀行に預ける資金は一級準備金で、農村信用社が上級の商業銀行（農業銀行）に預ける資金は二級準備金である）、合作基金、リスク基金あるいは社団借金の名義で資金を集め、大型企業や大都会に貸す。二つ目は農村信用社が利益を獲得するため、農村から集めた資金を商業銀行に貸すことである。三つ目は農村信用社が集めた資金を商業銀行に貯蓄することである。四つ目は郵便貯金で農村の資金を吸収することである。

表面的に見れば郵便貯金が直接に中央銀行のコントロールできる資金を増加することになるが、実際には中央銀行の農村に対する貸出金のリスクと郵貯の支払いリスクを増加させることになる。そして、中央銀行の郵貯に対する金利と中央銀行の貸出金利に逆鞘があるから、中央銀行の財務リスクをもたらすことになる。一方、郵貯が中央銀行から得た金利収入は農村での資金吸収に回して、農村の金融市場を混乱させることになる。

③商業銀行の所有資産が増大することによる貸付資金の減少

このことは貸付資金を実物資産に転化させて、利益を生まない資産を増加して、利益を獲得できる資産を減少させた。その原因として、第1は、貸付資金で不動産を購入することである。第2は、抵当品を手に入れて自分で使用することである。例えば、多くの銀行が抵当品を処理する方法を知らず、回収した車を使用したり、回収した住宅に入居したりして、そのものは貸付金の代わりにもらっていることは、その貸付金の後ろに債権人の預金者がいて、徴税後の利益が銀行自身の利益であることを意識していない。第3は、固定資産や設備の修理費用が増加していることである。例えば、銀行の建物や店舗や設備の修

理代金が増加しつつある。第4は、適切でない新たな業務では、必要な設備や店舗を購入することは商業銀行にとって大きな負担になるばかりでなく、銀行自身の利益減少に結びついている。銀行資産構成の悪化のため、銀行のリスクを増大させ、中国人民銀行が規定した資産負債比例管理の原則に違反する[10]。

2 リスクの原因分析

以上10種類の信用リスクについて、その発生原因は複雑であるが、具体的に言えば以下の7種類がある。

❶不良債権が自有資本より大きい

中国の国有銀行が財政投資や自己蓄積等の方式で自己資本金の数量が徐々に増加し、1989年以降、経済成長と商業銀行業務の拡大につれて国有銀行の資本金数量が増加したものの自己資本比率は低下し、国際通貨基金協定の決まった8％の自己資本率より低くなり、銀行経営にリスクを高めた（**図1**、**図2**参照）。

そこで、1998年中国政府は2700億元の国債を発行し、四大国有銀行の自己資本比率を高めた（**図3**参照）。

中国人民銀行行長戴相竜は2002年4月中国国有銀行の不良債権残高を105.63

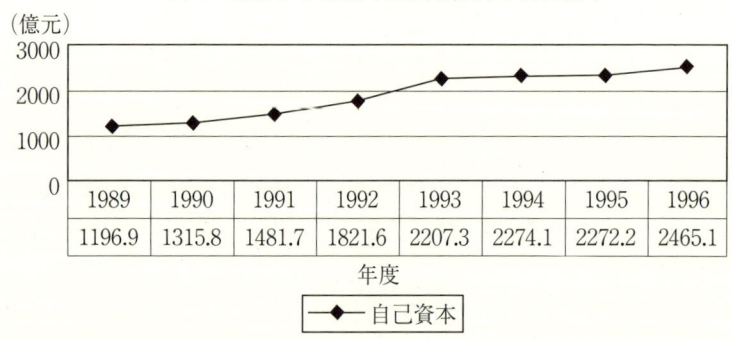

図1　1989から1996中国国有銀行の自己資本

年度	1989	1990	1991	1992	1993	1994	1995	1996
自己資本（億元）	1196.9	1315.8	1481.7	1821.6	2207.3	2274.1	2272.2	2465.1

（出所）戴国強等主編『2000 中国金融発展報告』上海財経大学出版、2000年、87ページ、より作成。

億元減少したと公布したが、しかし中国の国有銀行の不良債権比率は24.54％という状況にあり、その比率は国有商業銀行の8％以下の自己資本を遥かに超えた。これは、中国の国有銀行の経営リスクへの影響が大きいと考えられる。

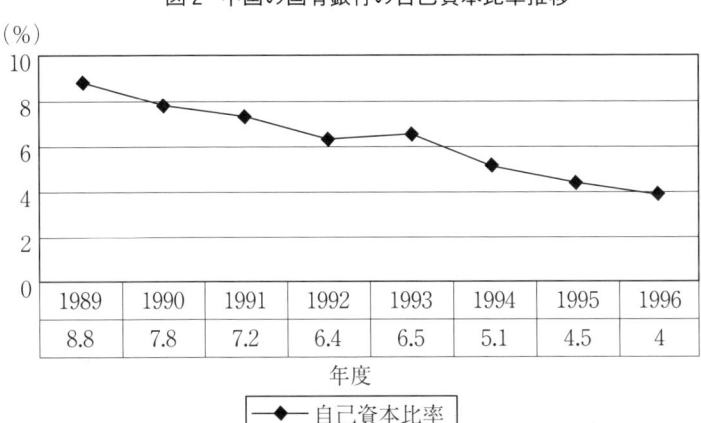

図2　中国の国有銀行の自己資本比率推移

年度	1989	1990	1991	1992	1993	1994	1995	1996
自己資本比率(%)	8.8	7.8	7.2	6.4	6.5	5.1	4.5	4

（出所）戴国強等主編『2000 中国金融発展報告』上海財経大学出版、2000年、88ページ、より作成。

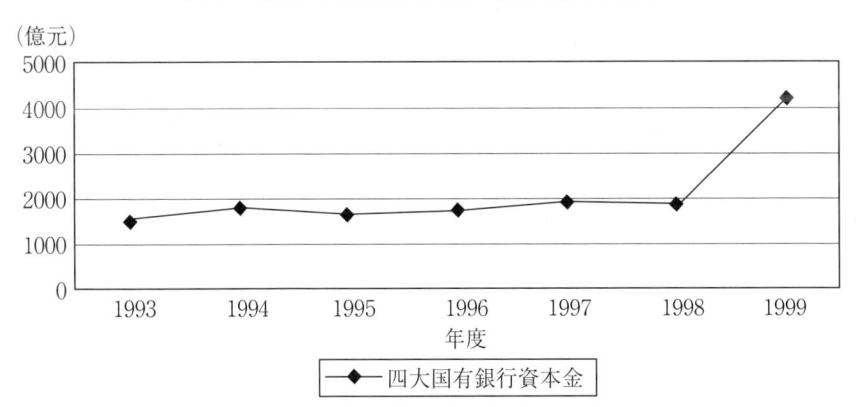

図3　1993から1999中国四大国有銀行資本金推移

（出所）戴国強等主編『2000 中国金融発展報告』上海財経大学出版、2000年、90ページ、より作成。

❷改革に対する誤解問題

なぜ、貸付が集中するのか。なぜ、規模を偽増加するのか。なぜ、実質性リスクに対するコントロールを緩めるのか。主要な原因は、改革に対する誤解があるからである。農村の改革と言えば大規模の専業農家を作ろう、企業の改革と言えば合弁や統合でグループ会社を作ろう、大学の改革と言えば総合的な大学を作ろう、都市の改革と言えば大型都市を作ろう、銀行の改革と言えば貸付を集中しよう、というように国有企業の改革は商業銀行の貸出資金を集中させているが、銀行自身の経営戦略も信用資金の集中を促進した。例えば、株式制商業銀行の経営戦略は"双高"と"双上"であるが、その"双高"とは高利益と高回収率であり、その"双上"とは上場企業と準上場企業を目標としている。そして、銀行の信用改革も資金の集中を促進した。今、銀行体制上では一級法人制を強調している。一級経営と言えば支店も貸出する自主権がない。それと同時に上級銀行に預ける金利が自行預金金利より高いため、資金が上級銀行に集中するようになる。それから、リスクに対する管理がほとんど立ち遅れになっている。銀行がリスクに対しコントロールすることは必要であるが、ゼロ不良債権やゼロリスクや貸付の終身責任制等の極端な目標を実現することは不可能である。

❸銀行内部の業績評価基準の偏差

銀行内部の業績評価基準としての指標が高すぎて、銀行員への圧力が高すぎる。一つ目は預金の指標が高すぎることである。二つ目は利潤の指標が高すぎることである。三つ目は資産構成の品質が高すぎることである。特に新興的な株式制銀行の中で著しく現れている。例えば、ある銀行が社員募集では表面的に社会の広範囲で良い人材を募集しているが、実は誰かがその預金残高を600万元から1000万元と伸ばすことができたら、すぐ入社できる。もし、2000万元に達成すると支店長の助手になれるが、1億から2億になれば支店長や社長にもなれるそうである。このことを実現するには、他の銀行から預金を調達するしかないことである。預金の偽増加や循環的な手形割引や、銀行資金が株式市場に進入することなどはやはり預金指標や利潤指標が高すぎて、普通のやり方ではできなくてこのような結果となった。

❹銀行貸出資金の株式市場への進入

　中国の銀行貸出資金が株式市場に進入することは、一方で株式市場の発展に原動力を与えたが、他方で株式市場の価格を激しく変動させ、多くの経済問題や社会問題も生んだ。中国の株式市場が誕生したばかりの時、中国金融監督管理当局は銀行貸出資金の株式市場への進入について明確に法律で規定しておらず、明確な制限もなかった。1995年7月1日実施された「中華人民共和国商業銀行法」中で「商業銀行が中華人民共和国境内で信託投資と株式業務をしてはいけない」ということを明確に規定した。1997年6月中国人民銀行が「銀行資金を違法に株式市場に流入することを禁止する通知」と「商業銀行が株式市場での条件付債券取引を停止する通知」を公布し、銀行の貸出資金がいかなる形式でも株式市場に進入することを違法行為と指摘した。そして、1999年7月1月実施された「中華人民共和国証券法」中で「銀行資金が違法に株式市場へ流入することを禁止する」と明確に規定した。「証券法」の解釈中で「銀行資金が違法に株式市場に進入することは主に2種類ある。その一つは商業銀行及びその支店が株式売買業務を行うこと。その二つは証券会社と他の企業が銀行の貸出資金で株式売買業務を行うこと。」と指摘した。ところが、1999年8月10日中国人民銀行が「証券会社がインターバンク市場に進入する管理規定」と「基金管理会社がインターバンク市場に進入する管理規定」を公布し、初めて銀行の貸出資金が証券会社と基金管理会社を通じて株式市場に進入する道を開いた。2000年2月13日中央銀行と証券監督委員会が連合で「証券会社の株式抵当貸出管理方法」[11]を公布し、条件のある証券会社が自営の株券や証券投資基金券で抵当し、商業銀行に借入することで、証券会社の自営業務に融資の道を開いた。だから、銀行貸出資金が株式市場に進入する規則と範囲を明確にさせるべきである。株式市場の投資者は3種類に分けられるが、第1、機関投資者である。例えば、証券会社や基金管理会社や投資会社がある。第2、株式を投資する一般企業である。第3、個人である。銀行資金が株式市場に進入する主な道は機関投資者である。例えば、証券会社には上場企業の株を販売する機能があり、一定の融資が販売する活動を促進することになる。しかし、一般企業の主な投資領域は実質経済領域で、資金を大量に株式市場に投資すれば、リスクが高くなり、自身の本業経営にも影響を与える。

❺ 消極的に責任回避と無責任によるリスクの放任

　中国の銀行の貸出業務において、上司の許可した金額以内で貸出して、回収できなくても自分には責任がないというようなことがあるため銀行業のリスクを高めている。例えば、抵当品の評価について仲介機関が評価した建築物や土地の使用権等の流動性を考えずに、抵当品があればいいというような姿勢の銀行員が多い。

❻ 逆行の選択

　逆行の選択は、無責任によるリスクと似ている。例えば、上司が貸付を厳しく把握せよという指示があれば、その銀行が非常に貸付を厳しくチェックすると同時に消極的に貸付を行うようになり、厳しく行うようにという指示の場合には全然貸出を行わない。上司が新たな業務を展開せよという指示があれば、その銀行は貸出が回収できるかどうかにかまわず貸出を行う。例えば、今、中央銀行が基本的に農村信用社の支払いを保障するが、それで農村信用社が貸出のリスク管理を緩め、どうせ中央銀行が責任をとるということは典型的な逆行行為である。

❼ 政策の曖昧と規則の不明確

　今一部の政策が比較的に曖昧で、操作するのに難しい。例えば、貸出資金が株式市場に進入する問題である。1999年の下半期から始めているが、政策的にはっきり規定していない。ただ、問題が出れば検査し、処罰する。実質的に政策上に曖昧ということで規則に違反することを放任したのが原因である。付随業務と周辺業務の中の代金問題にどの業務は代金を徴収するのか、いくら徴収するのかは明確に決めていないので、今各銀行間の競争手段にもなっている。

3　信用リスクの防止対策

(1)　各銀行の業務範囲と営業対象を決めること

　まず、農村信用社が主に農業生産に対する融資に集中して、商業銀行が農村の資金を吸収しないで都会の銀行業務に集中すべきである。なぜなら、不合理

な過度競争は農村信用社にとっても都市銀行にとっても不利になるからである。次に、政策銀行と商業銀行の業務内容を区分する。現在の傾向として、政策性銀行が支持したプロジェクトに対してすぐに商業銀行も貸出を行うようになる。政策性銀行の資金は商業銀行に金融債券を発行することによって得られる。もし、銀行のリスクが発生したら、最終的に預金者がそのリスクを負うようになる。第3、銀行と証券の業務を区分する。確かに現在銀行業と証券業と業務参入も行われているが、でもそれぞれ独自でできる業務も存在するからその限界をはっきり区別すべきである。第4、国有商業銀行と株式商業銀行に対して銀行業務の面において平等競争をさせるべきである。第5、各銀行が自分の固定した顧客層を把握し、自分に適した企業を対象とした銀行業務を展開すべきである。もし、一つの企業が幾つかの銀行から借り入れたら、銀行にとってリスクが高まる。

(2) **信用リスクの防止体制の確立**

商業銀行の改革の鍵は管理体制の改革である。特に、信用リスクをコントロールする体制の改革である。法人体制の整備と委託代理体制の強化によって信用リスクを減少させる。銀行リスクの原因は、主に商業銀行の経営と内部のリスク管理がよくできないことである。現在四大国有銀行の資産業務の中でリスクが高い趨勢にあり、銀行のリスク問題として、①銀行の不良債権問題がある、②銀行の自己資本の比率が低い問題がある、③工商企業が銀行に支払うべき利息が払えない問題がある。だから、信用リスクを防止するには、銀行と企業の両方から対策を立てる必要がある。

(3) **法律を遵守する経営意識の強化**

法律を遵守する経営について、まず銀行自身の状況を考えた上で経営目標を決めることである。すなわち、利潤を目標とする。次は、管理上の目標には効率性と安全性と流動性を決める必要がある。そして、行為上で法律を遵守することを目標とする。現在問題になるのは多くの銀行が法律を知っているのに厳守しなくて、監督機関もそれを無視している。中国の銀行不良債権問題の中に特に人間関係による貸出の場合が多かった。これは、中国の銀行がまだリスク

管理体制を完全に整備していないからである。これから中国の銀行業界で法律と規定を詳しく制定すると同時に、銀行の上司と部下や職員同士の仕事の権限と責任をはっきり分け、金融業務中の不正行為を抑制すべきである。

(4) 職業支店長制の設立

銀行の支店長は銀行にとって大変重要な地位を示し、支店長の選択は銀行のリスクに影響を与える。だから、第1、職業支店長の標準を決めて、道徳水準と理論水準と管理能力等を考える必要がある。第2、審査部門が支店長の資格を審査する必要がある。第3、支店長の収入標準を決めると同時に、支店長の責任を規定する。第4、支店長に対する賞罰制度を立てて、失職に対する責任を追求する。

(5) 金融業務の監督

現在中国の金融監督の仕事が直面している問題は、一方、金融監督の仕事を進め、違法行為を検査するが、他方、金融機関はリスクが発生し、破綻まで追い込まれたらその処理も担当することになるから、仕事が多すぎてうまくいかないことが多い。だから、金融政策監督と金融業務の監督を分離させてリスクの処置と金融監督を分離させることによって、監督者が責任をもって監督できるようになる。そして、監督者に対する再監督を行い、監督者の行為を規範化する。

(6) 融資に関する政策法規の整備

中国の銀行資金が違法で株式市場に進入することを防止するには以下の政策をとるべきである。

❶銀行が禁止された貸出を行ってはいけない。商業銀行が株式投資をしている企業に対する貸出の用途を明確にさせ、企業の生産と経営状況に適合するようにすべきである。銀行が企業の株式投資に貸出をしてはいけない。しかし、株式投資を行う金融企業に対しては別である。

❷銀行が許可されていない貸出業務を行ってはいけない。現在では各銀行が金融派生商品を取り扱う時、許可されていない業務に対して中国人民銀行へ申

請する必要がある。許可されなかった貸出業務をしてはいけない。

❸既に株式市場で投資している企業に対する貸出は一定の規模に限定すべきである。そして、生産に使用する貸出を行う前に企業の株式投資情報を把握すべきである。

❹銀行は、企業に貸出した資金を直接証券会社や投資基金や投資会社に振替してはいけない。

❺株式市場で違法行為のあった企業に新たな貸出をしてはいけない。

　金融の国際化につれて、金融管理と監督体制が各国の政府や中央銀行に重視され、特にアジア金融危機以後、いかに信用リスクを抑制するかは議論の焦点となっている。中国は既にWTOに加盟し、金融領域も徐々に開放されるようになる。しかし、中国の現在の不健全な金融体制の中で低成長への転換や輸出不振が発生すれば、信用リスクが発生する可能性が高くなってきた。これから中国は、先進諸国の信用リスクを経験として自国の信用リスクを研究し、信用リスクを防止する対策をしっかり立てるべきである。

注
(1) 人民日報中華大地企業家網、http://www.earthchina.com。
(2) 銀行の貸出が特定の企業へ集中することを指す。
(3) 中国の四大国有銀行とは中国銀行、中国建設銀行、中国工商銀行、中国農業銀行を指す。
(4) 株式商業銀行はいわゆる民営銀行であり、中国改革開放につれて民営企業が素早く成長し続けているが、国有銀行の制限が厳しく、融資が困難のため、株式による民営資本性質の民営銀行が誕生した。徐滇慶編『金融改革路在何方』北京大学出版社、2002年、295ページ。
(5) 中国改革開放以降、国有企業が経営効率を図り、大型国有企業が所属する下請企業を独立採算させ、グループ企業が形成された。
(6) 中国の国有企業の資本金が伝統的に国の財政から繰り出すものであったが、政策による企業外部資金が全て国有銀行に頼ることで、国有企業の資金転移等で国有銀行の不良債権を増加させた。徐滇慶編、前掲書、62ページ。
(7) 1992年以前の多国籍企業の対中進出戦略が中国で安価な労働力を利用するための生産拠点の構築を中心としていたので、中小規模の進出が多く、技術転移も少なかったのである。しかし、1992年以降、法制度、インフラの整備、国内市場の拡大など投資環境が変化したことによって、中国の市場参入を狙う進出が増えてきており、企業特殊的優位をもっているし、世界市場地位の高い大型多国籍企業間の市場シェア獲得競争も激化された。唱新「多国籍企業の直接投資と地域経済」『金沢経済大学経済研究所年報』第22号、2002年3月。

(8) 楊家材「当前中国銀行業の十大リスク問題の分析」『金融研究』2002年1月号、40ページ。
(9) 国有銀行の代理業務の種類は主に給料の振込や電気、水道、電話、ガスの引落や有価証券の保管や保険の代理や国債の発行等がある。戴国強等主編『2000中国金融発展報告』上海財経大学出版社、2000年、126ページ。
(10) 中国人民銀行は1992年2月15日公布した銀発「1994」第38号文「中国人民銀行関于対商業銀行実行資産負債比例管理的通知」、そして1995年7月1日で公布した「中華人民共和国商業銀行法」第4章第39条で明確に「商業銀行の貸出が資産負債比例管理の規定に従うこと」と規定した。この管理規定の目的は、銀行の資産負債業務は必ず同時に資産負債の数量構成や金利構成やリスク構成を管理し、銀行資金の安全性、流動性、営利性を考慮した上で、リスク・ヘッジと利益の獲得を行うことである。1994年から1997年の間、中国では貸出制限下での資産負債比例管理を行っていた。1998年から現在まで指導的計画下での資産負債比例管理を行っている。戴国強等主編、前掲書、76ページ。
(11) 呉暁求、宋清華、応展宇「我国銀行信貸資金が株式市場に進入する研究」、http://haisea.4y.com.cn/hbzccd/01110101.htm。

参考文献（注に掲載した文献を除く）

- 中国人民銀行張家界市中心支行課題組「不良貸款清収中的政治経済学分析：張家界案例研究」『金融研究』2002年2月号。
- 許文林ほか「風険与金融風険的経済再考察」『金融研究』2002年3月号。
- 于学軍『中国経済改革二十年貨幣と信用周期考察』中国社会科学出版社、2000年。
- 岡正生ほか『中国の金融改革』東洋経済新報社、1998年。
- 邵亜良『中国証券市場可持続発展研究』企業管理出版社、2001年。
- 趙文傑『中国貨幣政策伝導機制』西南財経大学出版社、1996年。
- 呂江林『中国転軌時期的貨幣政策』中国財政経済出版社、1999年。
- 寧咏『内生貨幣供給：理論仮説与経験事実』経済科学出版社、2000年。
- 劉錫良『中国財政貨幣政策協調配合研究』西南財経大学出版社、1999年。
- 鄭振竜ほか『中国証券発展簡史』経済科学出版社、2000年。
- 雅虎中国「四大商業銀行不良貸出今年減少105億」、http://cn.news.yahoo.com/020603/77/13ojh.html,2002-6-25。
- 狄娜「一体両翼三層担保体系一路走好」、http://www.szcgc.com./lib/R06.htm。

第2部

地域経済・産業の経済学

I

現代の地域経済

第1章 地域経済の再生

下平尾 勲

　今日、国家政策としてベンチャー育成、新産業支援、プラットフォーム構想、特区制度が提案され、わが国経済の再生の道が模索されているが、これに対して地域では、コミュニティービジネス、地域通貨、エコビジネス、地産・地消運動など地域に根ざした住民による住民のための取り組みが注目されている。PFIやNPOなど自主的、自立的運動が活発化している。実際、こうした地域自らの内発的な活動が一定の評価を受けているのは、深刻な地域経済の再生の糸口をさぐろうとしているからである。どの地域においても共通している問題は、まちの商店街の空洞化、誘致企業の縮小と撤退問題、大学・高校卒業生の公務員志向、若年層の流出等々である。こうした状況が登場してきたのは地域経済を支えている主要な産業が衰退し解体局面にあり、雇用機会が失われているからである。地域経済の現状、それを引き起こした背景と今後のあり方について取り上げておこう。

1 地域経済の現状

(1) 地域経済の問題点

　通常、商店街の空洞化、失業対策、ペイオフ、不良債権問題が取り上げられているが、それは結果現象の議論であって、問題をいっそう掘り下げ、商店街衰退や失業者発生の原因の対策、金融機関の果たしている機能の分析、不良債権発生の根本原因の対策の議論が欠けているようである。結果が問題にされ、それを引き起こしてきた諸原因や諸条件の検討が欠けているように思われる。

だから、失業対策であって失業者の発生の対策ではないし、不良債権の処理の対策であって、不良債権の発生原因の対策ではないのである。発生原因は何か。この問題をつきとめていくと、わが国経済の成立構造と循環問題に帰着するが、今日の地域経済の構造と循環から見ると、地域状況でかなり異なるが、県レベルでは次のようになる。

　地域の基礎的産業軸は既存産業、誘致企業および建設業の三つからなり立っている。三つの産業軸の連関性は相対的に小さいが、これらの産業軸の発展に伴い運輸・通信業やそれぞれの関連産業が発展し、地域における雇用が拡大してきた。雇用の拡大こそは、地域からの労働力の流出を阻止しただけでなく所得水準が上昇し、その結果として地域商業やサービス業が発展し、それが地域雇用を拡大するという循環が形成された。たとえば、企業進出により働く機会にめぐまれ、一家族で二人働いて一世帯当たり収入が増加したから、住宅を建て、自動車を購入すれば、住宅建設会社や自動車の販売会社だけでなく、住宅や自動車販売に関連する商業だけでなく、保険業、ガソリンスタンド、金融業の発達を促した。基礎的な産業の発達と雇用拡大が地域経済の中軸をなした。今日、この三つの産業軸の衰退と雇用機会の縮小が始まったことが地域経済深刻化の最大の原因である。

(2) 地域経済の基本的な特徴

　地域の人たちの生活の必要性、またその生産物を地域外に販売して貨幣の入手のために、数多くの地域産業が存在している。それは、地域の原料資源やめぐまれた自然条件を活用して発達してきた産業、外部から技術を取り入れ、また新しい技術への転換により発展してきた産業、販売市場（交通の要衝、門前町、城下町、観光地、宿場町等々）に支えられて発達してきた産業など多様である。しかし、現在多くの既存産業は、販売市場の激減と国際競争の中でいずれの産業も厳しい経済状況にある。

　誘致企業について見ると、国際的な視点から企業立地が行われており、地域という考え方は希薄である。特に1983年〜1990年に立地した企業は、電気機械工業、輸送機械工業のウエイトが高いが、それらの企業は輸出により巨額の利潤を上げ、その利潤の中から地方への工場移転投資を図ってきたので、地方に

立地した企業は、本来為替相場や国際競争など国際環境の変化に敏感に反応せざるをえない性格をもっていた。1990年代の長期不況の性格は、既存産業、誘致企業に深刻な影響を与えた。企業は構造変化により、誘致企業はグローバル化の進展により、その盛衰が規定されたのである。

1990年代の不況は長期化傾向を示したため、①循環的のみならず、②構造的・国際的要因、③さらに経済政策的要因も加わって深刻化している。

❶まず循環的な面から見ると、1990年代の長期不況は、大循環でいうと、(ア) 1945～1954年の戦後復興期、(イ) 1974～1982年の第1次石油危機後から第2次石油危機後までの経済停滞期についで、第3番目の不況であるが、(ウ) それは単に金融バブルの崩壊による銀行の不良債権の増加によるものだけではない。生産、流通・分配、消費を含めたわが国経済全体構造にかかわっている不況である。株価・地価の暴落というバブル経済の崩壊から不況が始まったとはいえ、不況の波は円弧を描くように本社の多い大都市経済から地域経済へ、巨大株主である大企業から取引先の中小零細企業へ、金融・不動産・建設業から商業・サービス業・製造業へ、商業についても消費地問屋から産地問屋へ、すなわち消費地から生産地へと拡がっている。市場原理、競争原理の採用はこうした動向を加速させたのである。

❷構造的な面から見ると、(ア) 海外への資本流出・生産拠点の大移動、(イ) 設備投資・研究投資の大停滞、(ウ) 製造業・建設業のリストラによる失業者の増加は、所得の減少を引き起こし、商業・サービス業の不振となった。販売不振に伴う過剰雇用、過剰生産の中で雇用削減、消費需要縮減、設備投資縮小が現実化し、生産・流通、雇用、消費という三つの要因の相互作用により、わが国の再生産構造は縮小傾向を示した。縮小再生産は、一方では、市場原理、競争原理により過当競争を引き起こしただけでなく、国際化を通じて迂回的に競争力の弱い中小企業、地域経済、地域雇用にしわよせされてきた。このような構造的な不況からの脱却は、日本経済全体の再建の問題と個々の企業努力の問題に分けて考えねばならない。それは、不況が循環的な性格から構造的な性格へと転換しているからである。わが国経済は全体構造として変化しているから、「構造改革」という言葉が受け入れられることになるが、日本経済の状況から見て構造改革が必要であることは何人も否定し

ないが、その内容と方針が誤ったものであったといわざるをえない。というのは、実際には推進されようとしている構造改革の内容は、底辺からの経済再建ではなく、日本経済全体の立ち上げ運動ではなく、不況下で競争原理を採用し、戦後先人が築き上げてきた貴重な制度を歴史的な使命や現状を十分検討することなく米国流の原理を基準に破壊し、結果的に弱者である中小企業や地域経済の解体、雇用不安と雇用縮小・失業者増大を推進するという性格をもったからである。

すなわち今日の国家政策は、①長期不況下における規制緩和による過当競争の推進、②大企業と中小企業との、大都市と農山村との、特殊性を見ない一律一様の規制と監督（都市銀行と信用金庫とでは成立基盤も歴史的背景など根本的に相違しているが、同じ基準のBIS規制が強制されている）、③急激なグローバリゼーション化による制度破壊（構造改革）を推進した。不況下で弱小企業が衰退の方向を辿っている時に市場原理という競争論を持ち込んだことは、結果として広範囲に存在する中小企業と地域の解体および失業者を増加させた。経済政策の最も主要な課題は雇用の安定であるはずなのに、逆に雇用の不安定を増加させた。中小企業や地域は、投資と市場拡大という成長軌道への転換が必要なのに、その経済誘導力を失いつつある。しかし個々の企業は、国家政策に対応しながら企業戦略と行動による時間的経過の中で成長軌道を模索しているが、その顕著な成果を上げていない。

❸政策面から見ると、日本経済全体の再建の問題は、少数のベンチャーの育成ではなく、圧倒的多くのウエイトを占める中小企業分野の活性化をいかに図るか、わが国土面積の多くを占める地域経済の解体にではなく、潜在能力をいかに高めるかにある。国際競争力のある企業を育成することも大切であるが、わが国経済の衰退の原因は国際競争力が弱かったからではなく、むしろ過度といえるほど競争力が強すぎたから発生したのであって、その結果として、巨額の経常収支の黒字は必然的に円高・ドル安＝国際競争力低下の枠組みをを招いたことを想起すべきであろう。

今日、わが国にとって国際競争至上主義よりもいっそう重要なことは、いかに多くの国民の雇用を拡大し、国民の能力を発揮する機会と安定した収入を獲得する道を拓くかということである。雇用拡大、所得の増加は、人々の

生活を安定させるとともに消費需要を拡大し、消費需要拡大が新規産業や設備投資を促進するからである。長びく不況下では、個々の企業が縮小均衡をめざす行動（ミクロの経済活動）を行っているから、設備投資と市場拡大による成長軌道（マクロの経済活動）との間にギャップが生じる。そこで、民間企業の活動とは別に国家政策が重要となる。というのは、長期不況下では、過剰設備や過剰資金を有効活用し、失業問題を解消することが縮小均衡から成長軌道への誘導を推進するのであり、経済政策、地域政策の主要課題もこの点にあるからだ。今日国家の政策と個々の企業戦略や地域政策とが一致しない面が多い。地域政策としては地域の現場に立脚して地域産業コミュニティーの再生により地域経済を活性化し、結果として、日本経済の再生を図るというシナリオが必要だと考えるものである。私は地域産業コミュニティー再生の立場から地域経済再生の方案を提起するのであるが、その立脚点は、現場の地域経済の現状から出発すべきだということにあるからである。

(3) 地域経済をとりまく環境の変化

地域経済は三つの大きな環境変化に直面し、その対応が迫られている。

第1は景気対策である。地域経済は戦後経験したことのない厳しい不況下にある。景気は底をついたといわれているが、地域経済の産業軸である既存産業、進出企業、建設業のいずれも縮小傾向にある。既存産業は規制緩和と国際競争により、進出企業は海外に生産拠点を移すことにより、建設業は財政赤字に伴う公共事業の削減により、いずれも産業合理化、規模の縮小の傾向にあるから、雇用条件は悪化しており、その結果として景気は不振なのである。1993年から見ると2001年には、地場産業をはじめ既存の従来型産業はとりわけ厳しい状況下にある。リストラが進み、雇用不安が消費需要を縮小させ、不況とリストラの悪循環を形成している。全国の有力な地場産業の統計数字に目を通すと、1992年から2000年の8年間に売上高は半減し、利益は35％減、従業者数は25％減、組合員15％減という状況にある。地域経済の雇用問題を考えると、雇用拡大のための景気対策が最も重要となっている。

第2に、全国的に産業構造が変化しており、変化への対応が必要である。地域経済は、既存産業、誘致企業および建設業という三つの産業軸をたて糸に運

輸通信業、商業およびサービス・金融業を横糸とする布地である。三つの産業軸は独立しており、相互に関連することが少なかったが、それぞれの産業の発達は、関連産業や運輸通信業を発展させ、地域の雇用拡大という面で大きな役割を果たした。雇用拡大は、所得を増加させ、地域商業やサービス業の膨脹を促してきた。地域商業、サービス業の発展は雇用を拡大するという地域産業循環があった。今日、既存産業、誘致企業、建設業という三つの産業軸の不振が雇用条件の悪化・所得の減少を引き起こし、商業、サービス業（パートタイマーは増えているが）も低迷、縮小し、雇用悪化をもたらすという構造的に不況の再生産が形成されつつある。地域の特性に立脚した基礎産業の振興、地域で蓄積している産業の連携、ネットワーク、新たな展開が地域経済再生の最大の課題となっている[1]。

　第3の大きな問題はグローバリゼーションであるが、グローバリゼーションという言葉は抽象的な用語であって、具体的には米国経済や東アジア経済との競争と協調の問題であるが、中でも中国からの輸入問題がある。わが国から繊維、家電、オーディオ、自動車部品や生産工場が中国を中心に東アジアに進出し、そこで生産された商品の34.9％はわが国に輸入されているのが現状である（1999年）が、そのことはわが国から有力な製造業がなくなるということである（図1）。それだけでなく、日本人しか消費しない産品、たとえば、仏壇、仏具、墓石、欄間、しいたけ、畳表、ネギなどを中国で生産し、輸入されることにより日本の産地は直接大きな影響を受けている。この事実は賃金格差を利用するために、わが国の種苗業者や商社が直接に産地に乗り込んで指導を行い、その安価、良質の商品を大量輸入しているのである。のちに述べるが、輸入地場産品が急増すると、産地内の関連性が失われる。そこでやむをえず、その輸入品を再加工して販売するという新しい産地のあり方が登場してくるが、既存地場産業にとっては深刻な事態である。そこで輸入商品の安全性と信頼の維持のために小売業者に対して原産地、中間段階の表示責任が非常に重要となっている。現在では食料品について、産地表示の責任義務が議論されているが、生活必需品全体に波及していくと考えられる。中国製品の問題は産地の存亡にかかわるので、輸入の賛否をめぐって鋭く考え方が分かれており、重要課題として、相当深刻に受け止められているのである。地域をとりまく環境変化に対応

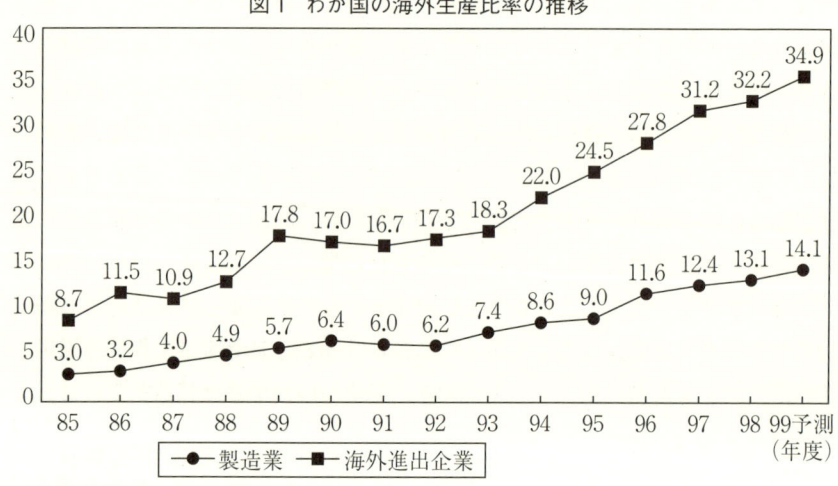

図1 わが国の海外生産比率の推移

製造業: 85年 3.0、86年 3.2、87年 4.0、88年 4.9、89年 5.7、90年 6.4、91年 6.0、92年 6.2、93年 7.4、94年 8.6、95年 9.0、96年 11.6、97年 12.4、98年 13.1、99年予測 14.1

海外進出企業: 85年 8.7、86年 11.5、87年 10.9、88年 12.7、89年 17.8、90年 17.0、91年 16.7、92年 17.3、93年 18.3、94年 22.0、95年 24.5、96年 27.8、97年 31.2、98年 32.2、99年予測 34.9

(出所)　国内法人：法人企業統計(大蔵省(現・財務省))

した地域政策、企業戦略が必要であるが、特に地域経済においては、わが国から見た東アジアを考えていくか、東アジアの中でのわが国の地位と役割を見ていくか、選択が迫られているのである。

　グローバル化はいかなる地域においても避けて通れないが、地域経済は規制緩和、自由化、構造改革の影響を強く受け、既存の体制が大きく変化している(農業、商業、中小企業、農業制度等々)。

　不況下の構造的改革が供給サイドに立脚して既存産業の安定基盤と条件の喪失を推進したのである。供給過剰は売手と買い手との競争だけでなく売手間の厳しい競争をもたらしたのである。過当競争を引き起こし、価格値下げ競争、流通機構の解体、国際化を進め、地域経済や中小企業の解体と失業者の増加を促進している。失業者の増加と雇用不安が、消費需要を縮小させ、国内市場を著しく縮小しているのである。身近な農業、商業、建設業についても、以下のような縮小の状況下にあり、その結果として、地域活力が低下していることは明らかである。地域経済の活性化の基本は、人には目標を、地域には夢を、企業には利潤をというのでなければならない。人に対する目標も、地域の夢も、企業の利潤も喪失しているところに問題がある。だから、どうしても地域経済の活性化のためには地域内に産業コニュニティーをつくって、産地としても雇

用拡大という人の問題から産業の多様な振興が大切なのであって、国際競争力の面からの先端産業の振興も大切であるが、地域振興の王道は足元にありという視点に立った産業振興が地域にとっては重要なのである。地域経済の再生は内外の環境変化に対応して、産地内の企業、人、地域が元気を出し、産地自らが産業を興していく自立自助の精神の涵養が大切となっている。

2　地域経済を支える主な産業の動向

(1)　農業・商業・建設業の動向

　農業は、農産物の自由化による輸入増、減反、米価の下落（自主流通米は1991年から2001年の10年間に2.3万円から1.5万円に暴落〔35％下落〕）により（図2）、粗生産額は1994年に比較して1999年には、11.3億円から9.5億円（84.1％）に減少している。全国共通であるが、例えば、果樹、野菜、花卉に力を入れている福島市の農業を例に挙げてみても1990年から2000年の間に、米（28.2％減少）、果実（22.5％減少）、野菜（24.3％減少）、養蚕（98.7％減少）となっている（表1）。自主流通米価格は約30数％下落しているだけでなく、広範囲の減反政策が果樹、蔬菜、花卉、園芸振興へ向かわせたが、全国的に過剰生産であるだけでなく海外から安価な農産物輸入の急増も加わって著しい価格下落となっている。

　商業では、日米構造協議にもとづく大店法や百貨店法廃止により市街地商店街の空洞化と郊外店の成長という両極分解はこの5年間に極度に進んだ。地場産品を取り扱う商店も市街地の老舗の雑貨店から大規模量販店やホームセンターへ移っている。商業統計によると、商業販売額は1994年658兆円から1999年639兆円（97.1％）へと減り、商店数は193万店から183万店（94.8％）へ減少している。市街地商業の空洞化は、地域コミュニティーや地域文化の解体をもたらしており、新たな地域コミュニティーの再生の必要性が生じている。市街地活性化は複合的な施策が必要であり、商業だけでは市街地活性化は難しい。

　土木建設業を見ると、不況に加えて、地方交付税交付金の10％カットによっ

284 第2部 地域経済・産業の経済学

図2 自主流通価格の推移

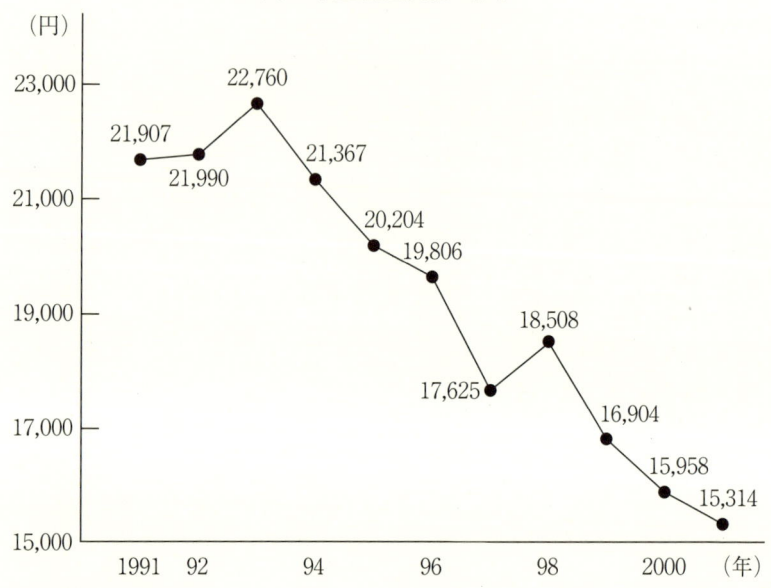

(円)

- 1991: 21,907
- 92: 21,990
- 93: 22,760
- 94: 21,367
- 95: 20,204
- 96: 19,806
- 97: 17,625
- 98: 18,508
- 99: 16,904
- 2000: 15,958
- 01: 15,314

(注)価格は各年末。
(出所)『河北新報』2001年8月18日付より作成し、追加したもの。

表1 福島市の農業粗生産額の推移

(単位：百万円)

区分	米	果実	野菜	花卉	養蚕	乳用牛	肉用牛	豚	鶏	その他	合計
1990年	4,485	15,395	3,696	590	741	757	258	510	1,072	1,356	28,860
91年	4,074	14,324	3,868	794	644	678	309	513	1,373	997	27,574
92年	4,553	13,787	3,114	904	387	644	243	392	1,178	879	26,081
93年	3,338	10,992	3,564	1,020	273	612	228	237	902	1,006	22,172
94年	4,756	14,176	3,787	933	149	564	220	199	832	1,078	26,694
95年	4,274	12,611	3,591	976	90	560	202	142	793	1,005	24,244
96年	4,301	13,655	3,277	935	38	632	192	126	738	971	24,865
97年	3,587	13,083	3,464	1,055	24	638	179	130	724	900	23,784
98年	3,421	12,519	3,255	960	20	626	170	108	704	841	22,624
99年	3,408	12,970	2,836	850	13	583	159	107	780	770	22,476
2000年	3,200	11,930	2,800	810	10	590	170	110	870	700	21,190

(出所)生産農業所得統計

て2002年度の公共事業は、市町村の単独事業の削減も加わって4年前に比べて30〜40％減少している[2]。地域における就業人口の12％は建設業に依存しているので、特に土木建設費の削減により町村雇用は縮小傾向にある。地方における公共事業はその利用による経済効果だけでなく雇用、関連産業育成というもう一つの重要な問題がある。地方における公共事業の評価は費用対効果にしぼられ、雇用問題がネグレクトされている。地方建設業は福祉産業、環境リサイクル産業などへ進出しており、地域に根ざした業種転換が始まっているが、それは地域雇用を重視しているからである。

(2) 深刻化する地場産業——山中漆器を題材にして

　地域経済は生産、流通、市場、雇用、設備投資など大変厳しい状況下にあることはいうまでもない。最近筆者が精力的にかかわった山中漆器産地の状況から見ると、深刻な現状が如実に示されており、地域政策の中で地場産業政策はこのまま放置しておいてよいのかという危惧をいだくものである。このままの成り行きにまかせておくと、後継者も職人もいなくなり再興不可能となり、わが国の伝統産業は消滅していくように思われる。おそらく、西陣織産地、岩槻の人形産地、有田焼産地[3]や大川家具産地も同様の傾向にあると考えられる。地域経済自体は、構造的にも制度的にも大きな変革期にあり、地域産業の振興は、地域の状況という現場に即した産地体制、地域体制を確立し、個々の企業家の努力とそれを支援する体制づくりに期待する以外にはないと考えられる。

　地域の置かれている生々しい現状を前提にして地域政策を樹立する必要があるのだが、例示として山中漆器産地の現状に即して地域経済の構造と問題点について触れておこう。

　山中漆器産地は全国第1位の生産額を占め、活力のある産地として注目されてきた。また、早く近代漆器に転換し、さらに、置時計、クリーナー、すし鉢など広範囲の生産領域を開拓してきた。飲食什器、茶道具だけでなく室内装飾、小物、電気関連など幅広く事業活動を展開し、全国に例を見ない商品開発、技術開発を試みてきた有力地場産業産地であった。このような有力地場産業産地において共通していることは、人員削減が進んだので、家族労働力を中心とした企業に縮小しており、しかも職人の高齢化が進んでいることである。とりわ

表2 山中産地の推移（売上高・従業者数・組合員数）

	サンプル数(社)	売上高(億円)				従業者数(人)				組合員数(社)			
		93	97	00	00/93	93	97	00	00/93	94	97	01	00/94
卸売業	94	353.2	252.6	180.1	51.0	1000	851	741	74.1	125	124	110	88.0
木地	44	5.7	5.8	4.4	77.2	118	112	94	79.7	58	54	44	75.9
塗装	79	7.5	5.9	4.7	62.7	167	149	128	76.6	150	156	142	94.7
下地	19	1.4	2.1	0.9	64.3	45	44	35	77.8	33	26	19	57.6
蒔絵	82	13.7	13.4	10.2	79.4	238	222	189	79.4	187	169	122	65.2
成型	22	82.2	57.1	39.3	47.8	311	249	203	65.2	27	26	25	92.6
製函	11	18.2	15.6	13.7	75.2	130	105	129	99.2	14	15	12	85.7
上塗	24	2.1	2.1	2.0	95.2	70	67	66	94.3	41	30	30	73.2
計	375	484.0	354.6	255.3	52.7	2079	1799	1585	76.2	635	600	504	79.4

(出所) 図3と同じ。

け、従業員20～30人規模の製造業、10～20人の産地問屋の経営は深刻である。老舗の消費地問屋やデパートの倒産などが発生し、市街地商業の衰微が産地に影響している。意欲的な産地は、企業倒産の影響をさけながら、新素材を活用した新商品開発、新規市場、新たな小売流通チャネルの開拓に乗り出しているが、このような新しい動きを支援する必要性が高まっている。

　産地は、多くの地場産業と同じく、地域内の社会的分業（原材料、木地、下地、上塗、成型、塗装、蒔絵）を基盤に、産地問屋が一定の影響力をもち、その問屋を通じて商品は、消費問屋、小売業を通じて販売されていく。消費地問屋や小売業の販売不振に伴う産地問屋の販売額の減少は、直接に地域の関連取引先に影響し、それが地域内雇用に波及し、ひいては地域内の商業、サービス業を直撃する。その概要をまとめれば次の通りである（**図2、表3参照**）。

①消費市場

　山中漆器は消費地問屋経由で多く販売されているが、それは主にデパート、専門店向けであった。しかし、デパートの地位低下により高級品の販売力が低下し、市街地商業の空洞化に伴い専門店の廃業、縮小により取引先がなくなり、その影響を強く受けている。

第1章 地域経済の再生 287

図3 山中漆器産地の生産・流通構造の変化

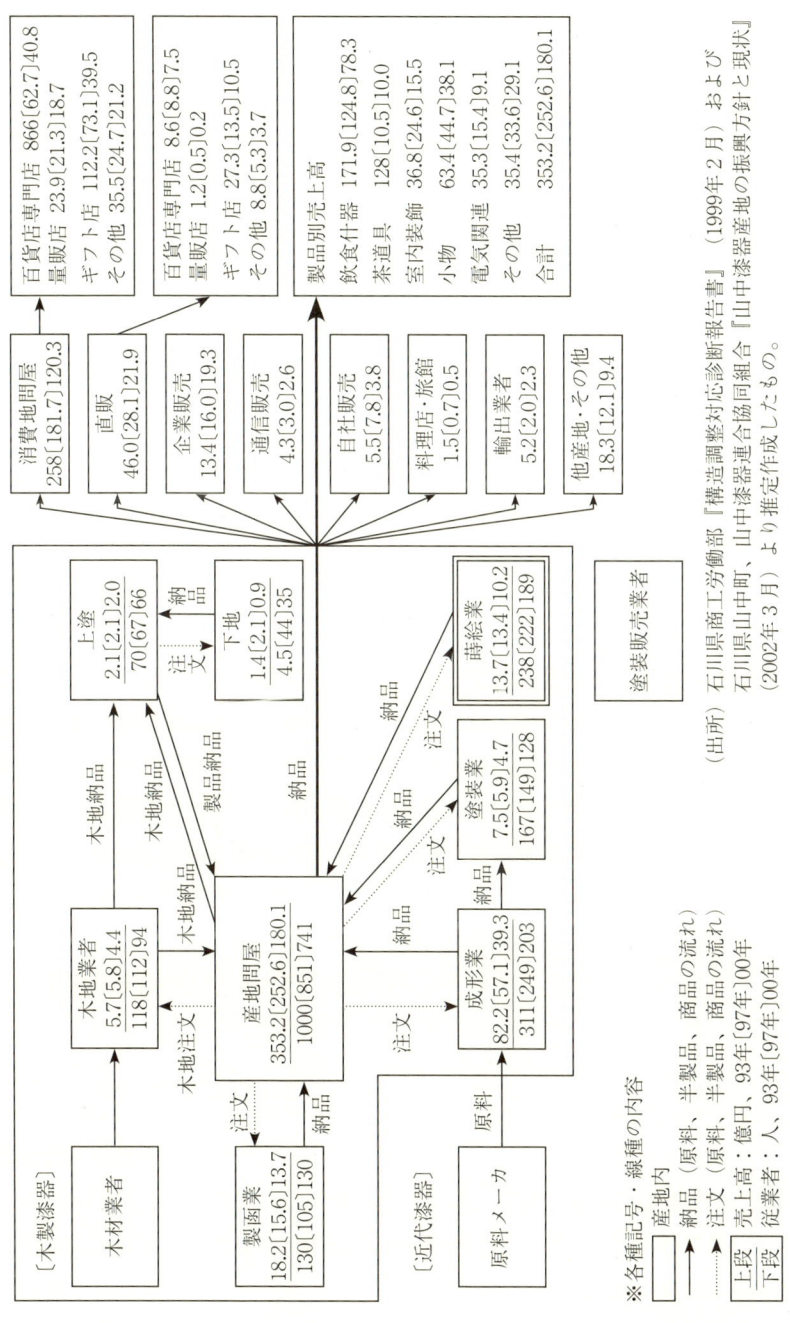

[木製漆器]

木材業者 → 木地業者 5.7[5.8]4.4 / 118[112]94

製函業 18.2[15.6]13.7 / 130[105]130

産地問屋 353.2[252.6]180.1 / 1000[851]741

上塗 2.1[2.1]2.0 / 70[67]66
下地 1.4[2.1]0.9 / 4.5[44]35

蒔絵業 13.7[13.4]10.2 / 238[222]189

[近代漆器]

原料メーカ → 成形業 82.2[57.1]39.3 / 311[249]203

塗装業 7.5[5.9]4.7 / 167[149]128

消費地問屋 258[181.7]120.3
　百貨店専門店 866[62.7]40.8
　量販店 23.9[21.3]18.7
　ギフト店 112.2[73.1]39.5
　その他 35.5[24.7]21.2

直販 46.0[28.1]21.9
　百貨店専門店 8.6[8.8]7.5
　量販店 1.2[0.5]0.2
　ギフト店 27.3[13.5]10.5
　その他 8.8[5.3]3.7

企業販売 13.4[16.0]19.3

通信販売 4.3[3.0]2.6

自社販売 5.5[7.8]3.8

料理店・旅館 1.5[0.7]0.5

輸出業者 5.2[2.0]2.3

他産地・その他 18.3[12.1]9.4

製品別売上高
　飲食什器 171.9[124.8]78.3
　茶道具 128[10.5]10.0
　室内装飾 36.8[24.6]15.5
　小物 63.4[44.7]38.1
　電気関連 35.3[15.4]9.1
　その他 35.4[33.6]29.1
　合計 353.2[252.6]180.1

塗装販売業者

(出所) 石川県商工労働部『構造調整対応診断報告書』(1999年2月) および石川県山中町、山中漆器連合協同組合『山中漆器産地の振興方針と現状』(2002年3月) より推定作成したもの。

※各種記号・線種の内容
□ 産地内
→ 納品 (原料、半製品、商品の流れ)
⋯⋯ 注文 (原料、半製品、商品の流れ)
上段：売上高、93年[97年]00年
下段：従業者、93年[97年]00年

ギフト店の取引内容が消費者ニーズの変化により食器類から食料品等へのウエイトの変化が見られ、ギフト市場における勢力の地位も低下している。問屋を経由した販売を強化するためには、商品企画と開発が至上命令となっている。

産地問屋から直接小売店へ大量に販売する、いわゆる直接販売は電気関連商品（時計、オルゴール、クリーナ等）が主であるが、他に競争相手が登場し、社会的需要が飽和状態となり、急速に販売不振となった。

産地の主力商品は飲食什器であることは変わらないが、茶道具を中心とする伝統的工芸品は根強い人気がある。漆塗を生かした小物類もよく売れている。商品需要動向が伝統工業品と新商品に両極化している。飲食什器は中国生産品の再加工品が多くのウエイトを占めているが、そのため単価が安いので販売額は減少しているのに粗利益は増加している。

②産地構造

産地問屋の94社の年間販売額は1993年353.2億円、1997年252.6億円、2000年180.1億円となり、7年間に約半減している。

商部に比較して他の関連産業の落ち込みが少ない事情の一つは、他産地の注文を受け入れているからである。特に、蒔絵、上薬、製函業の減少額が小さい理由は輸入中国漆器の再加工品の仕事があり、単価は安いが仕事量が確保されているからである。1990年山中漆器産地の販売額のうち、中国漆器の占めるウエイトは全体の4％程度であったが、2000年には20％を占めている。輸入した中国漆器をそのまま販売するのではなく、もう一度塗りなおし、蒔絵をほどこして販売しているので、関連企業の落ち込みが少ないのである。逆に、木地、下塗では仕事がなく販売不振である。

従業員数は、1993年2079人から2000年1585人へ23.8％減少している。産地としては人員削減により不況を切り抜けようとしている姿が浮き彫りにされた。この数字には現在経営を継続している企業で1993年、1997年、2000年にアンケートの回答をえた企業を中心にとりまとめているので、廃業、倒産した企業を含め、産地全体としては製造、商業を合計すれば、1993年に比較すると30％程度の従業者の減少と見てよいであろう。欠員不補完により若年層の就業が少ないから、50歳以上の従業者の割合が著く高くなっており、20年以前の活力に満

ちた産地リーダーも今日ではいよいよ引退の時期を迎えており、産地の人材、後継者、リーダー育成が重要な課題となっている。

③ 組合

　組合活動も不況のもとで低迷している。組合活動より自社の営業活動を強化せざるをえないからである。転業、廃業、後継者不足、企業倒産などが加わり、1994年から2000年までの6年間に組合員は20%減少している。

　今こそ組合を強化し、産地ぐるみの体制をつくって、販路拡大、商品開発、新素材や新技術の導入、従業員等の研修に力を注がねばならないのに、実は組合の活動が低下している。リーダーシップの問題だけでなく、各企業の経営が一挙に悪化しており、組合活動の余裕がなくなっており、参加している組合員の組合活動意欲の低下によるものである。

　私が山中漆器産地の問題を取り上げたのは、地域に根ざした、地域とともに発展してきた地場産業をこのまま放置してきてよいのだろうかという危機感によるのである。全国の有力地場産業は、長期不況下で将来の見通しの立たない状況下にある。地場産業は、原材料、技術、市場、ネットワーク、資本および企業経営上の蓄積があるのだから、それを生かすための支援策が重要な課題となっている。地場産業はわが国固有の歴史や文化と結び付いている場合が多く、そのためその振興策は、ベンチャー支援、起業家育成と同じように地域政策の重要な柱とされてよいであろう。地場産業は、販路拡大と商品開発、人材育成に重点を置いた振興策によって活性化できる。そのためには、行政も、大学も加わって産地・地域全体の現状に即した振興プランと推進協議会を設けて活動していくことが大切であろう。

(3) 誘致企業の動向

　誘致企業は、日本では追加投資ができず、家電、オーディオ、繊維、半導体、自動車などを中心に海外生産に拠点を移しており、国内の工場を縮小、閉鎖している。海外で生産された商品を輸入している。それだけでなく、投資先の国々の資本が安く生産するから、誘致企業がそこから撤退するという傾向が生じている。いずれにせよ、国内製造業の空洞化が進んでいる。例えば、1999年

には、わが国の製造業の海外生産比率は14.9％であるが、海外生産企業においては34.9％を占めている（前掲図1）。つまり、海外進出企業は販路をわが国で拡大しており、したがって、海外生産のウエイトが大きくなると不況のため全体のパイが大きくならないならば国内企業の市場を食いつぶしているのである。国際化だけでなく不況も影響を与えているが、全国の工業製品出荷額（4人以上）で見ると、1994年の299兆円から1999年の291兆円（97.3％）へ減っている。従業者は同期間中に1041万人から937万人へ10.0％減少している。海外へ生産拠点を移しており、海外からの輸入増加と雇用削減がわが国産業の衰退と景気低迷の根本的な要因である。このことは地域における雇用削減の最大の要因が誘致企業の工場の縮小によるものであるが、工場の縮小と撤退は地方中小都市において顕著である。

　工場立地は国際競争だけでなく他地域との競争が激化しているので、地域経済は企業誘致に大きく期待できないとなると、地域内で自力で産業や事業を起こす必要があり、本来地場産業の振興にいっそう力が入れられねばならないが、国の政策は、現在ではベンチャー育成、新産業創造が政策の中心となっており、既存産業の振興と展開という視点が軽視され、また欠落しているように思われる。地域で必要とされる政策と国の政策とがミスマッチである。地場産業はクイーン（女性）、クォリティー（質）、クイックレスポンス（市場対応）の三つのQにより業績を伸ばしている企業もあり、それを拠点にして拡大していく必要がある。さらに、産地体制、地域ぐるみ体制を強化していくことが、既存産業のノウハウ、技術だけではなく、誘致企業と地域産地との複合的な地域振興を推進できるのである。

3　地域産業活性化の道

　地域経済の活性化の方向としては、国家が重点政策を決めて、それを地域経済の中に導入しながら活性化していく方向と、地域の現状を具体的に研究し、内外の条件を考慮しながら課題を明らかにし、構想（ビジョン）をつくり、有効な政策や手段でもって地域コミュニティーの再生と地域経済の活性化を推進

し、結果として日本経済の発展を構築する二つの方向がある。

前者は国家の重要な産業として重点4分野（ライフ・サイエンス、情報通信、環境エネルギー、ナノテクノロジー）を挙げ、プラットフォームを構築し、ベンチャー育成、産官学連携という手段を用いて日本経済の発展を図るというのである。その場合、規制緩和、グローバル化、ペイオフ、BIS規制等市場原理、競争原理を採用しながら、時代遅れの分野、生産性の低い非効率分野を淘汰し、解体・縮小し、資本、技術、労働力を成長分野に移し日本経済の再生を推進するという（構造改革）。このような政策を現実に行うならば、三つの重要な問題が発生する。一つはわが国の中で圧倒的なウエイトを占める中小企業の格差拡大、二つは地域経済の解体、三つは失業者の増大と社会政策的費用の増加である。雇用の不安定は消費需要、投資需要を減少させ、市場の縮小を通じて景気が一段と悪化していくのである。

筆者は、上からの構造改革ではなく、中小企業や地域経済の地道な構造改革が結果として、大企業や大都市の発展につながり、日本経済の再生の道であると考えるものである。その理由はこうである。全企業の99.7％は中小企業であり、そこで働く従業員は全体の70％を占めるから、中小企業における活力が増大し、各企業が数人ずつ雇用を拡大すれば、日本経済全体の失業問題は解決するし、雇用拡大とともに地域商業やサービス業も活性化するのである。広範囲に及ぶ地域経済の現状を考えると、重点4分野の推進は、中小企業や地域経済と直接に無関係な産業が多いのである。現在の産業の再建、展開の過程の中で重点4分野の成果を応用していくというのでなければ、地域経済はそれを取り入れることができず、地域経済の活性化とは直接結び付かない。地域経済の活力は雇用の拡大にあるから、地域全体が協力しあって、雇用拡大のために産業の発展（生産物の市場拡大、そのための商品開発、技術開発、人材の育成）に重点を置いた政策の実現が必要なのである。

地場産業においては産地振興協議会を設け、産地企業、行政、金融機関、学識経験者などが加わって、原料、技術開発ビジョン、販路拡大ビジョン、人材育成、雇用拡大ビジョンをつくり、産地ぐるみの体制を構築していく必要があろう。現場に即した地域コミュニティーにおける連携を強化する施策が重要なのである。例えば、次のような地域ぐるみの体制が考えられる。

地域新生工業会議（プラットフォーム構想）

A　地域の産業振興の方向

①**すぐれている点に着目し、それを生かす。**

- バイタリテイーに富む企業群が存在しているから、それを基礎に展開する。
- 新しい産業を拓いてすぐれた商品を生産している意欲的な企業が存在している。
- 地域にはすぐれた資源（技術、市場、歴史、伝統、交通条件、環境、施設等）があり、それを生かす。販路拡大、ネットワーク、新技術との連携、導入を図る。

②**今後の課題**

- 地域にはすぐれた企業があるのに知られていない——イメージ戦略を強化する。
- 地域のソリューション型商品開発体制を強化する——既存産業からの展開を重視する。
- すぐれた工業情報の収集と発信力を強化する。マーケッテイングを強化する。
- 新事業の創出、既存産業の展開、企業間連携を推進する。
- 誘致企業のすぐれた技術力、営業戦略、経営のノウハウを地元企業に移転する体制をつくる。
- 地域経済再生プログラムを作成し、重要産業、成長産業、意欲的な産業を育成するために、県の提唱している地域プラットフォーム構想やクラスター構想を立ち上げるが、地域の現場に即した体制をつくる。

B　地域新生工業会議（プラットフォーム構想）の設立の必要性

　地域の産業は既存産業、誘致企業、建設業という三つの産業軸を基盤としている。それぞれの軸の交流は少なかった。三つの産業軸の発展のうえに運輸交通業が発展し、地域雇用を拡大してきた。雇用の拡大・所得の増大を基盤に商業・サービス業が発展し、地域雇用を拡大するという地域循

環が形成された。雇用拡大こそ地域経済発展のキーワードである。雇用拡大のために、各種の産業活動を活発化させる。そのためには、地域産業の連携と交流を図るだけでなく、まちづくりの中で産業政策を充実する。

C　構成
　商工業者、商工会議所（商工会）、行政、学識経験者でもって構成し、定期的な会合をもつ。

D　地域新生工業会議の三つの戦略
①地域産業プライド戦略
　・企業のすぐれている面、すぐれている企業の紹介を軸に地域全体のレベルアップ（技術、商品、販路）を図る。イメージ戦略（地域：企業、商品）を強化する。
②地域産業挑戦プログラム
　・新事業創出むらづくりプログラム
　・スタートハウス（ベンチャー支援施設）を立ち上げ、外部から資本、技術、企業を導入し、また地域内から新事業を立ち上げる。
　・雇用拡大推進プログラム
③地域産業知恵構想
　・テレコムシティー構想――ITと通信ネットワーク構想などの地域産業の連携を図る。
　・誘致企業による経営学校
　・地域資源（工業高校、地元大学、県の研究機関）の活用――地域の現状に立脚した産官学連携を推進する。

　以上のように、地域における産業コミュニティーを立ち上げ、各企業は新商品、技術開発運動、販路拡大運動、活力倍増運動を展開する。どのような地域組織にするかは地域の特殊事情に依存するが、その場合、行政や商工会議所（商工会）、地域の大学や研究機関の役割は大きいのである。

注

(1) 九州7県の全世帯消費支出は1999年から2001年にかけて3.6兆円から3.4兆円へ6％減少し、大規模小売店の販売額は同期間に2.0兆円から1.89兆円へ7％減少しているが、この事実は三つの産業軸の衰微の結果現象である。

(2) 九州8県における公共工事請負金額は1999年度3.4兆円から2001年度2.6兆円へ、2年間に23.5％減少している。公共事業は地域の雇用問題と関連しているという点は軽視されてはならない。下平尾『現代地域論』八朔社、1998年；同『構造改革下の地域振興』藤原書店、2001年、を参照。

(3) 日本商工会議所『地場産業の再活性化に関する提言』2002年3月20日、参照。

第2章 「地域振興」から「地域再生」へ
―― 協働と共生のまちづくり ――

鈴木　浩

　わが国における21世紀は、まさに閉塞感の真っ只中で、幕を開けた。"バブル崩壊"後の不況と閉塞感は、従来の景気循環論では説明できず、わが国の枠組み全般の制度疲労であると考えられているように、経済、政治、教育・文化など日本社会全般にわたる危機的な状況の反映であることがあらわになってきた。

　経済の問題でいえば、国全体に市場主義の貫徹を迫りながら、一方で銀行への国費によるてこ入れをするなど、決して首尾一貫しているとはいえない展開が国民にはきわめて不透明な印象を与えている。そして、この市場主義によって、社会全体に対する公正さや正義が損なわれるのではないかという危惧もまったくぬぐえずにいる。追い打ちをかけるように、政界、官界、産業界において、様々なモラル・ハザードを示す事態が次々に明るみに出てきた。そんな中で、東京一極集中の実態は一層明確になり、地方都市における中心市街地の空洞化に象徴されるように、地方の経済的基盤の衰退は極めて深刻である。

　地方分権の潮流の中で自治体政策のあり方を考える時、筆者が活動の基盤にしている福島県においては様々な動きがあり、目を離せない状況が続いている。1966年、全国でも例のない14市町村による広域合併をした「いわき市」では、2002年2月、バス事業に対する規制緩和が実施され、過疎バスの撤退が危ぶまれており、広域合併による過疎地に対する厳しい側面を浮かび上がらせている。今日的な広域合併に異論を唱え、住基ネットワークシステムに抵抗している「矢祭町」、そして教育長を公募したり、役所内部の大胆な機構改革を推進している「三春町」、そしてわが国における生産拠点の空洞化への対応として、改めてモノづくりが注目を浴びている中で、生活工芸運動を長い間続けられてきた「三島町」、さらには国の原発政策に対する「福島県」の対応など、地方分

権を考えていく上で貴重な蓄積をしつつある自治体の姿を見ることができる。2005（平成17）年3月をタイムリミットにしている合併特例措置による特例債が果たして、20年、30年を見渡した時に本当に「アメ」なのかどうか、残された期間に徹底的な検討をしようという自治体が多いが、その残された期間があまりにも短く、拙速にならないかという意見も多い。

政治的にも20世紀以来の混乱が続いている。政治的な腐敗が後を絶たないし、政治的な決定プロセスにおける、議会制度、官僚機構（地方における行政機構）や国民（地域住民）との関係性について、例えば「住民投票」に見るように根本的な問題提起がなされているということができる。さらにいえば、国際関係の中での日本の外交の危うさも、21世紀の大きな課題になっている。

教育・文化については、現在の競争原理が主張される以前から、偏差値による競争原理が教育界に導入されている。そのことの是非はここでは触れないが、競争社会における様々な問題点がここから汲み取れるはずである。にもかかわらず、これまで以上の競争原理を高等教育や科学研究にまで導入しようとしているのが今日の流れになっている。繰り返し指摘されてきたことであるが、大学教育は、すぐれて科学的研究の成果に基づくものである。そして、教育や研究の全面的な発達にとって、競争によるふるい分けが、基礎的な研究、長期的な研究などの成立基盤を著しく損ねてしまうことに危惧の念を抱かざるをえない。

これらの今日の閉塞的状況を概観する時、戦後の政府主導の経済、行財政、政治、教育の仕組みによって、地域に対しては「地域振興」策として展開されてきたが、これらがどうにも立ちゆかなくなってしまったという認識に到達せざるを得ないのである。21世紀初頭、閉塞感の漂うわが国の状況を目の当たりにして、地域政策や都市計画などが今後どのような展開をしていくのか、そこでの課題は何かについて考察することが本論の意図である。

ところで、従来の地域政策や都市計画などは国主導で展開されてきたが、それはいわゆる「地域振興」策として展開されてきたということができる。それに対し、これからの方向が自治体主導、住民参加型であることなどが展望されているが、それは地域の側からの「地域再生」に向けた、協働と共生のまちづくりが求められているということになるだろう。その過渡期である現在、どの

ような過渡的な筋書きが仕組まれているのか、自治体や地域の側では、どのような現状にあるのかを明確にすることも本論の意図として加えておきたい。

1 「地域振興」の動向と課題

　まず、わが国における中央政府主導の「地域振興」方策が今日どのような状況になっているか、という点から概観していこう。

(1) 国土の不均衡発展

　国土総合開発法（1950年）に基づいて、1962年以降、5次にわたる国土総合開発計画が策定され、それによって国土開発が進められてきた。国土総合開発計画の意義は、これまで計画を策定されるたびに確認されてきたように、人口と産業の大都市圏への過度の集中による弊害と地域間格差を是正し、国土の均衡ある発展を図るために長期的かつ国民経済的視点に立った国土総合開発の方向を明らかにすることであった。にもかかわらず、1998年3月に策定された新・全国総合開発計画「21世紀の国土のグランドデザイン——地域の自立の促進と美しい国土の創造——」では、東京および太平洋ベルト地帯への一極一軸集中の国土構造が形成されてきた過程を説明しつつ、それが「歴史的流れの中で長期間をかけて形成されたものであり、経済社会的必然性をもっていただけに、その変革は容易ではありません」（発刊のことば、国土庁長官）として、政策的な問題性について触れることなく、「地域間格差が拡大していった」（同計画、「第1部第1章、第2節国土構造変換の必要性」）ことを認めざるをえない状況に立ち至っている。

　そのような認識のもとに策定されている計画の内容は、1990年代を通して、わが国がかつて体験したことのないほどのバブル崩壊と長期経済衰退、そして深刻な財政逼迫という厳しい社会経済情勢を背景にして、これまでのものとはかなり異なった計画論理が展開されている。その特徴は、"参加と連携"による国土づくり、地域の"選択と責任"による地域づくり、国土基盤投資の重点化・効率化、そして規制緩和の推進が前面に押し出されていることである。

これらのキーワードをつなぎ合わせると、これまでの東京を頂点とする国土の不均衡を是正する措置がなされないままに、この全国総合開発計画が展開されるのであれば、地域間の格差がさらに広がる可能性を強くもっているということができよう。それは、地方分権の潮流の中で地方自治体の政策形成能力いかんにかかっているともいえるが、投資の効率化を前面におしだす限り、あらゆる側面において密度の高い集積が実現している大都市部への投資効果と地方におけるそれとを平板的に比較するのであれば、最初から効率性の判断は明確である。今日、大都市部からの地方への公共投資に対する圧力は、これらの論理を背景にしてなされているものである。よほどの国土の不均衡性を是正する視点をもつ重点投資の仕組みをつくらなければ、格差拡大につながることは明白である。

(2) 「規制緩和」、「市場原理」、「競争原理」の台頭

2001年4月に発足した小泉内閣は、同年6月「今後の経済財政運営及び経済社会の構造改革に関する基本方針」、いわゆる「骨太基本方針」を発表し、その後矢継ぎ早に、それぞれの分野の「構造改革」シナリオを提起してきた[1]。さらに2002年6月には、「経済財政運営と構造改革に関する基本方針2002」、いわゆる「基本方針第2弾」を発表し、さらに拍車をかける決意を表明した。それらの底流に横たわるキーワードが「規制緩和」、「市場原理」、「競争原理」である。

「基本方針第2弾」では、経済社会の活性化に向けて六つの戦略を示した（技術力、人間力、経営力、産業発掘、地域力、グローバル）。そして、「豊かな自然環境、医療・介護サービス、子育て支援、街並みや高品質な住宅など国民の潜在的需要に応えることで需要創出型の生活産業を創出する」、「ライフスタイルの変化による人々の潜在需要（ウォンツ）を掘り起こし、具体的なサービスや商品として実現する需要創出型の生活産業を創出する」というように、国民生活のあらゆる領域での徹底した商品化を標榜しているのである。しかも、この基本方針では「結果の平等」から「機会の平等」が明示され、結果としての不平等は当然であるとする考え方を前面に押し出している。つまり、これらの考え方が、経済社会の活力の源泉、と考える風潮を意図的につくりだしてい

る。果たしてそうか。危機的な閉塞感の中で、国民の中にはそのような"カンフル剤"を期待する向きもあるかもしれない。しかし、このような「競争社会」が、「勝ち組」と「負け組」をつくりだすことは明白である。現在の情報、権限、富の集中のありようから考えれば、圧倒的に少ない数の「勝ち組」が社会を制覇することになることはほぼ推測できるところである。その点については、R・フランクとP・クックの著した「ひとり勝ち社会」が導いた、すぐれた結論である[2]。さらにこの著書は、「ひとり勝ち社会」がもたらす社会的な影響について、「浪費的競争」、「浪費的投資」などの浪費性について指摘しているのである。「勝ち組」への成功の期待を込めて、多くの国民が競い合うように投資をする。しかし、その国民の総投資にもかかわらず、成功を収めたと実感できるのはほんの一握りである。わが国の状況に照らしてみると、子どもたちへの教育投資、持家取得に向けた投資、マイカーへの投資、などを代表的な事例として挙げることができる。アメリカ発信のグローバリゼーションの流れをさらに重ねれば、熾烈な「競争原理」の姿はさらに熱をおびていくことになる。

　わが国の、これらの強引ともいえる「構造改革」によって、日本社会はどうなっていくのか、何が期待できるのか、その点についてはきわめて不透明という以外にない。

(3)　**公共性の論理、セーフティ・ネット、民主主義のゆくえ**

　「市場原理」、「競争原理」への一層の傾斜は、アメリカ型「ひとり勝ち社会」への、さらなる移行をもたらすばかりでなく、わが国に長い間横たわり続けている政治的・経済的腐敗を是正すべき社会性・公共性に基づく社会正義がさらに損なわれていくのではないかという危機感を抱かざるをえない。過酷なリストラによる膨大な失業者の発生も、「聖域なき構造改革」のもとに正当化されるような風潮さえ生み出している。最近では、この「競争原理」を前提に、「弱者救済」から「適者生存」へという、いわば"社会淘汰"が公然と主張される向きさえある。

　わが国では、国による莫大な公的資金投入にもかかわらず、金融機関の社会的責任を果たす姿はまったく見えない。アメリカでは1977年地域再投資法（Community Reinvestment Act）が制定され、経済的に恵まれない地域での

金融機関の安易な撤退などについて条件づけを行い、地域の小口需要への貸付も確保するように義務づけたのであった。これがその後のアメリカ経済の再生に大きな影響を及ぼしたことは有名であり、わが国においても「日本版・地域再投資法」を求める声が大きい。わが国では、このような民間企業の社会的な責任を明確にする枠組みが国民の前に明らかにされることはあまりない。

　オランダが1970年代の深刻な不況、いわゆる「オランダ病」から立ち上がるきっかけとなったといわれる「ワッセナーの合意」も、注目されている[3]。1982年、ルベルス首相、クリス・ファン・フェーン経営者連盟会長、ウィム・コック労働組合連合委員長（1994年以降の首相）の三者によって、経済再生のための政策合意が協定として締結された。その内容は「労働組合は賃金抑制に協力する」、「経営者は雇用確保に努め労働時間の短縮を行う」、「政府は減税と財政赤字の削減を実現し、原則として賃金交渉に介入しない」というものであった。この合意をベースに、1980年代以降「社会保障改革」や「雇用の柔軟性」などが取り組まれ、1990年代には失業率が大きく低下し、経済成長もめざましく、「オランダの奇跡」と呼ばれている。

　わが国では、このような大局的な社会正義の枠組みがなかなか実現しない。まちづくりや地域福祉などの分野では、住民の主体的な取り組みの中から、地域社会（コミュニティ）あるいは社会的な諸組織の間での協働のネットワークが形成されつつあるが、一方で「競争原理」のもとに、これらの協働やネットワークの形成に対しても、それらが相対的に弱まっていく不安もないわけではない。

(4)　**グローバリゼーション、広域連携**

　グローバリゼーションと、それにともなうボーダレス化は、日常的な生活の場でも実感できるところとなってきている。特に、インターネットの発達は、マスメディアとは違った、個人ベースの、双方向の情報交換が地球規模で可能になっている。もちろん、政治・経済におけるグローバリゼーションの進行は、冷戦以降の「市場原理」、「競争原理」を基調とした世界の動静のもとで「ひとり勝ち社会」の世界規模での現象をともなっていることに、大きな特徴があるといってよい。EUの誕生は、こういう潮流の中でのヨーロッパ諸国の対抗策

と見ることもできる。このように、世界規模でのグローバリゼーションの進行は、著しいものがあるが、国内に目を向けても、高速交通体系や情報ネットワークなどの蓄積のもとで、全国レベルでの広域的な交流や連携が進行している。企業だけでなく、人々の流動化も激しい。広域連携のための高速交通体系の整備は、特に地方にあっては、なお最重要課題として位置づけられている。人々の日常生活は、モータリゼーションのもとに、広域化が急速に進んだ。このような生活の広域化は、政府、地方自治体における財政の逼迫とあいまって、市町村合併の課題を、特に地方の市町村に突きつけることになった。市町村合併から EU まで、いろいろなレベルでの広域連携が大きな潮流になっていることは間違いない。

ところで興味深いのは、これらの地球規模から日常生活圏レベルまで、広域的な交流そして流動化の潮流の中で、改めて人々の社会生活の基盤としてのコミュニティが再認識されてきているということである。例えば、イギリスにおける1990年代以降のコミュニティ再生（community regeneration）やコミュニティ力の形成（capacity building）に関する取り組みは、EU 加盟やグローバリゼーションという潮流の中で生まれていることに注目しておく必要がある。

わが国では、平成の市町村合併がもくろまれており、全国の、特に地方都市周辺の町村は、合併についての厳しい検討を続けているところが多い。が、基底的に横たわる財政逼迫の中で、合併することも、しないことも市町村運営が極めて厳しいことには変わりがない。そういう厳しい状況の中で、地方自治体の中には、そのような広域行政が求められている中でこそ、地域社会が重要であり、その「地域力」を高めていきたいと考えている自治体がかなり多い。それは、例えば総合計画の策定を契機に、地域社会のまとまり（旧村を単位にした行政区など）を基礎単位にした活動を根づかせようとしている取り組みなどに現れている。

(5) 地方分権の潮流

2000年4月「地方分権一括法」が施行された。わが国における今日の地方分権の背景は、次のように整理されている[4]。第1に、複雑な国際社会への対応が国家として、ますます重要な課題になりつつあることである。国際的な調整

課題が増大しつつあり、国が国家の存立に関わる課題へ重点を移さざるを得ない中で、国内の地域問題については、地方自治体で対応することが求められている。第2には、東京一極集中の是正の課題である。政治・行政上の権限を地方に分散し、人材を地方で育て、それぞれの地域社会の活力を取り戻すことが喫緊の課題になっている。第3に、個性豊かな地域社会を形成することが重要な課題になっていることである。国によるナショナル・ミニマムとしての行政サービスを超える複雑な住民要求に応えることが求められているが、その要求は極めて多岐多様であり、全国一律に対応することが困難なものが圧倒的に多い。それらの複雑な住民要求に応えるためには、それぞれの地域の選択と責任で対応すべきであるという考え方である。第4には、急速な高齢社会に対応することが求められているが、これまでの縦割り行政システムをのりこえて、地方自治体によるきめ細かな行政対応が求められていることである。

地方分権の具体的な姿や進め方については、財源問題など、なお様々な課題が横たわっているが、国と地方自治体との役割分担の具体的場面で様々な形で地方への権限委譲が行われている。

戦後、わが国の「地域振興」は、高度経済成長政策を典型に、経済成長を基軸に据えて展開されてきた。しかもそれは、国による中央集権的な「地域振興」であった。今日の国際化、情報化、高齢化、それらに加えて経済財政の極端な衰退などに直面して、これまでの中央集権的な枠組みが、ほとんど機能しなくなってしまった、というのがほぼ共通の理解になっている。問題は、それでは今後のシステムをどう構築するか、国と地方自治体、そして公共と民間との役割分担はどうすべきか、などであるし、地域や自治体の側からの政策能力をどう形成するか、地域住民の力量をどう高めるか、などが突きつけられているということもできる。

例えば、都市計画分野では、都市計画法の改正や具体的な運用指針などに基づいて、地方自治体の判断に委ねつつある事項が多くなっている。後に詳しく見るように、2002年4月に発表された「都市計画運用指針」では、地域や住民発意型の都市計画の仕組みが制度的にも提起されてきているのである。

2 「地域再生」の課題

　国主導の「地域振興」に対して、自治体や地域社会の側からの、協働と共生のまちづくりが求められている。ここでは、このような地域の側からの取り組みを、「地域再生」の取り組みと呼ぶことにする。この「地域再生」の状況や課題について、考察していきたい。

(1) 地方自治体によるまちづくりの政策形成

　これまで「都市計画法」に基づき、自治体における都市計画を監督・指導してきたのが、国土交通省であった。これは、都市計画法が制定された1919（大正8）年から、一貫して維持されてきた、わが国の都市計画システムであった。しかし、「地方分権一括法」（「地方分権の推進を図るための関係法律の整備等に関する法律」、2000年4月施行）など、地方分権の潮流が制度的にも整えられてきて、中央省庁と地方自治体との関係はかなり変化してきている。そのことを都市計画行政の側面で端的に示すものが、2002年4月、国土交通省から発表された「都市計画運用指針」（以下、「指針」と略す）である。例えば、この「指針」では、「都市計画決定手続きの条例による付加」として「条例の内容としては市町村マスタープランや都市計画について、公聴会、説明会を必ず開催するものとすること、都市計画の案の縦覧期間を法定の2週間よりも長い期間とすること、まちづくり協議会による提案等の住民の意見を反映しながらまちづくりを行う方法を定めること等が考えられる」と示唆している。つまり、都市計画法はあくまでも、国の定める基本規定であり、地域それぞれの都市計画は、独自の条例として、"上のせ"したり、"横だし"して、住民発意型のまちづくりを進めていくべきである、という提起をしているわけである。これまでまちづくりに関わってきた多くの住民運動が、政府に対して主張してきたことに対して、国の都市計画行政は、国の役割を限定した上で、地方自治体の都市計画行政に応えてもらう、という姿勢に変化してきているとみることができる。

　これまで見てきたような「地域振興」の潮流に照らして、このような都市計画の新しい動きをみると、次のような二つのとらえ方をしておく必要がある。

一つは、都市計画やまちづくりを、地方自治体の、参加と自治の枠組みの中に、位置づけることが必要になってきているということである。これまで、中央政府による都市政策や都市計画事業によって基本的な方向が定められていたのに対して、地方自治体独自の政策能力がこれまで以上に求められてきているということである。そのことは、第2に、地方自治体間の格差を一層拡大することになる可能性が大きいという点である。都市におけるインフラストラクチュアの整備状況はもちろん、自治体財政やまちづくりへの取り組みの積み重ねなど、自治体による実績は大きく異なっている。先に引用した、「指針」における自治体の「条例による付加」などは、すぐにでも実施に移せる自治体があるに違いないが、一方でこれらの条例を制定することがすぐには難しそうな自治体も少なくない。このように、「地域振興」政策の転換が、「地域再生」の具体的な展開に大きな影響を及ぼすことは必至である。とすれば、地方自治体の政策能力を高めること、そのための中央政府の移行措置あるいは財政制度など地方分権の制度的改革をさらに充実させることなどが取り組まれなければならない。

(2) イコール・パートナーシップ、協働と共生の枠組み

まちづくりの議論の場面では、すでに必ずといっていいほどに、「住民参加」や「パートナーシップ」が話題になってきている。しかし、それらはどのような具体的なシステムが構築されてきているのかといえば、それほどその実体が充実してきているわけではない。行政も住民も、そして企業も、どういうすがたが、住民参加やパートナーシップの姿なのか、見いだせていないというのがわが国の現状である。

そこで、ここでは、イギリスにおけるパートナーシップのモデルを検討しながら、わが国における可能性を論じていこう。ここで取り上げるイギリスのモデルは、1993年、メージャー政権の時代から発足し、ブレア政権でも引き継がれている統合都市再生予算（Single Regeneration Budget：以下 SRB と略す）である。これは、地方自治体がそれぞれの都市再生に向けたプランを政府に提出し、その内容によって、政府からの予算措置（EU からの補助金も含まれている）の採否が決定される、というものである。そして、何よりも特徴的なこ

とは、この申請に当たって自治体が単独では申請できないことである。民間セクターやボランタリーセクター、自治体内の複数の部局などのパートナーシップによる主体が形成されていることが必要である。その際に、コミュニティとの協議やインボルブメント（参加）が用件になっている。今日、イギリスの自治体は、まちづくりに対するコミュニティの力（地域力といってもよい、これをキャパシティ・ビルディング［Capacity Building］と呼んでいる）の構築を大きな課題として取り組んでいる。

このモデルでは、イコール・パートナーシップを制度的な枠組みとして実現させており、パートナーシップが、文字通り、各種機関やコミュニティに存在する各種団体などを結合させ、地域再生の主体として形成していくシステムになっているところに特徴がある[5]。

(3) 都市の将来像についての合意形成

わが国の都市計画では、それぞれの都市の将来像について、どういう内容、形式、プロセスで合意形成を図るかが、きわめて重要な課題になっている。言い換えれば、これまでの都市計画では、それぞれの都市の将来像が、どのような具体的な姿になるのかについての方法はきわめて抽象的かつ専門的で、一部の専門家にしか認識できないものである。それぞれの都市住民にとって、まちの将来像について知りうる機会はほとんどないし、その将来像を協議する場面に参加する機会はさらにないといってもよい。今日のように、これだけ情報機器が発達し、画像によるプレゼンテーションが容易になってきているのに、市街化区域・市街化調整区域の区分、市街化区域における用途地域区分、そして建ぺい率や容積率を数値で記載された都市計画図面だけが将来像を示す媒体というのは、あまりにも不十分ではないかと思われる。地域再生や都市再生が大きな課題として横たわっていて、しかもこれらの課題については、行政や企業そして住民の合意形成が最も重要なプロセスとして位置づけられつつある時、この合意形成のための方法論（内容や形式、そしてプロセス）を充実させることが求められている。

さらにいえば、このような地域社会や都市の将来像を考えていく上で、その前提となる都市や地域社会のあるべき姿についての基本的な認識を深め、共有

することが重要である。筆者がこれまで主張してきた「コンパクト・シティ」も、その一つの提案である[6]。この「コンパクト・シティ」については、イギリスの建築家・リチャード・ロジャースもかなり具体的な内容を提起している[7]。

いずれにせよ、都市が、環境や資源を食い潰して成長する時代は終焉させなければならない。わが国の都市計画は、都市の拡大成長と車社会への対応を基調としてきたといってよい。その結果として出現した郊外型ニュータウンは、いまや高齢社会最前線となり、中心市街地への依存性が高いにもかかわらず、公共交通手段の利便性が低いために、高齢世帯にとって、日常生活上の不安を増加させている。だらしなく伸びきった市街地の拡大は、都市的土地利用と農村的土地利用の混在した地域を広範に形成するとともに、道路や公共下水道など、都市としてのインフラ整備が追いつかない状況をつくりだしている。そのうえ地方都市では、救急医療や高度医療、教育や文化活動の高次機能、経済活動や観光などについての広域的連携が求められている。そのための高規格道路網の整備が今後さらに求められていくことが予想されるが、持続可能性から考えれば、それぞれの都市が連坦したり不必要に拡大することは避けねばならない。

(4) 地方都市再生の課題

地方都市の衰退がきわめて深刻である。直接的には、地域経済の衰退によってもたらされていることは明確であるが、さらにその背景や原因を探ると根は深い。金融機関や大手スーパーなどをはじめとした資本の系列化、流通革命による流通経路の大手資本の支配、製造業の生産拠点の海外進出と海外の低廉な生産コストに圧迫された製造業の衰退、農業政策の行き詰まり、などの経済的な背景のほかに市街地の野放図な拡大を進めてきた、都市計画行政や公共施設や住宅地そしてスーパーマーケットの郊外化など、様々な要因が複雑に絡み合っている。いってみれば、高度経済成長時代の、スケールとスピードを競う「地域振興」政策が破綻した結果であった。しかも、これらのすでに「賞味期限」が過ぎてしまった政策をそのまま運営してきてしまった、地方行政が直面している課題も大きい。

地方都市では、街なか居住、街なか文化・交流機能の充実、目抜き通りや市

場の復活、道路と鉄道インフラとの連携による交通システムの整備、さらには都市と周辺農村部との連携などがまちづくりの重要課題になっている。もちろん、根底的には、地域経済の再生、地方自治体における行財政改革などの深刻な課題が横たわっており、都市計画がこれらの課題と密接な関連をもっていることはいうまでもない。

そこで都市計画サイドからは、次の2点を確認しておきたい。まず第1は、地域経済再生、行財政改革などについて、それぞれの分野の専門家とともに、学際的に、そして実践的な場面での協働の取り組みに目的的に参加していくことが重要になっている。このことについて、地元の行政や産業界さらには地域住民とともに専門家として協働していく場をつくりあげていくことが喫緊の課題である。第2に、都市計画サイドの相対的に独自な課題として、前項で指摘したような課題、都市の将来像について、具体的なプレゼンテーションが可能なシステムを開発しながら、その合意形成プロセスを確立していくことが必要であり、そのことの位置づけを他の分野の専門家などとも共有することである。

(5) **自治体における政策形成**

地方自治法に策定義務が定められている「基本構想」をはじめ、自治体では夥しい種類の計画が策定されている。自治体が単独に策定するものもあるが、多くは国や都道府県の示す計画の枠組みに沿って策定されている。それらは、中長期の展望を示す基本的なものから具体的な課題に即応したものまで、そして自治体が横断的に取り組むものから部局別の対応によるものなど様々である。混沌とした経済社会、そしてグローバル化の進む中で、限られた財源や資源そして人材のもとで複雑な地域社会の課題に応えるために、政策化やその実施プログラムを立案することは、地方自治体にとってきわめて重要な任務である。ところが現実には、この計画の不安定性や硬直性、さらにはそもそもの必要性や実現性などについての疑義が生じており、計画そのものの存在意義までが問われるようにさえなっている。しかし、先に述べたように、限られた財源・資源・人材で、複雑な地域の課題に応えようとすれば計画的な運営の必要性がなくなるはずもなく、結局、計画の整合性と実効性を高めることが求められているということになるし、それが政策形成の内実になるであろう。

地方都市における中心市街地活性化の課題を例に、少し具体的に論じておこう。1998（平成10）年7月に「中心市街地における市街地の整備改善及び商業等の活性化の一体的推進に関する法律（略称：中心市街地整備改善活性化法）」が施行された。市町村は、民間事業者などとともに策定した「基本計画」に基づいて、土地区画整理事業、市街地再開発事業、道路、駐車場、公園などの都市基盤施設整備など「市街地の整備改善に関する事業」、魅力ある商業集積の形成、都市型新事業の立地促進など「商業等の活性化に関する事業」、その他必要に応じて公共交通の利便性向上、電気通信の高度化などに関する事業等を一体的に推進することとなっている。実際には、関係8省庁からそれぞれ補助事業メニューが提示されており、「基本計画」ではこれらの事業を「選択」し、組み合わせていくことになっている。この点が、先に紹介したイギリスにおける「統合都市再生予算：SRB」──自治体が民間セクターや住民組織とのパートナーシップのもとに、独自のシナリオを描き、それを中央政府との協議によって確定していくという方法との大きな違いである。つまり、これまでの国の補助事業と同様、補助事業にはそれぞれの採択基準があり、個別自治体における個別的な事情は採択用件にすり合わせねばならない。ここにいわゆる「ボタンの掛け違い」を起す要因がある。こういう問題に地方自治体はたくましく対応せざるを得ないし、さらにいえば、絶えず中央官庁の事業制度に対して課題と要望を提起するほどの政策能力も求められてきているということであろう。

(6) 地方都市再生に向けて──ラウンドテーブルによる合意形成システム

さて、引き続く不況と先行きの見えない地域社会の衰退による閉塞感が地方都市をおおっている。中心市街地再生を含めて、それぞれの自治体が必死に活路を見いだそうとしている。これまで述べてきたように、都市や地域社会再生の課題が、行政だけでなく、民間セクターや地域住民など、地域における様々な主体の総結集による力、すなわち「地域力」の構築とその実践が基本的な課題であることを考えると、自治体がすべてをお膳立てするような方法や、そもそもそういう自治体の基本姿勢（イギリスでは、早くから、このような自治体の対応を、パターナリズム──父権主義、温情主義、干渉政治──として批判されてきている）を改めるところから始めなければならないのではないかと思

う。

　地方都市再生を念頭に置くと、これらの課題に取り組むために、市民、行政、議会、産業界、労働界、専門家、メディアなどを構成メンバーとした、フラットなイコール・パートナーシップを発揮できるシステムとしてのラウンドテーブルを設置すべきである。わが国では、これまで「まちづくり協議会」などを設置すると、自治体などに担当課ができて、そこがお膳立てをする、その協議の場に提案する原案まで作成してしまう、ということが一般的に行われてきた。そのことによって、参加している他のセクターのメンバーは、「お客さん」として意見を述べることに終始してしまいがちであった。これをどう克服するかが、今日の「住民参加」や「パートナーシップ」の課題である。したがって、このラウンドテーブルは、できれば行政などが財政的な裏づけを与えた上で、NPOや大学などの「知」の集積体にその運営を任せてはどうだろうか。

　地方都市では、それぞれ都市再生のプログラムを作成し、具体的な取り組みを進めているものの、好転の兆しが見えず、決定的な施策を打ち出しかねている。地域住民に閉塞感が漂っている現在、緊急避難的であれ、「あたらしい風」が吹き始めていると感じさせる雰囲気づくりがまず必要ではあるまいか。そのためのラウンドテーブルからの発信が、まず求められているともいえるのではないか。

3　「地域再生」のための学際的な研究活動
　　　——むすびにかえて

　「地域再生」は、きわめて多岐にわたる課題を含んでいる。「地域振興」からの軌道修正という脈絡で考えれば、それは自治と参加の仕組みを充実させることに基本的な課題があるといってよい。そして具体的には、これまでに見てきた地域社会再生や都市計画の課題、さらには地域経済や地方行財政、環境共生の課題など複雑な課題に対する科学的、合理的なアプローチが一層重要になっている。これらの課題に対して、様々な分野の研究者、専門家が関わっているが、その関わり方について述べて本論を終えたい。

すでに、自治体が策定する様々な計画について、その整合性の課題について述べた。それは、地域再生の課題に関わる研究者、専門家についても同じことがいえるのではないかと思う。地域再生の課題が、多岐にわたる専門的知識が統合的な形で求められているにも関わらず、自治体などからの要請に応じて、研究者や専門家はそれぞれの課題に細分化された政策や計画立案に個別に関わることが多い。他の様々な諸政策との関わりの検証が不十分なままに、個別課題への政策づくりに参加する場合が多かった。例えば、都市計画の方向づけに際しても、都市計画研究者や専門家が対応すれば、土地利用計画や公共交通システムを含むインフラ整備の課題や、居住空間のあり方を含む等身大の空間構成をイメージしながら計画の内容に関与していく。また、都市計画の専門家は、各地でまちづくり運動に関わっていることが多いこともあって、計画策定のプロセスや「住民参加」のあり方についての関心も高い。

さて、上記の都市計画を含めて、経済学、地理学、法学、政治学、行政学、社会学、環境学などの専門家は、このような「地域再生」の課題についてどのような専門的な課題として取り組んでいるのであろうか。ここでは、それぞれの方法論的な違いとその相補性などについて触れている余裕がないが、確認しておきたいことは、「地域再生」に向けてこれらの専門分野が知を集積させた多面体として対応すべきであるということである。いずれの分野も、それぞれに「地域再生」にとって重要な位置を占めていることを確認することが必要である。大学が、特に「地域再生」に貢献するためには、個別の専門分野ごとに貢献する以上に「知」の集積体として対応できる機関であることを自覚的に追求していくことが求められている。

注
(1) 例えば、この「骨太基本方針」に前後して、文部科学大臣はいわゆる「遠山プラン」を発表し、国立大学に対して民間的経営の発想に基づく改革を迫り、「トップ30」を競わせるような枠組みを示し、それぞれの大学が"しのぎを削る"、"出し抜く"改革構想に狂奔しているのが、2001年から2003年までの姿である(2004年4月以降「国立大学法人」に移行することが政府から発表されている)。
(2) Robert H. Frank, Philip J. Cook "THE WINNER-TAKE-ALL SOCIETY" 1995、香西泰監訳『ウィナー・テイク・オール 「ひとり勝ち」社会の到来』日本経済新聞社、1997年。

⑶　長坂寿久「第3章オランダ」財務省財務総合政策研究所『「経済の成長・衰退・再生に関する研究会」報告書』、2001年。
⑷　総務省ホームページ、サイトマップ(「地方行政」、「地方分権の推進」)参照。
⑸　イギリスにおけるSRBやキャパシティ・ビルディングについては、下記の研究レポートで言及している。
　・内田勝一(研究代表者)ほか『都市政策における公共・民間・第3セクターの役割分担のあり方に関する比較研究』(平成9年度〜11年度科学研究費補助金・研究成果報告書)、2002年。
⑹　コンパクト・シティについての筆者の見解は、とりあえず下記の論文を参照されたい。
　・街なか居住研究会編『コンパクトな都市づくりをめざして』国土交通省東北地方整備局、2000年。
　・鈴木浩「中心市街地再生をめざして－コンパクト・シティの観点から」『中心市街地再生を見据えた地方都市の持続可能性』(2002年度日本建築学会都市計画部門研究協議会資料)日本建築学会都市計画委員会、2002年。
⑺　Richard Rogers + Philip Gumuchdjian " Cities for a small planet " 1997、野城智也、和田淳、手塚貴晴訳『都市　この小さな惑星の』鹿島出版会、2002年。

第3章 日本的NPOの成長と自立の条件

星野琪二

　21世紀は、NPOなどの市民セクターが行政セクターや企業セクターと肩を並べ、重要な役割を担うことになるだろうといわれている。多様化し、高度化する公益的サービスに対して、行政だけではすでに対応が難しくなってきており、NPOなどの市民セクターと行政とが互いに役割分担を明確にしながら、協働して取り組んでいく必要性が叫ばれている。特に行政は、いっそう厳しくなる財政状況の中で地方分権化を実現しなければならない環境条件下に置かれており、NPOとの連携は大きな課題になってきている。

　また、企業セクターとの関係では、市場経済の中では成立しにくい公益的サービスの領域が拡大しつつあり、それがNPO活動の使命に関わる領域のものについてはNPOが担いつつ、企業との役割分担を明確にしながら連携の効果を誘発する方向が模索されている。また、企業のマーケティング活動を現場の実情に通じたNPOと協働して行うケースも見られる。いずれにせよ、時間の経過とともにNPOは市民セクターとしての存在感を増し、行政セクター、企業セクターとも連携しながら、重要な役割を演じていくものと思われる。

　ところで、わが国におけるこうしたNPOの姿は、その活動が活発に展開されてきたいわゆるNPO先進国である米国をモデルにしている場合が多い。しかしながら、米国社会を支えるボランティアがその活動に費やす時間の多さ[1]、NPO活動を支援する寄付金の多額さ[2]・[3]については、日本との統計上の相対比較をすると圧倒的でさえある。ここには米国社会の成り立ちに関わる市民自らが〈闘って勝ちとる〉という伝統があり、やはり大きな文化的風土の違いを認識せざるを得ない。

　本論で論議したいことは次の諸点である。
❶一定の社会的成熟を迎えた日本のなかで、さらなる社会変革を生み出すもの

として、市民セクターを担うNPOに期待される役割を考察する。
❷米国NPOモデルの形式を先取りしていくことが早道か、急がば回れで文化としての市民意識の改革を優先すべきなのか。わが国NPOの成長のシナリオについて考えてみる。
❸NPOが日本の中に定着していわゆる日本的NPOが成長、自立し、行政セクターや企業セクターと肩を並べ、第3のセクターとして一翼を担うための条件等を考察してみる。

1 NPOが切り拓くもの

　わが国の市民意識は押し並べて低く、また市民サイドからの主張は押し並べて大人しいといわれている。その理由の一端は、わが国の近代国家への変容と、奇跡的とまでいわれた戦後の経済成長との二つの歴史的過程に関係しているものと思われる。明治維新以降の近代国家への転換は、官主導の下に一律的に推し進められ、結果として効率的に短期間の内に、いわゆる近代化が成し遂げられた。有為な人材を育成する仕組みをつくり、有能な官僚を中央政府に集め、議会との確執は当然含みながらも、全体としては中央集権的トップダウンの仕組みを機能させてきた。評価はともかくとしてそれなりの実績を上げてきた官主導の体制は、「お上に任せておけば間違いないだろう」という市民の受動的体質を助長してきたふしがある。確かに1960年代から反体制的な市民グループが登場するが、どちらかといえば市民運動といえる内容のもので、市民生活に直結するような市民活動は1980年代になってからである。その意味では、いわゆる公共を担う〈市民〉の登場はつい最近のことである。
　また、戦後の目を見張るような経済成長は製造業の工業製品輸出によって牽引されたものであるが、一面で日本人の勤勉さや平均的な教育水準の高さを広く世界に知らしめるところとなったものの、市民としての個人の顔は見えず、実質は企業第一主義として企業に埋没した個人であり続けた。このような企業を第一として仕事に励む風潮を表す言葉として、〈企業戦士〉という表現が用いられたりもした。しかし、やはり1980年代に入ってからは、企業の社会的責

任あるいは社会貢献ということが認識されるようになり、企業も社会的存在であり、社会に支えられて成長することが意識されてくる。1990年代に入ると、経済団体連合会の1％クラブやメセナ協議会が設立される。昨今では、企業のフィランソロフィーに対する取り組みは当たり前のようになり、環境問題におけるNPOとの協働さらには従業員のボランティア活動への取り組みを奨励する制度を確立するなど、企業イメージに適合する社会貢献活動の多様化が進行しつつある。

さて、NPOに話題を転じてみよう。上述の経過からも明らかなように、市民活動が注目され、その存在感を増してきたのはごく最近のことである。特に、ボランティア活動の存在価値を世の中に知らしめたのは、1995年1月に起こった阪神・淡路大震災の被災地に全国各地から駆けつけたボランティアの活動であり、NPO活動の普及を加速したのは1998年3月に成立した特定非営利活動促進法であることはよく知られた事実である。しかし、こうした即時に対応できたボランティアの活動も、また特定非営利活動促進法の成立も、それなりの社会状況を反映してのことである。

例えば、行政セクターとの関係でいえば、多様化し専門化する公益的サービスの諸ニーズに対して、行政セクターでは対処し切れなくなってきている現実がある。長い間の官主導体制が行政部門の肥大化を生み出し、巨大官僚組織の編成は硬直化をまねいている。肥大化した行政セクターは財政的な問題を顕在化し、組織の硬直化は行政サービスの受けて側に〈縦割り行政〉という弊害を露呈してきている。さらに加えて、「ゆりかごから墓場まで」を標榜した福祉国家スウェーデンやイギリスにおいても財政支出が困難になり、小さな政府へ転換せざるをえなくなり福祉サービスが後退した。これらのことも含めて政府の経済活動に伴う種々の矛盾を〈政府の失敗[4]〉というようになってきている。

また、企業セクターとの関係でいえば、市場での取引が必ずしも資源の最適配分につながらなかったり、環境問題などでは外部経済に矛盾が露呈するなど、やはり〈市場の失敗[5]〉といわれる現象が指摘されている。そうした非効率や矛盾を政府が介入することで解決する可能性がなくはないが、政府がこれ以上肥大化することは新たな問題を付け加えることになる。そこで、市場経済の問題や諸矛盾をNPOなどの市民セクターによって解決できないか、との期待が

高まっている。高齢化社会の進行、福祉サービスの高度化・多様化、環境悪化への対応は、市場経済では解決できない複雑な問題を生じさせてきている。営利を追求する企業セクターではカバーし切れないような社会的サービスの領域が拡大している。

　以上が、公益的サービス、社会的サービスを必要としている需要側の論理であるが、同時に供給側であるボランティア・NPOの事情もみておく必要があるだろう。ボランティアはあくまでも個人の自発性に基づくボランタリーな行為を行う者であり、NPOは組織設立のミッションに沿って組織的・継続的にボランタリーな活動を行う市民団体である。もちろん古くから、善意や社会的美徳としての行為や活動が地域社会の中で行われてきたが、そのあり方は時代、あるいは社会状況に応じて変化していると考えられる。近代社会がある面では成熟期を迎えつつも未解決の問題を抱えたまま不安要素を内包しており、時には閉塞感を感じさせられる中で、ボランティア・NPOは一種の危機意識のもとにダイナミックな動きを展開してきている。こうしたダイナミックな動きを展開するにあたって、市民レベルにおける情報の受発信、交換が重要な役割を演じている。国内はもとより海外も含めて、活発に市民活動の情報が交換されるようになっており、市民セクターのナレッジ（知恵）が集積され、共有され始めている。それは、必ずしも市民全体に広がりを見せているものではないが、一部の市民活動家の意識や見識を高めつつあることは間違いない事実である。自分達で汗を流し、少しでもいい社会を築こうとする風潮は高まってきている。

　さて、こうした市民セクターを代表するNPOの活動は、何を切り拓くことになるのであろうか。NPOは自らのミッションを実現するために活動するが、その継続的活動の中で培われた知識の集積が行われていき、結果として活動分野における市民的専門性[6]が高まっていく。この市民的専門性は、行政セクターや企業セクターでカバーできなくなっている公益的・社会的サービスの提供に大きな役割を果たしていくとともに、行政セクターや企業セクターと協働して創意工夫しながら社会的起業を推し進めていく原動力にもなるものである。このような領域に関わる経済を〈ボランタリー経済〉といったりするが、通常の貨幣単位の波及効果に加えて豊かさという尺度も絡めれば、注目すべき社会変革の動きといえよう。

2 米国モデルの形式に学ぶか文化風土に学ぶか

　NPOの役割の一般的な説明としては、〈政府の失敗〉、〈市場の失敗〉を第3セクターの主役であるNPOがカバーするところにある、とされている。しかし、NPO研究の第一人者レスター・M・サラモンは、議論を逆転させ、はじめにボランタリー組織ありきで、逆に〈ボランタリーの失敗〉を行政がカバーするとみるべきであると、次のように述べている。
　「ボランタリー団体を、共同財提供メカニズムたる政府の内在的限界による政府の失敗の穴を埋める副次的な機構と扱うのでなく、議論を逆転させ、政府の方をこそ〈ボランタリーの失敗〉、ボランタリーないし非営利セクターの内在的限界に対応する副次的機構とみる」[7]
　こうした論理が正々堂々と罷り通るところに、アメリカにおけるNPOの強さを感じさせられる。もともと政府も、市民社会がつくりだしたものと見なすようなアメリカの文化風土は、わが国のNPOに対する市民感覚とは大きく異なっているといえよう。
　さて、わが国のNPOへの取り組みは、NPO先進国アメリカをモデルにしてきたところが見られる。たとえば、1993年あたりから特定非営利活動促進法の内容を検討するために市民グループや研究者が研究会を立ち上げていくが、この過程に至る前に、多くの調査団がアメリカやイギリスへ出掛けていっている[8]。また、アメリカにNPOのプロトタイプを見いだしたことについては、次のような事情があったとも述べられている。
　「地域で自分たちの問題意識に基づき、環境運動や老人介護サービスなどを行ってきた人たちは、それまで特に法人形態及びその問題を意識していたとは限らないが、自分たちを語る言葉が現れ、しかもその活動がアメリカでは社会的認知を受けている、ということを知ったからだと思われる」[9]
　法案に盛られた法人認証の手順や税制などについては、必ずしもアメリカをモデルにしたものにはなっておらず、アメリカよりは遥かに慎重で後退した対応になっているものの、全体の方向としてはやはりアメリカのNPOの位置づけを参考にしているといえよう。さらには、このところのわが国の経済状況や

失業率の高さを反映し、アメリカ並みにNPOが新しい雇用の受け皿となることへの期待が見え隠れしている。

ところで、わが国の今後のNPO活動の発展にとって、NPO先進国アメリカのモデルをまずは形式的に導入することが優先されるべきか、そうではなくNPOに対する市民意識や文化風土に学ぶことが優先されるべきか、という疑問が湧いてくる。なぜなら、わが国のNPOの収入に関する統計を見ると、寄付収入の割合が圧倒的に少なく、NPO活動が多くの人々に支持されている構図にはなっていないからである。寄付の文化の違いと言ってしまえばそれまでであるが、市民活動が多くの市民から支えられているかどうか、いうなれば市民意識の熟度について不安が感じられる。組織を維持する収入を事業収入でまかなえるほどの力量があれば問題はないが、補助金・助成金もしくは行政からの委託に大きく依存する構造になってしまうことは、NPOの自立性という点からもあるいは行政の下請け的補完に甘んじるという点からも決して望ましい姿ではない。そのような姿で、市民の支持を得られないままNPO活動が失速していくことは避けなければならない。

しかしながら、正面から市民意識を変え熟度を高めていくことも、また易しい道ではない。日本人の行動特性を考えたときに、やはり海外の先進モデルを参考にしながら身近な成功事例を積み上げ、実績を示していくことが効果的なのかもしれない。それが市民意識の変革を促す早道なのかもしれない。

整理すると、わが国におけるNPO成長のシナリオは、アメリカの発展プロセスとは逆向きを辿ることが考えられる。サラモンがいうように、アメリカにおいては建国の精神からして、すでに独立心をもった市民が中心であり、市民活動の限界を行政セクターや企業セクターに託してきたと見ておくべきだという意見は興味深い。もちろん、20世紀終盤からのアメリカでのNPOの台頭は〈政府の失敗〉、〈市場の失敗〉に対するゆり戻しではあるが、中心軸には市民社会が位置するという考え方が基本にある。日本においても同じく〈政府の失敗〉、〈市場の失敗〉が現象として現れており、当面NPOという根を下ろし切れていない形を工夫しながら定着させつつ、失敗をカバーする公益的サービスの提供を試みながら、NPOの成功事例を集積していくことが望ましいのであろう。そうした身近な成功事例を眼にしたり、感じたりしながら、市民意識の

熟度を高めていく流れをつくり出すことが必要であろう。

3 日本的NPOの自立の条件を探る

さて、上ではNPOの成功事例を創出しながら市民意識の熟度を高めていく必要性について述べてきたが、一方、日本には古くから助け合い・支え合いの精神が普遍的に認められるとする意見も多い。たとえば、〈講〉とか〈結い〉という活動があげられたりする。そうでなくても、日本の伝統には、隣近所での助け合いや職場での支え合いが日常的なものとして存在しており、そうした利他主義が市場競争と並存してきたところに、日本的ボランタリーの特徴があると福田慎一は指摘している[10]。競争原理が徹底するアメリカでは、ボランタリーな活動が〈市場の外部〉において補完するかたちで機能するのに対して、日本では〈市場の内部〉において共存する形で機能してきたという見解である。アメリカ社会においては、市場競争の中にボランタリーな要素を持ち込んで互いに並存することは極めて困難であり、その外部において、その落差を埋め合わせるように機能している。たとえば、アメリカの税制度の特殊性あるいは宗教上の違いはあるものの、ボランティア活動に費やす時間の多さ、個人寄付金の多額さがそのことに該当する。それに対して、日本では地域社会の中で日常的にお互いに助け合う風習があり、企業体の内部においても従業員同士がお互いに支え合うインフォーマルな組織やコミュニティ活動とも取れるような慣行が存在していた[11]。このように、わが国においては相互扶助、支え合いの伝統がインフォーマルな形で日常的に偏在していたと捉えることができるであろう。

しかしながら、わが国においてもグローバル経済のうねりに晒される中で、企業間のさらなる激しく厳しい競争が展開され始めており、日本的経営として注目された伝統も含め、あらゆる局面において企業文化の変質が迫られてきている。また、地域社会のコミュニティについても、都市化、核家族化の進行とともに伝統的風習は同じく変質が迫られている。さらに加えて、少子高齢化の進行と地方分権化の流れを受け、財政面からも行政セクターのみによる多様化する公益的サービスへの対応は限界を迎えつつある。そのような中で、まさに

市民セクターの役割、とりわけ単なる借り物ではなく実質を支えるものとして日本的NPOの成長・発展が期待されている。

さて、それでは日本的NPOの望ましい姿としてどのようなことが考えられ、その姿を実現するためにどのような条件を満たしていく必要があるのであろうか。以下、人的資源の形成、財政の確立と収入構成、組織運営、情報共有化の面から考察を加えてみよう。

(1) 人的資源の形成

わが国の市民セクターが真に実力を着けていくための条件としては、熱意のある有能な人材がNPOのマネジメントに参画していく必要がある。しかしながら、一般にNPOは歴史が浅く、財政的にも脆弱であることから、マネジメントに関与する人材は行政セクター、企業セクターに比較すると圧倒的に不足している。加えて、わが国では職業間の移動が相対的に少ないことから、人材の獲得、育成には今しばらく時間を要することが予想される。当面の解決策としては、行政内、企業内で市民活動に関心をもつ人々やNPOのミッションに共感をもつ人々にボランタリーで参画してもらうことが現実的である。日本的ボランタリーの特徴である組織の内部における利他主義的要素から次第にはみ出して、組織の外部に育ちつつある市民活動団体やNPOに個人的に参画してもらうことが有効であろう。わが国の場合、アメリカのように完全に〈市場の外部〉でボランタリー活動が機能するまでには至らないと思われるが、不完全なままの中間的な形でボランタリー活動が機能することは十分予想されることである。

(2) 財政の確立と収入構成

NPOが組織を維持しながら安定的に活動していくためには一定の財政的裏付けが必要である。収入の主な内訳を、会費・事業収入、政府・行政からの助成・補助・委託、民間の寄付金に分類すると、アメリカでは51％、30％、19％の構成比になるが、日本では60％、38％、1％の構成比となっている[12]。アメリカに比べてわが国では民間の寄付金の比率が極端に少ない。これは、すでに指摘したように寄付金の扱いに関する税制度の違いから来るものであるが、特

定のNPOのミッションにどれだけ多くの市民が賛同し、そのNPOの活動に期待をしているかを示す尺度にもなり得る。また、ハンガリーにおいては所得の1％を特定のNPOを選んで寄付することができる制度を導入したことにより、市民のNPOに対する関心が高まってきている。もちろん、会費を納めて特定のNPOの会員になるという選択肢もあるが、会員という立場の参画には少し気が重いということもあり、一般の市民や企業からの寄付という選択肢で幅広い関心を集め、またNPO側も自らの活動を広く市民に訴えていくことは大切なことではなかろうか。多くのNPOが成長・自立していく時期にあるわが国においては、今しばらく行政セクターあるいは助成財団等からの様々な支援に依存せざるを得ない現状にあるが、長期的には税制度の改革も含めて、しっかりした事業収入を計りながら、一方で幅広く市民や企業の支援を取り付けていく努力も必要であろう。

(3) 組織運営

NPOには有給スタッフもいれば有償ボランティアや無償ボランティアなど、様々な形での活動参画が見られる。さらに広げれば、寄付者、会員、理事会メンバー、協働の相手である行政や企業という具合に、いわゆるステイクホルダーは多岐にわたっており、営利組織の経営よりもはるかに複雑である。組織のリーダー、執行部は常に各ステイクホルダーの声を聞きながら、組織のミッションを明確にしながら長期的な活動目標に統合していかなければならない[13]。一般に経験の浅い日本のNPOは、ミッションという社会的使命に関わっているという倫理的・心情的な満足感に陥りやすく、組織を運営し目標に沿って活動を展開していく合理的なマネジメント能力は必ずしも十分醸成されていない。しかしながら、日本的経営として一般に評価されている事項に、「長期的視点でマネジメントを考える」ことや「現場から持続的に改善を加えていく」ことなど日本の企業人が育んできたマネジメントの特質もあることから、それらを参考に活かしながら、日本の土壌に適合的な組織運営のあり方を見いだしていくべきであろう。

(4) 情報や知識の共有化

　かつては行政と市民を比べてみたときに、行政の持つ情報は市民のもつそれより質、量とも圧倒的なものであった。企業と市民を比べた場合でも、ほぼ同様なことが言えた。インターネットの普及とともに、市民にとって様々な情報が入手しやすくなり、当然非公開とすべき情報は残るものの、全体としては〈情報の非対称性〉が対称化に向かって動いてきている。行政と市民の協働、企業と市民の協働を進めていく上では、〈情報の対称化〉による情報共有化が前提となる。この情報の共有化を広い意味でとらえるならば、三田義之が主張する次のような〈相互関与財〉の創出に結びついていく。
「〈相互関与財〉は多くの人々がお互いの経験、知識、感覚、要求などを交換しあい、そのことによってお互いがお互いの立場を理解しあい、お互いが本当に欲しいと思っているものを作り出していこうと努力することによって初めて生まれてくる財である」[14]

　情報の共有化や知識の共有化を計り、こうしたボランタリー経済としての相互関与財を身の回りに生み出していくことが、日本社会を真に豊かにしていくために強く求められている。NPOの長期的な事業化の方向として、こうした観点からの取り組みは不可欠であるに違いない。

4　おわりに

　本論では、私たちの社会にNPOがどのような新しい地平を切り拓く可能性があるかについて考察を加えた後、わが国のNPOの特質や問題点を先進国アメリカのNPOとの対比で明らかにし、わが国NPOの成長のシナリオについて整理してみた。その上で、今後わが国のNPOが定着・発展し、自力をつけていくための条件等について、人的資源の形成、財政の確立と収入構成、組織運営、情報や知識の共有化の面から考察してみた。筆者はここしばらく地域の中間支援NPOに関与してきた経験から、論述にあたってはやや印象的、希望的な観測で記述している箇所もあり、本来であるならばNPOに関する多くの

論考をより詳しく積み上げなければならないところであるが、紙面の関係もあってそれは次の機会に譲らせていただくことにする。

注

(1)　P・F・ドラッカー著、上田惇生、田代正美訳『非営利組織の経営』ダイヤモンド社、1991年，日本語版への序文2ページ。
(2)　岡部一明『サンフランシスコ発：社会変革NPO』御茶の水書房, 2000年、54～55ページ。
(3)　レスター・M・サラモン、H・K・アンハイアー著、今田忠監訳『台頭する非営利セクター』ダイヤモンド社、1996年、85ページ。
(4)　川口清史「アメリカの非営利セクター論」富沢賢治、川口清史編『非営利・協同セクターの理論と現実－参加型社会システムを求めて』日本経済評論社、1997年、45ページ。
(5)　福田慎一「市場経済とボランティア－日本経済におけるボランティア活動のあり方」下河辺淳監修、香西泰編『ボランタリー経済学への招待』実業之日本社、2000年、76ページ。
(6)　藤井敦史「市民事業組織の社会的機能とその条件」角瀬保雄・川口清史編著『非営利・協同組織の経営』ミネルヴァ書房、1999年、179ページ。
(7)　岡部一明『サンフランシスコ発：社会変革NPO』御茶の水書房, 2000年、223ページ。
(8)　中村陽一＋日本NPOセンター『日本のNPO』日本評論者、1999年、54ページ。
(9)　電通総研『NPOとはなにか』日本経済新聞社、1996年、220ページ。
(10)　福田慎一、前掲論文、86～89ページ。
(11)　同前、89ページ。
(12)　レスター・M・サラモン、H・K・アンハイアー、前掲書、85ページ。
(13)　P・F・ドラッカー、前掲書、138ページ。
(14)　三田義之「相互関与の経済学」下河辺淳監修、香西泰編『ボランタリー経済学への招待』実業之日本社、2000年、145ページ。

第4章 〈共生〉社会に向けた主体性の再定位

片山善博

　2001年9月の同時多発テロ以来、世界の政治的・経済的・文化的な危機状態が噴出している。他方、そうした状況の意味をめぐって、様々な思想的な問い直しが行われている。近年のグローバル化は、地球全体の共生へと向かわず、アメリカンスタンダードを唯一の尺度として、富めるものと貧しいものとの対立を激化させている。政治的・文化的差異は、そうした尺度から固定化され、対立・分裂の意識を生み出している。このような動きに対し、他方、〈対立〉を軸とした人間関係ではなく、政治的・文化的差異を互いに認め合う関係の構築が求められている。こうした関係を〈共生[1]〉という言葉で置き換えるならば、〈共生〉に基づく共同社会の構築が迫られているということであろう。グローバル化、情報化、市場化は、確かにある一つの尺度を通用させてしまう可能性を持つ一方で、差異や多様性の存在とそのことの意味を情報（知）として、世界中に発信する。そして、様々な差異を認めていくことこそが思想や文化にとって最大の資源であることを私たちは自覚することができるのである。その意味で、〈共生〉の具体的なイメージは、具体的な多様性を見いだす中で構想しやすくなってきたと見ることもできるだろう。

　本論では、〈共生・共同〉社会における主体性のあり方を問うていきたいが、この主体性に関しては、社会の多様性・急激な変化（グローバル化、情報化、テロ、民族紛争、ナショナリズムなどの進展）のなかで様々な問い直しが行われている。その問い直しがどのようなものであるかを概観し、そうした問題意識を念頭に置きつつ、近代的主体性のもつ意味を、スミスとヘーゲルの主体性論の試みに即して考えてみたい。様々な批判にさらされている主体性概念であるが、その概念を放棄しない形で、〈共生・共同〉社会を担いうる主体のあり方を考察してみたい。

1　主体性の問い直し

　近年、他者論に関する関心が、急速に広まっている。多文化主義、ポストコロニアニズム、フェミニズムなど、現代社会の主要な問題を論じる際のキーワードとして盛んに〈他者〉という言葉が使われている。哲学においても、フッサールの他我認識のアポリアの問題にはじまる現象学派の他者論、実存主義、ポスト構造主義などが、これまで同一性（たとえば、神、理性、主体、精神など）の名のもとに隠蔽されてきたものを暴き出すものとして他者を捉え返すようになった。別の言い方をすると、（論者によってニュアンスの違いはあるが）同一性（普遍性）に対して非同一性（差異性）を強調（例えばアドルノ）するという形で、自己に還元されない（あるいは自己が意味付けできない）他者の独特の在り方を切実に求めるようになった。この背景には、合理性の問題（たとえば、マルクーゼが指摘したようなナチズムに連なる問題性）、ナショナリズムの横行、マイノリティの抑圧、変革運動の失敗など、同一性のもとに遂行されてきた帰結に対する反省が、主体ではなくむしろ他者の捉え直しという形で生まれたということがあるといえるだろう。

　この差異性を強調するという運動は、私たちが見落としてきた様々な他者性（異質性）に対して目を開かせるという意味をもつ。たとえば、私たちが日常生活を自明なものとして遂行できるということは、そこに何らかの抑圧・支配関係が隠蔽されているのだということを、私たちに気づかせてくれるのである。たとえば、主体性、アイデンティティといったことは、ある意味私にとって自明であるが、その疑わないということの権力性については、それに対して疑いをもつ他者の視線を借りなければ気づかない。限りなく自己の他者性を明らかにしていくということは、いったい自分が何ものであるのかを知る（自己知という）上で重要な意義をもっている。このように考えると、他者性とは自己吟味の尺度となるのだ。他者性の意義を踏まえたうえで、主体性ということの捉え返しができないであろうか。近代思想において特に〈他者〉に着目したスミスとヘーゲルを取り上げてこの問題を考えてみたい。

2　スミスの主体性論

　近年、スミスの再評価が進んでいる[2]。しかしそれは、スミスを利己心の無制約な発現としての市場主義の推奨者としてではなく、社会的な公正の立場からの利己心の制約の提唱者として見なす立場からである。スミスは、いわゆる市場原理主義者が想定している利己心を人間の本性として認めてしまうのではなく、むしろ他者との関係の中で利己心を調整していく、同感に基づく社会的利己心を本性とするような人間像を打ち出したことに対する評価である。ここでは、スミスの『道徳感情論』に依拠しながら、スミスの主体性の考え方を見ておきたい。

　スミスは主体性を考えるとき、自己にとっての他者の意義を強調している。自他間の〈相互性〉の原理を徹底させることで、主体性のあるべき姿を説いたといえるだろう。いくつかの箇所を引用してみよう。

「人間がどれほど利己的なものと考えられようとも、人間の本性にはいくつかの原理があって、それが他人の運命に関心を持たせ、他人の幸福からは、それを見る喜びのほかには、何も得られないのに、それを自分にとって必要なものとするのである。この種のものとしては憐れみまたは同情があるが、これは私たちが他人の不幸をみたり、あるいは如実にそれを考えさせられるときにそれによって感じる情緒である」（3ページ）

「何が同感の原理であろうとも、あるいはまたどれほど同感がかきたてられようとも、私たち自身の胸中にある情緒のすべてを備えた同胞感情を他人の心中に認めることほど、私たちを喜ばせるものはない」（10ページ）

「観察者と本人との間に何らかの感情の一致がある場合にはつねに、観察者は何よりもまず、自分を相手の境遇に置き、この受難者に起こる可能性のあるどんな小さな難局でも、自分の身に引き寄せてみようとして、できる限り努力せずにいられない」（22ページ）

　スミスは、人間本性として利己心のほかに他者に対する同感の原理を上げている。これは他者の中に自分と同じものを見ること、同じ利己的人間として、

他者との〈相互性〉を自覚することである。ここで、重要な役割を演じるのが、「想像上の立場の交換（imaginary change of situations）」である。

スミスは同感を「想像上の立場の交換」として捉え、想像力によって相手の立場に立ち、もっともだと同感する点に人間の行為や感情の「適正さ」を見る。この同感の原理は無数の他者との関係の中で、「公平な第三者」すなわち「公平な観察者」視点を形作る。したがって、自他間で対立が起こった場合、だれもが納得しうる「第三者視点」から、当事者の言い分を公平に判断することができる。スミスは、各人がその視点を内面化する点に良心の成り立ちを見る。「私たちが自らに関係のある事柄をつねに適正な形と大きさにおいてみることができるのは、……ただ（良心の）内なる裁判官に相談することによってである」（191ページ）。

このような主体こそが、いわゆるスミスのいうところの「商業社会」を担っていくのである。

スミスは、良心に生じる感情を、正義の感情と呼んでいるが、この感情が「正義の侵犯」をうちから見張ることになる。さらに言うとこの感情が、正義の侵犯に対する国家的保証の根拠となるのである。スミスは、同感の理論から、良心の成り立ちを説き、その尺度として、「公平な観察者」の視点を挙げた。このような第三者の視点は、確かに個々人の行為を制御する働きをもつ。しかし、この第三者の視点を個々人が吟味することが可能なのだろうか。むしろ、この尺度をもって、他者もしくは自己の行為を監視することのみに向かってしまう可能性はないだろうか。そのように考えていくと、むしろ同感によって作られる良心とは、尺度にかなったあるべき自他関係を強化するものとなる。その意味では、強い閉鎖的な共同体を形成することになる。逆に言えば、両者が同等・同質である限り、開放的となるのである。また公平な観察者の視点といえども、社会的利己心（世論に依拠したもの）である以上は、特定の観点であるほかないであろう[3]。いかに公平な視点といえども、利己心を免れない。このような特定の観点をもって真に公平な視点と呼べるだろうか。スミスの主体性には、他者との関係を通じた尺度の吟味という視点が不十分に思われる。こうした難点に関する問題を主題的に扱っているのが、ヘーゲルの主体性論である。

3　ヘーゲルの主体性論

　ヘーゲルは、いわゆる社会契約論者が想定していたような人間本性（例えば、自立した個人）といった発想を退けている。社会契約論については、ホッブズ型、ロック型、ルソー型など、一括りにはできないが、そこには一定の了解はあるだろう。それは、人間の本性（自然）を定めて、それを基準とし、理想的な社会なり国家を構想するという点である。この点は社会契約論を批判したスミスにも引き継がれている。ヘーゲルは、人間の成り立ちそのものを自他関係から捉えている。『精神現象学』に依拠しながら、ヘーゲルの主体性の考え方を見ておこう。

　ヘーゲルによると自己意識とは「私は私である」という自己確信の運動であるが、これは同時に「他在からの（自己）還帰」（S.104）の運動である。この自己還帰は二重の意味で考えられる。一方は他者を排除したところに成り立つ自立の側面であり、もう一方は他者を媒介とせざるをえない他者依存の側面である。このことは私（自己意識）の成り立ちに一種のパラドックスを強いる。自立（他者の排除）は依存（他者の媒介）を前提とし、依存（媒介）は自立（排除）を前提とする。こうした自己意識は、他者を排除しかつ他者を不可欠の存在としている。こうした他者に対して、一方の自己意識の側による自立の欲求は、挫折せざるをえない。自己の自立の要求は他者を排除（否定）するが、同時に他者の自立を不可欠の要素としているのである。したがって、この他者を否定するということは自己否定につながらざるを得ない。

　こうした自他関係をベースにヘーゲルは近代的な主体性の問題を考察する。ヘーゲルは、近代社会の特質を〈疎外〉として捉えるが、それは同時に近代的な主体のあり方を形づくる。各人は、「自分の人格を外化し、そのことによって世界を生み出し、自ら世界を獲得できるように世界に対して、疎遠に形でかかわる。しかし、自分の対自存在を断念することは、それ自体世界を生み出すことであり、したがってただちに世界を獲得することなのである」（S.267）。疎外を通じて自己を普遍化し、そのことによって世界を獲得する。「ここで、実体を支配し廃棄する個人の力として現れているのは、実体の実現と同じもの

である。というのは個人の力は、個人が実体に適合し、自分の自己を外化し、自らを対象的に存在する実体として立てることだからである。個人の教養と自分自身の実現はしたがって、実体そのものの実現なのである (S.268)。自己は自分の本質を普遍に譲り渡すこと (Entäußerung)、つまり進んで普遍に従属することを通じて、主体（近代的個人）として振舞うことができる。またそのことによって、普遍の側も生きた実体として維持されていく。このようにヘーゲルは、〈疎外〉という構造を踏まえたうえで、近代社会（近代的主体性）の成り立ちを説く。しかし、こうした主体の成り立ちは、必然的に他者の排除につながる。つまり、教養形成（疎外＝外化）を行わないものは国家の成員と見なされない。

ヘーゲルは、近代啓蒙を論じる際にも、この事情をより端的に述べている。理性を根拠として、あらゆる権力に立ち向かう啓蒙運動は、他者（例えば信仰）を自分と〈対立するもの〉として位置づける。そして、このように位置づけられた他者を徹底的に攻撃する。しかしこうした排除は、啓蒙自身の自己否定に向かう。「理性は……非理性に陥る」。さらに啓蒙運動の到達点として、フランス革命とその顛末を論じるが、ここでヘーゲルは、普遍意志という共同意志を獲得した主体が、他者との共同を実現するのでなく、徹底した他者の排除を行なってしまうその構造を暴露している。フランス革命の普遍的な理念（自由・平等・博愛）を担うのは普遍意志と一体化した個別の意識（個別意志）である。しかし、普遍的理念は枠組み（形式）だけであって、その中身は特定の意志によって満たされるしかない。しかし、担われてしまえば、特定の内容であっても、これは普遍的なものとして実現されてしまうので、他の特定の意志はそこから必然的に排除されてしまう。主体性と普遍性と他者性の関係をどのように考えるといいのであろうか。

ヘーゲルは、『精神現象学』「精神」章の「良心[4]」を扱った箇所で、普遍的な尺度と自己と他者の関係を主題的に扱っている。これが「相互承認論」と呼ばれる論理である。先に見たように自他間の〈排除と媒介〉の関係を見据えることが、ヘーゲルの相互承認論を解明する鍵となる。よく相互承認論に対しては、承認によってある種の目的が達成されるという、何かそこに調和を見いだすという解釈がなされているが、誤解である。ヘーゲルの承認論は、『精神現

象学』では「精神」章の「良心」で成り立つといわれるが、どのような意味で成り立っているのか。また、承認とは何を承認することなのか。それは〈私が私である〉という普遍性を承認することなのか。このような形の承認をヘーゲルは「美しき魂」として否定している。ヘーゲルは、承認論をあくまで自他の〈排除と媒介〉の構造にそくして展開する。

〈私が私である〉という点に行為の尺度（普遍性）を見いだす〈良心〉は二つの型に分裂する。自己の行為の側が普遍的な知より本質をなすと捉える〈行為する良心〉と自己の個別性は克服されるべきと考える〈評価する良心〉である。ヘーゲルは、この〈行為型の良心〉と〈評価型の良心〉の〈対立〉の徹底化が両者の〈媒介〉の関係を両者に自覚させることになる、と見る。〈評価する良心〉からすると〈行為する良心〉の振る舞いは悪として映る。特定の行為にもかかわらず普遍的な（義務にかなった）意義をもつと主張する〈行為する良心〉の態度は、〈評価する良心〉には偽善的な態度と見えるからだ。こうした偽善的な態度は〈評価する良心〉の判断にさらされる。しかし、ここに同時に〈評価する良心〉の判断に一面性が暴露されることをヘーゲルは見込んでいる。というのは〈評価する良心〉は、自分の法則を拠り所とし、さらに思考の共同性（普遍性）のうちにとどまり、そして判断をもって〈行動している〉ように振る舞うからである。さらに〈行為する良心〉の行動が普遍性の実現と特定の内容の実現という二つの意義をもつのに、〈評価する良心〉は、その特殊性の側面を固定化し、それを〈行為する良心〉に帰するからである。「こうした評価する意識は、（行為する良心の）行為を分割し、行為そのものと違っている面（意図など）を暴きだし、それを固定するので、それじしん下賤である」（S.359）。〈評価する良心〉のこうした振る舞い（偽善的態度）をみて、〈行為する良心〉はそこに自分の姿を見る。つまり、〈行為する良心〉はたしかに自己の行為の側面に固執していたが、相手も自分と同様に評価（普遍）という側面に固執している。この自覚を通じて〈行為する良心〉は、自らの一面性（自己という側面に固執していたこと）を〈評価する良心〉に告白する。そしてともに一面的であることの承認を〈評価する良心〉から得ようとする。〈評価する良心〉はこうした告白に対して承認を拒否する（自己否定につながるから）。しかし、承認を拒否することは、自分の一面性（普遍というモメント）に固執

することであり、美しき魂と同じ道を歩むことを意味する。〈評価する良心〉がこうした場面で自己を維持していくには自らの〈知＝尺度〉に固執する立場を放棄し、〈行為する良心〉を承認しなければならない。互いが自分の立場を断念することで相手を認めあう。しかし、この断念は自分の尺度の一面性の自覚であり、全体的な認識（自己吟味）を獲得しうる契機となる。

　ここで言う他者とは、自己の立場の一面性を自覚させる尺度であり、かつ自分と同等の一面的な存在者として示されている。こうした他者との相互の〈対立〉と〈媒介〉を通じて、自己の普遍（知）と個別（行為）を全体の契機として吟味できる共同の〈知の地平〉を獲得できるというのである。「というのは、こうした（自他の）対立は、むしろそれ自身、自我＝自我の明け透けな連続性と同等性だからである。それぞれの自我は、自分と他者との同等性を拒み、自分を他者から分離し、自分の純粋な普遍性と矛盾することを通じて、まさに自立的に自分自身において自分を破棄する。こうした外化を通じて、自我は、自らの分離した知という現実の中で、自己の統一へと立ち返っている。自我は、現実的な自我であり、絶対的な対立の中で、…普遍的に自分を知ることである」（S.362）。〈相互承認〉は、〈排除〉と〈媒介〉の自他関係を通じて、両者の自己吟味（意識の契機である普遍性と個別性を媒介させる作業）へと導く。この意味で、ヘーゲルの承認論は、普遍的な尺度を承認するといった普遍主義（同一性）的な論理ではなく、あくまで、普遍性と個別性の矛盾に身をおいた存在者として絶えず自己を吟味していく〈知〉の地平を切り開く論理である。

4　共同社会・共生の構想に向けて

　〈対立〉をいかに乗り越えていくのか。互いの尺度を認めつつ、互いにそれぞれ自分の尺度を吟味していく視点が必要だろう。先に見たように、まずスミスの視点が不可欠になると思われる。「想像上の立場の交換」を通じて他者を理解していくなかで、正義の観点を見いだしていくこと（交換的正義）である。自他の経験を通じて共通の尺度を構築していくことがまずは必要だろう。しかし、共生的な社会を構想していこうとするならば、さらに進んで、他者を媒介

とし、それぞれの尺度（普遍＝価値基準）に関する徹底した吟味が必要だろう[5]。ヘーゲルの相互承認論は自ら排除する他者を自らの核心に据えるということを主張しているのである。主体の成り立ちにおいて、無自覚に他者を固定して位置づけるのでなく、それを主体の成り立ちに不可欠のものとして見ていくこと。このことは徹底して他者に向き合うことによる自己崩壊を通じた自己再生（他との新たな共同性）である。このような主体性こそ〈共生〉を担っていける主体であろう。

　もちろん、ヘーゲルの論理は、時代的な制約のもとで、グローバルな視点から展開されたものではない。しかし、その根底にある発想は、〈共生・共同〉を考察するうえで重要な視点となるのではないか。そのためにも、承認論の現代的な再構成[6]が必要である。

　現在、国内外のグローバル化が進んでいるが、異質なもの（他者）との共存（共生）が、避けて通れない問題となっている。この共生の問題は、ある一つの尺度（たとえば、アメリカの尺度）から捉えてしまうようなものではなく、異質なもの同士の尺度（価値基準）を吟味していく形で、再考される必要がある。また国内問題でいえば、ニューカマーや在日外国人との共生が考えられる。あるいは環境問題の文脈では、自然との共生（この場合は、人間という尺度そのものが吟味されることになる）が考えられなければならないが、様々な次元でこれまで見てきたような相互承認という視点が必要になるだろう。

注
スミスとヘーゲルからの引用は次のように示す。アラビア数字は、原著のページ数を示す。なお、引用文の（　）内は筆者の補足である。
(p.…)　The theory of moral sentiments, New York 2000
(S.…)　Gesammelte Werke Bd.9, Phänomenologie des Geistes, Düsseldorf 1980
(1)　〈共生〉の概念的考察については、尾関周二（『現代コミュニケーションと共同・共生』青木書店、1995年）に、生物学、社会学レベルでの議論が紹介されている。また、フェミニズムや市民運動などとのかかわりで共生の意義を説いているものに花崎皋平（『アイデンティティと共生の哲学』筑摩書房、1993年、『〈共生〉への触発』みすず書房、2002年）がある。
(2)　スミスの現代的意義については、たとえば古いところでは、内田義彦の『社会認識の歩み』岩波新書、1970年をはじめとする一連の著作が重要である。スミスをもとにした交換的正義の現代的意義については、碓井敏正（『現代正義論』青木書店、1998年）が着目している。

(3) この問題について、田中正司は「観察者倫理は、所詮人一人関係倫理でしかないため、公平性の即自的表現である世論に流されやすい…人一人関係倫理としての『公平な観察者』視点とは異なる自然のロゴスの認識・体現者としての観察者を公平な観察者視点の中に忍び込ませる」(『アダム・スミスと現代』御茶の水書房、2000年、131~133ページ)と述べて、スミス自身が『道徳感情論』を改訂する中で、構想を変えていった経緯を明らかにしている。しかし、このように第三者視点に関し経験を超えた普遍的尺度として捉えてしまうと、それ尺度そのものを吟味する視点をどのように定めるのかが再び問題となる。水田洋もこの問題を扱っている(『アダム・スミス』講談社学術文庫、1997年)。この問題と関連して、スミスとカントの良心論の親近性と相違については、濱田義文(『カント倫理学の成立』勁草書房、1981年)が詳しい。

(4) スミスとヘーゲルの「良心論」の親近性については、高田純(『実践と相互人格性』北海道大学図書刊行会、1997年)に詳しい。ヘーゲルの「良心論」については片山善博(『自己の水脈　ヘーゲル「精神現象学」の方法と経験』創風社、2002年)を参照のこと。ホッブズにせよ、スミスにせよ、ヘーゲルにせよ、「良心」を「共同の知」という側面から展開している。

(5) 現代の普遍主義に対する相対主義の主張は、普遍を立ててしまうと、現実には特定の人が担わざるを得ないから、必然的に他者の排除が起こる、したがって、普遍を立てるべきでない、ということである(たとえば、ラディカルフェミニズムの人権批判など)。ここで二つの戦略が可能となろう。一つが相対主義のように特殊でい続けること。もう一つが普遍を反省し続けていくこと。私としては、現実的な問題として、関係が成り立つ以上、普遍を立てないことは不可能であると考える(自己と他者が出会っている以上そこには何らかの他者了解があるはずである)。文化相対主義と普遍主義の対立は、むしろ相互補完的に考えるべきである。

(6) テイラーの「差異をめぐる政治」(Taylor/Guttmann:Multicuturalizm,Examining the politics of recognition,New Jersey 1994)では、承認されたアイデンティティに何らかの直接的な同一性が見込まれているように思われる。テイラーの承認の考え方は、自他の媒介関係をもとにアイデンティティの成り立ちを説いたものであるが、〈排除〉と〈媒介〉の関係をもとに常に差異性に着目し続けるアイデンティティの成り立ちを説くべきである。

第5章 生産要素の差別的移動性と地域経済システム

山川充夫

　地域経済システムを構築する原動力は集積経済にある[1]。集積経済が発生する空間的契機は労働過程の近接性に求められるが、この労働過程の近接性を保証するものが生産要素の移動性である。ここでいう生産要素の移動性は、空間的契機を担保するという議論から、空間的移動性ということに限定される。つまり生産要素の空間的移動性を規定するものは、A・Weberの「輸送費」である[2]。経済地理学における地域経済システムとは、この輸送費によって規定される生産要素の空間的移動性や再生産の有り様、生産要素の結合体としての固定資本の立地配置や建造環境の有り様によって構築される[3]。ただし、こうした再生産の立地配置は、自然環境を前提とする空間そのものの有り様によっても限定づけられる。

　集積経済は生産要素が非移動性ないし完全移動性をもつ場合には発生しない。集積経済の発生には生産要素に不完全移動性が所定され、この不完全移動性は生産要素間での格差付けで与えられる。本論ではこれを差別的移動性という。集積経済は空間的契機をもつことから一点集中することができず、広がりとしての「地域」という枠組みを運命付けられる。また差別的移動性を前提とすることから、すべての生産要素を特定の地域に集中させることはできない。つまり、生産要素が空間的に不均等に分布することから、生産要素に多様性や多種性があれば、それに対応するあるいは組み合わされた様々なタイプの集積経済が発生することになる。

　かくして地域経済は、集積経済が生産要素を特定産業部門に集中させることになり、産業部門構成は地域間で不均衡なものとなる。しかし、地域経済の再生産を保障するには総合性の確保が必要であり、再生産における部門間均衡を図るには、不足する商品やサービスを地域外から購入しなければならない。こ

の購入は集積経済によって生み出された余剰商品やサービスの域外販売によって相殺されるが、集積経済による生産性の高まりを背景にもつので、再生産水準も高まる。この再生産水準の高まりが地域経済の発展を確固としたものにする。集積経済の発展と交易関係の前進は地域経済の発展を推進するが、生産要素に差別的移動性があるので、地域経済間での発展性には不均衡性がつきまとうのである。

　本論の目的は、経済学および経済地理学の所説に学びながら、地域経済システムが集積経済や生産要素の差別的移動性との関係でどのように変容するのかを検討することにある。すなわち、第1に社会的分業が集積経済を経由していかなる地域的分業を生み出すのか、第2に生産要素間の移動性格差が集積経済を経由していかなる地域間格差を生み出すのか、第3に生産要素内への差別的移動性の導入が地域間格差をどのように再編し拡大していくのかなどを検討し、総じて生産要素の移動性のあり方がいかなる地域経済システムを構築するのかを概観する。

1　比較優位論と域際分業

(1)　社会的分業と集積経済：A・スミス

　地域的分業体系は集積経済を踏まえた社会的分業の空間編成であり、まず社会的分業の進み様を地域的分業の有り様との関係に遡って見ておく。A・スミスはその『国富論』[4]において、1本のピンを作るにあたって、雇用者10人が全作業工程を別個に行うのに比べて、同じ雇用者10人がこの作業工程を約18に分割して、それぞれ単数または複数の別個の作業を担当する（分業化する）と、その労働生産性は4800倍にもなることを明らかにしている。彼は分業の利益の源泉を次の三つに求めている。第1はあらゆる人の仕事をある単純な作業に還元することで労働者の技巧が改善されることである。第2はある部類の仕事から別の仕事へ移る場合に失われる時間を節約できることであり、その分、生産的労働に投入する時間が増えるのである。第3は労働を著しく促進し短縮する

ことができる機械類の発明である。いずれにしても分業が進むことによって、各人は自分自身の部門についてますます専門家となり、それによって全体としてより多くの仕事が成し遂げられ、科学的知識の量もまたかなり増進される。

もとよりこの分業を引き起こすのは、交換力としての市場の大きさであり、市場規模の程度が労働分割としての分業の範囲を規定することになる。A・スミスは「産業のいくつかの部類のものには、その最下等のものでさえ、大都会以外ではとうてい営むことができないものがある」(87ページ) と述べ、大都市と農村の間における分業深化の違いを指摘する。また市場は交通条件の改善、すなわち移動費用の節約が市場を拡大することを、大型馬車による陸運と船による水運との費用比較(ここでは雇用者や馬の維持費、船の消耗費、陸運と水運との保険料の差額など)で明らかにした。このように市場規模が大きくしかも交通条件が整備された大都市では、社会的分業の利益が得やすく、集積経済の発生が暗示されている。

(2) 比較優位と国際分業：D・リカード

社会的分業が地域間分業に転化する論理は、多くの場合、社会的分業としての産業部門間分業を単純に「横倒」し、産業地域間分業として説明してきた。ここでは社会的分業が地域的分業へと展開する初期的な議論であるD・リカードの「比較優位と国際分業」を検討する。D・リカードは、生産要素として資本と労働とをセットにした人口を取り上げ、比較優位による国際分業を説明する。資本と労働とがセットにされた人口は、国内的には利潤率の高い部門や地域に活発に移動するが、当時の経験に基づいて保証不安がつきまとう国際的移動はないものとする。国際的移動できるのは商品だけである。こうした前提の下で、リカードはイギリスとポルトガルの2国においてそれぞれ異なる労働生産性に基づいてラシャとワインとが生産される。つまり、イギリスではラシャ1単位を生産するのに労働人口100人の、またワイン1単位を生産するのには120人の投入が必要とされるのに対して、ポルトガルではラシャ1単位の生産のためには90人の、またワイン1単位の生産には80人の投入が必要とされると仮定する。

このような前提と仮定の下で、それぞれの国内において人口の部門間移動が

おきる。イギリスでは労働生産性が低いワイン部門から相対的に労働生産性が高いラシャ部門に人口が移動する。完全に移動するとワイン生産は0単位になるが、ラシャ生産は2.200単位に増加する。ポルトガルでは労働生産性が相対的に低いラシャ部門から労働生産性が高いワイン部門に人口が移動し、完全に移動するとラシャ生産は0単位になるが、ワイン生産は2.125単位に増加する。両国の人口にとってラシャとワインとは必需商品であり、ラシャ1単位とワイン1単位とが等価交換（輸出入）されれば、両国人口の需要を充足したうえで、イギリスにはラシャ0.200単位、ポルトガルにはワイン0.125単位が商品として余ることになる。余剰商品がすべて消費されなければならないとすれば、需給関係から商品価格が低落するので、労働人口は国内で資本の部門間移動がおきる以前よりも安価な価格で購入できることとなり、消費量を増すという利益が享受できる。しかも、その利益は国際的に及ぶのである。

　国際分業から域際分業に転換していくには、国境に変わる移動制限の仕組みを考えなければならない。それはA・レッシュによって詳細に検討されているように、輸送費を生産費から独立させることである[5]。

2　生産要素の移動性格差と地域間不均衡性

(1)　域際貿易と資本移動の部分解禁：ウーリン

　ヘイクシャー＆ウーリン（以下、単にウーリン）は、リカードの貿易論を受け継ぎつつ、貿易の出発点は地域間における生産要素の賦存状況の相違であり、稀少性をもつ生産要素は商品の交換としての貿易を通じて充足できるので、貿易は地域間にある生産要素の相対的希少性の格差がなくなるまで拡大すると考える。ウーリンとリカードとの違いは主に次の3点である。

　第1は、生産要素の移動費用の違いである。リカードでは生産要素の移動が国際的には制限されるが、国内の地域間では制限されず、しかも生産要素の移動費用がゼロと想定する。これに対してウーリンは国際的にも域際的（以下、特に断らない限り「域際的」）にも生産要素の移動には費用がかかるとする。

それは諸生産要素が一定程度ある地方に局限されて存在し、移動には困難が伴うし、また輸送費その他の障害は商品であっても自由な移動を妨げるからである[6]。

　違いの第2は、生産要素の取り上げ方である。リカードは生産要素として資本、労働および土地を取り上げる。ただし土地は地表に固定された「自然」であり、まったく移動させることができず、域際での均等化には貢献できないことから、比較優位の議論にあたってはまずこれが排除される。次いで資本と労働とを生産要素とするものの、数値操作においては「労働生産性」として資本と労働とが一体化させられる。これに対してウーリンは、生産要素を基本的に資本と労働とに分割する。

　違いの第3は、資本と労働といった生産要素は商品貿易だけでは地域間均等化が困難な場合にのみ移動できるとしたことである。そもそも域際貿易の拡大は、理論上、商品移動を介して生産要素が移転することで、地域間の生産要素賦存の差を埋めていくはずであった。ところが、域際貿易が拡大傾向のなかにおいて、資本移動も拡大するという現実があり、域際貿易と資本移動とを統一的に説明する論理構築が必要となった。資本の移動性を容認すると、貿易拡大が域際均衡をもたらすという議論が行き詰まるのである。

　ウーリンは域際貿易の拡大が、なぜ地域間不均等性を拡大させるのかを説明しなければならない。そこで、貿易の拡大から「特化利益」と「異なる能力」とが派生するという論理を導入する。「特化利益」と「異なる能力」はそれぞれが内部経済と外部経済とを発生させ、この集積経済が新たな生産要素として地域に付加される。つまり、域際貿易の拡大は生産要素賦存の域際不均衡を拡大するものとして作用する。しかし、域際均衡を展望するウーリンは、この域際不均衡化という矛盾への対応として資本移動の積極面を強調する。生産要素のうちの資本については、その移動が財貨移動の代役を演ずるものとして、すなわち資本移動はある意味では商品移動ないしは購入力の移転と解釈するのである。

(2)　**生産要素の移動性格差と累積的因果関係：G・ミュルダール**

　商品の移動も生産要素の移動も経済の域際均衡ではなく域際不均衡をもたら

す可能性をもつ。「貿易によって要素価格の完全均等化が成り立つためには、両国の資本・労働比率がある程度近いところになくてはならない。両国の資本・労働の比率があまりにかけ離れていると、少なくともどちらか一方の国が完全特化の状態になる」[7]のである。集積経済は累積的因果関係に裏打ちされた特化経済でもある。この累積的因果関係は域外からの生産要素の流入によりさらに強化される。しかし、他方において生産要素を流出させる地域は、経済の自律的発展が困難になる。これがG・ミュルダールの逆流効果論である[8]。

貯蓄・資本の移動は、比較的貧困な地域から資本収益率が高くかつ確実である富裕で進歩的な地域へと吸い上げられるので、国際間の不平等を除去しえない。すなわち資本移動は不平等を増大せしめる効果をもつ。富裕で進歩的な地域では経済活動が拡張し、これによる需要の増加が投資を刺激し、それが次に所得や需要を増加せしめ、そして2回目の投資を引き起こすことになる。工業化はこのような発展の起動力であり、これから取り残されたより貧困な地域は主として農業地域としてとどまる。

労働の移動も、経済活動が拡大する場所や雇用機会の豊かな地域に向かう傾向がある。特に移住については、移住民の年齢が常に選択的であるため、急激に成長する地方には若者が流入するなど好都合となり、他の地方では若者が流出するなど不都合となる。ただし、ミュルダールは資本と労働との間に移動性の格差をもうける。労働の国際的移動は、低開発国と開発国との間の国際的な経済調整の重要な要因としてはほとんど無視してさしつかえないとするが、それは労働＝人が移動先での異なった慣行や価値観に適応するのが困難で、相当の努力をしなければならないからである。

商品移動としての貿易についても、比較的富裕な地域には有利に、低開発性の地域には不利に作用する根本的傾向をもつと指摘する。それは低開発国においては貿易のもたらす「波及効果」が弱いからである。

ウーリンは商品と資本については移動費が必要とされるものの、域際移動を積極的に容認したが、労働の移動性については消極的であった。G・ミュルダールも生産要素の移動性について、資本の移動は容易であるが、労働の移動は非常に困難であると措定した。労働の移動性を禁止しつつ資本の移動性を容易にすると、特化経済あるいは波及・逆流効果を媒介にして、国際ないしは域際

関係において経済の不均等性が生まれるのである。

(3) 商品の輸送可能性と地域間不均衡：ボーツ＆スタイン

これに対してボーツとスタイン（以下、B&S）は、商品間の移動性と生産要素間の移動性にそれぞれ格差をつけて、地域経済の成長のあり様を検討した[9]。

B&Sは、地域経済の成長率は、国民経済としての平均成長率と相対的な伸びとしての「内部的」成長率とを合算したものであり、経済活動が資本と労働という2種類の資源（＝生産要素）の配分から成り立つことから、地域経済の成長は本質的には資源配分のあり方によってもたらされるとする。そのうえで、B&Sは資本集約部門と労働集約部門の二つの産業部門からなる地域経済を想定して地域間関係を検討する。資本集約部門には製造業をあて、かつそれが輸出依存産業であるとする。製造業の生産物は「輸送可能性」が大きく、従ってその生産物の価格は全国的市場の発展に影響される。これに対して農業や非製造業は労働集約部門であり、これらの生産財（サービスを含む）は域内需要依存であり、「輸送可能性」が小さいので、その生産物価格は主として地域市場の大きさで規定される。

地域間の賃金格差は地域雇用において「輸送可能性」の低い労働集約部門の比率が高まると大きくなり、逆に資本集約部門の雇用比率が高まると小さくなるとする。商品間には輸送可能性の格差があることを通じて、資本に比べて労働には移動性により強い制限があることを示唆する。資本が高賃金地域から低賃金地域へと移動すれば、その結果、低賃金地域はより高い資本成長率と高い労働報酬率を獲得することになる。しかしB&Sは、資本と労働がいずれも衰退する地域から成長する地域へと移動していることを合衆国において観察する。

さらにB&Sは、地域における賃金の低さは労働市場が完全な効率をもって活動していないことの現れと見る。資源を有効配分しようとする市場圧力は賃金の高い部門への労働の移動を要求するけれども、労働の移動は資本の移動が伴わなければ実現しない。つまり、資本の移動性が労働の移動性に優先するという、生産要素移動性の格差から説明しようとしたのである。

3 労働移動性の差別的解禁と地域経済システム

資本移動制限の解禁は集積経済を環として、国家に対して労働移動制限の解禁を迫るが、その解禁は一般的ではなく、あくまでも資本主義的である。

(1) 労働の低移動性の原因：アームストロング＆テイラー

アームストロング＆テイラー（以下、A&T）は、生産要素の移動が地域間の所得格差を解消しない理由の第1として、多国籍企業の資本移動戦略を取り上げる。その理由は、国内の低賃金地域は国際的な低賃金地域から見れば、相対的に高賃金地域であることをあげる。第2に、古典派経済学のモデル通りには労働が地域間移動しない原因の一つを非経済的要因に求める。労働の移動は、資本の地域間移動よりも複雑な現象をもっているとする。第3に、労働移動の直接結果が実際には賃金を低下させるよりもむしろ増大させており、古典派モデルが予測するものとは正反対の動きになっているが、これは集積とその乗数効果が移動としての労働の供給増加よりも遥かに大きな労働の需要増加を招くからとする。

要するに、労働の移動性は古典派モデルのような所得便益だけでは説明しきれないことが分かり、A&Tは生産要素としての労働人口の規定を変更し、人的資本理論を提起するのである[10]。そして、相対的に高い労働需要がある地域に向けて労働の移動性を高めるには、政策的には政府賃金助成金ではなく、教育、再訓練および人口移動についての助成金がよいと提案する。つまり、移動にかかわるすべての費用と便益とを移動モデルの中に含めるのである。

(2) 労働の移動性と外的強制力：S・ホランド

資本の移動性の高さに対して労働の移動性の低さが、不均衡化傾向を生み出す累積的因果関係に拍車をかける。ホランドは、地域的不均衡の傾向が資本主義経済成長に固有のものであることを示そうとするために、ミュルダールとペルーの戦後の諸著作およびマルクス「資本対地域」分析における主要な論点を整理して、資源利用の地域的不均衡がもたらす問題を確認し、それを解決しよ

うとする国家の役割を考察した。

ホランドの基本的な視点は次の通りである。すなわち、「不均衡理論は資本主義経済に現実に生起したものからの抽象である。この理論は規模の内部経済と外部経済の重要性を認め、資本と労働の地域間移動の不均整と不平等をも認めている。その強みは地域問題を資本主義的市場の一般的作用の不平等化傾向の空間的次元であるとみなすところにある」[11]と。生産要素としての労働には基本的に非自発性と低移動性という属性が備わっており、「失業」などよほどの大きな外的強制力がなければ、労働の自発性や移動性は高まらないのである。

(3) 労働移動性の部門間差別化：P・クルーグマン

P・クルーグマンは、先進地域としての中心の形成を収穫逓増、輸送費および需要などが相互に作用しあう集積経済から説明する。規模の経済性が増大すると、製造業者はある生産拠点から全国の市場に製品を供給しようとする。輸送費最小化のため、製造業者は需要の高い地域に立地しようとする。しかし、地域の需要は製造業者が多数立地することによって大きくなるという側面があり、製造業地帯がいったん確立されると、それを存続させようとする循環的な力が働くのである[12]。

こうしたことを前提として、地域経済システムとしての中心・周辺論を展開する。クルーグマンの中心・周辺モデルは、解説者の北村行伸によれば「モデルを再解釈すると、それぞれの地域に初期条件として移動できない農民と、移動可能な製造業労働者が配分されており、製造業の収穫逓増と輸送費という二つの非線形な動力学系が、労働移動と産業立地の決定問題と絡み合うことで、事前には予測不可能な製造業の地域集中化がおこるという状況（相移転）に対応している」(166ページ)と。つまり労働であっても部門間において、新たな差別的移動性を導入することで、集積経済の発展が加速されることになったのである。

別の言い方をすると、「第1に、中心地から離れて周辺で製造しようとする企業によって払われるべき超過賃金（賃金プレミアム）が増加すれば、前方連関効果が強まるであろうし、第2に、中心地の市場規模が相対的に大きくなると、後方連関効果が強まるということである」(126ページ)。そして、「私の印

象では、大局的な中心・周辺形成プロセスは歴史に支配されており、期待形成はせいぜい補助的な役割しか果たしていない。資本と労働が地域間で移動できる調整速度はあまりにゆっくりしすぎている」(138ページ)という結論になる。

以上の地域経済モデルは、基本的に（２部門）２地域モデルである。ここに生産要素の移動性格差や差別的移動性を導入すると、異なるレベルではあれ集積経済が発生し、「均衡期待」を裏切り、地域間に経済（構造）格差がもたらされることが明らかとなる。

4　差別的移動性の資本主義的活用と地域経済システム

以下においては、３地域モデルが展開されるが、モデル構築における２区分法から３区分法への移行は、H・ルフェーブルにも見られるシステム分析である[13]。その意図されていることは、本論とのかかわりで言えば、労働の移動性に差別性を導入し、それを制度的に制限しつつ、資本主義的に活用するという傾向性を説明するものであり、地域経済システムが新たな格差付けと不均衡性をもった空間編成としての特徴をもつことになる。

(1)　I・ウォーラーステイン

I・ウォーラーステイン[14]は、生産要素とりわけ労働の移動性の欠如はむしろ資本主義経済がその移動性の欠如を積極的に活用しようとするところに基因しているとする。資本主義経済は一方において労働に流動性をもたせつつ、他方においてそれを固定化させることによって、より大きな利潤の源泉とするのである。それは二重の意味においてである。第１は自給的要素を残させつつ、必要な限りにおいて労働力として活用することにある。第２は労働市場を地域的に固定化することで、地域間格差を生み出させ、この格差づけを活用するというものである。

I・ウォーラーステインは、社会システムを定義する特質は社会システム内の分業の存在にあるが、不等価交換がないならば、分業の規模を拡大することは利益のあがることではないであろう。押しつけられる「不等価交換」作用は、

資本主義は生産手段の所有者による労働者からの剰余価値の収奪を意味するだけではなく、中核地域による全世界経済の剰余の収奪をも意味する。そこで実際に起ったことは、総利潤（つまり余剰）の一部が一つの地域から別の地域へ移送された、ということである。これが世界システムの中核と辺境の関係を作り出す。商品連鎖の多くは、「資本主義的世界経済」の辺境部から中心へ、ないし中核地域へ向かう傾向にあった。しかし、変化はとかく過大視されがちであり、その裏面で同時に進行している分散化の過程を無視して、物理的な生産作業の集中傾向ばかりが強調されすぎてきた。

輸送・通信・軍備の改良によって、中核地域からますます遠く離れた地域をシステム内に取り込んでも、移動費用はそれほど高価にはならなくなった。一般に商品や資本の移動に比べると、労働力の移動ははるかに制限されてきたし、全地球的規模での経験的な事実を検討してみると、プロレタリア世帯に属する賃金労働者よりも半プロレタリア的世帯の賃金労働者の方が、その人数からいっても、より正常なあり方としてあった。その地域の半プロレタリア世帯の労働者が受けとる実質的な報酬は、この世界システムにおける実質賃金階梯のなかで最低の水準にある。

(2) 情報資本主義と新国際分業：M・カステル

M・カステルは、1970～80年代において産業構造の機軸が「物質的生産から情報加工処理的活動への移行」（76ページ）へと転換したとする[15]。この新しい経済は情報経済であり、「その核心には、富の産出の創建的源泉が、新たな知識を創出しそれを情報加工処理の技術的、組織的処理能力の拡張によって人間的活動の全領域に適用していく能力に存している」（80ページ）。これらは生産性の質的増大に貢献しており、例えば自動車産業を電気-機械技術産業から電子工学-合成樹脂産業へと移行させたように、産業間の結合連鎖を転換させている。新しい投資の価値源泉は高所得者の需要を刺激する技術的集約型新興産業であり、もはや衰退的労働集約型在来産業ではない。情報時代の電子ハイウエイは部品の完全な企画標準化と柔軟注文生産とを可能にし、経済の国際化過程を促進する。

このことは組織と組織論的論理を変容させ、柔軟性とネットワーキングを要

求し、マクロ的には地球規模でリアルタイムに、一個の単位として作動するグローバル・エコノミーとして編成される。しかし、その編成は不均等な統合である。これは「場所の空間にかわってフローの空間」(資本フロー、情報フロー、労働フロー、商品フロー、企業内の計画や事業取引および決定のフロー)(222ページ)として表現される。つまり、巨大組織の論理は、新しい情報や指令に適応するように歴史的リアリティや文化的固有性を捨象した空間形態をもたらし、その結果、中核諸国と周辺部との間での未熟練労働者コスト差が技術者をも含めた熟練労働者の労働生産性を規定する構造を生み出す。中核諸国の企業は「北」へ再配置され、「第三世界はもはや存在しない」し、「貧民街からなる第四世界が出現」(97ページ)するという新国際分業が生まれるのである。こうした新国際分業は、国内的にも縮図として現れてくる。

(3) 中核地域における移民低賃金労働の活用：S・サッセン

労働力が資本よりも相対的に移動を制限されるとはいかなる意味においてであろうか。サッセン[16]は「移民ないし国際労働力移動は、たまたま起こるものではない。それは作り出されるのである」(1ページ)ことを明快に述べる。では、外国人労働力を活用することはいかなる経済的利益があるか。それは、労働力の再生産費用や社会的共通資本やサービス組織を節約できるからである。つまり、労働の移動は単なる賃金水準格差には解消されない文脈をもっているのである。

では、いかにして労働の移動が起こるのであろうか。サッセンは、第1に生産の国際化と輸出加工区の設置を挙げる。これは電子と繊維・衣料が典型であるが、女性労働者をその他の国内経済との間で賃金格差なしで使うことができる。そして、これが男性労働力活用の先鞭となる。「西欧化」した女性は解雇されると、選択の余地がほとんどなく失業者の群れに加わり、対外流出の予備軍に編入されていく。そして彼ら彼女らは、専門的サービス産業の底辺を低賃金で支えている。つまり、「サービス部門の拡大は、高所得の職種と低所得の職種との両方の増加をもたらしてきた」(180ページ)。理由は様々であるが、大都市では補助的サービスや消費者サービス一般やスウェット・ショップの成長が著しく、これらの部門も立地上の集中化傾向が見られる。要するに、世界

的大都市は国際的な競争能力を高めるために、制度的制限を加えながら差別的な移民労働力の大幅な利用を図っているのである。

(4) 労働の差別的移動性と労働力配置：ポール・L・ノックス、ピーター・J・テイラー

多国籍企業の世界3極重点戦略と伸縮化戦術は、金融規制の撤廃、市場の改革、労働市場の規制緩和、営利性の高いテレマティックや科学技術への重点的助成をめざした政策などを積極的に推し進めてきた中心国政府によって支持されてきた[17]。例えば、その頂点に電子情報の生産を支配する「インフォクラート（情報技術者）」を有するような、中心世界における大都市内部での階級構造の再編成が進められている。彼等の下には、仕事とテレマティックに依存する様々な等級の電脳労働者が存在し、最底辺には増大する下層階級、さらにはITから排除された最貧民層が存在する。

グローバル大都市空間は、インフォクラート、サイバーブス（電脳郊外）にはサイバープロレタリアート、そして都市内部ゲットーや老朽化が進む郊外工業地域のサイベリアには最貧困層が労働力配置されることになる。つまり「世界都市は、貨幣や労働者、情報や物財およびその他の経済的に有用な財を流通させる『中心』として機能するのであり、隣接する『場』ないし地域を世界経済ないし『世界的な資本蓄積空間』へと『分節および連接』させる形で独自の影響力を行使してきた」（24ページ）のである。

この「再地域化戦略は、資本投下、製造、商品流通、労働人口の移動、難民の発生、文化的産出といった、高度に分散された差別的に媒介されたグローバルなプロセスを問題の中心に据えている。つまり、世界都市の『内』と『外』とを明確に区別し、そのうえで、世界都市とこれが存在する国家および社会の『内部』で生じる問題に政治経済的、社会文化的分析を集中している」（172ページ）のであり、地理的空間と文化的空間は見事に切り離されているのである。

5 おわりに

以上の議論を整理しておこう。

生産要素が完全移動性ないしは非完全移動性をもつ場合には、空間的契機を必要とする集積経済は発生しない。つまり、分業体系を内包する地域経済システムの構築は不可能である。生産要素の移動性が差別化されることで、地域経済システムの構築が開始される。域際での移動性が完全に制限され、商品の移動性が完全に保証されていると、リカード比較優位論に基づく地域経済システムがつくり出される。域際での資本の移動性が解禁され、労働の移動性が禁止されていると、ウーリンの交易論に基づく地域経済システムに変容するが、資本の移動性が認められるのは集積経済発生による生産要素の域際不均衡を和らげることを目的としたものである。しかし、資本の移動性が高まるほど域際不均衡は大きくなる。

集積経済を本格的に、つまりクルーグマンの意味での前方連関と後方連関を発生させるためには、資本の移動だけでなく、労働の移動も解禁しなければならない。しかし、労働一般の移動を解禁すると、前提条件から分かるように集積経済形成が弱まるので部分的な解禁にとどまる。まず解禁されるのは技術水準や専門性の高い労働に対してであり、労働対価としての賃金水準が高い部門においてである。賃金水準の高さは移動性を物的に保証するが、これらは地域経済システムにおける中枢地域に移動していく。しかし、この高い賃金水準を労働生産性として生み出すためには、皮肉なことではあるが、これらの部門が労働集約的であるがゆえに、その周辺部に低賃金労働グループがプールされなければならない。つまり、高い労働生産性は低賃金労働のプールを前提としてはじめて成り立つのである。

もとより低賃金労働のプールを作り出すためにとはいえ、労働一般の移動を解禁するわけではない。社会経済文化などを内包する空間に制度的な制約を付与することで、労働の移動性を抑え、これを差別的に活用することで低賃金労働を生み出すのである。こうした性格をもった労働を周辺地域で活用するのがウォーラーステインのケースであり、中枢地域に引き出して活用するのがカス

テルのケースである。そして、サッセンやノックスに見るような労働の空間配置を形作るのである。かくして、資本と労働の移動性格差、および労働への差別的移動性の付与は、集積経済の発生・成長に不可欠であり、この格差や差別のあり方が地域経済システムのあり方を規定していることが分かるのである。

ただし、本論では資本の差別的移動性については言及しなかった。それはすでにD・ハーヴェイによって流動資本、固定資本、建造環境（資本）として詳細に検討されているからである[18]。

注
(1) 山川充夫「地方都市の中心市街地空洞化と都市空間経済論」『商学論集』（福島大学）第70巻第4号、2002年3月、における「2 集積経済の発展様式と中心地経済の空間的契機」を参照。
(2) A.Weber著、江沢譲爾監修、日本産業構造研究所訳『工業立地論』大明堂、1966年。
(3) 山川充夫「経済地域の重層構造とその設定―最近の経済地理学の動向から―」『経済地理学年報』第25巻第1号、1979年5月。
(4) アダム・スミス著、大内兵衛、松川七郎訳『諸国民の富』岩波書店、1969年。
(5) A・レッシュ著、篠原泰三訳『レッシュ経済立地論』大明堂、1973年、第3編「交易論」参照。
(6) B・ウーリン著、木村保重訳『貿易理論―域際および国際貿易―』ダイヤモンド社、1970年、9ページ。
(7) 伊藤元重・大山道弘『国際貿易』岩波書店、1985年、105ページ。
(8) G・ミュルダール著、小原敬士訳『経済理論と低開発地域』東洋経済新報社、1959年。
(9) ジェームス・H・ボーツ、ジェローム・L・スタイン著、中川久成、坂下昇訳『地域経済の成長理論』勁草書房、1965年、の第10章を参照のこと。
(10) 「人的資本モデルの最大の利点は、労働者が現在の地域の賃金格差に即座に反応するという時間のない世界を考えていないことである。それに代えて、移動者は残りの労働人生の間に移動によって得ることが期待される高い収入に反応すると仮定されている」（158ページ）
(11) スチュアート・ホランド著、仁連孝昭、佐々木雅幸他訳『現代資本主義と地域』法律文化社、1982年、56ページ。
(12) P・クルーグマン著、北村行伸、高橋亘、妹尾美起訳『脱「国境」の経済学―産業立地と貿易の新理論―』東洋経済新報社、1994年。
(13) アンリ・ルフェーブル著、齋藤日出治訳『空間の生産』青木書店、2000年。
(14) I・ウォーラーステイン著、川北稔訳『新版 史的システムとしての資本主義』岩波書店、1997年。I・ウォーラーステイン著、藤瀬浩司、麻沼賢彦、金井雄一訳『資本主義世界経済――中核と周辺の不平等――』名古屋大学出版会、1987年。
(15) マニュエル・カステル著、大澤喜信訳『都市・情報・グローバル経済』青木書店、1999年。
(16) サスキア・サッセン著、森田桐郎ほか訳『労働と資本の国際移動―世界都市と移民労働

(17) ポール・L・ノックス、ピーター・J・テイラー共編著、藤田直晴訳編『世界都市の論理』鹿島出版会、1997年。
(18) D・ハーヴェイ著、松石勝彦、水岡不二雄他訳『空間編成の経済理論(上)(下)』青木書店、1998年、1990年。

付記

本論は2000年度文部科学省短期在外研究(テーマ:都市空間経済の比較研究)の成果の一部である。

第6章 地域構造論の展望

柳井雅人

1 地域構造論の概要

　近年における地域経済論のアプローチは、体系的な把握をめざすものから遠ざかる傾向にある。本来、体系の中の構成部分であるべき集積論や企業立地論など、特定分野での研究が学際的な領域を巻き込みながらも、個別に深められつつある。こうしたことから、このような特定分野の研究成果が、国民経済の空間構造や経済地域の解明に収斂する必要がないという見解もでている[1]。
　確かに、特定分野の経済活動は、必ずしも全体の経済システムと、一致する動きをとっているとはいえない。産業や企業の展開が独自の動きをともなっており、したがって、それを基に地域経済が全体の地域構造から相対的に自立していることも事実であるからである。またこのような特定分野の研究は、体系理論という設計思想（アーキテクチャ）に対する、モジュールの位置づけにあり、それ独自の論理展開がありうると考えている[2]。
　問題は、全体の地域構造分析が、特定分野の研究へと細分化されたあとで、それをもう一度組み直した時に、全体の地域構造を語れるパーツになっているか、ということである。つまり、特定分野の研究は、全体の構図に戻した時に、ほかの領域と齟齬を起こさない程度の独自性をもたねばならないということである。
　このような意味からすると、地域の全体像を描写する有効な理論として、地域構造論が再評価されるべきであろう。地域構造論は、地域概念を機能地域的に把握した川島哲郎氏から、等質地域的把握を導入した竹内正巳氏をへて、両論を有機的に統一させた矢田俊文氏において確立された[3]。ここでは、矢田氏の諸説に基づいて地域構造論の4本柱について概説する。

地域構造とは「一国の国土を基盤にして、長い歴史的経過をへて作りあげられた国民経済の地域的分業体系のことであり、世界経済の地域的分業体系のなかに有機的に包摂されたところのそれである」[4]。国民経済の地域構造は、世界経済の分業体系を前提としたもので、その影響を受けながらも、相対的に自律的な分析対象となっている。また国民経済は、その構成部分である地域経済と比べ、労働力や財の移動性、通貨や関税制度などの点で、比較にならぬほどの自律性を有している。

一方では、国土を基盤とする産業配置およびそれによってつくり上げられる重層的地域経済の編成によって、国内の幾つかのブロックに、相対的に自律する経済圏が形成されていることも事実である。このような国土上の地域的分業体系を認識する手段として、地域構造論が構想されているのである。

国民経済の地域構造は、相互に有機的に関連する四つの部分によって構成されている[5]。これが経済地理学の主要な4分野を構成しており、産業配置、地域経済、国土利用、地域政策の4本柱が導かれることになる。

産業配置論の課題は、国土の上に展開する再生産構造を担う諸部門、諸機能の配置を明らかにすることである。産業配置こそが地域構造分析の基底をなしており、二つの構成要素からなっている。一つは、労働手段、交通・通信手段、流通手段、管理施設や労働者の居住手段などの立地よりなり、個々の立地選択と相互連関により、一国レベルで紡ぎ上げられてくる「立地体系」である。

もう一つは、立地体系をベースとしながら、その地点間を地域的に移動する製品などの各種財、労働力、所得・資金、情報などによってトレースされる「地域的循環」である。産業、特に物財産業をベースとする立地体系と、それを基礎にして展開される所得・資金の地域循環が統一されることによって、国民経済レベルでの産業配置が形成されるのである。

次に、地域経済論の課題は、産業地域や経済圏に基づき、国民経済を複眼的に地域区分し、各地域間の関係を解明し、それぞれの地域内部の経済構造を解明することである。「産業地域」は、立地体系をもとに、特定の生産部門が特定地域に縛りつけられる結果、形成されるものである。立地体系に基づく地域循環は、特定地域のなかで、ある程度の空間的なまとまりをもち、重層的な「経済圏」をつくり上げることになる。経済圏は個人消費とのかかわりに重点

があり、都市内部および都市間の結合を支える第三次産業に主として着目して摘出されるものである[6]。一国の国土は、ヒエラルキーを伴って配置される各都市を軸として、大、中、小の複合的な「経済圏の重層的編成」すなわち地域編成の総合として把握されることになるのである。

「地域構造は国土を基盤として成立する以上、当然両者は密接な関係にある。国土条件が地域構造の形成の前提となるとともに、地域構造の有り様が国土利用を規定する関係にある。したがって、国民経済の地域構造分析は国土利用論をも内部に包摂せざるをえなくなる」[7]。地質・地形的条件、気象・気候的条件、生態的条件などの自然地理的な条件によって満たされた国土は、地域構造が形成される前提となるとともに、地域構造の展開に応じて、反作用を受けながら変容していくことになる。

第4の柱である地域政策論は、以上の3本柱の分析をもとに展開される。市場原理にまかせた地域構造の形成は、必然的に地域問題を惹起してくる。このような論理レベルでは、中央政府や地方政府による政策的な介入がどうしても必要になってくるであろう。地域政策には「国家機構の中枢部としての中央政府が様々な方法で地域構造を再編する国土政策と、地方政府や地域の諸団体・地域住民が個々の地域経済の振興や地域問題に対処しようとする狭義の地域政策の二つがある」[8]。この両者の有機的な連携をもとに、「あるべき地域構造」を模索することが、この4番目の柱に課せられた重要な課題となるのである。

2　地域構造論の課題

地域構造論の今日的課題としては、矢田氏自身によって、いくつかの大きな論点が提起されている[9]。例えば、産業構造論的なパースペクティブには限界がでており、企業経済の空間システムや、新しい産業集積論を導入すべきこと、動態化の論理が欠如しており、その論理的な克服の過程で、「空間克服技術の革新」と「情報の技術革新」という要因を体系の中に取り込んでいくべきことなどが指摘されている。

これらの課題について、以下検討を加えてみる[10]。まず第1に、立地単位変

化の問題である。地域構造論がその基底に置いている産業配置論は、オフィスや工場、研究所の立地を包摂したものとして成り立っているが、基本的には生産立地の問題をあつかっている。ところが今日に至るまで、従来は一体化していた生産単位が切り離され、最適立地を追求し、各々を情報ネットワークで結合する度合が強まっている[11]。そのような動きのなかで、オフィスや研究所など、従来の産業分類では対応できない立地単位が、特定地域に集積して、都市を形成するパワーを発揮している。このような事態を見るにつけ、産業配置論を展開する前に、現代における立地単位の再整理を果たす必要が出てくるように思われる。これを立地（もしくはストック）と循環（もしくはフロー）という側面で把握するために、分析の柱として「立地循環論」を立てる必要があるだろう。

さらに産業という分析枠組みが弱まっていることを考えると、産業配置論という柱も読みかえる必要があろう。個別単位分析に近い「立地循環論」に対し、総体分析にあたる産業配置論は、「空間配置論」という名称にすることが適切であろう。これは国土全体の上に展開する事業所、企業、産業全体の経済活動を、空間的な配置として一般的に把握するものである。それに応じて、「地域的循環」もマクロ的かつ全土的な意味を込めて「循環体系」というより正確な呼称に変更される。

第2に、交通、通信手段などに代表される空間克服手段の体系的叙述を、全体のどこに位置づけるのかという問題がある。この課題は、情報化社会における地域構造の変容をどう把握するのかという問題に対応するものである。さらに従来、地域構造の変容が製造業を中心とする企業や産業内のイノベーションから説明されてきた。これに対し、環境条件としてサブの位置づけを与えられてきた空間克服手段が、その整備によって、ダイナミックな地域構造の変化をもたらすという、メインの位置づけをもって、動態論への扉を開くということが挙げられる[12]。空間克服理論は立地行動を規定し、立地のストック配置と立地単位間のフローを決定付ける重要な要素であることを考えると、立地体系論・循環体系論とともに、企業や産業の空間配置を本質的に左右する「空間配置論」に位置づけられてくるであろう。

第3に、集積論および都市理論の位置づけは、4本柱の中のどこになるべき

なのかということである。基本的には産業配置論と地域経済論で説明してゆくものであろうが、より限定すると、産業配置論で語ることができる集積論の範囲はどこまでなのかということが問題なのである。また、産業配置論の基本理論である立地論によって集積現象はどこまで説明できるのか、また、説明できない集積現象を地域経済論でどこまで引き取れるかというようにも表現される。

多少わき道にそれるが、集積形態と本質の関連について触れることにより、位置づけの問題を考えてみる。集積論の位置づけが困難になっている原因として、その形成論理を説明するに際し、二つのアプローチが存在して、その兼ね合いが難しいところにある。一つは立地の集合という形態的かつ地理的なアプローチと、もう一つは物流・人流・情報流などの機能的かつネットワーク的なアプローチである。近年では、後者のネットワークアプローチからの研究が深められている。

空間的形態から見ると、特定地域内でネットワークをもたないケースや、強固なネットワークをもちながらも、地理的に遠隔に立地しているケースもある。こうした動きには、情報技術の革新と、産業や社会構造を変革する情報革命の影響がある。

このネットワークの内容は二つに大別できる。一つは、伝統的な立地論で対象となっていた輸送費の他に通信費など比較的、コスト表現できやすい物的関連ネットワーク（輸送費・通信費など）で、企業のサプライ・チェーンの最短化に基づくものがある。低廉労働力の活用や、近年の調達・生産・販売・物流などをめぐるアウトソーシングによって、地域外取引が容易に進展する部分である。

これと並んで重要視されるものが、知識、イノベーションを創出する情報流に基づく情報ネットワークである[13]。知識創造プロセスや学習システムを構築するネットワークが、集積を形成する要因として機能しているのである。このネットワークを理解するキーワードが、形式知と暗黙知である。前者は論理的言語によって知識や情報が容易に伝達可能であり、後者は当の主体が存在する組織や地域などを越えて移転するのが困難な種類の情報や知識で、言語化が困難な技能などがその例となる。

この両者は相互作用を有し、新しいイノベーションが創造される際には、後

者から前者への変換が重要な契機となる。前者から後者への転換の論理をなす継続的なイノベーションの過程では、知識の高度化とともに、両者の間のスパイラルな知識変換が起こる。形式知化された、より低次な知識や情報は、言語化しやすいために低コストでグローバルに流通可能である。情報化社会を迎え、シリコンバレー内部で完結していた情報産業連関が国境を越え、バンガロール（インド）や新竹（台湾）に展開してネットワークを形成するなどがその例となる。他方で、暗黙知は、その知識・情報が容易に移転することが困難で場所的特性をもつことになる。

ここで注意せねばならないのは、物的ネットワークおよび情報ネットワークのうちの形式知にかかわる拠点は、外部移転や分散の可能性をもつとしても、その移転は必然的なものではないということである。これが移転するかどうかは、その地域や都市の労働力、市場、天然資源、交通・通信インフラストラクチャーなどの立地条件に左右されるということである。これらの問題は、きわめて立地論的な問題と言わざるを得ないのである。

他方で、暗黙知にかかわるネットワークの拠点は、場所的固定性をもち、特定の場所に固着する。近年、研究の焦点となっているローカル・ミリュウ論は、経済学で分析の困難な不完全情報、不確実性、外部経済・不経済などの要素を取り込み、インフォーマルで局地的に特殊な環境を分析対象としている。この点は立地論の守備範囲を越えた領域であり、地域経済のもつ「学習インフラ」とそれをベースにした「集団的な学習機能」[14]、そして不確実性を回避して「調整の利益」[15]を得さしめる局地的機能にかかわるものである。

したがって、地域構造論の4本柱との関連では、物的ネットワークと一部の情報ネットワークについては、産業配置論（より正確にいえば「空間配置論」）において立地論を活用しながら説明可能である。それに対して、暗黙知にかかわる領域は、地域のもつ特徴とかかわる分野なので、地域経済論の段階で述べられるものとして扱いうる。特に後者は、地域経済論の一分野としての都市集積論に多くを依存することになるであろう。こうして、立地論に多くを依拠する古典的な集積論は産業配置論で、ローカル・ミリュウ論やクラスター理論は地域経済論で触れるものであるということになる。

第4に、加藤和暢氏が指摘した「経済循環の地域的完結性というパラダイム」

図1 機能地域アプローチによる地域設定

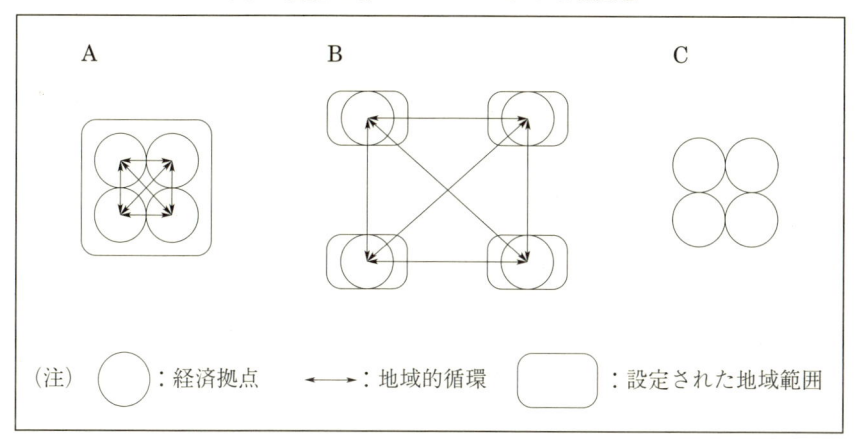

（注）◯：経済拠点　⟵⟶：地域的循環　▭：設定された地域範囲

の限界がある（加藤、1994）。この問題は、実は地域経済論における重要な課題である地域設定の問題とも絡んでいる。経済循環的把握は、地域の立地特性に基づく等質的把握の対概念であり、物流や人流の範囲が周辺部に比較して厚い領域で画定される。

ここで図1で見られる、AとBのケースでは、経済拠点間に相互の地域的循環がある。しかし、主体間の立地で見ると、Aは空間的に連続した地表に立地しており、Bは不連続な立地のパターンとなっている。Bでは地域設定がなされているが、一定の経済距離がある場合、それは異なる拠点の間の都市システムへ転化する。概念的にAのケースと同種の地域的循環であってもそうである。近隣の地方都市同士の結合関係よりも、遠隔の首都との結びつきが強い時に、それを同一地域と設定できないのと同じことである。

一方、Cではまったくリンケージは見られないが、空間的に連続して、密集した立地を示している。この場合、おそらく等質地域的な地域設定は可能であろうが、機能地域的な設定は困難であろう。情報技術の進展や交通手段の革新とともに、地域的循環はますますグローバル化してゆき、機能地域もしくは地域的循環にもとづく地域設定は困難性を高めてくることが予想されるのである。

もともと地域的循環を構成する個別の空間的フローは、拠点間の形状は別として、両端は概念的には点概念でしかない。そのため各々の拠点同士は、地理

的あるいは空間的には連続的でも不連続でもかまわないものである。ところが、等質地域は空間的あるいは地理的には連続的な面概念である。地域設定の際には、後者の方が地域領域の画定には都合の良い概念である。機能地域もしくは地域概念的把握は、等質地域同士の関係、つまり等質地域間関係を把握するのにふさわしい概念と言えるのである。したがって、地域経済論の主なテーマである、地域設定の課題と、地域間関係の分析は、前者が等質地域的アプローチ、後者は機能地域的アプローチが有効となるのである。付け加えれば、集積地域を産業地域の一つの類型とするならば[16]、当然このような分析手順にのっとることになり、取引ネットワークやリンケージ分析のその前に、等質地域的把握に基づき、分析する集積地域の領域確定をする作業が必要であろう。

　第5に、グローバル化する時代背景の中で、「国民経済の地域構造」からのアプローチが、有効性をどれほど持続できるのかという問題もある。地域構造論は、国民経済を基本的な分析単位として取り上げ、地域はその一構成部分として取り扱っている。そのため、国境を越えた経済活動などを取り込んだ「国際的地域構造」を分析する際に限界をもつことが指摘されてきた。

　この点に関しては、グローバルな時代においても、国境が消失したわけではないと反論がなされてきている。つまり、労働力移動や通貨、関税権など、依然として国のもつ意義が強調され、国家間の結合体として、国際関係を把握する手順が示されているのである。さらにいえば、EUの成立や北部アメリカの一体化など、一国分析の限界として取り上げられる複数の国家の結合関係の例も、国境が消失することにより、むしろ一国分析に近い状況が現れるという、批判者にとっては皮肉な結果となると、見られないこともないのである。

　地域構造分析の4本柱のうち、産業配置論と地域経済論は、経済主体の立地原則に基づく抽象的な分析次元をもつ一方で、産業や地域という具体性のある内容物ももっている。前者に関しては、国民経済というある程度、完結したシステムの中で、資本主義的な立地活動が行われた場合に、経済合理性をもった産業および企業配置が、どのように形成されるのかという、論理的かつ思考上の実験的な成果がもたらされる。いわば「地域構造」という、具体性をイメージさせる表現よりは、より抽象度の高い、経済に関する空間構造（「経済空間」）と呼ぶことのできるものに近いのである。そこで、新しい地域構造論をグロー

図2 地域構造論体系の新展開

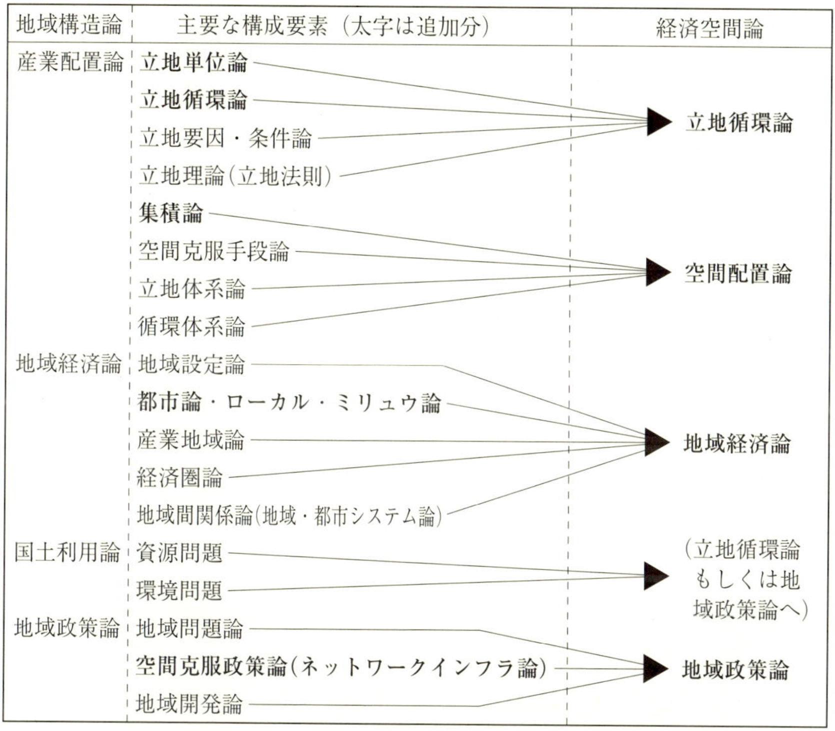

地域構造論	主要な構成要素（太字は追加分）	経済空間論
産業配置論	立地単位論 **立地循環論** 立地要因・条件論 立地理論（立地法則） **集積論** 空間克服手段論 立地体系論 循環体系論	▶ 立地循環論 ▶ 空間配置論
地域経済論	地域設定論 **都市論・ローカル・ミリュウ論** 産業地域論 経済圏論 地域間関係論（地域・都市システム論）	▶ 地域経済論
国土利用論	資源問題 環境問題	（立地循環論もしくは地域政策論へ）
地域政策論	地域問題論 **空間克服政策論（ネットワークインフラ論）** 地域開発論	▶ 地域政策論

バルな地理的配置の分析にも適用できるよう、「経済空間論」と呼ぶ。

　グローバル化という現象は、この経済空間が、それ独自の論理に従って展開した結果として、国境をこえた広がりと深さをもったと見るべきである。国境をはさんだ産業集積地帯の形成や、地方都市同士の国際的な経済圏の形成は、その事例となる。つまり、地域構造論に国際化の論理がないという批判に対し、各国分析の相互連関で応えるという反論とともに、この理論そのものが国際的地域構造を分析できるメカニズムを、もともともっているということができるのである。

3　地域構造論の新展開——経済空間論

　前節までの議論をふまえると地域構造論体系は、**図2**のように展開できるであろう。この新体系は地域構造論を基本的には踏襲しているが、国土利用論については、これを省いている。それは、ここに属する要因が、自然条件や環境条件などを分析者のフィルターを通して、立地条件や立地要因へ一般的に還元できるからである。なお、公害問題や環境問題については、地域問題論の箇所で述べられる。

　本論で述べた体系は、枠組みのもので、今後は各論を詰めていく作業と、全体系との論理的一貫性を追究する必要があろう。また、当然のことながら実証分析とのフィードバックも必要な作業となる。しかし、ある程度の設計図なしに実証分析を積み重ねたとしても、総合的な地域構造の把握に到達できる可能性は低い。体系論の議論を深めるとともに各論とフィードバックさせつつ、総合的な分析アプローチを開発してゆくことが必要な時期に来ているのである。

注
(1)　辻悟一『経済地理学を学ぶ人のために』世界思想社、2000年、18ページ。もちろん、国民経済の空間構造や経済地域の解明自体を否定はしていないが、産業や企業の空間展開の研究が「国民経済の空間構造や経済地域の究明に収斂しなければならないわけでは必ずしもない」と述べている。
(2)　「『モジュール』とは、半自律的なサブシステムであって、他の同様なサブシステムとは一定のルールに基づいて互いに連結することにより、より複雑なシステムまたはプロセスを構成するものである。」モジュール化は「それぞれ独立に設計可能で、かつ、全体として統一的に機能するより小さなサブシステムによって複雑な製品や業務プロセスを構築することである」。青木昌彦、安藤晴彦『モジュール化　新しい産業アーキテクチャの本質』東洋経済新報社、2002年、6ページ。
(3)　柳井雅人『経済発展と地域構造』大明堂、1997年、211～218ページ。
(4)　矢田俊文『産業配置と地域構造』大明堂、1982年、230ページ。
(5)　同前。
(6)　同前、253ページ。
(7)　矢田俊文「産業構造の展開と経済の地域構造」川島哲郎編『経済地理学』朝倉書店、1986年、36～37ページ。
(8)　矢田俊文「開発経済学と国土政策」矢田俊文編著『地域構造の理論』ミネルヴァ書房、1990年、24～25ページ。

(9) 矢田俊文「現代経済地理学と地域構造論」矢田俊文、松原宏編著『現代経済地理学』ミネルヴァ書房、2000年、302～310ページ。
(10) 動態理論については、構造分析とは別途に構築されるべきものであろう。しかし新体系の中の立地単位や立地要因、空間克服手段など、体系の前提となる箇所で、動態的な観点への展開が可能な端緒が設定されることになる。
(11) 情報技術と立地単位の変化の詳細は、田村大樹『空間的情報流と地域構造』大明堂、2000年、を参照のこと。
(12) 同前、87ページ。
(13) 友澤和夫「学習・知識とクラスター」山﨑朗編『クラスター戦略』有斐閣、2002年、32ページ。
(14) 同前、37ページ。
(15) 藤川昇悟「現代資本主義における空間集積に関する一考察」『経済地理学年報』第45巻第1号、1999年3月、33ページ。
(16) 加藤和暢「ポーターの産業クラスター理論」松原宏編著『立地論入門』古今書院、2002年、66ページ。

第7章 釜鉄高炉休止後の釜石

兼田　繁

　日本近代製鉄発祥の地、岩手県釜石。大島高任が、1857年12月1日に、現在の釜石市大橋で、洋式高炉による日本初の鉄鉱石精錬に成功した。「鉄の記念日」のいわれである。だが、この地で鉄づくりが定着するまでには幾多の困難があった。1874年、明治政府は釜石に官営製鉄所の建設を決め、5年余りを費やし高炉を完成させるが、操業は度々中断し1883年に廃止となる。その後、民間払下げを受けた御用商人田中長兵衛は、女婿横山久太郎を経営責任者とし、官営時代の技術者だった高橋亦助を高炉操業主任に、再興に着手する。横山と亦助らの努力にもかかわらず、相次ぐ失敗で資金も絶え、横山は操業中止を覚悟するが、亦助は職工たちの励ましを受けながら挑戦を続け、1886年10月16日、ついに49回目の吹き入れで連続出銑に成功する。新日鉄釜石製鉄所（以下、釜鉄と略称）は、この日を起業記念日としている。

　それから1世紀を経た1986年10月、釜鉄の創業　100周年の様々な記念行事が催されていた最中、新日鉄第4次合理化計画の内容が新聞報道で明らかにされた。そこには、釜鉄に残された高炉1基の休止が含まれていた。釜石における鉄づくりの終焉宣告であった。

1　新日鉄合理化と釜石

　1978年の新日鉄第1次合理化の際にも「釜石存亡の危機」が叫ばれた。釜鉄のドル箱といわれた大型工場休止を主内容とする合理化計画は、多くの市民に新日鉄の釜石撤退の布石と受け止められた。労組支援・行政主導型の市民運動が展開され、新日鉄は新規事業の導入と高炉改修を約束することで、労組と決

着した。だが、その時の約束であった新規産業の導入は雇用規模の小さい1社のみであった。そのうえに、高炉改修は1984年の第3次合理化の際に反古にされ、高炉1基のみの「片肺操業」となった。そして、第4次合理化で、残る1基がついには休止されることになったのである。第4次合理化は、高炉休止という質的側面においても、1100人の余剰人員数に見られる量的側面においても、これまでとは比較にならないほど厳しい内容であった（表1参照）。

　新日鉄第4次合理化計画の全体は、以下の三つを骨子としていた。

❶1990年度の国内粗鋼生産を9000万トンと見込み、新日鉄の粗鋼生産能力を現在の3400万トンから2400万トンに削減する。そのために室蘭・釜石・広畑・堺・八幡の高炉計五基を休止、君津の1基を再稼動させ、粗鋼生産は、君津（3基）・名古屋（3基）・大分（2基）・八幡（1基）の4製鉄所に集中し、高炉8基体制とする。休止時期は、八幡が1988年度上半期、釜石・堺が1988年度下半期、広畑が1989年度上半期、室蘭が1989年度下半期とする。

❷人員の削減は、生産設備休止に伴う7000人に加えて、それ以外の合理化を含めた1万9000人となる。そのうち9000人は定年、退職で見込み、6000人は新規事業で吸収する。残った4000人については、関連会社への出向や外部派遣などの対策を講じていく。

❸1995年度の売上目標を、現在の約2倍の4兆円とする。そのため、製鉄事業に8割を依存している現状から、多角経営の推進によって、半分以下にもっていく。すでにエンジニアリングや新素材などの分野に進出しているが、今後新たにエレクトロニクス・情報通信システム、社会・生活開発、バイオテクノロジーなども加えて多角化していく。

　他の新日鉄企業城下町に比べて、新日鉄への依存度が高い釜石の場合、高炉廃止による地域への影響は、製鉄所従業員の大規模な人減らしにとどまらず、市人口の急減、地元企業の転廃業・規模縮小、市税収の大幅減少、公共施設の統廃合等、地域経済・社会の様々な分野に及ぶ。11月の初めには市当局が民間団体の代表も加えて「釜石製鉄所銑鋼一貫体制維持対策委員会」を設置し、決議・署名・要請などの活動を進めた。しかし、釜鉄労働組合は、合理化への対応を労使間交渉のみに限定し、「プレイするのはわれわれで、市民は観客であ

表1 新日鉄釜石製鉄所の合理化計画の概要

年月	背景	新日鉄の生産体制	釜石製鉄所の休止設備	要員減
第1次 1978.9	(1)石油危機による低成長経済への移行 (2)構造不況 (3)発展途上国の追い上げ	粗鋼 4,700万トン/年→3,600万トン/年体制へ	(1)大型工場（シートパイル） (2)第4コークス炉 (3)ビーリング工場（棒鋼）	社員 450人 関連 320人
第2次 1982.9	緊急不況対策		第2コークス炉	社員 30人（関連なし）
第3次 1984.1	(1)国内鉄鋼需要の停滞 (2)輸出環境の悪化 (3)市場競争の激化	粗鋼 3,600万トン/年→2,800万トン/年体制へ	(1)第2高炉 (2)第1コークス炉	社員 170人 関連 200人
第4次 1987.5	(1)販売環境の悪化―需要の減退等 (2)円高による影響―受注減と販売価格の低落 (3)粗鋼生産の見込み―86年度 2,540万トン (85年度実績 2,798万トン) (4)収益見通し―通期で1,000億円を上回る赤字	粗鋼 3,400万トン/年→2,400万トン/年体制へ	(1)第1高炉（88年度下期に休止） (2)その他の鉄源設備 焼結、コークス、製鋼、連続鋳造設備、分塊圧延設備を休止し、所要鋼片は君津製鉄所より分譲を受ける	2,300人（現在の在籍人員） 800人（合理化実施による要員規模） 400人（退職者：2年間×200人） 1,100人―500人（新規業務で吸収）―300人（君津、名古屋へ長期休業、教育訓練で吸収）―300人（58才の者の長期休業、教育訓練で吸収）―400人（線材部門）―100人（病院業務）―300人（関連企業出向） 釜石製鉄所内における関連企業の要員規模は、現在の1,400工数程度から400～500工数程度になる

(出所) 釜石市役所作成「釜石市の概要」1991年5月。

る」として地域共闘に消極的な姿勢をとり続けた。これに対して、釜石市職労を中心に組織された「新日鉄の『合理化』から釜石を守る会」は、精力的にシンポジウム・集会・陳情行動に積極的に取り組んだ。なかでも圧巻だったのは、翌1987年1月に行った、新日鉄本社への陳情行動である。その陳情書には、「日本鉄鋼業の生みの親、『母なる製鉄所』をささえ、発展させてきた釜石市民の歴史的貢献にむくいるため、円高不況を高炉休止等、釜石の犠牲で乗り切るのではなく、地域経済の振興と住民のくらし、雇用の安定をはかるという、大企業としての社会的責任と役割を果たす方向で対処され」たいとして、次の6項目が記されている。

❶第一高炉は絶対に休止しないで下さい、将来にわたり銑鋼一貫体制の堅持を保障して下さい。

❷釜石製鉄所の遊休地を釜石市に提供し、釜石活性化に役立たせて下さい。

❸昭和53年に貴社が約束した鉄鋼関連の新規事業を責任をもって導入して下さい。

❹定年退職者にみあう若い労働者を釜石市内及び近隣地域より採用して下さい。

❺釜鉄労働者の所外配転、出向、長期出張等をやめて、釜石製鉄所でかかえて下さい。

❻釜鉄関連の下請企業と労働者に「合理化」の犠牲をしいることのないよう十分配慮して下さい。

この陳情書には、22の労働組合、48の町内会・部落会、7の商店会、44の老人クラブ、11の婦人団体が団体署名をしている。これらの署名を託された約60人の陳情団は、夜行のバスを走らせ、早朝、新日鉄本社前に到着した。新日鉄本社前には、「釜鉄の高炉をつぶすな」の横断幕とともに、南部三閉伊一揆の際に掲げられた「小○」（困る）のムシロ旗が立った。しかし、新日鉄は、文字通りの玄関払いで、陳情書の受け取りを拒否した。

2月13日の正式な合理化計画の提案を受け、3月10日の釜鉄労組臨時大会では、①銑鋼一貫体制堅持、②釜鉄将来の保障、③複合経営化の釜鉄の位置づけ、④企業の社会的責任を柱とする「対処方針」を決め、労使交渉にのぞむことと

なった。4月下旬まで、中央と各製鉄所とで数回にわたる労使の臨時経営審議会が行われた。この間に、釜鉄労組は関連協とともに2度の「春闘勝利団結集会」と、市当局への雇用対策などの政策的支援措置の要請を行っている。だが、4月30日の新日鉄労連中央執行委員会で、提案を受け入れる方針が確認され、その後は既定の手続により5月21日の釜鉄労使の臨時経営審議会で「正式」に妥結した。妥結内容は、①高炉休止をやむを得ず認める、②約1100人の余剰人員については新規事業で約500人、所間配転で約300人、定年延長の一時停止や出向の拡大などで約300人と対応する、③釜鉄を新日鉄の線材供給基地として位置付け、設備強化をする、④新規事業の内容を早急に引き出す、⑤雇用対策・地域対策については行政側に働きかける、などである。

④の新規事業と⑤の雇用対策・地域対策については、具体的な見通しがない状況で決着したことになる。そして、1989年3月25日、釜鉄の高炉の火は消えた。

2 釜鉄の新規事業展開

釜鉄の主な新規事業計画は、**表2**の通り、おおよそ6分野からなっていた。当初は、これらの新規事業で500人の雇用を確保することになっていたが、高炉休止の1989年3月段階には間に合わず、室蘭製鉄所への派遣や休止設備の解体工事、臨時作業で対応した。その後、1991年には500人を超える分を確保したといわれているが、直営事業の展開が弱く、半数は出資企業等への出向であった。雇用規模も小さく不安定であり、余剰人員吸収のための緊急避難的色彩が強いものであった。

釜鉄の新規事業のほとんどは、分社化した株式会社ニッテツ・ファイン・プロダクト（以下、**NFP**と略称）が引き受けている。2000年時点の従業員数は、釜鉄出向者も含めて約400人といわれている。6分野の計画の実施状況を見てみる。テクノセンター関連の事業は、文化財保存処理・試験分析・エンジニアリング・改質木材加工・トラックボディ製造・メカニカルシール製造・精密鋳造等を、**NFP**が行っている。バイオ関連では、キノコ栽培センターは廃止さ

れ、ミニ蘭栽培はNFPが行っていないが、従事者は数名である。電子・情報通信システム関連の株式会社東北エニコムは、釜鉄のコンピュータシステム部門を統合吸収し、1988年に設立した。仙台に本社をおき、従業員数は約220人といわれているが、釜鉄事業部の従業員数は不明である。生活サービス・食品関連では、一時のブームとなったホットカーラーの製造は中止されたが、大豆蛋白製

表2 釜鉄の主な新規事業計画

分　　野	事　業　内　容
テクノセンター	・精密放電加工 ・プラスチック射出成形 ・ＣＮＣ旋盤 ・文化財保存処理 ・エンジニアリング ・試験分析 ・トラックボディ制作 ・セラミックス加工 ・改質木材加工
バイオ	・きのこ栽培 ・ミニ蘭栽培 ・海洋バイオ研究 ・水産ハイテクプロジェクト
電子・情報通信システム	・セラミックコンデンサーの製造 ・データベース事業
生活サービス・食品	・使い捨てカイロの製造 ・ヘルシー食品の製造 ・ダンボールの製造 ・ホットカーラーの製造
リゾート	・製鉄体験ランド構想 ・ノースアイランド構想
グリーンセンター	・飼料コンビナート構想

(出所) 釜鉄パンフレット、岩手東海新聞等より作成。

品・脱酸素材・使い捨てカイロ・水産加工品等の製造販売をNFPが行っている。リゾート関連は、完全に破綻し、実現をみていない。

　新規事業の目玉の一つであったグリーンセンターは、製鉄所用地と専用桟橋を活用し、輸入穀物を貯蔵するサイロを建設し、さらに配合飼料会社を誘致して、年間約60万トンの配合飼料を生産する「釜石飼料コンビナート構想」の具体化である。建設された巨大サイロを、釜鉄の出資会社である釜石グリーンセンター株式会社が運営している。しかし、配合飼料会社は当初4社予定していたが、操業したのは1社のみで、従業員は2002年1月時点で16人である。

　第4次合理化計画には含まれてはいなかったが、後に二つの分野が追加される。その一つは、病院部門の切り離しと事業拡大である。釜鉄は1991年に医療

表3 釜石市人口等の推移

年	人口	就業者	工業従事者	釜鉄従業員
1985	60,005	26,690	5,318	2,540
1986	60,531		5,007	2,360
1987	59,250		4,619	2,270
1988	57,626		4,621	1,960
1989	56,164		4,562	1,580
1990	54,339	23,850	4,783	1,300
1991	53,524		5,562	1,220
1992	52,897		5,608	1,180
1993	52,264		5,270	1,060
1994	51,667		5,228	980
1995	50,964	23,605	5,227	860
1996	50,239		5,167	780
1997	49,795		5,294	700
1998	48,932		5,050	640
1999	48,478		4,633	580
2000	47,833	21,422	4,818	440

(出所) 人口は、住民基本台帳各年12月末。
　　　 就業者は、国勢調査。
　　　 工業従事者は、工業統計調査。
　　　 釜鉄従業員は、釜石市資料より推定。

法人楽山会を設立し病院部門を切り離し、はまゆりケアセンターを併設して介護事業を展開する。さらに、老人保健施設フレールはまゆりを新設した。医療法人移行時の従業員数は約140人だったが、2001年4月時点では約250人となった。もう一つは、高炉敷地跡に火力発電所を建設し、2000年7月から東北電力に卸し供給を開始したが、従業員数は不明である。

さて、第4次合理化以前の釜鉄従業員数約2300人（1986年時点）は、合理化約10年後にどのように変化したか。これまで見たように、線材部門以外を次々と切り離した結果、2000年時点の従業員数は約440人（技術系出向者を含む）に減少した（表3参照）。合理化計画では線材部門400人、関連企業出向300人であったから、合理化実施後に関連企業出向者が次々と減らされたことになる。新規事業を吸収するNFPの従業員も1996年をピークに減少傾向にある。高炉休止後の釜鉄の事業展開は、10年以上を経た後もなお、明るい見通しとは言えない。

3　誘致企業の動向

　表4は、釜石市の企業立地奨励措置要綱による誘致企業の一覧である。
　①と②は新日鉄合理化以前の誘致企業で、釜鉄用地以外に立地したものである。②は1974年に操業開始し、トランスなどのテレビ部品を製造していたが、第4次合理化で騒然としているなか、1987年2月に閉鎖となった。ピーク時には260人の従業員を抱えていたが、閉鎖時点では約100人であった。その跡地には、1989年に⑧が立地している。
　③は第1次合理化の時に、新日鉄が「鉄からの撤退」を否定するために誘致した関連企業である。従業員規模は少なかったが、新日鉄釜石の線材を活用することから、釜鉄存続への可能性として一部に期待は大きかった。しかし、1990年代には公共事業の落ち込みから売り上げを減少させ、2000年にはピーク時の半減となったことから福島県いわき工場に事業集約し、2000年9月に閉鎖した。閉鎖時の従業員数は13人だった。
　④は第3次合理化の際の誘致企業だが、釜鉄関連企業ではない。カメラ・OA機器の精密電子部品を製造していた女子型企業で、これも2000年5月に閉鎖した。
　⑤から⑲は、第4次合理化過程で誘致された企業である。これらの企業には、釜石市の立地奨励以外にも政府の支援策を活用したものも含まれている。1986年に成立した特定地域中小企業対策臨時措置法は、中小企業の事業転換と誘致企業の優遇措置などを中心とした地域活性化対策であり、釜石市も地域指定を受けた。⑥は脱鉄複合化の中心企業として期待されながら1986年8月に設立した外資系企業で、釜鉄用地に立地し、本社もそこに置いた。その後、系列会社化し1999年3月撤退した。閉鎖時の従業員は約230人で、そのうち170人が男性従業員で、正規男性雇用の多い工場であっただけに、地域に与える影響は大きかった。その跡地は、家電部品・ペットボトル・携帯電話等のプラスチック製品を製造する工場⑭の第2工場である㉓と菓子製造業の㉔を誘致した。従業員数は㉓と㉔をあわせて約110人だが、半数前後がパート雇用である。⑦は紳士ワイシャツ製造の女子型企業だが、2002年2月閉鎖撤退した。閉鎖時の従業員

表4 釜石市誘致企業の動向

No	本社所在地	資本金	主な製品	工場用地面積	従業員数	操業年月	閉鎖年月
①	大阪市	405	木材チップ	30,543	50(45)	1973. 2	
②	宮城県迫町		テレビ部品		*約100	1974. 4	1987. 2
③	東京都品川区	3,340	PC鋼棒	23,481	*13	1982. 1	2000. 9
④	東京都大田区	10	精密電子部品	5,850	*約50	1984. 5	2000. 4
⑤	横浜市	50	電子部品	21,650	264(161)/p125	1987.10	
⑥	東京都港区	3,260	積層セラミックチップコンデンサー	16,500	*約230	1988. 4	1999. 3
⑦	岩手県前沢町	30	紳士用ワイシャツ	2,971	*112	1987. 9	2002. 2
⑧	釜石市	50	磁気流体応用製品	6,512	48(38)	1989. 3	
⑨	東京都		建築用鉄骨	2,479	*約30	1989.10	1994. 3
⑩	岩手県前沢町		精密機械部品		*15	1988.12	1997. 1
⑪	釜石市		精密プラスチック製品		*26	1989. 9	1995. 9
⑫	釜石市		硫酸プロビタミン、DNA		*約10	1989. 4	1996.11
⑬	静岡県富士市	12	穀物サイロ等製缶品	2,100	*7	1989. 9	2000. 3
⑭	東京都墨田区	44	プラスチック製品	4,385	65(27)/p25	1990. 6	
⑮	東京都港区	55,620	空気圧機器	58,104	1018(513)/p498	1992. 6	
⑯	釜石市	240	家畜用各種配合飼料	20,228	16(13)	1992. 3	
⑰	埼玉県狭山市	10	ハードディスク	4,332	*13	1991. 3	2001. 9
⑱	神奈川県愛川町	498	建築用鉄骨	79,595	189(174)/p37	1990. 3	
⑲	釜石市	1,000	オフィス用スチール製デスク等	35,500	144(126)/p32	1992. 8	
⑳	東京都大田区	36	中型フォークリフト用フォーク	10,110	30(25)	1996. 4	
㉑	宮城県松山町	10	精密プラスチック金型	630	21(20)	1996.10	
㉒	神戸市	20	天然食品素材等	4,959	3(3)	1997.11	
㉓	東京都墨田区	44	化粧品容器	16,500	61(33)/p15	2000. 1	
㉔	千葉県松戸市	28	菓子	16,500	50(12)/p30	2000. 2	

(注) 従業員数の( )内は男性数内訳、pはパート・準社員の内訳である。*は閉鎖時の推定従業員数である。
資本金の単位は100万円、工場用地面積の単位はm²である。
(出所) 釜石市「誘致企業一覧表」(2002年1月現在)より作成。

数は112人で、うち女性が100人であった。⑨⑩⑪⑫⑬は小規模工場で、土地取得の優遇措置と合理化余剰人員吸収を狙って進出したと思われるが、5年から10年の間に移転したり、閉鎖したりした。このうち⑩と⑪は釜鉄用地内に立地したものだが、⑪の跡地に㉑を誘致した。⑨⑫⑬は、釜鉄用地外に立地したものだが、⑫の跡地には㉒を誘致した。⑮は空気圧縮機を製造する工場で、釜鉄用地に誘致した。第4次合理化時の誘致企業のなかで雇用規模がもっとも大きく、2001年時点で1000人を超える。従業員数では釜鉄を追い抜き、釜石市最大の雇用規模であるが、準社員・パートの比重が高く約半数を占めている。⑯は、先述したグレーンセンター関連の誘致企業である。⑰は、釜鉄用地に誘致したハードディスク製造の工場であるが、約10年間で閉鎖撤退した。閉鎖時の従業員数は13人であった。

⑱は新日鉄の出資企業で、建築用鉄骨を製造する工場である。当初は300人規模の従業員を予定して誘致されが、2001年時点では200人以下にとどまっている。⑲も新日鉄の出資企業で、オフィス用スチール机等を製造する工場である。

㉑以降は、合理化計画が事実上終了後に誘致した企業で、いずれも小規模あるいは臨時雇用の多い不安定なものである。

釜石市における誘致企業は合理化以前を含めて24企業であったが、そのうち11企業が撤退したことになる。1987年以降、釜石市人口は漸減傾向だが、就業者では1985年から1990年の減少、1990年から1995年の停滞、1995年から2000年の減少となっている（**表3**参照）。1999年3月の⑥以降の閉鎖撤退企業が6社に及んでいること、現在操業している企業における準社員・パート雇用の比率が高いことなどから、今後の釜石市の地域経済と雇用の厳しい状況がうかがえる。

4 地域振興プロジェクト

1990年3月に策定された「第4次釜石市総合振興計画」は、高炉休止後の「釜石再生」を目指したものである。そこでは、21世紀の都市像を「未来を拓

く研究開発都市」、「未来を創る複合産業都市」、「未来を支え合う健康福祉都市」として構想し、その実現に向けた八つの主要プロジェクトを挙げている（表5）。

研究開発都市の中心には、「海洋開発関連プロジェクト」が据えられている。海洋開発構想は、政府各省庁の海洋開発の担当部局と岩手県、釜石市当局そして釜鉄が参加して、1984年3月に発足した「釜石市の海洋開発の明日を考える委員会」が出発点となっている。釜石市では1985年5月にまとめた委員会中間報告書「寿海都市をめざして」の提言に基づいて海洋開発技術懇談会や海洋開発庁内連絡会議の開設など調査・研究体制を整備したほか、県の三陸マリノゾーン構想、中央省庁の海洋利用構想へのアプローチを展開してきた。これにかかわる中央省庁のプロジェクトには、①地域活性化漁村漁場緊急整備プロジェクト（農林水産省）、②地域経済活性化緊急プロジェクト（自治省）、③海洋バイオ研究所（通産省）、④はまゆりラウンド構想（通産省）、⑤釜石港マリン・タウン・プロジェクト（運輸省）、⑥マリン・コミュニティ・ポリス・プロジェクト（通産省・資源エネルギー庁）などがあった。しかし、基盤整備的公共事業以外で具体化されたのは、釜鉄所有地である平田湾埋立地を活用した③のみといってよい。株式会社鉱工業海洋生物利用技術研究センターの研究施設を利用して、株式会社海洋バイオテクノロジー研究所が、海の中の生物資源を生命工学（バイオテクノロジー）の技術を使って工業品づくりに利用していくための研究開発を進めている。また、株式会社冷水性高級魚養殖技術研究所は、東北インテリジェント・コスモス構想によって1989年3月に設立され、1995年3月に試験研究期間を終了したのち、第3セクター株式会社サンロックへ移行した。そこでは、マツカワ・チョウザメなどの種苗生産・成魚販売等を行っている。ほかに、岩手県水産技術センターが1994年に設置された。これは、釜石市大平地区にあった水産試験場と南部（大船渡市）および北部（宮古市）栽培漁業センターの研究部門を統合移転したもので、数10人のスタッフを要しており、その役割は大きい。

複合産業都市のために「釜石湾開発関連プロジェクト」と「物流拠点プロジェクト」を中心とする道路・港湾等の公共事業による基盤整備が挙げられている。先に見たように、グレーンセンターは雇用も含めて地域波及効果に乏しく、

表5 釜石市総合振興計画における主要プロジェクト

プロジェクト名称	プロジェクトの概要	当面の取り組み
海洋開発関連プロジェクト	海洋バイオ研究所・水産バイオセンターを核として、その高度利用に向けた関連研究施設の立地を促進し、我が国有数の海洋開発研究ゾーンの形成を図る。	・鉱工業海洋生物利用技術研究センターの多面的な活用 ・水産バイオプロジェクトの推進 ・海洋開発への積極的な取り組み
リゾート関連プロジェクト	地域の特性を生かしながら、ニューカントリーライフの創造とリアスランドゾーンの形成を目指した「さんりく・リアス・リゾート構想」を官民一体となって推進を図る。	・リゾート地域指定に基づく構想の推進 ・新日鉄関連リゾート整備の促進 ・独自性のある各種イベント・意識の高揚 ・三陸・海の博覧会等への積極的な取り組み
釜石湾開発関連プロジェクト	釜石港湾潜の建設によって生ずる広大な静穏水域を活用して、水産業等生産機能・港湾物流機能・海洋性レクリエーション機能等それぞれの調和を図りながら湾内の高度利用を推進する。	・湾口防波堤建設事業の促進 ・釜石港湾改修事業の促進 ・臨海部活性化事業の促進 ・漁港施設等の整備促進
物流拠点プロジェクト	これまでの石油の移入基地としての機能に加え、公共ふ頭を利用する自動車の陸揚げ、専用桟橋を活用した飼料の移入とその加工品の輸送など、物資流通港としての三陸の物流拠点機能の増大を図る。	・公共ふ頭及び専用桟橋の高度利用 ・トヨタ自動車の陸揚げプロジェクトの促進 ・釜石グレーンセンターの早期実現促進 ・国道283号仙人区間の抜本改良 ・高速交通幹線の整備促進
都市開発プロジェクト	広域的かつ高次の都市機能を有する釜石駅周辺の整備、生活交通拠点としての釜石駅前の整備、広域商業機能・情報・高等教育機能を持つ施設整備を推進する。	・釜石駅周辺区画整理計画の推進 ・高等教育機関の誘致 ・健康の森公園の整備推進 ・若者定着推進事業の推進 ・岩手県沿岸地区運転免許センターの建設促進
宇宙開発プロジェクト	当市と遠野市にまたがる和山を宇宙循環機の発着基地とした宇宙関連産業、研究施設・国際交流・生活施設の配置等、地域が一体となって航空宇宙産業基地の立地を促進する。	・和山高原沿岸地区運転免許センターの高度利用
空洞利用プロジェクト	140kmに及ぶ釜石鉱山の坑道を活用し、未利用資源の高度活用、鉱山観光と民間活力の導入を図りながら、生産・研究・リゾート等への高度利用を図る。	・釜石鉱山の高度利用 ・未利用資源の高度活用 ・リゾートへの取り組み
総合福祉エリア構想	高齢者が地域住民と等しくとけあえることができ、健康で安心して生活できるまちづくりを推進する。	・総合福祉エリアの拠点づくり ・デイサービスセンターの設置 ・養護老人ホームの整備

(出所) 釜石市役所作成「釜石市主要プロジェクトの概要」1991年4月。

複合産業都市の牽引力としての期待はうすい。特定地域中小企業対策臨時措置法の指定を受けて設立した釜石・大槌産業育成センター（第3セクター、1992年設立）は、セラミックス加工や新水産加工の研究開発を行い、事業化するのが中心目的であったが、それが困難であることから、現在ではパソコンを使った情報提供と市場開拓に重点を切り替えた。施設は豪華だが、支援スタッフは1名のみで、利用も少なく、施設の維持管理が重荷となっている状況である。「都市開発プロジェクト」の目玉として、若者定着をめざして誘致した岩手技術専門学校は1990年4月に開講したが、学生定員220人に対して第1期生75人、第2期生45人、第3期生56人しか確保できず、その後休校となった。「リゾート関連プロジェクト」は、イベント開催の他は実現していない。「宇宙開発プロジェクト」は具体化されないまま頓挫し、風力発電に切り替えられて進行している。「空洞利用プロジェクト」では、湧水製造販売が行われているほかにいくつかの試験研究は進められてきたが、高度利用とはほど遠い。

　健康福祉都市は、新日鉄合理化により高齢化が加速されている釜石にとって焦眉の課題である。1989年に厚生省が創設した「ふるさと21健康長寿のまち構想」の地域指定を受け、総合福祉エリアの整備を進めてきた。釜鉄病院の拡充や介護関連施設の建設など、八つのプロジェクトのなかで最も具体化された分野といえる。

　現在の主要プロジェクトは何か。国レベルでは、国道283号仙人トンネル、三陸縦断自動道、釜石湾防波堤の大型公共事業のみといってよい。県レベルでは、釜石港公共埠頭整備・釜石漁港整備と防潮堤新設・平田漁港の物揚げ場改良・三貫島沖魚礁設置などの「釜石湾活性化推進事業」、自動車リサイクルなど関連産業の可能性調査・漁業集落環境整備・ゴミ広域処理向けの道路整備などの「美しい環境保全推進事業」、大渡橋の架け替えと河川改修・大渡商店街街路整備を中心とする「街のにぎわい創出事業」、大槌文化圏まるごと博物館推進と三陸地域と鉄の関わりをテーマとした「釜石・大槌地元学推進事業」の四つを支援プロジェクトとして挙げている（2001年度の釜石振興局）。市レベルでは、第5次釜石市総合計画における重点施策として、「資源循環型施策に対応した産業の育成」、「総合的な水産業の振興」、「中心市街地の活性化」、「鉄の歴史と環境を活かす地域づくり」、「地域コミュニティにおける健康安心づく

り」、「生涯学習の推進」が挙げられている。「資源循環型施策に対応した産業の育成」では、経済産業省の地域指定にむけてエコタウン構想の検討が進められている。第5次総合計画は、市民参加型で作成したとされている。第4次総合振興計画に比べて、現実的で地道な内容が多くなっているのが特徴である。

5　おわりに

　釜鉄高炉休止から10年余りの変化を検証してみた。総じて言えば、「釜石再生」の基本方向は、地域衰退の不安を各種活性化イベント（たとえば、1992年の三陸・海の博覧会のような）によって解消させながら、企業誘致を含めた新日鉄の新規事業展開と国家プロジェクトや大型公共事業によって将来への期待を繋ごうとするものであった。その結果は、新日鉄の社会的責任を追及しない誘致企業だのみの「脱鉄」路線への、厳しい審判である。新日鉄への依存・従属や政府の政策への追随の姿勢を克服する、地域住民の主体的努力が求められている。

第8章 原子力発電と地域
―― 問題の構造と展望 ――

清水修二

　福島県の太平洋岸、浜通りと呼ばれる地域に原子力発電所が初めて呱々の声を上げたのは1971年だった。以来1987年まで17年かけて東京電力福島第一・第二原発に合計10基の原子炉が林立することになったわけだが、世界にも珍しいこの風景は歴代福島県知事の積極的な誘致によって実現したものである。ところが、最初の原子炉の運転開始から31年、全原子炉が稼働して15年たった今、現福島県知事は国の原子力政策の前に立ちはだかるかのごとく異議申し立ての声を上げている。しかもこうした動きは、福島県のみならず三重県、新潟県などでも多かれ少なかれ生じている。従来、市町村のレベルでは新潟県巻町をはじめとして国策批判ののろしを上げる自治体はいくつかあったが、知事となると原子力施設に関しては積極誘致ないしは消極的容認の姿勢をとるのが通例だった。そうした状況は今明らかに変わり、地方自治体の意向次第では国家的エネルギー政策が転換を迫られかねない事態になっている。これは、画期的な変化である。ここで改めて「原子力発電と地域」のテーマを整理し、問題の構造と将来展望を論ずる意義は小さくないだろう。

1　東電スキャンダルと「四つの亀裂」

　2002年8月に明るみに出た東京電力の一連のトラブル隠蔽工作は、日本の原子力発電の将来に少なからぬ打撃を加えるに相違ない。そこで、この事件がもつ意味を電力会社・地方自治体・国という三つのステークホルダーの関係において考察するところから出発したい。が、その前に、この事件を生み出した原子力発電所の内部事情、すなわち「現場と上層部の亀裂」について少し考えて

表1　東京電力福島第一・第二原子力発電所の
　　　労働者内訳（2001年12月1日現在）

	第一原発		第二原発	
東京電力		1,030人		593人
元請会社	29社	1,612人	36社	939人
一次下請	169社	1,578人	162社	1,323人
二次下請	288社	2,234人	203社	1,263人
三次下請	116社	570人	97社	434人
四次以降	16社	84人	──	
合　計	619社	7,108人	499社	4,552人

（出所）東京電力提供。

みよう。

　原発の現場は一般住民には窺い知れないブラックボックスである。たとえ説明を受けたとしても、専門技術的な話は素人には理解の範囲外である。住民としては企業倫理の貫徹を望み、企業内統制の実効性を信頼する以外になす術はない。ところが、今回の事件で東京電力が実施した社内調査では個々の社員の関与までは把握できなかったとされている。社員ですらそうだとすれば、元請け・下請け・孫請け以下の長い連鎖のもとにある現場の末端の状況まで会社が掌握できていたものとは想像しにくい。表1で見る通り、両原発関連の企業数は延べで1117社、従業者数は1万1660人に上る。しかも、定期点検ごとにかなりの労働者の移動が生じると言われている。

　今回の不祥事で東京電力は社長をはじめとする経営トップの総退陣という措置をとったが、幹部が責任をとって辞めても原発の運転管理に関する内部統制の困難はむろん解消されない。定期点検作業の時間短縮が経営上の課題とされる中にあってもなお、下請の末端で発見されたトラブルが間違いなく上部に報告されるようにするためには、かなり根本的な労務システムの改革が必要とされるのではないかと推測される。それがなされない間は経営トップがいくら安全を保証しても住民は真に受けるわけにいかない。これは、東京電力ばかりでなく大企業に共通する企業倫理上の問題点だろう。

　第2の問題は「地域と電力会社の間の亀裂」である。福島県にある原発はすべて東京電力の原発であり、東電の管外にいる福島県民はその電力を一切使っていない。新潟県の場合も事情は同じだ。このことは東電のトラブル隠蔽事件を地域問題としてとらえる場合の大前提である。また地方自治体は原発の安全管理に関する権限をほとんどもっていない。立入調査権はあっても、事前に予

告して用意周到で行われる調査にどれだけの実効性があるかはかねてから疑問視されている。こうした諸事情のもとでも原子力立地を自治体が受け入れてきたのは、いうまでもなく安全管理面での最低限の信頼があったからである。

今回の事件をめぐり、技術的な安全管理基準のレベルが改めて問題になっている。どの程度までの損傷なら運転に支障がないか、いわゆる「維持基準」を定める必要があるのではないかという論点で、これは確かに検討されるべき事柄である。技術論の常識からかけ離れた過大な安全認識が世間に流布していることが問題だというとらえ方がそうした主張にはうかがわれる。しかし、そのような「非科学的な」安全認識は、むしろ電力会社自身が社会に流布させてきたのではなかったか。原子力発電に関して日本で顕著な「リアリズムの欠如」が、地域と電力会社との亀裂を広げているのである。

第3は「国と電力会社の間の亀裂」である。今回の事件では専ら東電が悪者にされているが、電力会社にとってみればこれは不当な扱いではなかろうか。最近は電力需要の低迷や立地難などで原発をめぐる経営的環境は厳しさを増している。六ヶ所村で建設中の再処理工場もプルサーマルも、電力会社には経営的に決して歓迎すべきものではない。それでも、核燃料サイクルの確立は日本の原子力開発の論理的要請であり、またこれまで原子力発電は巨額の税金を投入して国策として後押しされてきた経緯もあって、経営効率をあえて犠牲にしてでも原子力政策に協力してきたのが電力会社である。原子力発電の低コスト性を証明するために稼働率を上げるのも至上命題で、定期点検の期間短縮の要請もそこから出てくる。このような事情が今回の事件の背景にあるとすれば、政府がまるで警察のような振る舞いをするのは電力会社には納得しがたいことだろう。政府が今回の事案で刑事告発も行政処分もしない方針を早々と決めたのは、電力会社のそういった立場に配慮したものに相違あるまい。

第4は「地域と国との間の亀裂」である。今回のトラブル隠蔽の事実が一般に公表されたのは国の原子力安全・保安院に内部告発があってから2年以上あとのことで、その間、地元の自治体には何の情報提供もなかった。また、驚くべきことに、経済産業省の役人で現地駐在の原子力保安検査官にも事前の説明がなかった。すべては「地元」の頭越しに、東京の密室において国と電力会社とで処理されている。前述した通り、地方自治体には原発の安全確保に関する

権限はないに等しい。したがって、原発の安全管理に関しては国に結果責任がある。本来ならば経済産業省も立入検査を受けなければならない立場である。監督責任を問われるはずの官庁が責任追及の役回りを担うという転倒した仕組みが、この国では相変わらず健在である。

福島県は、一旦は容認したプルサーマルの受け入れを事実上白紙に戻し、核燃料サイクルをはじめとする原子力政策への根本的疑問を掲げて国策に待ったをかけている。こんなことはむろん初めてである。また、双葉郡双葉町議会は、11年前に上げた第一原発増設要請決議の凍結を決めた。福島県では当分の間、原発増設の話題は陰を潜めるに違いない。

2　核燃料サイクルの隘路

核燃料サイクルの要の位置にあるのが使用済み核燃料の再処理である。2005年の運転開始を目途に、今、青森県六ヶ所村で再処理工場の建設が進んでいる。しかし、再処理工場の運転開始にあたってはプルトニウム消費の見通しの立っていることが条件になっている。そうでないと再処理で取りだしたプルトニウムがいつまでも青森県に滞留してしまうからで、そのような事態は容認できないと青森県知事はかねて言明してきた。そして、プルトニウム消費の本命である高速増殖炉は、原型炉もんじゅの火災事故でさしあたり見通しが閉ざされている。そこで、軽水炉でプルトニウムをウランと混合して用いるプルサーマルが登場するわけである。しかし、今回の電力会社の不祥事で福島県も新潟県もプルサーマル容認の意向を事実上白紙撤回した。

したがって、プルサーマルは当面実施の見通しが立たない情勢である。たとえプルサーマルを実施したとしても余剰プルトニウムの堆積は避けられないという点も、福島県はプルサーマルへの疑問の根拠として挙げている。六ヶ所村でのプルトニウムの滞留は免れない状況で、再処理工場は完成しても稼働できない可能性が出てきた。核燃料サイクルは、重大な壁にぶち当たろうとしている。

ところで、核燃料サイクルのもう一つの隘路になっているのが高レベル放射性廃棄物の最終処分である。国は昨年、原子力発電環境整備機構を発足させて

立地選定の作業を開始した。最終処分場の建設候補地の選定は公募方式で行うことが法律で定められ、目下全国の市町村に向けて立候補を募っている段階である。公募方式は民意を尊重する方法のように見えるが、実際はこれほど露骨な利益誘導はない。最終処分場の「立地効果の一過性」は原発以上に顕著で、完成後はほとんど雇用効果がない。そして、原発は廃炉になればそれまでなのに対し、最終処分場では環境汚染への懸念がほぼ永久に持続する。このような施設を誘致する市町村がもしあるとすれば、彼らが期待するのは建設工事による雇用・所得効果と財政効果である。政府は、立候補段階から電源特会の補助金を支給する制度を作ろうとしている。選に漏れても補償はするというのである。過疎農村地域をターゲットにした明白な利益誘導策であり、電源3法の思想がここに最もあからさまに表れているといえる。こうした手法が果たして効を奏するかどうか、はなはだ疑問である。

　核燃料サイクルの確立は、日本の原子力政策の根幹をなしている。ウラン燃料だけでは原子力は石油と同じ程度の将来性しかもたないからである。地方自治体の抵抗で核燃料サイクルが行き詰まれば、国の原子力発電政策全体が身動きのとれない状態になる。

3　地域と原子力—問題の構造

(1)　地域問題としての原子力発電

　原子力発電と地域に関する問題の基本構造については既におおよそ解明されていると言ってよい。第1に、原子力発電所が電力の大消費地から遠隔の農村部に造られるという「電力需給における空間分離」が問題の基礎にある。原子力発電のもつリスクがその主要な原因であることはいうまでもない。第2に、発電所がエネルギーを生産する施設であり、製造業と違って地域産業連関をもちにくいという問題がある。立地地点が農村地域であって工業的基盤に乏しいという事情がそれを一層顕著にする。これを「電源立地の産業的孤立性」と名づけよう。第3にそのこととも関わって、原子力発電所が地域にもたらす経済

効果が一時的であるという「電源立地効果の一過性」問題がある。そして第4に、電源3法に代表される政府の施策が、地域振興施策であるかのように見えて実は産業立地施策の手段にすぎないという問題がある。これを「電源地域振興の手段的性格」と呼んでおこう。

このような諸問題があるがゆえに、原子力発電所（ないしは原子力施設）の立地した地域が長期的な経済発展の軌道に乗ることができず、かえって増設や建て替えの要請をするところに追いつめられる事態が招来されるのである。一例として福島県の浜通り電源地帯である双葉郡の地域経済を見れば、四半世紀にもわたって行われた発電所の建設によって就業構造が根本的な変形をこうむり、1995年の国勢調査結果では建設業の就業者比率が実に22.2％の高さに達している。まさに土建国家の縮図というべき現状であり、発電所増設の要求が建設業者から最も強力に上がってくる理由がそこにある。

地域と原子力に関連してもう一つ触れておきたい問題がある。それは原子力発電の政治的性格についてである。原発の集中立地地域は電力会社の企業城下町の様相を呈し、「城主」の撤退によって不況地域に転落するという城下町特有の危険性をかかえることになるとはいえ、発電所はエネルギーを供給するものであるから経済環境の変化には強く、いきなり撤退するといった事態は想定しにくい。しかしながら、原子力発電に限っては別の危険因子が存在する。それはほかでもない、原発は国策で推進されてきたがゆえに国策が変わればとまる可能性があるということである。たとえ「事故」がなくとも、今回の東電不祥事のような「事件」で原発が機能麻痺に陥る可能性も否定できない。

(2) 原子力財政の矛盾

さてここで、電源立地促進財政に関する最近の動きを見ておこう。目下推進されつつある一連の構造改革の一環として昨年、電源開発促進対策特別会計の行政評価が行われた（野村総合研究所が受託）。ただし、そこでの評価対象は電源開発促進対策交付金（電源3法交付金）に限られていて、極めて不徹底な評価に終わっている。本来は電源特会全体について評価がなされるべきであり、そうすればこの特別会計がいかに矛盾に満ちた問題の多いシステムであるかが明らかになったはずである。

不徹底な行政評価ではあれそこで指摘されるに至った論点には多少興味深いものがある。注目すべきは、電源3法システムの目的が段階的に変化したとの見方がそこで示されていることである。第1期（1974～1979年）は「立地貢献期」、第2期（1980～1989年）は「多様化期」、そして1990年以降の第3期が「目的転換期」とされていて、地域振興は地球温暖化防止とともに第3期に明確な目的として登場したとの評価になっている。当初この制度はその名の通り専ら電源立地の促進を目的にしており、地域振興はあくまでもそのための手段に過ぎなかった。バブル崩壊後になって、ようやく地域振興に重点を置いた運用に転換したというのである。

　もう一つは、電源3法交付金は地元の公共施設（特に、道路、スポーツ・文化施設）の整備に大きく貢献したが、近年特に地域のニーズとのミスマッチ（特に、福祉・医療分野）が生じているとの指摘である。第3に注目していいのは、電源3法交付金は既設地点での増設へのインセンティブとしては大きく貢献しているが、新規立地を促進する効果は小さいという評価がなされていることである。

　電源3法システムの目的が産業立地から地域振興に転換したとの評価が妥当であるかどうかは疑問である。それは、電源3法交付金だけでなく、当該特別会計の補助金体系を全体的に見てみることではっきりする。電源特会の展開の特徴と問題点を整理してみよう。

　電源開発促進税は電源立地勘定と電源多様化勘定とに二分して経理される。電源多様化勘定は1980年度にスタートしたもので、核燃料サイクル関連（動燃事業団、現在は核燃料サイクル開発機構）に最も多く財源を供給するシステムになっている。電源立地勘定は文字通り電源立地を進めるため、地域に対して3法交付金等の補助金を支給する趣旨のものである。ところが、近年、これら二つの勘定の区別が曖昧になり、趣旨に合致しない使い方が増える傾向が顕著になっている。

　本来立地対策に使われるべき立地勘定での支出が、実際には原子力発電の研究開発に流用される傾向が長期的に深まっている。これを「立地勘定の多様化勘定化現象」と呼びたい。その半面では、まだ例は少ないが、研究開発に使うべき多様化勘定の支出が立地対策に使われるという逆の事実もある。「多様化

勘定の立地勘定化現象」である。たとえば、核燃料サイクル開発機構が福井県美浜町に「地元協力金」名目で少なくとも10年間にわたって17億5000万円の寄付をしていることが明らかになった（『毎日新聞』大阪版、2002年7月14日付）。高速増殖炉の研究開発費を流用したもので、寄付金は運動公園の整備などに使われている。こうした事例は、いかにこの特別会計が無規律に運用されているかを端的に物語るものである。

電源特会の予算執行状況を見れば事情は一層はっきりする。電源立地勘定の未執行分は巨大な額に膨らんでおり、予算のおよそ60％前後しか例年執行されていない。しかも、立地勘定予算の中で最大の割合を占めている電源立地促進対策交付金（3法交付金）の執行割合はせいぜい30％程度で、毎年多額の不用額を累積させている。立地勘定の（予算でなく）決算においては、最大の費目は3法交付金ではなく原子力発電施設等周辺地域交付金で、これの大きな部分は原子力立地地域の住民に現金で分配されている。およそ地域振興とは無縁の、ストレートな利益供与である。

電源3法システムは、地域対策として原子力開発を進める際の最大の推進力と位置づけられているが、発足以来28年を経てその矛盾はもはや覆い難いまでになっている。国税目的税をつくるという、予算原則上の例外措置を導入したことの問題性が年を追うごとに拡大していると言ってよい。もはや、電源3法は廃止されてしかるべきである。しかし、こうしたシステムは一度作ってしまうと様々な既得権を形成するので容易に廃止できない性格のものだ。恐らくこの日本特有の財政システムは、原子力発電そのものと興廃を共にすることになるだろう。

4　原子力発電と地方分権——課題と展望

新潟県巻町で1996年8月に行われた住民投票は、日本の原子力発電の歴史に画期をもたらすものだった。住民投票の後も陰に陽に継続する東北電力や原発推進論者による誘致工作を警戒した笹口孝明町長は、炉心部に位置する問題の町有地を原発反対派の住民に売却するという大胆な措置をとったが、その際入

札にかけることなく随意契約の手続きによったことが違法であるという理由で裁判が提起された。その第一審判決が2001年3月、第二審判決が2002年3月に下され、いずれも原告敗訴、すなわち町長の措置を認める判決になった。日本の裁判所が歴史上初めて、原子力発電に関わる事件で反対派住民に有利な判決を出した意味は大きい。しかも判決は、仮に随意契約とした場合には東北電力もしくはその息のかかった者が当該土地を取得する可能性があり、そうなってしまっては住民投票の趣旨を実現することができない、ということを判断の理由にしている。法的な効力をもたないことが住民投票の限界だとされてきたが、この判決は住民投票の結果が法律的な保護に値するものであることを公に認めたものとして重要である。裁判所の判決がそのときどきの社会の風潮を敏感に反映するものだとすれば、原子力問題では体制順応の判決ばかり出してきた裁判所の風向きが変わったことは、今の社会情勢を象徴的に表していると考えることができる。

　日本の原子力発電は明らかに撤退局面に入ったと考えて間違いではあるまい。そう判断する根拠をあらためて挙げれば、第1に、電力自由化が進展する中で電力会社の「企業の論理」が国の原子力政策と事あるごとに衝突する事態になっていることである。原子力政策はかつては電力会社にとって強力な追い風だったが、今や経営的な重しになっていると言ってよかろう。第2に、原子力政策が地方自治体とくに道県知事レベルの支持を失ってきていることである。原子力関連行政における知事の権限は乏しいとはいえ、政治的な影響力は小さくない。大型公共事業を誘引するための取引材料に原子力を利用しようという思惑にとらわれている知事も依然として存在するが、廃炉になったら増設という悪循環から脱却すべきだという当たり前の見識を、いずれ彼らももつようになるだろう。第3に、プルサーマルの足踏みによって核燃料サイクルの実現が怪しくなっていることである。膨大な費用を投じて完成した再処理工場が稼働できない事態にでもなれば、それこそ電力業界の死活問題である。また、アップストリームにおけるJCO臨界事故の影響が絶ちがたいのに加え、ダウンストリームの終点である高レベル放射性廃棄物処分問題の見通しも暗い。政府や原子力産業界は水面下で最大限の努力をするだろうが、公募方式による立地選定は恐らく不可能だろうと思う。もはや、あからさまな利益誘導で原子力立地が

進むような状況を住民は許容しなくなった。

　地方分権はいまや世界の潮流である。国家財政の危機を緩和するための方便であるという側面（中央政府主導の地方分権というパラドックス）は否定できないとはいえ、従来の集権的な統治の形態が大きな変革をこうむりつつあることは事実だ。これを「ガバメントからガバナンスへ」と表現することがある（「エネルギー・ガバナンス」という言葉も登場した）。原子力発電についても、原子力政策円卓会議の設置をはじめとする参加型政策形成の試みや、プルサーマルや最終処分場問題での巡回型シンポジウムの開催などが政府の手でなされている。こうして原子力発電や核燃サイクルに対する「国民の理解」、並びに立地問題における住民の協力の獲得（NIMBYの克服）を図っているわけである。しかし、そうした様々な努力もJCO事故のような衝撃が一つ加わればたちまちぐらついてしまうし、電力会社の組織的トラブル隠しなどが露顕すれば瞬時に木っ端微塵となってしまう。地方自治体は国の原子力政策に対して今のところは政治的影響力を行使するにとどまっているが、地方分権の流れに乗っていずれは原発の操業停止命令権などの行政的権限の獲得に乗り出す可能性もある。国の原子力政策にとって地方分権は、乗り越えるべき最大の難関となっていると言えるかもしれない。これは、市場原理主義が導き出した電力産業の自己主張とともに「構造改革」の一つの帰結である。

　先に述べた通り、日本の原子力発電はいまや撤退局面に入ったと考えられる。もし、この観測が当たっているとすれば、原子力施設の立地地域が描くべき将来像は「原子力からのゆるやかな脱却」を基本としたものでなければならない。企業城下町型開発から内発的発展への路線転換という困難な課題への挑戦が始まるのである。

参考文献

・清水修二他編『動燃・核燃・2000年』リベルタ出版、1998年。
・清水修二『NIMBYシンドローム考―迷惑施設の政治と経済』東京新聞出版局、1999年。
・清水修二「パブリック・アクセプタンスの政治社会論(2)」『商学論集』（福島大学）第70巻第4号、2002年3月。
・大山耕輔『エネルギー・ガバナンスの行政学』慶應義塾大学出版会、2002年。
・電源地域振興センター「電源三法交付金制度による地域振興等のより効果的な推進のための施策改善調査報告書」2002年。

第9章 対日直接投資と地域開発

佐野孝治

　日本は戦後長期間にわたって対日直接投資に対して消極的な政策スタンスをとってきており、対日直接投資は先進諸国と比べて、また対外直接投資と比べても極めて低水準であった。その後、1980年に外為法改正により「原則制限、例外自由」から「原則自由」へと転換したが、それは貿易摩擦、投資摩擦を回避するための消極的な対日投資促進という段階にとどまっていた。しかし1990年代に入り、バブル崩壊と長期不況および産業空洞化を背景に、国内産業の革新や地域経済の活性化を目的として積極的な対日投資促進へと転換した。1992年輸入促進・対内投資法の制定、輸入促進地域（**FAZ**）の指定、1993年対日投資サポートサービス（**FIND**）の設立、1994年対日投資会議の発足など相次いで積極的対日投資促進政策が実施されている[1]。これに加え、世界的な直接投資およびクロスボーダーM&Aの増加、日本市場の規模と成長性、不況の長期化による経営破綻と投資コストの低下、規制緩和・制度改革の進展などを背景に、1995年には3700億円であった対日直接投資は急増し、2000年には3兆円を突破した。

　本論では、対日直接投資の現状を統計的に分析し、その特徴を明らかにする。次に対日直接投資増加の背景と要因を検討する。続いて、対日直接投資の経済的影響を、①生産・投資拡大効果、②輸出拡大効果、③雇用拡大効果、④経営・技術ノウハウの移転効果などの点から分析する。そして最後に、対日直接投資が地域開発に及ぼす影響を検討する。

第9章　対日直接投資と地域開発　385

1　対日直接投資の推移と特徴

(1)　対日直接投資の推移

　対日直接投資とは、外国為替法によれば、外国投資家による日本での会社設立、日本企業への経営参加を目的とする株式取得（持株比率10％以上）、長期の資金貸付などである[2]。

　対日直接投資に関するマクロ統計として、財務省の『対内直接投資報告・届出統計』と日本銀行の『国際収支統計』がある。両者とも「外国投資家が国内企業の株式を10％以上取得する際の資本移動」を対象としているが、前者は外為法の規定に基づき対日投資の届出・事後報告状況が地域別、業種別に整理されている。また、資本の売却や撤退を含まないグロスベースである。他方、後者は外国為替公認銀行の報告に基づき整理されたもので、撤退、資金償還などが含まれたネットベースである。

　まず、『対内直接投資報告・届出実績』で対日直接投資の動向を見ると、1992年度の5306億円（1271件）から、1990年代後半以降、大型M&Aにより急激に拡大しており、1998年度に1兆3404億円（1542件）、1999年度2兆3993億円（1705件）、2000年度の3兆1251億円（1842件）と一貫して増加した。しかし、2001年には2兆1779億円（1497件）へと30.3％の減少となった。1992年度から2001年度の累計は12兆1831億円に達している（図1参照）。

　国際収支統計で見ても対日直接投資は急増しており、1997年には32億ドルと前年の約3倍に拡大し、その後も順調に増加して、1999年には123億ドルに達した。しかし、2000年には82億ドルに減少している。また、償還、撤退による資金の引き上げも増えており、報告・届出実績との格差が広がってきている。

　これを経済産業省『外資系企業動向調査』で見ると、2000年度の撤退企業数は119社（製造業29社、非製造業90社）であり、同年度の新規参入数107社（製造業28社、非製造業79社）を上回っている。特に、1990年代に参入した企業において外資比率低下、解散、統合など撤退比率が高くなっている。東洋経済新報社『外資系企業総覧』で見ても、調査対象企業数は1990年代を通じて3000社

水準で停滞しており、1996年から2002年では、3336社から3250社へとむしろ減少している。近年の撤退企業として、ゲートウェイ(パソコン)、バーガーキング(食品)、シュワブ東京海上証券(証券)、ウェルセーブ(流通)、エタム(衣料)などがある[3]。

また、対外直接投資に対する対内直接投資の比率(フロー)は、1990年代前半まで、10％以下であり、対外・対内直接投資のインバランスが大きな問題であったが、1998年度26％、1999年度32％、2000年度58％、2001年度55％と上昇してきている。また、投資残高で見ても1998年の10％から、2000年の18％に上昇している[4]。

(2) 対日直接投資の特徴

対日直接投資の特徴として、第1に、北米と欧州が高いシェアを占めていることが挙げられる。1992年度から2001年度の累計では、北米33.5％、欧州38.0％となっている。2001年では、欧州からの投資が大幅に増加し、シェアを50.3％に伸ばした。これはオランダの通信業への投資により8227億円に増加したことによる。他方、北米からの投資は、金融・保険業、サービス業などで6922億円と大幅に減少し、シェアも31.8％に低下した。また在日外資系企業による再投資は、対前年度比76.9％減の2638億円に減少し、シェアは12.1％に低下した(図1参照)。

第2に、非製造業の比重が年々増加している。1980年代後半の平均では、非製造業は40％程度であったが、1990年代前半には約55％と製造業を超え、1990年代後半では68％を占めるに至っている。1992年度から2001年度の累計では、製造業30.6％、非製造業69.4％となっている。

2001年度では、製造業は対前年度比58.5％の3280億円、非製造業は1兆8499億円(対前年度比20.8％減)となっており、非製造業が84.9％を占めている。特に、規制改革が進んでいる通信業が8286億円と最大で、全体の38％を占め、2位が金融・保険業6608億円(シェア30.3％)、3位がサービス業1664億円(7.6％)である。製造業では、1位の機械(含む輸送機器)が1385億円(6.4％)で、2位の化学が1156億円(5.3％)であり、それぞれ前年度比60.6％減、35.3％減である(図2参照)。

第9章　対日直接投資と地域開発　387

図1　地域別対日直接投資の推移

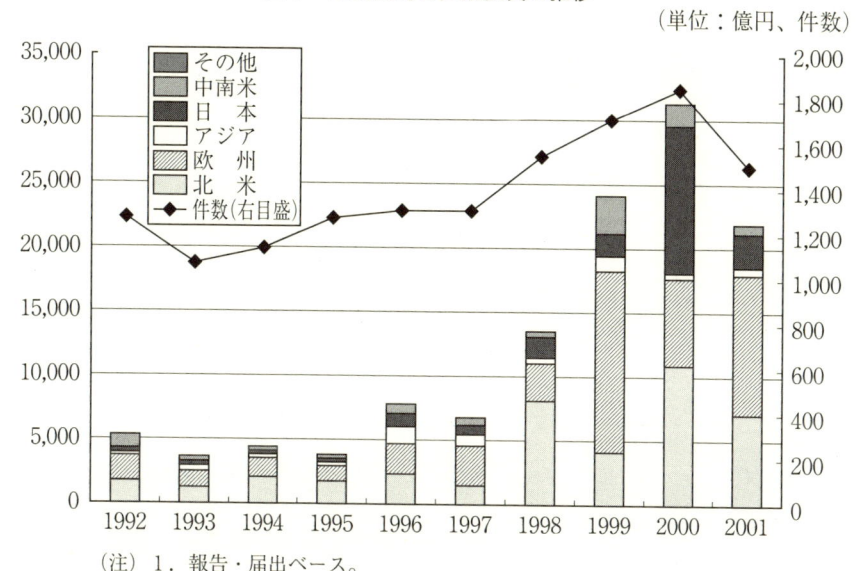

（単位：億円、件数）

凡例：その他／中南米／日本／アジア／欧州／北米／件数（右目盛）

（注）1．報告・届出ベース。
　　　2．日本からの対内直接投資は在日外資系企業によるものである。
（出所）財務省「対外及び対内直接投資状況」より作成。

　第3に、M&Aが対日直接投資の中心になっている。対日直接投資を類型化すると、①救済型M&A（主に金融、小売・卸売）、②事業再構築型M&A（主に電気機械、一般機械、化学）、③規制緩和型M&A（主に金融、通信、公益事業）、④業界再編・事業統合型M&A（主に自動車、通信）、⑤IT主導型グリーンフィールド投資（主に情報サービス、電気機械、金融、小売）の五つに分類できる[5]。政府は1996年4月に、「M&Aに関する対日投資会議声明」[6]を発表し、M&Aを通じた対日投資を促進した。その後、対日M&Aは、1997年の38件から、1998年59件、1999年107件、2000年151件と急増したが、2001年には108件に減少した。地域別では北米が5割、欧州が4割程度となっている[7]。10億ドル以上の大型案件は、1998年はトラベラーズグループによる日興證券への資本参加（15億8400万ドル）、1999年はGEキャピタルによる日本リースの買収（65億6600万ドル）、ルノーによる日産への資本参加（56億2600万ドル）、BTおよびAT&Tによる日本テレコムへの資本参加（18億3400万ドル）などが

388 第2部 地域経済・産業の経済学

図2 業種別対日投資の推移

(単位：億円)

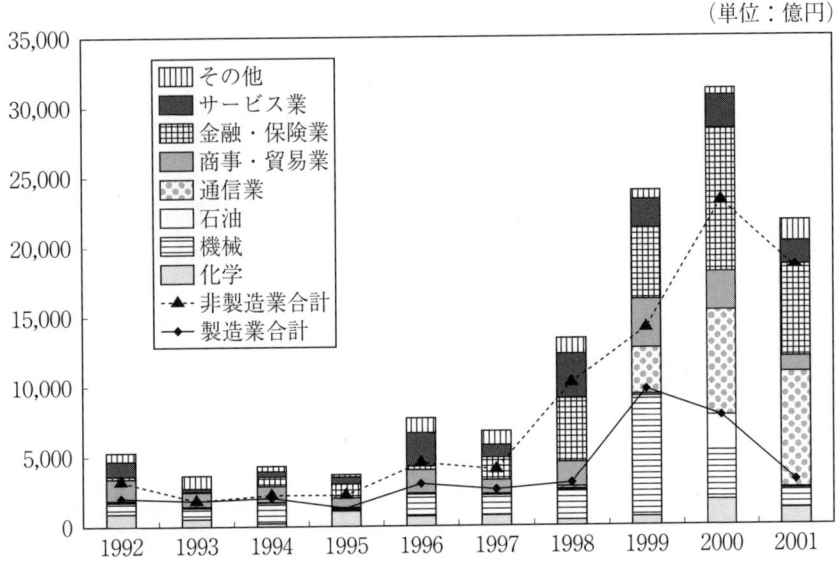

凡例：その他／サービス業／金融・保険業／商事・貿易業／通信業／石油／機械／化学／‑▲‑ 非製造業合計／‑◆‑ 製造業合計

(注) 報告・届出ベース。
(出所) 財務省『対外及び対内直接投資状況』より作成。

あった。2000年はゼネラル石油と東燃の合併（23億2400万ドル）、GEキャピタルによる東邦生命との資本提携（23億2400万ドル）、アクサによる日本団体生命保険の買収（12億7100万ドル）など6件である。2001年はボーダフォンによる日本テレコムへの資本参加、プルデンシャル生命による協栄生命の買収など5件である[8]。

第4に、対日直接投資の水準は、国際的には依然として低水準である。まず、対日直接投資（2000年）は国際収支・フローベースで82億ドルであり、世界第24位（世界シェア0.6％）と先進国はもとより、中国（9位、3％）、韓国（22位、0.7％）の後塵を喫している。また、同年の投資残高では、日本の503億ドルに対し、米国2兆7369億ドル、フランス7027億ドル、イギリス4567億ドルと桁違いである。次に、対内／対外比率は米国111％、フランス70％、イギリス50％に対し、日本は18％に過ぎない。続いて名目GDP比も、日本は1996年から2000年に0.7％から1.1％に上昇したものの、同期間に米国（16％〜27.7％）、

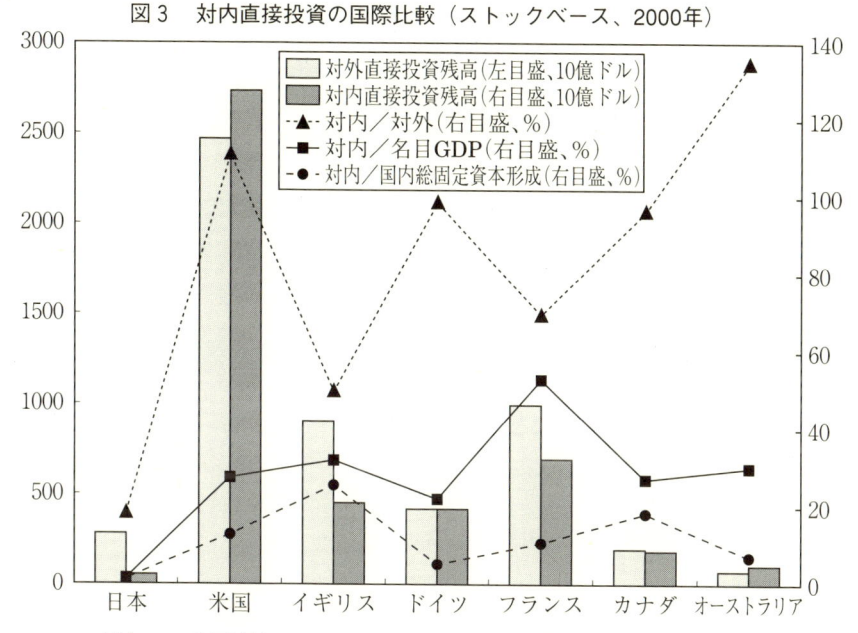

図3　対内直接投資の国際比較（ストックベース、2000年）

凡例：
- 対外直接投資残高（左目盛、10億ドル）
- 対内直接投資残高（右目盛、10億ドル）
- 対内／対外（右目盛、％）
- 対内／名目GDP（右目盛、％）
- 対内／国内総固定資本形成（右目盛、％）

横軸：日本、米国、イギリス、ドイツ、フランス、カナダ、オーストラリア

（注）1．米国以外のGDPについては、IMFの2000年末為替レートにて経済産業省が米ドルに換算。
　　　2．対内直接投資／国内固定資本形成の数値は1998年。
（出所）IMF, *International Financial Statistics*, June 2002. UNCTAD. *World Investment Report*, 2000.

フランス（26.6％～53.6％）、イギリス（21.6％～32.4％）へと各国とも10ポイント以上も上昇し、格差が一段と広がっている。最後に国内固定資本形成に対する比率（1998年）も、米国12.8％、フランス11％、イギリス25.7％に比べ、日本は0.3％と極めて低水準である（**図3参照**）。

(3)　**外資系企業[9]の概要**

　東洋経済新報社の『外資系企業総覧』によれば、2001年における在日外資企業3253社の概要は以下の通りである[10]。第1に、業種別では製造業が23.8％、非製造業76.1％である。その内訳は製造業で化学5.1％、機械・同部品3.5％であり、非製造業は情報サービス・ソフトウェア13％、金融等9％、サービス5.7％である。

第2に、母国籍別では、米国が47.2％と圧倒的に多く、次いでドイツ10.1％、イギリス8.2％、フランス6.3％の順である。

第3に、資本金規模では、1000万円以下が16.6％、1000千万円～1億円以下が36.2％、1～5億円26.2％、5～10億円5.3％、10億円超は15.6％となっている。

第4に、外資比率では、50％未満が13.4％、50％が10.7％、50超～100％未満が13.5％、100％が60.7％となっている。近年100％外資の割合が上昇している。

最後に、設立年代は、1980年以前31.1％、1980年代31.2％、1991～1995年13.1％、1996年以降26.6％となっている。

2　対日直接投資増加の背景・要因

対日直接投資増加の背景・要因として、グローバリゼーション進展下の世界的直接投資・M&Aの増加、日本市場の規模と成長性、不況の長期化による経営破綻と投資コストの低下、規制緩和・制度改革の進展を挙げることができる。

(1)　グローバリゼーション進展下の世界的直接投資・M&Aの拡大

対日直接投資の増加は世界的な直接投資とクロスボーダーM&Aの拡大と連動している。グローバリゼーションやIT革命の進展及び米国経済の好調の中で、世界全体の対内直接投資は1990年代一貫して増加し、2000年には前年比35.6％増の1兆4692億ドルに達した。同年クロスボーダーM&Aも43.6％増の1兆2410億ドルに達した。しかし、2001年にはITの失速と同時多発テロの影響で、直接投資は前年比52.7％減の6948億ドル、M&Aは46.6％減の6630億ドルに急減した[1]。グローバリゼーションとIT革命の進展により、世界的大競争状態になり、金融、自動車、化学などの分野をはじめとして、世界的産業再編成が本格化してきている。対日直接投資もM&Aが中心であり、世界的産業再編成との関連で国内の産業再編成が始まっている。

(2) 日本市場の規模と成長性

　長期不況とはいえ、日本市場の規模と成長性は依然として大きい。世界第2位のGDP規模をもち、一人当たりの所得水準が高く巨大な市場が存在していること、アジア市場への入口といった地理的な特性があることは対日投資の重要な動機となっている。

　日本貿易振興会『対日直接投資に関する外資系企業の意識調査』によれば、外資系企業の74.6％が「日本市場の魅力」として「市場規模と成長性」を挙げている。次いで、高機能・高品質で高価な商品を販売できる市場の特性（38.9％）、技術水準の高さ（34％）、労働力の質の高さ（21％）と続いている。また、7割以上の在日外資系企業が、企業グループの世界戦略上、販売拠点として位置づけられており、将来的には2割以上がアジア統括拠点として位置づけられている[12]。さらに、外資系企業の売上げは増加しており、日本市場の先行きに明るい見通しをもつ企業が増えている[13]。外資系企業が生産拠点としてよりも、市場目的で対日直接投資を行っていることは、非製造業への投資（2001年度）が84.9％を占めているところにも現れている。

(3) 不況の長期化による経営破綻と投資コストの低下

　アジア通貨危機以後、アジア企業へのM&Aが急増しており、日本企業へのM&Aもその一環と考えられる。規制緩和、対日投資促進政策の結果というよりも、長い不況の中で、経営破綻した企業や低収益部門、非戦略部門へのM&Aが増加している。また、全体的にもバブル期に比べドル建て株価が3分の1以下になっており、まさに「焼け残り品大特売（fire sale）」[14]といってよい状況といえよう。奥村皓一氏は「不良資産として安値で買いたたき転売して利ざやを稼ぐ『ハゲタカファンド（vulture fund）』」が「経営破綻企業の買収・再建・転売市場を求め、2001年秋以来、次々と日本に上陸。ハゲタカを救済者と再評価して迎える『第2の開国』が始まったのである」[15]と論じている。例えば、リップルウッドは、旧日本信用銀行、日本コロムビア、シーガイアなどを買収している。建設費用25億ドルのシーガイアを1億3000万ドルで買収している。

また、1990年代初頭に比べて構造的なコストが低減している。1998年末の時点で、バブル期のピークに比べて、地価（6大都市平均）は4割程度、オフィス賃貸料は半分の水準まで低下している[16]。また、為替レートは1990年代中頃の円高時に比べれば円安となっていること、現行の金利水準が極めて低いものになっていることなどから、対日投資が容易になっている。2000年10月時点で、地価、オフィス賃料が改善したと回答した外資系企業は55.2％と最も多く、次いで通信料金等インフラ関連コスト52.5％、税制32.4％となっている[17]。

(4) 規制緩和・制度改革の進展

金融・保険および通信分野などにおける対日直接投資の激増は規制緩和の進展によるところが大きい。金融・保険分野では、新保険業法施行（1996年）、改正外為法の施行（1998年）、金融システム改革法（1998年）などの規制緩和によって金融・保険業の対日投資が1996年273億円から2000年1兆293億円に急増した。また、通信分野においても、改正電気事業法の施行（1997年）、国際回線と国内公衆網との接続自由化（1997年）、回線保有業者への外資参入規制を撤廃（1998年）によって、1997年に33億円だった通信業界への投資は2001年8286億円に達した（**図2**参照）。

さらに、会計、企業経営にかかわる諸制度の改革が進んでいる。会計制度では、国際会計基準に基づいた連結会計（2000年）と時価会計（2001年）が導入された。企業再編分野では、独禁法の改正による持株会社の解禁（1997年）、株式交換・移転制度（1999年）、会社分割制度（2001年）が創設された。さらに、コーポレート・ガバナンス分野では株式持ち合いの解消、社外取締役の導入、効率性と収益性の重視など変化が起きてきている。株式持ち合いについては、近年資産効率の見直しを行い本業に不要な持合株式の売却を進める企業が増加したことから、1990年当初の59.1％から45.9％（1999年）まで低下しており、同期間に外国人による持ち株比率も着実に増加している[18]。

グローバリゼーションが進展する中で、日本経済の構造変化が対内直接投資を促すと同時に、こうした対内直接投資の増加が一層の構造変化を促すというスパイラル作用が働いている。具体的な構造変化としては、①日本の金融システムの変化（メインバンク制度の弱体化→リスク・キャピタルの不足）、②日

本企業のコーポレート・ガバナンスの変容(株式持合いの減少と外国人株主比率の上昇→投資家の要求収益率の上昇→内外企業共通の level playing field の実現)、③収益率の一層の向上を目指した企業リストラの動き(外資からの経営ノウハウ導入や事業部門売買の活発化等)、④投資家層の国際化に対応した企業経営を巡る情報インフラの整備、⑤規制緩和の動きなどが挙げられる[19]。

3 対日直接投資の経済的影響

一般的には、対内直接投資はプラス面、マイナス面ともにもっていると考えられる。プラス面として、①生産投資に利用可能な資源の追加、②マクロ経済政策に対する外的市場規律の増大、③技術・管理スキルへのアクセス拡大、④輸出市場へのアクセス拡大、⑤労働者の訓練、⑥借款と異なり債務問題を起こしにくいことなどがある。逆に、マイナス面として、①通貨の上昇、②独立したマクロ経済政策の範囲縮小、③外的ショックに対する露出度拡大、④外国企業による占有、⑤外国所有の国内産業に対するコントロールの喪失などがある[20]。また、対日投資会議は、①雇用の拡大、②新たな技術・経営ノウハウの吸収、③健全な競争促進による消費者利益の拡大等を対内直接投資の意義として掲げ、積極的に対内直接投資を促進してきた[21]。本節では、①生産・投資拡大効果、②輸出拡大効果、③雇用拡大効果、④経営・技術ノウハウの移転効果などの点から分析する。

(1) 生産・投資拡大効果

対日直接投資の効果として、追加的生産力の増加を挙げることができる。特に、新株取得の場合には付加価値生産額が増加し、追加的雇用が創出される可能性がある。日本経済は長期不況や製造業の海外移転により、産業空洞化問題が深刻化しており、外資系企業に生産拡大効果が期待されている。

外資系企業の売上高は、1991年度の16兆7000億円から、2000年度26兆6264億円へ増加し、その比重は1.1%から1.86%に上昇した(**表1**参照)。また、製造業の外資生産比率は1991年の2.5%から2000年度の4.4%に上昇した。業種別で

表1 外資系企業のプレゼンス

		売上高(千億円)		輸出(千億円)		輸入(千億円)		経常利益(千億円)		設備投資(千億円)		従業者数(千人)	
	年度	1999	2000	1999	2000	1999	2000	1999	2000	1999	2000	1999	2000
外資系企業	全産業	243.1	266.3	48.8	56.1	49.7	46.1	9.1	12.2	7.3	9.2	316	331
	製造業	163.8	183.4	4.03	48.2	26.4	23.3	6.3	9.0	6.0	7.1	230	240
	非製造業	79.3	82.8	8.5	7.9	23.3	22.8	2.8	3.3	1.3	2.0	85	90
比率(%)	全産業	1.76	1.86	10.1	10.8	13.6	10.9	3.4	3.4	2.0	2.4	0.7	0.8
	製造業	4.14	4.36	8.3	9.3	7.2	5.5	5.6	5.5	5.4	5.4	2.3	2.4
	非製造業	0.80	0.82	1.8	1.5	6.4	5.4	1.8	1.7	0.5	0.8	0.3	0.3

(注)比率は全法人企業の実績に対する比率。
(出所)経済産業省『第34回外資系企業の動向』2001年、及び経済産業省『第35回外資系企業の動向』2002年より作成。

は、輸送機械(15.7％)が最も高く、次いで石油(11.9％)、化学(8.2％)、電気機械(3.8％)となっている。但し、同期間に海外生産比率は6％から13.4％に上昇しており、格差は広がりつつあり、産業空洞化問題を緩和する水準には至っていない。

　また、国内投資の増加にもプラス効果がある。外資系企業の設備投資額(全産業)は、1990年代前半は5000億円程度であったが、1999年度7269億円、2000年度9151億円に増加している。2000年度では、製造業7106億円、非製造業2046億円であり、ともに2年連続の増加となった(**表1参照**)。業種別では、電気機械3108億円、輸送機械2267億円、運輸・通信業1192億円である。また、全法人企業に対する割合は、製造業が5.4％、非製造業が0.8％である。

(2) 輸出拡大効果

　日本は開発途上国と異なり、1990年代前半において貿易黒字が問題となっており、輸入を増加させ不均衡を是正する手段として対日投資が考えられてきた。しかし、日本の実質輸出成長率は1990年代には世界平均の6.8％を下回る2.6％と停滞している。2001年には前年比15.7％の4052億ドルと大幅に減少し、貿易収支も前年比45.7％の541億ドルに急減している[22]。そのため、外資系企業の輸出拡大効果が重要視されてきている。

　1998年度まで外資系企業の輸出入バランス(全産業)は、2兆円程度の大幅な赤字であり、輸出拡大効果という点ではむしろマイナスであった。しかし、

1999年度は自動車産業を中心に輸出が急増し、収支の赤字は880億円に減少した。

2000年度の輸出額は全産業で5兆6056億円（総輸出額の10.8%）であり、内訳は製造業4兆8205億円、非製造業7851億円である。また、輸入額は全産業で4兆6097億円（総輸入額の10.9%）であり、内訳は製造業2兆3304億円、非製造業2兆3304億円である（**表1参照**）。したがって、輸出入バランスは9959億円の輸出超過であった。石油を除く製造業では2兆4901億円の輸出超過である。近年、自動車産業を中心に輸出が拡大している。

但し、近年、金融、通信など非製造業への投資が増加傾向にあり、2001年では85%に達している。また、外国企業の進出目的は、製造拠点というよりは日本市場開拓が中心であるため、外資系企業の輸出拡大効果は限定的なものとなる可能性がある。

(3) **雇用創出効果**

現在、日本では、失業率が2001年12月で5.5%と過去最高の水準になっており[23]、対日直接投資の雇用創出効果が重要視されてきている。

外国企業の日本進出により、直接的に雇用が生じることに加え、設備投資が行われたり、消費が喚起されたりすることにより、新たな需要が創出されて雇用が生まれる。さらに、対日投資は、新たな経営・技術体系をもたらし、新たなタイプの消費を生み出すことを考慮すれば新しい職種の仕事が生み出される可能性もある。

外資系企業の従業者数は1991年度から2000年度の10年間で1.7倍に増加して33万人になるなど、日本における雇用機会の創出に貢献している。2000年10月の調査によると約8割の外資系企業は進出後に雇用を拡大している[24]。さらに、2001年4月時点の常用雇用者数が前年4月を上回ったと回答した企業は42%で、下回ったと回答した企業の22.5%を超え、外資による雇用創出効果が見られた[25]。

但し、全雇用に占める外資雇用比率は0.8%に過ぎない（**表1参照**）。また、国際的に見ても、外資雇用比率は低水準にとどまっている。1996年から1999年の変化を見ると、米国4.8%～5.5%、ドイツ4.8%～4.8%であるのに対し、日本では0.6%～0.7%となっている[26]。

他方、マイナスの影響としては、第1に、競争力のない国内企業が淘汰されることにより雇用が減少する可能性がある。例えば、国内中小商店の衰退は、流通における外資の進出と関連が大きい。

第2に、伝統的に雇用維持の度合いが高い日本企業に比べ、外資系企業は、短期的には厳しいリストラを行う可能性があり、雇用が削減される可能性がある。実際、在日外資系企業の5割以上が、解雇や自主退社の募集などを行っている[27]。

第3に、雇用が維持されても、非正規雇用比率が上昇し、雇用の不安定化がもたらされる可能性がある。

以上のことから、対日直接投資の雇用創出効果は拡大しつつあるとはいえ、現時点では国際的に見ても、外資雇用比率で見ても、その効果は限定的である。

(4) 経営・技術ノウハウの移転効果

外資系企業が保有する先進的な技術や経営ノウハウが日本に移転され、それが拡散することで日本企業が刺激を受け、研究開発の拡大、生産性の上昇や競争力の増大につながることが期待されている。しかし、開発途上国とは異なり、モノづくり、製造技術の面では日本企業は依然として優位性をもっていると考えられ、その面での技術移転はあまり期待できない。但し、**IT**やソフト分野などの開発力は欧米企業に比べて劣っているといわれており、その分野での技術移転が期待される。

外資系企業の売上高経常利益率は1990年代一貫して、全法人企業を1～2ポイント上回っている。2000年度においても、外資系企業は4.6%であるのに対し、全法人企業は2.5%となっており、日本に進出している外資系企業は、日本の他の企業に比べて、利益率が高くなっている。また、外資系企業の自己資本利益率は1992年度から1998年度まで一貫して、全法人企業を上回っていたが、1999年度には輸送機械のマイナスが大きく影響し、初めて下回った。2000年度は2.4%と全法人企業より0.1ポイント下回った（**図4参照**）。借入金依存度は一貫して、全法人企業より10ポイント以上下回ってきたが、2000年度は28.1%と、前年度比4.2ポイント上昇し、全法人企業より8.9ポイントの差に縮まってきている。

図4 売上高経常利益率及び自己資本利益率

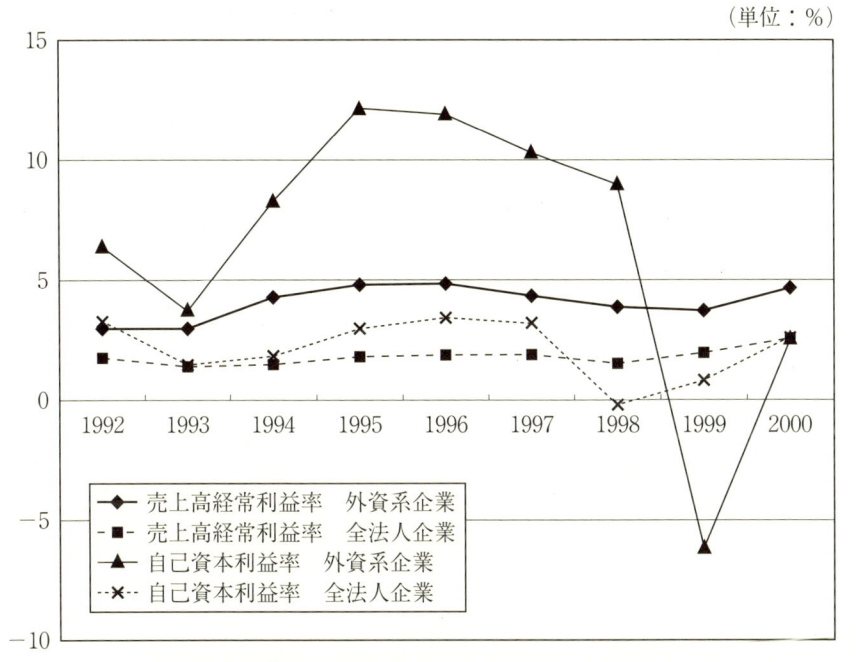

(単位：%)

(出所) 経済産業省『2001年外資系企業動向調査概要』より作成。

　また、外資系企業は、近年、経営権の強化や競争力の強化を目的として、出資比率を上げており、特に完全子会社化した企業の売り上げが増加している。外資系企業、銀行の経営状況は、日本企業に比べて、収益性、財務構造、生産性すべての点で優れている。特に、外国人の持分率が高いほど経営状況が良くなっている。さらに、**M&A**された企業の事例を見ても、経営状況は改善されている。このような点からも、外国企業の進出が、日本の経営・技術体系に有益な影響をもたらすことが示唆される。

　次に、外資系企業の研究開発の状況を見ておこう。外資系企業の研究開発費(2000年度)は製造業が6618億円（前年度比11.2％増）、非製造業が122億円(19.3％減)である。業種別では全体の7割を占める輸送機械4874億円(38.1％増)、医薬品865億円(18.5％増)となっている。全法人企業に占める割合は7.5％であり、前年度より0.6ポイント上昇した（**表1**参照）。輸送機械

は24.8％を占めている。売上高研究開発費比率は4.6％であり、全法人企業を0.6ポイント上回っている。業種別では輸送機械が5.8％で全法人企業を0.9ポイント上回っているが、一般機械、電気機械、化学・医薬品、商業などは下回っている。また、外資系企業が保有する研究所も非製造業を中心に増加傾向にある。

但し、研究内容は、「主に日本をターゲットにした製品開発」(36.1％)が最も多く、次いで「輸入製品の日本市場向け改良・修正」(10.2％)などであり[28]、日本国内では本格的なR&D投資を行わず、先端的、革新的技術に関しては、本国で研究開発を行っていると考えられる。

以上、対日直接投資の経済的影響として、①生産・投資拡大効果、②輸出拡大効果、③雇用拡大効果、④経営・技術ノウハウの移転効果などの点から検討した結果、対日直接投資の激増に伴って、外資系企業による生産、投資、輸出、雇用、研究開発ともに増加し、そのプレゼンスも拡大していることが明らかになった。外資系企業が日本経済の不況を底支えする役割を果たしているということができる。

しかし、全法人企業に占める比重は1～3％程度と極めて低水準である。特に、非製造業が圧倒的比重を占めていること、新規投資ではなくM&A中心であること、撤退企業も増加していることなどを考慮すると、対日直接投資が追加的な生産・雇用を創出し、それにより日本経済を活性化し、産業空洞化を緩和する効果は限定的であると考えられる。

4　対日直接投資と地域開発

地域経済における空洞化の進展とともに対日直接投資の意義が一層強調されるようになってきており、地域産業振興策の一環として、地方自治体の積極的な取り組みが期待されている。

(1) 外資系企業の立地状況

まず、外資系企業の立地状況を見ておこう。『外資系企業動向調査』によれ

図5 外資系企業の立地状況 (単位:％)

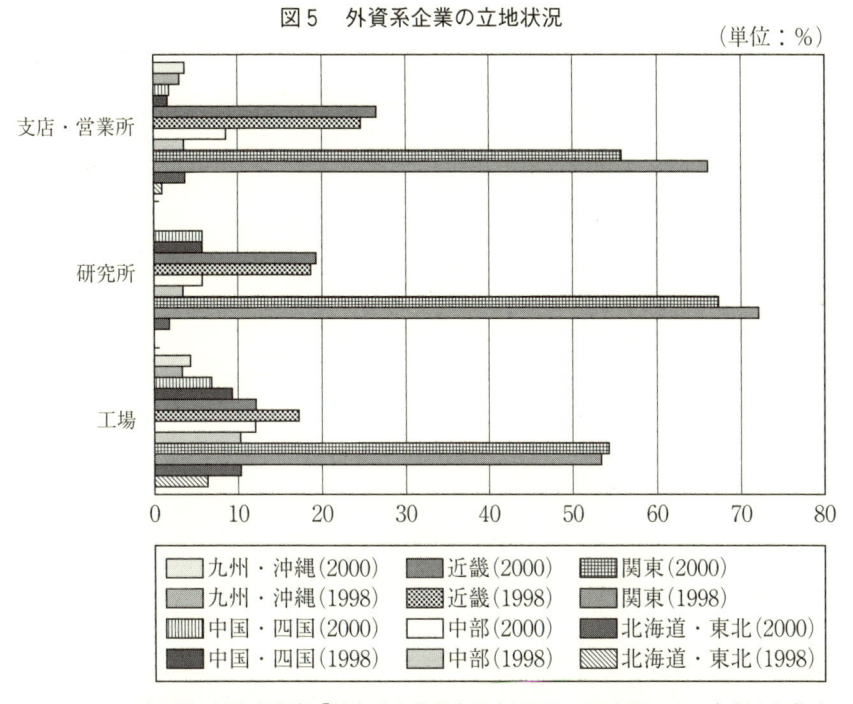

(出所) 経済産業省『外資系企業動向調査概要』2000年版、2002年版より作成。

ば、1998年、2000年ともに、関東圏への立地が支店・営業所、研究所、工場のすべてにおいて5割を超えている。但し、1998年に比べ2000年では、支店・営業所、研究所立地において関東の比率が低下し、それ以外の地域の比率が上昇している。工場立地は、逆に関東の割合が上昇し、近畿、中国・四国の割合が低下している（**図5参照**）。

次に本社は、1990年代一貫して東京を中心とした関東圏に立地している。2001年では、東京に2496社と集中し、76.7％を占めている。また、関東圏では87.7％を占めている。

続いて、外資比率50％以上の外資系企業の新規工場立地件数はピークの1989年31件から1998年の3件に低下した後、1999年以降再び増加した。その内、関東圏は20〜30％を占めている（**図6参照**）。

外資系企業が首都圏以外に拠点を設立した理由として、製造業では、「取引

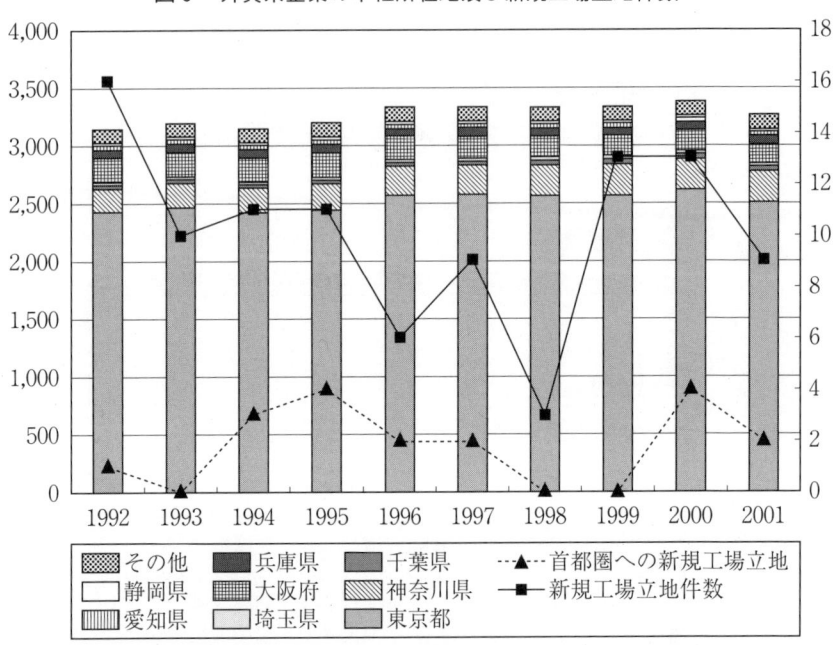

図6　外資系企業の本社所在地及び新規工場立地件数

凡例：その他／兵庫県／千葉県／‥‥首都圏への新規工場立地／静岡県／大阪府／神奈川県／──新規工場立地件数／愛知県／埼玉県／東京都

(注)『外資系企業総覧』における外資系企業の定義は外資比率20％以上。『平成13年工場立地動向調査』は外資比率50％以上である。
(出所) 東洋経済新報社『外資系企業総覧』各年版及び経済産業省『平成13年工場立地動向調査』より作成。

先に近い」（45.3％）、「土地代・オフィス賃貸料が安価」（37.7％）などが多く、非製造業では「取引先に近い」（60.3％）、「有望な市場がある」（57.8％）などが多い。また「地方自治体を主体とした優遇・支援措置」を挙げた企業は、製造業7.5％、非製造業1.0％と低水準である[29]。特に、地方自治体が最も有効だと考える外資誘致政策は「工業団地の整備」であるが、非製造の外資系企業は8.6％しか有効であると考えておらず、非製造業の外資誘致に際して、従来の工業団地の整備は有効性がほとんどないといってよい[30]。

以上、本社、支店・営業所、研究所、工場のすべてにおいて東京を中心とした関東圏の比重が高く、対日直接投資が激増したとはいえ、大阪、名古屋を除いた地域への対外直接投資は依然として少ない。さらに非製造業への投資が主

流になってきており、巨大市場を有する大都市圏以外への立地の割合はますます低下していく可能性がある。また、非製造業の外地誘致に対応した地方自治体の取り組みが必要になってきている。

(2) **対日直接投資の地域開発効果**

　対日直接投資の地域開発効果として、①雇用に関する効果、②税収に関する効果、③地域企業に与える効果、④地域の国際化に関する効果、⑤地域のイメージアップ効果などが期待されている[31]。しかし、前節で検討したように、外資系企業の比重は依然として小さく、対日直接投資が日本経済を活性化し、産業空洞化を緩和する効果は限定的である。さらに企業立地の首都圏集中、非製造業の比重拡大などを考慮すると、地域経済への経済的効果はより一層限定的であると考えられる。

　但し、個別事例としては、外資系企業を中核とした一定の産業集積が形成されている地域が生まれてきており、経済効果が確認されている。例えば、1990年代初めより愛知県豊橋市にフォルクスワーゲンなど外資系自動車関連企業3社が進出し866人の新規雇用を創出し、豊橋市の法人税収の1.6%に当たる5億4000万円の税収増加がもたらされた。さらに「国際自動車コンプレックス計画」が策定され、産官学の連携で自動車関連の産業集積が進みつつある[32]。

　また、1990年代後半以降、岐阜県大垣市の「ソフトピアジャパン」では、情報，通信、映像などのソフト産業の集積が進んでいる。進出した外資系企業は5社で、雇用数も20人程度と少ないが、国際的な共同研究の増加、地域イメージのアップなど定性的な効果があったと評価されている[33]。

　また、仙台市北部を中心に、「東北のシリコンロード」といわれる半導体と関連産業の集積があり、そこにはモトローラの戦略拠点となっている東北セミコンダクタが立地している。さらに仙台市では、2001年12月から高齢者福祉サービスと産業支援のための「フィンランド健康福祉センター」プロジェクトが開始され、フィンランドの予防医学や高齢者看護関連企業15社が進出する予定である[34]。

　近年では、外資系企業による大型小売店やコールセンターの設立が増加している。特に、沖縄や北海道では一定の雇用確保を条件に通信費の助成を行って

おり、そのことが増加の一因となっている。

　以上、対日直接投資は地域経済にとって、生産、雇用、税収など定量的に見た経済効果はそれほど大きくないと考えられるが、個別事例を見ると外資系企業は産業集積の中核として機能しており、地域経済の活性化につながっていると思える。

5　おわりに

　日本経済の長期不況と産業空洞化の中、対日直接投資の経済効果と地域活性化に対する期待がますます大きくなってきている。しかし、本論で検討したように、現時点では生産・投資拡大効果、輸出拡大効果、雇用増大効果、経営・技術ノウハウ移転効果ともに限定的な役割しか果たしていないと考えられる。また、外資系企業が大都市に集中しており、地域開発効果にも限界があるといえる。

　また、グローバリゼーションの進展とともに世界的産業再編成との関連で国内の産業再編成が進んでいくならば、対日直接投資によって構造改革が一気に加速化し、地域によっては一層空洞化する可能性があるといえる。その中で、各地方自治体の外資誘致競争が激しくなってきている。したがって、各地域の地方自治体、地元企業には、従来の工業団地などの産業インフラ整備だけでなく、地域特性を活かした独自の産業集積を形成していくことが求められている。

注

(1)　井上隆一郎編『外資誘致の時代』日本貿易振興会、1998年、第Ⅳ章参照。
(2)　日本貿易振興会『対日投資ハンドブック（第5版）』2000年、参照。
(3)　経済産業省経済産業政策局統計調査部『第35回　外資系企業動向調査概要』2002年、および東洋経済新報社『外資系企業総覧2002』参照。
(4)　財務省『対外及び対内直接投資状況』2002年、および日本貿易振興会『ジェトロ投資白書』2002年、より計算。
(5)　高橋良子、大山剛「近年の対内直接投資増加の背景」『日本銀行調査月報』2000年8月、217～218ページ。
(6)　対日投資会議は「既存の経営資源を有効に活用できるM&Aは、諸外国においては直接投資の一般的形態として広く見られ、我が国においても新たな経営資源の移転や、新技

術・システムの導入等を通じ、経済の活性化、雇用機会の創出、経済社会の国際化に資するものである」と述べ、対日M&Aを歓迎し、その活性化のための努力を惜しまないことを宣言している。経済企画庁調整局編『明日を創る対日投資』1999年、8～13ページ。
(7) 日本貿易振興会『2002年版　ジェトロ投資白書』65～67ページ。
(8) 日本貿易振興会『ジェトロ投資白書』1999年～2002年、より抜粋。
(9) 外資系企業の一般的定義は二つあり、東洋経済新報社の『外資系企業総覧』では、「資本金5000万以上でかつ外資の比率が49％以上の企業」と定義し、20％以上の場合をそれに準じるとしている。次に経済産業省の「外資系企業動向調査」では、「外国投資家が株式又は持分の3分の1超を所有している企業」を外資系企業と定義している。但し、金融・保険、不動産業を含まず、回収率も5割程度であるなど制約があるため、全法人企業との比較および国際比較の際には、数値が過少に現れることに注意が必要である。
(10) 東洋経済新報社『外資系企業総覧2002』137ページ。
(11) 日本貿易振興会『2002年版ジェトロ貿易・投資白書（10のポイント）』1～2ページ。
(12) 日本貿易振興会『対日直接投資に関する外資系企業の意識調査』1998年。
(13) 日本貿易振興会『対日直接投資に関する外資系企業の意識調査』2000年、1ページ。
(14) Krugmanはアジア経済危機後の東アジアにおけるM&Aに関して、二つの異なった解釈を提示している。一つは、危機前の資産価格は、暗示的な保障によって膨らんでおり、それが危機によって、適正な価格に回復したと捉える見方である。もう一つの解釈は、国際金融市場での「伝染」の結果、極端な為替レートの下落が発生し、国内企業は、短期債務を支払うために、資産を売らざるを得なかったというものである。Paul Krugman "Firesale FDI," Working Paper, MIT, 1998.
(15) 奥村皓一「欧米話題企業の対日合従連衡戦略」『ジェトロセンサー』2002年4月、18～19ページ。
(16) 門倉貴史「外資攻勢の背景と対日直接投資の拡大が日本経済に及ぼす影響」『JCR REVIEW』vol.25、1999年10月、6ページ。
(17) 日本貿易振興会『対日直接投資に関する外資系企業の意識調査』2000年、2ページ。
(18) 経済産業省『平成13年版　通商白書』第4-1-16図。
(19) 高橋良子、大山剛「近年の対内直接投資増加の背景」『日本銀行調査月報』2000年8月、206ページ。
(20) World Bank, Managing Capital Flows in East Asia, The World Bank, 1996. Box1.3。
(21) 経済企画庁調整局編『明日を創る対日投資』1999年、6～7ページ。
(22) 日本貿易振興会『2002年版ジェトロ貿易・投資白書（10のポイント）』9ページ。
(23) 厚生労働省『平成14年版労働経済白書』2002年。
(24) 日本貿易振興会『対日直接投資に関する外資系企業の意識調査』2000年、参照。
(25) 日本貿易振興会『対日直接投資に関する外資系企業の意識調査』2001年、参照。
(26) 外資系企業の定義は日本が外資比率33.4％以上（金融・保険を除く）、米国が10％以上（銀行を除く）、ドイツが50％以上（総資産100万マルク以上）および10％以上（1000万マルク以上）である。対日投資会議『対日投資会議専門部会報告　対日投資促進のための7つの提言』1999年、および日本貿易振興会『2002年版　ジェトロ投資白書』77ページ。
(27) 通商産業省『第33回　外資系企業動向調査概要』2000年、参照。
(28) 通商産業省『第32回　外資系企業動向調査概要』1999年、参照。
(29) 日本貿易振興会『対日直接投資に関する外資系企業の意識調査』2000年、参照。
(30) 日本貿易振興会『2000年版　ジェトロ投資白書』74～75ページ。

(31) 経済企画庁調整局対日投資対策室編『対日投資よびこむ地域開発』1997年、経済企画庁調整局編『機運高まる自治体の外資誘致』1999年、経済企画庁調整局編『外資誘致が地域経済に与えるインパクト』1999年、などを参照。
(32) 経済企画庁調整局編『外資誘致が地域経済に与えるインパクト』1999年、22～40ページ。
(33) 同上書、63～74ページ。
(34) 井上隆一郎「対日投資を呼び込む地域の産業集積づくり」『ジェトロセンサー』2002年4月、24ページ、および増田耕太郎「最近の外資系企業の進出と地方における外資系企業誘致」『ジェトロセンサー』2002年4月、32～34ページ。

参考文献（注に掲載した文献を除く）

・河添恵子『日本市場に続々参入するアジア企業 in JAPAN』PHP研究所、1997年。
・経済企画庁調整局産業経済課編『海外からの投資拡大を目指して』1995年。
・経済企画庁調整局対日投資対策室編『対日M&Aの活性化をめざして』1996年。
・経済調査協会編『外国資本の対日投資』各年版。
・国際貿易投資研究所『自治体の外資系企業誘致ガイドブック－対日投資促進のために』1993年。
・佐野孝治「グローバリゼーションと韓国への外国人直接投資」『韓国経済研究』2002年3月。
・佐野孝治「対日直接投資の動向とその経済的影響」『Fukushima University Discussion Paper』No.24、2002年10月。
・ジェームス・アベグレン「対日直接投資の新時代？」浦田秀次郎、木下俊彦編著『21世紀のアジア経済 危機から復活へ』東洋経済新報社、1999年。
・篠崎彰彦、遠藤業鏡「対日直接投資と外資系企業の分析」『調査』1997年3月。
・篠崎彰彦、乾友彦、野坂博南『日本経済のグローバル化』東洋経済新報社、1998年。
・通商産業省『外国企業とわが国経済』1995年。
・中村吉明、深尾京司、渋谷稔『対日直接投資はなぜ少ないか－系列、規制が原因か』通商産業研究所、1996年。
・日本貿易振興会「特集 対日投資 今こそ積極的な外資誘致活動を」『ジェトロセンサー』1999年2月。
・日本貿易振興会「特集 急増する対日直接投資 外資参入で加速する業界再編」『ジェトロセンサー』2000年2月。
・日本貿易振興会「第10回 アジア主要都市・地域の投資関連コスト比較」『ジェトロセンサー』2001年4月。
・日本貿易振興会「特集 M&Aで膨らむ対日直接投資」『ジェトロセンサー』2002年4月。
・日本貿易振興会『対日アクセス実態調査報告書－対内直接投資』2000年。
・日本貿易振興会『ほぼ倍増した対日投資』2000年。
・益田安良「外資参入の経済活性化効果に対する過剰期待」『富士総研論集』2000年10月。

第10章 知識基盤型経済社会と知の連鎖による中心市街地再生
——宮崎市中心市街地を事例に——

根岸裕孝

　わが国の地方都市において中心市街地の空洞化問題が深刻化している。モータリゼーションを背景とした居住、事業所、公共施設の移転、近年の規制緩和による郊外型大型ショッピングセンターの進出により人口30万人の県庁所在地の中心市街地も空洞化の危機に直面している。宮崎市においてもイオンモール株式会社が市街化調整区域内に西日本最大級の大型ショッピングセンター（SC）の進出を表明しており、中心市街地空洞化が一層進むのではないかと影響が懸念されている。

　本論では、中心市街地空洞化が進むなかで中心市街地の維持・再生の意義について知識基盤型経済社会という視点から整理するとともに、「知の連鎖」による中心市街地の再生の事例について触れてみたい。

1　知識基盤型経済社会とまちづくり

　わが国は、産業経済の成熟化とグローバル化の進展に伴い大量生産・消費を可能とする改良技術を中心とした生産効率（コスト削減）による競争力確保から、「知識」を価値の源泉とした創造的希少価値（レント）の創出による競争力確保による生き残りが求められている。

　高度工業社会が有形（ハード）資産を価値の源泉とするのに対し、知識基盤型経済社会は無形（知識）資産が価値の源泉の社会であり、その知識自体は「人」が保有することから人的資本が重視される。この「人」のもつ「知識」こそが企業の新しいビジネスチャンスや起業による夢の実現をもたらし、「知識」と「知識」の相互の「触発」が新たな「知識」を創り出すことから、「触

発」のための「場」と「しかけ」づくりが重要である。

　経営学では「知識経営」が近年盛んに議論されている。知識を用いた経営革新こそが企業の生き残り戦略であり、①照明会社が建築・演劇人とのネットワークにより専門的な問題解決を図るノウハウを保有し競争優位に立つなどの「知識を用いての競争力の強化」、②現業を従来のままで知識・サービス（問題解決）と融合させ、製品の提供形態を変化させるなどの「知識を核とした事業を再構築」、③専門知識による問題解決を図るコンサルティングなどの「知識が商品そのもの」などがその事例として挙げられる[1]。

　大量生産・消費の経済社会からマーケットニーズにあった商品・サービスの提供を図れるかはまさに「知識」であり、知識経営を目指す3要素としては「人」、「場」、「しかけ」づくりがポイントとなる。

　また、組織論的には従来の高度工業化社会における上位下達型の管理型ピラミッド組織に対し、知識基盤型経済では「知識」をもつ個人やグループによる組織の障壁を越えた多様なネットワーク型組織が優位をもつこととなる。

　近年、M・ポーターがグローバル化に伴う競争優位の高い企業の「地理的集中」という現象に着目した「クラスター論」を展開し、わが国の地域経済産業政策に影響を与えている[2]。ポーターは、国の競争優位は個別産業の生産性であり絶えざるイノベーションに基づくものであるとした上で、そのメカニズムとして、①要素条件、②需要条件、③関連・支援産業、④企業の戦略・構造・競合関係の四つからなる独自のダイヤモンド論を展開した。その③の関連・支援産業の「地理的集中」形態が「産業クラスター」である。「クラスター」とはもともと「ぶどうの房」の意味であるが、地理的に関連する産業・大学などが共通性・補完性によって結ばれている集団である。この「クラスター」による「人間同士の付き合い、直接に顔を合わせたコミュニケーション」、「個人や団体のネットワークを通じた相互利用」が「クラスターを構成する企業や産業の生産性を向上させ」、「イノベーションを進める能力を強化し」、「新規事業の形成を刺激する」としている。

　M・ポーターの「産業クラスター」論も、この知識基盤型経済における「人」「場」「しかけ」づくりが基盤となって生産性の向上とイノベーションと新規事業の創出をもたらすものであるといえよう。

かかる経済社会のもとの地域経済産業政策は、「人」つまり創造性豊かな教育の充実や個人のチャレンジ精神、多様な触発を可能とする「場」と魅力を兼ね備えた「都市」の重要性、市民や NPO など多様な形での社会への参画を可能とする「しくみ」が重要である。そして、「人」および「しくみ」の土台ともなる「容器」、そして「場」としての「都市」は、知識基盤型経済社会における創造性をもつ風土の形成に大きな役割を持つといえる。すなわち、都市における芸術・文化の取り組み、他の都市との違いを認識し誇りをもつ「地域の固有価値」の創出（＝優れた街並みの形成）、知識基盤型経済社会の主役たる起業家・NPO を輩出する風土と支援体制の構築である[3]。こうした知識基盤型経済を支えるしっかりとした土台（＝プラットフォーム）のもと、「産業」、「文化」、「芸術」、「まちづくり」が融合した新産業創出が可能となるとともに、他地域を含めた感性の高い市民（消費者）の共感を得ながら多様なマーケットの開発が可能となる。そして、これから拡大するマーケットこそが、生活関連や感性といったニーズによって創出され、既存の産業集積（クラスター）との融合により地域産業への波及が具現化される。それは、経済のグローバル化のもと産業の活性化とまちづくりが一体となって創出されるものである。

そして「知識基盤型経済社会」における地域産業政策として「都市型産業の振興」および「知の連鎖を通じた中心市街地の活性化」の検討が必要と思われる。「都市型産業」は、多様な消費者・事業者の集積がある中心市街地の場を活用した産業振興であり、製販一体型の商業・製造業やいわゆる感性型産業（印刷・デザイン・ファッション）、ソフトウェア、福祉・環境ビジネスなどの多様かつ高度なニーズに対応した製造業・サービス業の集積を目指すものである[4]。

また、「知の連鎖を通じた中心市街地の活性化」は、郊外の大学のブランチオフィスを中心市街地付近に立地させ、大学のもつ知的資源（教職員・学生）多様な市民活動や文化・芸術活動との融合を図りながらまちづくりを進めるものである。

これら二つは、これまで省庁別ないし県・市町村の部署別の縦割りの組織では有効に政策が展開できない。まさに、知識基盤型経済社会のもとでの部署を越えた行政の政策現場と事業者、市民、NPO、大学などのネットワークによ

る「協働」作業でもあり、具体的には都市政策・産業政策・文教政策等の地域レベルでの融合による新しい「都市」政策の形成であり、これを踏まえた既存産業集積との連携による「クラスター」の形成が宮崎の競争優位の確立につながる。この地域レベルでの実践的な取り組みが、最先端のまちづくりにつながるものと思われる。

2 宮崎における中心市街地再生にむけた協働・連携の取り組み

　知識基盤型経済社会における「場」としての「都市」の役割を述べたが、宮崎市では、これまで人口の増大に伴いモータリゼーションの進行のもと居住地や文教機能の郊外化が進展し中心市街地は衰退してきた。知識基盤型経済社会におけるまちづくりは、まさに「顔」すなわち他地域との違いをもつ「都市」づくりであり、多様な触発を可能とするコンパクトな「場」づくりと「しかけ」づくりが重要である。

　宮崎市の場合、学校週休2日制に対応してNPOと商店街、商工会議所、行政が協働した「街角プレイパーク」事業を展開するなど、多様な主体の協働・連携による中心市街地再生にむけた取り組みが行われている。

(1) NPO法人みやざき子ども文化センター

　NPO法人みやざき子ども文化センターは、子どもたちの文化・技術への参加、社会参画への機会の拡大、子どもの健やかな成長に寄与することを目的に2000年9月に設立し、宮崎市中心市街地である橘通り2丁目バス停前の空店舗に事務所を開設している。その事業内容は、①子どもの自主的な活動と社会参画への支援事業、②舞台芸術、表現活動に関する普及事業、③子どもの権利条約の実現に関する推進事業、④子どもと文化に関する研究、人材育成、講演会などの企画運営事業、⑤子育てに関する支援事業、⑥子どもの文化の発信と、子どもの文化に関する市民とのネットワークづくり、⑦その他、この法人の目的達成のために必要な事業としている。

同センターは、1976年に設立された「みやざきおやこ劇場」から出発し、子ども達の健全な発達を保障する環境づくりを目指して、芸術文化との出会いや様々な生活体験が不可欠であるとの認識のもと、地域に根ざした自主的な活動やネットワークづくりの取り組みが土台となっている。

具体的な事業では、子どもたちの自主運営である「キッズカフェ」の支援、中心市街地の探検とパネルの作成、子どもの料理教室、子どもの権利条約学習会、絵本の読み聞かせ、子どもたちからの相談を受ける「チャイルドライン」、子どもと保護者のケアを行う「親と子のドロップイン」、子育て情報誌「街角エクスプレス」の発行等を実施している。

「親と子のドロップイン」は、中心市街地にある事務所に買い物ついでに親と子が気軽に立ち寄り一緒にくつろぎ、スタッフが親に代わって子どもの相手をしたり紅茶や菓子で親をもてなし、育児の相談なども実施する。同センターには絵本200冊が用意され貸し出しも実施している。これらの運営にあたるスタッフは、子育てを終えた30〜40歳代の主婦が中心のアシスタントマザー（いわゆる世話焼きおばさん）であり、育児に悩む若い主婦層の相談相手となっている。

(2) **街角プレイパーク**

プレイパークとは「冒険遊び場」とも呼ばれ、デンマークをはじめ、ヨーロッパを中心に1940年代以降に広がった新しい遊び場である。もともと子どもの遊びは、遊びを通じて工夫や創造性、仲間との協力などを身に着ける多様な「経験」の場である。プレイパークは、「自分の責任で子どもたちが自由に遊ぶ」をモットーに子どもたちがもつ「何かをやってみたい」という欲求や興味を一つでも実現できるよう、従来の公園などの禁止事項をつくることなく恵まれた自然をフルに活用した遊び場である。自由な遊びを保障するため遊び場の運営を地域住民が担うとともに、子どもたちが本気で遊べるための環境づくりを担うプレイリーダーが常に配置されることが必要となっている。

わが国では、1970年代の後半から東京都世田谷区において取り組みが始まり、同区羽根木プレイパークをはじめとした活発な取り組みが行われている。

宮崎では、「まち」つまり商店街やオフィスビルなどの集積する中心市街地

図1 街角プレイパークのイメージ

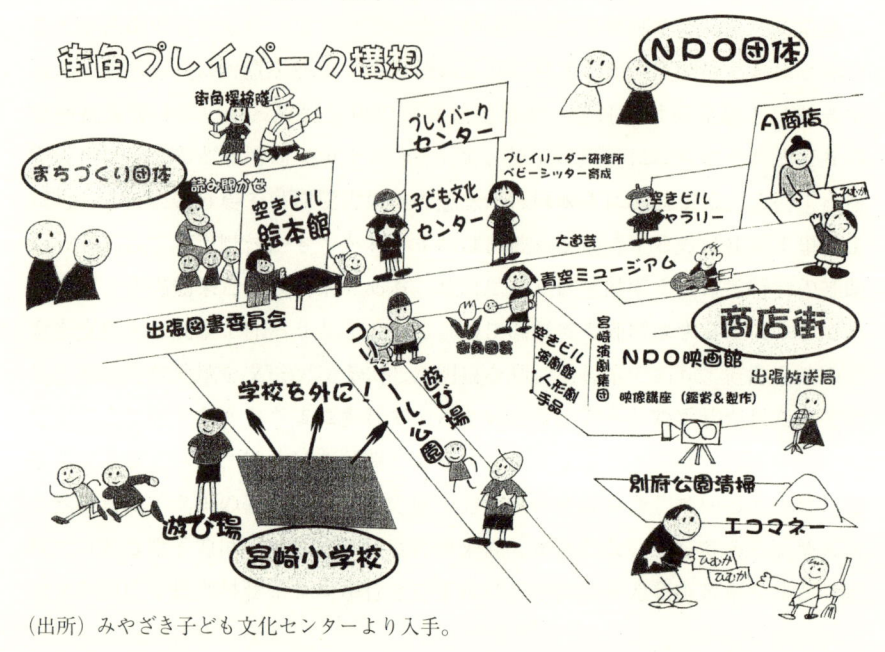

（出所）みやざき子ども文化センターより入手。

を「遊び場」としたことが今回の最大の特徴である（図1参照）。その試行的取り組みを「Do　真ん中フェスタ　橘通りまちんなか冒険隊」として2002年2月23～24日に開催し、商店街とNPOがまちづくりの一環として子どもの問題について協働して取り組んだ全国的にも画期的な事例となった。開催にあたっては、中心市街地の商店街、NPO（宮崎文化本舗、みやざき子ども文化センター）等をメンバーとした実行委員会が設立され、後援として宮崎市、宮崎市教育委員会、宮崎商工会議所が関わった。

23日には、子どもたちによるオープンカフェである「キッズ・カフェ」、子どもたちによるダンスパフォーマンス、24日には、「橘通り宝さがし探検隊」、「まちかどパントマイム」、宮崎小学校による「宮小獅子」、子どもたちによる新聞づくりの「こちら子ども報道部！」などが行われた。

そして2003年度からは、TMO事業として本格的スタートし、中心市街地で多様な事業が開催されている。

3　宮崎市における中心市街地の再生と「知」の連鎖

　宮崎市には中心市街地内に他にも芸術・文化活動を担う諸団体が中心市街地のメインストリートを中心に立地している。プレイパーク事業も、NPOを軸に多様な主体の協働により実現されている。

　経済産業省の外郭団体である（財）日本立地センターは、2001年度に国土交通省委託により知的資源を活用した地域活性化について宮崎のまちづくりを事例とした検討を行っている。その結果として「知の連鎖」による地域活性化モデル、つまり①まちなかにある「知」の担い手がそれぞれ「知」の深化を図り、②様々な「知の活動」を誘発し、③「知の連鎖」のしくみと場をしつらえ、④他地域との「知」の連携による「知の飛躍」を提示している。

　特に「知の連鎖」が市民の目に具体的に映り（イメージとして確認され）、知の担い手と市民が時間、空間、知識を共有し、協働できる「まちの場としくみ」の必要性を提示している。

　宮崎市中心市街地には、**図2**のように、宮崎市役所脇のNPO活動のスペース等のサービスを供給する宮崎市民プラザ、生鮮品を扱う青空ショッピングセンター、地域の地場産品を扱うふるさと物産館、地域の芸術・文化活動を支援・コーディネイトするNPO宮崎文化本舗、TMO事業に基づくチャレンジショップ、中心市街地の情報プラザである「よってんプラザ」などがあり、これらの「知」の拠点のネットワークづくり（つまり知の連鎖）が、「点」から「面」への広がりによる継続性と商店主の参加、橘通りの「通りの記憶の回復」とまちなかへの「創造空間の埋め込み」による文化的雰囲気と快適性、安全性をもたらし、「まち」の魅力の向上へとつなげるとしている。

　さらに、綾町における地域づくりとの知的活動の重層化と面的展開が「知の飛躍」をもたらし、さらなる地域活性化へと展開することを期待している。

　こうした市民を主体とした「知」の連鎖による中心市街地の再生については、全国的にも取り組みがまだ始まったばかりであり、宮崎における街角プレイパークをはじめとした「知の連鎖」が新たな地域活性化の動きとして注目されよう。

412　第2部　地域経済・産業の経済学

図2　「知の連鎖」による宮崎市中心市街地活性化のイメージ
知の連鎖（市民活動と街づくり）

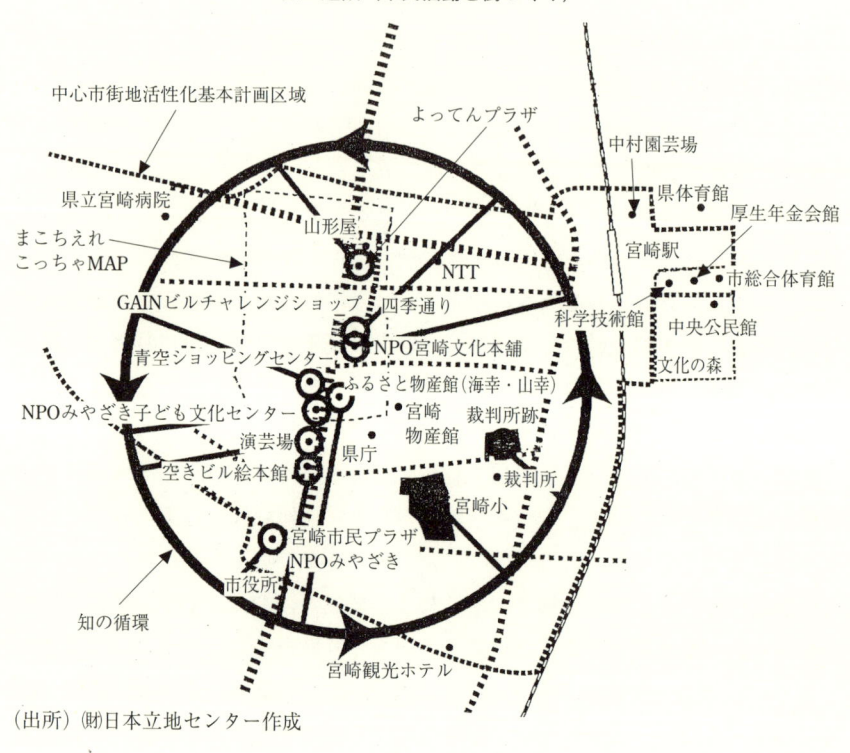

(出所)　㈶日本立地センター作成

注
(1)　知識経営、ナレッジマネジメントについては以下にコンパクトにまとめられており理解しやすい。野中郁次郎、紺野登『知識経営のすすめ－ナレッジマネジメントとその時代』筑摩書房、1999年。
(2)　マイケル・E・ポーター著、竹内弘高訳『競争戦略論Ⅱ』東洋経済新報社、1999年。
(3)　まちづくりと文化政策については、池上惇他編『文化政策入門』丸善、1999年、等が参考になる。
(4)　都市型産業は以下が詳しい。通商産業省立地政策課編『よみがえれ街の顔－中心市街地の活性化』通商産業調査会、1998年。

付記
　本論作成にあたっては、筆者の勤務先であった（財）日本立地センターのプロジェクトチームメンバーとのフリーディスカッションが大変参考になった。ここに記して感謝したい。

II

現代の地域産業

第11章 地域における新産業の創出
―― 「思い」の結集が日本を変える ――

関　満博

1　第2次産業空洞化と新産業育成

　わが国における産業構造調整、新産業創造が叫ばれてから、すでに十数年が経過しているが、事態は一向に進んでいるようには見えない。むしろ、1985年のプラザ合意以降の円高基調の中で、日本の製造業のアジア・中国移管が活発化し、1996年の頃までは「産業空洞化」が進んでいった[1]。その後、1997年のアジア経済危機以降はやや落ち着きを見せていたのだが、2001年に入ってから再び海外移管、特に中国移管が開始されている。

　この2001年以降の現象は「第2次産業空洞化」というべきであり、第1次空洞化に比べて二つの大きな特色が観察される。

　第1は、アジア移管というよりも、中国への一極集中というべき現象が指摘される。日本国内から中国へという動きに加え、ASEANに進出していた企業の中国への再移転も注目される。特に、欧米系企業にそうした動きが顕著に認められる。

　第2に、かつては「安くて豊富な労働力」を求め、輸出生産拠点としてのアジア・中国への注目というものであったが、現在は「中国国内市場」、さらに「安くて品質の良い中国」が注目されている点が指摘される。

　以上のように、21世紀に入ってからの日本産業の第2次産業空洞化は、対中国との関係、さらに輸入可能な普通の工業製品全般の問題となっている。現状の為替水準であるならば、2001年に話題になった長ネギ、シイタケ、イグサといった農産品ばかりでなく、繊維製品、日用品から家電、音響、さらにバイク、パソコン、コピー機、携帯電話などは数年中に中国製になってしまう懸念が大きい[2]。

このような空洞化の強まりの中で、わが国は新産業の創出を課題とされている。それは緊急の課題であるのだが、なかなか思うような成果を上げていない。こうした中で、本論では、全国の多様な取り組みの中から、最も成果を上げていると見られる岩手県花巻市に注目し、第2次産業空洞化の中での地域産業政策、新産業育成の課題とでもいうべきものを見ていくことにしたい。

2 「北上モデル＝誘致型」と「花巻モデル＝内発型」

(1) 岩手県北上、花巻の技術集積

　2001年の夏、NHK盛岡放送局から、30分ほどのTV番組を制作するための協力依頼を受けた。この1年間の間に、岩手県から誘致企業が12社ほど撤退するというのである。岩手県といえばかつては工業後進県であり、この数十年の必死の企業誘致により北東北随一の工業集積を形成したことで知られる[3]。その虎の子の誘致企業が撤退し、大半は中国に生産移管する。NHKからの最初の電話は、この現象を「どう見るか」というのであった。
「どこがいなくなるのか」という私の問いに、アイワ（矢巾町、オーディオ）、ティアック（二戸市、FDD、CD-ROM）、ヤマハケミカル（大船渡市）などであるとのことであった。私は、「それは地元に問題がある」、「同じ岩手県の北上市や花巻市はどうか」と返した。北上市はこの1年間に逆に12工場の誘致に成功している。また、花巻市のリコー光学はかつてはカメラ生産工場であったのだが、カメラは中国華南に生産移管され、1000人ほどの従業員が50人ほどまで減少した。これで終わりかと思われていたのだが、その後、特殊レンズ関係の工場となり、従業員規模は再び増加し、現在200～300人規模に回復している。
　要は、北上と花巻はこの数十年の間の必死の努力により、見てくれの良い大企業の工場だけでなく、意欲的に基盤技術系中小企業を集積させてきた。例えば、どこの自治体でも嫌うメッキなども、ハイテクに不可欠との認識の下で果敢に誘致を進めてきた。現在では、北上～花巻には優秀なメッキ工場が4社ほ

ど立地し、北東北のセンター的な機能を担っている。中国に生産移管する大企業の工場も、国内に幾つかのマザー工場を残すことは必至であり、北上～花巻の工場は、仮に現在の製品を中国に移管させても、次の世代の製品の国内のテスト工場として残っていくことが期待される。地元の数十年に及ぶ努力によって形成された技術集積がそれを支えているのである。

他方、撤退を余儀なくされる工場とは、孤立分散的に「安くて豊富な労働力」を求めてきたにすぎず、中国との低コスト競争により、そこに存在する意味がなくなってきた。コスト差が明らかになれば、自然に退出していくことになろう。こうしたことは、昨今、全国の地域で広く観察される。この数十年、大企業の工場を誘致し、雇用も拡大したのだが、その後、見るべき対応を取っていなかった地域は悲惨なことになっていく。北上、花巻などの成功を見るならば、それは、まさに地元の責任といわねばならない。

(2) **産業振興に懸ける熱い「思い」**

以上のように、産業空洞化といっても、地域によって相当の温度差がある。地域の経済の自立は戦略的な産業振興策を練り上げ、果敢に実行していくかどうかにかかっているのである。

北上の場合はまったく工業基盤のない所に、果敢に企業誘致を進め、30年をかけ単独の市町村では空前絶後の160工場の誘致に成功した。しかも、当初は大企業の誘致を目指していたのだが、その後、地域の技術集積の厚みをつけるために、メッキ、金型、精密鈑金等の基盤技術に注目、京浜地区の中小企業にターゲットを移すなど、誘致の中身を変えていった。そして、北東北最大の技術集積といわれるまでになっていったのである。

他方、隣接していた花巻は、かつては温泉観光都市として栄えていたが、1980年代以降、北上の後塵を拝し、その悔しい思いを背景に1990年頃から反発のエネルギーを蓄えていく。「北上の誘致」に対して「花巻は内発型」で行くと宣言、Uターンしていた技術者などを口説き落とし、独立創業を一つのターゲットにしていった[4]。

そして、この二つの隣接する都市は、内では過激なライバル意識を剥き出しにし、他方、外に対しては「北上川流域」のイメージで結集、北東北随一、さ

らに全国でも最も勢いのある新興の工業集積地として知られていった。国内に幾つかの拠点を残すのみと考える企業にとって、その「勢い」は極めて魅力的に見えることは疑いない。他の地域の工場を閉めても、このエリアの工場は最後に残されていくのではないかと思う。

　この対照的な取り組みを見せている両者に共通する点は何か。それは「勢い」だが、その根底には地域の人々の産業振興に懸ける熱い「思い」があり、地域ぐるみで取り組んでいる「姿勢」があるということであろう。北上、花巻に訪れる方々は、いずれも「不思議な元気」のスプレーを浴び、深く感動する。それだけ魅力的な人々が多いということかも知れない。

3　花巻市起業化支援センターとINS

(1)　支援センターの概要

　以上の北上、花巻の中でも、「新産業の創出」という点からすると、昨今は花巻の注目度が高い。花巻は現在、全国の各地域の中でも最も「独立創業のし易い」地域といわれている。実際、花巻の産業振興拠点である「花巻市起業化支援センター」というインキュベーション施設（起業化支援施設）には、これまで28社が入居してきたが、そのうち4社は福岡県、三重県、愛知県、青森県の人々であった。福岡県の若者は、花巻の支援センターの事を知り、軽自動車のボックスカーで1人でやって来たのであった。このような人々に対して、支援センターは徹底支援を掲げ、技術支援、経営支援、さらに営業支援まで行い、入居する人々の期待に応えている。

　この花巻市起業化支援センターは1996年にオープンしたものである。花巻市はそれ以前に1～2年、市内の倉庫を借りてインキュベーション施設の実験を行い、一定の感触を得てから郊外に現在の支援センターを建設した。施設は、センター施設（開放試験研究室、50㎡の貸研究室8室）と貸工場（17棟）から構成されているが、貸工場は年々増設され、2002年6月現在では、Aタイプ（約30坪）が3棟、Bタイプ（約50坪）が7棟、Cタイプ（約100坪）が3棟、

さらに2002年3月末に完成したDタイプ（約150坪）4棟から構成されている。当初の貸工場はAタイプ、Bタイプだけであったが、全体の盛り上がりの中で、次第に大型の貸工場の設置に踏み出しているのである。

以上のような施設構成や利用条件などを見る限り、特別変わった点はない。全国の至る所にこのような支援施設、インキュベーション施設が設置されている。施設はどこでも造ることができる。もっと立派なインキュベーション施設は全国にある。だが、この花巻の支援センターは何かが違うのである[5]。遠く福岡県で独立創業を夢見ていた青年が軽自動車で駆けつけるほどのものがある。その「何か」が、最も重要ということであろう。実際、神奈川県のあるインキュベーション施設に入居している企業も、「支援の中身がはるかに濃い」として花巻への移転を考えているのである。

(2) 青森からやって来たエーエムエス

エーエムエス（本社：青森県五所川原市、従業員570人）は、出稼者の多い北津軽の地で、「人の手が埋まればよい」「地元のためになれば、結局、商売にもなる」を基本に1973年に設立された。五所川原市周辺の農村地帯に6ヶ所の工場を展開、東芝、パイオニア関係のDVDの組立に従事している。経営者の激しい反発のエネルギーから「組立も国内に一部は残る。一番なら大丈夫、二番はダメ。今は一番」、「パイオニアの下請のコンクールでは常に一番」とされる優良な中小企業である。

だが、「この仕事のままでは日本では危ない」との認識を早い時期から抱き、「まだやれるうちに、次への展開」として果敢に新規事業に取り組んできた。現在、取り組んでいるのは、「教育用サーバー」、「高細密3次元地形情報システム」、さらに液晶関連の「有機EL」といわれるものである。

これら新規事業は従来の電子機器の組立とはずいぶんと距離があると思うが、エーエムエスの人材は意外に厚い。後継者は東京音楽大学声楽科出身だが、埼玉県の企業で6年ほど営業の経験を積んでからUターンしている。また、幹部も実に幅の広い人材から構成されている。長男長女の時代、地元にUターンしようとする技術者にとって、エーエムエスは五所川原地域の最大の受け皿なのであろう。そして、エーエムエスでは年齢や社歴にこだわらず、実力で昇進さ

せるスタイルをとり、優秀な人材を集めることに成功している。

　また、エーエムエスの場合、新規事業への進出に際し、現在、日本中の課題となっている大学との連携を最大限利用している。残念なことに、青森県の国立大学である弘前大学には工学部（理学部、農学部はある）はなく、エーエムエスは岩手大学工学部、山形大学工学部と接触を重ねている。特に、岩手大学は全国の国立大学の中でも最も産学連携に積極的であり、エーエムエスは盛岡に一つの拠点を置き、岩手大学から指導を受けながら「教育用サーバー」、「高細密3次元地形情報システム」の開発に成功した。

(3)　INS——岩手県の産学官ネットワーク

　特に「高細密三次元地形情報システム」は、測量図や測量点を使い、細かな地形の起伏を3次元CG（コンピュータ・グラフィックス）で精密に再現し、地上や海底の地形の鳥瞰図や景観図をなめらかに表現できる。土木工事の土量計算、大雨時の洪水シミュレーションが可能である。これは、岩手大学との共同で開発した。また、「有機EL」とはバックライトを必要としない次世代の液晶とされ、山形大学教授との共同研究を進めている。

　なお、これらの産学連携を進めていくうちに、岩手県の産学官ネットワークであるINS（岩手ネットワークシステム[6]）と知り合い、その紹介から研究開発拠点を岩手県花巻市の「花巻市起業化支援センター」に置くことになる。INSとは、岩手大学、岩手県庁、地元企業など、岩手県の多様な600人ほどの人々が参加するものであり、全国で最も成果を上げている。実は、私はこのINSの外部評価委員をやっていたのだが、参加者の不思議なエネルギーにいつも驚嘆していた。岩手大学工学部の教授たちは、実に気さくに企業との交流を深めているのである。

　エーエムエスは2001年の5月20日に支援センターに接触、早速、同年7月1日には入居した。新事業を創出しようとする企業は、この位のスピードと判断力が不可欠であろう。エーエムエスによれば、センターの主任研究員である佐藤利雄氏（1956年生まれ）のフットワークの良さに感動し、入居を決めたという。当初は小さな貸研究室への入居であったのだが、2002年には新たに建設される150坪の貸工場（Dタイプ）に移ることになる。岩手大学との共同研究に

加え、山形大学との交流も考慮すると、この花巻の位置的条件は十分に納得できるものでもあろう。

このように、岩手は全県あげて産業振興、新事業創出に熱心であり、大学、県市、地元企業が濃密な関係を形成しながら、産学官の連携に新たな可能性を導き出しているのである。

4 新産業創出に向けた課題

(1) 明るく元気、否定語は使わない、こちらから動く

ここまで見た、福岡の青年が軽自動車で駆けつける、青森の電子機器の下請組立メーカーが新規事業創出のために開発拠点を置くなど、岩手大学、あるいは花巻の起業化支援センターを巡って興味深い動きが観察される。他の全国の理工系大学、インキュベーション施設をのぞいてもこれだけの動きは見られない。制度や施設を整備するだけでは物事は何も動かない。おそらく、そこには「人」と、そして「人と人とのネットワーク」が大きく介在していくことが必要なのであろう。

岩手県がこのように活発になってきた最大のポイントは、全体を指揮する相沢徹氏（1948年生まれ、現、岩手県科学技術課長）の存在にある。地元に深い愛情を注ぐ相沢氏は中小企業診断士の資格をもち、県庁生活の大半を脇目をふらず商工畑一筋に歩んできた。長い県内の中小企業との交流を通じて、地元中小企業との交流は深く、また、その真摯な態度は県庁内ばかりでなく、各市町村の若手に重大な影響を与えている。県内の市町村の中から北上を取り出し、一点突破型の成功を導いた影の功労者ともいえる。さらに、北上の成功の後には、次の一点突破は花巻と見定め、地元の若手である佐々木俊幸氏（1957年生まれ、現、花巻市企画課）を引き出し、見事にセンターの設置までもっていったのであった。

さらに、佐々木氏はセンター設置までを自分の仕事と見極め、センターのコーディネーターとして、Uターンで帰っていた民間の技術営業の経験の深い佐

藤利雄氏を説得していったのであった。そして、この佐藤氏がまさにこうした事業の「現場」のはまり役として働いていった。

　佐藤氏のモットーは、「常に明るく、元気に、笑顔で」、「否定語は使わない」、「相手が動かなければ、自分から動く」であり、支援の３ヶ条といっている。その経歴から技術、経営に明るく、特に抜群の営業感覚を備えている。新製品の開発段階から入居企業を営業に連れ回し、また、岩手大学をはじめとする近隣の大学の教授と接触させるなど、支援を徹底的に行っている。

　私も相沢氏、佐々木氏、佐藤氏たちと、支援の問題について語り合うことが多いが、「私たち日本人にはまだ十分な経験がないのだから、全く支援せずに放っておくか、あるいは、徹底的に支援すべきかのいずれかだ」と結論づけている。岩手県および花巻市に関しては、「徹底支援をし、幾つかの成功を導き出すことだ」、「そして、経験を重ねながら、支援の望ましいあり方を探していくべきだ」としている。こうしたことが日常的に語られ、徹底支援を旗印に、岩手県、そして花巻市は、「全国的に最も新規創業のし易い地域」として高い評価を得るものになっているのである。

(2) 「人のネットワーク」と徹底支援

　ここまで見たように、岩手県、そして花巻市をめぐっては、実に興味深い動きがある。新産業創出や新規創業などは、特に中小企業や個人の場合、容易にできるものではない。人と人との「思い」のネットワークにより、ようやくたどり着けるものなのかもしれない。そして、実際に花巻市起業化支援センターに入居している人々と語り合っていると、不思議なエネルギーを感じることが少なくない。何しろ、皆元気で楽しそうに生きている。楽しくなければ新たなエネルギーも沸かず、続かないのかもしれない。そして、その楽しさの周りには温かい視線を向ける多くの人々がいる。その多くの人々のネットワークの根幹にあるものは地域に対する熱い「思い」であり、必死にやろうとしている若者への「愛情」であるように思う。

　本論では、「地域における新産業の創出」という課題を検討してきたが、岩手の経験からいえることは、以下のようなものであろう。

　県庁、市役所などの地方政府の側は全体の環境を作ることに命懸けになり、

最初のうねりを演出していくこと、特に人のネットワークを豊かにすべく、地域資源の全てに目配りし、触媒的な機能を担っていくこと、そして、事態が動き出してからは、民間の能力に任せ、裏方に徹していくことが必要であろう。さらに、現場が揺れ、方向が見えなくなったような時は、要請されれば的確な判断を示していくことなどが求められよう。相沢氏、佐々木氏はまさにそのような雰囲気を醸し出している。

また、現場を指導するコーディネーターは、まさに先の佐藤氏の3ヶ条であり、小まめに状況を把握し、企業に「希望」を与え続けていくことが何よりであろう。コーディネーターが笑顔で積極的に動いていれば安心感は深まり、エネルギーが高まっていくことは間違いない。特に、技術的な課題、営業的な課題に対しては、コーディネーター自身が、常に動き回り、アンテナを張り、ネットワークを豊かにしていくことが求められる。

「地域における新産業の創出」の課題などというと、拠点施設の整備、制度の整備、産学官の連携など型通りのテーマが上げられ、もっともらしい議論が積み重ねられるが、事態は少しも動いていかない。何よりも重要なのは、「地域（社会）に対する思いを深め」、「幅の広い、人と人とのネットワークを形成し」、そして「楽しく、元気がよい」ことが基本なのである。楽しくなければ、やる意味もないのかもしれない。そして、当面、「地域における新産業創出」などの経験のない私たちは「徹底支援」を重ねていくことが求められているのである。

下平尾先生に「地域振興には『若者』『よそ者』『バカ者』が不可欠」という名言がある。岩手県はかつての貧しさを背景に、地域に深い愛情を寄せる「若者」たちを大量に生み出し、「思い」を結集してきた。そして、この地域の「思い」の結集が、日本を変えていく原動力になっていくことが期待されているのである。

注
(1) 第1次産業空洞化の頃の問題の構図については、関満博『空洞化を超えて』日本経済新聞社、1997年、を参照されたい。また、日本企業の海外進出の具体的なケースは、同『上海の産業発展と日本企業』新評論、1997年；同『アジア新時代の日本企業』中公新書、1999年；同『日本企業／中国進出の新時代』新評論、2000年；同『世界の工場／中国華南

と日本企業』新評論、2002年、を参照されたい。
(2) 昨今の日本と中国の産業、企業をめぐる問題指摘は、関満博「敗因は中国企業の過小評価」『エコノミスト』第3523号、2001年9月11日；同「元気な中小企業の条件はアジアの『熱気』、地域との『共生』」『エコノミスト』第3535号、2001年11月27日；同「経済教室：中国と競う⑥中小企業こそ進出を」『日本経済新聞』2001年12月24日、を参照されたい。
(3) この間の事情については、関満博、加藤秀雄編『テクノポリスと地域産業振興』新評論、1994年；関満博、前掲『空洞化を超えて』；同『新「モノづくり」企業が日本を変える』講談社、1999年、を参照されたい。
(4) この間の事情は、菊地甚成「地方都市の産業振興――花巻機械金属工業団地と花巻市起業化支援センター」関満博、山田伸顯編『地域振興と産業支援施設』新評論、1997年；関満博『地域産業の未来』有斐閣、2001年、を参照されたい。
(5) 花巻の支援センターの内容は、佐藤利雄「『内発』型モデル（花巻市）の紹介」電源地域振興センター『地域の産業活性化を考える』2001年、がわかりやすい。
(6) 岩手大学、INS等に関しては、宇部眞一「産学連携の模索――岩手大学地域共同研究センター」関満博、三谷陽造編『地域産業支援施設の新時代』新評論、2001年、を参照されたい。

付記

なお、本論は「地域における新産業の創出に向けた課題」と題し、『都市政策』第107号、2002年4月、に掲載したものを一部修正したものである。

第12章 下請製造業の自立化への道

安西幹夫

1 福島県内製造業企業が抱える問題

　本論は、基本的に、企業の競争力、そして企業の成長を問題とするものであるが、その対象としているのは中小企業、それも下請製造業企業である。これら中小企業[1]が競争力をもって収益を上げ、成長していくためにどのような経営を行うのが望ましいのかということを、福島県内の中小企業経営者を対象とするヒアリング調査[2]に基づき、提言するのが本論の目的である。

　まず、福島県の産業構造について、総生産額で見た場合の構成比率は、製造業を中心とした第二次産業が4割弱、サービス業を中心とする第三次産業が6割強、その他が第一次産業といった状況である[3]。経済のソフト化が将来の日本経済にとって望ましい方向であると指摘されて久しく、さらにアメリカではIT革命によるニュー・エコノミーの出現が議論されているが、筆者は経済活動の推進力を生むエンジンは企業であり、中でも重要な分野が製造業であると考えている。つまり、国民経済の繁栄にとって大事なのは、依然として製造業（モノ作り）である。経済学者のP・クルーグマン（Paul Krugman）は、経済にとって大事なことは、生産性、所得配分、失業の三つであると指摘している[4]。例えば、E・フィングルトン（Eamonn Fingleton）が指摘しているように、サービス業を中心とするいわゆるポスト工業化産業は、経済の重大な問題の根本的な解決策にはなりえないのである[5]。

　ところで、福島県の産業構造は、昭和40年代（1960年代後半）の企業誘致中心の産業政策によって構築されたものであると言って過言ではない。その背景については、例えば中沢孝夫『中小企業新時代』（1998年）の中で詳しく記述されているが、1963年に「中小企業基本法」が制定され、その頃には大田区、

川崎市、横浜市に、京浜工業群というのが出来上がった。その高度経済成長期に問題となったのが、労働力不足と公害問題であった。「工場等制限法」が1959年に制定され、美濃部都知事の時代、首都圏での工場進出がきびしく制限された。結果、1960年代後半から、鍛造、鋳造、メッキの技術を業とする工場の増改築が難しくなり、首都圏からの締め出しにより、まずは大企業が地方に出て、これに続いて中小企業が地方へ進出、各地方では企業誘致が盛んに行われることになったのである。

ちなみに、筆者が行ったヒアリングの中でも、電気・電子関連製造業の企業経営者の多くは、1970年代は寝る間もないほど忙しかったと語っている。しかし、1985年のプラザ合意により、世界経済の流れが大きく変わることになる。つまり、日本の輸出が伸びたことから日米間で政策的に円高を誘導し、貿易の不均衡を是正しようという一つの大きな転換であった。その後のバブル経済によってその転換の大きな意味というのが忘れられた感もあったが、プラザ合意が大きな転換点であったことは間違いない。そのようなことから産業の空洞化が始まる。円高でこれまでの原材料に加えて部品や製品までもが輸入され、いわゆる大競争時代が到来するのである。今まで国内で作っていた部品も、海外、特に中国などの東アジアからの部品との価格競争にさらされることになった。

県内企業に関しては、以前より福島経済研究所の報告書などにおいて、労働生産性、付加価値生産性の低さが指摘されている[6]。また、現在県内製造業企業経営者が抱える問題として挙げられた中で最も多かった回答は、「売上高の減少」、「収益率の低下」、そして「受注変動」であった。なぜ付加価値が低いのか、なぜ売上高が減少しているのか、なぜ受注が安定しないのか、それらの一つの大きな理由は下請業への依存度が高いことにあるといえる。企業誘致によって、いわば受身的に県内製造業の核が出来上がり、地元の小規模製造業企業はもっぱら下請を業としてきたのである。今日ではそれらの企業の多くが、中国など海外の部品との価格競争に苦戦を強いられているのが現状である。そこでどうするかが本論の課題である。そのような課題に対し、筆者は、「自立化」が解決の一つの重要な鍵であると考えている。

2 企業の自立化の意味

ここでは「自立化」という概念を用いて議論を進めることにする。そこで、「自立的（independent）」という言葉の意味を明らかにしておきたい。ここでいう「自立的」とは、他の特定組織（企業）への依存度が低いことを意味している。つまり、他の企業から一方的に技術、資金面での支援を受けていたり、自社のビジネスが特定の相手からの受注だけに依存している状況では自立化度は低いということになる。これは、自社が生きるも死ぬも依存する相手次第という状況である。下請企業というのは、大なり小なり、自立化度が低い。かつての高度経済成長期には下請企業が協力会社などと呼ばれ、メーカーを中心とする運命共同体の一員といったとらえ方をされたこともあったが、景気が後退し、前述のように海外との価格競争が厳しくなると一転、こうした状況は下請企業にとって死活問題となる。例えば、日本経済新聞社編『よみがえれ製造業』（日本経済新聞社、1994年）では、バブル経済崩壊以降、メーカーが下請け企業の数を絞り込んでいる事態が報告されている[7]。また、2001年5月に商工組合中央金庫がまとめた調査においても、下請取引は減少しているとの結果が報告されている（『日本経済新聞』2001年5月21日）[8]。まさに、継続的取引関係の上に成り立つ下請業は危機に瀕しているのである。こうした危機を乗り切るには、「競争力のある下請企業」として生き残りを目指すか、ここでいう「自立化」を図るかの二つの方向性があり得る。

かつて福島大学大学院経済学研究科の院生であった富田希一郎は、アンケート調査票を用いて福島県における下請中小企業の現状を分析した。1999年7月、県内企業300社（回答企業数192社）を対象として行われたこの調査によると、全体としては、親企業に対する売上高の総売上高に占める割合で見た場合の親企業への依存度は、親企業依存度90％以上という企業が55.2％で、親企業との下請取引への依存度が高いことを示している。そこで、将来に向けての経営方針であるが、「下請生産を維持強化」したいとする企業が69.3％を占めたのに対して、「下請から脱却して自立化」したい企業は17.7％にとどまっている。「親企業を増やし分散化する」とする企業は全体の65.4％に達してはいるもの

の、これはあくまでもリスク分散に過ぎず、自立化への道ではない。

　ところで、「自立的」に似た言葉として「自律的（autonomic）」という概念がある。自律的というのは、それ自身のうちに独自の価値体系をもって、外部システムとの結びつきを自らの判断でつくりだし、外部からの制御から脱して自分自身の規範にしたがって意思決定し、行動する状況を意味している。すなわち、まず企業は自社の戦略にしたがって外部のいかなる企業と取引関係をもつか、誰を顧客とするか等々、自らの意志で環境システムを構築するのである。企業組織はその環境と相互作用する開放システム（open system）ではあるが、完全にオープンということではなく、当該組織固有の目的、戦略に即して好ましい環境を自ら構築しようとする、いわばフィルター付の開放システムなのである。以上のような意味からすれば、自立化度の低い下請企業であっても自律性を有しているといえる。もちろん、自立的な企業が自律的であることはいうまでもない。だからといって、完全な自立が不可能であるように、完全な自律もありえない。個は全体の中にあって他と何らかの相互依存関係にあり、ここに環境との関連から個を問題にする必要性が生じる。すなわち、「環境への適応」という問題である。人間と同じく、環境システムとの関わり合いをまったくもたないような企業は存在しない。したがって、企業の自立化というのは環境システムとの関係を断ち切ることではない。むしろ、環境システムとの結びつきを積極的に活用することが必要とされる。それが「ネットワーク」の構築に関わるテーマでもある。

　ところで、企業の自立化のためには自社として独自の価値観（理念）、ビジョンといったものをもつことが必要不可欠である。自立的な企業は確たる価値観、ビジョンをもち、そこから他社の追随を許さない戦略を創りだしているのである。例えば、財部誠一が『「メイド・イン・ジャパン」で勝つ経営』（PHP研究所、2002年）で紹介している、(株)タミヤ、(株)竹中製作所、(株)島精機製作所、カイハラ(株)、岡野工業(株)といった企業は自立的であり、それぞれ確たる価値観、ビジョンを持ち、独自の戦略を展開している点で共通している。ちなみに、(株)タミヤの田宮俊作社長は、模型を通じて作る楽しさだけでなく、「実物への想い、ロマンを提供する」ことをビジョンに、徹底的な実物へのこだわりをもった製品づくりを差別化戦略としている。その

ために、例えば戦車のモデルを開発するのに海外の軍事博物館などに田宮社長自ら取材に出かけ、取材ができなければ、RCカー「ポルシェ934ターボ」を開発する時にはそれに近いポルシェ911の実車を購入して、それをネジ1本に至るまで解体したということもあった。ホンダF1カーを模型にした時には、ドライバー座席の下にレイアウトされたユアサのバッテリーまで再現したのでホンダ社内で問題とされたこともあった[9]。ここまでのこだわりは、単なる利益目的の経営判断からは生まれるものではない。だからこそ、他社の追随を許さない競争優位性をもっているのである。

3 中小企業が自立化するために
──技術志向とマーケティング志向

　企業の競争力を考える場合、中小企業は大企業に比べて弱い立場にあるというのが日本では一般的な認識であるといえる。当然、大企業、中小企業双方とも、それぞれ強みと弱みの両面を持ち合わせているのであるが、一般論として、中小企業は資金力、社会的知名度・信頼度（ブランド力）、販売力、人材、情報収集力といった点において大企業よりも制約されている。そこで、中小企業は限られた経営資源を特定の目標に向けて集中することになる。そして、中小企業が自立するためには、その狙いを大企業が手をつけないニッチ（隙間）に向けることになる。つまり、限られた市場に集中差別化していくことが必要となる。

　図1の「自立化へのベクトル」をご覧いただきたい。競争優位を獲得するために差別化を図る際には、核になる強み（コア・コンピタンス）をもたなければならない。それも「そこそこ人並み」では通用しない。他社がやっていない、他社が真似できないような、ずば抜けた強みをどういう方向でもつかが課題となるのである。

　図1では、タテ方向に技術志向、横方向にマーケティング志向を示している。技術力で突出する強みを有する企業を「研究開発型（supporter）」、一方マーケティング力に突出する企業を「デザイン開発型（organizer）」と呼ぶことに

したい。デザインといっても洋服のような製品をデザインするというよりも、ここではビジネスそのものをデザインするという意味で用いている。デザイン開発型の企業は、市場を自分で開拓し、そこに製品・サービスを提供するために幾つかの外部企業を結びつけることになるだろうということで、オーガナイザーとしている。一方、研究開発型はサポーターである。メーカー（多くは大企業）をサポートするということで、買い手であるメーカーへの依存度は相対的に低い。大手のメーカーもその企業の技術を頼りにしていかなくてはやっていけないという意味でのサポーターである。

その対角線上に、「オールラウンド型（superman）」とあるが、中小企業はこの領域を目指さない方がいい。先述のように経営資源に限りがある中小企業がそれを目指そうとすると、どっちとらずになってしまう可能性が高いからである。マーケティング、技術、双方に力があるというのは、大企業が目指すものである。

なお、**図1**の網掛け部分に「危険水域」とあるのは、技術もマーケティングも「そこそこ人並み」という状況である。この水域にある中小企業はいつでも他社に取って代わられる危険性が高い。筆者が行ったヒアリング調査からも、こうした状況にある下請中小企業はかなり多いと推測される。先に、「親企業を増やして受注を分散化する」ということが自立化には結びつかないと述べた理由はここにある。いくら受注を分散させたところで、この危険水域にとどまっている以上、付加価値生産性は上がらないし、企業それ自体の存亡の危機はなくならない。自立化度を高めた企業は、結果として受注先数を増やすことは大いにあり得ることであっても、逆に受注先数を増やすことが必ずしも自立化度を高めることにはならない。

研究開発型で自立化を目指している企業として、例えば東白川郡棚倉町にある（株）コンド電機を挙げることができる。同社は1959年の設立で、主力事業はセラミックコンデンサーの製造である。近藤善一社長は、父親の知人から、「これからは電気・電子の時代だ」という話を聞き、棚倉町にそういう仕事がないからということで始めたそうである。それまで半田ごても持ったことがない人が、電子部品を作ろうということで始めたいわゆる下請企業であった。ところが、そのコンデンサーも、最近は以前のリードタイプと呼ばれるものから

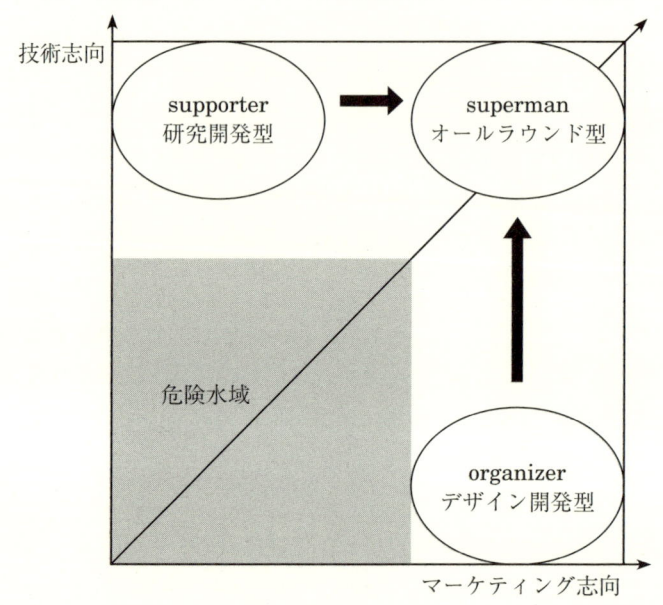

図1　自立化へのベクトル：技術志向とマーケティング志向

技術志向

- supporter 研究開発型
- superman オールラウンド型
- 危険水域
- organizer デザイン開発型

マーケティング志向

　チップタイプのものに変わり、チップタイプの製造は大手に集中し、リードタイプについてはそのほとんどが海外に生産をシフトしてしまっている。セラミックコンデンサーだけでの事業展開は難しい、キャッシュフローを生む金のなる木ではなくなってきつつある。そうした危機感から、同社では2年半ほどかけて新しい技術で製品を開発した。それが「サージアブソーバー」と呼ばれる、家電製品に組み込まれる落雷防止のモジュールである。この製品を開発・製造するのに、同社では、アルミナ（酸化アルミニウム）を主原料とする平たいセラミック基板にタングステンをスパッタリング[10]し、エッチング加工する技術で特許を取得している。なお、同製品においても誘電体としてセラミックに関する技術が生かされており、それが同社のコア・コンピタンスになっていることは言うまでもない。それに加えて、放電に関する技術・知識が必要とされるが、全国でもそれを専門にする研究者は少ないという。同社では、ある大手企業を定年退職した技術者に協力をあおぎ、契約で研究開発に携わってもらい、さらには福島県のハイテクプラザを利用したりもしている。中小企業は人材面

で制約が多いと言われるが、こうしていわば外部の人材を活用することで解決できる。

　最近では、ビデオデッキなどの家電製品にこうした部品を組み入れることがグローバルスタンダードになりつつあるという。ヨーロッパ、アメリカへ家電製品を輸出販売するにはすべてサージアブソーバーの取り付けが義務づけられている。競争相手との差別化が今後の課題ではあるが、取引先を日本メーカーだけでなく海外のメーカーにも広げようとしている。そうなれば、例えばシマノ工業のように、その自転車にシマノのギアが入っているかどうか、つまりシマノのブランド力で製品を売ることのできる、そういう事業にまで発展できる可能性をもっている。

　一方、デザイン開発型であるが、これに該当する県内製造業企業としては婦人ニット製品製造の（株）丸幸ニット（伊達郡梁川町）を挙げることができる[11]。同社の創業者、佐藤勇社長は、1987年、それまで勤めていたメリヤス会社を辞めて、婦人ニット製品製造の事業をスタートさせた。設立当初は、同地域の同業他社がそうであるようにアパレル商社の下請を仕事とし、それも取引相手は大手アパレル企業1社のみであった。しかし、日本女性がニット製品を買わなくなり国内市場の規模は縮小、さらに海外からの廉価な輸出品に押されて国内のニッターはシェアダウンと収益率の低下に見舞われ始めていた。そのような環境変化に危機感を抱いた佐藤社長は、思い切って自社の企画・デザインによるオリジナル製品を提案して複数のアパレル企業と取引しようと考えた。その場合、同社では素材である糸へのこだわりを大切にしている。パリ、ミラノといったファッション情報の発信地からアパレル企業よりも早く多くの情報を入手しつつ、常に流行を考えながら新しい素材の利用を提案していくのである。例えば、最近では竹を素材とする糸を使用したニット製品も登場している。同社が開催する素材展および見本展示会にはアパレルのバイヤーが数多く訪れる。同社ではいわゆる営業活動を行ってはいない。まさに、「企画力があれば得意先は向こうからやってくる」のである。アパレル企業側にはない――素材、製品デザインという形での――情報提供、さらに丸幸ニットの製品は市場で売れるという実績に基づく信頼が同社の強みになっている。

　中国などの輸入製品との価格競争の結果、単価が下がる中、同社では市場価

格で3〜4万円という高価額製品に特化し、それも同じモノは原則100枚しか作らないという多品種少量生産に徹している。また、同企業は企画、開発、試作（見本）までを社内で行い、生産は外注している。この意味から、同企業はオーガナイザーでもある。このように下請から企画提案を中心とする事業への新たなビジネスへの転換を構想し、自立化度を高めつつある同企業は、近年、北米市場をターゲットに自社ブランドを売り込み、さらなる自立化を目指している。

4　結び

　本論の冒頭、筆者は国民経済における製造業の重要性を強調したが、戦後の日本が築きあげてきた世界の生産拠点としての製造業がこのまま成り立ち得るとは思えない。高付加価値を実現するために自立化が有効であると述べたが、今後、日本の製造業は高付加価値を生むようなものでなければ成り立たないとも言えるのだ。簡単には海外のライバルに真似できないと思われている技術も早晩追いつかれる。例えば、アジア圏で精度の高い金型製作が可能なのは日本だけと考えられていたのが、今日では中国製の金型が競争力をもつようになってきている。日本企業が苦労して開発したチタンフレームの眼鏡フレームが、今では中国でも製造されている。日本企業がオペレーションの改善によって品質とコストでの競争優位を維持するのも限界がある。M・E・ポーター（Michael E. Porter）、竹内弘高らが主張しているように、日本企業は、競争の仕方を、ベスト・プラクティスを追及することから、独自の戦略に導かれた独創的な製品、プロセスによる競争優位の獲得へと転換しなければならないのである[12]。

　そのため、これから製造業に携わる者はますます高度な知識と独創力を必要とする。小規模下請製造業企業にとって、きわめて厳しい現実であることは否めない。その場合、他企業とのネットワークによる共創（collaboration）といった手段も有効であろう。その意味で、自立化とネットワークとは相互補完的であるといえる。ネットワークによる共創を成功させるには相対的に複雑な組

織間マネジメントを必要とするが、その場合においても、自立化への道の出発点ともいえる自社としての価値観（理念）、ビジョンが不可欠である。

　低迷を続ける日本経済のもと、中小製造業企業の経営環境はきわめて厳しい状況にある。だがこの場合、日本経済の不況と日本製造業の実力とは一応分けて考えるべきである。日本の製造業はこれまでに蓄積された独自の実力を有しているのであり、それが「競争力のない企業は去るべき」といった金融政策によって将来の芽が摘まれるようなことが起こりうるならば、これほど不幸なことはない。その意味においても、下平尾勲先生には今後とも地域金融の研究・指導でのご活躍を期待してやまない。

注

(1) 1999年12月に改正された中小企業基本法によると、中小企業は次のように定義されている。

	資本金	従業員数
製造業その他の業種	3億円以下	300人以下
卸売業	1億円以下	100人以下
小売業	5000万円以下	50人以下
サービス業	5000万円以下	100人以下

(2) このヒアリング調査は、県内製造業企業約20社を対象に、筆者がここ数年間、継続的に行っているもの。その中には、福島県雇用・能力開発機構福島センターが1998年度、1999年度に実施した「ベンチャー企業等雇用管理研究会」での調査も含まれている。

(3) 福島県の産業をはじめとする概要については、例えば、下平尾勲の論文「新世紀・福島の発展段階——地域開発と科学技術の関連を中心として——」福島大学地域研究センター編『グローバリゼーションと地域——21世紀・福島からの発言——』八朔社、2000年、を参照されたい。

(4) ポール・クルーグマン著、山形浩生訳『クルーグマン教授の経済入門』メディアワークス、1998年、25ページ。

(5) エーモン・フィングルトン著、中村仁美訳『製造業が国を救う』早川書房、1999年、を参照されたい。

(6) 福島経済研究所の報告書は次のように指摘している。「本県工業の課題は、労働生産性、付加価値生産性の低さにあると言える。付加価値生産性の分解式で全国との格差をみると、労働生産性では全国の68.1％、付加価値生産性は同73.4％、資本装備率は同78.4％、賃金格差は同79.6％と全般的に全国よりも低いが、特に労働生産性、付加価値生産性の低さが目立っている。(中略)問題なのはもとより規模の大小ではなく、本県の大勢を占めるこれら中小企業の付加価値が必ずしも高くないことにある」。福島経済研究所『図説　福島県の経済と産業』1995年、94ページ。

(7) 例えば、リコーは試作の下請企業数を減らし、内製化することでスピードアップを図り、さらに同社のOA機器部門でも常時取引のある下請を約200社から50～60社へ絞り込む方針であるといったことが紹介されている。日本経済新聞社編『よみがえれ製造業』日本経済新聞社、1994年、38ページ。
(8) この調査は商工中金の取引企業4360社を対象に実施された（回答率は48.4％）。それによると、下請取引が増えたとする企業は全体の11.9％にとどまり、逆に減ったとする企業が21.9％にのぼっている。同時に、この調査では、下請取引が減っているにもかかわらず、「製品の独自開発などは思うように進んでいない」といった現状も明らかにされている。
(9) 田宮俊作『田宮模型の仕事』（文春文庫版）文藝春秋、2000年、202ページ。ちなみに、解体されたポルシェ911は元通りに組み立てられ、本社ビルのショールームに展示されている。
(10) 薄膜形成のための技術の一つである。
(11) ㈱丸幸ニットについては、別の拙稿において本論とは違った視点からとらえて紹介しているので、参照されたい。安西幹夫「ベンチャー企業成功の条件」ふくしま地域づくりの会編『地域産業の挑戦』八朔社、2002年。
(12) マイケル・E・ポーター著、竹内弘高訳『日本の競争戦略』ダイヤモンド社、2000年、162ページ。

参考文献（注に掲載した文献を除く）
・財部誠一『「メイド・イン・ジャパン」で勝つ経営』PHP研究所、2002年。
・富田希一郎「下請中小企業の現状と展望」ふくしま地域づくりの会編『地域産業の挑戦』八朔社、2002年。
・中沢孝夫『中小企業新時代』（岩波新書）岩波書店、1998年。

第13章 地方における大手半導体製造装置メーカーの存立構造
―― 東京エレクトロン九州のネットワーク分業の検討 ――

伊東維年

1 半導体製造装置産業の動向と特徴

　半導体産業は自動車産業などと並び将来の日本の産業を左右する戦略産業であるが、それを支える半導体製造装置産業もまたわが国の重要な基幹産業の一つと言える。日本半導体製造装置協会の『半導体・液晶パネル製造装置販売統計』によると，過去最高の実績を達成した2000年度の日本製半導体製造装置の販売額は1兆8045億円に上り、1990年度の5973億円に比べ3倍以上に拡大している。この2000年代初頭における日本の半導体製造装置メーカーの販売額シェアは世界市場の約3分の1を占めている。

　そもそも海外からの輸入に依存していた半導体製造装置が国産化されるようになったのは1960年代以降である[1]。日本の半導体産業の発展に牽引されながら，半導体製造装置産業は着実に成長を遂げ、1988年には輸出が輸入を上回るようになった。日本の装置メーカーは先行するアメリカのメーカーを追い掛け、世界市場の覇権を巡って熾烈な競争を繰り広げ、1990年代初頭には一時的ではあれ世界市場の5割近くを占め日米逆転を果たした。だが、それをピークに、以後、日本の半導体産業の地位低下と軌を一にするように世界市場でのシェアを後退させていった。特に1996年から1998年にかけてのメモリ不況期からは急速に市場を喪失し、日本の装置メーカーの競争力低下が鮮明になっている。一方、アメリカのメーカーは競争力を回復し、1990年代後半からは世界市場の5割以上を占め、そのシェアを高めており、日米メーカー間には対照的な状況が進行している（図1参照）。日本の半導体製造装置産業の国際競争力低下・地盤沈下の要因としては、メーカーの製品戦略における先見性の欠如、ロジッ

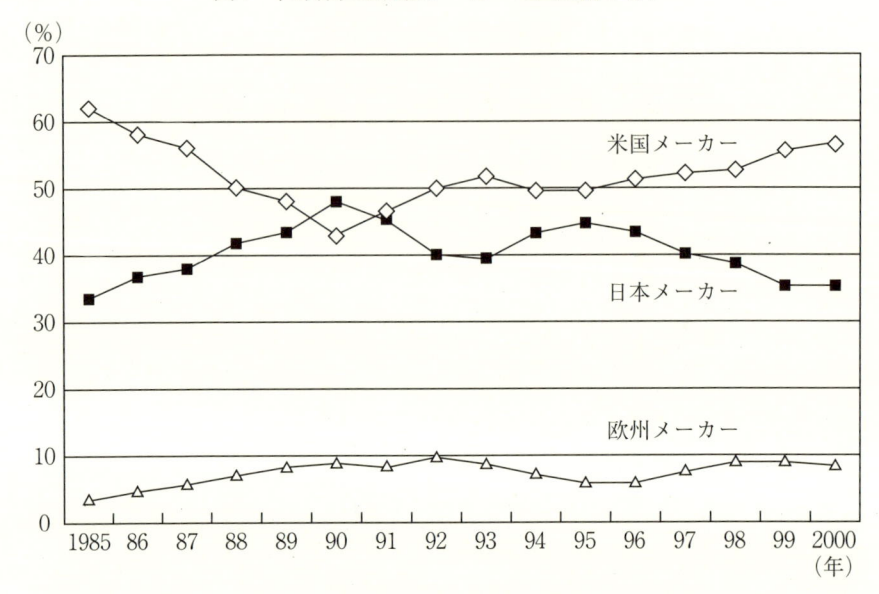

図1 半導体製造装置メーカーの国籍別シェア

（出所）各種資料より野村證券金融研究所作成。『半導体製造装置産業が直面する課題と将来展望の検討　調査研究報告書』日本半導体製造装置協会調査研究検討委員会、2001年、2ページ。

ク・配線工程用製造技術の劣後、国内市場への依存体質による世界展開の遅れ、ソフトウェア開発力の低さなどが指摘されている[2]。

　この半導体製造装置産業について基本的な特徴を示すと[3]、まず第1に製品種類の多様性、技術の複合性・先進性を挙げることができる。半導体は数多くの工程を経て製造されており、製造工程においては数百種類に及ぶ装置が使用される。また、その装置は機能ブロックの組み合せによって構成される一つのシステムであり、各機能ブロックには半導体工学をはじめ光学、応用物理、応用化学、機械工学、材料工学、ソフトウェアなど様々な分野の先進的な技術が統合され、装置全体として総合的な高い技術が必要とされるものである。しかも、各装置には、単体としての技術の高さに留まらず、半導体製造ラインの構成要素として、前後の装置間との整合性が重要なファクターとなっている。

　第2の特徴は、継続的な開発投資の必要性と投資負担の増大である。半導体

デバイスの高集積化・高機能化・低消費電力化・システム化の流れのなかで、半導体製造装置メーカーは絶えず先行的な技術開発に迫られ、継続的な開発投資を欠かすことができない状況にある。その上、半導体は世代交代が早いため、短期間での製造装置の開発が求められる。さらに現在は、半導体製造における複数の連続するプロセスを一つの複合的なプロセスとしてモジュール化するプロセス・インテグレーション（プロセス・モジュール化）の時代に入っている。このため、メーカー単独で基盤技術や要素技術の開発から試作、量産までを行うことがいよいよ難しくなっている。

　第3には、寡占的な市場構造と激しい市場変動といった特徴を指摘することができる。半導体の各製造工程ごとに基盤技術・要素技術が異なる上、開発投資の負担が大きいため、半導体の全工程にわたる装置を開発・製造するようなメーカーは見られず、複数の工程あるいは一部の工程に特化したメーカーが存在し、装置ごとに上位数社による寡占的な市場構造が形成されている。その市場は寡占的とはいえ決して安定しているわけではなく、むしろ「シリコンサイクル」と呼ばれる半導体産業特有の好不況の波を受け、変動が激しく、かつ技術変化に伴う機会を捉えた新規参入の絶えない市場構造でもある。

　日本の半導体製造装置産業については、その発展の経緯や産業としての特徴から半導体産業や関連の研究機関が集中している関東地域が最大の集積地となっているが、国内のIC生産量・生産額のほぼ3割を占めて「シリコンアイランド」と称される九州においても、半導体製造装置産業が成長してきており、この点も特徴の一つに挙げることができる。1967年に三菱電機熊本工場がICの生産を開始して以降、30年以上を経過するなかで、九州では半導体製造装置産業が次第に成長し、表1に示すように、現在では150余りの事業所を抱え、従業者数や生産額では関東、近畿に次ぐ規模に達している。そこには、1992年以降世界の半導体製造装置メーカー売上高ランキング第2位を維持している東京エレクトロンの子会社である東京エレクトロン九州をはじめ、同じく2000年の売上高ランキング第5位で半導体自動検査装置では世界最大の米メーカー、テラダインの日本国内での開発・製造・マーケティング拠点である同社日本事業部熊本事業所、ウェハ平坦化装置（CMP装置）ではアプライド・マテリアルに次ぐ世界市場シェアをもつ荏原製作所の子会社で同装置の製造を行う荏原

表1 半導体製造装置産業の地域別事業所数・従業者数・製造品出荷額等・生産額 (2000年)
(単位：事業所、人、億円、%)

	事業所数		従業者数		製造品出荷額等		生産額	
	実数	構成比	実数	構成比	実数	構成比	実数	構成比
全国	1,852	100.0	49,473	100.0	20,286	100.0	21,312	100.0
北海道	0	0.0	0	0.0	0	0.0	0	0.0
東北	131	7.1	5,043	10.2	1,073	5.3	1,127	5.3
関東	1,096	59.2	26,549	53.7	12,195	60.1	12,754	59.8
中部	75	4.0	1,697	3.4	554	2.7	566	2.7
近畿	291	15.7	6,364	12.9	2,484	12.2	2,559	12.0
中国	82	4.4	3,524	7.1	1,429	7.0	1,488	7.0
四国	25	1.3	719	1.5	335	1.7	342	1.6
九州	152	8.2	5,577	11.3	2,217	10.9	2,476	11.6

(注) 各地域の数値は各経済産業局別の数値である。
(出所) 経済産業省『平成12年工業統計調査　産業細分類別統計表（経済産業局別・都道府県別表）』より作成。

九州といった大手メーカーが進出している。

　様々な分野の先進的な技術や多様な関連メーカーを必要とする半導体製造装置産業・半導体製造装置メーカーが、関東や近畿に比べ産業や研究機関の集積に大きな較差をもつ九州においてどのような形で存立しているのか、そこでは、現在、いかなる問題や課題を抱えているのか。この小論では、東京エレクトロン九州を事例に、そのネットワーク分業の検討を通して、これらの点を明らかにしたい。

2　東京エレクトロン九州の沿革と組織

　東京エレクトロン九州の親会社である東京エレクトロンは、東京放送（TBS）の出資により1963年に創設され、電子機器等の輸出入業務からスタートしている。1968年に米サーコム社との合弁会社、テル・サーコム（現、東京エレクトロン東北）を設立して拡散炉の製造を開始して以降、1970年代から1980年代に

かけて新会社・新事業所を相次いで開設し、拡散炉のほかウェハプローバ、イオン注入装置、コータ／デベロッパ（レジスト塗布現像装置）、エッチング装置等の半導体製造装置の開発・製造を行うようになった。1990年代に入りFPD（Flat Panel Display）製造装置分野に本格的に参入するとともに、海外展開を積極的に進め、現在ではグループ企業として東京エレクトロンを含め国内11社、海外18社を擁するまでに至っている。同グループでは半導体・FPD製造装置のほかに、電子部品販売部門、コンピュータ・ネットワーク部門などを有している。2002年3月期の売上高はグループ全社連結で4178億円（2001年3月期売上高7239億円の42.3％減）、うち半導体・FPD製造装置部門が3257億円と売上高全体のおよそ8割（78.0％）を占めている[4]。

　グループ企業のうち、東京エレクトロンは、グループを統括する親会社として全体の事業計画や研究開発・マーケティング・販売機能などに特化しており、装置の製造についてはすべて子会社に分担させる体制を採っている。半導体・FPD製造装置部門のうち、その開発・製造を担うグループ企業は、2002年6月現在、国内4社、海外6社を数える。これらのグループ企業は、製品毎の技術の相違、開発・設備投資の効率性や生産性などを勘案して製品別の分業関係を形成している。

　この半導体・FPD製造装置グループに属する東京エレクトロン九州は、東京エレクトロンが1983年11月に九州におけるサービス・サポート拠点として熊本県菊池郡菊陽町に九州事業所（現、東京エレクトロン九州・熊本事業所）を設立したのが出発点である。九州事業所は1984年に工場棟（第2号棟）を付設してウェハプローバやコータ／デベロッパの生産を開始している。1987年1月には東京エレクトロンの100％出資子会社、テル九州として分社化され、1990年1月に商号変更により東京エレクトロン九州と改称した。東京エレクトロンでは1991年4月に新しい半導体製造装置会社、東京エレクトロン佐賀を設立したが、業務効率化を図るため、2年後の1993年4月に当社を東京エレクトロン九州へ統合した。さらに、東京エレクトロン九州は、事業拡張のため、熊本県内において1995年3月に大津事業所、1998年5月に合志事業所を完成させている[5]。

　上述のように、東京エレクトロン九州は熊本県内の熊本・大津・合志事業所

と、佐賀事業所の4事業所体制をとっている。佐賀事業所が登記上、本社となっているが、実際の総務・経理・人事等の本社機能は合志事業所に置かれている。同社では、現在、半導体製造用コータ／デベロッパ、半導体洗浄装置、LCD（液晶表示装置）製造用コータ／デベロッパの開発・設計・製造を行っており、熊本・合志の両事業所では半導体製造用コータ／デベロッパ、大津事業所ではLCD製造用コータ／デベロッパ、佐賀事業所では半導体洗浄装置と半導体製造用コータ／デベロッパといったように、事業所間で製品別の分業体制を敷いている。

東京エレクトロン九州の2002年3月期の売上高は1099億円で、その売上高の7割を占め主力製品となっているのが半導体製造用コータ／デベロッパである。同社の半導体製造用コータ／デベロッパの7～8割が海外に輸出されており、東京エレクトロンテキサス（米テキサス州オースチン、1996年7月設立）製の同装置と合わせると、世界市場の7割を占める。また、大津事業所のLCD製造用コータ／デベロッパも同じように輸出が7割に及び、世界市場のおよそ9割を占めている。液晶の需要拡大に伴い、近年、このLCD製造用コータ／デベロッパの出荷が着実に増えてきている。

同社の正社員数は2002年3月現在1562名で、このうち間接部門や資材調達部門などの百名弱を除き実に9割以上の社員が開発・設計に携わっている。同社では三つの製品事業部門を有しているが、各事業部門毎に開発部・技術部・設計部・ソフト技術部を置き、そこには機械・電気・化学・光学・ソフトウェア等の研究者・技術者からなる頭脳集団が形成されている。このほかにも、同社は福岡テクノロジーセンターと、東京エレクトロンAT穂坂事業所（山梨県韮崎市）内にプロセス開発センターを設け、これらの開発センターおよび東京エレクトロンの技術開発センター・プロセスインテグレーションセンター等と連携を取りながら、さらには関連の部品・組立メーカーや薬品メーカーとの共同研究を通して、基盤・要素技術の研究から次世代製品の開発までを行っている。同社が九州の地に在りながらも、総合的・先進的な技術を要する半導体製造装置の開発・製造に係わっているのも、このような頭脳集団と研究開発ネットワークの形成によるものである。

3　東京エレクトロン九州のネットワーク分業

(1)　半導体製造装置の生産プロセスとネットワーク分業

　東京エレクトロン九州は、東京エレクトロングループのなかで半導体・FPD製造装置の開発・製造グループに属しているとはいえ、前述のように三つの製品の開発・設計に特化している。製造工程については、最終部分の装置のセットアップ・システム調整・出荷検査および全体としての生産管理など一部を除き、外部の企業ネットワークを活用してアウトソーシングする体制を採っており、そこには東京エレクトロン九州を中核としたネットワーク分業が形成されている。半導体製造装置用コータ／デベロッパ（商品名クリーントラック）を例に、その生産プロセスとネットワーク分業の概要を紹介すると、次の通りである（図2参照）。

・製品のオーダー前
　コータ／デベロッパは高度な技術を要する数多くの部品から構成され、部品の製造・加工から完成品の納入までには長い期間を必要とする。一方、激しい市場変動のなかに置かれている発注元の半導体メーカーにおいては短期間での装置の納入を求める傾向が強い。このような状況に対応するため、東京エレクトロン九州では、部品加工から組立までにおよそ3ヶ月を要するユニット部分、すなわちコータやデベロッパ、搬送アーム、オーブン（加熱装置）などを、製品のオーダーを受ける以前から外部のユニットメーカー（Unit Manufacturer）に発注しストックしておく方法を採用している。

・製品のオーダー後
　製品のマーケティング・販売機能を担う親会社の東京エレクトロンから製品のオーダーを受けると、東京エレクトロン九州は、①社内で仕様に応じた設計を行い、②必要な部品を商社や部品の製造・加工メーカー（Vendor）に発注

図2 コータ／デベロッパの生産プロセスとネットワーク分業

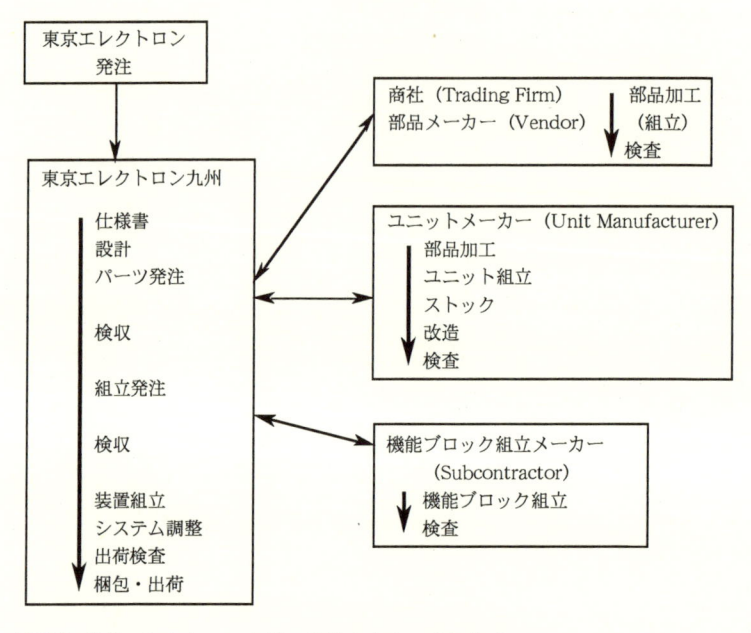

```
東京エレクトロン
発注
   ↓
東京エレクトロン九州              商社（Trading Firm）    部品加工
  仕様書                  →    部品メーカー（Vendor）   （組立）
  設計                                                  ↓
  パーツ発注                                            検査
         ←
  検収                          ユニットメーカー（Unit Manufacturer）
                        →       部品加工
  組立発注                        ユニット組立
         ←                       ストック
  検収                           改造
                                  ↓
  装置組立                        検査
  システム調整            →    機能ブロック組立メーカー
  出荷検査                       （Subcontractor）
  梱包・出荷                      機能ブロック組立
                                  ↓
                                  検査
```

（出所）東京エレクトロン九州の資料をもとに筆者作成。

し購入する。③併せて、ユニットメーカーへ設計書を渡し、ストックしていたユニットを半導体メーカーの仕様に合わせてカスタマイズし検収する、④それらのユニットや部品を社外の組立メーカー（Subcontractor）へ搬送し、CSB（Carrier Station Block）、PRB（Process Robotech Block）、IFB（Interface Block）、CAB（Cabinet Block）の各機能ブロックを組み立てる、⑤各機能ブロックを検収後、社内においてそれらを統合し装置として組み立て、システム全体の調整を行う。そして、最終的な検査を終えて装置を出荷することになる。この間、3.5ヶ月から7ヶ月程度を要し、時には顧客の要望により2ヶ月間で済ませるケースもあるという。

　この生産プロセスにおいて、東京エレクトロン九州が係わっているのは、設計、商社および部品・ユニット・機能ブロックの各メーカーへの発注・検収、装置のセットアップとシステム調整、出荷前の最終検査、全体としての生産管

理業務であり、部品の製造・加工やユニット・機能ブロックの組立など直接的な製造工程はすべてアウトソーシングされている。

東京エレクトロン九州が徹底したアウトソーシングとネットワーク分業の体制をとっているのは、第1に、様々な分野の先進的な技術を必要とし、絶えず先行的な技術・製品開発に迫られ、継続的な開発投資を欠かすことができない半導体製造装置産業の中にあって、極力、設備投資を抑え、投下資金および人材を技術開発や半導体デバイスメーカーの多様なニーズに即応した製品開発・製品設計に振り向けるためである。第2に、半導体製造装置産業の激しい市場変動に対応するため、すなわち不況期における過剰設備によるリスク負担を回避するためである。第3に、高度な技術や製造ノウハウを有し機動性を備えた企業のネットワークを柔軟に活用することによって、厳しい国際競争、激しい市場変動に耐え抜く製品の性能や信頼性、コスト競争力、スピード等を確保するためである。

(2) ネットワーク分業を構成する企業

東京エレクトロン九州のネットワーク分業を構成する企業を見ると、東京エレクトロン九州が部品を発注する商社およびメーカーの数は合志事業所だけで数百社に上る。部品の発注は1仕様に1回の都度発注で、その製造・加工には、板金、機械金属加工、樹脂加工、電機部品加工等の様々な分野のメーカーが関わっている。部品は、半導体デバイスメーカーが指定する特別のケースを除き、ほぼ国内において調達され、地元の熊本県や九州内のみならず、関東までの広範囲のメーカーへ発注されている。このうち、機械金属加工の分野では熊本県内のメーカーへの発注が多いのに対して、樹脂加工の分野では関東のメーカーが主力になっているという。また、板金の分野では、本田技研熊本製作所向けに二輪車用部品を生産している合志技研工業が2001年から板金の技術を応用してコータ／デベロッパのフレーム部分の製作を受注するという異業種からの参入のケースも見られる[6]。

コータやデベロッパなどユニットを組み立てるメーカーは16社ほどであり、各メーカーでは1〜3ヶ月単位のロット発注を受けて自社製・他社製の部材をもとにユニットを組み立てる。これらユニットメーカーのほとんどが九州内の

企業で、ほかに大阪や岡山のメーカーにも発注されている。九州内の企業といっても、ネクサスのような地元企業もあれば、阪和電子工業熊本工場のように進出企業も見られる。このユニット組立においても、自動車部品メーカーのアイシン九州が2000年からオーブンの組立に参加しており、同社はあわせて東京エレクトロン九州のLCD製造用コータ／デベロッパのオーブン組立も行っている[7]。

機能ブロックのアセンブリメーカーは、CSB5社、PRB5社、IFB2社、CAB4社で、複数の機能ブロックの組立に携わっているメーカーもある。これらのメーカーはすべて九州内に立地する企業であり、人の交流や輸送などの関係から熊本県や福岡県内の企業が多い。九州外からの進出企業のほかに、くまさんメディクス、湖東技研、富士エンジニアリング、北原ウエルテックなど、技術力を蓄えた地元の企業が機能ブロックの組立を請け負っており、これらの企業は東京エレクトロン九州に社員を出向させ、装置の設計やソフト技術にも係わっている。また、くまさんメディクスのように、数社の協力企業を抱え装置の組立業務を分担させているところも見られる。

これらネットワーク分業を構成する商社、部品メーカー、ユニットメーカー、機能ブロックのアセンブリメーカーをすべて合計すると、上記の半導体製造用コータ／デベロッパを製作する合志事業所のみで、取引企業はおよそ400社を数え、うち上位100社で取引総額の8割を占めるという。東京エレクトロン九州では、リスク回避のため、複数の企業への発注を原則としており、これら企業のランクづけをも行っている。また、資本関係を有す子会社や、親会社へ100％依存する下請企業などを利用する「系列」型の分業体制とは異なり、東京エレクトロン九州のネットワーク分業においては、機動性や柔軟性を確保するため、全面依存型の下請企業を抱え込まない方針をとっている。同社では、取引企業に対して、半導体製造装置産業の激しい市場変動のなかで1社への依存はリスクが大きいとして、同社との取引を売上の30％以内とするように指導している。したがって、ネットワーク分業を構成する企業には、東京エレクトロン九州への依存度の高い企業が一部にあるものの、100％依存の企業は見られない。

4　激しい市場変動・コストダウン圧力とネットワーク分業

　既述のように、東京エレクトロン九州は千名を超える研究者・技術者からなる頭脳集団を抱え、自らは製品の開発・設計機能に特化するとともに、製造工程については、最終工程の装置のセットアップ・システム調整・出荷検査と、全体としての生産管理など一部を除き、外部の企業ネットワークを活用してアウトソーシングする体制をとり、ネットワーク分業を作り出している。同社は、県庁や中小企業振興公社などを通して企業の紹介を受け、技術指導を行いつつ、各種関連メーカーを育て、今日のネットワーク分業を築いてきた。このような技術指導や取引関係によって、金属加工や板金、機械装置組立などの分野における地元メーカーの技術力向上が図られてきた。また、地元の装置組立関連メーカーの技術力向上や東京エレクトロン九州の先行事例をもとに、半導体製造装置メーカーの進出が相次ぎ、さらには半導体製造装置産業や関連産業の集積に牽引されて、LCD・CCD（電荷結合素子）を製造するソニーの最新鋭工場、ソニーセミコンダクタ九州熊本テクノロジーセンターも2001年10月に完成するなど、九州において半導体・半導体製造装置関連の企業集積は一層厚みを増している。このようなことから、「東京エレクトロンの外注を積極的に活用したビジネスモデルは、九州半導体産業の発展や現況を語るうえでは欠かせない」[8]ものとなっている。

　しかしながら、このネットワーク分業にもいくつかの問題を内包するに至っている。装置メーカーとしての東京エレクトロン側の問題を挙げると、その一つは価格交渉力の低下の問題、もう一つは「ものづくり」の技術・ノウハウの外部依存の問題である。半導体産業の垂直統合体制から水平分業体制への業態変化、ファンドリメーカーなど新たなビジネスモデルの急成長に伴い半導体産業の競争は厳しさを増しており、半導体メーカーによる半導体製造装置の値下げ圧力が高まっている。だが、直接的な製造工程の徹底したアウトソーシングによって、東京エレクトロン九州内での製造コストの削減が難しくなっており、この結果、価格交渉力にも影響が及んでいる。また、アウトソーシングの徹底によって「ものづくり」の技術・ノウハウの外部依存が増大し、直接的な「も

のづくり」に関わる技術力の向上のみならず、その提案力も外部へ依存せざるを得ない状況が生まれている。

　一方、ネットワークを構成する企業側には、もともと受注変動の幅が大きいという問題がある。活況を呈した2000年度に1822億円に達した東京エレクトロン九州の売上高は翌2001年度には1099億円と前年度に比べ4割も落ち込んでいる。その上、継続的なコストダウンの要請がある。さらに、東京エレクトロン九州では短納期化に取り組んでおり、必然的に受注企業側でも納期短縮を図らざるをえず、関連して在庫負担も大きくなっている。しかも、近年では、自動車部品メーカーからの新規参入も相次いでいる。このようなことから、ネットワークを構成する企業の間には、取引への意欲の減退が一部に生じている。このことは、これまでの筆者の企業ヒアリングから確認されたところである。

　現在、半導体製造装置業界は、プロセス・インテグレーションをもとにしたソリューション・ビジネスの時代に入っている。ネットワークを構成する企業の意欲を高め、積極的な提案を引き出し、それらをもとにいかに全体としてのソリューション・ビジネスを築いていくのか、徹底したアウトソーシングとネットワーク分業を活用した東京エレクトロンのビジネスモデルは、一つの大きな課題を抱えているといえよう。

注
(1) 日本の半導体製造装置産業の発展過程については、肥塚浩『現代の半導体企業』ミネルヴァ書房、1996年、第7章156～163ページ、を参考にした。
(2) 日本の半導体製造装置産業の国際競争力低下・地盤沈下の要因については、高橋恭子『わが国半導体製造装置産業のさらなる発展に向けた課題―内外装置メーカーの競争力比較から―』（調査No.23）日本政策投資銀行、2001年3月、29～37ページおよび『半導体製造装置産業が直面する課題と将来展望の検討　調査研究報告書』日本半導体製造装置協会調査研究検討委員会、2001年、3～16ページ、を参照されたい。
(3) 半導体製造装置産業の特徴については、前掲の『わが国半導体製造装置産業のさらなる発展に向けた課題―内外装置メーカーの競争力比較から―』、『半導体製造装置産業が直面する課題と将来展望の検討　調査研究報告書』および三和総合研究所『半導体・液晶産業の業界動向と中小企業のビジネスチャンス』（中小公庫レポートNo.2000-2）中小企業金融公庫調査部、2001年1月、25ページ、を参考にした。
(4) 東京エレクトロンについては、東京エレクトロンの『アニュアルレポート2002　2002年3月期　日本語訳版』、『A RECORD OF SOLID GROWTH TOKYO ELECTRON LIMITED 2002 FACT BOOK』およびホームページなどを参考にした。
(5) 東京エレクトロン九州についての記述は、2000年7月から2002年7月にかけて4回ほど

行った同社のヒアリング調査とその際収集した関連資料を基本にしている。そのほかに次の文献を参考にした。

　日刊工業新聞西部支社編『シリコンアイランド』日刊工業新聞社、1985年、412～415ページ；『企業ガイド－平成8年版－』熊本県工業技術振興協会機械金属専門部会、1996年、112ページ；『福岡空港の国際物流実態と航空ネットワーク』九州経済調査協会、1998年、152～153ページ、など。
(6)「ホンダ系合志技研　系列外取引を強化　半導体関連部品を生産」『日経産業新聞』2001年9月19日。
(7)「アイシン九州　半導体装置に進出　東京エレク九州と提携」『日本経済新聞』(九州経済)2000年10月27日。
(8)『九州地域半導体クラスターの発展戦略について－九州発、半導体イノベーションの創造－』九州経済産業局、2002年、44ページ。

参考文献（注に掲載した文献を除く）
・伊東維年編著『日本のIC産業』ミネルヴァ書房、2003年。
・伊東維年「1990年代初頭以降のシリコンアイランド九州のIC産業」『熊本学園大学経済論集』第8巻第1・2合併号、2002年2月。
・山﨑朗、友景肇編著『半導体クラスターへのシナリオ』西日本新聞社、2001年。

第14章 上場電機工場の国際化と国内立地について

柳井雅也

1 日本経済と電機産業

 1985年9月の「プラザ合意」以降、円とドルの為替レートは1ドル＝200円を突破して、その基調は1988年5月まで続いた。いわゆる「バブル経済」が始まり、製造業にとっては、国内では新商品の開発と新たな技術革新が追求され、海外へは工場進出が重要な企業戦略となった。しかし1990年（1ドル＝135.40円：期末ベース）から1995年（同102.88円）にかけて再び急激な円高ドル安が進行すると「バブル経済」が崩壊し、製造業では消費不振と価格破壊などへ対応するために、一層の海外進出と国内工場の再編成が進められた。この間の電気機械（以後：電機と記す）工業の規模は、付加価値額ベースで、1990年をピークとして、1995年にはほぼ1985年のレベルにまで収縮している[1]。

 しかしその後、内外金利差と、1997年7月のタイ・バーツ切下げに端を発する東アジアの通貨危機により、国内資金が海外に流出し、また国際的にはBIS規制をクリアするために信用仲介機能が低下する、いわゆる「貸し渋り」現象が起こった。それが消費不振と重なり、企業経営の危機および生産基盤の脆弱化や製品開発力の低下を招く事態となった。電機産業においても、1997年には海外生産比率が20.6％になり、同1995年（15.0％）より5.6ポイント上昇している。また、設備投資額でも1997年に1兆9490億円をピークに減少し、1998年には対前年比82％まで減少している。さらに、工場立地件数においても1997年の165件から1998年には113件まで減少している。この間の変化は電機企業における経営環境が厳しさを増した時期であり、その後の電機産業の立地運動の転換点として重要な時期であると考えられる[2]。

 そこで、1995年から1998年までを対象に、電機産業や上場電機企業[3]の産業

的変化について検討し、次いで1998年に行った上場一部電機企業（以下、上場電機企業とする）のアンケート調査の分析を行うこととする。そして、これらの分析を通じて、上場電機企業の国内外における工場立地の実態について考察を行うこととする。

2　日本の電機企業の国内外立地

　図1は、上場電機企業の海外工場（一部販売や修理を行う工場も含む）について抽出して国別に整理し、それを示したものである[4]。

　これによると、世界全体では904件の工場が立地している。その中で、中国が169件と最も多く、次いでアメリカ合衆国129件、マレーシア88件、台湾64件となっている。ヨーロッパではイギリスの50件が最も多い。従業員数は、世界全体では約62.5万人が働いている[5]。これは、同年の日本の電機産業における従業員数（4人以上：170万2784人）の37.1％に匹敵する規模である。国別ではマレーシア（9万8627人）、中国（8万6538人）、アメリカ合衆国（8万4083

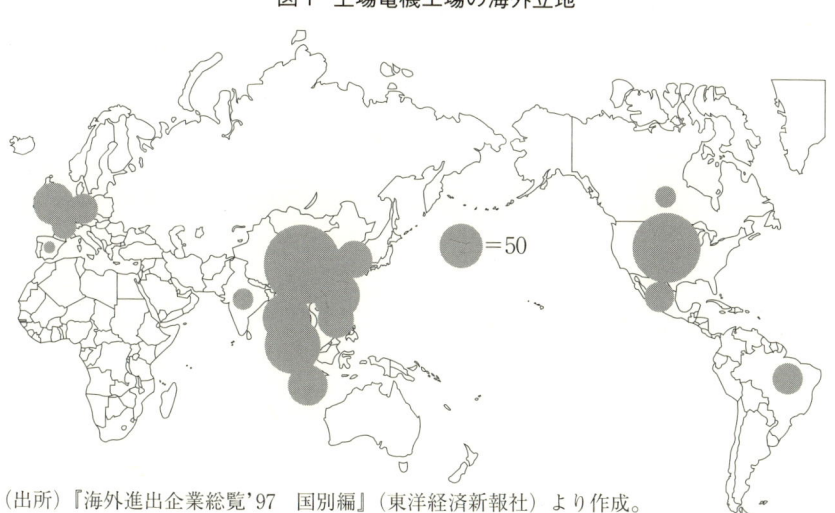

図1　上場電機工場の海外立地

(出所)『海外進出企業総覧'97　国別編』（東洋経済新報社）より作成。

人)の順となっている。また、この3ヶ国のうち、1工場当たりの従業員数ではマレーシア(1121人)が最も多い。中国と東南アジアを工場集積の中心地として、これにアメリカ合衆国とイギリスへの集積が進んでいるといえる。

一方国内においては、1998年の電機産業の事業所数は2万9738で、これは1995年との比較で1604減(5.1%減)となっている。従業員数は、同166万5857人で、同8万4246人減(4.8%減)となっている。付加価値額も、同18兆4285万円と同比較で約1兆8433億円減(6.2%減)となっている。これら3指標の中では付加価値額の減少率が最も高い[6]。

表1は、各都道府県別に事業所数と従業員数について1998年の数値を示したものである。これによると1998年は、事業所数では1位東京(2980)、2位神奈川(2507)を筆頭に、7位の静岡(1500)までは1995年と同じ順位だが、8位の兵庫(1111)と9位の群馬(1071)は順位が入れ代わっている。同様に14位の栃木(679)と15位の山形(662)も入れ代わっている。17位京都(542)に対して18位の山梨(518)と19位の宮城(515)も順位が入れ替わっている。従業者数では8位の兵庫(7万3241人)までは変動がないが、9位の福島(6万1853人)と10位の茨城(5万9262人)の順位が入れ替わっている。しかし、上位20位までの変化で見ても当該都道府県同士で前後の順位が入れ替わった程度で、順位に基づく電機産業の地域構造にはほとんど変化はないと考えられる。

しかし、これを1995年と1998年の増減で捉えると以下のようなことが分かる。事業所数について1位の東京(220減)を筆頭に、長野(209減)、大阪(167減)、埼玉(154減)、神奈川(92減)となっている。従業員数でも、神奈川(1万6826人減)、東京(8988人減)、大阪(7746人減)、埼玉(5981人減)となっている。このことから電機産業地域の減少、とりわけ神奈川、東京の中心地域での減少が著しいことが分かる。

3　上場企業の立地

電機産業の変化の中で、上場電機企業の地域分布を示したのが**表2**である(1997年)。これによると、工場の分布は神奈川91を筆頭に東京61、埼玉53が続

第14章 上場電機工場の国際化と国内立地について 451

表1 都道府県別電機産業の主要指標

	事業所数		従業員数（人）		付加価値額（百万円）	
	1998	増減	1998	増減	1998	増減
北海道	210	16	14,969	−360	130,480	1,492
青森	242	−9	18,013	619	79,058	−15,060
岩手	414	−67	30,710	−2,387	214,664	−82,580
宮城	515	−41	36,593	−1,926	292,602	−32,697
秋田	373	−18	27,104	−523	225,579	3,107
山形	662	−89	40,300	−3,306	312,370	364
福島	1,044	−44	61,853	−2,188	631264	13,050
茨城	987	−80	59,262	−7,136	576,818	−200,989
栃木	679	−38	45,171	−1,654	463,035	−64,520
群馬	1,071	−77	58,798	−1,267	634,834	23,335
埼玉	1,823	−154	81,699	−5,981	985,616	32,601
千葉	559	−21	40,155	624	490,055	48,228
東京	2,980	−220	101,717	−8,988	1,229,632	−278,938
神奈川	2,507	−92	145,134	−16,826	1920779	−678,354
新潟	764	−64	43,712	−34	413,564	60,856
富山	309	−12	18,160	−625	171,733	−8,774
石川	267	−5	19,245	689	181,464	30,277
福井	203	−13	15,937	495	127,390	−9,844
山梨	518	−62	23,964	−702	273,906	−30,101
長野	1,770	−209	87,047	−4,760	1055609	89,913
岐阜	491	6	27,114	474	267,544	−5,732
静岡	1,500	−61	76,934	−5,366	1116776	−6,585
愛知	1,606	−29	79,906	−5,714	934,469	82,027
三重	722	−39	38,817	−698	427,413	7,621
滋賀	444	16	38,359	891	578,696	−190,600
京都	542	−1	32,557	−2,873	409,353	2,924
大阪	2,354	−167	82,070	−7,746	973,096	−712
兵庫	1,111	−31	73,241	−3,780	876,443	10,569
奈良	115	14	11,255	−173	105,206	−40,517
和歌山	47	0	2,205	−182	18,025	840
鳥取	266	−15	17,597	−415	149,732	1,665
島根	157	1	10,119	−106	61,033	−3,274
岡山	357	−20	20,510	−451	222,487	59,579
広島	351	23	19,097	1,147	265,870	−13,333
山口	107	−7	9,868	−259	67,454	−9,775
徳島	96	3	4,829	−322	22,564	2,220
香川	125	3	7,980	605	66,614	−5,249
愛媛	163	11	16,151	1,574	197,505	21,696
高知	53	−4	3,864	−198	64,597	−21,969
福岡	427	3	36,659	−1,471	288,509	−28,635
佐賀	104	−13	8,640	−83,311	87,237	10,996
長崎	83	5	8,360	−54	108,270	3,992
熊本	197	−1	21,183	−101	157,153	−6,774
大分	157	1	15,479	−268	243,467	−37,361
宮崎	102	0	11,906	−48	101,041	13,847
鹿児島	152	−7	21,345	−1,001	206,250	36,227
沖縄	12	4	269	80	1,325	164

(注) 増減＝1998年の数値−1995年の数値。
(出所) 『工業統計表 産業編』各年版より作成。

表2 都道府県別上場電機企業主要指標

	事業所数	従業員数(人)			事業所数	従業員数(人)	
	1997年	1997年	増減		1997年	1997年	増減
北海道	6	758	56	三重	25	23,389	239
岩手	4	3,421	−132	滋賀	23	15,085	−407
宮城	13	4,775	−387	京都	19	8,831	−3,386
秋田	2	2,428	−214	大阪	31	28,474	−2,972
山形	5	1,063	54	兵庫	30	27,390	−2,294
福島	20	9,030	−852	奈良	4	10,450	−562
茨城	35	29,442	−2,441	和歌山	2	603	3
栃木	29	17,679	−680	鳥取	2	516	72
群馬	35	22,297	−1,748	岡山	7	2,612	−384
埼玉	53	23,198	−1,371	広島	8	5,205	35
千葉	21	15,742	−856	山口	2	2,038	−29
東京	61	71,863	−1,746	徳島	3	1,517	−9
神奈川	91	113,002	−4,075	香川	2	827	−4
新潟	7	2,885	369	愛媛	4	4,188	294
富山	10	1,909	−142	高知	1	269	4
石川	1	871	200	福岡	20	11,253	−55
福井	5	2,742	160	佐賀	6	2,194	92
山梨	8	4,257	−141	長崎	2	2,000	−98
長野	27	14,616	−1,257	熊本	4	2,347	−193
岐阜	6	2,384	92	大分	4	4,250	−12
静岡	35	20,132	−2,281	宮崎	2	219	74
愛知	37	55,089	−2,289	鹿児島	5	6,480	207

(注) 増減＝1997年の数値−1995年の数値。
(出所) 『会社年鑑』1998年版より作成。

く。これ以外では愛知37、茨城、群馬、静岡の3県が35ずつ、大阪31、兵庫30となっている。従業員数は、神奈川11万3002人、東京7万1863人、愛知5万5089人の順となっている。総じて、電機産業地域との対応関係が確認できる。1995年との比較では、神奈川4075人、京都3386人、大阪2972人、茨城2441人と減少しており、ここでも電機産業地域との対応が確認できる[7]。

4 アンケート調査に基づく実態

(1) 調査対象企業の概要

1998年2月にアンケート調査を行った。調査対象企業は202社で、回収20社のうち有効回答が15社（回収率7.1％）だった。また、各企業の該当国内工場数は54である。

表3は、アンケート回答企業について、工場の概要を生産品目別に示したものである(8)。このうち産業用電気器具は、溶接機関係、発電機などの生産を行っている。1997年従業員は1995年と比較して17人の減少で、それほど変化は見られない。民生用電気・電子は、冷蔵庫やカラーテレビなど、家電製品の生産が中心である。このカテゴリーでは比較的大規模な工場が多く、同2221人の従業員の減少が見られる。産業用電子は情報機器、電気計測器などを生産している。民生用電気・電子に比べて比較的小幅な従業員の減少ですんでいる。電子部品は小型モーター、可変抵抗器、コンデンサ、電子部品などの生産を行っている。ここも民生用電気・電子に比べて比較的小幅な減少ですんでいる。

表4は、アンケートに回答した企業について、その海外進出の理由について示したものである(9)。民生用電気・電子の3（企業番号：以下同じ）は「生産」（5工場）と「市場」（5工場）という理由が多い。4は「市場」（8工場）という点では同じだが、「労働力」（5工場）という回答も多い。とりわけ4は、アジアのみならず欧米にも工場立地を進めているのが特徴的である。産業用電子は、「市場」（11工場）と「労働力」（5工場）となっている。ここは、アジアへの立地（13工場）が多く見られる。電子部品は「市場」（16工場）と「労働力」（12工場）以外に、「生産」（11工場）、「第三」（12工場）など立地理由の多様化が見られる。また、進出先も、アジア以外にアメリカ（5工場）にも見られる。以下、当節の工場の概要を踏まえて、アンケート調査をもとに生産品目別に分析を進めていく。

表3　調査対象上場電機企業の生産品目別・工場別従業員数

	企業番号	従業員数			企業番号	従業員数	
		1995年	1997年			1995年	1997年
産業用電気器具	1	—	—	産業用電子	8	2,760	2,588
	1	—	—		8	96	77
	1	—	—		8	126	114
	2	31	32		8	761	743
	2	95	88		9	169	153
	2	147	136	電子部品	10	615	736
民生用電気・電子	3	599	538		11	247	223
	3	1,188	1,183		11	183	238
	3	2,300	2,186		12	309	286
	4	480	405		12	—	—
	4	4,137	2,918		13	189	274
	4	844	874		13	358	251
	4	11,023	10,363		13	63	
	4	1,092	1,003		13	13	
	4	397	509		14	392	256
	4	814	715		14	241	245
	4	1,487	1,446		14	330	270
産業用電子	5	437	430		14	462	442
	5	52			15	1,370	1,242
	5	340	275		15	314	292
	6	790	722		15	107	107
	6	593	614		15	101	93
	6	97	99		15	538	538
	6	346	320		15	157	159
	7	85	195		16	461	439
	7	102	175		16	264	255
	7	629	562		16	491	497

(出所)『会社年鑑』1998年版より作成。

(2) 国内工場の生産実態

　国内工場の生産実態について示す。まず、産業用電気器具の1は電機製品としては比較的大きな製品を生産するので、物流に適した土地での生産を指向している。2は商品を小型機、大型機、特殊機に分けて、マーケットとの近接性を考えた工場配置を行っている。協力工場とは人材派遣を行って交流を続けて

表4　調査対象上場電機企業の海外進出の理由

	国名	労働	優遇	生産	流通	市場	第三	逆輸	随伴	情報	開発	新規	統括	その他
3	アメリカ			●		●								
3	シンガポール			●		●								
3	タイ			●		●								
3	マレーシア			●		●								
3	マレーシア			●		●								
4	アメリカ					●								
4	インドネシア					●								
4	韓国	●				●								
4	韓国	●				●								
4	シンガポール	●				●								
4	台湾	●	●											
4	中国	●				●								
4	香港	●		●	●	●			●					
5	韓国	●												
5	シンガポール	●												
5	台湾	●	●	●										
5	マレーシア	●	●											
8	インドネシア	●					●							
8	韓国					●								
8	中国						●	●						
8	中国	●				●								
8	中国					●								
8	ドイツ					●								
8	ブラジル					●								
8	ブラジル					●								
8	フランス					●								
10	台湾	●				●	●		●					
10	台湾	●	●			●	●							
10	中国	●		●		●	●							
10	中国													
10	ベトナム	●		●		●								
10	香港	●		●		●								
10	マレーシア	●		●		●								●
13	マレーシア	●	●											
13	マレーシア	●				●				●				
14	シンガポール	●				●				●				
15	アメリカ			●		●								
15	アメリカ			●		●								
15	アメリカ			●		●						●		
15	シンガポール					●								
15	台湾					●			●					
15	台湾					●								
15	ベルギー					●							●	
15	香港					●								
15	マレーシア			●										
15	マレーシア								●					
16	韓国	●												
16	シンガポール	●				●								

（注）1．労働＝「労働力確保」，優遇＝「現地政府の優遇」，生産＝「国際的な生産ネットワークの構築」，流通＝「国際的なネットワークの構築」，市場＝「現地市場の確保」，第三＝「第三国への輸出」，逆輸＝「日本への逆輸入」，随伴＝「関連企業の進出に随伴」，情報＝「ロイヤリティ・情報収集」，開発＝「商品などの企画・開発・研究」，新規＝「新規事業への進出」，統括＝「地域統括機能の強化」
　　 2．進出理由が空欄の工場は表示しなかった。
（出所）『海外進出企業総覧'97　国別編』（東洋経済新報社）より作成。

いる。

　民生用電気・電子の3は、2と同様に容量帯別にライン区分を行い、それに基づく工場の立地を行っている。4はこれ以上の国内立地は考えないとしながら、既存立地のエリアリスクを考慮中と回答している。これは工場閉鎖（産業空洞化）の予兆とも受け取れる。また、エアコン、冷蔵庫にはコンプレッサーなど共通部品も多く、このような観点から工場間の隣接立地を図っている。協力工場とは3が2週間のリードタイムを基本に1週間、2週間、3ヶ月の生産計画と発注方式のコンビネーションで臨んでいる。さらに4は、ネットワークを活用して部品、仕掛在庫のスピードアップを図っている。

　産業用電子の5は顧客との近接性を求め、6は工学系大学の存在を生産上重視している。また、協力企業との関係で、6は協力会を組織して製品動向、技術動向の勉強を行っている。

　電子部品の10は、調査時点ですでに国内生産はゼロになっている。12は生産品目が可変抵抗器のため、生産設備が十分配置できるような場所に立地している。14のように合併の結果として地方配置が進んだところもあれば、15のように顧客との近接性を重視する考え方もある。16は生産コストや労働力の質を重視して、規模が大きくなりすぎると労働力の確保が難しくなることから、再び分散を行って結果的に地方展開した場合である。また、協力工場との関係では11、12、13とも情報や試作ラインを協力して立ち上げ、設備の貸与を行うなど、インテンシブな関係が確認できる。

　産業用電気器具では物流、民生用電気・電子では節約とコンビネーション、産業用電子では技術開発と顧客志向、電子部品では労働力確保の点から、分散配置と協力工場への支援が行われている。

(3)　海外進出工場の実態

　海外進出の実態について示す。まず、産業用電気器具の2は、為替リスクの回避とマーケットの拡大と答えている。海外の協力工場との関係では、1が半製品の生産を海外委託している。また、大連の協力工場には完成品の委託を行っている。

　民生用電気・電子の3は、マーケット確保の視点から、ベトナムでの洗濯機、

中国での電子レンジの生産を行っている。同時に安い労働力の利用も狙った進出となっている。海外へ立地した後に、さらに別の場所へ立地の移動を行う場合は、3のように金型の一部流用を行ってよりよい立地場所を求める場合もあれば、4のように世界の経済ブロック化をにらんで、生産拠点の再編成を進めていく場合もある。海外進出に関する課題として、3はリスクを加味した投資、生産性、為替変動のリスクヘッジが重要としている。また4は、為替レートの変動による投資資産の回収遅延や損失を心配している。

　産業用電子の5と6は、顧客との近接性を重視して立地している。産業用電子では精密機器の生産が相対的に多く、顧客へのメンテナンスサービスが必要になる場合が多いからである。海外の協力工場との関係は、7が上海に協力工場をもっている。工場の撤退については、4が北京の電卓工場の閉鎖を経験している。海外進出に関する課題として、6は為替レート、8はカントリーリスクを挙げている。

　電子部品の13、15、16は、現地マーケットの成長を前提にした対応となっている。海外の協力工場との関係では、10が中国広東省で生産委託加工を行っている。土地と従業員は中国から借用し、10は設備と技術を提供している。15は加工基地としてアジアを中心に展開し、16は合弁方式で1972年より韓国で操業を続けている。さらに別の場所へ立地移動する場合は、10のように香港・台湾で生産していた小型モーターを、中国やマレーシアなどへ移管した例がある。12も1995年に台湾から中国広東省へ再立地している。海外進出に関する課題として、12は物流体系未整備による納期の問題や派遣社員などの労務管理を課題としている。13は財政界との人脈づくり、15は政情不安、16は新規立地する際のインフラの整備状況、カントリーリスク、当該国貿易関係法令等を課題と指摘している。

　ここで特徴的なことは、民生用電気・電子が為替レートの変動に敏感なことやアジア市場をマーケットとして組み込んでいることと、電子部品が現地製品に多数組み込まれることから、当該地域のマーケットの成長や現地の技術力上昇に合わせて、生産委託加工まで踏み込んでいることなどを指摘することができる。

(4) 国内外工場の生産連携と再編成

　国内外工場の生産連携について示す。産業用電気器具の1は、企業内水平分業を基本としながら、技術者を派遣している。2は、基幹部品は日本で生産して供給する体制を整え、1と同様に技術者を派遣している。しかし、海外工場の発電機生産が増加することによって国内では基幹商品の供給が追いつかなくなってきており、増設するにしても国内外のいずれで行うべきかなど、国内工場の再編成を視野に入れた課題がでてきている。また、生産移管の判断基準としては、その国で最も売れている製品を移管するようにしている。

　民生用電気・電子の3は、開発・設計は日本で行い、ラインの設備構想も日本で行っている。4は、技術者や生産担当者などの海外派遣を行って、早期の現地化を目指している。その上で、部品の現地調達の可能性を探っている。国内への影響としては、オーディオ機器の海外工場進出に伴い、日本の工場は他の機種に転換している。技術移転の判断基準について、3は人件費と自動化率、生産必要数と生産能力（スピードも含む）、日本の安全基準と現地法規制の遵守が確認できるか否かで判断している。その上で3は、国内で在庫となっている部品や金型・設備を移管している。4はマーケット、インフラ、労働力、コスト、税制の調査を行って、現地パートナーを選んでから生産移管を行っている。

　産業用電子の6は、資材の国際調達、技術移転、生産分担を現地ユーザーのニーズに対応して行っている。その基本となるのは国内で開発を行って、海外生産を分担していく方法である。8は、海外では現地販売か生産基地かをはっきり区別して進出している。その視点から適地探しが重要になっている。

　電子部品の12は、海外工場への技術移転の判断基準を、量産品でなおかつ労働集約型製品ができるか否かによって判断している。その移管方法は、国内地方工場の量産品を設備とともに1ヶ月で移管する方法である。そして、社員を派遣して現地生産を指導している。13は、国内親会社と協力して海外進出を進めているが、海外工場とは品質向上（不良率・廃棄品の削減）の点で協力関係にある。海外進出に伴う国内工場の閉鎖としてはS工場を閉鎖してマレーシアへ抵抗器生産を移管したことがある。その場合は、技術者を相当期間派遣した。また、技術移転を行う際の判断基準は、製品に対する人件費率の国内外比較を

基準にしている。15では事業分社化を通じて、事業部間で製品の移管、量産品の一部移管を行った結果、国内外の工場で生産の分担が行われている。16は、新製品については国内工場を中心にして行っている。それ以外は、生産設備が国内外で同じであるため、製品の海外生産シフトは比較的容易である。また、海外工場を置くことによって現地の情報が入るので、それに基づいて資材調達などを行っている。生産移管の方法は技術者の派遣を行う点で他の場合と同じであるが、このほかに海外工場従業員の国内研修も行っている。

5　おわりに

　先に指摘した通り、1995年から1998年までは電機企業における経営環境が厳しさを増した時期であった。日本の電機産業は、国内的には神奈川、東京をはじめとする中心地域の衰退に歯止めがかからない状況が続いた。

　電機産業の中でもリード役を務める上場電機企業においても、これとほぼ同様な衰退傾向が確認できた。上場電機企業の海外進出では、中国と東南アジアを工場集積の中心地として、これにアメリカ合衆国とイギリスで集積が進んでいる。特に電子部品は、「市場」、「労働力」以外にも「生産」、「第三」など立地理由の多様性が見られる。このような傾向の中で、アンケート調査から得られた結果は以下の通りである。

　一つは、国内工場では、すでに海外生産が100％になっている企業や、国内既存立地のエリアリスクを考慮して、工場閉鎖も射程に入れている企業もある。また、立地では物流や共通部品の効率的利用を図るための近接立地など、納期やコスト削減に対する要求が厳しくなっている。また、電子部品のように、製品単価が低く、設備さえあれば、ある程度のものが作れる部門では、協力工場と共同で試作ラインを立ち上げるなど、競争力の維持を図る動きがある。

　二つ目は、海外進出について、いずれの生産品目でも進出理由として「労働力」と「市場」が高い割合を占めたが、電子部品では「生産」や「第三」の理由も多く見られた。その上で、進出の形態として企業の中には海外進出がすでに進んでいて、工場もたくさん立地している場合は、世界の経済ブロック化を

にらんだ、生産拠点の再編成を考えているところもある。また、海外で再立地を行う場合は、国際賃金格差を考えた立地行動をとることが多い。海外進出に関する課題としては、カントリーリスクをはじめ、為替リスクなどクリアすべき課題がある。また、海外で協力工場を見つける場合は、逆輸入を想定した日本の安全基準の遵守と現地法規制の遵守などの確認を行ったりしているところもある。

三つ目は、国内外工場の生産連携と再編成についてである。生産連携では、生産移管時に技術者派遣が行われることと、海外研修生を招いて訓練を行う場合が多い。また、国内で開発を行って、海外生産を分担していく企業内国際分業も一般的である。しかし、販売量が増加してくると工場増設の必要性が増して、それを新規立地でまかなう場合は海外に生産の主力が移って、国内工場の再編につながっていく場合がある。

以上、海外の工場立地は国際賃金格差を利用した国内逃避と、それに基づく国内工場立地の再編成を機軸に展開していることが分かった。また、企業内国際分業を行って研究・試作を日本、量産を主にアジアでという構図も見えてきた。しかし、海外生産の好調の結果は海外新規立地（再投資）という展開も見られるようになってきている。このため、日本の電機産業内にあって主導的な地位を占める上場電機企業の立地運動は、海外進出のノウハウも資金も情報も十分もち合わせていない国内零細電機企業の仕事量の減少や倒産と、国内製品の価格競争力の低下をもたらす。この点で、企業内国際分業は、研究・開発や試作という日本の役割だけに着目すれば、国内では技術力のある限定された協力企業や研究機関のみの活用になるので、国内における大手電機企業と零細電機企業の関係はより差別的、選択的にならざるを得ない。しかも、電機産業特有の「部品のオープン・モジュール化」による参入障壁の低下が追い討ちをかけている[10]。

こうして、地方が衰退していくより速いスピードで神奈川、東京が衰退している理由が分かってきた。つまり、上場電機企業の国際化と企業内国際分業の取引形態に規定されて起こっている「現象」との「対応関係」が見えてきたからである。しかし、この点はそれを証明できるデータがないためにさらなる実証の積み重ねが必要となる。

注

(1) 電機産業地域としては、関東、東海、関西が盛んといえるが、このうち関東と関西は、フルセット型の電機産業地域を形成している。とりわけ東京、神奈川が規模、生産品目の上で電機産業の核心地域といえる。しかし、1995年段階になると生産規模および労働生産性の点で、東京、神奈川のみならず関東地方全般での衰退が明らかになってきた。東京、神奈川の生産機能の中枢性（R&D機能も含む）、生産規模、労働生産性、1人当たり現金給与総額などから鑑みるならば、当該地域のシェア後退は試作品開発機能や高機能製品・半製品の生産・開発能力の低下の問題ともつながりかねない深刻な問題と考える。わずか5年間に急激なシェア後退が起きているので、この点の「空洞化」対策を早急に行う必要がある。柳井雅也「日本の電気機械産業の地域的展開-各県別生産規模・生産性に基づく分析」『熊本学園大学経済論集』（熊本学園大学）第5巻第1・2合併号、1998年10月、247～273ページ。

(2) 海外生産比率は電子技術産業協会資料より作成、設備投資額と工場立地件数は経済産業省資料より作成。

(3) 全国証券取引所に上場されている企業をここではさしている。

(4) 『海外進出企業総覧'97 国別編』（東洋経済新報社）より。

(5) 現地派遣日本人6336人は含まない。

(6) これを地域的に観察すると1995年段階では東京、神奈川を中心とした関東地方、東北、長野地域と愛知、静岡、それに大阪、滋賀、兵庫が電機産業の地域であった。とりわけ、神奈川と東京の規模が大きく、両地域の衰退が1990年以降顕著となっている。柳井雅也、前掲論文。

(7) 上場電機企業の従業員数には間接部門の人員やシステムエンジニアなども含む。

(8) 『会社年鑑1998』（日本経済新聞社）をもとに作成。また内訳は、産業用電気器具2社6工場（主な生産品目を優先）、民生用電気・電子2社11工場、産業用電子5社13工場、電子部品7社22工場で、全体で16社52工場となっている。

(9) 前掲『海外進出企業総覧'97 国別編』をもとに作成。ここでは、データがない企業（1、2、9、11、12）を除く、民生用電気・電子関連の2社71工場、産業用電子4社17工場、電子部品5社26工場で、全体で11社114工場が該当する。

(10) 『中部地域経済産業の将来展望（中間とりまとめ）』中部経済産業局、2002年、38ページ。

第15章 熊本県荒尾市における小岱焼の産地形成

初澤敏生

　地場産業は全国各地に様々な産地を形成し、生産を進めている。各産地は、それぞれその地域の歴史的背景などの影響を受けながら、地域的生産体系を形成している。

　本論において取り上げる荒尾市の小岱焼産地は、明治時代初めに一度途絶し、大正期に復活されたという特徴的な歴史をもつ、窯元9軒ほどから形成される小さな産地である。そのため、この産地には他産地には見られない幾つかの特徴が認められる。その一つは、各窯元における技術習得の経緯をかなり正確に把握できることである。一般に、各地場産業産地においては産地内にフォーマル、インフォーマルな組織が多数形成され、それを通して産地内に共通する技術基盤が形成されている。小岱焼産地は事実上戦後になって形成された新しい産地であるため、技術習得がどのように進められたのか、それによってどのような技術基盤が形成されているのかを把握することが可能である。また、それにあたり、産地外からの技術導入がどのようになされたのか、他産地の存在が産地形成にどのような影響を与えたのかも検討することができる。以下、検討を進めることにしたい。本論は、2001年11月および2002年1月に実施した、7軒の窯元に対する聴き取り調査を基にしている。

　なお、小岱焼は廃絶以前は「小代焼」と書かれ、現在でも過半数の窯元が小代焼を名乗っているが、多くの窯元が展開する山は小岱山と呼ばれることから、ここでは「小岱焼」と記述する。これに対し、明治初期に廃絶したかつての焼き物を「小代焼」と記述し、両者を区別することにしたい。

1　陶磁器業研究の視点

　陶磁器産地の多くは江戸時代を起源とし、長い歴史をもっている。また、陶磁器生産では局地的原料に依存することが多く、生産技術や製品には産地によって大きな違いがある。そのため、産地の持続に必要な技術伝承・後継者育成や原料・市場の確保などは基本的に産地を単位として行われてきた。すなわち、産地の生産構造そのものが、その持続システムの一環を形成してきたのである。

　しかし、陶磁器業においても産地の発展は単調なものではない。野原（1986）は、その変化の特徴を、①生産量の著しい増大、②多様な分野の成長、③分野間および産地間の激しい盛衰と変動、④生産構造の変動、の4点にまとめている。陶磁器業も他の産業と同様に、生活様式の変化や技術革新、国内外の産地・企業との競合などを通して絶えざる革新の波にさらされ、生産構造の再編成を続けている。陶磁器業産地においては伝統の継承と構造の革新の双方が同時に存在しているのである。

　陶磁器業はこのような特徴をもつため、これまでの研究の蓄積は多い。まず、陶磁器業の全国的な分布と製品別地域構成については上野（1979）が検討している。また、主に瀬戸および東濃地域に展開する陶磁器業を事例として辻本（1978）、北村（1981）などが地域間分業の形成と生産構造の特徴、およびその変容などについて研究を進めている。下平尾（1973；1978；1985；1993）はその一連の研究によって有田・波佐見産地の生産構造とその変化について詳細な分析を加え、野原（1986）は地場産業の存立基盤である社会的分業体制の構造について分析を進めている。

　しかし、これらの研究の多くは瀬戸や有田などの大産地を対象としており、小規模な和食器産地を対象としたものは少ない。これは、和食器（特に陶器）が大量生産に向かず、参入が容易であるため、小規模な産地が分散的に立地していること、他の陶磁器産地に比較して最も規模が小さく、生産性も低いこと、それに社会的分業体制も未発達で歴史的段階も下位に位置づけられていることなどによる（上野：1979）。

　しかし、1960年代の民芸ブームの後、各地の小規模な和食器産地はその地域

的な特性に合わせて独特な発展を遂げてきている。各産地の製品や生産構造には大きな差異があり、技術伝承の形態も異なる。ところが、前述のようにこの分野の研究は必ずしも十分とはいいがたい。特に、産地における技術伝承やその革新機構に関しての分析は、宮川 (1996)、濱田 (2002)、初沢 (2002) などが見られる程度である。そこで、本小論においては熊本県荒尾市を中心に展開する小岱焼産地を事例として窯元の技術習得について検討を加えることにしたい。

2 小岱焼産地の形成過程

　熊本県北部にある小岱山山麓には良質の粘土が広く分布し、古代から須恵器が多く生産されていた。しかし、他の地域と同様、室町時代には陶磁器生産は途絶えた。この後、加藤清正が熊本に転封されるにあたり、陶磁器業を復興させるが、これが盛んになるのは細川氏の転封後である。小代焼は熊本藩の保護を受けて江戸時代を通じて発展し、幕末期には熊本藩の御用窯的な役割を果したこともあった。しかし、明治維新後、藩の保護がなくなると近接する有田産地などから良質の磁器が大量に流入し、陶器の生産しか行うことのできなかった小代焼産地は急速に衰退、明治時代の初めに廃絶した。

　これを大正期に再興したのが、現在熊本市で操業しているA窯である。以下、まず各窯元の歴史に沿って、産地の形成過程を見た上で、各窯元の技術の習得状況を検討し、その特徴を把握することにしたい。

　A窯は当代の窯元の先々代まで島根県の石見焼の窯元をしていたが、その後荒尾に移り、蛸壺や瓶、壺などの生産にあたった。先代は次男だったために独立しなければならず、山口県の小野田で焼き物の修業をした。かつて荒尾で生産されていた小代焼を見て、それを自分で作ってみたいと考えたためである。小代焼はナマコ釉と白釉などの釉薬に特徴があったため、その研究に取りかかったが、幸い、それが萩から石見にかけて用いられていたふかわ釉という藁灰を主体とする釉薬に似ていた。そこで、それを改良して新たな陶器の製作を行った。これが、現在につながる小岱焼の嚆矢である。しかし、荒尾では地域に

あまり需要がなかったため、A窯は1931年に熊本市に移った。A窯からは、後にB窯とC窯（熊本県松橋町、現在は廃窯）が独立する。

　B窯は当代の窯元が初代。荒尾市出身で、1957年に伝統のある小代焼をやりたいと考え、勉強を始めた。最初は工業試験場に通い焼き物の基礎を学習、その後作家になることを目指して京都の窯元に弟子入りしたが、病気になり帰郷、作家の道は断念した。しかし、焼き物をあきらめられずにA窯に弟子入りして6年間修業、1965年に独立して肥後焼を名乗った。その後、1968年に窯を開いたのを契機に小岱焼に改める。当時、A窯とG窯（後述）の二つが小岱焼を名乗っていたが、いずれの製品も古美術の小代焼や山から出る陶片とは特徴が異なっていた。そこで、独立にあたり、本来の小代焼の復元を目指した。B窯は弟子の育成に熱心で、D窯（未調査）、E窯、F窯が独立し、小岱焼の生産にあたっている。

　E窯は、当代の窯元が初代で、妻、娘とともに生産にあたっている。窯元は元々荒尾の出身で、当初は有田の陶磁器会社に勤めていた。その間に焼き物が好きになって萩の窯元で2、3年修業、さらに地元に帰ってB窯で13年間修業した。器を作る技術は有田と萩で、窯を焚く技術はB窯で得た。1985年に独立し、開窯した。

　F窯は、当代の窯元が初代。元々C窯の弟子として7、8年修業した。窯元は荒尾市の出身。C窯の窯元も荒尾市の出身であった関係で紹介された。師匠であるC窯の窯元が病気のために廃業しなければならなかった時、独立することも考えたが、故郷の荒尾に戻りたかったので、それならば小岱焼を勉強しようと師匠の弟弟子にあたるB窯に弟子入りした。C窯はA窯の弟子にあたるが、それ以前は島根県の窯で修業していたため、作風は小岱焼とはやや異なっていた。そのため、小岱焼を身に着けるためにはさらなる修業が必要と判断した。また、伝統的な産地では、その作風や製作のノウハウを身に着けるためには、およそ10年はかかる。そのため、B窯で10年間修業、1988年に独立した。

　A窯が熊本市に移転した後、荒尾で小岱焼の中心となるのはG窯である。当代の窯元の祖父が有田の柿右衛門の遠縁にあたり、有田の窯元の出身だった。しかし、祖父が子どものうちに窯元を辞めてしまったために大正時代は熊本市内で瀬戸物の販売に携わっていた。しかし、次第に焼き物に興味がわき、柿右

衛門に弟子入りして修業。終戦後の1946年、私財を投じて有田から人を入れ、小岱焼を復興させた。H窯、I窯（未調査）がここから独立する。

　H窯は1971年に当代の窯元の先代が開窯。先代がG窯の遠縁にあたる関係でG窯によく出入りしていた。そのうちに焼き物が好きになり、G窯に弟子入りする。G窯の先々代は、現在地とは別に小岱山山中にも窯を築き、そこで製作にあたっていた。H窯の先代はそこで技術を学び、1971年にG窯の先々代の窯元が亡くなった後、その窯を継いだ。このような経緯から、技術的に見ると、現在のG窯よりもH窯の方がより濃厚にG窯の先々代の窯元の作風を引き継いでいる。

　J窯の窯元は荒尾の出身で、先代の窯元が小岱焼を復興させた。当代の祖父がかつての小代焼の窯元の遠縁にあたっていたため、古小代を多く収集していた。生産技術などはまったく伝承されていなかったが、次第に自分で作ってみたいと考えるようになり、1978年に築窯した。しかし、祖父には技術がなく、製品化することはできなかった。これに成功したのが当代の父である。そのため、J窯では当代の父を開祖としている。

　このように、小岱焼産地においては複数の流れが相互に独立的に働いて産地の形成を進めている。次に、当代の窯元の技術の習得状況からこれをより詳しく見ることにしたい。

　A窯では当代の窯元が子どもの頃は、徒弟教育を中心とした技術伝承が行われていた。当時、弟子はだいたい6年くらいで一人前になった。最初の1年間は雑用のみ。ただし、時間外に稽古するのは認められた。そのような時、昔は先輩の職人がいろいろと教えてくれた。2年目からはロクロを勉強する。修業の基本は見ることで、窯元や先輩の作業を見て勉強したが、ロクロを回すことはそれ以上に重要だった。技術は、基本的に自分の手で覚えなければならない。また、どのような道具を使っているのかも重要だった。古い産地には江戸時代からの道具が残っており、それを見て勉強することが重視された。昔の技術を体得することは難しいが、方法さえ分かっていれば不可能ではないためである。

　当代の窯元はこのような状況の中で成長した。学校は有田の旧制工業学校（5年制）で窯業を勉強した。ここでは、ロクロよりも釉薬・燃料・窯などに関する理論面の勉強が多かった。卒業は1941年、戦争中だったので碍子を造る

工場に就職した。その後出征。本格的な修業は復員後のことである。復員後、自宅での修業と並行して有田の友人などから話を聞き、勉強した。有田の工業学校で関係ができた先輩・同輩のほとんどが焼き物関係なので、お互いに勉強しあった。この関係は現在も続き、生産にあたって問題が生じるとお互いに相談しあっている。

　B窯の窯元は前述のように、工業試験場と、京都の窯元、それにA窯と3ヶ所で修業をしている。しかし、その内容は異なっている。工業試験場では、量を作るよりも形を作る時の基本と正確さを教わった。釉薬もいろいろな試験をして窯と耐火度の技術の基本を習った。これに対し、A窯では短時間のうちにたくさん作ることを求められた。ここではへら、かんななどの道具作りから自分で行った。習うのは最初だけで、後は自分で行って慣れた。数を作ると形もできるようになる。工業試験場に通った時は時間的な制約があったが、窯元での修業には時間的な制約がないので、デザインなどについても十分に修業することができた。このような経験から、B窯では弟子にはまず湯飲みを1万個作らせる。そうすると手が慣れてくるので、次いで小鉢、飯腕、袋物（徳利、一輪挿しなど）へ進む。しかし、先へ進んでも機会あるごとに湯飲みに戻る。このようなトレーニングは工業試験場では決してできない。

　E窯の窯元は、前述のように有田と萩で造形の技術を習得した後、B窯で修業し、窯焚きの技術を習得した。後継者である娘は、自宅で基本的な勉強をした後、信楽で半年ほど修業した。しかし、釉薬に関しては特に系統的に勉強していないため、独自に製作にあたっている。

　F窯の窯元は、前述のようにC窯とB窯の2ヶ所で修業している。しかし、基本的な技術はC窯で身に着けた。修業では、まず土作りを覚えた。ロクロは仕事時間以外に練習、見て、覚えて、自分でやって身に着けた。このような前歴があったので、B窯では半分弟子、半分職人のような扱いだった。4、5年修業をすると自分なりの作り方ができるようになったため、窯元が小岱焼を作るのを見て、自分の技術を変えながら対応することができた。基礎さえしっかりしていれば他産地に行っても対応できるため、外に出るのは視野を広げるためにも大事である。

　G窯の当代は、高校を卒業した後、有田の窯業学校に1年間通う。これは母

が有田の出身で、実家が勧めたためである。ここでは、ロクロ成形のみ勉強した。あとは自宅で勉強する。これは、土になれるためには磁器中心の有田ではだめで、家で勉強した方がよいと判断したためである。

　H窯の当代は、最初は別の仕事をしていたため、焼き物の技術は独学で習得した。父が病気で倒れたために急遽窯を継ぐことになり、職人のまねをしてスタートした。当時、窯を継ぐかどうか迷ったが、郷土の歴史を引き継いでいくことが重要であると考え、家を継ぐ決心をした。修業では、まず土になれることが重要であるため、同じ形の湯飲みを何万個も作った。窯は今でも薪で単窯を焼いている。釉薬は父のものを受け継いでいるが、その融点が狭いので調整が難しい。

　J窯の窯元は、子どもの頃から父や祖父がやっていたのを見、土にも慣れていた。しかし、高校卒業時点では焼き物をやる決心はつかず、大学では油絵を専攻した。しかし、絵画では飽きたらず、結局、陶磁器を始めた。そのため、焼き物の道に入ったのは24歳の時である。その後、益子で修業。益子に行ったのは偶然だったが、祖父や父とは焼き方の技術などが全く違ったのでいい勉強になった。今は、そうして身に着けたものの上に小代の特徴を乗せるように努力している。それは父や祖父がやっていたものを思い出したり、古小代を見ながら考えている。しかし、古小代をそのまま復活させることが目的なのではない。昔と今とでは土や釉薬が違うので同じものが作れるわけがない。今ある需要にあわせて作っていけばよいと考えている。

　以上、小岱焼に携わる7軒の窯元の創業の経緯と当代の窯元の技術習得の状況を簡単に紹介した。小岱焼産地の窯元は、大きくA窯の流れを受け継ぐグループ（A窯、B窯、D窯、E窯、F窯）とG窯の流れを受け継ぐグループ（G窯、H窯、I窯）、それにJ窯の三つの系統に区分することができる。このうち、A窯とG窯が産地形成にあたり、重要なセンターとしての役割を果たしていることが分かる。両窯の開祖はいずれも産地外の出身で、製陶に関する技術を他地域で身に着けてから荒尾に移住している。これに対し、独自に開発にあたったJ窯は、製品化に成功するまでに長い時間を費やさなければならなかった。このことは、産地形成にあたり、先進地域での技術習得が不可欠であることを示している。また、技術習得の経緯を見ても、産地形成の初期に重要な役割を果

たした窯元ほど、2代目以降の窯元でも、他産地での学習が重要な役割を果たしている。これに対し、新しい窯元ほど産地内での学習の比率が高まり、産地独自の技術基盤が形成されてきていることがうかがえる。ただし、これに伴って、B窯の流れをくむグループとG窯の流れをくむグループとでは技術的な基盤に差が生じつつある。

　このように、小岱焼産地においては、特に初期においては他産地の影響が大きかったが、その一方で、未調査のD窯とI窯を除けば、これらの窯から技術を受け継いだ他の小岱焼の窯元はいずれも地元出身か、その血縁者である。これは小岱焼がまだ新しい産地でネームバリューが低く、他産地からの参入が少ないためであるが、その一方で、小代焼の歴史が地域の人々にとって非常に重いものであることを示している。そして、この意識は生産体制にも大きな影響を与えている。以下、この点について検討することにしたい。

3　小岱焼産地の生産体制の特徴

　次に、小岱焼産地の生産体制について、各窯元の特徴を見ることにする。
　A窯の特徴は茶器の生産が多いことである。これはA窯が熊本に移転するにあたり、熊本市の茶人たちの需要が大きな比重をもっていたことによる。当時の熊本市では近辺に茶器を生産する窯元がなく、遠くの産地から茶器を購入せざるを得なかった。そのため、新たに築窯したA窯が注目され、そこに茶器生産が求められたのである。当初、A窯は茶器生産のノウハウをもっていなかったが、茶人たちが窯元を指導し、古小代風の茶器の生産にあたらせた。これに伴って、製品の風合いも変化した。前述のように、A窯は当初は小代焼の復興をめざして製品開発を進めていたが、主な需要先である茶人はあくまで古小代風の茶器を求めていたのであり、古小代そのものの復活を求めたのではなかった。そのため、原料土も当初は荒尾から取り寄せて使っていたが、現在は宇土市周辺のものを中心に、伊万里・唐津の土を混ぜて使用している。このように原料土を変えたのは、茶人が求める土味を追求した結果である。このようにA窯は、現在は古小代の復活を目指してはいない。

これに対し、現在でも古小代を強く意識しているのがB窯である。前述のように、B窯の窯元はA窯で修業したが、その作風が古小代と異なることから、独立するにあたり、あくまで古小代の復活を目指して生産を進めた。そのため、独立後も古小代の研究のために約4年を費やした。B窯は厳密な意味での小代焼の復活を追求しているため、生産方法も極力古小代にのっとるようにしている。古小代の色を出すために、原料土はもとより、薪についても地元のものにこだわっている。土づくり、土練りも昔の方法で行い、釉薬も自分で調合する。窯も自分で築いた登り窯で、ガス窯などは一切使用していない。

E窯では土は地元のものを使っているが、陶芸教室などを行うにあたっては信楽の土を混ぜる。これは窯元の娘が信楽に勉強に行ったのと、信楽の土が癖がなく素人にも使いやすいためである。窯は登り窯で薪は廃材を利用、窯はおおよそ2ヶ月に1回程度焼く。製品は伝統的なものが多いが、伝統工芸品の良さを見極める人は少ない。今後は伝統だけではなく人々に喜ばれるものを作っていきたいと考えている。

F窯では、原料土は窯場で粘土がとれるので、それを元に作っている。窯は登り窯とガス窯があるが、製品によって使い分けている。登り窯では作品を中心に作る。ここでは小岱粘土を使って昔ながらの小岱焼を作る。一方、ガス窯では日用品を中心に焼く。ここでは小岱粘土に信楽を混ぜる。これは信楽を混ぜると計算した色が出やすくなるためである。

G窯では土は小岱山の山麓から採取して使っている。窯は単窯で廃材を原料として焚いている。現在は釉薬に力を入れているが、昔のものと同じ色が出せないでいる。これは先々代が先代に釉薬を伝承しないまま亡くなってしまったためで、蓄積が不足しているとのことである。

H窯では、小岱山中から粘土を採取し、それを原料としている。小岱焼という以上、その土の特長を生かした造形、釉薬を考えていくことが必要であると考えている。ただし、製作者により造形の感覚が異なるのはやむを得ない。必ずしも昔の通りのものでなくとも良いと考えている。窯元は1980年まで伝統工芸展に出品、その後も個展を開き、作家としての活動も行っている。

J窯では、土は福岡県内の近接する山から採取している。そこには鉄分を含んだ赤土が出るので、昔の小代焼の青みがかった風合いを出しやすい。しかし、

地層によっては焼成時のゆがみが大きくなるので、信楽の土を1割ほど混ぜて調整している。釉薬は藁灰を原料にしているが、強還元焼をしないと色が出ないためにひずみが出やすい。信楽を混ぜるのは、それを防ぐためでもある。しかし、それでもできるだけゆがみが出にくい形のものを作らなければならない。

以上、各窯元の生産の特徴を簡単に紹介したが、各窯元は製品を生産するにあたって、産地の歴史が強く意識されている。しかしその一方で、需要の変化や製品製作上の都合から、他産地の原料を使用するなどしている窯元も見られるようになってきている。すなわち、郷土の歴史への愛着は、新たに陶磁器業に参入し産地を形成していくにあたっては非常に強い原動力となり、それが産地の製品や生産の特徴を形成するが、その一方で需要の変化などに対応した新しい動きも見られるようになってきているのである。

4　おわりに

以上、熊本県北部の荒尾市を中心に形成されている小岱焼産地の形成過程とその特徴について検討を加えてきた。その要点をまとめれば以下の通りである。

小岱焼産地の窯元は、大きくA窯の流れを受け継ぐグループとG窯の流れを受け継ぐグループ、それにJ窯の三つの系統に区分することができる。このうち、A窯とG窯が産地形成にあたり重要なセンターとしての役割を果たした。両窯の開祖はいずれも産地外の出身で、製陶に関する技術を他地域で身に着けている。このことは、産地形成にあたり、先進地域での技術習得が不可欠であることを示している。また、技術習得の経緯を見ても、産地形成の初期に重要な役割を果たした窯元ほど、他産地での学習が重要な役割を果たしている。これに対し、新しい窯元ほど産地内での学習の比率が高まり、産地独自の技術基盤が形成されてきていることが分かる。

また、センターとなる窯元から技術を受け継いだ他の窯元はいずれも地元出身か、その血縁者である。これは小代焼の歴史が地域の人々にとって非常に重いものであることを示している。郷土の歴史への愛着は、新たに陶磁器業に参入し産地を形成していくにあたっては非常に強い原動力となり、産地の製品や

生産の特徴を形成しているのである。しかし、その一方で需要の変化などに対応した新しい動きも見られるようになってきており、意識と現実との間にギャップが生じつつある。

参考文献

- 上野和彦「わが国陶磁器工業の地域構成」『新地理』第27巻第3号、1979年。
- 北村嘉行「東濃陶磁器業地域の構造」『東洋大学紀要　教養課程篇』第20号、1981年。
- 下平尾勲『経済成長と地場産業』新評論、1973年。
- 下平尾勲『現代伝統産業の研究』新評論、1978年。
- 下平尾勲『現代地場産業論』新評論、1985年。
- 下平尾勲『地域振興と地場産業』八朔社、1993年。
- 辻本芳朗『日本の在来工業』大明堂、1978年。
- 辻本芳朗編『工業化の地域的展開』大明堂、1981年。
- 野原敏雄『現代の地域産業』新評論、1986年。
- 初沢敏生「中小陶磁器産地の生産構造」『行政社会論集』（福島大学）第7巻第2・3号、1995年。
- 初沢敏生「山形市平清水陶磁器産地の存続基盤」『福島大学教育学部論集』第70号、2002年。
- 濱田琢司「維持される産地の伝統」『人文地理』第54巻第5号、2002年。
- 宮川泰夫「砥部焼産地の革新機構」『比較社会文化』（九州大学）第2巻、1996年。

付記

　本調査にご協力いただきました窯元の皆さまに心より感謝いたします。
　本研究にあたり、文部科学省科学研究費補助金（平成12・13年度　基盤研究c2「東北・九州地方における外来型工業化地域の生産システムと新産業創出に関する比較研究」研究代表者　末吉健治　課題番号12630039）を使用した。
　本論の概要は経済地理学会東北地方例会（2002年4月）で報告した。

第16章 温泉地の差別化戦略
―― 黒川温泉にみる成功要因と問題点 ――

飯田史彦

　有名旅行誌『じゃらん』の九州版2002年8月号に、「第5回　人気観光地ランキング」が発表された[1]。有効回答3743通を集計した結果、九州と山口県の観光地のうち、過去1年間に宿泊して「もう一度行きたい」と感じた場所の第1位が黒川温泉（熊本県南小国町）で79％の満足率、2位が湯布院温泉（大分県）で70.7％、3位がハウステンボス（長崎県）で67.5％であった。黒川温泉は、調査開始以来5年連続の1位となり、「究極の癒し空間として、自然と人が調和する町」と紹介され、「今やすっかり全国的に有名になった山里の小さな温泉が、不動の人気で今年も第1位」と報告されている。

　現在、黒川温泉の人気は九州周域をはるかに超え、関西や関東からの客を呼び込みながら、全国的規模で広がりつつある。他の温泉地が低迷する中で、約15年前（1986年）に年間16万人程度であった集客数が、2001年には36万5802人（日帰り客を含む推定入り込み客数はこの3倍）にまで達し、その人気は異常とも言える。

　それでは、なぜ、無名のひなびた温泉地にすぎなかった黒川温泉が、これほどまでのブランド化に成功することができたのだろうか。飯田（以下筆者）は、2002年7月に黒川温泉を訪れ、黒川温泉観光旅館協同組合などでの資料収集およびヒアリング調査と、ほぼ全旅館での観察調査を行い、個人行動の範囲内で、従業員や宿泊客に対する非公式のヒアリング調査も試みた。本論では、全国各地の120を超える温泉地を訪問してきた筆者の経験と、専攻する経営戦略論の観点を生かしながら、温泉地差別化の典型的な成功事例である黒川温泉の成功要因を分析すると同時に、内在する問題点を指摘してみたい。

1　黒川温泉の成功要因

　2002年7月の時点で、黒川温泉の温泉軒数は、別館を合わせて27軒、収容人員は約2000人である。その大多数は中小規模であるため、年間36万人を超える宿泊客により、どの旅館も、業界の常識をはるかに超える高い稼働率を誇っている。

　しかし、その黒川温泉も、わずか15年ほど前までは、山奥の無名の温泉地であった。そこで、熊本日日新聞社による報告と、他の有識者諸氏による既存研究を踏まえながら、筆者独自の分析を加えてみると、その成功要因は、次のように整理することができる[2]。

(1) 明確かつ本質的な差別化ビジョン

　1980年代前半、他の旅館がみな経営危機に陥っていた時代に、例外的に集客力をもっていた旅館が「新明館」であった。主人の後藤哲也が、「風呂こそが最も客の心をとらえる」という信念のもとで、一人で裏山を削ったり岩をくり抜いたりして「岩戸風呂」や「洞窟風呂」を作ったことが、人気の原因であった。後藤は口数の少ない変わり者で、組合とも距離を置いていたが、近所の「いこい旅館」の婿養子であった井和夫は、地元出身者ではない視野の広さで後藤を訪ねて教えを乞い、その経営理念を聞いて衝撃を受けた。

　当時の各旅館は、飲酒で大金を落とす団体の宴会客から利益の多くを得ており、宴会客は風呂に興味を示さない傾向があったため、「風呂」そのものを重視することはなかった。しかし、後藤の信念に共感した井は、他に先駆けて「女性専用露天風呂」を作ったり、「入浴だけ」を望む客にも風呂を開放してみた。また、宴会客向けのカラオケを廃止し、やがて宴会客の受注そのものを止めたところ、静かな雰囲気を好む個人客から高い評判を得て、女性客が明らかに増え始めた。これらの実践について、熊本日日新聞社は、それまでの旅館業の習慣を変える、「システムの大転換」であったと指摘している。

　また、「山河旅館」の後藤健吾も、後藤哲也から「花だけでなく雑木を植えろ」との助言を受け、組合の環境班長として尽力した。熊本日日新聞社は、

「若い世代が後藤哲也を尊敬するのは、『変わり者』『異端者』といわれ続けながらも、宿づくりの信念を曲げようとせず、30数年もかけて築いてきた技術やノウハウを惜しげもなく伝授したことだ」と述べ、明確な理念を掲げた精神的支柱の存在が、重要な成功要因であったことを強調している。

さらに、札幌国際大学の松田忠徳教授も、土地が狭いため眺望の無い露天風呂になってしまう問題点を指摘したうえで、しかし、「こうした設計が、実は後藤イズムである。後藤氏は、やすらぎや癒しの時代にあっては露天風呂から眺められる眺望は不要だと断言する。周りをさえぎりお湯に集中できる造りにすべきだというのだ。天才的な発想と言うべきだろう」と述べ、不利な条件を逆手に取った発想転換の妙を高く評価する[3]。

以上のように、温泉旅館の一次的機能である「お湯に浸かる」という最も本質的な価値を重視し、これをビジョンとして明示したことが黒川温泉に大きな成功をもたらした。確かに、飽食の時代と呼ばれる現代の日本では、料理の豪華さや珍しさによって客を驚かせることは困難である。山奥のひなびた温泉地にあってはなおさら難しいことであり、客も料理が目的で訪れるわけではない。また、立派な建物や近代的な設備を重視する客は、そもそも、黒川温泉での宿泊を望むはずがない。したがって、黒川温泉を訪れようとする客の本質的ニーズが「お湯に浸かってリフレッシュすること」にあることを見抜き、それを明確な経営理念としたことが第1の成功要因であると言えよう。

(2) 温泉地全体を包括的に演出する差別化戦略

前述の井は、台頭してくる若手たちの年長格として、組合長を2期務めながら改革を断行し、県内外に出かけて黒川温泉のPRに努めた。「自分の旅館だけ良くなっても、黒川全体にとっては何の役にも立たない」と主張し、写真の経験を生かして、「黒川温泉郷のイメージ・デザイン」という全体像を考えた。その後、若手たちは各地の温泉を視察しながら、「露天風呂による黒川再生」をテーマに掲げ、「一人はみんなのため、みんなは一人のため」という基本理念を制定した。「黒川温泉」のロゴマークも、名刺やのぼり、ポスターなどに、各旅館が自由に使えるよう工夫した。下駄や傘も統一し、どの旅館でも自分の宿のように過ごせるよう配慮した。また看板班は、120本もの個人看板を撤去

し、代わりに共同案内板の設置を進め、新聞やテレビなどのマスコミを招いて撤去作業を取材してもらった。

　これらの包括的な差別化について、西日本新聞は、「地域ぐるみで集客戦略」と題する分析記事を掲載し、その第1の成功要因として「風景づくり」を挙げている[4]。「浴衣姿で露天風呂を巡る観光客のげたの音が響く。道端のモミジは紅葉し始めた。川岸では小魚を追う家族連れの声。旅館の玄関わきに干されるトウモロコシ。硫黄のにおいもかすかに漂う。筑後川源流、田の原川沿いに開かれた黒川温泉は、ひなびた温泉のイメージそのままだ」と、まず情景を描写する。そのうえで、「ありそうでない、だれもが期待する温泉像をつくる努力を続けた」と語る下城祐一氏（組合事務局長）の談話を紹介し、これらが綿密に計画された風景づくりの産物であることを明かしている。

　実際に温泉街を歩いてみると、宿泊施設の壁はほぼ茶系で統一され、屋根も黒瓦に統一されつつあるなど、景観面での配慮がうかがえる。周囲はスギやヒノキの産地であり、落葉や紅葉をしないので、「四季の演出」を視覚に訴えるため、1986年から、モミジやクヌギなど1000本を超える落葉樹を植林したという。また、組合主導で地域の掃除を徹底しており、定期的な清掃活動だけでなく、日常的に空き缶やペットボトルを拾って回る。同時に、全宿泊施設で合成洗剤の使用を中止し、風呂でも天然のよもぎ石鹸やシャンプーを使うように指導した。風呂の水が、温泉街の中心を流れる田の原川に流入しているので、生息する小魚を守るためでもあった。

　さらに、札幌国際大学の松田忠徳教授も、「黒川の現在の姿は、あるがままのものではない。この日本の原風景とも言うべき何の変哲もない田舎の風景は、すべて計算され尽くして作り上げられたものなのだ」と強調する[5]。たとえば、かつて全ての宿に露天風呂を造ろうと計画された時に、土地を持たない宿が数軒出たが、他の宿が土地を貸して露天風呂を新設したという。松田教授は、「いかに街中で一致団結とはいえ、ここまでやった例は聞いたことがない」と、その相互援助の実態に驚嘆している[6]。

　なお、1986年には、「一人はみんなのため、みんなは一人のため」という経営指針に沿って「入湯手形」を考案したが、これが結果的に、各旅館ごとの良い競争意識を高める効果をもたらしたという。入湯手形とは、1枚1200円で3

ヶ所の露天風呂巡りができるチケットであり、15軒回ると「敢闘賞」（下駄などの記念品）が、全軒制覇で「パーフェクト賞」（認定賞、記念品、5000円分の宿泊補助券）がもらえる企画商品である。初年度の売り上げは6000枚であったが、テレビで取り上げられたり、福岡や熊本の街頭で宣伝ビラを配ったり、新聞に全面広告を打ったりするうちに、口コミで入湯手形が浸透していき、2001年度には13万1266枚に至っている。素材に地場産品である小国杉を用い、手形の製作は地元の老人会に発注したため、各方面で仕事を生んだことが喜ばれた。現在までに110万枚以上が利用されており、「パーフェクト賞」獲得者も1000人ほどに達している。この手形システムは、福島県の岳温泉が「湯めぐり手形」として実践するなど、各地の温泉街でも注目を浴びた。

ちなみに、熊本学園大学の古田龍助教授も、「補助金行政でむやみに自然景観を破壊しないこと」「都市住民が抱く癒しニーズを満足させるために、非日常的な空間や雰囲気を、コストと絶妙なバランスで地域ぐるみで創り上げること」と並んで、「入湯手形のように、地域での共生と競争を同時に促進するような仕組みを考案すること」を、黒川温泉に学ぶ成功条件として指摘している[7]。このように、温泉地ぐるみで差別化を推進し、入湯手形によって「協調と競争」の絶妙なバランスを保ったことが長期に渡る成功をもたらしたと言えよう。

(3) 有能な若手人材たちの集合による強力な推進組織

旅館の後継者から成る若手グループは、「黒川温泉はこのままでは本当に埋没し、自分たちの時代で宿をつぶしてしまう」という危機感を募らせていたため、後藤哲也の明確なビジョンと、井の大胆ですばやい行動力から、多大な影響を受けた。後藤哲也の理念を実践する中心的な役割を果たした井は、「長年、長老たちに頼っていた組織を、全員参加型の組織へと大胆に変革しなければ、黒川は根本的には変わらないし人材も育たない」という方針を貫き、ほとんどが30歳代という若い組合執行部を構成した。

彼ら若手グループは、高校・大学時代を熊本・福岡・東京で過ごしたのち、事情があって帰郷してきた者たちであった。彼らの台頭について、熊本日日新聞社は、「息子、養子と出目が違いながらも、ほぼ同時代に黒川に結集していることは奇跡に近く、井を中心として新しい黒川づくりの軍団を組織し、原動

力と化していった」と述べ、広い視野と柔軟な思考、そして実行力のある若手人材が同時期に結集したことが、活性化の成功要因であったと指摘している。

また、若手グループは、「一人はみんなのため、みんなは一人のため」という基本理念を実践するために、「組合運営のオープン化」と「周辺環境の整備」を二本柱として、総務部と環境部を設置した。環境部には環境班、看板班、企画班を置くなど、組織の再編成にも挑戦した。「黒川温泉観光旅館協同組合」と命名された組織は、年に2回の総会に加え、5人の理事で構成する理事会と、全会員による「八日会」を毎月開催とし、開始時刻と出欠の有無を厳守するよう促した。さらにその後、理事会の下に環境部、宣伝部、改善部、研修部を設置し、各旅館は必ずいずれかに所属して、実質的な運営に携わるよう工夫した。例えば、組合主導で黒川温泉の全23業者が独自のホームページを編集し、同じ表紙ページからすべての旅館ページを訪問できるよう配慮したり、Eメールでの予約も可能にした。温泉組合の全旅館が一堂にPRページを開くのは、全国でも初めての試みであったという。

なお、組合が事業を果断に展開できるようになったのは、財政基盤が確立したからである。その大きな財源が入湯手形の発行収入であり、手形事業を始めた1986年度に1600万円にすぎなかった予算は、2001年度には1億9872万円にまで増大した。

ちなみに、熊本学園大学の古田教授は、『黒川温泉　急成長を読む』の最後に「幸運をたぐりよせた黒川温泉」と題する分析結果を発表している。古田教授によると、大分県大山町、宮崎県綾町、熊本県小国町（黒川温泉）の3町の成功事例に見る過疎地域活性化の条件とは、「地域経済が落ちるところまで落ち込んでいたこと」、「地域の名家出身で、都会で教育を受けた人材が、40歳代で首長に当選できたこと（黒川の場合には、30歳前後の都会帰りの若者が同時期に多数結集したこと）」、「人口がせいぜい6000人くらいの山村であり、首長も酒に強かったため、議員や住民を直に説得しやすい条件が整っていたこと」であるという[8]。つまり、「強烈な危機意識のもとで有能な人材が集まった」という恵まれた状況と、「利害関係者たちを直接に説得することが可能な中小規模の地域であった」という好条件とが、黒川温泉の活性化に寄与したのである。

2　黒川温泉の戦略的課題

　温泉研究者の石川理夫は、「ヨーロッパの温泉保養地は長い時間をかけて、訪れる人に心底くつろいでもらえる自然や街の環境を整えるよう努めてきた」と述べたうえで、「名湯の条件」として、「使い回しの循環方式を避け、源泉そのものの個性を活かすこと」「新鮮な源泉をたたえた湯船を主とした入浴の場のたたずまい」「温泉地を取り巻く自然環境や、温泉場が長い歳月をかけて築き上げた情緒や環境デザイン」の3条件を指摘する[9]。黒川温泉は、豊富な湧出量を誇り、23軒の旅館がそれぞれ独自の源泉をもっているため、第1条件は十分に満たすことができる。また、「全ての旅館に備わっている露天風呂」によって第2条件を、「全旅館が一丸となった景観作り」によって第3条件を、それぞれ15年以上の歳月をかけて計画的に満たしてきた。その意味で、黒川温泉は、まさに石川が指摘する典型的な「名湯」であると言えよう。

　それでは、これほどの成功を収めた黒川温泉は、現在どのような問題に直面しているのだろうか。筆者の考察に基づき、次の二つの観点から指摘してみる。

(1) 訪問客の増加と都市化・観光地化による、本質的「癒し」価値の減衰への対策

　前出の石川は、資本力のある温泉宿が各地で独り勝ちして巨大化し、温泉客を外に出さない傾向が強まっていることを危惧しながら、「訪れる人に街や自然の散策をしてもらう環境整備がなされていない温泉地は、いっそうさびれていく」と予想する[10]。また、札幌国際大学の松田教授も、先駆者である湯布院温泉の現状を引用しながら、有名観光地のブランドを狙った外部資本が急激に入り込むことによる都市化の問題点を指摘する。湯布院のメインストリートは、福岡の若者にとっての『原宿』であり、外部資本による屋台村やブティックや喫茶店が並び、清里や軽井沢のような姿になろうとしているという。そのうえで松田教授は、「需要があればあるだけ、それに対応して大きくしていいのだろうか。人に安らぎや癒しを与えることによって伸びてきた産業が、もうそれを与えられなくなるまでに拡大膨張していっていいのだろうか」と嘆き、「日

本の観光地は、湯布院の段階までいけば、もうあとは見えている。その先にあるのは熱海や別府の姿なのだ」と、警鐘を鳴らしている[11]。

事実、黒川温泉中心部の川沿いの一等地には、すでにかなり大規模な旅館が新築されており、筆者を驚かせた。景観保護の配慮は配色などにうかがえたが、一般客から見ると、その外観も内部も、いかにも熱海や別府にありそうな歓楽型の大規模旅館を連想させる。しかも、黒川温泉の周域には、黒川ブランドを狙った外部資本の投資が増えつつあった。

このような、施設の大規模化・都市化・観光地化などの問題に対しては、「黒川ブランドの価値を支える中心エリアと、外部資本による観光開発を許容するエリアとを、景観保護条例のような一定の強制力によって区分けしながら守ること」という、テーマ別の棲み分け戦略を採用すべきである。たとえば湯布院では、筆者の観察によると、景観を守るべき地域と開発を容認する地域とが区分けされていないため、無節操に乱開発が進んでいる。

ただし、原宿や軽井沢や清里のような洒落た店舗が並ぶのは、若者たちを魅了する一つの「環境」であるため、筆者は目くじらを立てて反発する意志は持たない。原宿化したお洒落な町並みを歩くのは、若い世代にとって「たいへん気持ちの良いこと」であり、その欲求自体を否定するのは、視野の狭い自己中心的な発想である。むしろ、「良い意味での原宿化を追求するエンターテインメント＆ショッピング・エリア」と、「自然景観と懐古趣味を徹底する保護エリア」とを、計画的に区分けして街づくりを進め、町内に複数のテーマパークを設けるかのような「棲み分け」の発想こそが求められるのではないだろうか。

実際に黒川温泉でも、「ぶらぶら見て回るお店が少ないので、つまらない」、「古ぼけて閑散としたお店が多く、入りづらい」という若い客の意見が少なくなかった。「その種の不満を漏らす客は、来てもらわなくてもかまわない」、「ひなびた田舎商店だからこそ味わいがある」などと反発するのではなく、「いかに景観を守りながら、ショッピングやエンターテインメントの楽しみも味わってもらえるよう配慮するか」という柔軟な発想が、より魅力的な温泉街を形成していくのである。従業員の中には、「15年前に改革を進めた人々は、今では年を取りすぎて、若い世代の意見について来れなくなっている」と漏らす者もいた。

また、温泉情緒あふれる「新明館」前の川向いで目立っている汚れたコンクリート壁については、「あの壁を何とかして撤去し、木造の綺麗な壁に代えて欲しい」という若い女性が多かった。このような要請に対して、「あの壁は、ありのままにしておく方が、ひなびた田舎として自然な姿なのだ」、「一部の旅館だけのために、そこまでするわけにはいかない」などと反論するようでは、「徹底した演出」を求める時代のニーズから取り残される。新明館前の川沿いの光景は、黒川温泉の温泉情緒を伝える格好の財産であり、黒川温泉街を代表する景観として、街ぐるみで整備すべきだからである。黒川は全体として散漫な印象の温泉地であるだけに、ビジュアル時代の現在では、「これぞ黒川温泉街」という代表的景観を徹底的に演出することが、ひいては温泉地全体のイメージ形成につながるのである。

(2) 客層や客地域の拡大に伴う「眼の肥えた客」の来訪に対するサービスの充実

　本論では、黒川温泉の成功要因すなわち優越性に焦点をあてて論述してきたが、実のところ、黒川温泉に対する筆者の個人的評価は、さほど高いわけではない。なぜなら、黒川温泉が誇る本質的価値の根幹を成す数々の「露天風呂」群そのものに、正直なところ、筆者は満足できなかったからである。筆者はこれまで、北海道から沖縄まで120以上の温泉地を訪問した経験を持つため、それらと比較して、黒川温泉の露天風呂群は「箱庭のように小ぢんまりとした印象」であり、肝心の「癒し感」よりも、むしろ「狭苦しさ」や「閉塞感」の方を強く感じてしまった。確かに、「奥の湯」旅館が持つ川沿いの露天風呂など、一部には解放感が得られるものもあり、また一方では、細やかな気配りに感心する露天風呂も見られたが、総じて、無理に造成した印象の、中途半端な露天風呂が多いと感じた。

　もちろん、立地上の「与件」として土地が狭い黒川温泉の旅館には、そもそも雄大な景観を持つ豪快な露天風呂を期待すべきではない。また、宿泊客の大半を占める若い女性からは、むしろ開放的な露天風呂は敬遠され、周囲を木々や塀で囲んだ箱庭状の露天風呂の方が好まれることだろう。しかし、筆者が住む東北地方をはじめ、北海道や中部山岳地帯周辺などには、壮大な眺望や解放

感を誇る「癒し効果」満点の露天風呂が多数存在するため、それらの露天風呂を気軽に利用できる地域の客から見ると、黒川温泉の露天風呂がいかにも貧弱に見えてしまうことは否定できない。これまで黒川温泉は、九州や西日本という、気軽に利用できる豪快な露天風呂が少ない地域の客を誘致して高評価を得てきたが、その人気が全国区に広がるにつれて、露天風呂に眼の肥えた厳しい客の評価にさらされることになる。実際に、旅慣れた客や温泉マニア、あるいは高所得者層からは、「露天風呂への期待が大きかっただけに、物足りない」、「入湯手形を活用していくつも回ったが、質より量という印象に終わった」という低い評価が多かった。中部から東北、北海道にかけて多数存在する、眺望や解放感に恵まれた極上の露天風呂の数々と比べれば、あまりにもスケールが小さいためである。露天風呂に求める価値は多様だろうが、ブームに乗って各地の露天風呂を経験するうちに、黒川温泉の露天風呂が「実は閉塞感に満ちておりストレスにつながる危険性がある」と気づく客が、増えることはあっても減ることはないだろう。

　今後も結果的に、「九州周辺に住む、露天風呂については初心者の若い女性に対して、安心して入れる箱庭的な露天風呂を供給していく」という差別化集中戦略を採用していく限りは、一定の評価が得られるだろう。しかし、より広範な地域から来訪する多様な客層を相手にするためには、閉塞感の強い露天風呂に代わる新たな魅力を開発する必要がある。それは、「山奥の古風な温泉地」というコンセプトを徹底的に推進することによって得られる、一種のテーマパークとしてのブランド力であるに違いない。街はずれに別館を建てることにより、狭い土地に縛られない理想の露天風呂を追求する経営者も現れているが、全体としてみると、露天風呂の魅力による集客の限界が近づいていると言えよう。

　現実を見ると、現状維持の経営で十分だと考え、「ひなびた温泉地というコンセプトを守るためには、これ以上の客数を受け入れるべきではない」という慎重派の経営者も多いとのことだが、一方で、「他の旅館は増築・新築したのだから、自分にもその権利があるはず」と考えるのも、経営者の宿業である。「協調と競争」のバランスを保ちながら、一部の旅館だけが損や得をすることのないように活性化を進めるのは、至難の業であると言えよう。

なお、女性客の中には、黒川温泉を代表する新築旅館の客であるにもかかわらず、「部屋に多数のアリが侵入してくるので、気持ち悪くなった」と憤慨する者もいた。外観や雰囲気をいかに古風に演出しようとも、女性客は同時に快適な滞在環境を求めるため、その整備には資金がかかる。外観やイメージ上の演出だけでなく、宿泊施設としての質の向上を心がけることも忘れてはならない。

3　おわりに

実際に、「かの有名な黒川温泉」を訪れてみた結果は、「大当たりも無いが、大はずれも無い、平均的な旅館の集合」という印象であった。期待が大きすぎたためか、一部の論者が絶賛するほどの魅力は、残念ながら感じられなかった[12]。狭い露天風呂群に、大量の入浴客、そして車の列を避けながら排気ガスの中を歩く、決して快適とは言い難い散歩。つまり、人と車が多すぎるのだ。「ひなびた日本の田舎」という演出を徹底するには、すでに有名になりすぎてしまったのである。「ひなびた日本の田舎」を演じきるために必要な適正規模をはるかに超えた現在、黒川温泉にとって、最良の日々は去った。今後は、「料金を高くして客数を減らし、客に提供する演出の質を上げる経営」へと移行するか、その逆に、覚悟を決めて、「休日には人でごった返す、しかしそれでも訪れる価値のあるテーマパーク」への道を徹底的に計画・実践するかという、厳しい二者択一に迫られることだろう[13]。

一方で、山形県の銀山温泉、福島県の岳温泉や高湯温泉、秋田県の乳頭温泉、長野県の白骨温泉など、黒川温泉の歴史と現状から大いに学ぶべき温泉地は数多い。黒川温泉と似たコンセプトを掲げる温泉地は少なくないが、なぜ黒川温泉だけが徹底的に推進でき、他の類似の温泉地では徹底できないのだろうか。確かに、マスコミが大いに味方してくれたこと、たまたま有能な人材が揃ったこと、土地が狭いのが幸いして外部資本の流入が困難であったことなど、大きな幸運に恵まれた点も多い。しかし、いかに有能な人材が揃い、何らかの幸運に恵まれたとしても、「関係者の熱意と努力」なしには、何事も成し遂げられ

ない。他の温泉地が、黒川温泉からまず学ぶべきなのは、いかなる理念であれ、「熱意をもって徹底的にやり遂げようと努力すること」である。強烈な危機感に追い立てられたとはいえ、15年前の黒川温泉に集った若手メンバーには、その根性があった。各温泉地で今後を担う若手経営者たちに、改革に果敢に挑戦し、努力を重ねるだけの根性が備わっていることを心から願っている。

注

(1) リクルート『じゃらん』九州発、2002年8月号。
(2) 熊本日日新聞情報文化センター『黒川温泉　急成長を読む』熊本日日新聞社、2000年。
(3) 松田忠徳『温泉教授の温泉ゼミナール』光文社、2001年、143ページ。
(4) 西日本新聞、2000年9月21日、朝刊32面。
(5) 前掲書(3)、137ページ。
(6) 前掲書(3)、142ページ。
(7) 前掲書(2)、214～216ページ。
(8) 前掲書(2)、210～211ページ。
(9) 石川理夫『温泉で、なぜ人は気持ちよくなるのか』講談社、2001年、142～147ページ。
(10) 前掲書(9)、147ページ。
(11) 前掲書(3)、171～179ページ。
(12) 今回の調査は、協同組合に公式に申し入れたものではなく、あくまでも個人客としてのプライベートな調査であった。そのため、得られた情報には限界があるが、そもそも温泉地・温泉旅館への評価は各訪問者の主観によるものであるため、筆者も、あえて「一人の訪問者」という視点から分析を試みた。やや厳しい意見も書いたが、あくまでも、黒川温泉のファンの一人として、応援の意を込めて書いたものと御理解いただきたい。
(13) 本論は、2002年8月末時点における情報をもとに執筆したものである。その後、再調査の機会に恵まれ、新たな情報を得てさらなる分析を行ったが、残念ながら、本論の出版には間に合わなかった。それらの新たな情報と分析結果については、またの機会に公開したい。

第17章 内発型SOHOによる農業・農村の活性化

守友裕一

　本論では、地域振興における従来の外来型開発に対するオールタナティブな考え方である内発的発展論と、情報化ならびに情報基盤の整備の進展を基礎としたSOHO（small office home office、パソコン・インターネットなどを活用した在宅勤務も含めた小規模な事務所・事業所での勤務形態）型事業展開とを相互に関連づけ、その中からこれからの農業・農村の活性化の一つの方向について検討していくことを課題としている。

1　内発的発展論

(1) 内発的発展論への道

　高度経済成長期の地域開発は外来型開発といわれている。素材型重化学工業の誘致→関連産業の発展→都市化・食生活の変化→農村の農業改善→地域の所得水準の上昇→財政収入の増大→福祉・教育・医療などの整備といった流れで地域の活性化、住民福祉の向上を図ろうとしたのである。

　しかし、現実には公害の発生（環境破壊）、先行的産業基盤整備による財政危機、素材型重化学工業と地域産業との連関の欠如、重化学工業の予想外の産業連関の弱さ、経済面でのリーケージ（漏れ）の多さ、農林水産業・地場産業の軽視が顕著であり、地域格差は拡大し、過疎・過密が一層進行する結果となった。

　そうした中、経済成長優先の考え方に対して疑問が出されるようになり、欧米の工業化をモデルとした単系的な近代化論ではなく、地域の歴史、文化、生

態系を尊重した多様な発展、多系的発展の追求が新しい方向性として提起されるようになった。

こうした流れに加え、地域の再生を人間発達の視点からとらえる見解が現れてきた。これは地域の再生とは、失われつつある人間らしい暮らしを、地域に住む人間の立場に立って取り戻そうとする動きであるととらえ、人々との対話、交流、協同、連帯などの諸活動によって人々の潜在的能力を引き出し、それによって地域の振興を図っていこうという考え方である。

そして、これらをふまえて、地域ごとの多様な発展の存在の承認、地域のもつ固有性の重視、潜在能力の発揮に基礎をおく人間の発達を基本とする地域づくりが課題となってきた。

(2) 地域の内発的発展のための五つの視点

こうした流れの中で内発的発展論は形成されてきたのであるが、これまでの財政学、社会学、開発経済論、地域経済学、農業経済学などの研究成果に学び具体的に実践を展開していくには、次の五つの視点が必要であると思われる[1]。

第1は、地域の技術、産業、文化を土台とすることであり、これにはハードとソフトの資源活用という視点から、地域固有の情報ネットワーク、地域の諸資源・技術革新・市場ニーズを総合的に評価できる地域固有のノーハウ（知的資産）の重要性が新たに加わってくる。

第2は、住民が自ら学習し計画する点であるが、社会教育を含めた学習の機会の拡大が、人材輩出の文化的基礎となる点を重視する必要がある。

第3は、地域産業連関を重視することであり、特に福祉的社会連関を視野に入れることが重要である。

第4は、環境、生態系の保全、アメニティの向上は当然の枠組みであり、また環境、生態系は地域の固有性の基礎であるという点からも重視する必要がある。

第5は、住民の主体的参加による自治、自律的意志決定、それに基づく地域独自の政策形成の重要性である。政策に総合性、系統性・展開性、組織化の視点が不可欠なことはいうまでもない。

(3) 農山村における内発的発展

このような視点から農業・農村の活性化について見ると、二つの基礎の重視と一つの方向性の追求が不可欠となる。

二つの基礎とは、まず農業経営の安定化策と農村整備の追求であり、ついで日本型条件不利地域対策（中山間地域等直接支払制度など）の確立である[2]。

一つの方向性の追求とは、農村における総合的産業複合の追求である。生産－加工－販売を統合化し、加工・販売部門での利益を調整し、再生産しにくくなった生産部門へ利益を再配分し、流通合理化と高付加価値化を連動させていくことや、都市と農村の交流と共生を軸とする、第３次産業を媒介とした外部所得の農村内部への移転を図ることである[3]。

これは、地域資源の総動員による農村活性化の追求であり、$1 \times 2 \times 3 = 6$次産業の創出ともいわれている[4]。

こうした基本的な方向のもとで、農業・農村における情報化、情報基盤の整備がどのように関連してくるのかが次の検討課題となる。

2　情報化と農業・農村の振興

農林水産省は2001年４月に「21世紀における農林水産分野のIT戦略」を取りまとめた。それによれば、IT活用により目指すべき姿は、意欲ある農林漁業者が各種情報を活用し高い生産性や高付加価値を有する企業的経営を展開、流通分野において物流の合理化等が図られ生産者・消費者双方にその恩恵が及ぶとともに消費者が的確な商品選択の機会等を増加、農山漁村の住民が都市に劣らぬ利便性等を享受し豊かな生活を実現することとされている。

そして、重点政策分野の中に、情報の電子化の推進や利活用システムの充実として、次の４点を具体的に掲げている。

第１は企業的経営支援であり、農業者の各種情報の迅速かつ的確な入手、地産地消システムの構築、ネット産直、精密農業の推進である。

第２は電子商取引の推進と消費者への情報提供の充実であり、生鮮食品の流

通システムの開発・実証を通じた流通の合理化、消費者への安全・安心情報の提供の推進である。

第3は農山漁村地域の利便性の向上であり、遠隔健康管理システムの開発・普及、生活関連情報の迅速な入手、都市と農村のネットワーク化の推進である。

第4は資源管理の高度化であり、農林地の地理情報システムの整備の推進である。

さらにこれらをふまえて、農山漁村地域におけるITインフラの整備について、農山漁村地域に高度情報通信ネットワークが整備されることにより、SOHOや立地自由度の高い産業の導入が促進され、農村への人口回帰が起こる可能性があることにも留意する必要があるとしている。

3 内発型SOHOの定義と展開のイメージ

ここで内発型というのは、内発的発展の視点を念頭においたものである。これにSOHOをつけて内発型SOHOとしているが、その定義は必ずしも確定しているわけではない。

農林水産省農村振興局は、国土交通省都市・地域整備局、経済産業省商務情報政策局とともに、2001年度より「内発型SOHO・分散型オフィスの立地促進に関する調査」を実施しているが[5]、そこにおける内発型SOHOの定義(仮)は次の通りである。

起業活動の展開において、人材、資本の調達は地域内外にこだわらないが、資源については地域に固有の(土着の)資源を活用して、新たな雇用の創出・所得の確保及び地域住民のむらづくりや、地域振興意識の向上等の効果をもたらす地域起業活動のうち、個人ないし少人数規模(およそ20人程度)で、パソコン等の情報機器を上手く活用しながら情報発信・広報を展開している起業活動のことを内発型SOHOという。

そして、その展開のイメージとして次の例を挙げている。

eコマース的展開……農産物をはじめとした地域特産品をインターネットを通じて直販するスタイル、ネットコミュニティ……都市在住者への「バーチャ

ルふるさと」の提供、自然情報の提供……農村風景や農作物の生育状況についての画像・音を伴う情報をリアルタイムに提供する、伝統技術の紹介……郷土料理、伝統工芸の手法等についてインターネット上に教室を開設して講習する。

4 情報機器を活用した農業・農村の発展の検討

では、次に現段階での情報機器の活用、情報基盤整備の現状を見ていこう。

まず、農林水産省『平成13年度 食料・農業・農村の動向に関する年次報告』(食料・農業・農村白書)には、第Ⅰ章「食料の安定供給システムの構築」において、ITを利用した食品流通の合理化として、大手外食企業を中心として、インターネット上のB to B[6]サイトを利用し、業務需要に関する買い手と売り手の出会いの場を提供するものと、外食産業が食品仕入れ時にインターネットを使った逆オークションを行うものを紹介している。

さらに、第Ⅲ章「農村と都市との共生・対流による循環型社会の実現」において、ITの活用に対しては、社会経済構造の変化を促し、生産性の向上や新たなビジネスの成長等につながる契機として強い期待が寄せられているが、農業分野においてもその活用を通じて生産から流通にわたる多くの分野での様々な可能性が期待されている。しかし、地方圏と大都市圏には情報通信基盤の整備に大きな格差が生じており、この格差を早急に是正することが望まれるとして、農村の生活の質の向上につながるような情報通信基盤の整備への積極的な取り組みを推進していく必要があるとしている。

次に「インターネットを利用した農業・農村の情報発信」を特集した東北農政局『平成12年度 東北食料・農業・農村情勢報告』を見ていこう。

2001年2月に行った「インターネットの農業経営への活用に関するアンケート」(調査対象数245、回答数144)から次の点が明らかになっている。

まず、インターネットの営農上の利用目的は、農畜産物の産直(73.8％)、自分の農業紹介・消費者との交流(63.1％)、栽培技術・気象等生産管理の情報収集(32.6％)などであり、ホームページのコンテンツ(内容)は、農家のプロフィール(97.2％)、直売に関する情報(90.8％)、農産物の紹介(77.3％)、

農作業の様子（52.5％）、農家と消費者の交流（34.0％）などである。インターネット産直を始めた動機は、新規の購入者を確保するため（65.3％）、こだわりや特徴のある農産物を提供するため（54.0％）、販売額を伸ばすため（46.0％）、消費者の意見・反応を把握するため（42.7％）などである。

課題としては、総販売額のうちインターネット販売額の占める割合が10％未満のものが84.4％を占め、ショッピングモールへの出店料の高さ、購買者とのトラブル（代金回収、荷痛み、配送の遅れなど）が指摘され、情報伝達距離は無くなったが宅配料金が必要で割高になることが指摘されている。

こうした中で、地域性をアピールする特産物、有機農産物など付加価値のある農産物等による差別化、年間を通して販売できる商品の多様化の構築の方向性が指摘され、それを支える情報通信インフラの整備によるインターネット利用環境の整備が提起されている。

5 内発型SOHOの展開

(1) 展開パターンの整理

以下、内発型SOHOの事例の検討は次の七つの類型に区分して考察を行う。まず第1は、インターネット取り引きを模索中の事例、第2はB to Cの形態でネット販売を行っている事例、第3は地域内をネットワークでつなぎ全体として情報発信力を強めている事例、第4は企業間取り引き（B to B）へ展開している事例、第5は地域農業の支援に情報化を活用している事例、第6は田舎暮らし・グリーンツーリズムの情報を提供している事例、第7は情報機器活用による農業の新展開の事例である。

(2) インターネット取引の模索

沖縄県下地町の女性グループFはメンバー5人全員が本土出身で、都会でやって来た仕事を活かせないかということで、従来から行っていたマンゴーの生産、販売に加え、マンゴーを活かした特産品としてジャム、ゼリー、ケーキを

作り始めた。法人化を考え、2002年度に保育所を併設した加工所、食材供給施設、2003年度に交流施設（ペンション）の建設計画を立てている。加工量が増えてきたらこれまでの電話、FAX販売に加え、インターネット販売を考えている。

しかし、マンゴーには毎年の収量変動があり、しかも花芽誘発剤は使わずに完熟収穫をしているため、ネットによる一時期の大量注文には応じきれない危険性があり、代金回収の不安もある。また、インターネットで情報格差はなくなっても、送料格差はなくならないという離島独自の悩みもある。

将来はマンゴー、加工品、普通野菜、有機野菜を合わせて生産販売し、法人のもとで人を雇い、それによって島が潤い、若い人やお嫁さんの出入りがある島を作っていくことが大切と考え行動している。

奈良県當麻町の農事組合法人Tは、女性、高齢者のパワーを活かした「6次産業化」のさきがけとなっている（組合員108人）。有機低農薬農畜産物の販売、地域農産物の加工・販売（漬物、味噌、餅、乾燥野菜）、郷土食をアレンジした月替わり料理の提供、体験農場での収穫体験を行い、施設が国道沿いにあることから、「道の駅」の指定を受けている。観光客だけでなく地元ニーズにも対応させ、また直売の野菜は加工、レストラン部門への内部供給も行っている。

構成員の3分の2は農家女性であり、「自分たちの店をもちたい」という意欲が事業を支えており、農家女性、高齢者が収入を得る場として機能し、自己実現の場となっている。

高齢者や女性が中心となっている経営であるため、消費者と直接ふれあえる対面販売を重視しているが、今後マーケティングの一環としてインターネットの活用を考えており、webページによる地域の観光資源、農と食に関する情報、組合員の声の積極的な発信を考えている。そのためインターネット取引をめぐるメリットやデメリット、リスクに関する適切な情報の提供、パソコン操作、インターネット取り引きに対応できる人材の確保が課題となっている。

(3) ネット販売の展開（B to C）

福井県三方町の第三セクターEは、兼業化、高齢化の進展で、荒廃農地が

目立つようになってきており、これに対処するために町と農協が出資して設立したものである。稲作の受託、棚田オーナー制度の企画運営と70人のオーナーに農業体験を提供している。また、地元酒造メーカーと連携した古代米酒、町特産の梅を使った梅干し、鯖のぬか漬け「へしこ」、オーダーメードの味噌などを製造している。

webページから棚田オーナー制度の情報発信を行い、棚田米、古代米、加工品の通信販売を行っている。webページをもつことによって棚田オーナーの生の声を聞くことができ、都市消費者のニーズ把握の参考にしている。インターネットの活用は、エンドユーザーとの直接取り引きで、系統流通では得られないやりがいを得ることができるという。

また、この取引は、一般の消費者を対象とするのではなく、棚田オーナーを対象として、オーナーを介して三方町に関心を示す人々の拡大をねらいとしているところに特徴がある。

とはいえweb上で消費者の目をひく中身づくりの困難さ、現物を手に取ることができない消費者に商品の品質を伝えることの難しさ、インターネットモールの乱立の中で、「ファーマーズマーケット支援サイト」のような行政的支援も必要になっている。

奈良県五條市の任意団体Bは1983年の設立である。代表者は脱サラした夫とともに五條市にUターンして稲作、野菜、果樹、養豚の複合経営を行い、アトピーの子どものために安全な野菜、卵、豚肉などを自給していた。しかし、豚1頭を1軒の家では消費しきれないため、友人、知人に野菜や豚肉の共同購入を呼びかけ直販活動を開始した。これに加わってきたのは30歳代の主婦であった。しかし、年がたち、子育ての忙しさから解放されるようになると、単なる購入者から女性の仕事づくりへと狙いが変わっていった。そこで食肉製造業の許可を得て、加工活動に取り組むようになった。販売商品は、抗生物質、発色剤を控えた豚精肉、ハム・ソーセージ、惣菜類（ハンバーグ、串カツ、ブタ饅頭など）である。

販路は購買会員への直接配送が主体であるが、業者3社と契約してインターネット販売も行っている。ネットによる販売実績は年間100件程であるが、アンテナを張り巡らす必要性と、業者側でお総菜レシピを組み込んだきれいな画

面を作ってくれることなどがあるため、経費はかかるが今後も契約は継続していくという。

1997年にはゲストハウスをオープンさせ、オリジナル料理の提供やソーセージづくりの体験を予約制で実施している。

Bの構成メンバーには農家、非農家が含まれ、異業種ネットワークの色彩もあり、このネットワークのツールとしてインターネットが位置づけられている。そして、今後農家の良さ、田舎を知ってもらうための情報発信のツールとしてインターネットの活用を展望している。

沖縄県平良市の有限会社Oは、プレハブの店舗とインターネットにより宮古島の産品を販売している。「新しい価値の創造」をスローガンに、島に生き、島の経済を支える情熱を持って活動している。

代表取締役は元不動産関係の企業戦士であったが、新聞などでふるさと宮古島の様子を見るたびに、島へ帰って情熱をもってやれることがあればやってみたいと思うようになった。そんな折、インターネットを知り、これを使ったら島でも商売をやれるのではないかと思った。妻の「島へ帰ろう」との声にも押されて、宮古島へUターンし、店を出して宮古島の特産品（宮古そば、もずく、島とうがらし、マンゴー、ゴーヤ、ピーナッツ糖、島の野菜、豆腐など）の販売を開始した。

店は年中無休、朝6時から夜10時まで開けている。早朝から野菜、豆腐などを農家などから仕入れ、すぐ店に並べるようにしている。地元の人から支持され信用ができ、消費者も期待し、生産者も喜び、売れたお金は宮古島の中を回ることになり、島の活性化につながっていくという考えを基本においている。

会社には店舗事業部の他にインターネット事業部を置き、webページも自力で立ち上げた。しかし、ネットによる売り上げは店の20分の1である。当然、店での島内のお客が売り上げの大半を占める。しかし、会社の将来展望としては、売り上げの9割は島外、1割を島内として、島の産品を島外に売ることによってお金を島の中に循環させていくことを考えている。そのため、今後インターネット事業にもう少し力点を置いてやっていく計画を立てている。

ただ、インターネットにより情報の地理的距離は縮まりつつあるが、輸送距離は縮まっておらず、送料の割合が高くなり、離島にはハンディキャップがつ

きまとう。

　情熱を持って地域のために奮闘するこのような内発型SOHOに対する支援が急務であることをO社の実践は示している。

　沖縄県石垣市のS商店は、「南の島の贈り物」をスローガンに、店頭販売、郵便局のふるさと小包を基礎に、そこからさらにネット販売へと事業を展開している。店頭では食品、酒類、おみやげ品、ふるさと小包ではパイナップル、八重山そばなど、ネット販売では泡盛、黒麹酢、クルマエビ、八重山そばなどを取り扱っている。

　もともと酒、食料品店を経営していたが、店が郵便局の前にあることから「ゆうパック」でパイナップルを売り始めた。これは一方で島のものを売って島外からお金が入ってくること、他方でパイナップル生産農家が高齢化し、売り方が分からないという現実の中で、この二つをつなぐことによって新たな展開の芽をつくり出すことになった。

　このように店頭販売、ふるさと小包の二つで事業を行ってきたが、大型店の進出などによって小売りの伸びが停滞してきた。そこで考え出されたのがネット販売であった。現在店独自のwebページに加え、株式会社TMO石垣の開く「石垣e市場」にもネットを張っている。

　現在のネットの販売品目の順位は1位パイナップル、2位八重山そば、3位泡盛である。注文には至らないが、「石垣島に行きたい」、「サトウキビはどうやってつくるのですか」などの質問や、ネットを見ましたと言われると親しみがわくという。

　石垣島は小さな島であり、島の中で島の人のお金が動くだけではだめであり、外からの「外貨」が不可欠である。歴史的に見ても沖縄では外との交流によって外からお金を入れて地域の経済を支えてきた。では、今島にとっての「外貨」を獲得する手段は何か。それは公共投資、観光、特産品販売である。S商店でできるのは特産品販売である。こうした積極的な販売対応と地域・農業の活性化がインターネットにより結びつけられつつあるのがこの実践の特徴であるといえよう。

(4) 地域内ネットワークによる情報発信力の強化

　広島県福富町のKグループは、「地域をつなぐ笑顔の生き生きネットワーク」をスローガンに、複数の商店、業者などが協力して情報発信を行っている。このきっかけは雑貨ショップMの経営者が、知人のコマーシャルディレクターから、個々のお店をweb上で公開してはどうかと持ちかけられたことに端を発している。Mの経営者は周辺の店に呼びかけ、Kグループを結成し、自らが情報専門学校の卒業であることから、webページの制作、運営を担当しグループを取りまとめることになった。

　現在のメンバーの業種は、ジェラード製造販売、パン製造販売・レストラン、雑貨ショップ・手作りピザ、釣り・陶芸・レストラン、木材・木製品展示販売、焼物・そば店、田舎割烹、注文家具・木工、自然農法農園、レストラン、クレープ店、無農薬農産物販売、表具・掛け軸仕立て替えである。

　町内にかなり広く点在しているお店をリンクさせて、webページで紹介を行っている。

　その結果以前は町周辺のお客しか来なかったが、最近は地域全体として集客の範囲が広がってきており、遠方からインターネット割引券をプリントアウトして持参するお客や観光客も増えつつあるという。

　なお、商品の注文をweb上で受注できるようにするには、かなりの技術と費用がかかることから、まだ一部のお店のみで実現している段階である。また参加メンバーで2ヶ月に1回集会をもって、これからの展望や改善の方向などについて話し合いを行っている。

　山間部であることから、安くて早いネットワークやITを理解、操作できる人材の育成、店間をつなぐ道が狭くマイクロバスも通れないところもあり、これらは今後の展開にとって至急解決すべき課題であり、これらへの対応は個人商店としては難しく、その改善のために、地域の企業をスポンサーに迎えることや、行政との連携が必要になっている。

(5) 企業間取引（B to B）への展開

　長野県上田市の有限会社Tは、「健康で風土にあった食生活を子供らに」を

スローガンに、B to B へと展開している農業生産法人である。

　代表者はかつて米＋葉タバコという農家であった。ところが、1980年代中頃から葉タバコに農薬をかけすぎてアブラムシに耐性が出たり、農薬中毒で知人が倒れたりするのを見て、この方向ではだめだと感じ、農薬の少ない麦へ転換した。

　麦を作ってみたが、規格外品が出てしまい、粉にしたが、粉だけでは販売に限界があり、うどん（乾、生）を作ることとした。製品は農協の直売所などで販売した。

　1993年に有限会社化し、新たな展開を模索していたところ、立川市の J 社からこだわりの農産物が欲しいという情報が入り、そこを通じて東京都内の八百屋グループとの取引が始まり、うどん、そば、切り餅などを販売するようになった。

　ネット販売を始めたのは1997年頃からである。「もともと百姓であり、自分で売り込むには限界」を感じており、「どこにどういう人がいるかわからないし、何かいい手はないか」と考えていたところ、農業新聞で会員制の食品専門の企業間取引市場（B to B）を運営している F 社を知った。この市場では全国から、欲しい産品（買いたし情報）と出せる産品（売りたし情報）とを出し合ってそれをつきあわせて、条件があえばそこで企業間取引が成立する。

　T 社はそこで4社との取引が成立した。業者間取引にしたのは、相手が欲しいものの内容を良く知っており、取引が明快でスパッといくためであるという。

　現在の販売品目は上記に加え、地粉（小麦粉、そば粉、全粒粉）、発芽玄米餅、発芽玄米味噌、田舎大福、おやきもち等である。

　T 社のユニークなところは、B to C による web ページからのアクセスは相手が不特定多数であり、向こう側がみえにくいという弱点を、B to B によって切り抜けた点である。

　しかし、F 社が運営する市場は、そこへ載せたものはどこへでも情報が流れてしまうというリスクもある。現に、その情報が流れて取り込み詐欺にあってしまったというにがい経験もある。こうした利点と危険性とを把握した上での対応が必要になっている。

　T 社では今後地域の水田を昆虫が多く、おいしい米が作れ、消費者との交流

ができるように基盤整備をし、IT活用、ネット販売はその一環として位置づけていきたいという大きな展望をもっている。

(6) 地域農業の支援と情報化の活用

　徳島県上勝町は「木の葉が黄金となる」という「彩産業」で知られた町である。1981年の異常寒波により、町のミカンが壊滅し、その中から山間地農業をよみがえらせたのが「彩産業」であった。

　町の農協営農指導員が大阪の料理店に寄ったとき、お客の女性が料理にそえてあったきれいな紅葉の葉を丁寧に包んで持ち帰る姿を見て「これだ！」と感じたという。1986年より試験的に南天や紅葉の葉を発売した。当時の協力農家はわずかに3戸であったという。

　現在の売上高は約2億円であり、構成メンバーは187人（うち、常時出荷者は約100人）、年齢は60歳代後半が主力である。出荷品は紅葉、南天、笹、柿の葉、椿の葉、ゆず、つつじ、梅、あじさい、桃、細工物（ハラン、シャガを使って舟、扇、鶴、亀などを作る）、山野草（よもぎ、どくだみ、ゆきのした、たんぽぽなど）である。

　これらの多種多様な製品の集出荷、販売のためにはITの活用が不可欠になっている。1991年には町内40戸にパソコンを配置し、「彩産業」イントラネットを構築した。このシステムは上勝情報センター（JAおよび生産者に対する情報提供サービス）、集出荷業務支援システム（バーコードによる商品管理、集出荷の効率化）、サテライト産地システム（農家のパソコンで市況把握、出荷・売り上げの確認）からなっている。これにより、出荷物を必要な時に必要な量提供できるという「コンビニ型農業」が可能となった。

　しかし、問題は、構成メンバーが高齢者であり、パソコンには不慣れであるという点である。そこでパソコンの電源を入れると自動的にイントラネットに接続するようにし、画面はクリックするたびに色が変わるように工夫し、入力器具はマウスではなく独自に開発した使いやすいボールタイプを使用している。

　このように上勝町の実践は、高齢化に対応したIT化を武器に、「彩産業」を軸として山村農業の活性化を図っている貴重な経験であるといえる。

(7) 田舎暮らし・グリーンツーリズムの情報提供

　主婦向けに情報を提供するL新聞の記者であった女性二人が、農村の地域づくりの取材の中で、グリーンツーリズムに出会い、農村のもつ価値を育てるというその思想に感動して始めたボランティア的な農村情報の提供活動である。二人は退職して、グリーンツーリズムの定着や一層の展開に自分たちで貢献できることはないかと検討を始めた。

　1998年5月にグリーンツーリズム情報を載せた「時々便」の第1号を発行し、その後3ヶ月に1回程度の頻度で発行を続けている。事務所を福岡市内に置き、寄付の形で運営経費をまかなっている。現在の利用者は約500人である。

　「時々便」の果たしている役割は、第1に農村と都市をつなぐパイプ役であり、第2に実践者、訪問者、専門家などを草の根的につなぐコーディネーターであり、第3に実践者の活動に光をあて、その想いを応援するという激励者である。

　同時にwebページを整備し、「時々便」に載せた記事や農村におけるグリーンツーリズム開発の苦労話などを掲載し、都市、農村の双方へ情報発信を進めている。webページには都市の若者を中心に気楽な農村滞在の情報源として活用されているという。

　「時々便」発行の活動は、九州各地に広がっているグリーンツーリズムの企画担当者に評価され、九州農政局や各県担当部署が主催する勉強会への参画や、市町村のグリーンツーリズムの企画立案にも関与するようになってきた。

　このように紙による「時々便」を柱として、webページを加えるという形の二本立てになっているが、情報の適切な収集は組織からでなく人からであるとの考えをもち、そのためITによるネットワークの形成は不可欠であると見ている。

　今後の課題としては、現在この活動は収益性が乏しく、そのためIT機器の更新も困難であり、今後の持続的運営のためには、ボランティア的活動から一歩進めて、経営的な考え方を入れた企画立案ビジネスへの展開が遠からず求められてくるといえよう。

(8) 情報機器活用による農業の新展開

　北海道芽室町の7戸の農家が「未来の農業を今日したい！」として2000年に設立したのがM農業集団である。

　活動目標は、農業に関連する新技術、新理論を幅広く収集、分析、実践し、事業環境の目まぐるしい変化に適応できる自立した農業経営を確立すると同時に、消費者との積極的な情報交流を進めながら安全でおいしい食を継続的に提供し、その活動を通して地域を活性化することとしている。具体的には次のような新しい展開を行っている。

　その第1は、インターネット接続型携帯電話を活用した農作業意思決定支援システム（農業技術研究機構などが開発）の実践である。これにより圃場での農作業状況を文字、音声、画像で蓄積し、その情報を農家間で共有したり、農家間での緊急の質問などをやりとりし、圃場にいながら迅速な意思決定を行うことができるようにしていることである。

　第2に圃場無線LANの活用により、自宅や圃場のどこにいてもインターネット接続できる環境を作りつつあることである。

　第3はバーチャルオーナーシステムの構築であり、webページ上に農業現場の新鮮な情報を載せ、都市在住者に十勝農業の仮想体験をしてもらう試みである。農作物の栽培経過を公開し、安心できる農産物を消費者に届けることを提案している。あらかじめ会員登録した仮想オーナー（会費1口年間5000円）は農作業の状況を中継で見ることができ、作物の日々の生育を観察することもできる。オーナーはメンバーの畑から採れた馬鈴薯、スイートコーン、カボチャ、白菜、ゆり根、ニンニク、行者ニンニク等から選んで配当を受け取ることができる。

　平均30ヘクタールという大規模経営が中心であり、少人数で大規模化をはかるにはIT技術が不可欠であり、この技術を駆使して安全でおいしい食の提供のため、圃場での情報収集と共有化、さらに消費者への情報提供が不可欠であるとの認識をもっている。

　また、北海道内の小学校の遠隔授業に教材として農業情報の提供を行ったり、「バーチャル十勝村」といった地域活性化の取り組みに協力するなどして、観

光客の誘致など、他の産業との連携を模索しつつある。

現在、会費5000円のうち2000円分を農作物として消費者へ送ってしまうため、新機材、ソフトの整備にまわす活動資金が不足気味である。

しかし、こうした課題をかかえつつも、新時代の農業展開と地域活性化のために広く智恵をしぼる段階に農村が入りつつあることを、M農業集団の実践は示しているといえる。

6　おわりに

農林水産省や東北農政局は、IT活用による高生産性、高付加価値農業の追求、流通合理化など、IT化による地域・産業振興の可能性への期待が高まっていることを指摘した。しかしその期待感の中で地方圏と大都市圏との間の情報通信基盤の格差も問題とされ、これらの整備が急務となっている。

こうした現実の中で、農村ではITを活用した新しい内発的な動きが起きてきていることを見てきた。

まず、これからIT活用を考えようとしている初発的なタイプでは、インターネット活用によるメリット、デメリットを思案している。このようなところに対しては適切な情報の提供が不可欠であろう。

ネット上でのB to Cの情報交換から現地での交流へと展開している事例や、さらにネット活用により遠隔地の不利性を克服しようとする試みも見られ、ここには新たな展開性が現れつつある。さらに地域内のネットワークが進むと、連帯性と共同発信力が高まることになる。

一方経営戦略的に企業間取り引き（B to B）に取り組むことにより、経営の安定性追求を目指す事例も現れている。また、高齢者へのIT対応を模索し、地域での事業の広がりを追求しつつ産業振興を目指す事例もある。さらに、ボランティア的な展開から始まりつつも新ビジネスへの萌芽が見られる事例もある。

最後に地方の農村の現状の中で、試験研究機関と協力して、最大限の先端的IT化を追求して未来の農業を先取りする試みも始まっている。

このように農村における内発型SOHOの展開は、形態的にも段階的にも多様であるが、それぞれが置かれた現状を内発的に、前向きに解決していこうという中で生まれたものである。この現実の模索の中から、情報化時代に対応した新しい農村の展開が生まれ、それに応じた新たな支援の検討が必要になってくるものと思われる。

注

(1) 守友裕一「地域農業の再構成と内発的発展論」『農業経済研究』第72巻第2号、2000年9月、60～70ページ。

(2) 中山間地域等直接支払制度については、以下の文献を参照されたい。山下一仁『わかりやすい中山間地域等直接支払制度の解説』大成出版社、2001年；農政調査委員会『中山間地域等直接支払制度と農村の総合的振興に関する調査研究』2001年、2002年；農山漁村文化協会『21世紀の日本を考える』第14号（特集・直接支払制度をどう活かすか）、2001年8月；昭和堂『農業と経済』第68巻第9号（特集・直接支払いは中山間農業を守れるか）、2002年8月。

(3) 守友裕一、前掲論文、66～68ページ。

(4) 6次産業論については、今村奈良臣他『農業の6次産業化をめざす人づくり』21世紀村づくり塾、1997年；今村奈良臣他『地域に活力を生む、農業の6次産業化』21世紀村づくり塾、1998年、を参照されたい。

(5) 本論はその調査のうち農林水産省が関わる調査（実施主体　社団法人農村環境整備センター、調査検討委員　二宮正士、荒樋豊、山崎光博、岩崎由美子、守友裕一）の中間報告の内容を活用している。各調査検討委員に謝意を表したい。

(6) 「B to B」とは「Business to Business」の略であり、インターネットを利用した企業間取引形態をさし、「B to C」とは「Business to Consumer」の略であり、企業と消費者の間の取引形態をさしている。

下平尾勲教授　略歴・社会貢献・研究業績

[略歴]

1938年 3月10日	大阪府に生まれる
1963年 3月	大阪市立大学経済学部卒業
1968年 3月	大阪市立大学大学院経済学研究科博士課程単位取得中途退学
1968年 8月	佐賀大学経済学部講師
1969年 4月	同上助教授
1974年 4月	福島大学経済学部助教授
1977年12月	同上教授
1988年 4月	福島大学地域研究センター長（1989年3月まで）
2000年 4月	福島大学学生部長（2002年3月まで）
2000年 6月	商学博士の学位（大阪市立大学商学部）を受ける
2001年 4月	福島大学地域創造支援センター長
	現在に至る

[社会貢献]

1. 通商産業省伝統的工芸品産業審議会委員（1983年〜91年3月、1993年2月〜95年2月）
2. 通商産業省伝統的工芸品産業あり方検討特別委員（1999年2月〜2001年2月）
3. 国土交通省（国土庁）地域振興アドバイザー（1994年〜現在まで）
4. 福島県総合開発審議会委員（1983年1月〜2002年5月、1996年2月〜2002年5月会長）
5. 福島県都市計画審議会会長（1996年2月〜現在まで）
6. 福島県河川審議会会長（1996年4月〜現在まで）
7. 中小企業対策により産業功労賞受賞（佐賀県有田町長、1979年10月）
8. 『現代伝統産業の研究』により中小企業研究奨励賞特賞受賞（商工組合中央金庫、1979年12月）
9. 郵政事業に関する調査研究に貢献したことにより郵政大臣表彰（1996年4月）
10. 多年にわたり伝統的工芸品産業の振興に貢献したことにより経済産業大臣表彰（2001年11月）

[研究業績]

〈1. 著書〉

1.	『経済成長と地場産業』	新評論	1973年11月
2.	『貨幣と信用』	新評論	1974年11月
3.	『信用と景気循環』	新評論	1978年7月
4.	『現代伝統産業の研究』	新評論	1978年11月
5.	『現代地場産業論』	新評論	1985年2月
6.	『円高と金融自由化の経済学』	新評論	1987年12月
7.	『有田町史（商業編II）』	ぎょうせい	1988年8月
8.	『産業おこしとまちづくり』	八朔社	1989年4月
9.	『地域振興と地場産業』	八朔社	1993年2月
10.	『地域づくり 発想と政策』	新評論	1995年11月
11.	『地場産業』	新評論	1996年10月
12.	『現代地域論』	八朔社	1998年8月
13.	『信用制度の経済学』	新評論	1999年3月
14.	『構造改革下の地域振興』	藤原書店	2001年10月

〈2. 学術論文〉

1.	「いわゆるドル危機と資本主義の不均等発展」	修士論文	1965年 3月
2.	「マックス・ウェーバーの理想型について」	『大阪市大論集』第5号	1966年 4月
3.	「価値形態と貨幣の本質」	『経済学雑誌』（大阪市立大学経済研究会）第55巻第2号	1966年 8月
4.	「価値尺度としての貨幣の機能」	『経済学雑誌』（大阪市立大学経済研究会）第57巻第2号	1967年 8月
5.	「商業信用における貨幣前貸説批判」	『経済学雑誌』（大阪市立大学経済研究会）第58巻第3号	1968年 3月
6.	「利子論の方法」	『経済・経営研究』（九州経済学会）第7号	1969年 8月
7.	「商業信用と遊休資金」	『佐賀大学経済論集』第2巻第1号	1969年 9月
8.	「公共投資と価値移転」	『佐賀大学経済論集』第2巻第2号	1970年 3月
9.	「拡大された価値形態から一般的価値形態への移行（一）」	『佐賀大学経済論集』第3巻第2号	1971年 2月
10.	「高度経済成長と地場産業（一）」	『九州経済統計月報』（九州経済調査協会）第25巻第5号	1971年 5月
11.	「高度経済成長と地場産業（二）」	『九州経済統計月報』（九州経済調査協会）第25巻第6号、	1971年 5月
12.	「拡大された価値形態から一般的価値形態への移行（二）」	『佐賀大学経済論集』第4巻第1号	1971年10月
13.	「諸資本の競争と信用制度」	『金融経済』（金融経済研究所）第135号	1972年 8月
14.	「高度経済成長と有田の焼物業界（一）～（七）」	『新郷土』（佐賀県文化室）第25巻第5～11号	1972年5～11月
15.	「信用制度と商業信用」	『佐賀大学経済論集』第5巻第1号	1972年10月
16.	「最近の地場産業の変化」	『佐賀大学経済論集』第5巻第2号	1973年 3月
17.	「過密、過疎と工場再配置」	『経済評論』第22巻第8号	1973年 7月
18.	「簡単な価値形態の意義」	『商学論集』第41巻第7号	1974年 7月
19.	「産業資本と信用制度」	『商学論集』第43巻第1号	1974年 8月

20.	「最近の有田焼産地の構造変化について」	『経営経済』（大阪経済学中小企業研究所）第11号	1975年 1月
21.	「地域産業の変化と金融」	『東北経済』第58号	1975年 3月
22.	「生産性格差とインフレーション」	『金融学会報告』（東洋経済新報社）第39集	1975年 7月
23.	「貨幣資本と現実資本（一）」	『商学論集』第44巻第2号	1975年10月
24.	「貨幣資本と現実資本（二）」	『商学論集』第44巻第4号	1976年 3月
25.	「蓄蔵貨幣と信用制度（一）」	『商学論集』第45巻第1号	1976年 7月
26.	「産業循環と信用制度」	『経済理論学会年報』（経済理論学会）第13集	1976年 7月
27.	「最近の地場産業の構造変化と景気循環」	『東北経済』第61号	1976年 8月
28.	「繁栄から恐慌への移行と信用（一）」	『金融経済』（金融経済研究所）第160号	1976年10月
29.	「繁栄から恐慌への移行と信用（二）」	『金融経済』（金融経済研究所）第161号	1976年12月
30.	「蓄蔵貨幣と信用制度（二）」	『商学論集』第45巻第3号	1977年 1月
31.	「地場産業の構造変化と流通問題―有田焼産地の構造分析―」	『東北経済』第63号	1977年 8月
32.	「信用制度の基本構成」	『商学論集』第46巻第2号	1977年10月
33.	「現代伝統産業序説」	『商学論集』第47巻第1号	1978年 7月
34.	「信用制度の本質とその役割」	『インフレと金融の経済学』（飯田繁編著）ミネルヴァ書房	1979年 4月
35.	「景気循環と信用」	『インフレと金融の経済学』（飯田繁編著）ミネルヴァ書房	1979年 4月
36.	「製陶業」	『大系日本福島　第3巻産業と経済』コーキ出版	1979年12月
37.	「金融事情」	『大系日本福島　第3巻産業と経済』コーキ出版	1979年12月
38.	「貨幣資本と現実資本」	『解説資本論Ⅲ』有斐閣	1980年 1月
39.	「貨幣における矛盾　媒介と展開―貨幣諸形態の関連性―」	『講座資本論の研究　第2巻』青木書店	1980年 5月

40.	「利子つき資本と信用制度」	『マルクス経済学』（佐藤金三郎編）青林書院新社	1980年 7月
41.	「現代地場産業の問題点とその振興のための課題と方向」	『商工金融』（商工組合中央金庫）第30巻第7号	1980年 7月
42.	「福島県の産業と金融」	『福島県の産業と経済』（山田舜編）日本経済評論社	1980年 8月
43.	「総過程＝分肢的生産関係の分析とその一層の展開」	『講座資本論の研究　第4巻』青木書店	1980年11月
44.	「資本の蓄積と信用制度」	『講座資本論の研究　第4巻』青木書店	1980年11月
45.	「地場産業として生きる陶磁器」	『地域』（大明堂）第5号	1980年11月
46.	「地域経済の変化と地場産業」	『地方財務』（ぎょうせい）第319号	1980年12月
47.	「東北新幹線の開通と地域経済」	『東北経済』第69号	1980年12月
48.	「東北新幹線の開通と地域の開発―福島駅西口の開発をめぐる諸問題によせて―」	『東北経済』第70号	1981年 3月
49.	「商業信用」	『信用論研究入門』（信用理論研究会編）有斐閣	1981年 7月
50.	「地域開発の基本問題について」	『ふくしま』創刊号	1982年 4月
51.	「不換貨ドルの国際通貨としての流通根拠をめぐって（上）」	『金融経済』（金融経済研究所）197号	1982年11月
52.	「不換貨ドルの国際通貨としての流通根拠をめぐって（下）」	『金融経済』（金融経済研究所）198号	1983年 3月
53.	「地場産業の地位とその振興の方向」	『福島の進路』（福島経済研究所）第11号	1983年 8月
54.	「地場産業の発達と地域経済―有田・波佐見町の産業構造をめぐって―」	『東北経済』第75号	1983年12月
55.	「過疎地域の振興と地場産業」	『東北経済』第76号	1984年 3月
56.	「第2次石油危機後の不況の性格をめぐって―地場産業の	『商学論集』第52巻第4号	1984年 3月

動向を素材として―」

57.	「貨幣論の形成」	『資本論体系　第2巻』青木書店	1984年 3月
58.	「市場の変化と地場産業」	『地域に根づく小さな地場産業』中小企業リサーチセンター	1984年 3月
59.	「観光事業と地域経済」	『福島の進路』(福島経済研究所)第25号	1984年10月
60.	「地場産業の市場と流通問題」	『商工金融』(商工組合中央金庫)第35巻第9号	1985年 9月
61.	「金融の自由化（一）」	『商学論集』第54巻第2号	1985年11月
62.	「地域開発政策の変化と進出企業」	『福島の進路』(福島経済研究所)第38号	1985年11月
63.	「金融の自由化（二）」	『商学論集』第54巻第3号	1986年 2月
64.	「金融の自由化（三）」	『商学論集』第55巻第2号	1986年10月
65.	「金融の自由化（四）」	『商学論集』第55巻第3号	1986年 8月
66.	「円高・ドル安の根拠について」	『商学論集』第56巻第1号	1987年 7月
67.	「産業おこしについて」	『東北経済』第84号	1988年 3月
68.	「21世紀の地域づくり」	『新しい時代の地域づくり』(東北経済研究所編) 八朔社	1988年 7月
69.	「現代の信用危機とは何か(1)」	『商学論集』第57巻第4号	1989年 3月
70.	「信用危機の性格をめぐって」	『信用論研究』第6号	1989年 6月
71.	「現代の信用危機とは何か(2)」	『商学論集』第58巻第1号	1989年 7月
72.	「不換通貨ドルと世界貨幣(1)」	『商学論集』第58巻第4号	1990年 3月
73.	「マルクス貨幣論の形成―『経済学批判要綱』を中心として―」	『商学論集』第59巻第4号	1991年 3月
74.	「不換通貨ドルと世界貨幣(2)」	『商学論集』第59巻第7号	1991年 7月
75.	「地場産業と労働力問題」	『福島大学地域研究』第3巻第1号	1991年 8月
76.	「不換通貨ドルと世界貨幣(3)」	『商学論集』第60巻第3号	1992年 1月
77.	「地方中枢都市の構造変化について」	『福島大学地域研究』第6巻第1号	1994年 8月
78.	「農山漁村における産業政策の一視点」	『福島大学地域研究』第6巻第3号	1995年 1月

79.	「地方中小都市における過疎化の一研究」	『行政社会論集』第7巻2・3号	1995年 2月
80.	「地域の発展と高等教育機関の意義について（一）」	『商学論集』第63巻第3号	1995年 3月
81.	「東北地域の産業経済の枠組みの変化をどうみるか」	『国家をこえて地域をひらく』（福島大島大学地域研究センター編）八朔社	1995年 4月
82.	「貨幣論の方法―経済学批判を中心として―」	『社会科学と人文学の諸問題』（木本幸造・下平尾勲他編）新東洋出版社	1995年 4月
83.	「企業と地域との共生をめぐる諸問題」	『共生と連携の地域創造』（下平尾勲編）八朔社	1995年 7月
84.	「地域における高等教育機関と新しい設置形態」	『福島大学地域研究』第7巻第1号	1995年 8月
85.	「地場産業戦後50年(1)」	『福島大学地域研究』第7巻第3号	1996年 1月
86.	「生活関連社会資本の充実と建設業の存在意義」	『生活大国東北』（東北の建設業を考える会編）	1996年 3月
87.	「地場産業戦後50年(2)」	『福島大学地域研究』第7巻第4号	1996年 3月
88.	「地場産業戦後50年(3)」	『福島大学地域研究』第8巻第1号	1996年 8月
89.	「バブル経済崩壊後の円高不況について」	『商学論集』第65巻第1号	1996年 8月
90.	「蓄蔵貨幣の現代的意義(1)」	『商学論集』第65巻第4号	1997年 3月
91.	「変貌する地方中小都市とその開発の方向―福島市の都市構造の変化を中心として―」	『現代日本の地域変化』（山本正三・千歳壽一・溝尾良隆編）古今書院	1997年 3月
92.	「信用制度について」	『佐賀大学経済論集』第30巻第3・4合併号	1997年 9月
93.	「蓄蔵貨幣の現代的意義(2)」	『商学論集』第66巻第1号	1997年10月
94.	「信用制度の発展について」	『商学論集』第66巻第4号	1998年 3月
95.	「金融分野における規制緩和と日本経済・地域経済」	『経済地理学年報』第44巻第4号	1999年 2月
96.	「1991～5年円高・ドル安と	『経済論集』（熊本学園大学）第	1999年 3月

	日本経済」	4巻第3・4号合併号	
97.	「新世紀福島の発展段階」	『グローバリゼーションと地域』(福島大学地域研究センター編)八朔社	2000年 5月
98.	「90年代長期不況の基本的性格」	『経済理論学会報』第37集	2000年 9月
99.	「金融再編の構図（一）」	『商学論集』第69巻1号	2000年 9月
100.	「産業連携の背景、意義と課題」	『福島大学地域研究』第12巻第1号	2000年 9月
101.	「中小企業法の改正と地場産業」	『福島大学地域研究』第12巻第2号	2000年11月
102.	「金融の再編の構図（二）」	『商学論集』第69巻第2号	2000年11月
103.	「金融の再編の構図(三)、(四)」	『商学論集』第69巻第3号、4号	2001年 3月
104.	「産業おこしとIT革命・新産業創造(1)」	『福島大学地域研究』第12巻第4号	2001年 3月
105.	「確定拠出年金と金融」	『龍大経営論集』第41巻第2号	2001年11月
106.	「産業循環と信用制度（一）」	『商学論集』第70巻第4号	2002年 3月
107.	「ふくしま大豆の会と地域づくり」	『地域産業の挑戦』(ふくしま地域づくりの会編)八朔社	2002年 6月
108.	「1990年代長期不況と金融」	『現代の金融と地域経済』新評論	2003年 2月
109.	「地域経済の再生」	『現代の金融と地域経済』新評論	2003年 2月

〈3. 書評〉

1.	「田喜志夫著『現代インフレーション論』」	『国学院経済学』(国学院大学経済学会)第21巻第1号	1978年 2月
2.	「衣川恵三『現代インフレーション研究』」	『経済』335号	1992年 3月
3.	「川波洋一著『貨幣資本と現実資本』」	『商学論集』第64巻第3号	1996年 3月
4.	「平間久雄『地域活性化の戦略』(日本地域社会研究所刊)」	『農林水産図書資料月報』(農林水産省図書館編)第50巻第12号	2000年 1月
5.	「久留間健『貨幣・信用と現代―不換制の理論』」	『土地制度史学』169号	2000年10月

⟨4. 説苑（研究ノート）⟩

1. 「地域経済の構図」　　　　　　『地方自治職員研修』（公務職員　　1979年 8月
　　　　　　　　　　　　　　　　　研修協会）第12巻第 8 号
2. 「『資本論』における貨幣資　　　『経済理論学会年報』（経済理論　　1979年 8月
　　本と現実資本」　　　　　　　　学会）第16集
3. 「伊万里・有田焼」　　　　　　『今日の伝統的工芸品産業』同　　　1979年10月
　　　　　　　　　　　　　　　　　友館
4. 「九州の陶磁器業」　　　　　　『九州経済統計月報』（九州経済　　1984年 1月
　　　　　　　　　　　　　　　　　調査協会）第38巻第 1 号
5. 「伝統的工芸品産業の課題」　　伝統的工芸品産業協会　　　　　　1984年 2月
6. 「貨幣資本の過剰と金融市場　　『経済』第281号　　　　　　　　　1987年 9月
　　の膨張」
7. 「円高・ドル安と輸出地場産業」『地方財務』第404号　　　　　　　1988年 1月
8. 「貨幣資本の過剰と産業資本　　『金融学会報告』第65号　　　　　1988年 1月
　　の蓄積」
9. 「町の振興計画と住民の役割」　『IVICT情報』（東北産業活性　　　1989年 9月
　　　　　　　　　　　　　　　　　化センター）第 7 号
10. 「地場産業の環境変化とその　　『中小企業季報』（大阪経済大学中　1991年 1月
　　振興策」　　　　　　　　　　　小企業・経営研究所）1991年 1 月号
11. 「地域振興のための基本戦略　　『税』（ぎょうせい）第46巻第 1 号　1991年 1月
　　と新しい視点」
12. 「新しい時代の人材養成と有　　『建築文化』（彰国社）第 531号　　1991年 1月
　　田窯業大学校」
13. 「地域振興と農業」　　　　　　『IVICT情報』（東北産業活性　　　1991年 6月
　　　　　　　　　　　　　　　　　化センター）第14号
14. 「地域づくりの企画立案の視　　『IVICT情報』（東北産業活性　　　1992年 3月
　　点」　　　　　　　　　　　　　化センター）第17号
15. 「東北地域におけるUターン　　『地域開発』（日本地域開発セン　　1992年 4月
　　の現状と今後の課題」　　　　　ター）第 331号
16. 「農業経済から農家経済への　　『IVICT情報』（東北産業活性　　　1992年 6月
　　パラダイムシフト」　　　　　　化センター）第18号
17. 「地域振興にはどのような人　　『地方財務』（ぎょうせい）1992　　1992年10月

	材が必要か」	年10月号	
18.	「農山村と都市との交流に何が求められているか」	『地域づくり交流』(日本地域開発センター) 第8号	1992年10月
19.	「地域振興と地方中小都市の整備強化」	『地域開発』(日本地域開発センター) 第337号	1992年10月
20.	「地方中小都市整備法の制定は急務」	『21世紀フォーラム』(政策科学研究所) 第47号	1993年 4月
21.	「新和風産業について」	『中小企業金融公庫月報』(中小企業金融公庫) 第38巻第5号	1993年 5月
22.	「地方中小都市の現状とその振興の課題」	『自治フォーラム』(自治大学校) 第406号	1993年 7月
23.	「都市形成のための産業・経済振興」	『地方自治の窓』(地方自治協会) 第46号	1993年 7月
24.	「東北の産業政策の課題」	『東北開発研究』(東北開発研究所) 第90号	1993年 7月
25.	「まちづくりと地場産業」	『九州まちづくりシンポジウム』(九州経済調査協会) 第9号	1993年 9月
26.	「最近の地場産業の問題点と新しい傾向について	『地方議会人』(全国町村議会議長会編) 第24巻第6号	1993年11月
27.	「21世紀に向けた新しい企業の進路」	『やまがた中小企業』(山形県中小企業団体中央会) 第272号	1993年12月
28.	「産業活性化についてのグローバルな視点」	『IVICT情報』(東北産業活性化センター) 第26号	1994年 6月
29.	「地場産業の振興と後継者問題」	『地方議会人』(全国町村議会議長会編) 第25巻第3号	1994年 8月
30.	「地場産業の現状と今後の課題」	『IVICT』(東北産業活性化センター) 第27号	1994年 9月
31.	「Uターンと中小企業」	『Monthly Report』(国民金融公庫調査月報) 第410号	1995年 6月
32.	「円高不況と地場産業の振興」	『地域政策』(第一法規) 1995年8月号	1995年 8月
33.	「地域振興について」	『商工会』(全国商工会連合会編)	1995年 8月

		1995年8月号	
34.	「構造転換期の地場産業とその活性化策」	『九州経済調査月報』（九州経済調査協会）1996年1月号	1996年1月
35.	「まちのイノベーション―福島県滝根町の天地人構想について―」	『地域づくり』（地域活性化センター）1996年2月号	1996年2月
36.	「ABUKUMAベルトシティー構想について」	『地域づくり交流』（全国地域づくり推進協議会編）第15号	1996年3月
37.	「最近の東北地域の経済動向と課題」	『運輸と経済』（運輸調査局）1996年4月号	1996年4月
38.	「企業誘致から企業育成の時代へ」	『曇』（ぎょうせい）1996年4月号	1996年4月
39.	「産業空洞化と地方自治体の産業政策」	『IVICT情報』（東北産業活性化センター）第35号	1996年9月
40.	「新産業創出と地域開発」	『季報ほくとう』1986年秋季号	1996年10月
41.	「地域活性化のために自治体は何ができるか」	『地方財務』（ぎょうせい）第516号	1997年5月
42.	「地域開発金融と産業育成」	『地域開発』（日本地域開発センター）第395号	1997年8月
43.	「地場産業施設の健全な管理運営について」	『信州自治』第50巻第10号	1997年10月
44.	「中小企業における産業連携について」	『商工金融』（商工組合研究所）第47巻第10号	1997年10月
45.	「地方における公共投資の役割について」	『全建ジャーナル』（全国建設業協会）第36巻第12号	1997年12月
46.	「地域連携、交流軸と高速交通」	『運輸と経済』（運輸調査局）第58巻第1号、	1998年1月
47.	「長期不況下の地域経済」	『晨』（ぎょうせい）第17巻第1号	1998年1月
48.	「信用制度の発展について」	『商学論集』第66巻第4号	1998年3月
49.	「産業の強化こそ農山村振興の方策」	『地方自治の論点101』（坂田期雄編）時事通信社	1998年3月
50.	「首都機能移転で多極分散型	『地方自治の論点101』（坂田期	1998年3月

	都市を」	雄編）	
51.	「景気対策と公共事業」	『運輸と経済』（運輸調査局）第58巻第9号	1998年 9月
52.	「北海道経済と建設業の自立」	『開発こうほう』（北海道開発協会）NO.421	1998年 9月
53.	「中山間地域の地域づくり」	『産業立地』（日本立地センター）第37巻第10号	1998年10月
54.	「地方分権と人材育成」	『地方議会人』（全国町村議会議長会編）第29巻5号	1998年10月
55.	「首都機能移転の問題点」	『運輸と経済』（運輸調査局）第58巻第11号	1998年11月
56.	「地場産業と観光」	『観光振興論』（長谷政弘編著）税務経理協会	1998年11月
57.	「地場産業はもっと元気を出そう」	『九州経済調査月報』（九州経済調査協会）1999年3月号	1999年 3月
58.	「自治体における企業育成と地域振興」	『月刊自治研』第41巻6号	1999年 6月
59.	「産学連携の進め方・取り組み方」	『あさひ銀総研』第8巻第5号	1999年 5月
60.	「都市の魅力・活力づくり」	『都市の魅力・活力づくり―21世紀の都市圏と中心市街地―』（全国都市問題会議編）第一法規出版	1999年10月
61.	「中小企業基本法の改正とその意義」	『税務』（ぎょうせい）第43巻第2号	2000年 3月
62.	「農山漁村における産業おこし」	『判例地方自治』（ぎょうせい）NO.200	2000年 7月
63.	「新交通時代の地域対応」	『運輸と経済』（運輸調査局）2000年10月号	2000年10月
64.	「産業おこし運動と販路拡大」	『福島の進路』（福島経済研究所）2000年11月号	2000年11月
65.	「**IT**革命下の地域振興の視点」	『国土と政策』（国土計画）	2000年12月

		NO.20	
66.	「地方分権下の人材育成と産業おこし」	『地域開発』（日本地域開発センター）第437号	2001年 2月
67.	「過疎のまちやむらの地域づくり」	『市政』（全国市長会）第50巻第3号	2001年 3月
68.	「地域振興と地方銀行のあり方」	『地銀協月報』（地方銀行協会）第500号	2002年 2月
69.	「地域経済の再生をどう図るか」	『経営者』（日経連出版部）第662号	2002年 3月
70.	「地域には夢を，人には目標を」	『新地方自治の論点106』（恒松制治監修）時事通信社	2002年 3月
71.	「地方における大学の意義と役割」	『自治フォーラム』（第一法規出版）第510号、	2002年 3月
72.	「産学連携と地域振興」	『地域開発』（日本地域開発センター）第453号	2002年 6月
73.	「規制緩和・市場原理と地域経済」	『中小商工業研究』（中小商工業研究所）第72号	2002年 7月
74.	「地域経済再生の道」	『九州経済調査月報』（九州経済調査協会）662号	2002年11月
75.	「東北地域経済発展方策」	『IVICT情報』（東北産業活性化センター）600号	2002年12月
76.	「農山村の振興とグリーンツーリズム」	『国土と政策』（国土計画）No.22	2002年12月
77.	「不況脱出のシナリオ」	『福島の進路』（福島経済研究所）245号	2003年 1月
78.	「地方分権・構造改革下の地域振興」	『東北開発研究』（東北開発研究センター）127号	2003年 1月

〈5. 辞典の論稿〉

1.	「生糸金融」ほか多数	『福島大百科辞典』（監修者担当）福島民報	1980年11月
2.	「貨幣資本、現実資本」	『経済学辞典』大月書店	1979年 4月

3.「利子」ほか27項目		『金融辞典』（編集委員担当）大月書店	2002年 4月

〈6. 調査報告書〉

1.	『有田陶磁器製造業診断報告書』	佐賀県経済部中小企業総合指導室	1969年11月
2.	『神埼そーめん産地診断報告書』	佐賀県経済部中小企業総合指導室	1996年12月
3.	『有田地区陶磁器錦付（赤絵付）業産地診断報告書』1月	佐賀県経済部中小企業総合指導室	1970年11月
4.	『有田焼産地診断（流通）報告書』	佐賀県経済部中小企業総合指導室	1970年12月
5.	『消費地の有田焼動向調査報告書』	佐賀県有田町産業課	1972年 9月
6.	『小城地区羊かん製造業産地診断報告書』	佐賀県中小企業総合指導センター	1973年 3月
7.	『有田焼工業協同組合事業実態調査報告書』	佐賀県有田町産業課	1973年 5月
8.	『伊万里焼実態調査報告書』	伊万里市商工観光課	1974年 3月
9.	『消費地の有田焼の動向調査』	佐賀県有田町企画調整室	1975年 1月
10.	『波佐見焼産地診断報告書―製造業―』	長崎県	1975年 3月
11.	『長崎県波佐見焼関連業種診断報告書―商社、生地製造業、上絵付業、石膏型製造業、陶土製造業―』	長崎県	1975年 3月
12.	『有田焼卸団地協同組合事業』	佐賀県有田町産業課	1976年12月
13.	『「有田焼」の現状と問題点―昭和51年度組合等直面問題調査研究事業報告書―』	佐賀県中小企業団体中央会・肥前陶磁器商工協同組合	1977年 3月
14.	『塩田地区陶土業産地診断報告書』	佐賀県中小企業総合指導センター	1977年 3月

15.	『「有田焼」の流通システム化―昭和52年度組合等直面問題調査研究事業報告書―』	佐賀県中小企業団体中央会・佐賀県陶磁器工業協同組合	1978年 3月
16.	『神埼そうめん産地診断報告書』	佐賀県経済部指導課	1979年 3月
17.	『只見川流域開発調査報告書』	福島県農業会議	1979年 3月
18.	『「有田焼」の活路をもとめて―昭和53年度活路開拓調査指導事業報告書―』	肥前陶磁器商工協同組合・佐賀県陶磁器工業協同組合・有田焼直売協同組合	1979年 3月
19.	『昭和54年度活路開拓事業産地概況調査報告書』	有田町・大有田焼振興協同組合	1980年 3月
20.	『有田焼産地における最近の不況の諸原因とその対応策』	佐賀県有田町産業課	1980年12月
21.	『福島県地場産業振興調査報告書』	福島県地域振興課	1980年 3月
22.	『会津桐振興計画調査報告書』	福島県三島町	1981年 1月
23.	『地域に根ざした漆器産業の活路をもとめて―会津漆器産地振興診断報告書―』	福島県・会津若松市・喜多方市	1981年 3月
24.	『福島県地場産業振興調査報告書（II）』	福島県地域振興課	1981年 3月
25.	『沖縄観光関連産業の振興方向―農水産物、みやげ品を中心として―』（分担執筆）	九州経済調査協会	1981年 3月
26.	『有田焼産地景気動向調査』	有田町産業課	1981年 3月
27.	『伊万里地域振興ビジョン』	佐賀県商工労働部	1981年 3月
28.	『都市と農山村との交流に関する調査報告書Ⅰ』	福島県農業会議	1981年 3月
29.	『波佐見町の産業構造の変化と町政策振興の方向』	肥前波佐見焼振興会	1981年 8月
30.	『常滑焼産地景気動向調査』	常滑市商工課	1982年 1月
31.	『会津若松地方地場産業の振	会津若松地方地場産業振興協議	1982年 3月

	興の方向とその計画』	会	
32.	『西川登地域竹細工産地診断報告書』	佐賀県商工労働部経営指導課	1982年 3月
33.	『都市と農山村との交流に関する調査報告書II』	福島県農業会議	1982年 3月
34.	『常滑焼流通調査報告書』	常滑市商工課	1983年 2月
35.	『唐津焼産地診断報告書』	佐賀県商工労働部経営指導課	1983年 3月
36.	『会津本郷焼の活路を求めて―昭和57年度活路開拓調査指導事業報告書―』	会津本郷焼事業協同組合・福島県中小企業団体中央会	1983年 3月
37.	『会津観光の現状と課題―会津若松市観光診断報告書―』	会津若松市	1984年 2月
38.	『会津高原高杖スキー場開発の現状と課題』	福島県舘岩村	1984年 2月
39.	『福島県の観光と地場産業―小規模事業対策特別推進事業調査研究報告書―』	福島県商工会連合会	1984年 3月
40.	『ふるさと産業おこし 地域活性化へのアプローチ（小規模事業対策特別推進事業調査研究報告書）』	福島県商工会連合会	1985年 3月
41.	『有田焼の消費地動向調査』	佐賀県有田町企画産業課・大有田焼活性化対策協議会	1985年 3月
42.	『有田焼流通業調査報告書』	佐賀県有田町企画産業課・大有田焼活性化対策協議会	1985年 5月
43.	『家具産地の活路―具産地の診断―』	二本松木工家具協同組合	1986年 3月
44.	『白石焼産地診断報告書』	佐賀県商工労働部経営指導課	1986年 3月
45.	『信楽焼の活路を求めて―陶磁器市場の変化と信楽焼産地の課題―』	信楽焼振興協議会	1986年 5月
46.	『東北地域の産業おこしの実	東北開発研究センター	1986年 7月

	態調査』		
47.	『農山村と都市の交流に関する調査報告書　Ⅰ』	福島県地域振興課	1986年 8月
48.	『信楽焼の流通調査報告書』	信楽焼振興協議会	1987年 1月
49.	『組合の将来展望―白根仏壇の活路を求めて―（活路開拓ビジョン調査事業報告書）』	白根仏壇協同組合	1987年 3月
50.	『円高不況の動向と瀬戸・美濃地区・陶磁器業の現状と対策』	佐賀県有田町企画産業課・大有田焼活性化対策協議会	1987年 3月
51.	『農山村と都市との交流に関する調査報告書　Ⅱ』	福島県地域振興課	1987年 3月
52.	『まほろぼの里　商工ビジョン21』	山形県高畠町商工会	1987年 3月
53.	『小規模事業対策特別推進事業調査報告書』	佐賀県商工会連合会	1987年 3月
54.	『肥前地区陶土業産地診断報告書』	佐賀県商工労働部経営指導課	1987年12月
55.	『新しい時代に即した中小企業組合の役割～その機能と事業～』（部分執筆）	東北・北海道ブロック中央会コーポラテイブ21委員会（福島県中小企業団体中央会）	1988年 2月
56.	『信楽焼活路開拓ビジョン―昭和62年度活路開拓調査事業報告書―』	信楽焼振興協議会	1988年 3月
57.	『地域特産品の現状と企業化調査―高畠町・鮭川村・朝日町―』	山形県商工会連合会	1988年 3月
58.	『東北地方における産業おこしの流通マーケッテイングのあり方』（守友裕一氏と共同執筆）	東北電力株式会社	1988年 3月
59.	『東北地域特性の現状と開発課題―尾花沢市・小国町・松	山形県商工会連合会	1989年 3月

山町―』

60. 『地域資源の現状と開発課題　山形県商工会連合会　　　　　　1990年 3月
　　　―石田町・南陽市・三川町―』
61. 『砥部焼陶磁器製造業産地診　愛媛県商工労働部　　　　　　　1991年 3月
　　　断報告書』（分担執筆）
62. 『地域活性化―その戦略・電　通商産業省東北通商産業局開発　1992年11月
　　　源地域における・産業おこし　計画課
　　　事業の新展開』
63. 『信楽焼の販路拡大のために　信楽陶磁卸商業協同組合　　　　1993年 2月
　　　―組合マーケッテイング強化
　　　対策事業―』
64. 『地域における郵便貯金の果　東北郵政局貯金部　　　　　　　1993年 3月
　　　たすべき役割―郵貯をめぐる
　　　論争を踏まえて―（委託研究）』
65. 『福島県双葉地方の地域振興　政策科学研究所　　　　　　　　1994年 3月
　　　に関する調査―発電所立地の
　　　波及効果及び地域振興の課題
　　　摘出のための基礎調査―』
66. 『東北地域の最近の経済動向　東北郵政局　　　　　　　　　　1995年 1月
　　　―各県の市町村ベストテン活
　　　性化度合調査―』
67. 『福島県双葉地域における高　政策科学研究所　　　　　　　　1995年 3月
　　　等教育機関設置等に関する基
　　　礎調査報告書』
68. 『電源立地の先進地域（双葉　電源地域振興センター　　　　　1996年 3月
　　　地方）における地域構造の変
　　　化と課題』
69. 『信楽焼振興のための方策』　信楽焼振興協議会　　　　　　　1997年 3月
70. 『電源立地地域の振興策に関　電源地域振興センター　　　　　1997年 3月
　　　する調査―福島県双葉地域に
　　　おける水産業、農業等の現状
　　　と課題について―』

71.	『西木村産業振興の方策のために』	西木村商工会	1997年 3月
72.	『福島市における三温泉地の課題と今後の振興のあり方について』	福島商工会議所 福島市三温泉地区活性化協議会	1998年 3月
73.	『温泉と商業を生かしたまちづくり―熱海町振興ビジョン―』	熱海町商工会	1998年 3月
74.	『有田焼の流通調査報告書』	有田町・大有田焼振興協同組合	1998年 3月
75.	『有田焼の取引先・市場調査報告書』	有田町・大有田焼振興協同組合	1999年 3月
76.	『構造調整対応診断報告書』	山中漆器連合協同組合・石川県商工労働部経営金融課	1999年 2月
77.	『山中漆器の振興と人材育成推進事業』	山中漆器連合協同組合	2000年 3月
78.	『山中漆器産地の振興方針と現状』	石川山中町・山中漆器連合協同組合	2002年 3月

〈7. 学会報告〉

1.	「利子論の方法」	九州経済学会（西南学院大学）	1968年11月
2.	「宇野弘蔵氏の利子論」	金融学会西日本部会（西南学院大学）	1969年 2月
3.	「価値形態論の移行について」	金融学会西日本部会（佐賀大学）	1970年 4月
4.	「信用制度の形成について」	金融学会西日本部会（大分大学）	1972年 4月
5.	「商品流通の拡大と信用制度」	信用理論研究会西日本部会（九州大学）	1972年 9月
6.	「日本列島改造論批判」	九州経済学会（福岡大学）	1972年11月
7.	「現代物価の基本構成」	金融学会西日本部会	1973年 7月
8.	「生産性格差とインフレーション」	金融学会西日本部会（熊本商科大学）	1973年10月
9.	「価値形態の方法と思想」	経済学史学会西南部会（福岡大学）	1974年 1月
10.	「現実資本と貨幣資本」	金融学会西日本部会（九州大学）	1974年 2月
11.	「信用制度と諸資本の競争」	信用理論研究学会関東部会（中	1975年 5月

		央大学)	
12.	「信用制度とインフレーション」	東北経済学会(弘前大学)	1975年 9月
13.	「産業循環と信用制度」	経済理論学会(熊本大学)	1975年10月
14.	「『資本論』における貨幣資本と現実資本」	経済理論学会(駒沢大学)	1978年10月
15.	「貨幣資本の過剰と産業資本の蓄積」	金融学会(山口大学)	1986年10月
16.	「現代の信用危機の性格をめぐって」	信用理論研究学会(中央大学)	1988年 6月
17.	「円高・ドル安と中小企業をめぐる諸問題」	東北経済学会(会津短期大学)	1988年 9月
18.	「金融自由化とその及ぼす影響」	生活経済学会(札幌センタービル)	1989年10月
19.	「最近における為替相場の変動要因について」	生活経済学会(東北学院大学)	1990年 9月
20.	「まちづくり競いあう時代へ」	地方自治経営学会	1992年 4月
21.	「東北開発の現段階」	東北経済学会(弘前大学)	1992年 9月
22.	「東北開発の現局面をどのように評価するか―首都圏一極集中とその外延的拡張との関連について―」	東北経済学会(東北学院大学)	1994年 9月
23.	「金融における規制緩和と地域経済」	経済地理学会(福島大学)	1998年 5月
24.	「不況下の金融ビッグバンと日本経済、地域経済」	日本金融学会(大阪市立大学)	1998年10月
25.	「90年代長期不況の基本的性格をめぐって」	経済理論学会(法政大学)	1999年10月
26.	「バブル経済後における東北経済の構造変化と経済政策」	環太平洋産業連関分析学会(東北学院大学)	2000年 1月
27.	「産業循環と金融」	日本金融学会(関西学院大学)	2002年11月

〈8. その他〉

1.	マックス・ヴェーバァ著、木	日本評論社	1972年12月

	本幸造監訳『社会学・経済学の価値自由の意味』(分担翻訳)		
2.	『喜多方地方広域市町村圏振興整備構想研究に関する報告書』(真木實彦、町田俊彦氏と分担執筆)	喜多方地方広域市町村圏組合	1975年 3月
3.	『低開発地域開発過程における行財政と産業構造』(分担執筆)	福島大学地域開発研究会編	1975年 3月
4.	「有田焼卸団地の成立の経緯と現状」	『九州経済統計月報』(九州経済調査協会) 第31巻第1号	1977年 1月
5.	「東北新幹線の開通が地域経済と地方都市に与える影響」	『生協運営資料』(日本生活協同組合連合会) 第80号	1981年 1月
6.	「最近の景気と建設業のあり方について」	『福建』(福島県建設業協会) 第401号	1982年 3月
7.	「商品・貨幣論」	『経済学の動向』(東洋経済新報社) 第2集	1982年 3月
8.	「地域産業振興の課題と方向」	『東北電力』第294号	1985年 1月
9.	「老人医療対策の根本問題」	『総合社会保障』(社会保険新報社) 第23巻第9号	1985年 9月
10.	「これからの日本経済」	『全国自治体病院協議会雑誌』(全国自治体病院協議会) 1985年11月号	1985年11月
11.	「市場の変化と産地の対応」	『統計』(日本統計協会) 第37巻第6号	1986年 6月
12.	「特産品開発と地域づくり」(1)(2)	『れじおん青森』(青森地域社会研究所) 第100~101号	1987年3~4月
13.	「産業おこしの着眼点」	『KOKIN Monthly Report』(国民金融公庫) 第384号	1993年 4月
14.	飯田繁『信用の理論的研究』編集者あとがき	藤原書店	2001年 2月

あとがき

　下平尾勲先生が、2003年3月をもって福島大学経済学部を退官されることになった。1968年3月に大阪市立大学大学院経済学研究科博士課程を修了後、同年8月に佐賀大学経済学部に講師として任官され、助教授を経て、1974年4月から福島大学経済学部へ転任。1977年12月には教授に昇進され、以後25年余りの歳月を重ねいよいよこの時を迎えるに至った。佐賀大学の時代から通算すると実に35年近くに及ぶ教官としての御勤務、まずはご苦労さまでしたと申し上げたい。

　これまでの下平尾先生の御研究・教育業績、そして社会活動の足跡にどれほどの称賛の辞を並べても足らないことは衆目の一致するところであろう。とりわけ、先生のエネルギッシュな研究活動はそれを象徴するものといえよう。本書に掲載された先生の研究業績一覧を見ると、著書（単著）だけで14冊、学術論文にいたっては109篇、ほかに説苑（研究ノート）78篇、調査報告書74冊にも及んでいる。これは、研究者としては並外れた業績である。聞くところによると、下平尾先生は毎朝早く起きて、執筆を続けられてきたという。先生の強靱な精神力と飽くなき研究意欲が、このような業績を生み出したことは言うまでもない。もちろん、その研究成果が学会において常に注目を集め、高い評価を得てきたことは周知の通りである。

　下平尾先生の研究は、金融、地場産業、地域づくりなど広汎多岐に及んでいるが、その出発点であり中核を形成しているのは金融論、なかんずく信用論の研究にほかならない。その研究成果は、次の4冊の著書、『貨幣と信用』（新評

論、1974年)、『信用と景気循環』(新評論、1978年)、『円高と金融自由化の経済学』(新評論、1987年)、『信用制度の経済学』(新評論、1999年)に凝縮されている。新進気鋭の研究者としてその成果を著した『貨幣と信用』について、飯田裕康慶応大学名誉教授は、「『貨幣と信用』なるユニークな題名をもつ本書は、内容的にもかなり野心的な労作である。……下平尾氏のこの労作が、貨幣の形態諸規定の根源ともいうべき価値尺度論を信用論の前提として展開される点に、その野心的たる所以を看取することができる」(飯田裕康「下平尾勲著『貨幣と信用』」『商学論集』第43巻第3号、1975年3月)と、その意欲的かつ創造的な取り組みに注目されている。

　また、上記4冊のなかでもっとも新しい『信用制度の経済学』に対し、川波洋一九州大学教授は、本書は「一連の研究の集大成として、古典(『資本論』)と信用制度の現実との緊密な連繋のもとに、現代信用制度とそのもとで生じる金融現象の理論的分析を行った労作である」としたうえで、信用制度を、現実資本総体の中から生じてくる社会的遊休貨幣資本を集中し、あわせて集中された遊休貨幣資本を現実資本蓄積に対して媒介していくという社会的制度として捉え、そうした信用制度の機能の中枢に位置づけた蓄蔵貨幣の把握について、「著者は蓄蔵貨幣を『資本論』第一巻次元では抽象的富の形態として、第二巻では諸種の準備金や資本の循環回転から生じる遊休資金といった諸源泉の解明という視点から、第三巻では利子付き資本の性格を付与された信用創造の基盤(銀行制度の準備金)として、捉えている。このような蓄蔵貨幣の位置づけと捉え方は、評者流に言えば、銀行制度の準備金を基礎にした貸付可能な貨幣資本の形成源泉の解明とそれを通じる自律的信用創造による過剰生産・過剰取引・過剰信用の促進を実現する信用制度の機能のもっとも基軸的な概念と理論を呈示したものということになる。こうした捉え方は、貸付可能な貨幣資本の形成と信用創造、それによる過剰生産・過剰取引・過剰信用といった事象を動態的過程―産業循環―の中において見ることを可能にしたということができる。このような視角の設定によって、著者は、これまで商業信用や銀行信用、資本信用といった信用範疇や中央銀行、金融市場といった諸制度の構造把握にとどまっていた信用論研究をようやく動態分析が可能な次元まで高めたということができる」(川波洋一「下平尾勲『信用制度の経済学』」『商学論集』第69巻第

1号、2000年9月）と、信用論研究に果たした下平尾先生の先駆的業績を高く評価されている。

　信用論の研究に負けずとも劣らない評価を得ているのが、先生の地場産業の研究である。この分野では、先生の最初の著書として刊行された『経済成長と地場産業』（新評論、1973年）をはじめ5冊の著作が上梓されている。大阪市立大学の学部・大学院を通して金融論を専攻され、主に基礎理論を中心に研究を続けてこられた下平尾先生が地場産業の研究に取り組まれるようになったのは、佐賀大学に赴任してまもなく有田焼窯元の経済調査に携わるようになってからのことであった。その当時の状況について、先生は『経済成長と地場産業』のなかで次のように述べられている。

　「当初は自分の研究のネーベンとして適当に時間をみつけ、調査を続けていたが、具体的な現実の調査には、また基礎理論の研究とは異なった面白さがあって、それにだんだんと興味を覚えた。同時に調査の進行の過程で、地域産業にかんする各種の報告書や地域の実情を訴えた資料に目を通すこととなったが、地場産業においても、地域の農業や商業においても、地方財政においても、地域経済が、好むと好まないにかかわらず、高度成長の影響をつよくうけ、予想以上の深刻な状況にあることを知った。……地域の産業や商業が急速な勢いで変化をとげ、その時代の変化に対応してどのような対策をたてるべきかを模索しているときに、研究室にとじこもって基礎理論の研究のみに没頭していてよいものか大きな疑問を感じた。そこで、自分の専門領域外に研究がどんどんと広がってゆくのに迷いを感じながらも、多面的な資料をあつめた。資料をあつめればあつめるほど、有田焼の流通だけをとってみても、伝統の古さのゆえに複雑に事態がからみあっており、片手間に仕事をまとめあげることはできないことがわかり、住所を有田町に移したのが本格的な調査にとりかかる大きなきっかけとなった」（297〜298ページ）

　有田焼の経済調査のために有田町に移り住んだというエピソードは、通常の研究者では到底真似のできない、研究に対する先生のひた向きな姿勢を象徴する出来事と言えよう。こうしたエピソード以上に重要なことは、先生が有田焼業界のあり方という政策的な問題視角とは別に、理論化、法則的なものの把握という問題意識をもって調査結果の分析に力を注がれたという点である。こう

した方法論的接近は、それまでのどちらかというと歴史記述的・現状記述的な方法に終始していた地場産業研究を経済学の方法論に則して捉え直すという理論的進歩をもたらしたものとして重要な意義を見いだすことができる。この方法論的接近は、その後の地場産業研究においても貫かれており、1978年に著された『現代伝統産業の研究』（新評論）に対して加藤誠一立教大学教授は、「本書は、10年もかけて調べあげた有田焼産地の研究調査の成果であるが、それは単なる産地調査報告書ではなく、確かな経済理論に裏づけられた理論的な現状分析である」（加藤誠一「下平尾勲著『現代伝統産業の研究』」『商学論集』第48巻第1号、1979年7月）と、地場産業・伝統産業研究における比類なき業績を称賛されている。また、本書の出版に際しては、ゆかりの深い3名の方から次のような推薦の辞が寄せられていた。当時、有田町町長であった青木類次氏は、「いろいろ調査される内に、段々と伝統産業の難しい奥深さに痛感され、先生は、昭和46年暮から1年半位、有田に居を移し、自ら焼物製造を踏査しながら、研究を進められた熱心な人でありました」と先生の研究姿勢と有田町への愛着の深さを語っている。伝統産業研究の碩学であった磯部喜一東京工業大学名誉教授からは、「われわれがこの書を繙くと、下平尾さんへ賛歌をうたいたくなる。そして有田を、日本陶磁を、伝統産業を考えることにつながる。またやがては、わが国の真の文化形成のための一助ともなる」と心のこもった賛辞を受けている。さらに人間国宝で下平尾先生と親交深かった13代今泉今右衛門氏は、「伝統という言葉は古いことばであるが、違った角度から見たとき一番新しい要素をもっているものである。先生の第三者的な目によって洗い出された有田の伝統を、今一度、原点にかえった目で見つめることによって今後の有田の姿があるのではないかと思うし、同じ問題をかかえている各地の伝統産業のあり方にも何かと役に立つのではないか」と、伝統を支える陶芸家ならではの評価を寄せている。このような研究業績が注目を集めないわけはなく、本書は翌1979年に商工組合中央金庫の選定する中小企業研究出版奨励賞特賞という栄誉に輝いた。

　これら地場産業や金融に関する研究と表裏一体となって進められているのが、先生の地域経済・地域づくりに関する研究である。この分野においても、『産業おこしとまちづくり』（八朔社、1989年）、『地域づくり　発想と政策』（新評

論、1995年)、『現代地域論』(八朔社、1998年)、『構造改革下の地域振興』(藤原書店、2001年)など、相次いで研究成果を公にされている。この分野での下平尾先生の研究の特徴は、一つに、地域づくりを論じるに当たり何よりも産業おこし論をその中心に据えられていることである。このような方法論について、「わたくしが、今日なお、地域のあり方として産業おこし論をとりあげるのは、地域における産業おこしが経済効率が低くても地域の社会的、歴史的、文化的、自然的な条件を生かし、主体性を確立し、自立化する重要な手法であり、新しいコミュニティーを創造していくための方策であり、そこから地方における過去および人々の行動と社会の実態を研究して、その変化の本質をとりあげることができるからである。またさまざまな運動の結果を出発点とし、複雑かつ多様な状況にある地域がたえず流動的な変化をとげる過程を、その地域の状況の中に身をおき、またそれとは異なった視野にも立ち、系統的、全面的に分析し、総合化するためであった」(『構造改革下の地域振興』、11ページ)と、その実践的かつ理論的な意味を語っておられる。特徴の二つは、地域のもつ個性や優れた人材・資源、恵まれた条件を見いだし、それを活かし伸ばしていき、そこに住むことを誇りとするような人を育てていくことこそ産業おこし・地域づくりの基本であると考えておられることである。このため、先生の理論は何よりも創造的で説得的な内容となっている。三つは、地場産業の研究と同じく、この産業おこし論においても販路の確保・拡大の問題を積極的に取り上げられていることである。この問題は従前には等閑視されてきただけにその実践的・理論的意義には大きいものがある。四つは、地元の福島県や東北地域の産業経済や地域問題について多角的な研究を続けられ、非常に多くの研究業績を残されていることである。いまや先生は、東北地域の産業経済研究の第一人者といっても過言ではない。

　上記のような研究業績と相まって、社会活動においても下平尾先生は多大な貢献をなされている。すでに1980年代初期から通産省伝統的工芸品産業審議会の委員および特別委員として継続して活躍され、1989年から1991年にかけては流通部会長を務められた。長年にわたり伝統的工芸品産業の振興に貢献したことにより、2001年11月には経済産業大臣表彰を受賞されている。さらに大臣表彰としては、先の1996年4月に、郵政事業に関する調査研究に貢献したことに

より、郵政大臣表彰も受賞されている。また、地元福島県では、福島県総合開発審議会会長、福島県都市計画審議会会長、福島県河川審議会会長の要職を歴任され、東北地域の産業経済研究の第一人者としての力量をいかんなく発揮されておられる。これらのほかにも、恒常的に各種の講演会の講師やシンポジウムのパネラーなどとして招致され、全国に足を運ぶという日々で、恐らくこれまでひとときも休むことなく過ごされてきたことは想像に難くない。

　無論、教育者として貢献の大きさも忘れてはならない。佐賀大学に赴任されてから35年近くの間にゼミ生だけでも両大学を合わせると500人を超える学生を育て、社会に送りだされている。卒業後、金融界をはじめ各界に進出し、経済界のリーダー的存在として活躍している方も多い。産業おこし・地域おこしについての基本的な考え方と同じように、学生諸君のもつ個性や優れた資質を見いだし、それを活かし伸ばしていくというのが下平尾先生の教育方針である。私流にいえば、先生は良い意味での「褒め上手」で、先生に言われると、ついついその通りに考えて行動してしまうから不思議である。この不思議な力については、私だけでなく多くの方々が体験されているに違いない。このような先生からの直接的・個人的な教えに接して、研究者としての道を歩んでおられる方もまた少なくない。本書に御寄稿いただいた柳井雅也、柳井雅人、根岸裕孝、佐藤俊幸、片山善博、川越敏司、汪志平、陳作章の各先生はそうした方々で、現在、第一線の研究者として活躍されている。私事にわたって恐縮であるが、私も下平尾先生の教えを受けた者の一人である。心臓病のため佐賀大学卒業後も職に就くこともままならず、入院生活と自宅療養を繰り返していた私を研究者の道へ導いていただいたのもほかならぬ下平尾先生であった。毎週1回、佐賀大学の先生の研究室にうかがい、1年余りをかけてドイツ語でレーニンの『帝国主義論』とマルクスの『資本論』第2巻を通読したのを今でも思い浮かべる。その時のことは、私にとってかけがえのない貴重な財産となっている。

　下平尾先生の人柄あるいはその研究活動・社会活動から先生を慕う人も多く、先生は幅広い人脈をもち、心の通った交流を続けておられる。今回の下平尾勲福島大学教授退官記念出版の計画も、下平尾先生を中心とした研究者の不断の交流のなかから自然発生的に生まれたものである。下平尾先生にも研究論文を御執筆いただき、先生の編著にて御退官記念の出版を行うという計画でゆかり

のある先生方に執筆を依頼したところ、殊のほかスムーズに御快諾いただき、本出版には下平尾先生ほか全国から35名にも及ぶ先生方から御寄稿いただいた。記念出版にこれほど多くの方々から御寄稿いただくことは稀であり、本出版を通して改めて下平尾先生の人柄と研究業績の大きさを確認した次第である。

　下平尾先生は、福島大学教授御退官の年齢とは思われないほどに若々しい容姿・容貌を保っておられる。御退官後も、先生の学問的業績、秀でた識見と力量に頼らざるをえないことも多く、これまで通りの御活躍を求められることは間違いないであろう。全寄稿者とともに、下平尾先生の一層の御健康を祈念すると同時に、今後の御指導・お力添えをお願いする次第である。

　本出版には世話人として柳井雅也先生、佐藤俊幸先生と私の3名がかかわった。下平尾先生の御退官にあわせて出版するという当初の計画通りに進んだのも、寄稿者の御協力の賜物である。心より感謝を申し上げたい。また、本出版を快くお引き受けくださり、最後まで何かと御配慮いただいた新評論の武市一幸社長に深甚なる謝意を表したい。

　2003年1月

下平尾勲退官記念論集
世話人を代表して
伊東　維年

執筆者一覧（執筆順）

第1部　金融・貨幣の経済学

下平尾勲　略歴・社会貢献・研究業績および奥付参照。
小林真之　北海学園大学経済学部教授
木村二郎　桃山学院大学経済学部教授
真田哲也　福島大学経済学部教授
楊枝嗣朗　佐賀大学経済学部教授
建部正義　中央大学商学部教授
濱田康行　北海道大学経済学部教授
高田敏文　東北大学経済学部教授
一ノ瀬篤　桃山学院大学経済学部教授・岡山大学名誉教授
佐藤俊幸　岐阜経済大学経済学部助教授
鴨池　治　東北大学経済学部教授
川越敏司　公立はこだて未来大学講師
後藤康夫　福島大学経済学部教授
岩見昭三　奈良産業大学経済学部教授
坂本　正　熊本学園大学学長
川波洋一　九州大学経済学部教授
数阪孝志　神奈川大学経済学部教授
毛利良一　日本福祉大学経済学部教授
汪　志平　札幌大学経営学部教授
陳　作章　蘇州大学財経学院講師

第2部　地域経済・産業の経済学

下平尾勲　前掲。
鈴木　浩　福島大学地域創造支援センター教授
星野珙二　福島大学経済学部教授
片山善博　東京農工大学、群馬大学非常勤講師
山川充夫　福島大学経済学部教授
柳井雅人　北九州大学経済学部助教授
兼田　繁　福島大学行政社会学部教授
清水修二　福島大学経済学部教授・経済学部長
佐野孝治　福島大学経済学部助教授
根岸裕孝　宮崎大学教育文化学部講師
関　満博　一橋大学商学部教授
安西幹夫　福島大学経済学部教授
伊東維年　熊本学園大学経済学部教授
柳井雅也　富山大学経済学部教授
初澤敏生　福島大学教育学部助教授
飯田史彦　福島大学経済学部助教授
守友裕一　福島大学経済学部教授

編著者紹介

下平尾　勲（しもひらお・いさお）

1938年　大阪府生まれ
1963年　大阪市立大学経済学部卒業
1968年　大阪市立大学大学院経済学研究科博士課程単位取得
　　　　佐賀大学経済学部助教授を経て
現　在　福島大学経済学部教授、福島大学地域創造支援センター長
　　　　商学博士
著　書　『経済成長と地場産業』新評論、1973年
　　　　『貨幣と信用』新評論、1974年
　　　　『信用と景気循環』新評論、1978年
　　　　『現代伝統産業の研究』新評論、1978年
　　　　『現代地場産業論』新評論、1985年
　　　　『円高と金融自由化の経済学』新評論、1987年
　　　　『有田町史　商業編Ⅱ』ぎょうせい、1988年
　　　　『産業おこしとまちづくり』八朔社、1989年
　　　　『地域振興と地場産業』八朔社、1993年
　　　　『共生と連携の地域創造』（編著書）八朔社、1995年
　　　　『地域づくり　発想と政策』新評論、1995年
　　　　『地場産業』新評論、1996年
　　　　『現代地域論』八朔社、1998年
　　　　『信用制度の経済学』新評論、1999年
　　　　『構造改革下の地域振興』藤原書店、2001年
訳　書　マックス・ヴェーバー『社会学・経済学の「価値自由」の
　　　　意味』（木本幸造監訳、共訳）日本評論社、1972年

現代の金融と地域経済——下平尾勲退官記念論集—（検印廃止）

2003年2月28日　初版第1刷発行

編著者　下平尾　勲

発行者　武市　一幸

発行所　株式会社　新評論

〒169-0051
東京都新宿区西早稲田3-16-28

電話　03(3202)7391
振替・00160-1-113487
http://www.shinhyoron.co.jp

定価はカバーに表示してあります。
落丁・乱丁本はお取り替えします。

印刷　フォレスト
装丁　山田　英春
製本　清水製本プラス紙工

Ⓒ下平尾勲ほか　2003

ISBN4-7948-0592-6 C3033
Printed in Japan

売行良好書一覧

下平尾 勲
円高と金融自由化の経済学 A5 368頁 4400円
ISBN 4-7948-8219-X 〔87〕

円高・ドル安など激変する金融現象を,我が国の産業構造の変化と関連させ,日米両国の経済指標に基づいて分析。歴史的転換点にある日本経済を具体的・実証的に解明する。

下平尾 勲
信用制度の経済学 A5 456頁 4200円
ISBN 4-7948-0437-7 〔99〕

貨幣や金融の話題が日常化している現代,その基本的理論・諸現象の把握のために古典の再読を試みた著者が,『資本論』をもとに現在の諸問題を総合的に分析し,かつ批判する。

佐藤俊幸
バブル経済の発生と展開 A5 192頁 2400円
ISBN 4-7948-0578-0 〔02〕

【日本とドイツの株価変動の比較研究】株式投資のあり方,日本の株価の「常識」,バブル経済の本質等を再検討し,ペイオフを控えた今日の投資判断に道標を示す試み。

下平尾 勲
地域づくり　発想と政策 A5 400頁 3800円
ISBN 4-7948-0280-3 〔95〕

【21世紀の地域論】地域自体を町村,地方中小都市,中枢都市と三つに区分し,規模に応じて地域経済社会の自立的発展に必要な新たな発想と枠組みを大都市との関連において提唱。

下平尾 勲
地場産業 A5 360頁 3800円
ISBN 4-7948-0327-3 〔96〕

【地域からみた戦後日本経済分析】高度経済成長,証券不況,石油危機,円高……,戦後の節目の中で日本の地場産業はどのように構造変化を遂げ,発展してきたか。

関 満博・辻田葉子編
飛躍する中小企業都市 四六 223頁 2400円
ISBN 4-7948-0525-X 〔01〕

【「岡谷モデル」の模索】東洋のスイスと言われた精密機械工業の集積地,長野県岡谷市。70年代の産業構造調整の経験から,果敢な海外進出に挑んできた地方小都市の活力を究明。

関 満博・佐藤日出海編
21世紀型地場産業の発展戦略 四六 240頁 2600円
ISBN 4-7948-0572-1 〔02〕

21世紀に新たな役割を期待される地場産業。全国から9つのケースを検証し,後継者不足,従業員の高齢化,中国製品の席巻などの難題課題を分析し,発展のための新戦略を提起。

※表示価格はすべて本体価格です。